TIZIANO TERZANI

In Asien

Buch

Immer vor Ort berichtete der Journalist und Schriftsteller Tiziano Terzani über 25 Jahre lang für den SPIEGEL aus Fernost. »In Asien« ist das Testament eines aufmerksamen Beobachters, der in die asiatischen Kulturen eingetaucht ist. Terzani hat mit seiner Familie in Singapur, Hongkong, Peking, Tokio, Bangkok und New Delhi gelebt, und er hat die jeweiligen Landessprachen erlernt. Er konnte den Menschen Fragen stellen, die anderen aufgrund ihres mangelnden Kontakts zur Bevölkerung erst gar nicht eingefallen wären. Wie kaum einem westlichen Betrachter ist es ihm damit gelungen, die Länder und ihre Menschen von innen heraus zu verstehen und zur »Stimme des Ostens« zu werden. In einer Welt, die immer näher zusammenrückt, gewinnt gegenseitiges Verständnis der Kulturen, Mentalitäten und Religionen zunehmend an Bedeutung. Tiziano Terzani, der im Osten wie im Westen gleichermaßen zu Hause war, erweist sich als glänzender Vermittler.

Autor

Tiziano Terzani, 1938 in Florenz geboren, in Europa und den USA ausgebildet, kannte Asien wie kaum ein anderer westlicher Journalist. Von 1972 bis 1997 war er dort Korrespondent des SPIEGEL – anfangs in Singapur, dann in Hongkong, Peking, Tokio und Bangkok. 1975 war er einer der wenigen westlichen Reporter, die in Saigon blieben, als Kommunisten die Stadt übernahmen. Terzani lebte bereits fünf Jahre in China, als er 1984 plötzlich verhaftet, antirevolutionärer Aktivitäten beschuldigt, einen Monat umerzogen und schließlich ausgewiesen wurde. Nach mehrjährigen Aufenthalten in Japan und Thailand zog er sich 1994 nach Indien zurück und hielt sich in den folgenden Jahren wechselweise in meditativer Abgeschiedenheit am Himalaja und in Italien auf. Tiziano Terzani starb 2004.

Von Tiziano Terzani ist bei Goldmann außerdem erschienen:

Fliegen ohne Flügel (12952)
Das Ende ist mein Anfang (12987)

Tiziano Terzani

IN ASIEN

Mentalität – Kultur – Politik

Aus dem Italienischen
von Elisabeth Liebl

GOLDMANN

Die Originalausgabe erschien 1998 unter dem Titel
»In Asia« bei Longanesi & C., Mailand.

FSC
Mix
Produktgruppe aus vorbildlich
bewirtschafteten Wäldern und
anderen kontrollierten Herkünften
Zert.-Nr. SGS-COC-1940
www.fsc.org
© 1996 Forest Stewardship Council

Verlagsgruppe Random House FSC-DEU-0100
Das FSC-zertifizierte Papier *München Super* für Taschenbücher
aus dem Goldmann Verlag liefert Mochenwangen Papier

1. Auflage
Taschenbuchausgabe Oktober 2008
Wilhelm Goldmann Verlag, München,
in der Verlagsgruppe Random House GmbH
Copyright © der Originalausgabe 1998
by Longanesi & C., Milano
Copyright © der deutschsprachigen Ausgabe 2003
by Riemann Verlag, München,
in der Verlagsgruppe Random House GmbH,
Umschlaggestaltung: Design Team München
Umschlagfoto: Grazia Neri
KF · Herstellung: Str.
Druck und Bindung: GGP Media GmbH, Pößneck
Printed in Germany
ISBN: 978-3-442-15310-7

www.goldmann-verlag.de

Im Gedenken an

*Marc Filloux, Koki Ishihara
und alle anderen Kollegen,
die in ehrlicher Ausübung ihres Berufes
an den Grenzen Asiens ums Leben gekommen sind,
häufig nur, weil sie aufrichtig genug waren,
die Richtigkeit einer Detailangabe
überprüfen zu wollen.*

Inhalt

Wie alles anfing · 13

Das erste Mal · 19

Laos: eine Million Elefanten · 25

Kambodscha: Furcht vor dem weißen Pferd · 32

Vietnam: ein lebenslanges Provisorium · 37

Dunkle Stunden in Kambodscha · 43

Saigon – der letzte Küstenstreifen · 48

Vietnam Giai Phong – befreites Vietnam · 53

Mao ist tot · 56

Das Begräbnis · 60

Das Ende des Maoismus · 61

Boat-People · 66

Flüchtlinge: entscheiden, wer lebt
und wer stirbt · 71

Nordkorea: rote Fahne, blaues Blut · 76

Die Philippinen: »...«, sagt der Taxifahrer · 85

Abendessen mit Maschinengewehrbegleitung · 92

Wir hatten uns geirrt · 98

Hiroshima: als die Sonne zweimal aufging · 106

Japan: am Rande des Abgrunds · 113

Der Roboter und der Kaiser · 128

Die »Heilige« von Manila,
die Marcos das Fürchten lehrt · 139

Flucht im Hubschrauber · 144

Richard Sorge: ein sozialistischer James Bond · 150

Japan im Spiegel · 163

Die Stimme des heiligen Feuers · 174

Macao: Reise in eine Vergangenheit,
die bald zu Ende geht · 183

Bertolucci in China · 195

Die Kultur des WCs · 200

Südkorea: ein Krebs zwischen zwei Walen · 206

Kim Dae Jung: der »Schattenpräsident« · 232

Japan: Todeskampf eines Gottes · 235

Die Trauerzeit · 241

Der Kranich schweigt für immer · 245

Hirohito: Gefangener der Geschichte · 248

Die Verrückten vom »Fort« · 259

Die Welt verbeugt sich · 263

China: der Gott, der zweimal scheiterte · 267

Im Herzen der Angst · 273

Die Kasernenstadt · 280

Die große Lüge · 287

Die Traumfabrik · 292

Baden wir doch gemeinsam! · 299

Flucht ins Nirgendwo · 305

Sachalin: die verfluchte Insel · 312

Die Schule: kleine, dressierte Seehunde · 328

Treue Diener von Staat und Industrie · 334

Yakuza: »Wir sind die Erben der Samurai!« · 341

Der Bandit, der um die Ecke wohnt · 349

Wie man Japaner wird · 358

Japan von oben · 365

Birma: Tote ohne Blumengruß · 378

Die Revolte der Bonzen · 385

Der psychedelische Heiligenschein · 392

Die Kurilen: Inseln am Ende der Welt · 399

Rajiv ist tot · 410

Die Pest · 416

Pakistan: das Land der Reinen · 424

Die Universität des »heiligen Krieges« · 429

Mustang: das verlorene Paradies · 433

Kaschmir: Die Hunde kennen die Wahrheit · 445

Ein Tunnel ohne Ende · 450

Sri Lanka: die kranke Insel · 463

Heldentod für Kinder · 476

Giovanni Alberto Agnelli:
eine kurze Zukunft · 481

Der vierzehnte Dalai-Lama · 496

Königin der Banditen · 503

Mutter Teresa · 511

Der Tod des Imperators Deng Xiaoping · 521

Leben in Indien · 528

Adieu, Hongkong! · 534

Die Gespenster in der Bank · 539

Auf das Wohl des Empire · 543

Das heimliche Hongkong · 547

Die letzte Messe · 553

Die Saat der Freiheit · 557

Der Tag danach · 560

Orsigna: meine letzte Liebe · 564

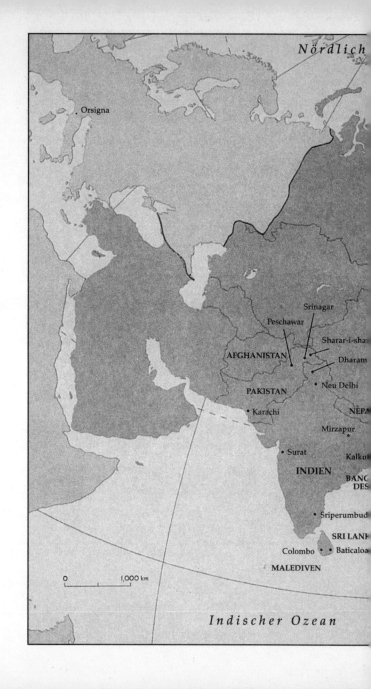

Wie alles anfing

Journalist bin ich geworden, weil ich bei jedem Wettlauf grundsätzlich als Letzter ins Ziel kam. Damals besuchte ich in Florenz das Gymnasium und wollte partout bei jedem Laufwettbewerb mitmachen, der draußen in Cascine stattfand. Erfolg hatte ich mit meinen sportlichen Bemühungen nicht, abgesehen davon, dass ich damit bei meinen Kameraden wahre Heiterkeitsstürme auslöste. Eines Tages nun, ich durchlief gerade die Ziellinie, während das Publikum schon längst auf dem Heimweg war, kam ein etwa dreißigjähriger Herr auf mich zu und sagte: »Du bist Abiturient? Also, wenn du schon unbedingt bei solchen Wettkämpfen mitmischen willst, dann schreib doch lieber drüber.« Das war meine erste Begegnung mit einem Journalisten, dem ich mit meinen sechzehn Jahren auch gleich meinen ersten Job verdankte: Ich wurde Sportjournalist für das *Giornale del mattino*, eine Florentiner Tageszeitung. Zuerst berichtete ich über Laufwettbewerbe, wechselte dann zum Radsport und landete schließlich beim Fußball. Am Sonntag ging ich nicht zu den diversen Tanzvergnügen, sondern tuckerte mit meiner Vespa 98 durch die Toskana, von Dorf zu Dorf und von Städtchen zu Städtchen.

»Macht Platz, da kommt unser Journalist!«, riefen die Veranstalter, sobald sie mich kommen sahen. Ich war noch grün hinter den Ohren, und von Sport verstand ich wenig bis gar nichts. Aber vielleicht gerade deswegen bekam ich immer einen guten Platz auf den vordersten Rängen und am nächsten Tag eine Spalte für mein Artikelchen auf dem rosaroten Papier der Florentiner Zeitung – lange Beschreibungen, kurze Resümees, aber mein Name stand darüber. Diese zwei Dinge, die eigentlich Privilegien sind, haben mir zeit meines Lebens viel bedeutet. Der Beruf des Journalisten, der für mich zur Lebensform geworden ist, hat mich vor allem deshalb fasziniert, weil er mir die Möglichkeit gab, bei wichtigen Ereignissen immer in vorderster Linie zu stehen, jedermann die unmöglichsten Fragen zu stellen, den Mächtigen auf die Finger zu sehen und hinterher darüber zu berichten.

Dieses »Macht Platz, da kommt der Journalist« habe ich immer wieder vernommen, in den verschiedensten Ländern und in den verschiedensten Sprachen. Es hat mir Türen zu Räumen geöffnet, in denen Geschichte geschah, die meist traurige Geschichte meines Jahrhunderts. Ich war Augenzeuge sinnloser Kriege, fand mich vor Massengräbern wieder, in denen man die Toten grauenvoller Massaker verscharrt hatte, warf meinen Blick in menschenunwürdige Gefängnisse und auf weich gepolsterte Diktatorensessel. Stets hatte ich dabei das Gefühl, mit meinen Berichten eine Mission erfüllen zu müssen, für die Leser, die sich nicht selbst vor Ort ein Bild machen konnten, Auge, Ohr, Nase und Herz zu sein. Und nicht nur für die Leser.

Sicher, einerseits stimmt das Sprichwort: »Mit der Zeitung von gestern kannst du nur die Fische einwickeln.« Andererseits aber ist es genauso richtig, dass der Journalismus an den Wurzeln der Geschichte steht. Und dieser Verantwortung war ich mir immer bewusst. Aus ihr speist sich mein Respekt für das Detail, mein Bemühen, Fakten, Zahlen und Namen so präzise wie möglich wiederzugeben. Wenn die Versatzstücke eines bestimmten Ereignisses, dessen Zeuge man war, nicht den Fakten entsprechen, wie soll dann das Puzzle, das jemand aus diesen Stücken zusammensetzt, ein richtiges Bild ergeben?

Damit will ich natürlich nicht behaupten, dass die folgenden Seiten frei sind von Irrtümern. Ich möchte nur deutlich machen, dass ich mein Möglichstes getan habe, um korrekt Bericht zu erstatten. Und dass ich nie etwas erfunden habe, um fehlende Informationen zu kaschieren oder die Story noch etwas aufzupeppen. Einige der folgenden Artikel sind schnell und unter großem Termindruck entstanden, bei anderen hatte ich Tage und Wochen Zeit für Recherchen und konnte mir alles gründlich durch den Kopf gehen lassen.

Ein paar präsentieren nur geschichtliche Fakten, andere wiederum bedienen sich ebendieser Fakten, um ein umfassenderes Bild einer Situation oder eines Landes zu zeichnen. Alle aber haben Asien zum Thema, denn Asien ist seit mehr als 25 Jahren die Bühne meines Vagabundenlebens.

Weshalb Asien? Zunächst einmal zog es mich dorthin, weil es weit weg war und weil mir schien, dass es dort noch einiges zu entdecken gab. Ich war auf der Suche nach dem »Anderen«, nach einer Welt, die ich nicht kannte. Ich wollte Ideen, Menschen, Geschichten nachspüren, die ich nur aus Büchern kannte. Ich fing an, Chinesisch zu lernen, weil ich in China leben und den Maoismus höchstpersönlich kennenlernen wollte. Ich nahm einen Posten als Kriegsberichterstatter an, weil ich das Gefühl hatte, dass das, was damals in Vietnam vorging, mich direkt betraf. Danach entwickelten sich die Dinge fast von selbst, einschließlich der Wahl jener Länder, in denen wir leben wollten. Wir trafen solche Entscheidungen als Familie und immer, weil das fragliche Land uns interessierte, nie, weil man mich dorthin schickte oder weil »es sich anbot«.

Der Vorteil des Journalistendaseins – im Vergleich zu einer Diplomatenexistenz zum Beispiel – liegt in seiner Ungebundenheit. Man ist nicht nur frei zu sagen, was man will, man kann auch den Arbeitgeber wechseln, wenn man mit den Arbeitsbedingungen nicht mehr einverstanden ist. Ein Botschaftsangestellter, der von einer Hauptstadt in die andere versetzt wird, kann nicht einfach sagen: »Nein, ich bleibe hier und vertrete ein anderes Land.« Als Journalist hingegen kann man in einem solchen Fall die Zeitung wechseln. Ich hatte in dieser Hinsicht Glück. Ohne mir einen neuen Herausgeber suchen zu müssen, konnte ich immer dort leben, wo ich wollte: von 1971 bis 1975 in Singapur, von 1975 bis 1979 in Hongkong, von 1979 bis 1984 in China, danach wieder ein Jahr in Hongkong, von 1985 bis 1990 in Japan, danach vier Jahre in Thailand und seit 1995 in Indien.

Das lag daran, dass ich den richtigen Verleger gefunden hatte: Rudolf Augstein, Gründer und Herausgeber des *Spiegel,* der mir 1971, amüsiert vielleicht von diesem seltsamen »Gastarbeiter«, der ihn da um Arbeit bat, anbot, zuerst als »Springer« und einige Monate danach als Auslandskorrespondent für sein Blatt zu arbeiten. Seit dieser Zeit war ich ein »deutscher Journalist«. Dabei hatte ich durchaus versucht, für italienische Zeitungen zu schreiben, aber wie mit meinen läuferischen Ambitionen hatte ich damit keinen Erfolg gehabt. In den siebziger Jahren hatte kein einziges italienisches Blatt einen Auslandskorrespondenten in Asien und sah hierzu auch keine Notwendigkeit.

Dass ich in einer Sprache schreiben musste, die nicht die meine war, und für Leser, die ich nicht kannte, belastete mich manchmal. Daher sandte ich hin und wieder auch Artikel an italienische Zeitungen. Ich schrieb für *Il Giorno, Il Messaggero*, für den *Espresso*, die *Repubblica* und seit 1989 immer wieder für den *Corriere della Sera*. Die Tagebücher allerdings, aus denen später meine Bücher wurden, schrieb ich in Italienisch.

Die hier versammelten Artikel sind journalistische Arbeiten aus den letzten 25 Jahren, die in drei verschiedenen Sprachen entstanden sind – in Deutsch, Englisch und Italienisch. Ich habe mir erlaubt, daran nichts zu verändern. Die älteren Artikel erscheinen in der Form, wie ich sie als Telex an den Verlag geschickt habe, die jüngeren so, wie sie auf der Festplatte meines Computers gespeichert waren.

In letzter Zeit heißt es immer häufiger, das Aufkommen der elektronischen Arbeitsmittel habe das journalistische Handwerk verändert, der Sensationsjournalismus untergrabe die ethischen Grundsätze unseres Berufes und Leute wie ich, die sich vor Ort auf die Suche nach ihrem Körnchen Wahrheit machen, gehörten zu einer aussterbenden Zunft. Das ist wahr, und ich bedaure das.* Aber ich bin ebenso überzeugt, dass die Grundwerte des menschlichen Seins un-

---

* 1993 zum Beispiel zeigte ich in einer Aufwallung von Zorn einen italienischen Kollegen beim Presserat an, weil er eine Serie von offenkundig falschen Artikeln veröffentlicht hatte. Doch es geschah nicht das Geringste. Und dieser bekannte Fälscher ist auch heute noch einer der bestbezahlten Journalisten Italiens

verändert gültig sind. Daran werden weder der allgegenwärtige Materialismus noch die zunehmende Amoralität, die unser Leben heute prägen, etwas ändern. Und ich bin überzeugt, dass dieser Beruf – wie jeder andere – trotz der Computer, die unser Leben ein klein bisschen kälter machen, immer noch mit Leidenschaft und Hingabe ausgeübt werden kann, dass er immer noch Mission sein kann, Dienst an der Öffentlichkeit, ja eine Form, zu leben. Je mehr das Fernsehen das Weltgeschehen live und oberflächlich – als Instantmischung sozusagen – in jeden Haushalt bringt, desto fühlbarer wird das Bedürfnis nach Menschen, die sich vor Ort begeben, um dem nachzuspüren, was vor sich geht, um sich von dieser oder jener Geschichte anrühren zu lassen und sie den Menschen zu erzählen, die immer noch Lust am Zuhören haben. Dass dies wahr ist, davon bin ich zutiefst überzeugt. Und wenn ich mich irren sollte – es wäre ja nicht zum ersten Mal –, dann nehmen Sie diese Zeilen als Relikte eines Fossils, das mittlerweile vom Aussterben bedroht ist.

t.t.

Von 1958 bis 1961 studierte ich Jura an der Scuola Normale in Pisa, der italienischen Elite-Hochschule. Nach meiner Abschlussprüfung ging ich sechs Monate lang nach England und nahm 1962 einen Job bei Olivetti an. Eine Zeit lang war ich für den Vertrieb von Schreibmaschinen zuständig, dann ging ich in die Fertigung, um die Grundlagen des Produktionsprozesses kennenzulernen, und schließlich landete ich in der Personalabteilung als Sachbearbeiter für ausländische Mitarbeiter. 1965, ich war 27 Jahre alt, schickte man mich nach Japan, wo ich Schulungen für die dortigen Olivetti-Mitarbeiter durchführte. Auf dem Weg nach Tokio hielt ich mich einen Tag lang in Bangkok auf. Zum ersten Mal setzte ich meinen Fuß auf asiatischen Boden und bewunderte die Schönheit der Bougainvilleen. In Tokio nutzte ich jede freie Minute, um die Stadt zu erkunden und meiner Frau Angela meine Eindrücke in Briefen mitzuteilen.

Das erste Mal

Tokio, 4. Januar 1965

Meine herzallerliebste Frau,
nach unserem unschuldig-heiteren Abschied bin ich nun endlich hier: in Japan ... Die Moderne macht alles platt, die Zivilisation alles zivilisiert. Ich kam in Tokio an, als stiege ich in Mailand aus dem Flugzeug. Das Hotel könnte genauso gut in Stockholm stehen, die Olivetti-Niederlassung auch in Lissabon oder Aja. Vom Fenster aus, auf das ein feiner Regen seine Nadelstiche setzt, blicke ich auf eine Ansammlung niedriger Häuser und eine noch verlassene Straße. Nur weg aus dieser einschläfernden Ruhe der Hotels für Manager, wo man sich mit derselben Seife waschen kann wie in Toronto, und zu Fuß eintauchen in diese graue Häusermasse. Ich möchte heraus aus dem schützenden Bollwerk, das alles um mich herum leicht macht und mit einem Lächeln umgibt.

Tokio, 6. Januar 1965
Ich habe meine erste Mahlzeit in einem japanischen Restaurant eingenommen. Meine Tischnachbarn haben sich köstlich amüsiert, weil ich darauf bestanden habe, mit Stäbchen zu essen. Wäre mir gegenüber nicht eine Familie gesessen, deren Gesten ich aufmerksam beobachtete und nachahmte, hätte ich meine Rechnung bezahlen müssen, ohne mehr als zwei oder drei Reiskörner verzehrt zu haben. Doch nicht nur Besteck und Speisen sind anders – auch die Art des Servierens: Es kommt alles in Schüsselchen schwimmend auf den Tisch ... Jahresende und -beginn feiert man mit einer Art gigantischer Saturnalien, die sich fast zwei Wochen hinziehen: Die Straßen werden mit Reisstroh geschmückt, die Frauen tragen ihre Festtagskimonos, an den Autos flattern Fähnchen mit faszinierenden Aufschriften, die ich nicht verstehe. In den Büros trinkt man Bier und isst aus Holzschachteln, die reich mit Blumen und Schriftzeichen verziert sind. In den Augen eines Abendländers sind diese Schriftzeichen ein höchst elegantes Dekor, das jedem Ding einen geheimnisvollen Anstrich verleiht. So ertappen meine japanischen Kollegen mich des Öfteren, wie ich den Schriftzug auf einer Plakatwand bewundere, der dann nichts weiter heißt als »Coca-Cola«. Oder ich betrachte fasziniert die Ideogramme auf den himmelblauen halblangen Kimonos einer Gruppe von Arbeitern, worauf man mir erklärt, was da steht: »Telefongesellschaft Tokio«. Doch mich begeistert eben alles, was ich nicht kenne, diese Unfähigkeit, sich zu verstehen, die unergründlichen Gesichter um mich herum, in denen mein Sympathie-Instinkt keinen Ansatzpunkt findet, und die Zeichen, in denen sich Geheimnisse ausdrücken, die ich verstehen möchte.

Tokio, 9. Januar 1965
... unter den Verkäufern, die ich hier unterrichte, ist einer, der vor kurzem erst seinen kleinen Sohn verloren hat. Das Kind hatte sich in der Wiege auf den Bauch gedreht, verfing sich im Kissen und erstickte beinahe. Man rief den Krankenwagen, der auch kam. Die Sanitäter hatten zwar Sauerstoff dabei, aber leider keinen Schlauch

und keine Inhalationsmaske. So starb der Junge. Die Sanitäter und die Eltern des Kindes verbeugten sich voreinander und überschütteten sich gegenseitig mit Entschuldigungen: die einen, weil sie so lange gebraucht hatten, die anderen, weil man den Krankenwagen vergebens habe kommen lassen.

Tokio, 14. Januar 1965

... ich lerne hinzu. Heute habe ich in der U-Bahn eine Unterhaltung zwischen einer alten Frau mit glattem, durchscheinendem Gesicht beobachtet und einer anderen, die ihre Einkäufe in einem wunderschönen, verknoteten Taschentuch nach Hause trug. Eine sprach, und die andere nickte ständig mit dem Kopf und gab zurück: »Hai ... hai ... aah ... so ... iiii ... ooooo ... uuuuu ... hai.« So ging das eine gute Viertelstunde lang, dann erhoben sich die beiden und trippelten mit winzigen Schritten davon. Die eine sprach immer noch, die andere gab immer noch diese Töne von sich, während ihr Päckchen mit dem azurblau und schwarz gemusterten Taschentuch gegen den in warmem Braun gehaltenen Kimono schlug.

Kioto, 15. Januar 1965

... Heute ist das Fest der jungen Leute, die ihren zwanzigsten Geburtstag feiern, und so nutze ich die Gelegenheit, um mit dem schnellsten Zug der Welt nach Kioto zu fahren ... Ich bin hier in einem *ryokan* untergebracht, einer traditionellen Herberge, und werde ehrfürchtig bedient von einer Mischung aus Amme und Zimmermädchen, die mir zeigt, wie ich die verschiedenen Pantoffeln unterscheiden kann, die ich zur Auswahl habe: zum Beispiel die für das *o-furo*, das »ehrenwerte Bad«, oder die für die Toilette ... Zum Tee kam der »merkwürdige Typ aus Florenz«, ein Dominikaner und Freund von Fosco Maraini, Pater Sandro Bencivenni, und blieb bis Mitternacht. Er saß mit mir auf der Erde an meinem Lacktischchen, während die Amme uns Tee und Sake servierte, glücklich, einen Gast im Haus ihres Gastes zu haben. Wir sprachen über Florenz, über die Gründe, weshalb wir von dort geflüchtet sind, über den Orient und über den Buddhismus, den er sehr gut kennt ... seine Naivität in weltlichen Dingen ist geradezu entwaffnend, aber seine philosophischen Reflexionen haben mich tief berührt: Der Westen – so sagte er – begreift die Kultur als Wissenschaft, das heißt als Kenntnis der Dinge, die das Ich umgeben. Das Ich ist in diesem Weltbild nur ein Instrument, der Ort des Denkens. Aus dieser Haltung entstanden Naturforschung und empirische Wissenschaft. Der Osten hingegen – und dort vor allem Indien, denn seiner Ansicht nach kam diese Philosophie aus Indien über China und Korea nach Japan – versteht Kultur als Suche des denkenden Ichs. Der Gedanke ist nur Ich-Gedanke. Das Ich denkt sich selbst, denn das Ich ist nicht Teil des Ganzen, sondern überhaupt alles. Unterscheidung ist nichts als Illusion. Das Ganze, das Absolute, aber ist die Wahrheit. Sobald man sich aufmacht, einen Unterschied zu suchen, befindet man sich im Irrtum. Jahrhundertelang – so meint er – habe sich die Welt in diese beiden Richtungen bewegt, um endlich an dem gefährlichen Abgrund anzukommen, an dem wir heute stehen. Auf der einen Seite steht das Ich, das sich selbst im Wissen um seine Umwelt vergessen hat, das zum Sklaven des Wissens geworden ist und das Zeitalter der Maschinen und damit das Ende des Menschseins eingeläutet habe. Auf der anderen Seite finden wir das Ich, das unerreichte Tiefen der Selbsterkenntnis und eine ebenso hohe Kultur erlangt hat, aber, da es die Erforschung seiner Umgebung vernachlässigte, an Hunger, Pest und Lepra stirbt ...

Ich blieb etwa sechs Wochen in Japan. Auf dem Rückweg besuchte ich Hongkong, Singapur und Delhi. Da stand mein Entschluss bereits fest: Meine Zukunft lag in Asien. Nun musste ich sehen, wie ich ihn in die Tat umsetzen konnte.
Anfang September 1967 schiffte ich mich mit Angela auf der »Leonardo da Vinci« nach New York ein. Nach meinem zweiten Asienbesuch (ich war in Australien und auf Timor gewesen, wurde Zeuge der großen Pro-Mao-Demonstrationen in Hongkong und Macao) hatte ich die Harkness-Fellowship gewonnen, ein Stipendium, das mir erlaubte, zwei Jahre lang in den USA zu leben. Ich schrieb mich an der Columbia University ein und studierte Sprache und Geschichte Chinas. 1969 kehrte ich nach Italien zurück, machte ein acht-

zehnmonatiges Praktikum als Journalist bei der Tageszeitung *Il Giorno* in Mailand. Dann kündigte ich, und 1971 machten wir uns mit zwei kleinen Kindern auf nach Singapur, wo wir unseren ersten Wohnsitz in Asien bezogen – ein bildschönes Haus in einem Park voller tropischer Farb- und Klangspiele.

Damals beherrschte der Indochinakrieg die Zeitungen. Amerikaner und die von ihnen unterstützten Rechtsregierungen standen der kommunistischen Guerilla gegenüber, die von China und der Sowjetunion Hilfe erhielt. Im April 1972 reiste ich als Korrespondent nach Vietnam und hörte dort zum ersten Mal »anhaltende Schusswechsel«. Damals führte ich ein Tagebuch. Dies ist die erste Seite:

Saigon, 7. April 1972

Der Krieg ist eine traurige Angelegenheit. Noch trauriger ist allerdings, dass man sich daran gewöhnt. Als ich heute Morgen meinen ersten Toten sah, wie er mit ausgebreiteten Armen vor einem Militärcamp lag, die mageren Hände in den Schlamm gekrallt und das Gesicht bleich wie Wachs, war ich noch wie gelähmt. Die Toten nach ihm habe ich nur noch gezählt, als wären sie Gegenstände, über deren Anzahl aus irgendeinem Grund Buch geführt werden muss.

Man kann über den Krieg – diesen oder einen anderen – nicht schreiben, ohne ihn gesehen zu haben, ohne die Bereitschaft, sich seinen Risiken auszusetzen. Daher bin ich an die Front gegangen, nachdem ich zwei Tage in Saigon damit verbracht habe, mit den Offizieren in der Botschaft, den Sprechern der einzelnen Kommandos, den »Experten« also, über einen Krieg zu reden, der für mich unwirklich blieb, abstrakt, so als würde er nicht von Menschen geführt.

Der Gedanke, dass ich diesen Krieg sehen musste, um ihn zu begreifen, drängte sich mir immer stärker auf, auch aus Solidarität gegenüber den Kämpfenden. Meine Meinung hat sich nicht geändert, doch jetzt, wo ich hier bin, habe ich auch Angst. Was mir Angst macht, ist die Erkenntnis, dass man sich in diesem Krieg für eine Seite entscheiden muss und damit automatisch zum Mitkämpfer wird.

Die Soldaten, hinter denen man hergeht, werden bald zum »Wir«, diejenigen, die »uns« beschießen, sind dagegen der Feind, die *bad guys,* die »Bösen« also, wie die Amerikaner der Bevölkerung schnell beigebracht haben.

Man lernt zu unterscheiden, ob eine Granate abgefeuert wird (ein regelmäßiges Geräusch) oder ob sie einschlägt (ein unregelmäßiges Geräusch, das auch ganz in der Nähe ertönen kann), und spricht ganz automatisch von »unseren« und »ihren« Granaten.

Mit dem Gesicht im Schlamm eines Grabens, der sich bei einem Platzregen immer stärker mit Wasser füllte, ertappte auch ich mich dabei, wie ich wünschte, die amerikanischen Hubschrauber würden uns retten, die »Kobras« würden den Wald von Heckenschützen säubern, welche uns ständig unter Beschuss nahmen.

»Wenn wir bis heute Abend oder morgen keine Verstärkung bekommen, sind wir erledigt«, sagt Major Mingh, der Bezirksvorsteher von Chon Than. »Die Vietcong werden von Stunde zu Stunde mehr. Mittlerweile sind sie überall da draußen ...« Und mit ausgestrecktem Arm weist er auf den Horizont. In diesem Moment fielen die Schüsse. Ich stand aufrecht da, und an meinem rechten Ohr flog etwas vorbei. Ein kurzes, trockenes Pfeifen. Ich weiß und habe es schon oft gehört, dass die Kugel, die du hörst, dich nicht trifft, aber das ist ein schwacher Trost, wenn die anderen Kugeln über deinen Kopf hinwegpfeifen und wenn du weißt, dass dort draußen jemand, den du nicht einmal kennst, nur darauf wartet, dass du dich bewegst, damit er auf dich schießen kann. Wahrscheinlich hält er mich für einen der amerikanischen Berater ...*

---

* Diesen Auszug habe ich meinem Buch *Pelle di leopardo – diario vietnamita di un corrispondente di guerra* (Leopardenhaut – Tagebuch eines Kriegskorrespondenten in Vietnam) entnommen, das 1973 bei Feltrinelli erschien.

Meine Familie war in Singapur in Sicherheit, ich aber verbrachte die Hälfte meiner Zeit in Indochina und jettete zwischen Laos, Kambodscha und Vietnam hin und her. Das Land, das sich als Erstes dem Frieden zu nähern schien, war Laos. Repräsentanten der Guerrillabewegung wurden zu Regierungsmitgliedern ernannt. In der Hauptstadt Vientiane zogen die ersten Pathet Lao, die kommunistischen Guerillakämpfer, ein.

Laos: eine Million Elefanten

Vientiane, April 1974

Wenn die Sonne untergeht, kommen die Streifen der Pathet Lao. Stündlich marschieren sie im Gänsemarsch durch die Stadt, langsam, im Passgang gewissermaßen, als seien sie immer noch in den Urwäldern des mittlerweile befreiten Laos unterwegs. Nun aber patrouillieren die kommunistischen Guerilla durch die Straßen jenes Ortes, der in den Kriegsjahren das Hauptquartier des amerikanischen Geheimdienstes in Indochina war, das Nest der CIA-Agenten, das Zentrum des Opiumhandels. In ihren grünen, von Sonne und Regen ausgebleichten Uniformen, in voller Kriegsausrüstung, das chinesische AK-47-Gewehr an der Seite, kontrollieren sie rechts und links die Straße – vorbei an den Bars, den Nachtklubs, den Prostituierten und Transvestiten, die auf der Sam-Se-Thai-Straße nach letzten Kunden Ausschau halten.

Sie halten niemanden auf, stellen keine Fragen. Im Augenblick marschieren sie einfach nur vorbei und sehen sich um.

Seit drei Wochen gibt es in Laos eine Koalitionsregierung. Die Kommunisten stellen die Hälfte der Mitglieder. Sie haben 1800 Soldaten in der Verwaltungshauptstadt des Landes stehen. Auch wenn nach dem Pariser Abkommen über diese Lösung viel diskutiert wurde, ist es doch erstaunlich, zu sehen, wie sie in die Praxis umgesetzt wird. Für viele Menschen ist dies ein Ende wie im Märchen.

Nach einem Jahrzehnt des mörderischen Bürgerkriegs haben sich die Gegner, die verfeindeten königlichen Stiefbrüder, in Luang Prabang getroffen, der alten Hauptstadt des »Reiches der Million Elefanten«, und haben vor dem König, ihrem Cousin, geschworen, gemeinsam und in Frieden für den Wohlstand ihres Volkes zu arbeiten.

Souvanna Phouma, der Antikommunist, und Souphanna Vong, der Kommunist, standen nebeneinander im traditionellen Gewand des laotischen Hofes, einem dunkelblauen, langen Rock und einer weißen Jacke mit Stehkragen. Hinter ihnen in derselben höfischen Tracht die Mitglieder der neuen Regierung und des politischen Rates. Die Szene ähnelte einem alten Druck mit exotischen Motiven: die Wachen des Königs in Habtachtstellung, das Diplomatenkorps in Galauniform, die religiösen Würdenträger in der orangefarbenen Tunika und die Menge in Festtagslaune. Vom Wat Pu Si, dem Tempel auf dem heiligen Hügel, wehten die sanften Klänge eines Gongs herab. Dort, so heißt es, sind einige der 84 000 Reliquien Buddhas vergraben. Die Legende berichtet, dass auf dem Gipfel des Hügels zwei gewaltige Drachen hausen, die das ganze Volk verschlingen werden, wenn es den Gong eines Tages nicht mehr vernehmen sollte.

Nun ist Laos wieder in Frieden vereint. Das erste Land Indochinas, das seinen Weg aus einem Krieg gefunden hat, der seit 1945 immer wieder aufflackerte und die Halbinsel zusehends zerstört hat. In Laos gibt es für jede Lebenslage ein Sprichwort, und Prinz Souvanna Phouma, Premierminister der neuen Koalitionsregierung, hat auch für diese Gelegenheit das Passende gefunden: »Wasser lässt sich nicht mit dem Schwert teilen«, sagte er mir mit feierlicher Stimme während eines Interviews in seiner Residenz. »Wenn nun jemand versuchen sollte, uns zu trennen, werden wir von neuem zusammenfließen wie das Wasser.«

Trotz des von offizieller Seite zur Schau getragenen Optimismus bleiben ausländische Beobachter und auch viele Laoten skeptisch, was die Lebensdauer dieser Koalition angeht. Es ist die dritte nach zwei gescheiterten Versuchen 1957 und 1962, die beide in der Katastrophe endeten.

Es geht das Gerücht, dass die Pathet Lao mit ihren 50 Prozent Machtanteil nicht zufrieden sein und einen Staatsstreich anzetteln werden. Doch es gibt auch Stimmen, welche die reichen Familien des Landes und die ihnen verbundenen rechten Generäle solcher Pläne verdächtigen. Man munkelt, dass sie die Kommunisten wieder in ihre Felshöhlen bei Sam Neua zurücktreiben werden, der Stadt an der Grenze zu Nordvietnam, wo die Pathet Lao den brutalen Bombardements der fliegenden Festungen aus dem fernen Amerika mit Bravour standhielten, um sodann ihren revolutionären Kampf gegen die Regierung in Vientiane zu führen, die von Washington gestützt wurde.

Doch Laos ist ein eigenartiges Land, daher könnte die Koalition auch funktionieren.

Dies ist das Land, in dem sogar zu Zeiten der schlimmsten Konflikte, als Regierungssoldaten und kommunistische Guerilla sich in den Dschungeln des Landes gegenseitig massakrierten, ein offizieller Vertreter der Pathet Lao ungestört in einer hübschen Villa am zentralen Marktplatz lebte, bewacht von einem Guerillakrieger in Uniform, an dem Tag für Tag Hunderte von Hausfrauen vorbeiströmten, die an den Ständen dort ihr Gemüse kauften. Dreizehn Jahre lang ließ man in Vientiane ganze vier Ministerien unbesetzt, für den Fall, dass die Führer der Pathet Lao zurückkehren und ihren Ministerposten wieder einnehmen wollten. Die Guerillas hingegen stellten nie eine offizielle Gegenregierung auf, wie die Vietcong in Vietnam und die Roten Khmer in Kambodscha dies taten.

Der Krieg in Laos wurde quasi aus Indochina importiert, ja zum Großteil erst durch die Einmischung der USA hervorgerufen. Doch die von Washington bezahlte Propagandamaschinerie schaffte es nie, die Pathet Lao als schrecklichen, grimmigen Feind hinzustellen.

Für die Laoten waren die Guerillakrieger Nationalisten, die sich gegen den Fremdeinfluss in ihrem Land zur Wehr setzten. Auch in den Regionen, die von der Regierung in Vientiane kontrolliert wurden, blieb ihre Popularität stets ungebrochen.

Tausende von Menschen gingen auf die Straße und schwenkten

Fähnchen und Taschentücher, applaudierten und sangen ein Kampflied der Pathet Lao, das eigentlich nur von den Geheimsendern ausgestrahlt wurde, das aber trotzdem alle zu kennen schienen. »Der Frieden ist da. Der Frieden ist unser.«

Der weiße Wolga des Oberkommandierenden der Pathet Lao teilte die jubelnde Menge langsam in zwei Flügel. Die Pathet-Lao-Soldaten, die alle 50 Meter am Straßenrand standen, waren die Helden des Tages. Die Menschen umarmten sie auf offener Straße.

Derselbe Empfang wurde dem »roten Prinzen« auch in Luang Prabang zuteil, der königlichen Hauptstadt, und Savang Vatthana, der König, war so wütend über die geschlossenen Schulen und die Volksmenge auf den Straßen (eine Ehre, die normalerweise nur ihm selbst zuteil wurde), dass er sich in letzter Minute entschied, das Dekret zur Einsetzung der neuen Regierung doch nicht zu unterschreiben. Einen Augenblick lang fürchtete er wohl, sein Thron sei in Gefahr. Erst nachdem Souphanna Vong ihn diesbezüglich beruhigte, entschloss er sich doch noch zur Unterschrift.*

Und nicht nur der König hatte Angst, dass mit der Machtergreifung der Pathet Lao sich alles verändern würde. Das reiche Bürgertum von Laos, die chinesischen Geschäftsmänner, der Botschafter Südvietnams, die in Laos lebenden Ausländer und sogar die Hippies, die auf ihrem Weg zur billigen Droge zu Hunderten durch Laos kamen, fürchteten sich – jeder auf seine Weise. Zum Beispiel davor, dass die neue Regierung Maßnahmen ergreifen könnte, welche die Privatwirtschaft beschränken würden. Oder dass es eine neue Moral geben könnte. Dass diplomatische Beziehungen zu anderen revolutionären Regimes dieser Region aufgenommen würden. Und nicht zuletzt fürchtete man, dass alle, die nicht zum Volksstamm der Lao gehörten und dort von mehr oder weniger legalen Geschäften lebten, ausgewiesen werden könnten.

* Wie sich später zeigen sollte, waren die Befürchtungen des Königs nicht unbegründet. Eineinhalb Jahre nach diesem Ereignis wurde er entmachtet und mitsamt seiner Familie in ein Umerziehungslager geschickt, wo er auch starb. Das Reich der Million Elefanten wurde zu einer demokratischen Republik.

Nichts davon ist geschehen. Drei Wochen nach Einsetzen der neuen Regierung gibt es keine dramatische politische Entscheidung. Die Pathet Lao haben alles getan, um ihre Gegner zu beruhigen. Der erste öffentliche Auftritt des neuen Ministers für Wirtschaft und Planwirtschaft, eines Pathet Lao, war ein Besuch beim regelmäßigen wöchentlichen Lunch des Rotary Clubs im eleganten Hotel Lane Xang in Vientiane. Und der Minister für kultische und religiöse Angelegenheiten, ebenfalls ein Pathet Lao, besuchte als Erstes eine buddhistische Zeremonie und danach eine katholische Gedenkmesse für den französischen Präsidenten Pompidou – begleitet vom roten Prinzen Souphanna Vong persönlich.

Vientiane und Luang Prabang erscheinen heute so normal wie immer, trotz der sichtbaren Präsenz der Guerillakämpfer auf den Straßen. Die elf Opiumhöhlen und die sieben Bordelle der alten königlichen Hauptstadt sind immer noch in Betrieb. Das Gleiche gilt für das Prostituiertenviertel Pa Kuai in Vientiane und Dutzende winziger Hütten, in denen eine Pfeife besten Opiums auch heute noch nur 100 Kip (etwa 40 Cent) kostet. Auf dem zentralen Marktplatz von Vientiane kann man neben Kohlköpfen und Basilikum immer noch ein Kilo Marihuana für 150 Kip erwerben. Und in den vietnamesischen Geschäften stehen heute noch Fotos des Königs von Laos neben den Bildern des Antikommunisten Ngyen van Thieu, des vietnamesischen Ministerpräsidenten, der sein Bild durch die Botschaft überall verteilen ließ. Die Botschaften von Vietnam und Kambodscha wurden unterrichtet, dass die Regierung den Status der diplomatischen Beziehungen nicht zu verändern wünsche.

Das »White Rose«, das berühmte Lokal, in dem die Mädchen mit dem intimsten und dafür ungeeignetsten Teil ihres Körpers zehn Zigaretten auf einmal rauchen, sowie das »Madame Lulu«, ein Bordell, in dem nur »Liebe auf Französisch« verkauft wurde, sind immer noch in Betrieb. Trotzdem sind die Lokale weitgehend leer, weil ihre Stammkunden – die amerikanischen Piloten, die CIA-Agenten und die Undercoveragenten der verschiedensten Geheimdienste – das Land verlassen haben, und mit ihnen die vielen amerikanischen

Bürger, die hier lebten. Nur ein paar Typen von der Fremdenlegion sind noch hier. Sie verkaufen schlechten Whisky in miesen Bars, die ebenso dunkel sind wie diverse andere Geschäfte, mit denen sie sich über Wasser halten.

»Die Pathet Lao wollen sich schließlich nicht benehmen wie der Elefant im Porzellanladen«, sagt ein westlicher Diplomat. »Sie wollen vor allem wissen, wie hier alles funktioniert, was für ein System hier herrscht. Dann werden sie Schritt für Schritt eingreifen.«

Was sich verändert hat, ist vor allem die Stimmung im Land. »Sie sind überall. Ich spüre sie förmlich in meinem Nacken atmen«, erzählt ein chinesischer Händler. »Sie verlangen nichts, betreten nie ein Geschäft oder ein Restaurant. Aber sie sind da. Man kann sie nicht übersehen.«

Die Häuser und Villen, in denen die Pathet Lao Quartier genommen haben, sind leicht zu erkennen: Die Mauern wurden frisch gestrichen, die Eingangstore repariert und die Gärten auf Gemüseanbau umgestellt. Tagsüber sieht man dort die wilden Kämpfer, wie sie Salat wässern oder Hühner füttern. In dem kleinen Park rund um die Villa, in der Prinz Souphanna Vong lebt, zirka 20 Meter von der amerikanischen Botschaft entfernt, tummeln sich etwa ein Dutzend Enten auf einem kleinen, frisch angelegten Teich.

Rundherum errichten die Pathet Lao, das Maschinengewehr immer griffbereit, Holzbaracken oder machen die Wäsche.

Westlichen Schätzungen zufolge verfügen die Pathet Lao, die in ihrem Land etwa 85 Prozent des Territoriums kontrollieren, über zirka 35 000 Guerillakämpfer. In Vientiane, das seit jeher zum Hoheitsgebiet der rechten, von den Amerikanern finanzierten Kräfte gehört, bewegen sie sich gleichsam auf vermintem Gelände. Daher sind sie Fremden gegenüber misstrauisch und gehen sofort auf Distanz. Auch ihre Befehlshaber sind vorsichtig und lassen sich auf kein Interview ein.

Souphanna Vong ist eine faszinierende Figur. Klein, untersetzt, mit enorm breiten Schultern und gebräuntem Gesicht, in dem ein kleiner, schwarzer Schnurrbart prangt, sieht er durch sein Gegenüber hindurch, als blicke er »in die Zukunft«. In den letzten Tagen habe ich ihn mehrfach getroffen, doch ist es mir nie gelungen, aus ihm mehr herauszuholen als ein breites Lächeln oder eine witzige Bemerkung. Während eines Empfangs fragte ich ihn, aus welcher Richtung er denn die größten Probleme für die neue Regierung erwarte. Da wandte er sich einfach dem amerikanischen Botschafter Whitehouse zu, der einen Schritt vor uns einen Gin-Tonic schlürfte, und sagte: »Von da!«

Am 15. August 1973 hörten die Amerikaner auf, Kambodscha mit Bombenteppichen zu belegen, und unterstützten das Regime von Marschall Lon Nol nur noch indirekt. Die Roten Khmer standen vor den Pforten der Hauptstadt.

Kambodscha: Furcht vor dem weißen Pferd

Phnom Penh, 2. Januar 1975

»Das ist keine irdische Stadt, sondern die Pforte zum Jenseits«, sagte mir ein alter Franzose, der in Phnom Penh lebte. Und ich hätte ihm geglaubt, wenn die zerstörerische Kraft dieses nur allzu irdischen Krieges, der Hunger und Leid über die Menschen gebracht hat, nicht jenes berühmte Khmer-Lächeln auf dem Gesicht der Kambodschaner hätte erlöschen lassen.

In Phnom Penh genügen wenige Tage, um sich auf einen anderen Lebensrhythmus einzustellen, in die Logik einer Welt einzutauchen, in der Phantasie, Verstand und Aberglaube sich ständig vermischen. Phnom Penh ist eine verhexte Stadt, in der Geister und Menschen mittlerweile Seite an Seite leben. Soldaten, die ins Gefecht ziehen und ein Bild Buddhas zwischen den Zähnen halten oder sich einen Stofffetzen um den Kopf wickeln, der sie vor feindlichen Kugeln schützen soll, erstaunen hier niemanden. Es geht sogar das Gerücht, dass der Präsident der Republik Kambodscha, General Lon Nol, den Hügel, der sich in der Mitte der Stadt ziemlich unvermittelt erhebt, abtragen lassen will. Sein Astrologe, so hört man, habe ihm erzählt, dass die Chinesen, die den Hügel vor Jahrhunderten aufschütten ließen, den Naga, die siebenköpfige Schlange, Schutzpatron Kambodschas, betrogen haben, um so für immer das Volk der Khmer zu unterwerfen. Und niemand findet das irgendwie seltsam.

Vielmehr geben die Kambodschaner dem General Recht. Vor einiger Zeit, als eine ganze Kompanie Regierungssoldaten vor den Roten Khmer Fersengeld gab und behauptete, sie habe am Himmel ein riesiges weißes Pferd gesehen, befahl Lon Nol dem Chef seines Geheimdienstes, einem Oberst, den Vorfall genauestens zu untersuchen. Dieser kam in seinem Bericht zu dem Ergebnis, dass »es sich keineswegs um ein weißes Pferd, sondern um eine Wolke« gehandelt habe. Abschließend wurde eine Pressekonferenz abgehalten, bei der ein amerikanischer Journalist den Oberst fragte: »Aber sind Sie denn tatsächlich davon ausgegangen, dass es auch ein Pferd hätte sein können?« Und der Oberst gab zurück: »Natürlich. Und hätte es sich um ein weißes Pferd gehandelt, wäre dies wirklich ein böses Omen gewesen.«

In der Vorstellung der Kambodschaner steht das weiße Pferd für einen König, der kommt, um das Land zu beherrschen. Und in der aktuellen Situation hätte das nur Sihanouk sein können, der an der Spitze der Roten Khmer den General besiegt.

Natürlich bereitet dieser Aspekt der kambodschanischen Mentalität den Amerikanern ein gewisses Kopfzerbrechen, und so haben sie erst kürzlich einen Anthropologen mit der Untersuchung der verschiedenen Mythen und Sagen des Landes beauftragt. Außerdem scheint es unter den vielen Angestellten der Botschaft auch einen zu geben, der ein waches Auge auf all die Astrologen und Wahrsager hat, mit denen Lon Nol sich täglich umgibt und deren Dienste die Staatskasse jährlich ein paar Millionen Dollar kosten.

Die amerikanische Botschaft, Hauptziel für kommunistische Raketen und nur wenige Schritte vom Präsidentenpalast entfernt, ähnelt mit jedem Tag mehr einer Festung. Erst kürzlich wurde die Umfriedungsmauer auf 5 Meter erhöht. Die alten Holztüren hat man längst durch solche aus massivem Stahl ersetzt. Das Betreten des Gebäudes ist eine langwierige Prozedur. Man geht durch ein Labyrinth von Kontrollposten, wird mehrfach durchsucht, und am Ende öffnet ein Marine elektronisch eine kugelsichere Tür.

Der amerikanische Kongress hat seine geheimdienstliche Präsenz in Kambodscha auf 200 Beamte beschränkt, die nichtsdestotrotz recht auffällig sind. Sie versammeln sich allabendlich im Restaurant »La Taverne« an der stillen Place de la Poste, die seit 1890 unberührt blieb und heute wirkt wie die Kulisse eines alten französischen Theaters. Transistorradios gucken aus ihren weißen oder violetten Hosen heraus. Es handelt sich um Militärberater, junge Amerikaner der »Spezialeinheiten«, die man aus Vietnam hierher geschickt hat, wo sie einen Krieg führen, über den sie Stillschweigen bewahren müssen, denn eigentlich ist der Krieg, den die Amerikaner in Kambodscha führen, geheim. Ihre ungenierte Lautstärke hebt sich deutlich vom gedämpften Gemurmel einer Gruppe französischer Professoren ab, die sich – Überreste der Kolonialzeit – immer zur selben Zeit auf den Barhockern versammeln, um unter den riesigen Ventilatoren ihren klassischen Pastis zu trinken.

Vor zwei Wochen wurde sogar der behäbige Trott der alten Stammgäste des »La Taverne« empfindlich gestört. Kurz vor Beginn der Ausgangssperre um neun Uhr abends kam es ganz in der Nähe zu einer wilden Schießerei; nicht nur das übliche Ballern der Soldaten am Fluss, die aus Angst vor Minen auf alles schießen, was auf dem Strom daherschwimmt. Nein, das war konzentriertes Feuer, das sich eher so anhörte, als wären Regierungssoldaten auf Partisanen gestoßen, die mittlerweile von überallher in die Stadt eindrangen. Nach einigen ängstlichen Augenblicken kam plötzlich die Erleuchtung: Es war ja Mondfinsternis. Die Soldaten schossen in den Himmel, um den bösen Riesen Rea Hu zu vertreiben, der den Mond fraß. Die Kambodschaner glauben schon seit jeher, vielleicht weil sie seit Jahrhunderten Bauern sind, dass das größte Unglück vom Himmel kommt. Auch Lon Nol glaubt fest an das, was ein religiöser Würdenträger ihm prophezeite: »Ihr Ende wird einmal vom Himmel kommen.« Daher begleiten ihn jedes Mal zwei Luftabwehrbatterien, wenn er den Palast verlässt. »Kein Mensch versteht, wieso«, sagte mir ein europäischer Diplomat. »Jeder weiß doch, dass die Roten Khmer keine Luftwaffe haben.« Worauf ein etwas besser informierter Beobachter der Ereignisse zu bedenken gab, dass erst kürzlich zwei Angehörige seiner eigenen Luftwaffe den General ins Grab befördern wollten. Ohne Erfolg.

Seit Phnom Penh von Flüchtlingen belagert wird, scheinen die

Gehsteige der großen Straßen quasi verschwunden zu sein. Eng aneinandergedrückt stehen dort jetzt Hütten aus Karton und Plastik, in denen ganze Familien wohnen. Meist Frauen und Kinder. Die Männer werden von der Militärpolizei abgeholt, die des Öfteren die Straßen durchkämmt, um neue Soldaten auszuheben als Ersatz für die »Geistersoldaten«: Männer, die es nicht gibt, die von den Offizieren jedoch in ihren Listen geführt werden, damit sie deren Sold kassieren können. Jetzt, wo die Amerikaner strengere Kontrollen durchführen, müssen sie sich beeilen, diese Phantasiesoldaten durch echte zu ersetzen.

Krieg, Politik, Rote Khmer, Amerikaner – doch das Tagesgespräch der Menschen in Kambodscha dreht sich um anderes. Selbst jene, die alles verloren haben, wie die Flüchtlinge, die jüngst im Park des Königspalastes untergebracht wurden, wo einst Sihanouk seine Empfänge gab, äußern nie ein Wort des Zornes, der Verachtung oder der Auflehnung.

Als mehrere große, schwere Mercedes-Limousinen aus dem Regierungspalast kommen, frage ich eine Frau mit fünf pustelbedeckten, schmutzigen Kindern: »Was denken Sie von diesen Leuten?« Und sie antwortet: »Die haben wirklich Glück. Die essen dreimal am Tag.«

Ein älterer Herr, Kambodschaner und unter Sihanouk Minister und Leiter der Zentralbank, erklärt mir: »Man muss die Kambodschaner verstehen. Sie sind Buddhisten. Sie begehren nicht auf. Wenn eine Bombe ihr Haus zerstört, streuen sie sich Asche aufs Haupt und fragen sich, was sie im vorigen Leben falsch gemacht haben, um so ein Unglück zu verdienen.«

Die Regenzeit geht langsam ihrem Ende zu, und nach dem obligatorischen Gewitter am frühen Nachmittag wirkt der Himmel hoch und klar. Vom Mekong her erheben sich ab und an Windböen, welche den rötlichen Staub aufwirbeln. In diesen Staubwolken scheinen die goldenen Türmchen der Pagoden und Paläste zu ersticken. Abends jedoch, wenn die Sonne hinter den Zuckerpalmen untergeht, kann man, wenn man den Blick nach oben richtet, das alte

Kambodscha sehen, das »Land des Lächelns«, das Traumland, in dem die westlichen Reisenden sich verloren. Unten, auf dem Asphalt der Straßen, liegt das Kambodscha von heute, in dem kleine Menschengrüppchen ein wenig schmutzigen Reis von Bananenblättern essen.

Dann schimmert im Abendlicht an den Fassaden der öffentlichen Gebäude, an Post oder der Universität, das Wort *royal* durch, »königlich«, das nach dem Staatsstreich von 1970, der die Monarchie Sihanouks hinwegfegte, weiß übermalt wurde.

In jenem Jahr riss man auch die Buchsbaumpflanzen aus, die – zu Lettern gesetzt – im Beet vor dem großen, altmodischen Hotel beim französischen Descartes-Gymnasium dem Besucher verkündeten, dass das »Hotel Royal« vor ihm lag. Und doch ist der Schriftzug immer noch zu lesen, weil das Gras dort dunkler nachwuchs. Sicher sehen die Kambodschaner auch darin das Werk eines Geistes, der langsam, aber sicher seine Rückkehr ankündigt.

Nach dem Pariser Abkommen zogen die Vereinigten Staaten 1973 ihre 500 000 Mann aus Vietnam ab. Nun führten die proamerikanischen Südvietnamesen unter Präsident Thieu Krieg gegen die kommunistischen Nordvietnamesen, die sich als überlegen erwiesen.

Vietnam: ein lebenslanges Provisorium

Saigon, 6. Februar 1975

Eine junge Leprakranke mit einem Neugeborenen an der Brust schläft vor der Catinat-Apotheke zusammengerollt auf dem Asphalt. Zwei Kriegsversehrte, immer noch in paramilitärischer Uniform, stellen ohne großen Erfolg ihre Armstümpfe aus, um das Mitleid der Passanten zu erwecken. Neben dem Café Givral verkauft ein Mädchen Zeitungen. Sie lebt Tag und Nacht dort, mit ihrer blonden, sommersprossigen Tochter, die sie vor einigen Jahren für eine Schüssel Reis mit einem amerikanischen Soldaten gezeugt hat. Eine Gruppe von Geheimpolizisten passt auf, dass niemand sich, vielleicht gar mit einem Protestplakat gegen Nguyen Thieu, den Treppen der ehemaligen Oper nähert, wo heute ein ohnmächtiges und bedeutungsloses Parlament tagt.

Bilder aus dem Vietnam von heute, die sich nicht stark verändert haben. Diese Stadt namens Saigon würde ich blind erkennen, weil sie jeden Schritt mit dem süßlichen Gestank verrottenden Abfalls begleitet. Eine stinkende, verwesende Stadt, die immer im Sterben zu liegen scheint und doch nie stirbt. So geht das seit Jahren.

Hier ist alles provisorisch. Die Taxifahrer halten mit Draht den Motor ihrer alten Renault 4 zusammen, die sie in den fünfziger Jahren aus Frankreich importiert haben. Mit Plastikfolie stopft man die Löcher in den Dächern. Abend für Abend versammeln sich an den dunkelsten Ecken der Plätze Tausende von Menschen und schlagen auf den Holzbänken, auf denen sie tagsüber ihr armseliges Sortiment aus Lumpen, Zigaretten oder den Amerikanern gestohlenen Waren feilbieten, das Lager für sich und die Familie auf. So als ob in der dauernden Hoffnung auf baldige Veränderung alles nur behelfsweise improvisiert würde, um den nächsten Tag zu überleben. Diese Behelfslösungen dauern in Vietnam ein ganzes Leben – wie der Krieg, der nun schon über Jahrzehnte geht. Wie die »provisorische Grenze«, die man vor zwanzig Jahren auf dem siebzehnten Breitengrad gezogen hat und die heute noch den Körper des Landes zerschneidet. Wie die Million Flüchtlinge, die man nach der Offensive von 1972 in trockenen, sonnenreichen Gebieten angesiedelt hat und die heute noch dort leben. Wie Präsident Thieu, den man so häufig für besiegt erklärt hat und der immer noch regiert.

Im September letzten Jahres formte sich unter der Führung eines alten, rechtsgerichteten katholischen Priesters, Pater Tran Hua Thanh, eine Opposition, die Thieu und seine Familie heftig kritisierte. Damals dachte man, dass diese neue Allianz von Kräften (der Vatikan, die Amerikaner, das reiche südvietnamesische Bürgertum) die Regierung nun endlich zum Umdenken und zum Dialog mit den Kommunisten bewegen würde. Doch auch aus dieser Gruppe wurde keine Massenbewegung. Angesichts der Bedrohung durch einen Polizeiapparat, der jeden blutig schlug, der versuchte, an den Demonstrationen der Katholiken teilzunehmen, der alle Demonstranten fotografierte und keinen Zweifel daran ließ, dass man ihnen früher oder später die Rechnung präsentieren würde, blieben die Einwohner Saigons zum großen Teil hinter ihren geschlossenen Fenstern und sahen den paar hundert Menschen zu, die drei- oder viermal wagten, auf die Straße zu gehen und die Absetzung Thieus zu fordern.

Die katholische Bewegung gegen die Korruption existiert heute praktisch nicht mehr. »Die Menschen sind auf unserer Seite, aber sie wollen sich nicht öffentlich zeigen. Und jetzt kauft Thieu mit dem Geld, das er für den Wiederaufbau des Landes erhalten hat, die Pfarrer der einzelnen Provinzen, damit sie sich mir nicht anschließen«, erzählt mir Pater Than in seiner Erlöserkirche in der Ky-Dong-Straße Nummer 38.

Letzte Woche hatte er erst versucht, das Feuer des Protests wiederzubeleben, indem er beim Obersten Gericht formell Anklage wegen Korruption gegen Thieus Frau erhob. Sie hatte für ein Butterbrot 300 Hektar Land aus Staatsbesitz erworben. Doch gefolgt waren ihm nur einige wenige Freunde und ein ganzer Tross von Beamten des Geheimdienstes.

Anfang dieses Jahres, als die kommunistischen Partisanen und die nordvietnamesischen Truppen angriffen und die Provinz Phuoc Long einnahmen, erfasste eine ungewohnte Spannung diese im Koma liegende Stadt. Es ging das Gerücht, dass die Amerikaner wiederkommen würden. Doch bald erlosch auch diese aus der Luft gegriffene, masochistische Hoffnung auf eine neue Periode des Reichtums wieder. Saigon, das die verschiedenen Phasen des Krieges überlebte, indem es den wechselnden Besatzern – Engländern oder Japanern, Franzosen oder Amerikanern – die Schuhe putzte und ihnen seine Frauen verkaufte, lernt langsam zu überleben, überzeugt, dass sich nun kein Retter mehr zeigen wird.

Die fetten Jahre des Krieges sind endgültig vorbei. Die Souvenirs, die jeder amerikanische Soldat kaufte, bevor er nach Hause fuhr, sind von den kleinen Märkten verschwunden: blutende Christusfiguren, nackte Mädchen auf Büffeln, mit phosphoreszierender Farbe auf schwarze Seide gemalt, Cowboyjacken und Feuerzeuge mit der Aufschrift: »Wenn ich sterbe, komme ich direkt ins Paradies. In der Hölle war ich schon: in Vietnam.«

»Geld für Geschäfte gibt es hier nur durch Bankkredite«, erzählt mir ein Rechtsanwalt. »Machen sie Konkurs, verschwinden die Leute, und die Bank bleibt auf ihren Verlusten sitzen.« Die Leute wissen nicht mehr, worauf sie noch hoffen sollen. Fast täglich berichten die Zeitungen von ganzen Familien, die sich töten, weil sie den Hunger nicht ertragen, der mittlerweile weite Teile der Bevölkerung trifft. Andere bringen sich um, um »an die Tragödie Vietnams« zu erinnern wie Kapitän Vo Van Nga, der sich vor drei Wochen vor dem Hauptquartier der südvietnamesischen Streitkräfte mit Benzin übergoss und anzündete.

Doch anders als vor zehn Jahren, als der Selbstmord eines religiösen Würdenträgers die Öffentlichkeit in Vietnam und im Ausland gleichermaßen berührte, erregte der Tod Vo Van Ngas kein größeres Aufsehen. Er war der Siebente, der in den letzten Monaten in Saigon auf diese Weise starb.

Thieus Armee leidet stark unter dieser sinkenden Moral in der Bevölkerung: Immer mehr Menschen desertieren, und die Rekrutierung neuer Soldaten ist zu einer Art Menschenjagd der Militärpolizei geworden, bei der junge Leute im wehrfähigen Alter auf der Straße abgefangen und mitgenommen werden. Jeder arrangiert sich: Um der Wehrpflicht zu entkommen, wird bezahlt. Ein pakistanischer Pass kostet 100 000 Piaster, eine Freistellung aus gesundheitlichen Gründen gar bis zu einer halben Million. Vor ein paar Tagen erst kam der Junge, der seit Jahren vor dem Restaurant »La Dolce Vita« antiquarische Bücher verkauft, auf mich zu und zeigte mir ganz stolz seinen neuen Pass: »Polizei!«, rief er überglücklich. Um nicht an die Front zu müssen, ist er zum Spitzel geworden. Neben Soldaten, Polizisten und Beamten hat das Regime von Thieu auch etwa 1,5 Millionen solcher Leute auf der Lohnliste, was natürlich nicht wenig zu seinem Überleben beiträgt.

Saigon erwartet keinen direkten Angriff von Seiten der Kommunisten, doch die heimliche Präsenz der Vietcong ist spürbar wie in den Jahren vor dem Eingreifen der Amerikaner. Handgranaten werden von vorüberfahrenden Motorrädern aus auf Polizeistationen geworfen: Kommunistische Steuereintreiber machen die Runde bei den Geschäftsleuten und bitten sie zur Kasse. In den Vororten zeigen sich Guerillakämpfer und nehmen den Leuten ihre Waffen zur Selbstverteidigung ab. Vor zwei Tagen gingen sie in Go Vap von Haus zu Haus, um sich die vorhandenen Gewehre aushändigen zu lassen. Mit sich hatten sie eine Liste, auf der Seriennummer und Besitzer der Waffe verzeichnet waren.

Am Flughafen von Tan Son Nhut sind die Vietcong außerdem ganz offiziell »stationiert«. In den Baracken von Camp Davis, die einst von den Amerikanern bewohnt wurden, mitten im Herzen des

Thieu'schen Militärapparates, führen hundert Soldaten der provisorischen Revolutionsregierung ein spartanisches Leben. Sie gehören zu den Vier-Parteien-Kommissionen, die laut dem Pariser Abkommen über die Einhaltung des Waffenstillstandes wachen, ein System, das nie funktioniert hat. Sie leben dort nun schon seit zwei Jahren und ziehen Salat und Kohl. Die Bananen- und Papayabäume, die sie gepflanzt haben, tragen die ersten Früchte. Jeden Samstagmorgen bringt ein Militärbus die ausländischen Journalisten in diese kommunistische Enklave zur rituellen Pressekonferenz. Unter einer großen Vietcong-Fahne sowie einem Porträt von Ho Chi Minh wiederholt Colonel Vo Don Giang unermüdlich die Bedingungen, unter denen die Führung der Vietcong sich bereit erklärt, die Verhandlungen mit Saigon wieder aufzunehmen: »Schluss mit der amerikanischen Unterstützung für Südvietnam, Absetzung von Thieu und eine neue Regierung, die das Pariser Abkommen einhält.« Ein junger Vietcong bietet den Gästen Bier, Zigaretten und Streichhölzer aus Hanoi an, während andere uns für ihre Archive filmen und fotografieren.

»Sie besetzen heute Gebiete, die zur Zeit des Pariser Abkommens nicht den Vietcong gehörten. Wären Sie bereit, diese Gebiete wieder an Saigon abzutreten, wenn man Ihnen politisch entgegenkommt?«, frage ich den Colonel. – »Das Problem stellt sich nicht«, antwortet er. »Es ist die Regierung Thieu, die uns etwas schuldet. Mit der Unterzeichnung des Pariser Abkommens hat Thieu dies eingestanden. Nun muss er bezahlen. Wir bleiben hier in Camp Davis, bis diese Schuld beglichen wird.«

Während Giang noch spricht, erheben sich von der Piste hinter den Vietcong-Baracken die Düsenflugzeuge der südvietnamesischen Luftwaffe, um die von den Kommunisten kontrollierten Regionen zu bombardieren. Das Dröhnen der Motoren übertönt seine Stimme. Oberhalb der im Schutz der Hangars liegenden Mäuerchen zeichnen sich in schwarzen Linien die Kuppeln Dutzender Jagd- und Transportflieger ab wie die Rückenflossen eines tödlichen Haifischschwarms, der über das Asphaltmeer des Flughafens zieht. Auf einem der Hangars hat ein abziehender Amerikaner eine letzte Inschrift hinterlassen: »War is Madness« – Krieg ist Wahnsinn.

Doch leider ist dieser Wahnsinn in Vietnam immer noch bittere Wirklichkeit.

Eine alte »Caravelle« von Air Cambodge mit einem taiwanesischen Piloten pendelte zwischen Bangkok und Phnom Penh hin und her. Man bestieg sie mit immer mehr Herzklopfen, weil man längst nicht mehr sicher sein konnte, ob man ankommen würde.

Dunkle Stunden in Kambodscha

Phnom Penh, 17. März 1975

Noch nie waren die Nächte hier so dunkel. Um den wenigen Kraftstoff zu sparen, der noch übrig ist, hat das Elektrizitätswerk beschlossen, die Energieproduktion um 80 Prozent zu drosseln. Auch im Hotel »Le Phnom« wohnt man bei Kerzenlicht, wenn nicht gerade ein General zum Bankett lädt und die Räume plötzlich Festbeleuchtung anlegen. Das Kambodscha von General Lon Nol oder, besser gesagt, das, was davon noch übrig ist, funktioniert nun mal so. Zwei Tage lang gab es nicht einmal Strom für die Fernschreiber der Post, aber in der Ministervilla ganz in der Nähe lief immer noch die Klimaanlage.

»Die Tage von Phnom Penh sind gezählt, doch die Letzten, die dies zu bemerken scheinen, sind ebenjene, die noch an der Macht sind«, sagt mir ein europäischer Diplomat. Und ein anderer: »Das Merkwürdigste ist, dass Lon Nol und alle um ihn herum immer noch an ihren Sieg glauben.«

Die ausländischen Beobachter, die noch in der Hauptstadt sind (während ihre Familien und weniger wichtiges Personal längst abberufen wurde), sind sich einig: »Dies ist der dramatischste Augenblick seit Kriegsanfang.« Kambodscha wird das erste Land in Indochina sein, das vollständig von einer revolutionären Bewegung kontrolliert wird. Das Regime Lon Nol, das von den Amerikanern eingesetzt, ausgebildet und finanziert wurde, wird vermutlich das erste sein, das von den Kommunisten auf dem Schlachtfeld geschlagen wird.

In Saigon ist nach Jahrzehnten des Krieges und zwei »Friedensverträgen« Thieu, Washingtons Mann in Vietnam, immer noch an der Macht. In Laos hat sich die proamerikanische Regierung in Vientiane den revolutionären Pathet Lao geöffnet und konnte sich dadurch einen Teil ihrer Macht bewahren. In Phnom Penh aber scheint es keine Kompromisse zu geben. Und so ist die Vorstellung, dass diese letzte Insel der »freien Welt« in die Hände der Roten Khmer fallen könnte, zum Albtraum der amerikanischen Regierung geworden. Präsident Ford und Botschafter Dean beleben gerade die alten Theorien vom Dominoeffekt und die noch älteren Formeln des Kalten Krieges wieder, um den widerstrebenden Kongress dazu zu bringen, noch einmal 222 Millionen Dollar lockerzumachen, um Kambodscha vor dem Kommunismus zu retten.

Sollte das Geld tatsächlich kommen, wird es den Todeskampf dieser Regierung und das Leiden der Bevölkerung nur verlängern. Die Rechnung ist letztlich ganz einfach: Wenn die Amerikaner nicht massiv eingreifen und eine Luftbrücke einrichten, über die sie Reis und Munition in die Hauptstadt schaffen, werden die Depots der Regierung in zwei oder drei Wochen leer sein, was mehr oder weniger bedeutet, dass die Stadt sich ergeben muss. Kommen Hilfslieferungen aus Amerika, kann Phnom Penh noch bis zur Regenzeit (Juli/August) durchhalten. Dann müssen die Guerillakämpfer sich aus der überschwemmten Ebene zurückziehen, der Mekong kann wieder für den Verkehr geöffnet werden, was bedeutet, dass Vorräte in die Stadt gelangen können. Doch wenn im Januar nächsten Jahres eine weitere Trockenzeit beginnt, wird die Situation wieder genau so sein wie jetzt.

Phnom Penh mit seinen zwei Millionen Einwohnern und Flüchtlingen verbraucht im Moment 500 Tonnen Reis pro Tag. Die Soldaten, die die Stadt verteidigen, brauchen alle 24 Stunden 800 Tonnen Munition. Der Flughafen von Pochentong, 8 Kilometer vom Zentrum entfernt, ist zurzeit die einzige Verbindung der Stadt zur Außenwelt, da die Straßen alle gesperrt sind und die Guerillakämpfer beide Ufer des Mekong kontrollieren und den Fluss vermint haben.

Der Mangel an Nahrungsmitteln und die horrenden Preise für die wenigen Dinge, die auf den Marktständen noch zum Verkauf angeboten werden, verwandeln den traditionellen Gleichmut und die Apathie der Bevölkerung langsam in Wut. In den letzten Tagen haben einige Studenten chinesische Händler angegriffen, von denen es hieß, sie horteten Reis, weil sie auf noch höhere Preise spekulierten. Mit einem Mal waren alle Läden der Stadt geschlossen, und die Militärpolizei musste eingreifen. Sie schossen auf einzelne Demonstranten, welche die geschlossenen Fensterläden der Geschäfte aufbrachen und sie zu plündern versuchten.

Das tägliche Leben in Phnom Penh ist für alle zu einer Art russischem Roulette geworden. Die kommunistischen Raketen, die vorher nur in den Vororten niedergingen (letzten Donnerstag erst wurde auf diese Weise das Munitionsdepot am Flughafen in die Luft gesprengt), schlagen jetzt direkt im Zentrum ein: Eine traf das Preah-Kep-Melea-Hospital, eine andere detonierte vor dem Präsidentenpalast, ein paar Schritte von dem Hotel entfernt, wo wir alle untergebracht sind.

Die Erfahrung war schrecklich: Plötzlich war ganz nah ein lautes Pfeifen zu hören, dann ein Zischen, und bevor man sich noch auf die Erde werfen konnte, ertönte die Explosion. Der tägliche Durchschnitt liegt zwischen dreißig und vierzig Einschlägen, doch die Menschen fürchten, dass die Revolutionäre morgen, am 18. März – dem Jahrestag des Staatsstreichs, der Sihanouk vertrieb und Kambodscha in den Indochinakonflikt verwickelte –, die Dosis, sozusagen »zur Feier des Tages«, ein wenig erhöhen werden.

Für die Guerilla stellt der 18. März 1970 eine historische Wende dar. Wenn Kambodscha, wie viele glauben, bald ein sozialistisches Land wird, dann ist dies den Ereignissen jenes Tages zu verdanken und nicht zuletzt den Amerikanern, die damals eine gewaltige historische Fehlentscheidung für die Geschichte dieser Region trafen. Nach asiatischen Maßstäben war Kambodscha bis vor fünf Jahren ein reiches Land. Seit Menschengedenken war dort niemand mehr an Hunger gestorben. Die Reisfelder wurden während der Regenzeit regelmäßig vom Mekong überflutet, und so brachten sie mehr Reis hervor, als sieben Millionen Kambodschaner verzehren konnten.

Sihanouk regierte das Land wie ein Renaissancefürst, auch wenn er um der modernen Zeiten willen auf seinen Titel verzichtete. Jahrelang hatte er es sehr geschickt verstanden, Kambodscha aus dem Krieg herauszuhalten. Sein Patentrezept hieß Neutralität, und zwar eine Neutralität, die theoretisch jeder akzeptierte und praktisch jeder verletzte. Die Vietcong und das nordvietnamesische Heer brachten ihren Nachschub über Kambodscha nach Südvietnam, während die Amerikaner ihre B-52-Flugzeuge schickten, um sie zu bombardieren, und dann die Einsatzberichte fälschten, denn der amerikanische Kongress durfte »offiziell« nichts von diesen Operationen wissen. Da all dies sich in abgelegenen, unbewohnten Teilen des Landes abspielte, waren die Kambodschaner nicht direkt betroffen, und Sihanouk fand es besser zu schweigen. Sein Problem war vielmehr eine kleine Gruppe von Partisanen, die ihn der Korruption anklagte und – ohne allzu großen Erfolg – versuchte, bei der Landbevölkerung Anhänger zu gewinnen.

Es war Sihanouk, der sie zum ersten Mal »Rote Khmer« nannte. Jedes Mal, wenn den Regierungstruppen einer dieser Kämpfer ins Netz ging, gab er Befehl, ihn mit Stockschlägen zu töten, weil für diese Bastarde »eine Kugel zu schade« sei. Anfangs waren die Roten Khmer nur ein paar ältere kambodschanische Offiziere, die zusammen mit den Vietminh gegen die Franzosen gekämpft hatten. 1967 schlossen sich ihnen die Intellektuellen Phnom Penhs an, die den extravaganten und individualistischen Regierungsstil Sihanouks satt hatten. Zu ihnen gehörte auch Khieu Samphan, ein Wirtschaftswissenschaftler, der seinen Abschluss an der Sorbonne gemacht hatte. Er ging in den Untergrund, um vor Sihanouks Geheimpolizei zu fliehen, die den Auftrag hatte, ihn zu töten.

Im Jahr 1970 zählten die kambodschanischen Freiheitskämpfer höchstens 3000 Mann und kontrollierten nur einen unbedeutenden Teil des Landes. Heute aber sind aus ihnen 60 000 geworden, und 90 Prozent des Landes unterstehen ihrem Befehl. Hätte es den Staatsstreich nicht gegeben, wären die Roten Khmer vielleicht immer noch eine unbedeutende Gruppe. Doch diese Gefahr haben die Amerikaner nicht vorhergesehen. Sie glaubten vielmehr, sie müssten, um den Vietnamkrieg zu gewinnen, die Vietcong endlich aus ihren kambodschanischen »Heiligtümern« jagen. Sie wussten, dass Sihanouk ihnen niemals gestatten würde, amerikanische Truppen in Kambodscha zu stationieren, daher beschlossen sie, ihn auszuschalten. Das übernahm die CIA. Der Putsch wurde von amerikanischen Geheimagenten und einigen Militärs aus Phnom Penh ausgehandelt – in einem Pariser Krankenhaus. Während Sihanouk sich in der Sowjetunion aufhielt, legte ein amerikanisches Schiff, das angeblich von zwei pazifistischen Hippies entführt worden war, im Hafen von Sihanoukville an, um dort heimlich Waffen für die Verschwörer auszuladen. Am 18. März 1970 riss General Lon Nol die Macht an sich, schickte die kambodschanischen Streitkräfte gegen den Vietcong und ließ zu, dass Amerikaner und Südvietnamesen nach Kambodscha kamen.

Sihanouk, der sich nach Peking gerettet hatte, hatte keine andere Wahl, als sein Prestige auf dem internationalen Parkett und seine Popularität bei Kambodschas Bevölkerung in den Dienst seiner alten Feinde, der Roten Khmer, zu stellen, die ihn seit damals zum Symbol der nationalen Einheit machen. »Sobald sie können, werden sie mich ausspucken wie einen Kirschkern«, unterstreicht Sihanouk bei jedem Gespräch über seine Guerillaverbündeten. »Ich bin die Vergangenheit, sie sind die Zukunft Kambodschas.«

Das Eingreifen der Amerikaner stellte sich bald als schrecklicher Fehler heraus. Auf militärischem Gebiet mussten die Truppen der USA und Südvietnams eine Niederlage nach der anderen hinnehmen. Allein ihre Anwesenheit im Land gab dem Nationalgefühl ständig neue Nahrung und sorgte dafür, dass die Guerillakämpfer immer mehr politische Erfolge hatten. Ihr Rückhalt in der Bevölkerung verstärkte sich dadurch unglaublich. Drei Jahre lang bombardierten die Amerikaner mit ihren B-52 die von den Partisanen kontrollierten Regionen, aber es schien, als würden aus jedem Bombenkrater nur immer neue Rebellen hervorgehen. Und nun liegen 25 000 von ihnen vor Phnom Penh auf der Lauer.

Noch drei weitere Tage blieb ich in Phnom Penh, dann musste ich »Brieftaube« spielen, das heißt die Artikel der Kollegen, die in Kambodscha blieben, nach Bangkok bringen, damit sie per Fernschreiber durchgegeben werden konnten. Danach reiste ich von Thailand aus nach Vietnam.

Saigon – der letzte Küstenstreifen

Saigon, März 1975

Wie eine Sandburg, die langsam von den Wellen der heranrückenden Flut weggewaschen wird, so verschwindet das Vietnam von General Thieu mit jedem Tag ein bisschen mehr.

Provinz um Provinz, Stadt um Stadt – so fällt die Republik Südvietnam den nordvietnamesischen Partisanen in die Hände. Saigons Armee ist auf der Flucht und lässt Waffen, Munitionsdepots, Raketenwerfer und Panzer zurück. Hunderttausende fliehen und marschieren, getrieben von Panik, Hunger und Durst, tagelang unter der Sonne dahin. Von den Hochebenen zum Meer, von Norden nach Süden; aber die Straßen sind gesperrt, die Brücken gesprengt, und auch wer es wie durch ein Wunder geschafft hat, eine Stadt an der Küste zu erreichen, stellt bald fest, dass er lediglich in eine weitere Mausefalle getappt ist, aus der nur noch Flugzeuge und Schiffe ein Entkommen finden.

Dies ist die größte Völkerwanderung in der Geschichte Vietnams und die unbeschreiblichste Tragödie, über die je ein Augenzeuge zu berichten hatte. Endlose Kolonnen von Verzweifelten, so weit das Auge reicht. Wie betäubt marschieren sie auf ein Ziel zu, das sie noch nicht kennen. Mit verbrannten Füßen, denn der Asphalt ist heiß. Die Wunden sind von Staub bedeckt. Und an den Straßenrändern bleibt alles zurück, was die Menschen nicht länger zu tragen vermögen: Möbel, Kleiderbündel, Töpfe, Kocher, Kinder.

»Die Mütter lassen ihre kranken Kinder zurück, um wenigstens diejenigen zu retten, die noch laufen können. Die Jungen verlassen die Alten, um sich selbst in Sicherheit zu bringen«, erzählt beschämt ein Arzt mit anderen Flüchtlingen auf der Straße Nr. 7. »In diesem Krieg haben wir Vietnamesen unsere Seele verloren.«

Ich fliege in einem Hubschrauber mit, der Brotlaibe über den Köpfen der Flüchtlinge abwirft. Vom Cockpit aus gleicht die weiße Sandebene südlich von Hue einer brodelnden Wüste voller Arme, die sich der rettenden Nahrung entgegenstrecken. Der Pilot wagt nicht, tiefer zu gehen, um nicht abzustürzen. Nur wenn er eine nicht zu große, einzelne Gruppe von Menschen ausmacht, landet er und bringt sie in Sekundenschnelle in Sicherheit.

Dabei kämpfen die gegnerischen Parteien eigentlich um diese Menschen. Auf der Straße, die aus der Hochebene um Hau Bon Richtung Meer führt, wird ein 20 Kilometer langer Konvoi von den Partisanen angegriffen und in vier Gruppen geteilt. Die Nachhut nehmen die kommunistischen Kräfte sofort mit sich und bringen sie in ihre Dörfer zurück, wo sie herkamen. Und das ist gut so, denn dort sind sie in Sicherheit. Die anderen können weder vorwärts noch rückwärts und werden im Kampf aufgerieben. In den Reisfeldern am Straßenrand liegen Tote, umgekippte Lastwagen und viele Verwundete, die niemand rechtzeitig abtransportieren wird.

Für General Thieu ist es von entscheidender Bedeutung, eine möglichst große Anzahl von Menschen dorthin mitzunehmen, wo er seine letzten Schützengräben ausheben wird. Nur so kann er, auch wenn er die Kontrolle über den Großteil des Landes verloren hat, seinen Herrschaftsanspruch noch rechtfertigen.

Die Regierung von Saigon rät der Bevölkerung, sich in die zunehmend leerer werdenden Städte zu flüchten. Die Soldaten auf dem Rückzug drängen die Einwohner regelrecht, ihnen zu folgen, wahrscheinlich in der Hoffnung, dass die Anwesenheit von Zivilisten in den Militärkonvois die Vietcong von Angriffen abhält. Auf dem schmalen Küstenstreifen, den die Regierung noch kontrolliert, warten mittlerweile Unmengen von Flüchtlingen darauf, dass man sie nach Saigon bringt. Über eine Million Menschen in Da Nang, Qui

Nhon, Nha Trang, Phan Thiet warten auf ein Schiff oder ein Flugzeug. Transportschiffe der Marine laden im Hafen von Thuan An Tausende von Soldaten mit ihren Familien ein, in große Netze verschnürt wie Kartoffeln in Säcke. Und der für die Flüchtlinge verantwortliche Minister Dr. Phan Quang Dan appelliert an die Vereinigten Staaten und die Philippinen, an Südkorea und Taiwan, einen Teil ihrer Streitkräfte hierher zu entsenden, um bei dem gewaltigen Evakuierungsprojekt zu helfen.

»Die Menschen fliehen, weil sie nicht von Kommunisten regiert werden wollen. Das ist ihre Art zu wählen. Sie stimmen mit den Füßen ab«, sagen die Beamten in Saigon.

Doch die wahren Gründe für diesen massenhaften Exodus aus der Heimat sind viel komplexer. Zum einen wissen die Vietnamesen aus einem Jahrzehnte dauernden Krieg, dass, wann immer die Vietcong ein Dorf oder eine Stadt eingenommen haben, die Regierungstruppen mit ihrer Luftwaffe kamen (wie früher die Amerikaner) und dort alles platt machten. »Wir müssen zerstören, um retten zu können«, ließen die amerikanischen Streitkräfte verlauten. So haben die Bauern gelernt, dass es besser ist zu fliehen. Zum anderen haben sie wirklich Angst vor den Kommunisten, weil die Regierungspropaganda ihnen genau das jahrelang eingetrichtert hat.

»Ich habe nie einen Kommunisten gesehen und auch keinen gekannt. Von der Regierung weiß ich, dass auch sie nichts Gutes bringt, aber die kenne ich wenigstens«, sagt mir ein junger Mann, der geht. Die Panik, die aufkommt, wenn die Nachbarn alles zusammenpacken, und die allgemeine Psychose der Flucht tun ein Übriges. Das ist wie ein Funke in einem Heuhaufen.

In Dalat zum Beispiel genügte schon die Tatsache, dass Premierminister Khiem aus seiner Sommerresidenz alle Antiquitäten mit einem Hubschrauber abholen ließ. Es war noch kein einziger Schuss gefallen, doch das Gerücht, dass die Stadt von den Vietcong und den Nordvietnamesen angegriffen würde, verbreitete sich in Windeseile vom Gärtner bis zum Koch und weiter zu den Menschen auf dem Marktplatz. Und schon begann der Exodus.

Wo wird dieser Auszug enden? Wo werden die neuen Grenzen der alten Republik Vietnam verlaufen, die auf das Genfer Abkommen zurückgeht und heute auf die »Republik von Saigon« reduziert ist? Niemand weiß es.

Militärexperten meinen, Thieu könne, sobald er die Küste geräumt habe (was langsam geschehen muss, weil er den Großteil der Bevölkerung mitnehmen will), seine Kräfte rund um die Hauptstadt Saigon und das Mekongdelta sammeln, also eine Art vietnamesisches Taiwan gründen, in dem er Jahre Widerstand leisten könne.

Diese Hoffnung hegen zumindest viele Anhänger des Thieu-Regimes und ein Großteil des Bürgertums in Saigon, das sich auf diese Weise noch eine Überlebensmöglichkeit ausrechnet. Begründet ist sie nicht. Denn wie es der Militärsachverständige einer europäischen Botschaft ausdrückt: »Viele Amputationen sind des Kranken Tod.«

Viele Beobachter meinen, dass die Regierung in Saigon sich durchaus noch eine Verhandlungsposition gegenüber der provisorischen Regierung der Vietcong in Hanoi hätte schaffen können, wenn sie den Massenauszug, wie die Generäle Thieu dies seit längerem vorschlagen, besser organisiert hätte. Nun aber ist der Exodus unter dem Druck der kommunistischen Streitkräfte zu einer chaotischen Flucht geworden, in der Thieu nicht nur Land, sondern auch Truppen verloren hat. (So ist zum Beispiel die ganze 23. Division aufgerieben.) Auch an Material gibt es herbe Verluste zu melden. (Allein in Pleiku verloren die Regierungstruppen sechzig Flugzeuge.) Ein Weg, wie die Regierung in Saigon ihrer fortschreitenden Auflösung entgegenwirken könnte, ist nicht in Sicht.

Die Stimmung in der Hauptstadt wird jeden Tag gespannter. Auf den Straßen sind immer mehr Polizisten zu sehen. Während die Menschen sich vor einem eventuellen Angriff der Vietcong fürchten, werden gleichzeitig neue Dissidenten aus dem Kreis um Marschall Cao Ky verhaftet, weil sie angeblich einen Staatsstreich geplant haben.

Wer kann, reist ab. Ein Mädchen fragt, ob ich nicht Ausländer kennen würde, die für 2000 Dollar ihre Schwestern heirateten. Auf diese Weise erhielten die Mädchen einen Pass und könnten Vietnam verlassen. Andere suchen für ihre Kinder einen ausländischen Scheinvater.

Die Republik Vietnam wird immer kleiner. Hinter einer Siegfriedslinie, die schon bald nur wenige Kilometer vor Saigon verlaufen könnte, versammelt Thieu alles, was von seinem Land noch übrig geblieben ist: Waffen, Munition, Soldaten und vor allem – das Volk. Und es gibt Stimmen, die den Sinn des Ganzen anzweifeln.

Am Straßenrand bei Tam Ky lernte ich eine Frau kennen, die aus den Hochebenen in den Süden geflohen war. Sie hatte ihre Familie gebeten, doch ohne sie nach Da Nang weiterzuziehen. »Es ist doch sowieso sinnlos«, meinte sie. »Früher oder später sind sie überall. Wozu also davonlaufen?«

Unmittelbar nach Erscheinen dieses Artikels wurde ich aus Südvietnam ausgewiesen.

Phnom Penh fiel am 17. April 1975. Ich war nicht dabei und verpasste so einen der dramatischsten Augenblicke im Indochinakrieg: die Ankunft der Roten Khmer und die Zwangsevakuierung der Stadt. Damals wusste ich davon nichts, aber ich hatte Glück gehabt. Die wenigen ausländischen Journalisten, die den Mut gehabt hatten, in Phnom Penh zu bleiben – unter ihnen meine Freunde Sydney Schanberg von der *New York Times* und Jon Swain von der *Sunday Times* –, wurden zwei Wochen lang in der französischen Botschaft festgehalten und waren von den Ereignissen in Vietnam abgeschnitten.

Vietnam Giai Phong – befreites Vietnam

Saigon, 27. April 1975

Cao Giao öffnet die Tür des Zimmers C-2 im »Hotel Continental«, wo ich gerade angekommen bin, und wir umarmen uns tief bewegt. Glücklich, uns beide einmal mehr in Saigon zu treffen. Ich hatte zu Unrecht befürchtet, dass er in einem Anfall von Panik mit den Amerikanern abgereist sei. Er hingegen glaubte, ich würde es nicht schaffen, vor dem Fall noch einmal hierher zu kommen, war ich doch schon zum zweiten Mal von den Soldaten Thieus zum Flughafen eskortiert und ausgewiesen worden.

Cao Giao ist nicht nur mein Übersetzer und Führer. Ihm und Buu Chuong, einem ehemaligen politischen Gefangenen, der 1971 freikam, verdanke ich alles, was über Vietnam nicht in Büchern zu lesen steht. Seit 1971 bin ich mit den beiden gereist, mit Buu Chuong habe ich 1973 sogar gewagt, die Grenze zu überschreiten und mich mit den Vietcong im Tonkingdelta zu treffen.

Cao Giao kommt aus einer Familie von Gelehrten im Norden des Landes. Er kam 1954 in den Süden und lebt seitdem – wie er selbst sagt – seine »Wut, Vietnamese zu sein«, als Journalist sowie als Ratgeber und Übersetzer für ausländische Presseleute. Nächtelang liest er, übersetzt und macht Notizen für Leute wie mich, die für kurze Zeit hierher kommen und alles sehen, alles verstehen wollen.

Einige amerikanische Bekannte, die letzte Woche Saigon verließen, schlugen ihm vor, sie mit seiner Familie in die Vereinigten Staaten zu begleiten. »Du beherrschst doch verschiedene Sprachen. Und schlafen tust du sowieso nicht. Du findest leicht einen Job als Nachtportier«, hat man ihm gesagt.

Doch das war nicht der Grund, weshalb er geblieben ist. »In jedem Vietnamesen steckt ein Mandarin, ein Dieb und ein Lügner, aber auch ein Träumer«, erzählt er. »Mich bringt die Revolution zum Träumen. Ich möchte sie mit meinen eigenen Augen sehen.« Auch ich träume von der Revolution und will sie mit eigenen Augen sehen. Im März, kurz nach dem Fall von Ban Me Thuot, wurde ich des Landes verwiesen. Der Chef der Pressestelle im Informationsministerium von General Thieu, Herr Nguyen Quoc Cuong, der mittlerweile mit den Amerikanern abgehauen ist, hat mir mitgeteilt, dass ich in einem meiner Artikel den Staatschef beleidigt und die Republik Vietnam in den Schmutz gezogen hätte. Also wies man mich aus.

Ich war verzweifelt. Vier Jahre lang beobachtete ich diesen Konflikt. Ich wollte den Ausgang keinesfalls verpassen. Ich wusste, dass ich, sollte ich es wagen zurückzukommen, sofort verhaftet und ins nächste Flugzeug gesetzt würde. Ich konnte also nur mit einem Flug kommen, der mit Sicherheit nicht mehr zurückginge: mit dem letzten nämlich.

Ich hatte Glück. Als der Jet der Air Vietnam aus Singapur heute in Tan Son Nhut landete, waren alle Polizisten, die sonst die Einreise kontrollierten, bereits geflohen, und so war niemand da, der die »schwarze Liste« hätte konsultieren können, auf der mein Name stand. Ich bin in Saigon.

Ich blieb, was bedeutete, dass ich als einer der wenigen Journalisten miterlebte, wie die Vietcong und die nordvietnamesischen Truppen am 30. April 1975 Saigon einnahmen.

Mein Bericht über diese Tage, der im *Spiegel* erschien, war der erste im Westen. Die Revolution machte mich neugierig, und so blieb ich noch drei Monate, um zu sehen, was sie den Menschen dort bringen würde.*

Mit dem Ende des Vietnamkriegs war China das neue große Thema in Asien, ein Land, das weder die Einreise noch den Aufenthalt fremder Journalisten erlaubte. Daher beschlossen wir, Singapur zu verlassen. Im September 1975 bezogen wir ein altes Haus auf dem Peak von Hongkong.

---

* Der Bericht darüber erschien in *Giai Phong! Die Befreiung Saigons,* das 1976 erschien und in verschiedene Sprachen übertragen wurde.

Nachrichten über China von Hongkong aus zu liefern, ohne selbst vor Ort zu sein, war frustrierend. Ich las Zeitungen, sprach mit Diplomaten und durchreisenden Geschäftsleuten und nahm einen Tee nach dem anderen mit den Vertretern Pekings in der englischen Kronkolonie sowie deren Pressesprechern. 1976 aber änderte sich die Situation schlagartig.

Mao ist tot

Hongkong, 10. September 1976

Die Sonne Chinas ist untergegangen: Die im Volk kursierende Prophezeiung, wonach die Meteoriten und die heftigen Erdbeben der letzten Monate das Ende einer Dynastie ankündigen sollten, hat sich bewahrheitet. Die Chinesen haben ihren »Großen Steuermann« verloren. Nun, wo der Imperator tot ist, auf wen wird das »Mandat des Himmels« übergehen? Was geschieht mit dem Reich der Mitte?

Niemand kann ja ernstlich in Anspruch nehmen, das enorme Vakuum ausfüllen zu können, das Maos Tod hinterlässt, und ein designierter Nachfolger ist nicht in Sicht. Diejenigen, die er in der Vergangenheit vielleicht im Auge gehabt haben könnte, haben ihn politisch nicht überlebt. Liu Shaoqi wurde von der Kulturrevolution hinweggefegt, Lin Biao hatte angeblich ein Komplott gegen den Großen Vorsitzenden geschmiedet. Deng Xiaoping wurde Opfer der jüngsten Kampagne gegen »all jene, die den Weg des Kapitalismus eingeschlagen haben«, und Zhou Enlai, der Einzige, der vielleicht Anspruch auf Maos Stellung hätte erheben können, starb vor ihm.

Seit Monaten war Mao nicht mehr in der Lage, die Geschicke Chinas zu steuern. Von mehreren Infarkten geschwächt, halb gelähmt und daher auch kaum fähig zu sprechen (man hatte ihm sogar einen Dolmetscher gegeben, der den kaum merklichen Bewegungen seiner stummen Lippen seine Stimme lieh), war Mao in mancherlei

Hinsicht bereits tot. Doch seine schlichte Präsenz, das Wissen, dass er am Leben war, hatte noch immer Gewicht und erzeugte dadurch eine gewisse Macht. So war Mao selbst es gewesen, der den Rücktritt Deng Xiaopings vom Posten des stellvertretenden Premierministers und Nachfolgers von Zhou Enlai gewollt hatte. Er hatte dafür gesorgt, dass der alte Führer ein zweites Mal einer Säuberungsaktion zum Opfer fiel und entmachtet wurde.

Nun kann der Wille Maos, ob zu Recht oder zu Unrecht, nicht mehr ins Feld geführt werden, wenn es darum geht, anfechtbare Entscheidungen zu rechtfertigen. Mit seinem Tod beginnt in China eine schwierige Zeit. Die Partei ist gespalten. Das Land unruhig. Die Führung unsicher. Den gemäßigten Flügel schmerzt an Maos Tod, dass er zu spät kam, für die Radikalen der Partei hingegen kam er viel zu früh. Wenn das, was gestern geschah, sich einige Monate früher ereignet hätte, wäre Deng Xiaoping heute Premierminister. Wäre Mao hingegen erst in ein paar Jahren gestorben, hätte der radikale Flügel der Partei vielleicht längst die Oberhand gewonnen. Nun aber blieb ihnen nicht genügend Zeit, um ihre Machtposition zu festigen. So kommt der Tod Maos für sie zu früh.

Im Schatten des großen alten Mannes der chinesischen Revolution hatten die Radikalen unter Führung von Maos Frau Jiang Qing versucht, die Reihen der Partei von ihren Gegnern zu säubern. Doch bisher können sie nur Deng Xiaopings Kopf vorweisen, und jetzt, wo Mao tot ist, ist ihnen vielleicht nicht einmal diese Trophäe sicher. Bis vor wenigen Tagen hieß es noch, Deng halte sich an seinem Wohnsitz auf, um dort ein wichtiges politisches Papier vorzubereiten. Darin schwang die Andeutung mit, er bereite ein umfassendes Geständnis vor. Heute aber könnte dieses Dokument vielleicht eine flammende Anklageschrift gegen die Radikalen sein. Auch wenn eine zweite Rehabilitation Dengs vielleicht nicht möglich ist, so ist doch sicher, dass die gemäßigte Linie der Partei, die von ihm vertreten wurde, keineswegs bezwungen wurde. Jetzt, wo Mao tot ist, könnten die Gemäßigten sich auf lange Sicht sogar als die Gewinner herausstellen.

Die Radikalen haben ihren Beschützer verloren. Der Einfluss von Jiang Qing gründete sich hauptsächlich auf die Tatsache, dass sie die Gattin Maos war. Seine Witwe zu sein dürfte sich als weniger prestigeträchtig erweisen. Ihre Verdienste um die Revolution sind gering und reichen nicht lange zurück. Daher ist es unwahrscheinlich, dass sie aus eigener Kraft in der Partei eine Position erlangt, die der gleichkommt, die sie bisher innehatte: Sprecherin des Parteivorsitzenden und der alten Garde des Heeres, dem die Erfahrung des Langen Marsches den Rücken stärkte sowie seine dreißigjährige Erfahrung im Umgang mit der Macht. Ohne das unumstößliche Urteil Maos, ohne seinen Einfluss und seine Vermittlertätigkeit besteht die Gefahr, dass der Kampf im Inneren der Partei sich zuspitzt. Nicht wenige werden jetzt danach streben, endlich die politischen Rechnungen zu begleichen, die seit der Kulturrevolution offenstehen.

Außerdem fällt der Tod Maos in eine Zeit, in der das Land stärker in Aufruhr ist, als es in den letzten zehn Jahren je der Fall war. Bewaffnete Raubüberfälle auf Banken (und mehr noch die Heroisierung der Banditen durch das Volk), Plünderungen in von Erdbeben betroffenen Katastrophengebieten sowie Nachlässigkeit und Ungehorsam in den städtischen Fabriken zeigen, wie groß die Orientierungslosigkeit ist, in der sich China augenblicklich befindet, von den unterschiedlichsten politischen Kampagnen einmal in die Richtung gerissen, dann wieder in jene, erschüttert von den Kämpfen, die sich der radikale und der gemäßigte Flügel der Partei liefern.

All das lässt den Eindruck entstehen, als hätten die Massen Schwierigkeiten, dem Aufstieg und Fall der politischen Führungsgestalten zu folgen, die man an einem Tag zum Helden aufbaut, nur um sie am nächsten des Verrats und der abscheulichsten Verbrechen zu bezichtigen. Jetzt, da die große Gestalt Maos nicht mehr da ist, der die Stimmungen im Volk zu einer Einheit verschmolz, dessen Ansehen, Glaubwürdigkeit und Prestige jede Maßnahme rechtfertigen konnten, ist anzunehmen, dass die Chinesen offener ausdrücken werden, was sie denken und erwarten.

Und die Massen scheinen dem Standpunkt Deng Xiaopings folgen zu wollen, der sie offenkundig mehr überzeugt als die ideologischen Positionen des radikalen Flügels, was ja nur zu verständlich ist. Die Menschen wollen mehr materielle Anreize, sie wollen mehr Waren in den Läden. Die Argumente der Ultralinken scheinen ihnen egal zu sein ...

Das Begräbnis

Hongkong, 18. September 1976

Ganz China stand still. Drei lange, anrührende Minuten hielten 800 Millionen Chinesen, ein Viertel der Menschheit, inne, wachsam, mit gebeugtem Haupt, viele in Tränen aufgelöst. Sie erwiesen Mao Zedong die letzte Ehre. In jeder Stadt, in jedem Dorf kamen Arbeit, Verkehr, alle Geschäftigkeit zum Erliegen. Die gewaltige Stille, die sich über China senkte, das gemeinsam seines Präsidenten gedachte, wurde nur vom Heulen der Sirenen in Fabriken, Schulen und Schiffen unterbrochen, die ihm das letzte Geleit gaben. In Peking nahmen eine Million Menschen, ausgewählt von den Revolutionskomitees, auf dem Platz des Himmlischen Friedens Tien-An-Men an der Feier zum Ende der zehntägigen Trauerzeit teil.

Auf dem weiten, betonierten Platz im Zentrum der Hauptstadt standen Schulter an Schulter Soldaten der Befreiungsarmee in grüner Uniform, Arbeiter in ihren blauen Anzügen, Arbeiterinnen mit weißer Mütze, Studenten mit rotem Halstuch und folgten den Anweisungen des jungen stellvertretenden Parteivorsitzenden Wang Hongwen, der die Zeremonie leitete und sie bat, zu schweigen oder niederzuknien. Danach lauschten sie ergriffen der Gedenkrede ... An der Fahnenstange, an der Mao im Oktober 1949 zum ersten Mal die Farben der Volksrepublik gehisst hatte, flatterte auf Halbmast die rote Flagge mit den fünf Sternen, das Banner der Revolution, während die Lautsprecher im ganzen Land den Trauermarsch übertrugen, gefolgt von der Nationalhymne und schließlich der Internationale.

Am Abend des 11. Oktober hörte man in Hongkong an allen Ecken, dass Maos Witwe Jiang Qing zusammen mit anderen Mitgliedern des radikalen Flügels der Kommunistischen Partei Chinas verhaftet worden war. Ich war seit meiner Ausweisung nicht mehr in China gewesen. Dies scheint mir nun ein guter Moment, eine Einreise wenigstens zu versuchen. Einige italienische Pharmafirmen veranstalten in Schanghai eine Messe, daher beantrage ich ein Visum für diese Veranstaltung. Zu meiner Überraschung wird es mir gewährt, und so überquere ich am 15. Oktober zum ersten Mal die Brücke von Lo Wu, die Grenze zwischen Hongkong und der Volksrepublik. Von dort aus fahre ich nach Schanghai, wo ich – aus purem Zufall – der einzige westliche Journalist bin, der Zeuge dieses entscheidenden Wendepunktes in der Geschichte Chinas wird.

Das Ende des Maoismus

Schanghai, 18. Oktober 1976
Die Häuserzeilen sind über und über tapeziert mit Porträts. Seit drei Tagen säumen schier endlose Menschenmassen – ein oder zwei Millionen, vielleicht auch mehr – die Straßen und versuchen, die *dazibao*, die Straßenzeitungen, zu entziffern, wenn sie nicht durch die Straßen marschieren und der neuen Führung in Peking ihre Unterstützung versprechen. Überall rote Fahnen, überall das Bild Maos. Und überall Karikaturen von Jiang Qing, der Witwe, von Wang Hongwen, dem stellvertretenden Parteivorsitzenden, von Zhang Chunqiao, dem stellvertretenden Premierminister, und von Yao Wenyuan, der wie alle anderen zum Politbüro gehört. Die Gesichter der vier zieren vier Schlangenhäupter eines Ungeheuers, das vom gewaltigen Hammer eines Arbeiters zerschmettert oder in einer riesigen Pfanne gebraten wird.

Ihre Namen finden sich auf Tausenden von Plakaten, verdreht, auf den Kopf gestellt oder von großen roten Kreuzen unkenntlich gemacht. Dasselbe auf den roten Fähnchen, welche die Menschenmenge mit Farbtupfern auflockern. Schanghai, die Hauptstadt des radikalen Flügels in China, hat also das Urteil Pekings akzeptiert. Die Säuberungsaktion oder gar die Exekution der vier Parteiführer (die anderen Stimmen zufolge stattgefunden haben soll) hat also in dieser Arbeiterstadt, welche immer die politische Basis der Radikalen war, keine Gegendemonstrationen hervorgerufen. Hier in Schanghai haben drei der jetzt Gestürzten nach der Kulturrevolution ihre Karriere begonnen. Heute fahren durch die ganze Stadt Lastwagen mit Lautsprechern, aus denen die Namen der bis gestern noch so hoch Angesehenen schallen: »Da Dao Jiang Qing!« – »Nieder mit Jiang Qing!« Und die Menschen wiederholen eifrig: »Da Dao!« – »Da Dao Wang Hongwen!« – »Da Dao!«, schreit die Menge im Chor.

Der Bund, die legendäre Prachtstraße entlang des Huangpuflusses, ist Ziel aller Marschierenden. Am Fluss liegen zwischen Hunderten von Lastkähnen zwei Kriegsschiffe, deren Maschinengewehre – obschon mit wasserdichtem Tuch verhüllt – auf die Stadt zeigen. (Eine Drohung?) Vor dem Sitz des Revolutionskomitees der Stadt hat sich eine endlose Menschenmenge versammelt, aufgereiht in fünf parallelen Kolonnen zu je zehn Personen und bewacht von fünf unbewaffneten Soldaten der Volksbefreiungsarmee.

An die Wände werden ständig neue Manifeste geklebt, die mittlerweile auch einige lokale Parteigrößen beschuldigen, Komplizen der Viererbande gewesen zu sein. Die »vier Übel« nennt man sie, Anklang an eine alte Kampagne, die vor Jahren zum Ziel hatte, Fliegen, Mäuse, Mücken und Spatzen auszurotten.

Dasselbe Bild vor dem Gebäude der Stadtverwaltung, dem Gewerkschaftssitz, der Gesellschaft für öffentliche Verkehrsmittel. Die Atmosphäre im Zentrum, die bis gestern noch angespannt war, ist in eine einzige Feststimmung umgeschlagen. Tausende von Schulkindern ziehen durch die Straßen und beten ihre Litanei des »Nieder mit ...« herunter. Lachend zeigen sie mit den Fingern auf die Karikaturen der vier. In den Vororten hingegen stehen Grüppchen vor den Wandzeitungen und nehmen still die Neuigkeiten auf, bis ein Lastwagen vorbeikommt, dessen Lautsprecher die »Nieder«-Chöre einfordert.

Seit Tagen spüren die Menschen, dass etwas vorgeht, aber niemand wusste bisher, was. Ein Gerücht besagte, man solle sich vor dem Sitz der Partei versammeln, dort würden Anweisungen ausgegeben. Stundenlang stand die schweigende Menge dort und wartete. Das erste Zeichen der kommenden Ereignisse, das aber noch bestätigt werden musste, ereignete sich am Bund. Ein Mann stieg die lange Treppe vor dem Sitz der Partei hinauf und entrollte vor der alten Fassade ein Plakat mit Schriftzeichen: »Nieder!« – »Und mit wem?«, fragten sich wohl nicht wenige, die zu weit weg standen, um die Namen zu entziffern. Innerhalb weniger Minuten wurden Hunderte weiterer Plakate geklebt, bis die Namen der Verdammten, die nun auch aus den Lautsprechern klangen, in aller Munde waren.

Bisher gab es keine Zwischenfälle, und auf den Straßen sieht man weder bewaffnete Polizisten noch Soldaten. Heute Nachmittag schritten zwischen den Demonstranten mit den Fahnen ihrer jeweiligen Organisation auch die ersten Trupps der Volksmiliz dahin, eine bewaffnete Gruppierung, der man bislang immer enge Kontakte zu den »Radikalen« nachsagte. Einige Arbeitergruppen fehlen noch, zum Beispiel die Textilarbeiter, aus deren Reihen der junge Wang Hongwen hervorging, oder die Werftarbeiter, die Machtbasis von Zhang Chunqiao. Wenn die Kampagne für die neue Parteiführung hier in Schanghai, wo sie auf erheblichen Widerstand hätte stoßen können, Erfolg hat (und dies scheint der Fall zu sein), dann wird sie sich auch problemlos im Rest des Landes durchsetzen können, wo weitere Massendemonstrationen anberaumt sind.

Schanghai dient zweifellos als Versuchsballon. Ich bin erst gestern aus Hongkong hier angekommen. Zwei Tage lang dauerte die Reise durch die Provinz Kanton, das Hunangebirge, die Reisfelder und Baumwollplantagen von Kiangsi und Chekiang. Überall habe ich im Vorüberfahren die großen Plakate gesehen, die mittlerweile in China zum gewohnten Anblick geworden sind. An Gemeindehäusern und Fabriken, an Wohnblocks und Bahnhöfen, in jedem kleinen Dorf finden sich Anschläge, die »das Zentralkomitee der Partei unter Führung des Genossen Hua Guofeng« der Unterstützung versichern. Über Tausende von Kilometern überall dieselben Schriftzeichen, dieselben Farben: Schwarz auf Rot. Erst als der Zug sich Schanghai näherte, entdeckte ich allenthalben die weißen Plakate mit den schwarzen Schriftzeichen, die sich gegen die »Viererbande« wandten.

Schon heute haben diese Anschläge, die von Stunde zu Stunde mehr werden, Schanghai ein anderes Gesicht verliehen. Sie überziehen die Fassaden der mehrstöckigen Geschäftsgebäude ebenso wie die Schaufenster der Läden, die Mauern der Wohnhäuser wie die Flanken der Autobusse und Lastwagen, welche die Demonstranten ins Zentrum karren.

Welches grauenvolle Verbrechen diese vier begangen haben, wird allerdings nicht deutlich: Doch scheint darüber ein jeder Bescheid zu wissen. Sie haben ein Komplott geschmiedet. Wie, wann, gegen wen? Das ist weniger klar. Ich habe eine Karikatur von Zhang Chunqiao gesehen, wie er ein Zitat von Mao abschreibt. Soll das bedeuten, dass die vier versucht haben, Maos letzten Willen zu fälschen? Ein anderes Plakat zeigt Jiang Qing im Gewand der Kaiserin, was wohl bedeuten soll, sie habe versucht, die Macht an sich zu reißen ...

In Schanghai gibt es auch Gerüchte über Säuberungsaktionen in den Organisationen der Stadt. Es soll öffentliche Diskussionen geben, in denen die Anhänger der extremen Linken denunziert und verurteilt werden. Aber bisher sind es nur Gerüchte, deren Wahrheitsgehalt sich nicht überprüfen lässt. Die Chinesen schweigen. Touristenführer und Übersetzer in den Autobussen voller erstaunter amerikanischer Touristen, die versuchen, sich durch die Menschenmengen zu Jadeausstellungen und Baudenkmälern durchzukämpfen, geben auf Fragen lediglich zur Antwort, dass dies Angelegenheiten seien, die nur das chinesische Volk betreffen und Ausländer nichts angingen. Sie empfehlen außerdem, keine Fotos zu machen. Mein Eindruck ist, dass heute die meisten Chinesen über die Vorgänge in Schanghai ebenso wenig informiert und genauso überrascht sind wie wir.

Ich versuchte, länger in Schanghai zu bleiben, als mein Visum es gestattete. Leider war das nicht möglich. In der Dienststelle der Ausländerpolizei sagte man mir, ich sei gekommen, um die pharmazeutische Messe zu besuchen, die ja nun vorüber sei. Damit sei auch meine Arbeit getan. Und so kehrte ich nach Hause zurück.

Wie jeder andere Korrespondent verfolgte ich von Hongkong aus nicht nur die Ereignisse in China, sondern in der ganzen Region, vor allem aber in Indochina, wo mit dem Ende der amerikanischen Kriegshandlungen keineswegs Frieden eingekehrt war und die Menschen immer noch litten. Ende 1975 verbrachte ich einige Wochen an der thailändischen Grenze und versuchte, aus den Grauen erregenden Berichten der kambodschanischen Flüchtlinge die Schrecken der Revolutionsregierung der Roten Khmer zu rekonstruieren. Im April 1976 kehrte ich nach Vietnam zurück, wo ich Zeuge wurde, wie die vereinbarte friedliche Einigung scheiterte und die Kommunisten mehr als ein Versprechen brachen. Damals begann der dramatische Exodus von Tausenden und Abertausenden, die mit allen Mitteln versuchten, aus Indochina zu fliehen, das mittlerweile – Laos eingeschlossen – fest in der Hand der Kommunisten war. Um das Problem besser zu begreifen, bereiste ich noch einmal die Länder Südostasiens.

Boat-People

Bangkok, Dezember 1978

Anonym und aufgebläht bis zur Unkenntlichkeit wirft das Meer sie an den Strand. Dann versammeln sich die Menschen aus den Dörfern um sie und betrachten sie, neugierig und feindselig. In Malaysia werden sie begraben, in Thailand verbrannt. Dutzende von Leichen werden täglich an die märchenhaften Gestade des Golfes von Siam geschwemmt, die einzigen Zeugen namenloser Tragödien, die sich täglich in der stillen Einsamkeit des Meers vor Indochinas Küsten abspielen.

Für die vietnamesischen Flüchtlinge, die ohne ein Reiskorn oder einen Tropfen Wasser ihr Schicksal schwankenden Booten mit maroden Motoren anvertrauen und sich auf das noch immer vom Monsun gepeitschte Meer hinauswagen, bedeutet der Anblick von Land noch keineswegs Sicherheit. Letzte Woche strandeten etwa 300 Flüchtlinge in einem lecken Fischerboot an der Mündung des Trengganu in Malaysia. Die aufgebrachte Bevölkerung vertrieb sie mit Steinwürfen und schleppte sie mit einem Motorboot wieder aufs Meer hinaus. Eine Stunde später waren es nur noch 54, die auf das Ufer zuschwammen. Die anderen waren bereits ertrunken. Nach Intervention von Seiten internationaler Hilfsorganisationen durften sie sich dann den Abertausenden anschließen, die in besonderen Flüchtlingslagern leben und dort schon Monate, wenn nicht Jahre unter entsetzlichen Lebensbedingungen darauf warten, dass irgendein Land ihnen Asyl anbietet und damit die Möglichkeit, von vorn anzufangen.

Seit dem Ende des Kriegs in Indochina 1975 sind etwa 135 000 Laoten nach Thailand geflohen, 150 000 Kambodschaner nach Vietnam, und 70 000 Vietnamesen sind übers Meer in die verschiedenen Länder der Region geflüchtet. 160 000 sind nach China gegangen, von wo aus sie nun in den Westen zu kommen versuchen. »Das sind die humanitären Folgeschäden unseres Scheiterns in Indochina«, meint ein amerikanischer Diplomat. Die Flüchtlinge, die ihr Ziel erreichen und in die trostlose Routine der Lager aufgenommen werden, kann man zählen, ihre Geschichte niederschreiben. Von den Tausenden jedoch, die auf dem Meer umkommen, werden wir nie etwas Genaueres erfahren. »Nur die Haie wissen, wie viele es sind«, sagt ein UNO-Beamter in Kuala Lumpur. »Vermutlich geht von drei Schiffen mindestens eines unter.«

Zeugen gibt es kaum. »Als wir Quang Ngai verließen, war unsere Dschunke schon überladen. Wasser drang ein. Als es dann noch zu regnen begann, wollte jeder an Deck. Am Ende brach die Brücke ein, und mindestens hundert Menschen saßen in der Falle, als das Schiff zu sinken begann«, erzählt Duong Van Be, einer der Überlebenden, den es jetzt nach Hongkong verschlagen hat. Häufig treiben die Schiffe wochenlang auf dem Meer, und Dutzende von Menschen sterben an Bord. »Viele sehen aus wie Skelette. Sie erinnern mich an die Dokumentaraufnahmen aus den Konzentrationslagern«, erzählt Leslie Lawrence in Singapur. Er ist Kapitän eines Öltankers und hat eine Gruppe von Vietnamesen aus dem Chinesischen Meer gerettet, die von Hunger und der unbarmherzigen Sonne bereits hinreichend dezimiert worden war. »Wir hatten wirklich Glück«, meint Dui Xuan Diem. »48 Schiffe waren schon vorbeigekommen, ohne auf unser SOS-Signal zu achten.« Das alte Gesetz der See wird offen missachtet, weil die Schiffe, die Flüchtlinge an Bord genommen haben, in ihren Bestimmungshäfen unendliche Schwierigkeiten bekommen. Letzten Monat erhielt die »Southern Cross«, die 1200 Vietnamesen von vier Fischerbooten gerettet hatte, die bereits unterzugehen drohten, weder in Malaysia noch in Singapur eine Genehmigung zum Anlegen. Der Kapitän, nach vielen Tagen nutzloser Verhandlungen entnervt, kehrte nach Indonesien zurück, wo er seine menschliche Fracht auf einer einsamen Insel mitten im Archipel ablud.

Für die Kambodschaner, die versuchen, unbeschadet der Landminen der Roten Khmer zu Fuß durch den Dschungel nach Thailand zu entkommen, stehen die Überlebenschancen noch schlechter. »Plötzlich saßen wir in der Falle. Sie schossen von allen Seiten auf uns. Ich verstand überhaupt nichts mehr und bin nur noch gelaufen, gelaufen«, erzählt Kung Ang, ein Mädchen von neunzehn Jahren, das an Armen und Rücken verletzt in ein thailändisches Krankenhaus gebracht wurde. Von den 163 Menschen, mit denen sie ihr Dorf in Kambodscha verlassen hat, haben außer ihr nur fünf überlebt. Denn sobald die Flüchtlinge die kambodschanische Grenze hinter sich haben, müssen sie die Minenfelder auf der anderen Seite durchqueren und sich vor den thailändischen Regierungspatrouillen verstecken, die zuerst einmal schießen und dann fragen, ob sie Flüchtlinge oder Guerillakämpfer vor sich haben.

Es ist die besondere Tragik dieser vielen Menschen, die auf der Suche nach Freiheit zu Fuß aus Kambodscha fliehen, über den Mekong aus Laos oder über das Meer aus Vietnam, dass sie – sofern sie ihr Ziel erreichen – keiner haben will. »Die Flüchtlinge stellen mittlerweile eine Gefahr für die ganze Region Südostasien dar«, verkündet der Außenminister der Philippinen. Und ein thailändischer Beamter meint: »Wir sind Opfer einer wahren Invasion.«

Die Länder dieser Region haben ihre eigenen Bevölkerungsprobleme. Darüber hinaus leben sie in ständiger Angst vor den kommunistischen Guerillas und sind daher auf gute Beziehungen zu den neuen Machthabern in Indochina bedacht. So stoßen die Flüchtlinge nicht gerade auf Sympathie in den Anrainerstaaten. Speziell Thailand, das gerade versucht, jene 39 000 Vietnamesen, die bereits in den fünfziger Jahren nach dem Fall von Dien Bien Phu ins Land kamen, nach Hanoi zurückzuschicken, hat ganz sicher kein Interesse, auch nur einen Vietnamesen aufzunehmen.

In Bangkok heißt es, die Piraten, die mittlerweile die ganze Küste unsicher machen, operierten mit Duldung, wenn nicht sogar Billigung der örtlichen Behörden – im Rahmen einer Art von Abschreckungspolitik. »Die, die an Bord kamen, trugen keine Uniform, hatten aber Polizeiwaffen und benahmen sich auch wie Polizisten. Sie fragten uns, ob wir Einreisevisa für Thailand hätten, und nahmen uns dann alles weg, was wir bei uns trugen«, erzählt ein Flüchtling im Lager von Lam Sing. »Bevor sie verschwanden, sagten sie noch, wir sollten ja nicht wagen zu reden, sonst würden sie nachkommen und uns töten.«

»Fischer und Polizisten werden reich, weil sie Flüchtlingsboote ausrauben«, informiert uns ein Beamter einer internationalen Hilfsorganisation in Bangkok, die sich um die Flüchtlinge kümmert. »Keinerlei Risiko, und Strafverfolgung ist auch nicht zu befürchten.«

Meist aber lassen es die Piraten nicht mit dem schlichten Ausplündern der Flüchtlinge bewenden. Ein Schiff aus Vietnam zum Beispiel, das mittlerweile Songhla im Süden Thailands erreicht hat, wurde auf seinem Weg dreimal von Piraten angehalten, und jedes Mal wurden sämtliche Frauen an Bord vergewaltigt. Auf einem anderen Boot, das letzte Woche auf der Insel Bisong in Malaysia vor Anker ging, waren die Vorfälle noch drastischer: Die 48 Vietnamesen wurden von zwei thailändischen Fischerbooten angegriffen. Als die Piraten an Bord kamen, mussten sich alle ausziehen, und die Piraten nahmen alles mit, was sie besaßen. Dann wurden die Frauen vergewaltigt und die Männer unter Deck geführt. Schließlich versuchten die Piraten, die Luken dicht zu machen und das Schiff mitsamt seinen Passagieren zu versenken. Die Flüchtlinge widersetzten sich, zehn starben, bevor die Piraten von Bord gingen.

Das Kalkül der Abschreckung geht auf. Mittlerweile steuern die vietnamesischen Boote Thailand nicht mehr an, sondern nehmen gleich Kurs auf Malaysia. Einzige Ausnahme waren hier 10 000 Flüchtlinge, die im Monat November dort landeten. Die Vereinigten Staaten haben ein Hilfsprogramm gestartet, das pro Jahr 25 000 Menschen aus Indochina die Einreise in die USA erlaubt. Frankreich hat seit 1975 40 000 Flüchtlinge aus dieser Region aufgenommen. Einige Tausend gingen nach Australien sowie in verschiedene europäische Länder. Doch letztlich ist all dies nur der berühmte Tropfen auf dem heißen Stein.

»Das ist, als wolle man Regen mit einer Bratpfanne auffangen. Kein Gefäß wird je groß genug sein«, sagt ein amerikanischer Diplomat in Bangkok.

Nach einer langen Serie von Provokationen seitens der Roten Khmer marschieren die Vietnamesen 1978 in Kambodscha ein und stürzen das Regime Pol Pots. Daraufhin überfällt China, das seine Hand stets schützend über die Roten Khmer hielt, Vietnam, um dem Land »eine Lektion zu erteilen«. Nach zwei Wochen blutiger Kämpfe ziehen sich die Truppen von Deng Xiaoping zurück. In Kambodscha gelingt es der von Vietnam unterstützten Regierung, ihre Macht zu konsolidieren, doch die Roten Khmer stellen immer noch eine nicht zu unterschätzende Bedrohung dar. Pol Pot, der sich dem vietnamesischen Zugriff zusammen mit einem Teil der Bevölkerung und einigen tausend Soldaten entziehen konnte, sucht Schutz in der Bergregion an der Grenze zu Thailand. Von dort aus führt der Mann, der für den Tod von mindestens 1,5 Millionen Menschen verantwortlich ist, den bewaffneten Widerstand gegen das neue Regime in Phnom Penh an, aus unterschiedlichen Motiven unterstützt von den USA, von China und Europa. Als die Truppen Hanois das Versteck Pol Pots angreifen, versuchen Tausende von Khmer, die Grenze nach Thailand zu überschreiten, um sich in Sicherheit zu bringen.

Flüchtlinge: entscheiden, wer lebt und wer stirbt

Kambodschanische Front, 2. November 1979
Ihr Kopf schlenkert auf meinen Schultern hin und her wie ein leeres Gefäß. Ihr von Pusteln übersäter Arm schlägt gegen meine Brust wie ein abgebrochener Zweig. Doch sie lebt. Ich spüre es an ihrem Atem, den ich zart an meinem Hals fühle. Ich kenne sie nicht. Sie ist nichts weiter als ein armseliges Bündel Knochen, das ich im Wald aufgehoben habe, der mittlerweile einem Friedhof gleicht.

»Geh dem Verwesungsgeruch nach, dann kommst du direkt nach Kambodscha«, hat mir einer der Soldaten am letzten Kontrollposten gesagt, wo ich die Straße aus roter Erde verlassen habe, um zu Fuß durch den Wald zu marschieren. Doch schon bald wird der Gestank unerträglich. Sogar die Tiere scheinen sich zu fürchten, denn der Dschungel ist auch am helllichten Tag totenstill.

Als ich aus dem mehr als mannshohen Unterholz auf eine Lichtung trat, sehe ich sie: ein Kleinkind, das unbeweglich in seinem Kot kauert, ein anderes Kind, das wie erstarrt neben der Leiche eines Mannes steht, dessen Hände in die Luft zu greifen scheinen, eine Gruppe von Frauen, die unter der glühenden Sonne, welche die letzten Wasserpfützen trocknet und die Toten schnell verfaulen lässt, vor Kälte zittern.

Wo ich auch hinsah, standen sie, und die ich nicht sehen konnte, erahnte ich hinter den Büschen: Männer, Frauen, Kinder im selben Alter wie meine. Zu Dutzenden, Hunderten saßen sie dort im Wald, mit aufgerissenen Augen und stumpfem Blick, Arme und Beine dünn wie Stöcke, die Haut welk, mit schwarzen, staubigen und kotigen Lumpen bedeckt. Vom Fieber geschüttelt, nicht mehr fähig, auch nur einen Schritt weiter zu gehen, hatten sie sich da und dort auf die Erde fallen lassen wie riesige Vögel, die inmitten des Überflusses tropischer Vegetation ein uraltes, uns mittlerweile unbekanntes Übel befallen hatte, das wir »Hunger« nennen.

Sie gehörten zu einem größeren Trupp von Flüchtlingen, der in den letzten Tagen hier sein Lager aufgeschlagen hatte. Als der Hauptteil wieder weiterzog, ließ man diese hier zurück – ohne ihre zu Bündeln geschnürten Habseligkeiten, ohne Strohmatten, ohne Wasser. Die Stärkeren hatten ihre letzten Besitztümer unter sich aufgeteilt und sie im Dschungel zurückgelassen. Niemand weinte, niemand bat um Hilfe. Die meisten von ihnen hatten sich in ihrer eigenen Welt verirrt.

Die Stille war erschreckend. An Tote gewöhnt man sich schnell, an Sterbende nicht. Der Anblick Todgeweihter ist deshalb so schlimm, weil man weiß, dass sie gerettet werden könnten. Die Straße war nur zwei oder drei Kilometer entfernt. Wer es dorthin schaffte, hatte eine Chance zu überleben. Die anderen aber würden bereits am Morgen den vielen Toten gleichen, die jetzt schon dort lagen – bedeckt von Fliegen, wimmelnd von Würmern. Dass ich mir dieses weibliche

Skelett auf die Schultern lud, war keine bewusste Entscheidung, sondern eine instinktive Geste. Sie lag einfach vor meinen Füßen.

Die Grenze zwischen Kambodscha und Thailand verläuft durch unendliche Wälder von leuchtendem Grün, aus denen sich hin und wieder ein Hügel erhebt, auch er vom undurchdringlichen Dschungel überwuchert. Seit Monaten marschieren Tausende von Menschen durch diese Wälder nach Osten. Sie kommen in Wellen, ausgezehrt von Hunger, Krankheit und Angst. Wie ein Heer von Zombies fallen sie in die wilde Welt des Waldes ein, der sich mittlerweile in einen gewaltigen Friedhof für das Volk der Khmer verwandelt hat, und bewegen sich auf der Suche nach Nahrung, Wasser und Medikamenten blind vorwärts. »Wir sind wie Schildkröten, die sich aufs Geratewohl zu einem See aufmachen«, sagt mir einer von ihnen. Erreichen sie die Straße, sind sie in Sicherheit. Von dort aus werden sie in ein Flüchtlingslager gebracht.

Mit meiner leichten Last trete ich aus dem Wald. Im Schatten eines Kokospalmenwäldchens lagern einige hundert Kambodschaner und kochen im schlammigen Wasser ein paar Wurzeln, die sie eben ausgegraben haben. Niemand dreht sich nach mir um. Das drückende Schweigen wird nur unterbrochen, wenn einer der Löffel gegen die schwarzen Töpfe schlägt, die über den Holzfeuern hängen.

In dieser Gruppe sehen viele ziemlich gesund und kräftig aus. Wahrscheinlich handelt es sich um Soldaten von Pol Pot, vermutlich sogar um Offiziere. Vielleicht auch um Politkommissare, nach den goldenen Uhren am Handgelenk zu urteilen. Und nach den Füllfederhaltern, die aus den staubigen, verbleichten Uniformen ragen. Kalte, verächtliche Blicke treffen uns. Neben einem der Grüppchen ringt ein Mädchen mit dem Tod. Man lässt sie sterben, ohne ihr die aufgesprungenen Lippen auch nur mit einem Tropfen Wasser zu kühlen.

Die Starken, die Harten ohne jedes Gefühl, die in einem Land aufwuchsen, in dem alle Spuren der Vergangenheit, alle religiösen und traditionellen Werte ausgelöscht wurden, sind vielleicht das beste Beispiel für das, was Pol Pot mit dem »neuen Menschen« meinte, den er schaffen wollte, indem er die Hälfte der Bevölkerung töten ließ. Auf Töten gedrillt, zum Überleben entschlossen. Einige von ihnen sind Massenmörder, andere Überlebende der Pogrome. Der Wald spuckt sie alle aus, Opfer und Schlächter gleichermaßen. Der Hunger und die Malaria kennen keine Politik. Sie machen alle gleich.

Ein Lastwagen des Roten Kreuzes mit drei jungen Schweizern hält an der Straße. Auf einer Strohmatte liegt ein Todkranker, und ein Arzt sucht nach seiner Vene, um ihm die lebensrettende Glukoseinfusion zu verabreichen. Ich vertraue ihm mein weibliches Skelett an und gehe in den Wald zurück. »Nimm nur die Kräftigsten. Mehr als dreißig bekommen wir eh nicht auf den Wagen«, ruft er hinter mir her.

Man lernt schnell zu unterscheiden, wer noch eine Chance hat und wer dem Tod geweiht ist. Als ich auf meine Lichtung zurückkehre, nehme ich automatisch das Kind, das neben dem toten Vater kniet, und nicht das, das der Durchfall schon in die Knie gezwungen hat. Ein Mädchen, das noch genügend Energie hat, um die Fliegen zu verscheuchen, und nicht das Kind daneben, ihre Schwester vielleicht, deren Puls nur noch schwach schlägt und die mich mit den Augen nicht mehr wahrnimmt.

Ich ging einige Male hin und her, doch ich fühlte mich mehr als Richter derjenigen, die ich zurücklassen musste, denn als Retter derer, die ich zu dem Lastwagen brachte. Und auch für diese konnte ich letztlich nicht viel tun. Meine Skelettfrau starb nach zwei Stunden. Als wäre sie ein Gegenstand, packte ich sie und legte sie auf den Haufen Toter, der neben unserem Straßenspital schnell wuchs. Das Gewirr von Armen und Beinen machte es unmöglich, ihre Anzahl festzustellen.

Bald versammelte sich um unsere »Strohmattenstraße« eine Gruppe thailändischer Bauern. Sie standen dort und sahen zu, ohne eine Geste des Mitleids, ohne Hilfe anzubieten. Andere feixten sogar in der typisch asiatischen Verlegenheit angesichts der mittlerweile zur Gewohnheit gewordenen, aber immer noch unfassbaren Realität des Todes. Eine junge Frau streichelte hingebungsvoll ein Äffchen, das sie an die Brust drückte, während gleichzeitig einer der jungen Schweizer schluchzte, weil er einem Kind die Augen schließen musste, das er nicht am Leben erhalten konnte.

Der Tag ist schnell vergangen. Vor unseren Augen verschwindet die Sonne rasch hinter den Palmwedeln, wie das in den Tropen üblich ist, und lässt nur einen roten Feuerschein zurück. Der Himmel verdunkelt sich und durchläuft dabei in schneller Folge das Farbenspektrum von Blau zu Orange und schließlich Violett. Während ich helfe, die todkranken Menschen auf den Lastwagen zu laden, segeln Fledermausschwärme über unseren Köpfen dahin. Der Wald mit seiner unbekannten menschlichen Last versinkt in die finsterste Nacht.

Kambodscha blieb noch lange Zeit das Zentrum meines Interesses. Einer meiner Vietcongfreunde, Bui Hu Nhan, war mittlerweile »Berater« der neuen, provietnamesischen Regierung in Phnom Penh. Mit seiner Hilfe erhielt ich – zusammen mit Nayan Chanda von der *Far Eastern Economic Review* – ein Visum. Wir waren die ersten westlichen Journalisten, die ohne Einschränkung in das von Pol Pot befreite Land reisen durften. Einen Monat lang durchquerten wir es ohne Eskorte. Diese Erfahrung gehörte zu den bewegendsten in meinem journalistischen Leben. Wir rekonstruierten Massaker und forschten dem Terrorregime der Roten Khmer nach. Aber wir wurden auch Zeugen der »Wiedergeburt« Kambodschas unter dem Schutz Vietnams. Der Bericht über diese Erlebnisse wurde in drei Teilen des *Spiegel* veröffentlicht und dann in einem Buch, das nur in Deutsch erschien: *Holocaust in Kambodscha*.

Im Zuge der Liberalisierung, die nach Maos Tod einsetzte, öffnete China sich dem Westen. 1978 wurde mir ein auf drei Wochen befristetes Reisevisum sowie eine Aufenthaltsgenehmigung für eine der entlegeneren Regionen des Landes, die Provinz Yinjang, bewilligt. Ende 1979 erhielten sogar einige westliche Presseorgane die Erlaubnis, ein Büro in Peking zu eröffnen. *Der Spiegel* gehörte dazu, und so wurde ich zum Chinakorrespondenten. Bald zog meine Familie nach, und unsere beiden Kinder drückten zusammen mit ihren chinesischen Altersgenossen die Schulbank. Unser »Heim« war eine Altbauwohnung im Ausländerviertel, dessen Ausgänge von Soldaten bewacht wurden. Die Aufzüge in den Häusern wurden von Pförtnern bedient, die uns im Auftrag der Regierung überwachten.

Nach Nordkorea zu reisen war wohl der Traum jedes Journalisten in Peking, doch auch für das »Schwesterland« war kaum ein Visum zu bekommen. Ich erhielt meines durch Vermittlung von Enrico Berlinguer, dem Generalsekretär der Kommunistischen Partei Italiens, der von China aus nach Pjöngjang reiste. Er ließ meinen Namen auf die Liste seiner Delegationsmitglieder setzen, als er den »Großen Führer« besuchte.

Nordkorea: rote Fahne, blaues Blut

Pjöngjang, Oktober 1980

Das Flugzeug, das zweimal pro Woche seine wenigen Passagiere von Peking nach Pjöngjang bringt, ist eigentlich eine Zeitmaschine. Man verlässt das China von heute, und eine Stunde und 45 Minuten später landet man im Jahr 1984. Nordkorea ist der Realität gewordene Albtraum einer totalitären Gesellschaft, wie Orwell ihn in seinem Roman gezeichnet hat. Hier gehen die Kinder nicht zur Schule, sie marschieren dorthin. Die Menschen arbeiten nicht, sondern kämpfen für die Produktion. In den Bibliotheken finden sich Tausende von Büchern, doch all diese Bücher haben ein und denselben Autor. Alles ist sauber, geregelt, vorhersehbar. Alle sind diszipliniert, alle gehorchen, und alle sind glücklich. Das hier ist nicht etwa ein Land wie jedes andere auch. Man hat es offiziell zum »Paradies« erklärt, und Kim Il Sung, der Präsident, ist nicht einfach seit 35 Jahren der Landesherr. Nein, er ist ein Gott, denn er weiß alles, was zu wissen nötig ist, hat auf alle Fragen, welche die Philosophen seit Jahrhunderten bewegen, eine Antwort gefunden. Sogar die Vögel zwitschern sein Lob. Zumindest ist es das, was man als Besucher zu hören bekommt und was jeden Tag in der Zeitung steht.

Wären da nicht die blühenden Gärten und die Akazien am Fluss und auf den üppig bewachsenen Hügeln, man könnte Pjöngjang für eine Phantasiestadt halten, ein Kunstgebilde: eine Art Kulisse für einen Science-Fiction-Film. Abwechslungsreich, farbig, ultramodern, aber von einer beunruhigenden inneren Leere. Die Straßen sind breit, aber nur wenige Autos befahren sie. Auch die Plätze wirken gigantisch, doch sind kaum Menschen zu sehen. Alles scheint irgendwie künstlich und übermäßig gepflegt: die Parks, die Spielplätze, die kleinen Seen. Das Auffälligste ist, dass niemand all diese Annehmlichkeiten genießt. Marmordenkmäler erheben sich in den Himmel, daneben Wolkenkratzer aus Beton und Glas, davor plätschern munter hübsche Brunnen mit bunt beleuchtetem Wasserspiel. An den Kreuzungen stehen Polizisten, die stumm den nicht existierenden Verkehr regeln. Alle hundert Meter drückt sich ein Agent in Zivil in den Schatten eines Hauseingangs und beobachtet hinter seinen dunklen Brillengläsern die vollkommene Symmetrie der leeren Häuser.

Der Tag ist in Nordkorea in drei Abschnitte unterteilt. Hinter den geschlossenen Fabriktoren stehen die Räder niemals still. Jeder Bürger arbeitet acht Stunden, drei Stunden studiert er. Da bleibt nicht viel Zeit für Müßiggang. Die einzigen Passanten, die man abends sieht, sind jene, die von den politischen Schulungen zurückkehren und schweigend in einer Reihe auf den Autobus warten. Oder Studenten, die erst spätabends ihre Vorlesungen beenden. Niemand lacht, niemand spricht mit dem Nachbarn. Jeder blickt offenkundig »voller Vertrauen in die Zukunft«. Und nicht zu Unrecht: In der Vergangenheit wurde Großes zustande gebracht. 1953, nach Kriegsende, lag das Land in Trümmern. In Pjöngjang standen kaum mehr als drei Häuser, nachdem es jahrelang als Schauplatz gedient hatte für die Kämpfe zwischen den Armeen Nord- und Südkoreas, zwischen den amerikanischen Soldaten und den »Freiwilligen« aus China, die sich dort gegenseitig massakrierten.

Heute gleicht der Ort eher einer skandinavischen Stadt als einer asiatischen: Die Männer westlich gekleidet – dunkler Anzug, weißes Hemd, Krawatte und stets blank geputzte Lederschuhe. Die Kinder tragen Uniformen in Blau und Rot, die Frauen durchweg bunte Röcke, als seien sie für immer in den nationalen Sonntagsstaat gebannt. Von Armut ist nichts zu sehen. Es ist schwierig, in diesem Land, in dem alles in Prozenten ausgedrückt wird, konkrete Daten zu erhalten. Die Beamten werden wütend, wenn man sie um bestimmte Informationen bittet. Doch der Fortschritt ist da, er ist sichtbar. Hohe Schornsteine an der Peripherie der Hauptstadt spucken dicke Rauchsäulen aus. Die Dörfer, die wir von den schnell hindurchrollenden, niemals anhaltenden Autos aus sehen, sind ordentlich und scheinen zu gedeihen. Der Nordkoreaner wird vom Staat umhegt – von der Wiege bis zur Bahre. Die medizinische Versorgung ist kostenlos, die Schule bis zum siebzehnten Lebensjahr Pflicht. Niemand zahlt Steuern. Die Wohnungen der Arbeiter sind winzig, aber hübsch und bequem. Die Mieten (zwischen 5 und 10 Won bei einem Durchschnittsverdienst von 90 Won – ein Won entspricht etwa 0,60 Euro) sind niedrig. »Nichts auf der Welt flößt uns Neid ein«, singen die Kinder. Und die Tatsache, dass die Menschen wirklich glauben, im »Paradies« zu leben, ist wohl der größte Erfolg der Regierung.

Die Überzeugungsarbeit beginnt bereits in den blitzsauberen, durchautomatisierten, effizienten Kindergärten, in denen die Kinder schon im Alter von drei Jahren lernen, sich vor Kims Bildnis zu verbeugen, seine glorreichen Taten auswendig zu lernen und ihn zu lieben. »Wie viele Kinder hat Präsident Kim Il Sung?«, habe ich einige Male gefragt. Die Antwort war jedes Mal gleich: »Wir sind alle seine Kinder.« Seit fast dreißig Jahren leben die Nordkoreaner sozusagen in Isolationshaft, völlig abgeschnitten vom Rest der Welt, von dem sie nichts, gar nichts wissen. Die Radios in den Wohnungen sind riesig groß, haben aber keinen Kurzwellenempfänger. Außer den Zeitschriften, die täglich fünfzigmal den Namen des »Großen Führers« erwähnen, gibt es keine weiteren Medien. Das Resultat ist recht simpel: Die Menschen glauben wirklich, dass die 240 Kilometer hohe Mauer in der entmilitarisierten Zone zwischen dem Norden und dem Süden des Landes von den schrecklichen Amerikanern errichtet wurde, damit die Südkoreaner nicht in den paradiesischen Norden abwandern. Oder dass Seoul am Rande des Zusammenbruchs steht, von »Tourismus und Prostitution zerfressen«. Dass die Lebensbedingungen im Rest der Welt schrecklich sind und dass die Völker des Erdballs nur darauf warten, die Lehren des »Großen Führers« Kim Il Sung zu empfangen.

Eine nordkoreanische Zeitschrift veröffentlichte in ihrer letzten Nummer das Foto eines Fiakerfahrers, der vor der Wiener Oper auf seinem Kutschbock sitzt und ein Buch des Präsidenten liest. Wie wir alle wissen, ist dies in Wien ein völlig normales Bild. Aber was macht das schon? Er ist überall. Sein Konterfei findet sich in den Straßen, den Häusern, den Autobussen, in Parks und Zügen. Und er ist der Einzige im ganzen Land, der nicht das Parteiabzeichen mit seinem Bild tragen muss. 22 Millionen Koreaner tragen es auf der Brust, links oben, direkt über dem Herzen. Die Abzeichen unterscheiden sich in Farbe, Form und Größe. Sie signalisieren sofort, welche Stellung in der Gesellschaft ihr Träger einnimmt, wie viel Vertrauen der »ruhmreiche« Führer in ihn setzt.

Anders als zu Zeiten der Kulturrevolution in China werden die Abzeichen nicht verkauft und auch nicht kostenlos verteilt. Hier werden sie verliehen. Man muss sie sich verdienen, und die Ausländer, ewig auf der Jagd nach Andenken, mühen sich vergeblich, eines nach Hause mitzubringen. Kostenlos hingegen gibt es die sechs Bände der Werke Kim Il Sungs und die drei Bände, die die Bibliographie seiner Schriften enthalten. Daher haben alle Reisenden ein

Problem: wie das Paket loswerden, ohne es in einen Abfalleimer zu werfen? Damit würde man die sofortige Ausweisung riskieren. Erst letztes Jahr wurde ein Schweizer Ingenieur ausgewiesen, weil er dabei ertappt worden war, wie er sich die Schuhe mit einer Zeitung abwischte, auf der – natürlich – das Bild von Kim Il Sung prangte.

Der Staat kontrolliert die Bevölkerung vollkommen und vermag sie bereits mit einem leisen Fingerzeig zu mobilisieren. Sobald ein Abgesandter eines befreundeten Staates am Flughafen von Pjöngjang landet, füllt dieser sich mit einer begeistert Beifall klatschenden Menge. Gleichzeitig leert sich ein ganzes Stadtviertel, dessen Bewohner zu der »spontanen Willkommenskundgebung« beordert wurden. Vor zwei Jahren, als eine außergewöhnlich lange Schlechtwetterperiode die Ernte bedrohte, war innerhalb weniger Stunden die ganze Bevölkerung auf den Beinen und eilte auf die Felder: Die Ernte wurde gerettet.

Eine Opposition existiert nicht. Auch wenn hin und wieder ein Mensch nicht mehr an seinem Arbeitsplatz auftaucht und im Nichts verschwindet, auch wenn die Regierungsbeamten die Existenz von Gefängnissen für »den Klassenfeind« zugeben, so gibt es doch keine sichtbaren Zeichen für Dissidententum, schon gar nicht in der breiten Masse. Gefangen zwischen Arbeit und politischem Engagement, bleibt den Bürgern Nordkoreas wenig Zeit für ein normales Familienleben. Da sie ständig unter der Kontrolle von Kollegen, Nachbarn und Polizisten stehen, haben sie keinerlei Freiräume. Ins Landesinnere zu reisen, ist ihnen verboten, sofern keine zwingenden Gründe vorliegen. Für jeden Schritt, der vom täglichen Weg zwischen Wohnung und Arbeitsstätte abweicht, ist eine offizielle Genehmigung nötig, und ein effizientes Kontrollsystem sorgt dafür, dass die Menschen sich dem Zugriff der Regierung nicht entziehen können. So ist Pjöngjang auch die einzige asiatische Stadt, in der es keine Fahrräder gibt – eine wirksame Vorbeugung gegen die möglichen Risiken einer zu großen individuellen Bewegungsfreiheit.

Das gesamte Pjöngjang wirkt wie ein Denkmal für die Größe des Präsidenten. Jedes Gebäude gilt als Beweis der Liebe, die er für sein

Volk hegt. Die überdimensionierten Bahnhöfe und öffentlichen Paläste, Produkte eines zwanghaften Größenwahns, sind die Kathedralen der neuen Religion dieses Landes, die keineswegs der Sozialismus ist. Nicht von ungefähr wird dieses Wort immer seltener gebraucht. Nein, der wahre Glaube Nordkoreas ist der Kimilsungismus.

»Der große, ehrwürdige Präsident Kim Il Sung überwachte persönlich den Bau und kam etwa dreihundertmal zu Besuch, um uns mit seinem Rat beizustehen«, erläutert der Direktor der gewaltigen, luxuriösen U-Bahn von Pjöngjang. Jede einzelne U-Bahn-Station inszeniert eine Episode aus seinem Leben. Niemand scheint sich daran zu erinnern, dass Mao Zedong Hunderte von Ingenieuren sandte, um diese U-Bahn zu bauen. Aber es entsinnt sich ja auch niemand der Tatsache, dass Kim Il Sung seine Macht erst gegen Ende des Zweiten Weltkriegs und nur mithilfe der Roten Armee erlangte. Damals nahm er den Namen an, unter dem wir ihn heute alle kennen. Zu jener Zeit aber gehörte dieser Name einem mythischen, vom Volk bewunderten Freiheitskämpfer, der schon lange Zeit tot war.

»Der verehrungswürdige und großzügige Präsident ließ dieses Gebäude zum Wohl des Volkes errichten«, sagt wie in Trance das junge Mädchen, das uns durch das weitläufige und protzige Gesundheitszentrum führt, einen ausgedehnten Komplex aus Schwimmbädern, Massagehallen, Saunen, Schönheitssalons, Marmorhallen zum Geräteturnen mit mosaikverzierten Wänden. Ärzte und Krankenschwestern stehen hier den Massen zur Verfügung, von denen – wie immer – keine Spur zu sehen ist.

Ganz sicher nie in Betrieb genommen wurde die gewaltige Entbindungsanstalt: dreizehn Stockwerke aus Beton, Granit und Marmor, die – vielleicht aus symbolischen Gründen – in neun Monaten errichtet wurden. Hier finden sich nur modernste Instrumente. In den Kreißsälen sehen wir Bildschirme, über die Väter und Verwandte mit der Gebärenden sprechen können, ohne mit ihr in Berührung zu kommen. Ein ebenso kolossales Bauwerk aus Stein, Glas und Spiegeln ist das Masudè-Theater. Rund um ein raffiniert eingerichtetes Parkett, in dem nur ein paar hundert Zuschauer Platz finden, reiht sich eine Flucht von Logen mit hohen Decken, ausgepolstert mit dickem Teppichboden in sanften Pastellfarben. Treppen, die sich um sich selbst winden und von fluoreszierenden Leuchtern erhellt werden, erheben sich über flüsternden Brunnen, vom Licht immer wieder in andere Farben getaucht. Licht, das an den Wänden ein veritables Trompe-l'œil schafft, in dem riesige Wasserfälle zu entspringen scheinen, während an einer nahezu unsichtbaren Plastikstruktur Millionen winziger Öltröpfchen langsam herabgleiten und den Blick gefangen nehmen. Wasser. Echtes Wasser in den Dutzenden von Brunnen, die die Stadt beleben. Falsches Wasser, das durch elektronische Lichtspiele erzeugt wird. Wasser als Wandgemälde, als Mosaik, als Wandteppich. Wasser als unbewusstes, zwanghaftes Symbol dieses Regimes und seiner unerklärlichen Sehnsucht nach Reinheit.

Ein riesiger Brunnen mit Hunderten von Wasserstrahlen, die ein vielfarbiges, fließendes Gebäude bilden, überrascht den Besucher auch im großen Empfangssaal des Regierungspalastes. Draußen im Hof schreiten die Soldaten im Gänsemarsch dahin, drinnen Dutzende von Leibwächtern, Dienern und Sekretären mit Sonnenbrille, dunkler Kleidung und dem Abzeichen, das sie als nahe Mitarbeiter des »Großen Führers« ausweist. Die Gäste müssen mindestens eine halbe Stunde auf Kim warten. Zwei riesige Uhren mit in Gold ausgeführten Soldaten- und Arbeiterfiguren, die rund um das Zifferblatt wandern, zählen die Minuten. Dann wenden die Männer des Präsidenten die Augen zur Erde und verbeugen sich tief: Er erscheint. Majestätisch in seiner dunklen, hochgeschlossenen Jacke, schreitet er über den strahlendsten aller roten Teppiche die breite Treppe herab. Die Zyste im Nacken ist mehr als faustgroß, scheint seine Bewegungen aber nicht zu stören. Die Zyste wächst seit Jahren, doch niemand wagt, sie zu entfernen. Auch wenn es sich höchstwahrscheinlich nicht um einen bösartigen Tumor handelt, ist diese Zyste mittlerweile Gegenstand zahlreicher Spekulationen. Doch seit dem VI. Kongress der Koreanischen Arbeiterpartei ist die Zukunft

Nordkoreas, zumindest auf dem Papier, gesichert. Kim Il Sung hat seinen Nachfolger ernannt.

»Wer ist der junge Mann neben dem Präsidenten?«, habe ich beim Besuch der Arbeiterquartiere einige Male gefragt, in denen überall ein gerahmtes Farbfoto des Präsidenten mit seinem Sohn prangte. »Er ist das ruhmreiche Zentrum«, erhielt ich zur Antwort. Sein Name wurde nie genannt, doch die Jahre einer unausgesetzten und subtilen Propaganda haben das Ihre getan, dass der Weg nun frei ist für den koreanischen Weg: den erblichen Sozialismus. »Wir bleiben dem Großen Führer von Generation zu Generation treu«, verkündet ein Lied, das man häufig in Pjöngjang hört.

Währenddessen schreitet der Bau der Hauptstadt ständig fort – ein megalomanes Symbol der koreanischen Renaissance, Gegenstück zur korrupten Konsumgesellschaft, die sich südlich des 38. Breitengrades ausbreitet, als müsse dort der utopische Sonnenstaat der künftigen Menschheit entstehen. Tag und Nacht ohne Pause setzen Arbeitertrupps mit riesigen Kränen immer noch ein Stockwerk auf das ohnehin schon monströse Kulturzentrum. Ganz in der Nähe spielt eine Militärkapelle, weil dort Tausende von Soldaten die Grundfesten für ein neues Eislaufstadion ausheben.

Ein Fall von Massenhysterie? Möglicherweise. »Dies ist das einzige sozialistische Land, in dem auch die Toiletten funktionieren«, meint ein Delegierter, der hier in offizieller Mission unterwegs ist, als er aus den phantastischen Toiletten des Masudè-Theaters kommt, wo fotoelektrische Zellen dafür sorgen, dass die Spülung zu laufen beginnt, sobald der Benutzer sich nähert.

Die Empfänge im Bankettsaal von Kim Il Sungs prächtiger Residenz, die von Dutzenden Kristallkronleuchtern erhellt wird, enden immer mit großen Platten, auf denen die Früchte des Landes serviert werden. Kellner in weißen Jacken mit dem unvermeidlichen Abzeichen bedienen uns, ohne eine Miene zu verziehen. Mein Nachbar, ein europäischer Kommunist,* blickt auf die große glänzende Bir-

* Heute kann ich ja seine Identität enthüllen: Es war Giancarlo Pajetta, der langjährige außenpolitische Sprecher der KPI.

ne, die man mir reicht, und meint: »Dieses Land ist wie die Birnen da: Es wächst und wächst, als ob irgendeine Drüse außer Kontrolle geraten wäre.«*

Die in China verbrachten Jahre von 1979 bis 1984 waren eine höchst interessante Zeit. Zum ersten Mal seit 1949 hatten wir Ausländer die Möglichkeit, im Land zu reisen und seine Menschen kennenzulernen, wenn auch mit beträchtlichen Einschränkungen. Zum ersten Mal wurde sichtbar, was Jahre der Propaganda vor fremden Augen verborgen hatten. Ich nutzte – wie meine Kollegen – diese Freiheit weidlich aus, indem ich alle Ecken des Landes besuchte, von Tibet bis zur Mongolei und zur Mandschurei. Dort befragte ich außerhalb der offiziellen Begegnungen so viele Menschen, wie mir möglich war, was der Maoismus der frühen Jahre und die Kulturrevolution in den sechziger Jahren für ihr Leben bedeuteten. Leider wurde meine Neugier dabei nicht immer befriedigt. Mehrere Male wurde ich in Städtchen festgehalten, für die ich keine Reisegenehmigung hatte. Im März 1984 nahm man mich schließlich fest. Man klagte mich »konterrevolutionärer Aktivitäten« an, verhörte mich, schickte mich einen Monat lang in ein Umerziehungslager und wies mich dann aus.**
So kehrten wir nach Hongkong zurück, dieses Mal in ein halb verfallenes, aber sehr romantisches Haus, das früher einer Konkubine gehört hatte. Es lag am Meer, sodass wir täglich den Sonnenuntergang hinter den Inseln des Perlenflusses genießen konnten. Von Hongkong aus recherchierte ich weiter über die Probleme der Region.

---

* Dieser Artikel, der in der Ausgabe Nummer 30 des *Spiegel* erschien, sagte den nordkoreanischen Befehlshabern zu. Man lud mich zu den Botschaftsempfängen, und die Propagandamaschinerie in Pjöngjang nannte mich – zu meiner Schande – einen »vorbildlichen Journalisten«. Als ich dann ein zweites Visum beantragen wollte, musste jemand den Nordkoreanern erklärt haben, was Ironie bedeutet.

** Die Geschichte meines Aufenthaltes in China sowie meiner Ausweisung habe ich in meinem Buch *Fremder unter Chinesen* festgehalten, das in Deutschland 1984 erschien. Unser Leben in China und die vielen Reisen, die wir mit den Kindern im Zug und mit dem Fahrrad unternommen haben, hielt meine Frau Angela in ihrem Tagebuch fest, das in Deutsch unter dem Titel *Chinesische Jahre* herauskam.

Im Jahr 1972 verhängte Ferdinand Marcos, um seine Macht zu erhalten, das Kriegsrecht über eines der ärmsten und sympathischsten Länder Asiens: die Philippinen. So trieb die Diktatur das Land noch tiefer in die Hungersnot und machte sich schrecklicher Verbrechen an ihren Gegnern schuldig. Ich bereiste den philippinischen Archipel mehrmals. 1983 erschießt ein bezahlter Killer Ninoy Aquino, Symbolfigur der liberalen Opposition. Marcos hatte ihn acht Jahre lang gefangen gehalten, um ihn dann in die USA ausreisen zu lassen. Als er mit Genehmigung des Regimes nach Manila zurückkehrt, wird er noch auf der Treppe des Flugzeugs erschossen. Dieser Mord, offensichtlich von der Regierung in Auftrag gegeben, brachte den Volkszorn zum Überkochen und wurde dadurch zur ernsthaften Gefahr für die »Ehediktatur« von Marcos und seiner Frau Imelda.

Die Philippinen: »...«, sagt der Taxifahrer

Manila, 20. November 1984
Der Leser weiß es ja bereits: Die beste Informationsquelle für jeden Journalisten, der in ein fremdes Land kommt und wissen will, was dort vor sich geht, ist für gewöhnlich der Taxifahrer, der ihn vom Flughafen zum Hotel bringt. Nun gut, ich hatte also kaum die Koffer verstaut, als mir klar wurde, dass meine »Quelle« einfach unbezahlbar war.

»Wie ist denn die Situation so?«, frage ich, nachdem ich in seinem knarzenden Toyota mit den abgewetzten Polstern Platz genommen hatte, der weitgehend von Draht zusammengehalten wurde.

»Es ist noch nicht raus, wie viel Tote es heute geben wird«, antwortet er mir.

»Tote?«

»Ja. Um diese Zeit lässt sich noch nicht genau sagen, wie viele Menschen heute Opfer von Mord, ›Rettungsarbeiten‹, Feuer, Raub, Taifun oder Demonstrationen werden.«

Es ist fünf Uhr abends. Das Flugzeug, das aus Hongkong kam, war halb leer. Ein paar Touristen. Obwohl auf den Philippinen jetzt eigentlich Hochsaison ist. Doch seit im August letzten Jahres der Oppositionsführer Ninoy Aquino auf dem Flughafen von Manila getötet wurde, seit es immer wieder unerklärliche Mordserien gibt und Demonstrationen, bei denen es zu Zusammenstößen mit der Polizei kommt, nehmen die Leute ihr Sonnenbad lieber anderswo. Die Luxushotels, die ohnehin viel zu zahlreich waren, liegen jetzt mehr oder weniger verlassen da: absurde, funkelnde Raumschiffe, die durch einen Navigationsfehler in dieser ärmlichen Slumgegend abgestürzt sind.

»Können wir nicht in ein billigeres Hotel?«, frage ich meinen Mann.

»Die brennen alle lichterloh. In einem Monat wurden vier Zwei-Sterne-Hotels niedergebrannt, und jedes Mal hat es Tote gegeben.«

»Und wer legt das Feuer?«

»Da kommen alle infrage: entweder die Kommunisten, die den Touristen Angst machen und damit wirtschaftlichen Druck ausüben wollen; die Militärs, die es den Kommunisten in die Schuhe schieben, damit sie wieder das Kriegsrecht verhängen können, denn schließlich müssen sie ja für Ruhe und Ordnung sorgen; oder die Eigentümer, damit sie die Versicherung kassieren und ins Ausland abhauen können ... Ach, eins hätte ich fast vergessen«, fährt er fort. »Es könnten auch die großen Hotels sein, die die kleineren abfackeln, um die paar Touristen, die noch übrig sind, für sich zu haben.«

Der Taxifahrer lacht, als würden ihn die vielen verschiedenen Wahrheiten amüsieren, in denen er sich – wie die anderen Filipinos – kaum noch zurechtfindet.

Mittlerweile ist mehr als ein Monat vergangen, seit die Agrava-Kommission ihren dringend erwarteten Bericht über den Mord an Aquino veröffentlicht hat, doch die ersehnte Abrechnung mit der Geschichte hat es nicht gegeben. Ein Jahr lang hat das Land den Atem angehalten und auf diesen schicksalhaften Bericht gewartet.

Die Menschen beteten, fasteten, meditierten. Jetzt, wo der Bericht veröffentlicht wurde (tatsächlich sind zwei Berichte erschienen, um ein wenig Verwirrung zu stiften) und das Militär anklagt, ein Komplott zur Ermordung Aquinos geschmiedet und Beweise für seine Urheberschaft vernichtet zu haben, bleibt die Lage so angespannt wie vorher.

Niemand wurde verhaftet, niemand angeklagt. General Fabian Ver, oberster Befehlshaber der philippinischen Armee und – einem der Berichte zufolge – der Hauptverschwörer, wurde beurlaubt und erholt sich in seiner Villa. Die Unterlagen der Untersuchungskommission wurden an ein Sondergericht weitergereicht, das sich normalerweise mit Korruptionsfällen hoher Beamter beschäftigt und hier nur eine einzige Aufgabe hat: zu entscheiden, ob die Beweise ausreichen, um die 26 Verschwörer unter Anklage zu stellen. So wandern die Dokumente von Behörde zu Behörde.

»Am Ende wird man feststellen, dass es in Wirklichkeit die Kommunisten waren, die Ninoy getötet haben«, verkündet der Taxifahrer sarkastisch. Dann blickt er plötzlich besorgt in den Rückspiegel und fragt mich ängstlich: »Sind Sie etwa für Marcos?«

Mittlerweile haben die Filipinos begriffen, dass sie in einen schleichenden Bürgerkrieg geraten sind und es besser ist, aufzupassen, was man sagt. Dieses Klima von Spannung und gegenseitigen Verdächtigungen, das so typisch ist für Länder, in denen innere Konflikte schwelen, war schon am Flughafen spürbar. Ein Mann, der aussah wie ein Polizeibeamter in Zivil und ein Schild vor der Brust trug, auf dem stand: »Bin im Dienst«, fotografierte ostentativ jeden ankommenden Passagier. Von mir machte er nur eines, von dem Filipino, mit dem ich plauderte, zwei. Das Regime befürchtet, dass die philippinischen Oppositionellen im Ausland, vor allem in den USA, Kontakt zu den lokalen Guerillakämpfern aufnehmen. Daher versucht die Regierung, über Sympathisanten und Spitzel an Informationen zu kommen.

»Auf der Müllkippe gab es heute nur zwei ›Gerettete‹«, erzählt der Taxifahrer weiter. »Rettung« und »Gerettete« – zwei Wörter, die man mittlerweile häufig in den Gesprächen der Filipinos hört. »Gerettet« bedeutet »ermordet«. Und ermordet werden auf den Philippinen derzeit eine ganze Menge Menschen. »Gerettet« zu sein heißt, dass man von Einheiten des Militärs oder der Polizei umgebracht wurde, die gerade ihre Rechnungen begleichen und dabei einen unglaublichen Eifer entfalten. Ihr spezielles Kennzeichen ist eine Drahtschlinge um den Hals. Gewöhnlich sind sie durch Schläge mit der Spitzhacke gestorben. »Das spart Kugeln«, erläutert mein Fahrer.

»Sind die Leichen tätowiert, erklärt man sie zu Banditen. Wenn nicht, dann waren es eben Kommunisten. Ist doch ganz einfach, nicht? Heute gab es nur zwei Leichen«, wiederholt er und scheint an seiner täglichen Leichenbuchführung wirklich Interesse zu finden.

In Zamboanga auf der Insel Mindanao war es der Bürgermeister der Stadt, Cesar Climaco, einer der populärsten Oppositionsführer, der diese Art von Statistik führte. Jeden Tag ließ er vor dem Rathaus ein großes, blutrot eingefasstes Schild aufstellen, auf dem er die Anzahl der Ermordeten protokollierte. Als Herausforderung an Polizei und Militär, die es nicht schafften, die Stadt unter Kontrolle zu halten und die mitunter selbst Drahtzieher der blutigsten Auseinandersetzungen waren. Letzte Woche wurde Climaco, der immer ohne Eskorte und ohne Leibwache ausging, mitten im Zentrum von Zamboanga durch einen Genickschuss getötet. Damit gehört auch er zum Kreis der »Geretteten«.

»Dieselbe Geschichte wie bei Aquino«, meint mein Fahrer. »Sie bringen alle um, einen nach dem anderen. Wenn die Opposition keine Führer mehr hat, kann sie keinen mehr schrecken.«

Der Toyota kämpft sich durch den Stoßverkehr, hüpft durch die löchrigen Straßen der Peripherie, um dann in den Roxas-Boulevard einzubiegen, der der ganze Stolz des schönen Manila ist, das in all seiner Farbenpracht unter einer dichten Rauchglocke zu ersticken scheint. An jeder Ampel stürzt ein Schwarm zerlumpter, strahlender Kinder auf uns zu, die uns Küsschen zuwerfen, um unsere Aufmerksamkeit auf ihre schmutzigen Plastikbeutel voller Minzbonbons zu ziehen und auf die geöffneten Zigarettenschachteln, die eine neben der anderen aufgereiht in Holzgestellen stecken.

»Marlboro«, sagt der Taxifahrer. Die Kinder schubsen und rempeln sich, einer gewinnt, reicht meinem Mann eine einzige Zigarette und zündet sie ihm an.

»50 Centavos [2 Cent]«, verlangt der Junge.

»Freilich würde ich mir 2 Pesos [9 Cent] sparen, wenn ich eine ganze Packung kaufte. Aber sie müssen ja schließlich auch leben. Und wenn ich ein ganzes Päckchen kaufte, laufe ich ja doch nur Gefahr, dass sie es mir wieder klauen«, sagt mein Fahrer.

Die Autos der reichen Filipinos, die neben uns halten und auf grünes Licht warten, werden durchweg von einem Chauffeur gesteuert. Sie sind mit Klimaanlage und getönten Scheiben ausgestattet, damit man nicht sehen kann, wer drin sitzt. Der Toyota hingegen fährt mit offenen Fenstern, und mein herabhängender Arm wird in einem fort von Händen, Händchen und Pfoten berührt. Bettler, die mit ihren Gesten Hunger, Schmerz oder Trauer andeuten, um von mir eine Münze zu erhalten. Die Szene wiederholt sich an jeder Ampel.

»Marcos hat die Reichen noch reicher und die Armen noch ärmer gemacht«, urteilt mein Taxifahrer und unternimmt nichts gegen diese Unzahl von gestikulierenden, mir immer näher rückenden Hände. Ein Junge drängt sich sogar in den Wagen herein, um mir eine Zeitung zu verkaufen.

Auf der ersten Seite eine Großaufnahme von Marcos, der seinem Interimsarmeeführer den Auftrag gibt, eine Bande von Moslems zu verfolgen, die in eine Provinzstadt im südlichen Lanao eingedrungen ist, dort ein Massaker unter der christlichen Bevölkerung veranstaltet hat und dann wieder verschwunden ist. Ich betrachte das Bild und lese die Bildunterschrift.

»Das Foto ist gefälscht«, sagt mein Mann. »Marcos ist längst tot.«

»Tot? Wann? Wie?«

»Na ja, vielleicht nicht richtig tot, aber im Sterben liegt er«, gibt der Taxifahrer zurück. Ich bitte um nähere Auskunft, auch hier sind der Möglichkeiten viele. Seit Anfang letzter Woche, als er einen amerikanischen Senator empfing, wurde Marcos nicht mehr in der Öffentlichkeit gesehen. Ein Regierungssprecher verkündete, Marcos habe sich zurückgezogen, um »verschiedene Bücher« zu schreiben. Ein anderer ließ verlautbaren, dass er mit seiner Jacht unterwegs sei, um die Gebiete zu inspizieren, die vom Taifun betroffen wurden. Dass dies Lügen sind, ist jedem klar. Am häufigsten ist das Gerücht zu hören, dass Marcos in eine Klinik in Quezon gebracht worden sei, um ihm die Niere zu entfernen, die man ihm letztes Jahr eingesetzt habe. Dort sei er dann gestorben. Ein gewisser Signor Ramirez habe ihm die Letzte Ölung gegeben. Ein anderes Gerücht besagt, dass er zwar die Operation überlebt habe, aber nun ein neues Herz brauche.

Ächzend rollt der Toyota durch die Straßen, am Jachtklub von Manila vorbei. Dort halten wir an, um zu sehen, ob die riesige Motorjacht noch ordnungsgemäß an Pier 15 verankert liegt. Doch sie ist nicht da, und niemand weiß, wo sie ist.

»Vielleicht macht er ja wirklich eine Bootsfahrt«, sagt der Taxifahrer. »Es ist besser, sie bestatten ihn auf dem Meer, denn aus der Erde holen wir ihn wieder raus.«

Der Sonnenuntergang ist phantastisch. Die Sonne rutscht in Minutenschnelle unter den Horizont, auf dem sich die schwarzen Silhouetten der Schiffe abzeichnen. Das Meer sieht aus wie eine gewaltige goldene Plattform. Dieser Moment ist beeindruckend, weil dann die Schönheit der Philippinen nahezu vollkommen wirkt.

Wir fahren immer noch auf dem Boulevard dahin und kommen dabei an all jenen riesigen, sündteuren Gebäuden vorbei, welche die Regierung errichtete, um ihre Größe zu zeigen: das Kulturzentrum, der Kinopalast, das Ausstellungszentrum – alles protzige, moderne Bauten, die jedoch kaum genutzt werden. Anders als die weiten Parks um uns herum. Das Grün des Grases wird immer wieder unterbrochen von kleinen Hütten aus Palmblättern und Lumpen, in denen Hunderte von obdachlosen Familien wohnen.

»Alle Parks von Manila werden von Armen bewohnt«, sagt mein Taxifahrer.

Rechts von der Renommierstraße verläuft nun eine Mauer, die uns vor dem Anblick der Arbeiter- und Bordellviertel schützt. In Letzteren wird zu jeder Tages- und Nachtzeit alles verkauft. Auf der Mauer aber hat jemand mit weißer Farbe eine Inschrift angebracht: *»Nieder mit der Diktatur von Marcos und den USA!«*

Langsam wird das Meer so dunkel wie die Schiffe, die dort in der Bucht ankern. Am Horizont scheinen noch ein paar seltsam grünliche Lichtreflexe auf. Die tropische Luft ist voll vom Rauch der verbrannten Blätter. Aus dem Park in der Stadtmitte erheben sich bläuliche Rauchsäulen: Die Bettler kochen auf kleinen Feuern ihr Abendessen, während die Palmen im Abendwind metallisch rascheln.

»Die Philippinen?«, so fragte einmal ein amerikanischer General. »Was ist denn das? Eine Art Sardinen?«

Heute stehen die Philippinen an einem Wendepunkt. Die Krise ist ausgebrochen in diesem Land, das so voller Widersprüche steckt, dass sie früher oder später explodieren mussten. Doch die Philippinen sind auch ein Land voller Seele. Dort genügt es, mit einem Taxifahrer zu plauschen, und schon ist man auf dem Laufenden und weiß, welcher Wind gerade weht.

Ich steige aus dem Taxi aus und bezahle. Der Portier nimmt meine Koffer und entfernt sich. Mein Taxifahrer aber weist mit den Augen auf seine Kollegen hin, deren gelbe Wagen in einer Linie vor dem Hotel stehen. Dann blinzelt er mir zu und flüstert: »Vorsicht: Die da drüben sind alle von der Polizei.«

Abendessen mit Maschinengewehrbegleitung

Zamboanga, Dezember 1984

»Rover an Basis: Wir kommen. Noch 500 Meter.«

»Basis an Rover: verstanden. Okay. Wir öffnen euch.«

Der Fahrer schaltet das Funkgerät aus, über das er gerade gesprochen hat. Der Mann mit dem Maschinengewehr, der an meiner Seite sitzt, macht sich bereit zum Aussteigen. Ich bin nicht etwa auf dem Weg an die Front, sondern nur ins Haus eines Bananenplantagenbesitzers, der mich zum Abendessen eingeladen hat. Der Landrover fährt auf ein Eisentor zu. Auf einem Betontürmchen steht ein junger Mann, der nun mit seinem Gewehr nach unten Zeichen macht. Dann öffnet sich das Tor und gibt den Weg frei auf einen Platz voller Blumen. Dahinter steht eine schöne Villa, eingebettet in die tropische Vegetation, neben einem strahlend erleuchteten Swimmingpool. Ein lächelnder Herr in Pullover und weißen Hosen erwartet mich. Als er meine amüsierte Verwunderung bemerkt, sagt er: »Ja. Mittlerweile müssen wir leider so leben. Wir haben keine Wahl. Jeder muss sich selbst schützen.«

Er hat, um seine Familie und seine Felder zu sichern, eine kleine Armee von 200 Männern in seinen Diensten.

»Im letzten Jahr habe ich fünfzehn verloren.«

»Verloren?«

»Ja, fünf haben die Kommunisten ermordet. Den Rest die anderen.«

»Welche anderen?«

»Na ja, eben alle – die Militärs, die paramilitärischen Verbände, die Banditen ...«

Mindanao, die große Insel im Süden, ist die reichste des philippinischen Archipels, das »verheißene Land«, wie man sie noch vor wenigen Jahren nannte. Doch mittlerweile ist die Insel zum

Schlachtfeld verkommen, auf dem mehrere Kriege gleichzeitig geführt werden.

Die kommunistischen Guerillas der NPA (New People's Army) kämpfen gegen die Regierungstruppen. Die Regierungstruppen bekämpfen sich untereinander. Dabei geht es um erhebliche wirtschaftliche Interessen, auf die dank des Kriegsrechts sowohl Militär als auch Polizei Einfluss nehmen. Die Moslems kämpfen für einen von Manila unabhängigen Staat. Rechte Mörderbanden mit so seltsamen Namen wie »Die Ratten« oder »Christo Rock« vagabundieren herum und liquidieren angebliche Kommunisten, was man hier mit makabrem Humor als »retten« bezeichnet. Die Banditen tun, was Banditen auf der ganzen Welt eben tun. In den zwei Wochen meiner Reise, die ich einmal in großen Hotels, dann wieder in den Hütten kleiner Dörfer verbringe, deren Namen auf keiner Landkarte verzeichnet sind, habe ich nur bewaffnete Männer gesehen. Und das Beunruhigendste ist, dass man meist nicht weiß, zu welcher der vielen »Armeen« sie gehören.

Hier herrscht offenes Chaos: Die Geschäftsleute bezahlen Militär und Polizei Schutzgeld, damit ihre Läden und Büros nicht von den »Kommunisten« attackiert werden. Die Nachbarn eines brennenden Hauses müssen die Feuerwehrleute bezahlen, damit sie den Brand löschen. Mord, Raub und Entführung sind an der Tagesordnung. (Vor einer Woche wurden ein Deutscher und ein Amerikaner von einer kleinen Gruppe Moslemrebellen gefangen genommen, die nun ein hohes Lösegeld verlangen.) Gewalt ist hier Alltag geworden. Niemand regt sich mehr darüber auf. Eines Tages hielt der Jeepney, mit dem ich unterwegs war, ein ausrangiertes Militärfahrzeug, vor dem Städtchen Digos auf freiem Feld an. Die Menschen stiegen aus und sammelten sich um einen jungen Mann, den man gerade unter einer Brücke gefunden hatte. Seine Hände waren auf dem Rücken mit Draht zusammengebunden, der Kopf von einer Kugel zerschmettert. Er war »gerettet« worden.

»Schaut mal, er hat Schuhe. Das muss ein Student gewesen sein«, meinte eine Frau. Die anderen sahen zu, ohne mit der Wimper zu zucken.

»Die Armee dient nicht dem Staat, sondern dem Meistbietenden«, sagt mein Bananenpflanzer und erzählt mir, wie die Militärs für einen entsprechenden Preis bestimmte Gebiete der Umgegend zur »von Kommunisten infiltrierten Zone« erklärt haben. Da sie den Kommunisten ja Herr werden müssen, wird die gesamte Bevölkerung evakuiert und zwangsumgesiedelt. Nach einigen Monaten verkauft man diese menschenleeren Gebiete an Großgrundbesitzer, die dort neue Plantagen errichten. So bereichern sich Landbesitzer und Offiziere gleichermaßen. Wenn einer von den Bauern sich widersetzt, wird er in der Nacht von Unbekannten entführt. Am nächsten Tag findet man ihn dann »gerettet« auf der Müllkippe oder im Kanal.

»Ich halte mir meine Männer auch, um mich vor den Soldaten zu schützen«, erklärt mir der Plantagenbesitzer. »Seitdem ich zur Opposition gehöre, habe ich eine Menge Drohungen erhalten.«

Mindanao und die ganzen Philippinen sind zum Tummelplatz für einen bunt gewürfelten Haufen Privatarmeen geworden. Sogar Cesar Climaco, der Bürgermeister dieser Stadt, der letzten Monat ermordet wurde, hatte eine solche aufstellen müssen. Ein Mitglied des parlamentarischen Untersuchungsausschusses, den man aufgrund dieses neuerlichen Verbrechens aus Manila hierher beordert hat, sagte mir, dass das Militär Climaco habe töten lassen, weil er dessen finstere Machenschaften untersuchen lassen wollte. Und jedem, der dasselbe versuche, werde es unweigerlich genauso ergehen. Wenige Tage nach dem Mord an Climaco wurde auch sein Fahrer getötet. Die Familie hat es mittlerweile vorgezogen, Zamboanga zu verlassen und sich in Manila in Sicherheit zu bringen.

Das Militär aber hat sich auf die Suche nach den Mördern gemacht und vermutet sie offenkundig in den Reihen der Polizei. Zumindest wurde vor kurzem das Haus eines Polizeioffiziers angegriffen. Dieser verteidigte sich, und als sich der Rauch von Panzergranaten und Maschinengewehren wieder verzogen hatte, waren fünf Menschen gestorben.

»Auf diese Weise hat die Armee eine konkurrierende Gruppierung innerhalb der Polizei eliminiert«, erklärt der Pflanzer. »Doch die Schuld liegt nicht bei Marcos allein, sondern ebenso bei uns selbst. Jahrelang haben wir die Privilegien dieser Gruppen akzeptiert und stillgehalten, als Korruption und Gewalt immer mehr anwuchsen. Marcos half uns, Geld zu verdienen, und wir haben das weidlich ausgenutzt.«

Ein derartiges Gespräch in einem solchen Haus mit einer solchen Persönlichkeit wäre noch vor etwa eineinhalb Jahren auf den Philippinen nicht möglich gewesen. Der Tod von Aquino hat die Wende eingeläutet. Von diesem Moment an beschlossen Menschen wie dieser Plantagenbesitzer, zu sagen, was sie denken. »Vielleicht ist es schon zu spät, aber irgendwo müssen wir ja anfangen, wenn wir das Land retten wollen.«

Auf den Philippinen nennt man diese Leute die »Gelben«, nach der Farbe, welche die Nachfolger Aquinos gewählt haben, um sich von den »Roten« zu unterscheiden. Sie sind die Samen jener dritten Kraft, die in Vietnam zwischen der proamerikanischen Diktatur Thieus und der kommunistischen Guerilla nie hatte wachsen können. Ob dies auf den Philippinen gelingen wird, ist noch die Frage. Menschen wie der Plantagenbesitzer reden plötzlich von der Verantwortung ihrer Klasse, von wirtschaftlichen Opfern, um das Land zu sanieren, und von Wahlen, an denen sie sich beteiligen würden. Und wenn es gar keine Wahlen geben wird? Im Augenblick geht es hier weniger um die Anzahl von Stimmen als um die der Gewehre, die jeder unter seinem Kommando hat.

Marcos hält sich immer noch in seinem Palast in Malacañan auf, doch die Zeit nach Marcos hat bereits begonnen. Heimlich werden schon Pakte geschlossen, Allianzen geschmiedet. Und natürlich stellt man Listen auf von Leuten, die man brauchen wird, und solchen, die überflüssig sind. Die private Soldateska und die Männer, die sich hinter bestimmte Führungskräfte innerhalb des Heeres stellen, werden eine entscheidende Rolle spielen, wenn die Karten erst einmal aufgedeckt werden. Die »Gelben« (und mit ihnen die Amerikaner) zählen auf General Ramos, den aktuellen obersten Befehlshaber der Armee. Ihren größten Feind sehen sie in General Ver, der von der Untersuchungskommission als Auftraggeber des Mordkomplotts an Aquino genannt wurde. Ver hat immer noch enorme Macht. Zum einen ist er Chef des militärischen Sicherheitsdienstes, zum anderen verfügt er über die größte inoffizielle Privatarmee der Philippinen: all jene Männer nämlich, die in seinem Auftrag vor Banken, Hotels etc. Wache schieben und als Exoffiziere einem einzigen Mann Treue geschworen haben: Ver.

Eine andere der vielen Unbekannten auf den Philippinen ist der geheimnisvolle mächtige Mann, dessen Namen die Filipinos möglichst gar nicht aussprechen. Und wenn sie es doch tun, dann mit einer Art ängstlicher Bewunderung. Es geht um Danding Cojuangco, einen der reichsten Männer des Landes, einen treuen und zu allem entschlossenen Anhänger Marcos'. Er lebt auf einer Insel, die ihm allein gehört und zu der niemand Zutritt hat, sofern er nicht eingeladen ist. Wie Dr. No in einem der James-Bond-Filme. Cojuangco hat mehrere Dutzend israelische Experten angeheuert, die seine Privatarmee trainieren und Fortbildungskurse für die Offiziere der regulären Armee abhalten, die Cojuangco treu ergeben sind: dem König der Kokospalmen, des Betons, der Banken usw.

Auf welche Seite würde Cojuangco sich stellen, wenn Marcos stürbe und somit der Treueschwur gegenüber dem Präsidenten hinfällig wäre?

»Vielleicht würde er uns sogar unterstützen«, meint der Plantagenbesitzer und fügt hinzu: »Oder wir ihn.«

Im Augenblick herrschen Spannung und Angst vor. Wer die reguläre, von der Verfassung vorgesehene Frist von zwei Monaten, innerhalb derer nach dem Tod des Präsidenten Wahlen stattfinden müssen, nicht abwarten will, der müsste jetzt schon gegen die »Gelben« vorgehen, indem er sie »entweder kauft oder tötet«, wie der Plantagenbesitzer sagt. Und diese Vorstellung lässt viele erschauern, die sich jahrelang in Sicherheit fühlten und nun nicht wissen, von welcher Seite der Angriff erfolgen wird. Von den Kommunisten? Von den Banditen? Den Soldaten?

»Können Sie schießen?«, fragt mich der Mann mit dem Maschinengewehr, der neben mir im Landrover sitzt und mich ins Hotel zurückbringt, während der Plantagenbesitzer in seiner Festung zurückbleibt.

»Nein ... Ich habe noch nie im Leben einen Schuss abgegeben.«

»Ah. Nun, hier sind Gewehre ... nur falls wir sie brauchen sollten«, meint er und zeigt mir zwei M-16, ein amerikanisches Fabrikat, unter dem Rücksitz.

»Rover an Basis: Gast am Zielort angekommen«, funkt der Fahrer.

»Basis an Rover: Komm zurück.«

Zum Glück war das Essen gut und die Nacht ruhig.

Im Jahr 1984 kam der Film »*Killing Fields*« über die Tragödie in Kambodscha in die Kinos. In diesem Film sagt ein Kambodschaner zu Sydney Schanberg*: »Ihr Journalisten habt euch in den Roten Khmer ganz schön getäuscht, nicht wahr?« Genau dieselbe Frage stellte ich mir auch immer wieder, und Ende 1975 hatte ich meine Antwort gefunden. Sie lautete: Ja. Als Journalist, der dort vor Ort gewesen war, fühlte ich mich für diese Fehleinschätzung verantwortlich. Daher versuchte ich zehn Jahre später zu erklären, wie dies hatte geschehen können.

Wir hatten uns geirrt

Hongkong, März 1985

Lebend habe ich nur zwei gesehen, und das auch nur für wenige Sekunden. Die Soldaten der Regierung hatten sie gefangen genommen und waren dabei, sie zu foltern, als Sydney, Pran und ich bei diesem isolierten Vorposten an der Front anlangten, nur wenige Kilometer von Phnom Penh entfernt. Wir kamen gerade rechtzeitig, um mitzubekommen, was hier geschah. Wir schossen ein paar Fotos, dann verjagten uns die Soldaten. Während wir weiterzogen, hörten wir zwei Pistolenschüsse. Nun waren auch diese beiden zu dem geworden, was uns täglich als Rote Khmer begegnete: anonyme Leichname, gesichtslose Opfer eines Krieges, in den die Amerikaner Kambodscha getrieben hatten, um jenen anderen zu gewinnen, den sie in Vietnam gerade verloren. Oder sich zumindest noch irgendwie herauszuwinden. Es war im Frühling 1973.

Abends versammelten wir uns um den Swimmingpool des Hotels »Le Phnom« und ließen unseren Emotionen freien Lauf, unseren

---

* Sydney Schanberg von der *New York Times* und sein kambodschanischer Übersetzer Dith Pran sind die Hauptfiguren des Films. Als Phnom Penh von den Roten Khmer eingenommen wurde, blieb Sydney vor Ort. Weil die Männer von Pol Pot später nur Ausländern die Genehmigung erteilten, das Land zu verlassen, musste er Pran dort zurücklassen.

Ängsten und der täglichen Frustration. Wie immer diskutierten wir auch über die Absurdität dieses Krieges und die merkwürdige Rolle, die wir als Journalisten dabei einnahmen: machtlose Voyeure, die der Zerstörung eines Landes und der zunehmenden Brutalisierung seiner Bevölkerung zusehen mussten, eines Volkes, dem wir uns jeden Tag stärker verbunden fühlten. Wir hatten die Bilder ihrer Toten vor Augen, welche die amerikanischen Bomber in den Reisfeldern niedergestreckt hatten. Wir sahen sie jeden Tag, wenn sie von Regierungssoldaten am Straßenrand gestapelt wurden. Manchmal schnitt man ihnen sogar die Leber heraus, um sich so die Kräfte des Gefallenen anzueignen. Von dieser Warte aus betrachtet, erschienen uns die Roten Khmer, die Partisanen eines ländlichen Kambodscha, das sich gegen die Supermacht USA zur Wehr setzte und gegen ein korruptes, unfähiges, nur noch von der CIA am Leben erhaltenes Regime kämpfte, als einziger Ausweg aus dem Albtraum des Krieges. Wenn sie sofort, diesen Abend noch, Phnom Penh einnähmen, dann wäre der Konflikt ausgestanden und weder die eine noch die andere Seite hätte weiter ausländische Beschützer nötig. Die Kambodschaner unter sich würden das Problem schon in den Griff bekommen. Kambodscha hätte seinen Frieden wieder. Es wäre arm, aber immerhin unabhängig. So dachten wir damals.

Wie viele andere Journalisten, die über den Indochinakrieg schrieben, war ich gegen diesen Krieg. Welchen anderen Standpunkt hätte man damals auch einnehmen können? Was sahen wir denn täglich? Einen amerikanischen Prokonsul Thomas Enders, der von seinem klimatisierten Raum in der Botschaft aus die tödliche Mission der Bomber dirigierte; die Regierungstruppen, die Kinder zwangsrekrutierten und auf ihren Soldlisten längst tote Soldaten weiterführten, um eine höhere Truppenstärke vorzutäuschen und von den Amerikanern so mehr Geld zu bekommen; eine erschreckende Korruption unter den Beamten, allen voran der Bruder des Regierungschefs Lon Nol, der Waffen und Munition aus den Depots seiner eigenen Armee stahl, um sie dann Gewinn bringend an die Roten Khmer zu verkaufen. Bereits das war ja absurd genug: Die Guerillakämpfer blieben immer unsichtbar, die Amerikaner aber ließen sich nur zu gerne beobachten.

Wer immer nach Saigon kam und eine Akkreditierung einer beliebigen Zeitschrift in der Tasche hatte, erhielt augenblicklich den Rang eines Majors der amerikanischen Armee, damit er sich ungehindert in jedem Frontabschnitt bewegen konnte. Das bedeutete auch, dass wir uneingeschränkten Zugriff auf Hubschrauber und Militärflugzeuge hatten. Und doch konnte man nicht für die Amerikaner sein.

Und so entstand – gleichsam aus der Gegnerschaft – eine gewisse »Sympathie« für die anderen: die Partisanen, die Roten Khmer, diejenigen, welche wir nur tot zu Gesicht bekamen, nur als Opfer. Wer, so fragten wir uns, waren diese Roten Khmer denn eigentlich? »Blutrünstige Mörder, die von der marxistisch-leninistischen Ideologie verblendet sind«, sagten die amerikanischen Diplomaten und CIA-Agenten, die sich zahlreich unter uns mischten. Wir aber wollten uns nicht beeinflussen lassen. Eben weil diese Einschätzung aus dem Mund solcher Leute kam, dachten wir möglichst das Gegenteil.

Ich kann mich noch erinnern, wie uns die amerikanische Botschaft eines Tages wissen ließ, dass die Roten Khmer des Nachts in ein regierungstreues Dorf etwa 10 Kilometer vor Phnom Penh eingedrungen und erst wieder abgezogen seien, nachdem sie systematisch die gesamte Bevölkerung, darunter auch Frauen und Kinder, getötet hatten. Wenn wir dieses »Massaker« mit eigenen Augen sehen wollten, müssten wir nur eine bestimmte Straße bis Kilometer X fahren, dann abbiegen etc. Ich fuhr mit Sydney hin und weiß noch gut, wie wir zwischen den Dutzenden Toten herumgingen, die aufgeschlitzt, gepfählt oder zerquetscht worden waren, und Gründe suchten, weshalb dieses schreckliche Schauspiel nicht auf das Konto der Roten Khmer gehen konnte. Vielleicht waren die Opfer ja bei einem Bombardement umgekommen, und die Amerikaner hatten sie entsprechend »drapiert«, um uns glauben zu machen, dass die Kommunisten grausame Massaker begingen.

Ein anderes Mal erzählte mir einer von der CIA im Tonfall der Überzeugung, dass die Roten Khmer, nachdem sie ein Dorf eingenommen hatten, alle Dächer auf dieselbe Höhe stutzen ließen, weil ja in der »befreiten« Zone alle Bewohner gleich zu sein hätten. Sie zwangen die Bauern, ihre Hütten abzudecken und die Pfähle so zu kürzen, dass alle Dächer am Ende identisch waren. Wie sollte man so eine absurde Geschichte glauben? Nicht einmal die Tatsache, dass all jene Kollegen, die sich der Guerilla angeschlossen hatten, um herauszufinden, wie die Roten Khmer wirklich waren, niemals wiederkamen, erregte in mir den Verdacht, dass jenseits der Front sich etwas Schreckliches vorzubereiten begann.

Seit Kriegsbeginn im Jahr 1970 waren 33 Journalisten in den von den Roten Khmer kontrollierten Gebieten verschwunden, ein extrem hoher Preis für die Wahrheit. Einige von ihnen waren das, was wir damals *war freaks* nannten. Sie liebten das Abenteuer und waren nach Indochina gekommen, um sich selbst zu finden, nicht um die Realität des Krieges zu begreifen. Deshalb riskierten sie manchmal zu viel, um einen Knüller an Land zu ziehen. Andere aber waren seriöse Profis, die bewusst den Kontakt mit den Roten Khmer gesucht hatten, um über deren Version der Geschichte zu berichten. Koki Ishihara zum Beispiel, der George Orwell ins Japanische übersetzt hatte und Korrespondent für die Agentur Kyodo in Phnom Penh war, sagte seinen Freunden mit klaren Worten, was er vorhatte, und eines Tages machte er sich auf den Weg zu den Roten Khmer. Er wurde nie wieder gesehen, obwohl wir noch jahrelang glaubten, dass er bei den Roten Khmer sei und die Guerilla begleite. Auch ich wollte in eine der »befreiten« Regionen Kambodschas gehen. Marc Filloux, der Korrespondent der französischen Presseagentur Agence France Press in Vientiane, und ich hatten uns vorgenommen, von Laos aus dorthin vorzustoßen. Ich hatte ja auch mit den Vietcong Kontakt aufgenommen, als ich mich in Südvietnam aufhielt. Mir schien es nur logisch, nicht nur die amerikanische Sicht dieses Kriegs zu zeigen. Im letzten Moment aber bekam ich es irgendwie mit der Angst zu tun. Marc fuhr alleine los und verschwand. Erst Jahre später erzählten einige Flüchtlinge, dass sie gesehen hatten, wie ein Fremder kurz hinter der Grenze zu Tode geprügelt worden war, weil man ihn für einen Spion hielt.

Dass die Roten Khmer brutale, systematische Mörder sein könnten, wäre mir nicht im Traum eingefallen. Nach dem Fall von Phnom Penh versuchte ich sofort von Thailand aus – ich selbst war kurz vorher abgereist –, die Kollegen zu erreichen, die wie Sydney vor Ort geblieben waren, um über die »Befreiung« zu berichten. Zu Fuß überquerte ich die Brücke über den Grenzfluss zwischen Aranyaprathet und Poipet und ging nach Kambodscha hinein, bis man mich gefangen nahm und ich meine ersten, echten Roten Khmer zu Gesicht bekam: eine Gruppe junger Leute mit verbrannter Haut, die eben aus dem Dschungel gekommen waren. Mir wurde bewusst, dass diese Leute anders waren, hart und fanatisch, aber ich begriff immer noch nicht. Nach einigem Hin und Her ließen sie sich von meiner Harmlosigkeit überzeugen und begleiteten mich zur Grenze zurück.

Erst im November 1975 setzte eine Massenflucht ein. Immer mehr Kambodschaner flohen nach Thailand und berichteten von Massakern, Massengräbern und Tausenden, die die Roten Khmer einfach »verschwinden« ließen. Einige erzählten, dass die Roten Khmer, um »Klassenfeinde« und »Intellektuelle« zu finden, alle Männer eines Dorfes in eine Reihe stellten und ihnen befahlen, eine Kokospalme zu erklettern. Wer bis an die Spitze gelangte, galt als ordentlicher Proletarier und wurde zur Arbeit in die Reisfelder geschickt. Wer es nicht schaffte, wurde sofort eliminiert. Eine unfassbare Geschichte. Sie klang wie eine Parodie auf die Judenselektion in den deutschen Vernichtungslagern. Andere Flüchtlinge erzählten, dass die Roten Khmer nicht nur sämtliche Radios, religiösen Bilder und Hausrat zerstörten, sondern auch Töpfe, Löffel und andere Küchenutensilien. Kaum zu glauben, dass die Partisanen des Volkes ihm das Wenige nahmen, was es noch besaß. Erst später verstanden wir. Die Roten Khmer wollten die Familie zerstören, verhindern, dass die Leute zusammen kochten, damit sie nicht in Gruppen zusammensitzen und sich verschwören konnten. Sie zwangen alle, im Gemeinschaftsraum zu essen, wo man sie besser kontrollieren konnte. Ich verbrachte Wochen damit, zwischen den Flüchtlingslagern an der Grenze hin und her zu pendeln und mit Menschen zu sprechen, die aus den verschiedensten Gegenden Kambodschas kamen. Doch die Geschichten, die sie zu erzählen hatten, unterschieden sich kaum.

Langsam wurde mir klar, dass das, was die einzelnen Flüchtlinge da berichteten, nur die Details eines groß angelegten, grauenvollen Planes waren, welchen die Roten Khmer und ihre chinesischen Beschützer in Kambodscha in die Tat umsetzten. Wie umfassend dieser Plan gewesen war, verstand ich erst viel später, nachdem ich Vietnam gesehen hatte und das Kambodscha nach Pol Pot, nachdem mein Blick über Brunnen, Keller, Gräben voller Skelette gewandert war, nachdem ich Felder überquert hatte, in denen es unmöglich war, nicht auf die Knochen all jener zu treten, die dort erwürgt, zu Tode geprügelt und ihrem Schicksal überlassen worden waren.

Die Roten Khmer waren keine verirrten Seelen. Die Roten Khmer sind die ideologischen Ziehsöhne von Mao Zedong. Sie sind in China aus der Taufe gehoben und erzogen worden. China trägt hier die volle Verantwortung. Peking wusste von alldem und hieß es gut. Die gewaltigen Massaker in Phnom Penh von 1975 bis 1979 fanden im Tuol-Sleng-Gymnasium statt, wenige Meter von der chinesischen Botschaft entfernt. Dort hörte man nicht nur die Schreie der Gefolterten, sondern zählte auch minuziös all jene, die eliminiert wurden. Während meiner Jahre in Peking habe ich einen Diplomaten kennengelernt, den man in die Psychiatrie eingewiesen hatte. Er war während jener Jahre in Phnom Penh stationiert, war Zeuge und Komplize des Holocaust, der dort stattfand, und verlor darüber den Verstand.

William Shawcross führt in seinem ausgezeichneten Buch *Schattenkrieg* die ungeheure Brutalität der Roten Khmer darauf zurück, dass sie selbst Opfer der amerikanischen Bomben waren, die auch die Zivilbevölkerung nicht verschonen. Meiner Ansicht nach waren die Bomben allenfalls Verstärker, aber nicht Auslöser. Die Roten Khmer sind das Produkt einer Ideologie. Pol Pot ist kein psychisch Traumatisierter. Was er in Kambodscha versucht hat, ist nur die Quintessenz jeder revolutionären Politik: die Schaffung einer neuen Gesellschaft.

Was Pol Pot in Kambodscha getan hat, unterscheidet sich nicht von dem, was andere Revolutionäre vor ihm unternommen haben, angefangen bei Mao und seiner Kulturrevolution. Das Werk Pol Pots schockiert uns nur tiefer, erschreckt uns mehr und scheint unmenschlicher, weil er den Lauf der Geschichte beschleunigen wollte. Er wollte diese Entstehung der »neuen« Gesellschaft verkürzen, indem er direkt am Kern des Problems ansetzte.

Wie alle Revolutionäre hatte Pol Pot sehr wohl begriffen, dass eine neue Gesellschaft ohne einen neuen Menschen nicht möglich ist und dass man, um diesen Menschen hervorzubringen, zuerst und vor allem den alten eliminieren muss, seine Kultur, ja die ganze kollektive Erfahrung der Vergangenheit. Daher das gewaltige Unterfangen der Roten Khmer, die Vergangenheit mit all ihren Symbolen und den Überlieferungsinstanzen ihrer Werte – die Religion, die Intellektuellen, die Bibliotheken, die Geschichte, die religiösen Würdenträger – auszulöschen. Erst dann würde es möglich sein, neue Menschen zu erziehen, die keinerlei Erinnerung haben. Kinder wie weiße Blätter, auf die man schreiben kann, was die *Angka*, die Partei, will.

Wären die Vietnamesen 1978 nicht in Kambodscha einmarschiert, hätte dieses außergewöhnliche, schändliche Experiment vielleicht sogar Erfolg gehabt, denn damals wuchs bereits eine neue Generation von Kambodschanern heran, Kinder, die keine Familie hatten außer der *Angka*, der Kommunistischen Partei.

Interessant ist in diesem Zusammenhang ferner, dass die Linke, welche die Guerilla-Armeen in Indochina während des amerikanischen Krieges ideologisch immer unterstützt hat, bis heute zu diesem Thema nicht Stellung bezogen hat. Sie tut das Phänomen Pol Pot ab als schreckliche Verirrung. Sie nimmt es nicht ernst und sucht dafür keine Erklärung.

Nicht anders verhält es sich mit der Frage der Kulturrevolution. Wir nehmen heute für bare Münze, was Deng Xiaoping uns glauben machen will, nämlich, dass die Jahre des Chaos, des Folterns und des Mordens nichts weiter gewesen seien als die Fehler vierer Personen, die jenseits der Parteigrenzen eine »Bande« gebildet hätten. Nichts könnte weniger wahr sein. Nach den wahren Gründen für die Kulturrevolution zu suchen heißt, auch die Frage nach dem Phänomen Pol Pot und den Roten Khmer zu stellen. Und diese Gründe sind ideologischer Natur.

Das Drama von Kambodscha geht weiter. Und damit bleiben auch die Probleme bestehen, die wir haben, dieses Drama zu begreifen, vor allem jetzt, da die Roten Khmer wieder Guerillas sind, »Widerstandskämpfer«, und gewisse westliche Regierungen ihnen politische wie materielle Unterstützung angedeihen lassen.

Vor einigen Tagen noch konnte ich in einem Camp der Roten Khmer auf thailändischem Boden, nur wenige Kilometer von der Grenze zu Kambodscha, Frauen und Kinder beobachten, die in den Dschungel aufbrachen, zu den Guerillakämpfern. Auf dem Kopf trugen sie Fischkonserven mit der Aufschrift »Geschenk der Vereinigten Staaten«.

Der Chef des Camps gehörte zu den Roten Khmer, ein Kämpfer der ersten Stunde, der folglich auch an den Massakern beteiligt gewesen sein muss. Ihn fragte ich, was er mir denn zu den zweieinhalb Millionen Menschen sagen könne, die unter der Herrschaft von ihm und seinesgleichen umgekommen sind. Lächelnd gab er mir zur Antwort: »Sprechen wir doch nicht immer von der Vergangenheit. Reden wir lieber von der Gegenwart. Das kommunistische Vietnam hat unser Land besetzt.«

Ist wirklich schon genug über die Vergangenheit gesprochen worden? Mir scheint, wir haben damit erst angefangen.*

---

* Dieser Artikel, der in der *Repubblica* vom 29. März unter dem nicht von mir gewählten Titel »Pol Pot, ich mag dich nicht mehr« erschien, rief gewisse Polemiken hervor. Die Linke schimpfte mich Reaktionär, die Rechte meinte, ich hätte mein Gewissen ja reichlich spät entdeckt und mache mir die Dinge viel zu einfach.

In Hongkong zu leben und China »verloren« zu haben war nicht einfach für mich. Ich hatte Jahre des Lernens und der Arbeit in dieses Land investiert. Von dort verbannt zu sein bedrückte mich ... bis mir eines Tages aufging, dass die Chinesen mir mit der Ausweisung einen Gefallen getan hatten. Sonst hätte ich China wohl nie verlassen. So konnte ich mich nun endlich neuen Themen zuwenden, konnte meinen Blick abwenden vom armen Asien der Revolutionäre und mich dem reichen Asien des Erfolgs und der Modernität widmen. Im Frühling des Jahres 1985 ging ich nach Tokio, um Japanisch zu lernen. Zum vierzigsten Jahrestag des ersten Atombombenabwurfs besuchte ich die Stadt, die als erste getroffen worden war.

Hiroshima: als die Sonne zweimal aufging

Hiroshima, 3. August 1985

Ich wählte bewusst das Flugzeug für meine Reise nach Hiroshima. Ich wollte die Stadt so sehen, wie Colonel Tibbets sie aus dem Cockpit seiner B-29 gesehen hatte, der er seltsamerweise den Namen seiner Mutter, »Enola Gay«, gegeben hatte. Von oben ist Hiroshima von strahlender Anmut. Es schmiegt sich in einen Ring leuchtend grüner Hügel, der Sonne hingegeben am Ufer des siebenarmigen Ota-Flusses, in den die Menschen sich damals zu Tausenden stürzten, in dem sie zu Tausenden starben, weil sie das Feuer löschen wollten, das sich auf ihrer Haut ausbreitete, den ungeheuren Durst, der sie von innen her verbrannte.

Der Besucher, der zum ersten Mal hierher kommt, im Geist die Bilder des atomaren Albtraums oder die Sehnsüchte eines uralten Liebesfilms, erwartet, in Hiroshima einen Ort der Einkehr und des Gedenkens zu finden. Bald aber merkt er, dass an dieser Stadt nichts Weihevolles ist. Das Panorama wird von einem riesigen Neonschild überstrahlt: EINFACH COLA! 1964 hat Nixon hier eine Pepsi-Cola-Fabrik eingeweiht. Und das Erste, was der Reisende neben der skelettartigen Struktur des »Atombombendomes« sieht, ist die Figur von Colonel Saunders vor einem seiner Kentucky-Fried-Chicken-Läden. Hinter den Denkmälern für die Toten, für das Mädchen mit den 1000 Narben, hinter den Grabsteinen, gestiftet vom Lions Club, von Seiko und der Vereinigung der Friseure, fällt der Blick auf Telefonzellen, deren Glaswände über und über mit selbstklebenden Farbfotos gut aussehender nackter Frauen bedeckt sind, die ihre Dienstleistungen und ihre Telefonnummer feilbieten.

Das Wort »Friede« begegnet einem allenthalben. Selbst eine populäre Zigarettenmarke heißt so. Sogar die Tauben im Friedenspark oder auf dem Boulevard des Friedens scheinen vom Frieden mittlerweile genug zu haben. Jeden Tag locken Tausende von Menschen sie mit Sonnenblumenkernen in den Händen an, um für die üblichen Erinnerungsfotos vor dem Friedensdenkmal nur ja mit Tauben abgelichtet zu werden. Jahr für Jahr fängt man die Tauben im August ein, steckt sie in Bambuskäfige und lässt sie am 6. August genau um 8.15 Uhr zum mittlerweile rituellen Friedensflug frei. Exakt zu diesem Zeitpunkt explodierte die von der Enola Gay ausgeklinkte Bombe über der Stadt und machte sie damit auf immer zum Symbol der Gräuel des Krieges.

Seitdem sind vierzig Jahre vergangen, das Thema »Frieden« ist hier zur Obsession geworden, die niemanden mehr wirklich interessiert, die Einwohner Hiroshimas am allerwenigsten. 60 Prozent der Bevölkerung wurde nach 1945 geboren. Von einer Million Einwohnern hat nur ein Zehntel die Bombe wirklich »erlebt«. Die Atombombe ist mittlerweile Vergangenheit. Die Hauptsorgen Hiroshimas sind heute Umweltverschmutzung und Verkehrsunfälle. »Für die jungen Leute ist der Frieden so selbstverständlich wie die Luft, die sie atmen«, erzählt Professor Yamada Hiroshi, der Direktor des Instituts für Friedensforschung an der hiesigen Universität. Sein Seminar besuchen in diesem Jahr nur drei Studenten. »Die Japaner haben heute nicht mehr das Gefühl, dass die Atombombe für sie ein Problem ist.«

Und doch wirkt die Bombe weiter und entfaltet ihre schreckliche Faszination, zumindest auf diejenigen, die von außen kommen. Vierzig Jahre lang kamen Politiker und sonstige Würdenträger, Schriftsteller sowie größere oder kleinere Berühmtheiten aus allen Ecken der Welt nach Hiroshima, um den Toten dort die Ehre zu erweisen, Reden zu halten und ein Zeichen zu hinterlassen in den inzwischen äußerst zahlreichen Gästebüchern. Vielleicht kein so großes wie Nixon, aber immerhin. Und dann reist man wieder ab.

Eineinhalb Millionen Touristen kommen jedes Jahr, darunter 90 000 Ausländer. In Hiroshima ist der Frieden längst zur Ware geworden wie die funkelnagelneuen Autos, die aus der nahen Mazda-Fabrik rollen. Man kommt nach Hiroshima, um dort nach Spuren seiner grausigen Vergangenheit zu suchen, um begründete Argumente zu finden für die eigene Hoffnung auf die Zukunft, eine Zukunft, in der ein Atomkrieg undenkbar scheint. Aber man findet wenig, das einen hierin bestärken könnte. Der legendäre Ort, den man Hiroshima nennt, existiert hier nicht mehr. Er wurde vom Wind der Modernität fortgeweht, vom Fortschritt recycelt. Mit seinen breiten, sterilen Straßen, seinen schimmernden Wolkenkratzern aus Beton, Aluminium und Glas, mit seinen endlosen Einkaufspassagen, in denen sich ein Kaufhaus, Restaurant, Café an das andere reiht, in denen Laden um Laden, Eisdiele um Eisdiele jede flüchtige Laune des Auges und des Magens erfüllen können, ist Hiroshima alles andere als Mahnmal für den Frieden. Ganz im Gegenteil: Es wirkt auf makabre Art wie eine Hochglanzanzeige für den Krieg. Hier ist die Bombe nicht nur denkbar, sie ist verwertbar und bedeutet nicht definitiv das »Aus«.

Diese Stadt, in der nach Aussage einiger Experten mindestens 75 Jahre lang kein Grashalm mehr hätte wachsen dürfen, blüht und gedeiht, ist so frisch, ordentlich und voller Leben wie der Rest Japans. Hiroshima besitzt einen botanischen Garten mit 190 000 Pflanzen von 8200 verschiedenen Arten. In den Flüssen schwimmen Fische, und von den 350 000 Menschen, auf die an jenem Augustmorgen vor vierzig Jahren die Bombe niederging, sind 113 000 immer noch am Leben. Und nicht nur das: Ihre Lebensdauer liegt im Vergleich zu den anderen Japanern um zwei Jahre höher.

»Das sind so die Scherze, welche die Statistik mit uns treibt«, sagt mir ein Verantwortlicher des Instituts für Strahlenforschung. »Sie müssen bedenken, dass diese Menschen schon den schlimmstmöglichen Ausleseprozess hinter sich haben. Außerdem wird ihre Gesundheit ständig kontrolliert, um bestimmte Krankheiten von vornherein zu verhindern. Andere Statistiken besagen, dass von den Menschen, die 1945 die Bombe überlebten, viele in den folgenden drei Jahren an Leukämie starben und dass es in dieser Altersgruppe verglichen mit anderen Japanern drei- bis viermal häufiger zu Schilddrüsen-, Lungen- und Brustkrebs kommt.«

»Diese Stadt sieht nur oberflächlich aus wie alle anderen«, berichtet mir Ohmuta Minoru, Chefredakteurin der Lokalzeitung *Chugoku Shimbun*. »Im Schatten all der funkelnden Wolkenkratzer lebt der Schrecken von damals immer noch weiter.« Von den Rängen des alten Wehrturms, der früher ganz aus Holz gewesen war, von der Bombe aber pulverisiert und später identisch – wenn auch in Beton – wieder aufgebaut wurde, fällt der Blick auf eine Reihe von Gebäuden, die sich in dem idyllischen, von Schwänen bewohnten See spiegeln. Unwillkürlich denkt man an Luxusapartments für Hiroshimas Oberschicht. Doch weit gefehlt. Dort befinden sich Schlafsäle, in denen die Regierung erst kürzlich Tausende armer »Überlebender« untergebracht hat, die früher im »Atom-Ghetto« lebten, einem Armenviertel direkt am Bahnhof. Dieser Stadtteil war das Erste, worauf der Blick des ankommenden Reisenden fiel, und so ordnete die Stadtverwaltung die Umsiedlung an.

Das Grauen liegt im Verborgenen. In dem einfachen Wort *hibakusha* zum Beispiel, das »Überlebender« bedeutet und von den Menschen mit einer Mischung aus Furcht, Respekt und Abscheu ausgesprochen wird. Und in den Altersheimen, wo Hunderte Überlebender, einige verkrüppelt und entstellt, darauf warten, an Krankheiten zu sterben, welche die Ärzte als »Alterserscheinungen« bezeichnen. Sie aber glauben, dass sie unter Spätfolgen der Bombe leiden. Das Grauen wohnt in den Geschichten, die noch nicht erzählt wurden, die in den Lebern, Gehirnen, Lungen, Nieren gespeichert sind, die man in 2873 Glasbehältern in den Regalen des Atombomben-Hospitals in Hiroshima aufbewahrt.

»Die heutige Wissenschaft kann dazu noch keine Angaben machen. Vielleicht können wir ja in einigen Jahren nachweisen, was wir heute noch nicht wissen. Vielleicht ist das Grauen ja in unseren Zellen gespeichert«, sagt Kuramoto Kyoshi, Vizedirektor des Hospitals, der auch ein *hibakusha* ist. Unermüdlich katalogisiert und sammelt er Akten und Organpräparate aller *hibakusha*, die in seinem Institut gestorben sind. Er ist davon überzeugt, dass einige der Auswirkungen der Atombombe, vor allem die genetischen Veränderungen, noch gar nicht ans Licht gekommen sind. Auf die eine oder andere Weise wurden Fakten und Zahlen in Bezug auf Hiroshima immer manipuliert, je nach politischem Zweck und Interessenlage. Ein Motiv war stets, das ebenso komplizierte wie fragile Beziehungsgefüge zwischen Amerika und Japan nicht zu beeinträchtigen, die von Feinden zu Verbündeten geworden sind.

Das Museum des Friedens ist hierfür ein typisches Beispiel. »Im Frühling 1945, als der Krieg dem Ende zuging, begann die amerikanische Luftwaffe mit flächendeckenden, nächtlichen Angriffen auf alle Städte Japans, ohne einen Unterschied zwischen militärischen und zivilen Zielen zu machen ...«, erzählt die metallische Stimme aus dem Tonband, das der Besucher für 50 Cent am Eingang ausleihen kann und das seinen Rundgang durch die Galerie des Schreckens akustisch untermalt. Fotos von gekrümmten, verbrannten Kadavern, Glasflaschen, welche durch die Hitze mit Münzen, Steinen und menschlichen Knochen zu Skulpturen des Grauens verschmolzen sind, erzeugen beim Besucher den Eindruck, dass die Atombombe einfach so auf Japan fiel, aus heiterem Himmel quasi, ein sinnloser Akt gegen eine Stadt unschuldiger und bedauernswerter Zivilisten. Im ganzen Museum findet sich nicht ein Bild eines japanischen Soldaten, kein Hinweis auf den Einmarsch in China und in andere Staaten Südostasiens, nicht ein Wort über die Gräueltaten, die das kaiserliche japanische Heer in den eroberten Ländern an der Bevölkerung beging.

Der Zorn einiger (vor allem aber amerikanischer) Besucher über diese einseitige Präsentation schlägt sich auch im Gästebuch nieder: »Nie wieder Hiroshima! Aber auch nie wieder Pearl Harbor!«, schreibt einer. Und ein anderer meint: »Ihr Japaner habt überhaupt nichts dazugelernt. Ihr habt immer noch denselben Kaiser, in dessen Namen ihr alle eure Kriegsverbrechen begangen habt.« – »Wenn man erst zu fragen anfängt, wer damals Recht und wer Unrecht hatte, kommt man nie zu einem Ende«, sagt Kawamoto Yoshitaka, der Direktor des Museums, auch er ein *hibakusha*. »Was mich betrifft, beginnt die Geschichte am 6. August 1945 um 8.15 Uhr. Von diesen Leiden müssen wir reden, wenn wir vermeiden wollen, dass sie sich wiederholen.«

Die Geschichte beginnt ganz sicher nicht erst vor vierzig Jahren. Doch genau mit diesem Argument haben die Japaner es in den letzten Jahrzehnten geschafft, sich als die großen Opfer des Zweiten Weltkriegs hinzustellen und die anderen Völker – und sich selbst – vergessen zu machen, wie viel Blut an ihren eigenen Händen klebt. Aber heute will man den Mantel des Vergessens ausbreiten. Erst vor kurzem fasste die Stadtverwaltung von Hiroshima den Plan, den Atombombendom abreißen zu lassen. Dieses Gebäude war 1915 von einem tschechoslowakischen Architekten erbaut worden und befand sich am 6. August direkt im Epizentrum der Bombenexplosion. Da es ebenfalls – ausgebrannt und zum Skelett verkommen – ein Überlebender der Katastrophe war, wurde seine schweigende, verkrüppelte Gestalt nach 1945 zum Symbol der Wunden Hiroshimas sowie für die Friedensbewegung im Allgemeinen. »Wir mussten darum kämpfen, dass sie den Atombombendom nicht abgerissen haben«, meint der Physiker Kyoshi Sakuma, ebenfalls ein *hibakusha*. »Das Problem ist, dass alles, was an Frieden mahnt, der Nuklearstrategie der Amerikaner widerspricht. Und damit läuft es auch den Interessen unserer konservativen Regierung zuwider, welche die USA unterstützt.«

Sakuma, vierzig Jahre lang einer der führenden Köpfe der Friedensbewegung, die heute schwach und zerstritten ist, ist wie die anderen Überlebenden von der Idee besessen, eine Mission zu haben: Er will die Welt aufrütteln und auf die Gefahren eines atomaren Holocausts hinweisen, indem er allen, die nicht dabei waren, aus erster Hand erzählt, wie die Bombe wirklich war. Viel Zeit bleibt ihm dafür nicht mehr. Sakuma ist 74 Jahre alt. Und die anderen Überlebenden sind nur wenig jünger. »Wir sind die Propheten der Zukunft, und wir sterben aus«, sagt Morista Hiromu, ein Dichter, dessen Gesicht von der Bombe gezeichnet ist: von den Narben der Verbrennungen und der zahlreichen Operationen, bei denen wild wucherndes, gutartiges Gewebe (Keloide) entfernt wurde. »Wer wird nach uns die Erinnerung an das Grauen aufrechterhalten?«

Fakt ist, dass sich niemand mehr für diese Erinnerungen interessiert. Die jungen Japaner wollen von Strahlungen und Statistiken nichts wissen. Sie wollen nichts hören vom »atomaren Winter«, der auf den nächsten Krieg folgen könnte. Für viele von ihnen ist »der Tag danach« nichts weiter als das apokalyptische Szenario eines Abenteuerfilms, dessen gewaltsame Handlung in einer postatomaren Wüste spielt. Während Hiroshima sich auf den Besucheransturm zu seinem vierzigsten Jahrestag vorbereitet, zeigen zwei Kinos im Stadtzentrum das jüngste Kolossalwerke zum Thema »Tag danach«: »Mad Max – Jenseits der Donnerkuppel«.

Die jungen Japaner zu sehen, die in Grüppchen vor den Kinokassen warten, berührt mich eigenartig: gerade hier, in Hiroshima, wo es vor vierzig Jahren einen wirklichen »Tag danach« gab.

Der Spiegel bot mir an, als Korrespondent nach Japan zu gehen. Ende September 1985 ließen wir uns in Tokio nieder. Wir mieteten am Nakameguro-Hügel eine Wohnung mit winzigen Zimmern, die auf einen hübschen Garten gingen. Leider wich dieser bald einem Parkplatz.

Japan: am Rande des Abgrunds

Tokio, November 1985

Man kommt in dieses Land, weil man seine Menschen kennenlernen möchte, doch zuerst einmal muss man lernen, sich mit Maschinen zu verständigen. »Willkommen, treten Sie ein!«, sirrt ein metallisches Stimmchen, wenn man die Schwelle eines Geschäftes überschreitet. »Danke sehr. Kommen Sie bald wieder!«, verabschiedet sich dasselbe Stimmchen, wenn man den Laden verlässt. Und man fragt sich, wie man darauf wohl antworten soll.

Es gibt Maschinen zur Kontrolle der Gesundheit, Maschinen, die Geld wechseln, und solche, die verkaufen, was immer man gerade braucht: Getränke, Orakel, Socken, Fischfutter, Pornozeitschriften oder Fahrkarten für die U-Bahn.

»Der eingeworfene Betrag reicht nicht aus. Bitte zahlen Sie nach!«, wiederholt unablässig die Stimme eines Zigarettenautomaten. Betreten steht man vor dem Apparat, weil man keine Münzen mehr findet, um ihn zum Schweigen zu bringen, andererseits auch nicht weiß, welchen der zahlreichen Knöpfe es zu drücken gilt, damit die Maschine die bereits kassierten Geldstücke wieder ausspuckt.

Im Haus eines Freundes zu Füßen des Fuji werde ich mitten in der Nacht von einem seltsamen, monotonen Geplapper geweckt. Es kommt von einem sprechenden Ofen: »Verehrter Besitzer. Mir geht das Kerosin aus. Ich bitte Sie, mich aufzufüllen. Ich bitte Sie, mich aufzufüllen ...«

Japan ist das Land der Statistik, und wie man weiß, lügt die Statistik mit ihrer mathematischen Exaktheit besonders unverschämt. Es stimmt, dass Japan mehr Automaten pro Einwohner besitzt als jedes andere Volk der Erde. (Die Zahl der Automaten, die jeder Japaner pro Jahr mit durchschnittlich 1500 Euro füttert, liegt aktuell bei 5 139 000.) Und doch stellt man sehr schnell fest, dass Japan nicht das ultramoderne, hoch technisierte Land ist, das vorzufinden man erwartet.

Die meisten Automaten dienen nämlich nur dem Zweck, die eher spartanischen Lebensbedingungen des Durchschnittsjapaners etwas zu erleichtern. So besitzt zum Beispiel die Mehrheit der Wohnungen keine Zentralheizung. Vielleicht sind die Japaner deshalb so stolz auf ihre Toilettensitzwärmer, die sich einschalten, sobald man darauf Platz nimmt. Ein schwacher Trost angesichts der üblichen Temperaturen!

Die ersten »Dienstleister« aus Fleisch und Blut, mit denen man in Tokio in Kontakt kommt, sind Polizisten. In dieser überbordenden Stadt, von der niemand so recht weiß, wo sie beginnt bzw. endet, haben die zwölf Millionen Einwohner Probleme, sich zu orientieren. Wie in den Dörfern haben die Straßen keine Namen. Es gibt nur Grundstücksparzellen mit Nummern. Auch einprägsame Denkmäler fehlen. Das einzige Denkmal Tokios wurde zu Ehren eines treuen Hundes errichtet. Daher hält jeder Ausschau nach den *co-ban*, den kleinen Wachhäuschen der Polizei. Diese finden sich an jeder U-Bahn-Haltestelle, an jeder größeren Straßenkreuzung, in jedem Viertel. Vor den *co-ban* stehen fast immer kleine Schlangen. Die Leute warten, bis sie dran sind, um eine Auskunft zu erbitten, meist eine Adresse, die sie nicht finden.

»Herr Tanaka erwartet Sie zum Abendessen?«, fragt der Polizist. »Einen Augenblick, bitte.« Dann sucht er die Adresse heraus, schaut danach auf seine Liste und greift zum Telefon: »Herr Tanaka? Ihr ausländischer Gast ist hier am *co-ban*. Kommen Sie doch bitte und holen Sie ihn ab.« Von mir hatte er Herrn Tanakas Nummer nicht!

Statistisch gesehen, sind die Japaner heute eines der reichsten Länder der Welt: Das jährliche Durchschnittseinkommen liegt bei 10 000 US-Dollar pro Person. Und doch scheinen mir die Japaner, die mir während meiner morgendlichen Spaziergänge begegnen, alles andere als reich. Ihre Wohnungen sind vielleicht keine »Kaninchenställe«, wie dies in einem Bericht der Europäischen Union zu lesen ist, doch beneiden würde man sie sicher nicht darum. Sogar die Häuser der hohen Regierungsbeamten und leitenden Angestellten sind so winzig und filigran, dass kein Arbeiter in Europa sie als Wohnung akzeptieren würde.

Es stimmt, dass fast jede Familie eine Waschmaschine besitzt, aber es ist ebenso richtig, dass der Großteil der Leute nicht weiß, wohin damit: Die Waschmaschinen stehen in diesem Land unter einer Nylonabdeckung vor dem Haus. Es trifft zu, dass in Japan fast jeder einen oder mehrere Fernseher, ein Videogerät und eine Stereoanlage besitzt, doch ebenso wahr ist, dass 66 Prozent der Japaner noch nicht einmal normale Toiletten besitzen. Die meisten Japaner waschen sich immer noch in öffentlichen Bädern. Und wer so viel Glück hat, ein Bad sein Eigen zu nennen, bedeckt die Wanne beim Heraussteigen mit einem Plastikdeckel, damit das Wasser warm bleibt und die anderen Familienmitglieder sich ebenfalls darin waschen können. Sicher sind die Japaner stolz darauf, dass sie Golf spielen können, doch die meisten schwingen ihren Schläger nur auf einem Stückchen Kunststoffrasen vor der Haustür. Und auch der Ball ist nur ein imaginärer.

Natürlich versucht der Japan-Besucher, Japanisch zu erlernen, um die Mentalität der Menschen besser zu verstehen. In meiner ersten Sprachlektion fragte mich der Lehrer: »Kennen Sie vielleicht ein japanisches Sprichwort?« – »Nein.« – »Dann beginnen wir einmal damit: ›Wenn der Wind weht, werden die Küfer reich.‹« – »Wieso denn das?« – »Ganz einfach«, antwortet er. »Der Wind wirbelt Staub auf, der Staub macht blind, die Blinden spielen Laute, um sich ihren Lebensunterhalt zu verdienen, die Saiten der Laute bestehen aus Katzendärmen, aber je mehr Katzen getötet werden, desto mehr Mäuse gibt es in der Stadt. Mäuse aber nagen Löcher in die Fassdauben, daher müssen sie ständig erneuert werden, und die Küfer werden reich. Ist doch logisch, oder? So funktioniert die Logik der japanischen Sprache.«

In der U-Bahn lernt man dann die ersten einfachen Lektionen über das Wesen Japans. Die Bahnen kommen pünktlich, die Kontrolleure und U-Bahn-Schaffner sind effizient und präzise. Weiß behandschuht begrüßen sie mit den Gesten eines Roboters die gelben Lichter der einfahrenden Züge und verabschieden die roten, die sich im Dunkel der Tunnels verlieren.

In der Menschenmenge überwiegen die Uniformträger. Die Schüler sehen aus wie kleine Admiräle Yamamoto oder wie die Kadetten einer preußischen Militärschule, die Mädchen wie Rotkreuzschwestern. Der durchschnittliche *sarari-man,* der Angestellte also, der von seinem Lohn (engl. *salary*) lebt, trägt unweigerlich einen Anzug, eine andere Art der Uniform also. Im Durchschnitt verbringt jeder Japaner von Kindesbeinen an täglich etwa zwei bis drei Stunden in der U-Bahn auf der Fahrt zwischen Heim und Schule bzw. zwischen Heim und Arbeitsplatz.

Die Stoßzeiten gehören zu den unwürdigsten Momenten des Tages. In der wogenden Masse der menschlichen Körper, die sich halten, stoßen oder Widerstand leisten, nimmt niemand mit seinem Nachbarn auf irgendeine Weise Kontakt auf, sei es durch Blicke, ein Lächeln oder gar ein gesprochenes Wort. Die Höflichkeit, der sich die Japaner so verpflichtet fühlen, bleibt im Gedränge der U-Bahn sehr schnell auf der Strecke.

Wenn ein Platz frei wird, stürzt sofort jemand darauf zu und zückt meist eines dieser obszönen Sadomaso-Comics, die in kultureller Hinsicht das »tägliche Brot« der Japaner zu sein scheinen.

Um Mitternacht bringen die letzten U-Bahnen die Massen der Nachtschwärmer nach Hause. Ein wenig angeheitert und nicht mehr ganz sicher auf den Beinen, kommen sie aus winzigen, verrauchten Bars, in denen man fast nicht mehr atmen kann. Dort haben sie mit ein paar Kollegen Karaoke gesungen und ein Video angesehen, auf dem eine Frau sich – gewöhnlich vor der Kulisse des Fuji – auszieht.

Die Japaner wirken unglücklich, ohne es zu wissen. Einer Untersuchung zufolge halten 80 Prozent sich für Angehörige der Mittelschicht und sind damit zufrieden.

In Japan, denkt man, sei alles computerisiert und auf dem neuesten Stand. Ich betrete also eine Filiale der Bank of Tokyo. »Ich möchte ein Konto eröffnen.« – »Ein Konto? Haben Sie Referenzen?« Ich ziehe meinen Reisepass heraus, meine Kreditkarten und ein Bündel Dollarscheine. Der Schalterbeamte ruft den Unterabteilungsleiter, der wiederum den Abteilungsleiter selbst ruft: »Nein. Hier ein Konto zu eröffnen ist leider nicht möglich.«

Also versuche ich es bei einer anderen Bank. »Werden Sie für immer in Japan bleiben?« Wenn ich das schon wüsste! »Dann können Sie hier kein Konto eröffnen.« Nach langen Diskussionen einigen wir uns auf ein »Sparkonto«. Am Ende erhalte ich also kein Scheckbuch, sondern ein Heftchen und eine Geheimnummer, die ich im Kopf behalten muss, damit ich bar abheben kann. Als Prämie, weil ich diese Bank gewählt habe und keine andere, überreicht man mir eine hübsche Schachtel mit Papiertaschentüchern.

Tags darauf klingelt ein junger Angestellter der Bank an meiner Tür. Wir trinken zusammen Tee, und er informiert sich über meine Familie, meine Arbeit und mein Einkommen. Als er geht, sagt er mir, dass er mir das Geld, das ich benötige, gern ins Haus bringt und eventuelle Einzahlungen abholt, wenn ich keine Lust oder Zeit habe, selbst zur Bank zu gehen.

Ich bestelle eine Reihe von Zeitungen. Doch diese werden mir nicht etwa von einer einzigen Firma zugestellt, die am Ende des Monats ihre Rechnung an meine Bank schickt. Nein, jede Zeitung hat ihren eigenen Austräger. Fast jeden Abend kommt einer vorbei und will bar bezahlt werden. Zusammen mit der Quittung überreicht er mir dann ein Baumwolltaschentuch als Geschenk.

Von außen gesehen, wirken fast sämtliche Bürohäuser elegant, fast luxuriös. Die Inneneinrichtung aber ist nüchtern und bescheiden. Die Büros des MITI, des ausnehmend wichtigen Ministeriums für Industrie und internationalen Handel, sind große, kahle Säle, in denen Scharen von Angestellten und Beamten Seite an Seite arbeiten: buchstäblich Schulter an Schulter. Am Eingang jedes Büros hängt ein Plan, auf dem die Schreibtische mit den Namen ihrer »Inhaber« verzeichnet sind. Der Abteilungsleiter ist immer der, der von einem Eckschreibtisch aus über diese Masse von Menschen und Papier herrscht. Im Außenministerium teilen sich mehrere Abteilungen einen einzigen Raum. Mittendrin sitzen auch mehrere Botschafter, die sich gerade in ihrem Heimatland aufhalten. Besucher werden hinter einem Paravent untergebracht, auf verschlissenen Polstersesseln.

Eine urtümliche, spartanische Härte bestimmt das japanische Leben. Wohlhabend sind hier nicht Privatleute, sondern Institutionen. Nicht der Einzelne ist reich, vielmehr das Kollektiv. Was dieses gewöhnlich eher bescheidene Leben ein wenig auf Hochglanz bringt, ist die fast krankenhausähnliche Sauberkeit, die überall herrscht. Jeden Morgen fegen sämtliche Hausfrauen meiner Nachbarschaft akkurat den Bürgersteig vor ihrem Haus, um ihn dann mit Wasser zu besprengen. In China versucht man, die Leute dazu zu zwingen – vergeblich. Hier tut jeder es freiwillig. Vielleicht ist Japan ja das Land, in dem der Kommunismus endlich funktionieren würde?

Wer China kennt, vergleicht es ununterbrochen mit Japan, denn es ist nur zu offensichtlich, dass Japan heute das ist, was China schon seit Beginn des 20. Jahrhunderts erfolglos zu werden versucht. Einige Verhaltensweisen scheinen auf den ersten Blick fast gleich. Hier wie dort nehmen beispielsweise die Verkäufer vor ihren Vorgesetzten Aufstellung, um deren Befehle zu empfangen, bevor ein Laden geöffnet wird. Der Unterschied ist, dass anders als in China die Verkäufer hier zuhören. In einer Abteilung eines großen Warenhauses in Tokio habe ich eine Gruppe von Verkäuferinnen gesehen, die ihre Fäuste gen Himmel erhoben und versprachen, sich mit aller Kraft für die Anhebung der Verkaufszahlen in der Weihnachtszeit einzusetzen.

Wenn ein Japaner eine Wohnung mieten will, muss er dem Eigentümer eine beträchtliche Summe als Geschenk überreichen, um ihm seinen guten Willen zu zeigen. Dass ich Ausländer bin, enthebt mich dieser Pflicht. Trotzdem musste ich die Miete sechs Monate im Voraus bezahlen und dem Vermieter meinen Lebenslauf überreichen. Im Gegensatz zu seiner oberflächlichen Modernität scheinen die persönlichen Beziehungen in Japan noch weit »feudaler« zu sein als in China.

»Die Japaner kopieren doch nur!«, hört man immer wieder, ohne so recht daran glauben zu wollen. Nun ja, in jedem Klischee steckt – wie in jedem Sprichwort – auch ein Körnchen Wahrheit. Der Hauptbahnhof von Tokio ist ein Nachbau des Amsterdamer Bahnhofs. Das Gästehaus für Staatsgäste (das Hirohito bewohnt hat, bevor er Kaiser wurde) sieht von außen aus wie der Buckinghampalast und innen wie das Palais du Luxembourg. Der Tokio-Turm, das berühmteste Wahrzeichen der Stadt, ist eine Kopie des Eiffelturms, er ist nur – typisch japanisch eben – ein paar Meter höher. Die Tausende kleiner Cafés, in denen die Japaner sich so wohl fühlen, sind en miniature den westlichen Cafés nachempfunden, die man von Wien bis Texas überall findet. Und eines der beliebtesten Fertighausmodelle ist das Weiße Haus in kleinerer Ausführung.

Kopieren ist eine alte japanische Tradition. Nachdem im Jahr 1591 dreizehn portugiesische Jesuiten in ihrem dunklen Habit durch die Straßen von Kioto eilten, kleidete sich bald ganz Kioto wie sie – mit akkuraten Kopien der Kopfbedeckung, der Schuhe und der portugiesischen Goldketten. Einige legten sogar einen Rosenkranz um oder trugen einen Dolch an der Seite.

Ich brauche Stühle für mein Büro. Am Eingang des größten Möbelhändlers der Stadt muss ich ein Formular ausfüllen, Namen, Adresse und Telefonnummer angeben. Ein Schild weist die Besucher darauf hin, dass es nicht erlaubt ist, die ausgestellte Ware zu fotografieren. Langsam verstehe ich den Zorn eines europäischen Industriellen, der auf Einladung der Industriellenvereinigung Japan besuchte und nach seinem Aufenthalt empört bemerkte: »Nie wieder erlaube ich einem Japaner, einen Fuß in eine meiner Fabriken zu setzen. Wenn ihr zu uns kommt, zeigen wir euch das Modernste und Fortschrittlichste, was wir haben. Kommen wir aber hierher, dann führt ihr uns nur uralte Fabriken vor, und sogar dort ist Fotografieren verboten. Wer will solches Zeug denn schon fotografieren?«

»Die Japaner haben die Mentalität von Zwölfjährigen«, meinte General MacArthur einmal, der Oberbefehlshaber der amerikanischen Besatzungsarmee. Seit damals neigen Ausländer dazu, sich bestimmte japanische Besonderheiten mit dieser simplen Formel zu erklären. Vor einigen Tagen erst habe ich im Club der Auslandskorrespondenten einen alten amerikanischen Journalisten, der schon seit der Besatzungszeit in Japan lebt, sagen hören: »Die Japaner haben die Mentalität von Vierzehnjährigen.« Da ich das Zitat noch im Kopf hatte, wollte ich ihn korrigieren, doch er fuhr mir sofort in die Parade: »MacArthur hat das 1945 gesagt. Du wirst ja wohl zugeben, dass seitdem doch ein bisschen Zeit vergangen ist, sogar für die Japaner?!«

Ich wähle die Telefonnummer 320-3000, und in perfektem Französisch antwortet mir am anderen Ende der Leitung der Maler Auguste Renoir, der 1919 verstorben ist. Anlässlich einer Ausstellung impressionistischer Maler (die, wie es hier üblich ist, von einem der großen Kaufhäuser organisiert wurde) haben die Japaner die Luftröhre und die Knochenstruktur des Meisters studiert, alle Daten in einen Computer eingegeben und damit seine Stimme rekonstruiert. Nun bietet die Telefongesellschaft für 10 Yen ihren Klienten diesen Sonderservice: »Ein Gespräch mit Renoir!« Die Stimme des Meisters fasst kurz seine Theorien über die Kunst zusammen.

Das Erstaunen, die Faszination und Beängstigung, welche die Japaner in uns auslösen, nehmen kein Ende. Fast jeden Tag trifft man auf westliche Besucher, für die Japan entweder ein nachahmenswertes Modell, ein Albtraum oder eine schreckliche Gefahr ist.

Der Erfolg des Modells Japan liegt auf der Hand. Seit 1945 ist in Japan alles gewachsen. Die Japaner sind heute 10 Zentimeter größer als früher, sie wiegen ein halbes Kilo mehr und leben länger: Die Frauen werden etwa achtzig Jahre alt, die Männer 74. Die Wirtschaft ist sicher der Spiegel, der diesem Land sein schmeichelhaftestes Bild zurückwirft. Japan hat als Exportnation mittlerweile die USA überholt, hat eine positive Handelsbilanz mit allen anderen Ländern und ist der größte Geldgeber der Welt. Außerdem hat das Land auch noch weltweit die höchste Produktivitätsrate.

»Wie machen sie das nur?«, fragt sich jeder, der hier landet.

Zur Beantwortung dieser Frage genügt schon ein Blick auf die Arbeiter dieses Landes. Wie kleine James Bonds in sauberen Anzügen arbeiten sie mit farbigen, ausgeklügelten Werkzeugen still vor sich hin und sind offenkundig bereit, endlos unbezahlte Überstunden zu machen. Sie vermitteln den Eindruck, als existierte in diesem Land noch ein Band zwischen dem Menschen und seinem Tun, das im Rest der Welt längst verloren gegangen ist. »Die Japaner sind die Einzigen, die ihre Arbeit noch lieben und die der anderen respektieren«, meint ein Europäer, der seit Jahren in Tokio lebt.

Eine Zeitungsnotiz: Ein Autobus fährt aufs Land. In einer Kurve verliert der Fahrer plötzlich die Beherrschung über sein Fahrzeug, der Autobus stürzt um, drei Passagiere sterben. Der Fahrer verlässt schweigend den Ort des Unglücks, nimmt seinen Gürtel und erhängt sich am ersten Baum, den er findet. Auf einem Blatt Papier hinterlässt er einen Abschiedsbrief: Er schäme sich, seine Arbeit so schlecht getan zu haben.

In meiner Nachbarschaft hängt an jeder Ecke ein Plakat mit den Fotos von fünf Gesuchten: Vier davon sind Mörder, einer wird als »Bombenmacher« bezeichnet. Und meine Nachbarn warnen mich vor Dieben. »Aber heißt es nicht immer, in der japanischen Gesellschaft gebe es keine Kriminalität?«, frage ich. »Sicher doch. Und das stimmt auch. Die Kriminellen sind keine Japaner, sondern Koreaner«, versichert man mir.

In Japan gibt es eine Million Ausländer. 700 000 davon sind Koreaner, die zwar seit mehr als einer Generation hier wohnen, japanische Schulen besucht haben und kein Wort Koreanisch mehr sprechen, aber immer noch als *gai jin* behandelt werden, als »Leute von außerhalb«, die natürlich kein Anrecht auf die japanische Staatsbürgerschaft haben. Ein Aspekt der Diskriminierung dieser Bevölkerungsgruppe ist die weit verbreitete Überzeugung, dass alle Diebstähle und Morde das Werk von Koreanern sind.

Wie alle Ausländer, so muss auch ich im zuständigen Polizeirevier meine Fingerabdrücke abgeben. Die Prozedur dauert eine Viertelstunde und wird so hygienisch abgewickelt, als würde mir Blut abgezapft. Zuerst presst man den Finger auf ein Tintenkissen, dann auf eine Karte, die im Polizeirevier bleibt, dann auf meinen »Ausländerpass«, den ich immer bei mir zu tragen habe. Am Ende reicht man mir ein Taschentuch und ein wenig Alkohol, damit ich mich säubern kann.

Meine Nachbarn, denen ich von der Prozedur erzähle, versichern mir nachdrücklich, dies sei alles nur wegen der Koreaner, doch damit diese sich nicht allzu diskriminiert fühlten, würden auch wir Abendländer mit den anderen »Ausländern« in einen Topf geworfen.

Ich habe ein neues Sprichwort gelernt. »Bei einem Streit haben beide Parteien Unrecht.« Das Leben jedes Japaners ist vom Streben nach Harmonie geprägt: Harmonie zwischen dem Individuum und seinem Nächsten und Harmonie zwischen dem Individuum und seiner Gruppe. Für viele ist dieses Harmoniestreben mittlerweile zum Albtraum geworden. In Japan gehen, so sagt man, 80 Prozent aller stressbedingten Erkrankungen auf diese komplizierten zwischenmenschlichen Beziehungen zurück.

Ansehen und Ruhm haben einen hohen Stellenwert, weil sie den Einzelnen aus seinem anonymen Dasein befreien und ihm öffentliche Aufmerksamkeit sichern.

Einer der Bestseller dieses Jahres (200 000 verkaufte Exemplare) ist der Roman *Im Nebel*. Sein Autor, Issei Sagawa, ist jener Japaner, der 1983 in Paris seine holländische Geliebte tötete und den Leichnam in der Gefriertruhe aufbewahrte, um jeden Tag ein Stück davon zu verzehren. Die Franzosen haben ihn nach Japan zurückgeschickt, und die Japaner haben ihn vor kurzem freigelassen. »Warum auch nicht? Er interessiert sich ja nur für ›weiße Frauen‹. Japanische Frauen sind vor ihm sicher«, erklärt Susuma Oda, Professor für »geistige Hygiene« an der Universität von Tsukuba. »Was hat dich im Leben am meisten beeindruckt?«, fragte ihn ein Autorenkollege. »Die Märchen der Brüder Grimm, vor allem das vom Rotkäppchen«, gab der Mörder zur Antwort.

5000 Bücher werden jedes Jahr ins Japanische übersetzt. Mehr als 4,5 Millionen Japaner pro Jahr reisen ins Ausland. Es gibt Japaner, die Experten für die entlegensten Aspekte der verschiedenen Weltkulturen sind, als Volk aber sind die Japaner gegen jede Art von äußerem Einfluss immun. »Wir haben ihre Technik angenommen, aber niemand wird je unsere Seele verändern«, sagt der Schriftsteller Yukio Kanasawa.

Aber wie ist denn eigentlich die japanische Seele? Viele Ausländer sind nach Japan gekommen, um ebendas herauszufinden, doch die berühmteste Antwort auf diese Frage ist letzlich der Ausdruck bitterer Desillusionierung. Der englische Schriftsteller Lafcadio Hearn (1850–1904) hat einen großen Teil seines Lebens in Japan verbracht, um das Geheimnis seiner Kultur zu erforschen. Er starb in der festen Überzeugung, dass hier nichts zu entdecken sei.

»Im Zentrum Japans steht die Leere«, schreibt der französische Philosoph Roland Barthes. Und Henry Scotts Stokes, Biograph und Freund von Yukio Mishima, analysierte den Selbstmord dieses etwas anrüchigen Romanciers und kam zu dem Schluss, dass im Zentrum japanischen Wesens vor allem die Sehnsucht nach dem Tod steht.

Im vergangenen Jahr haben sich 24 596 Japaner das Leben genommen. 572 davon waren Grundschüler. Im selben Zeitraum gab es 9762 Verkehrstote.

Selbstmorde werden mit Vorliebe an Vulkankratern oder an besonders romantischen, abgelegenen Orten verübt.

Dialog zwischen einem Japankenner und einem englischen Ingenieur für Elektrotechnik: »Meine japanischen Kollegen sind genauso gut ausgebildet wie die besten Ingenieure aus dem Westen, doch sie denken ziemlich eindimensional«, meint der Engländer. »Um von A nach E zu kommen, müssen sie über B, C und D gehen. Ich hingegen suche immer nach dem kürzesten Weg.« – »Das mag schon sein, aber wenn du das Ziel erreichst, bist du allein. Wenn sie dort ankommen, sind sie mindestens dreihundert«, entgegnet der Japankenner.

Bereits zu Anfang des 20. Jahrhunderts bemerkte George Kennan, ein in Japan lebender Amerikaner: »Ich habe in Japan bisher noch keinen Menschen kennengelernt, der mich durch seine Geistesgröße beeindruckt hätte ... die Größe dieses Landes liegt im kollektiven Denken.«

Die Japaner hingegen beginnen, diese traditionelle Stärke als potenzielle Schwäche zu betrachten, vor allem seitdem auch sie sich dem 21. Jahrhundert zugewandt haben: Ein Leitartikel der *Japan Times* sang erst kürzlich das Loblied der europäischen Tugenden und wünschte sich auch für Japan mehr Individualität und Kreativität. Die Regierung hat bereits eine Studie in Auftrag gegeben, die die Möglichkeit einer radikalen Reform des Schulwesens prüfen sollte.

»Es gibt nur eine einzige Ware, die wir importieren müssen: Ideen«, meint ein japanischer Journalist. »Entweder beginnen wir, selbst welche zu haben, oder es ist vorbei mit uns.«

Ob Japan nun auch die Schattenseiten des Westens kopiert? 29. November 1985: der »Schwarze Freitag«. Am Morgen greifen etwa 500 Guerilla gleichzeitig, in Gruppen von drei bis fünf Personen, 33 neuralgische Punkte des Verkehrsnetzes zwischen Tokio und Hiroshima an. Ihre exzellente elektronische Ausrüstung erlaubt ihnen, den Polizeifunk abzuhören und sich rechtzeitig davonzumachen. Einen ganzen Tag lang stecken 10 Millionen Fahrgäste fest, steht die Arbeit in Fabriken und Büros still. In Tokio herrscht das Chaos. Sogar der auf Besuch weilende indische Premierminister Rajiv Gandhi kann wegen dieses Zwischenfalls den Zoo von Ueno nicht besichtigen.

Die Symptome dessen, was die Zeitungen hier »die Krankheiten der Industrieländer« nennen, zeigen sich inzwischen auch hier. Die Japaner arbeiten mehr als jedes andere Volk der Erde (im Durchschnitt 2152 Stunden pro Jahr, verglichen mit den 1613 Stunden eines deutschen Arbeiters). Trotzdem musste der Minister für Arbeit besorgt feststellen, dass die Arbeit nicht mehr das Wichtigste im Leben eines japanischen Angestellten ist. Vor der Arbeit kommen die Gesundheit der Familie, das Gehalt und die Ausbildung der Kinder. Die Arbeit ist abgerutscht auf Platz 4.

Ein General beklagt sich, dass die neuen Rekruten nicht mehr so gehorsam sind. Die Industriebosse meinen, neue Angestellte seien keineswegs mehr bereit, mit Leib und Seele für das Wohl der Firma zu arbeiten. »Ein gewaltiges Heer von Ausländern schleicht sich in unsere Arbeitswelt ein«, schreibt die Tageszeitung *Mainichi* und meint damit die jungen japanischen Manager, die – beeinflusst vom westlichen Wertesystem – ihre Arbeit mittlerweile auf »ausländische« Weise tun.

Wer also sind die Japaner? Die Japaner selbst fragen sich das auch ständig. So veröffentlicht die Tageszeitung *Yomiuri* seit Wochen die Resultate eines Kolloquiums über die »Theorie des japanischen Wesens«. Und in den Theaterstücken bzw. Romanen der jungen Autoren taucht immer wieder die Frage nach der Identität Japans auf. Von den 37 Büchern, die in Japan pro Tag durchschnittlich veröffentlicht werden, haben diejenigen den größten Erfolg, in denen es um Japan und die Japaner geht. »Das belegt eindeutig, dass wir auf die Frage nach unserem Wesen noch keine befriedigende Antwort gefunden haben«, meint Professor Hidetoshi Kato.

Innerhalb ihres Landes wissen die Japaner sehr genau, wer oder was sie sind, doch sobald sie seine Grenzen hinter sich lassen, sind sie verloren. Im Ausland zeigen sie sich unsicher und gehemmt. »Haben Sie keinen Atlas, in dem nur Japan abgebildet ist?«, fragt in einer Karikatur der dreißiger Jahre eine Dame im Kimono ihren Buchhändler. Diese Haltung ist immer noch aktuell. »Auf der Weltkarte haben wir Japaner unseren Platz noch nicht gefunden«, erklärt mir ein Fernsehjournalist.

Einzelne Stimmen behaupten, dass diese Identitätskrise noch dadurch verstärkt würde, dass die meisten Japaner sich in dem Bild von *Japan: Number One* (Titel eines berühmten Buches des amerikanischen Soziologen Ezra Vogel), das der Westen sich so gern macht, nicht wiederfinden. Mythisierung und Lobeshymnen von ausländischer Seite haben zwar einerseits die traditionelle Arroganz der Japaner verstärkt, sie andererseits aber auch eingeschüchtert.

So traf vor kurzem eine Abordnung der französischen Regierung, die zu Besuch in Tokio war, sich mit hohen japanischen Regierungsmitgliedern zum Gespräch: »Die ganze Welt bewundert Ihre Erfolge. Was ist Ihre Botschaft an die Welt?«, fragt der Chefdelegierte aus Paris. Einen Moment lang schweigt alles verlegen. Die Japaner sehen sich erstaunt an, und schließlich antwortet einer ihrer Minister: »Wir arbeiten noch daran ...«

Jeden Tag machen sich Tausende von Japanern auf zum Yasukuni-Schrein im Herzen Tokios. Offiziell ist der Tempel dem Frieden geweiht, in Wirklichkeit aber werden dort die Seelen der zweieinhalb Millionen Soldaten verehrt, die in den verschiedenen Kriegen des letzten Jahrhunderts ihr Leben für das japanische Vaterland gelassen haben. Unter ihnen auch jene vierzehn Kriegsverbrecher, die von den Alliierten nach Beendigung des Asienkonflikts gehängt wurden. Abends kontrolliert ein Gärtner das Gelände, füllt die Automaten für das Taubenfutter auf und entfernt die Blumensträuße, welche die Besucher auf den ausgestellten Kanonen und Panzern zurückgelassen haben.

Eine Gruppe von Privatleuten hat es sich, unterstützt von mehreren Unternehmen, zur Aufgabe gemacht, das Wrack der *Yamato* zu bergen, eines Kriegsschiffes, das die Amerikaner zusammen mit 3000 Besatzungsmitgliedern am 7. April 1945 versenkten. Heute liegt es in zwei Hälften zerbrochen in 360 Meter Tiefe auf dem Grund des Ostchinesischen Meeres. »Ich möchte die *Yamato* wiedersehen. Wenn mein Körper es nicht mehr schafft, dann wird eben meine Seele dabei sein«, sagt mir Mitsugu Uchida, einer der Überlebenden, mit dem ich gesprochen habe.

Ich wusste, dass es nicht einfach werden würde, eine Besichtigungserlaubnis für die berühmteste und fortschrittlichste Fabrik Japans zu erhalten. Trotzdem machte ich mir einen Spaß daraus, alle nötigen Schritte zu unternehmen. Ich richtete ein Schreiben an den Direktor, in dem ich ihm die Gründe für mein Ansinnen auseinandersetzte, legte einen Lebenslauf bei, eine Auswahl meiner Artikel und eine Bescheinigung des Blattes, für das ich arbeitete. Ich hatte Glück: Der Direktor war verrückt nach Deutschland.

Der Roboter und der Kaiser

Tokio, Januar 1986

Im Dunkeln höre ich sie flüstern, seufzen, kichern, schnaufen. Sie reproduzieren sich. Roboter erschaffen neue Roboter. Die Nacht ist kalt; ein halber Mond erhellt die schneebedeckten Abhänge, und ein eiskalter Wind bläst durch die alten Pinienwälder. Die Temperatur liegt bei minus 15 Grad, in dem gewaltigen Alkoven jedoch 5 Grad über dem Nullpunkt. Mit ihren Bewegungen erzeugen die Maschinen die nötige Wärme, die ihre elektronischen Herzen schlagen lässt. Nie machen sie Pause. Sie mühen sich rund um die Uhr, Tag um Tag.

Tokio ist nur 110 Kilometer entfernt, doch sobald man hier angekommen ist, drängt sich sofort der Eindruck auf, dass diese Reise sich von anderen unterscheidet. Fanuc, die Roboterfabrik zu Füßen des Fuji, ist eigentlich schon Zukunft. Massige Eisengestalten öffnen ihren gewaltigen Rachen, schlanke Metallarme nehmen Metallteile aus den wohl geordneten Regalen und stecken sie in den wartenden Schlund, der sich gleich darauf schließt. Ein Dutzend Köpfe stürzt sich auf den Roboter, der da seiner Geburt harrt: Sie bohren, hobeln, feilen oder polieren. Der Arm ergreift das Metallstück von neuem, dreht es um, und neue Köpfe erscheinen und senken sich über der Arbeit. So geht es weiter, bis das Werkstück an die nächste Maschine weitergereicht wird.

Die Korridore entlang rollen auf unsichtbaren Metallbändern kleine Wagen ohne Fahrer und trällern metallisch vor sich hin. Astralbotschaften in einer geheimnisvollen Sprache fliegen zwischen den Robotern und den Lagern hin und her, wo die fertigen Werkstücke ordentlich auf Regale gelegt werden und auf die Endmontage warten. In einer Ecke machen ein paar neugeborene Roboter gymnastische Übungen, mit denen sie sich selbst testen. Es scheint ihnen Spaß zu machen, wie sie sich im grünlichen Licht der Displays in komplizierten Yogapositionen winden. In dieser ganzen riesigen Halle findet sich nicht ein lebender Mensch. Die einzige menschliche Gestalt ist das Figürchen auf dem Lichtsignal, das auf den Notausgang hinweist.

All das Wenden, Drehen, Hobeln, Schweißen, Montieren und Stapeln wird von einer weit entfernten Kommandostation aus gesteuert, in der nur ein einziger Arbeiter vor einer Batterie von Bildschirmen sitzt. Wird die Produktion an einem Punkt unterbrochen, hält er den »schuldigen« Roboter an, und der Computer konfiguriert die Fertigungskette neu, sodass der defekte »Arbeiter« umgangen wird. Um ihn kümmern sich am nächsten Morgen die für die Reparatur zuständigen Servicetechniker. Ein Roboter macht durchschnittlich nur alle vier Jahre und zwei Monate einen Fehler.

Die Fanuc ist die am weitesten automatisierte Fabrik der Welt, eine der effizientesten überhaupt, um die ein Schleier von Geheimnis liegt. »Es gibt nichts Vergleichbares auf der Welt«, schrieb erst kürzlich die amerikanische Zeitschrift *Fortune*. Wenn man der Theorie anhängt, dass die Japaner sich zum Ziel gesetzt haben, die Welt zu erobern, dass auf wirtschaftlicher Ebene längst ein neues Pearl Harbor stattgefunden hat und dass Tokio den neuen Krieg gegen Amerikaner und Europäer schon gewonnen hat, dann wäre dies hier der beste Beweis.

Hier sind alle Symbolkräfte vereint. Auf der vulkanischen Asche des Fuji errichtet, der das japanische Nationalgefühl schlechthin symbolisiert, steht die Fanuc beispielhaft für die Erneuerung des Landes aus der atomaren Asche der Niederlage im Zweiten Weltkrieg: eines Krieges, der in den Herzen der Japaner weitergeht.

So tauchen in wirtschaftlichen Zusammenhängen immer wieder höchst kriegerische Ausdrücke auf: »Die kämpfenden Einheiten der Fanuc ziehen in eine glorreiche Schlacht«, stand im Oktober letzten Jahres in der Wirtschaftszeitschrift *Nikkei Business*.

Darüber hinaus sieht die Fanuc auch aus wie eine Militärzentrale. Ganz in Gelb gekleidete Arbeiter sausen auf ihren gelben Motorrollern über ein Gebiet von über 400 000 Quadratmetern. Gelb sind die Uniformen, die Hallen, die Maschinen, die Schlafsäle, gelb das Haus des Gärtners. Gelb sind die Papiertischdecken in der Kantine und das Firmenpapier, auf dem Notizen und Berichte niedergeschrieben werden.

»Das Gelb soll das Ich hinwegschwemmen, sodass alle zusammen am Wohl der Firma arbeiten«, erklärt mir Dr. Seiuemon Inaba, 63 Jahre, Abkömmling einer alten Samuraifamilie, ehemaliger Munitionstechniker und heute offiziell Direktor der Fanuc, in Wirklichkeit aber General dieser Armee, deren gelbe Uniform er wie alle anderen trägt.

Wie bei der Armee, so ist auch bei der Fanuc vieles streng geheim. Die Fabrik darf nur mit einer Ausnahmegenehmigung besucht werden, und auch dann kann man – wie ich – nur einen Teil besichtigen. Fotos zu schießen ist strengstens verboten. Zu den Forschungslabors haben nicht einmal die höchsten Führungskräfte der Firma Zutritt. Ein ungeschriebenes Gesetz besagt, dass jeder Arbeiter nur genau so viel wissen darf, wie für die Ausübung seiner Arbeit nötig ist. Wenn jemand von seinem Schreibtisch aufsteht und zu einem anderen hinüberschlendert, muss er das begründen können.

Und wie bei der Armee herrscht auch bei der Fanuc strenge Disziplin. Da Doktor Inaba nicht raucht, raucht auch sonst niemand. Auf dem ganzen Fabrikgelände findet sich nicht ein Aschenbecher, nicht einmal für Gäste. Keine Führungskraft darf ohne die Erlaubnis von Doktor Inaba ins Ausland reisen. Seine Anweisungen werden als »allerhöchste Order« bezeichnet und müssen wortwörtlich befolgt werden. »Eine weise Form der Diktatur eignet sich besser zur Führung eines Unternehmens als eine unüberlegte Form der

Demokratie«, erklärt mir der Mann, den man auch »den gelben Kaiser vom Fujiyama« nennt.

Die Resultate, die seine Weisheit zeitigt, sind allerdings verblüffend. Die Fanuc wurde 1972 als Zweigstelle des Elektronikkonzerns Fujitsu zur Fertigung von programmierbaren Maschinen zur Werkzeugherstellung gegründet. 1980 entschied Doktor Inaba, sich von Fujitsu zu trennen und die Fabrikation auf den Fuji zu verlegen. Dieser Umzug erlaubte ihm, das gesamte Unternehmen neu zu strukturieren und die Firma komplett zu automatisieren. Nach dreizehn Jahren als unabhängige Firma ist die Fanuc mit ihren 1500 Angestellten heute mehr als sechs Milliarden Dollar wert und wirft unter allen japanischen Unternehmen den höchsten Profit ab. (36 Prozent des Umsatzes sind Reingewinn.) Die durchschnittliche Rentabilität der Angestellten zählt ebenfalls zu den höchsten der Welt. (Jeder Arbeiter bringt der Firma pro Jahr eine halbe Million Dollar ein.)

Und wie kommt es, dass die Japaner das geschafft haben? »Arbeit. Arbeit. Harte Arbeit. Seit Kriegsende haben wir an nichts anderes gedacht als an unsere Arbeit«, erläutert Doktor Inaba.

Einige Kritiker Japans meinen, dass der Erfolg der Fanuc wie der anderer Unternehmen Teil dieser groß angelegten, finsteren »Japanischen Verschwörung« ist, wie der Titel des bekannten Buches von Marvin Wolf lautet. Diese habe sich zum Ziel gesetzt, die Welt mit dem Gewicht der japanischen Wirtschaft niederzuwalzen, und setze dazu jedes nur erdenkliche Mittel ein: von der Industriespionage bis zu Bestechungsgeldern an Regierungsbeamte, vom Dumpingpreis bis hin zur Korruption. Der Kopf dieser Verschwörung sitzt angeblich im MITI, im Ministerium für Industrie und internationalen Handel. So unwahrscheinlich, wie sie klingt, ist diese Theorie aber gar nicht.

Der Erfolg der japanischen Industrie auf dem Gebiet der Werkzeugmaschinenherstellung und der Erfolg der Fanuc im Besonderen sind ein glänzendes Beispiel für die außerordentliche Entschlossenheit, mit der die Japaner nach 1945 das langsame Wachstum ihres Landes und die Wiedergewinnung ihrer nationalen Unabhängigkeit geplant haben. »Wir hatten eine Kriegswirtschaft und haben beschlossen, sie beizubehalten«, sagte mir Akio Ikumi, Chef einer Unternehmensberatung in Tokio.

Die Japaner wussten sehr gut, dass sie für eine Spitzenstellung in den diversen Industriezweigen vor allem die Fertigung der Werkzeugmaschinen unter ihre Kontrolle bringen mussten, weil von diesen Maschinen alle anderen abhängen. Aufgrund dieser strategischen Überlegung konzentrierten sie von da an ihre gesamten Kräfte auf diesen Sektor. Das MITI dirigierte die Angriffe, die einzelnen Firmen schlugen die Schlachten.

Wie lief nun die Entwicklung der Roboter, der Könige der Werkzeugmaschinen, ab? 1967, als Joseph Egelburger, der Gründer der Unimation Company, nach Tokio kam, um dort auf einer Konferenz seine Robotererfindungen vorzustellen, verstanden die Japaner von der Materie nichts oder nur wenig. Aber während Egelburger in den USA höchstens ein paar Dutzend Zuhörer fand, kamen in Japan 600, um seinen Vortrag zu hören. Ein Jahr später erhielt die Kawasaki Heavy Industries von der Unimation eine Sonderlizenz für die Produktion von Industrierobotern.

Die Japaner waren begeistert, denn bei diesen Robotern handelte es sich nicht mehr um Marionetten in Menschengestalt, die »guten Tag« sagen oder den eigenen Namen schreiben konnten. Vielmehr waren dies Maschinen, welche die typischen Handgriffe eines Arbeiters an der Fertigungsstraße perfekt nachahmen konnten. Der Roboter, der ursprünglich 1920 in dem Theaterstück Robota (tschechisch für »Arbeit«) von Karel Čapek zum ersten Mal aufgetreten war, hatte seinen Weg von der Bühne in die Fabrik gefunden.

Anfang der siebziger Jahre waren die Amerikaner noch unangefochtene Weltmarktführer bei Design, Produktion, Export und Einsatz von Industrierobotern. Zehn Jahre später hatten sich die Verhältnisse schon umgekehrt: Nun hatten die Japaner, angeführt von der Fanuc, sie überholt. »Und die junge amerikanische Roboterindustrie hat sich davon nie erholt«, schreibt Robert Reich in der Zeitschrift *The New Republic*.

1981 trat dann General Electric gegen die Fanuc, die Fabrik am Fujiyama, an und brachte ihr Projekt »Monte Piney« auf den Weg, bei dem ebenfalls Roboter produziert werden sollten. Das Projekt dauerte gerade mal vier Jahre und brachte der Firma einen Nettoverlust von 120 Millionen Dollar ein. So musste auch General Electric einsehen, dass diese Art von Robotern nur zusammen mit der Fanuc wirtschaftlich produziert werden konnten. Und diese Erfahrung machten letztendlich auch andere Unternehmen in der ganzen Welt.

Dem Angriff auf die Weltroboterindustrie folgte – immer unter dem Oberkommando des MITI – jener auf die Automobilindustrie und schließlich der auf die Elektronikindustrie. Heute haben die Japaner die Luftfahrt ins Visier genommen. Das MITI hat eine Strategie ausgearbeitet und sorgt für die Finanzierung. Wie hoch diese Fördermittel ausfallen, ist eines der bestgehüteten Geheimnisse Japans. Sicher ist nur, dass die Zusammenarbeit zwischen Regierung und Industrie in Japan sehr viel enger ist als in den westlichen Industrieländern.

Im Fall der Fanuc, die heute 75 Prozent des japanischen Marktes und 50 Prozent des Weltmarktes für vollautomatische Fertigungsroboter kontrolliert, hat jedenfalls auch die »harte Arbeit« zum Erfolg beigetragen.

Der Arbeitstag beginnt um 8.30 Uhr. Arbeiter und Angestellte jeder Abteilung versammeln sich exakt 10 Minuten lang um ihren Leiter, um von ihm eine programmatisch-ermutigende Rede zu hören. Die Sirene, die um 17.25 Uhr die Stille durchbricht, signalisiert keineswegs das Ende des Arbeitstages, sondern einfach nur den Beginn der Überstunden. Im Mittel leistet jeder Beschäftigte monatlich sechzig Überstunden. Einige sogar um die hundert. Jedenfalls geht niemand nach acht Stunden heim.

»Eine unsichtbare, aber starke Kraft hält mich hier«, sagt ein Arbeiter. Andere meinen, sie täten schließlich nur, was ihre Vorgesetzten auch tun. Im Büro von Doktor Inaba brennt das Licht mindestens bis 11.00 Uhr abends. Und die meisten wüssten sowieso nicht, wohin sie gehen oder was sie tun sollten, würden sie über mehr

Freiheit verfügen. Die Hälfte der Arbeiter lebt in den gelben Schlafsälen der Firma. Dasselbe gilt für zwei Drittel der Ingenieure und Manager, deren Familien in Tokio geblieben sind. In der kalten Einsamkeit der Wälder gibt es keine Ablenkung. Die Bar des Unternehmens, die aussieht wie die Kantine einer Kaserne mit Bildern von nackten Frauen an den Wänden und dem Foto eines Pompejaners mit zwei riesigen Phalli (unter dem steht: Der Gott mit dem Ersatzwerkzeug), wird nur geöffnet, wenn ausländische Gäste kommen. Eine Bibliothek besitzt die Fanuc nicht. »Meine Leute brauchen keine Bücher«, erklärt mir Doktor Inaba. »Wenn die Ingenieure erst zu lesen anfangen, erfinden sie nichts mehr. Je stärker sie an der Vergangenheit hängen, desto weniger sind sie in der Lage, die Zukunft zu ersinnen.«

Für Doktor Inaba ist unsere Zukunft voller Roboter. Und vielleicht hat er damit ja Recht. Die Roboterbevölkerung wächst Jahr für Jahr beeindruckend an. In der Automobilindustrie arbeiten sie als Schweißer und Lackierer; in der Elektronikindustrie als Montagearbeiter. Die ersten Industrieroboter waren nur einfachster Bewegungen fähig und konnten nur simple Prozesse ausführen. Heute schaffen sie bereits durch mehrere Gelenke modifizierte Bewegungen. Ziel der Forschung ist es, intelligente Roboter zu konstruieren, Roboter, die mithilfe sinnlicher und taktiler Wahrnehmungsalgorithmen eigene Entscheidungen treffen können. Die Fabrik der Zukunft, wie Doktor Inaba sie sieht, ist ein Ensemble aus Computern und Automaten, die, sobald sie den entsprechenden Befehl erhalten, ein Produkt planen und produzieren können.

Dabei haben Roboter viele Vorteile. Während die Kosten für einen menschlichen Arbeiter ständig steigen, bleiben die eines Roboters gleich, ja können durch gesteigerte Produktivität sogar gesenkt werden. Außerdem sind Roboter, anders als der Mensch, in der Lage, rund um die Uhr zu arbeiten. Was sie produzieren, ist von stets gleich bleibender, höchster Qualität. Außerdem, so schreibt der Roboterexperte T. A. Heppenheimer, »langweilen Roboter sich nicht, verlangen keinen Urlaub, müssen nicht auf die Toilette oder sich die Nase putzen«. Sie streiken nicht, wollen keine Rente, beschweren sich nicht über Hitze, giftige Ausdünstungen oder radioaktive Strahlung.

Deshalb stehen heute alle Industrieländer vor derselben Entscheidung, wenn es darum geht, die Produktionskosten niedrig zu halten oder Dienstleistungen zu garantieren, für die sich kein Personal finden lässt: Entweder holen sie Menschen aus Niedriglohnländern ins Land, was mit gravierenden sozialen Problemen einhergeht, oder sie verlegen die Fabriken in die Länder der Dritten Welt, wobei sie auf das Know-how verzichten müssen, das Jahre der Produktionserfahrung in den Industrieländern geschaffen haben und das bis heute Fortschritt garantiert. Die dritte Alternative sind Roboter.

Japan, in dem Ausländer noch nie willkommen waren, setzt voll auf diese Lösung. Anders als in den westlichen Ländern wehren sich die japanischen Gewerkschaften auch nicht gegen die Einführung von Robotern. Und da das Entlohnungssystem einzig auf dem erreichten Alter beruht, kann das Personal leicht von einer Stelle auf eine andere verschoben werden.

Japan besitzt heute die meisten Roboter der Welt (100 000, die »dummen« eingeschlossen, die nur Gegenstände auflesen, sammeln und verladen können). Hier werden bereits 20 Prozent der Montagearbeiten von Automaten erledigt. Die Vereinigten Staaten, die nur 16 000 Roboter besitzen, die meist in der Automobilindustrie eingesetzt werden, möchten diese Anzahl gerne erhöhen. General Motors, wo bereits 5000 Roboter »beschäftigt« sind, will bis 1990 weitere 15 000 »einstellen«. All diese Maschinen sind schon bei der Fanuc bestellt, die etwa 300 Einheiten pro Monat ausliefert. Im nächsten Jahr wird die Produktionskapazität der Fanuc auf tausend Stück im Monat ansteigen.

Ist es möglich, dass die Welt schon bald von den gelben Horden vom Fuji erobert wird? Und die Menschen, welches Schicksal erwartet sie wohl?

Die Zukunft, welche die gelb gekleideten Ingenieure der Fanuc im magischen Schatten ihres Zauberbergs austüfteln, als seien sie

Mönche eines Laienordens, scheint schon weitgehend menschenfrei zu sein. Die Fahrt von Tokio hierher dauert fast zwei Stunden, und da die Chuo-Autobahn gefährlich ist, wird der Verkehrsfluss von etwa einem Dutzend Plastikpolizisten geregelt, die lächelnd verwarnen, zum Langsamer-Fahren anhalten oder einfach nur salutieren. Der Eingang zur Fanuc-Fabrik ist ein gewaltiges Eisentor: natürlich geschlossen. Zwei Steingötter halten an den Seiten Wache. Von oben nähern sich die drei mobilen Augen einer Fernsehkamera und begutachten den Besucher. Dann gleitet das Tor zur Seite, man geht noch ein paar hundert Meter, und endlich erscheint vor der majestätischen Silhouette des Fuji, unter dem Banner Japans und dem gelben der Fanuc, ein gelb gekleidetes Mädchen, das sich mehrmals schweigend verbeugt.

Das Hauptgebäude ist aus Stein und Marmor erbaut. Seine weitläufigen Korridore sind dick mit Teppichboden ausgelegt. An jeder Ecke verbeugen sich andere weibliche Figuren in Gelb. Roboter auch sie? Erst als sie dem Gast Tee anbieten, wird deutlich, dass es menschliche Wesen sind, mit denen man auch sprechen kann. Sie haben alle studiert. Die Tee Reichenden sind Ernährungsspezialistinnen. Jede von ihnen wurde, wie alle Angestellten der Fanuc, von Doktor Inaba persönlich ausgewählt. Die Qualitäten, die er an seinen Arbeitnehmern schätzt, sind vor allem Loyalität und Hartnäckigkeit.

Der Stolz, zum »gelben Heer des Fuji« zu gehören, stellt sich bald von selbst ein. Nur wenige Fabriken haben ein solches Renommee wie die Fanuc. Dazu gehört auch eine kleine Geschichte, die hier jeder kennt: Als Kaiser Hirohito eine Robotermesse besuchte, blieb er neugierig vor einem Modell der Fanuc stehen. Als dieses höflich den Rücken krümmte, erwiderte der Kaiser den Gruß, indem er sich ebenfalls verbeugte.

Ein ganz wichtiger Aspekt von Doktor Inabas Erfolg ist das richtige Timing. »Die deutsche Armee wurde in Stalingrad von den neuen T-34-Panzern der Sowjets überrollt. Wenn die Deutschen ihren ›Tiger‹ nur ein paar Monate früher fertig gestellt hätten, wäre die

Weltgeschichte anders verlaufen«, erläutert Doktor Inaba. »Mein Ziel ist es, neue Roboter zu produzieren, kurz bevor der Markt sie verlangt. In fünf Jahren wird die Welt nach intelligenten Robotern schreien, und wir bereiten uns jetzt schon darauf vor, sie dann liefern zu können.«

Woran in den Forschungszentren der Fanuc gearbeitet und was in den immensen unterirdischen Hallen gebaut werden wird, die gerade errichtet werden, ist nicht zu erfahren. Einer deutschen Delegation, die erst kürzlich die Fabrik besucht und darum gebeten hatte, den »sehenden« Roboter besichtigen zu dürfen, antwortete man, dass die Blitzlichter der anderen Delegationen ihn leider beschädigt hatten. Ein Forschungsinstitut, das vom MITI finanziert wird, entwickelt Roboter, die als »Bergarbeiter« auf dem Meeresgrund Bodenschätze heben sollen oder anstelle der Feuerwehrleute Brände löschen. Natürlich gibt es auch Roboter für den Einsatz in Atomkraftwerken.

Bedeutet die steigende Automatisierung gleichzeitig wachsende Arbeitslosenzahlen? Vermutlich. Einer vom Volkswagenwerk angefertigten Studie zufolge werden mit Sensoren ausgestattete Roboter künftig 20 Prozent der Arbeiten in der Automobilindustrie übernehmen. Eine andere Studie der Commerzbank besagt, dass die Hälfte aller Arbeitsplätze an der Montagestraße gefährdet sind. Doktor Inaba macht sich darüber keine Gedanken. »Dafür brauchen wir mehr Personal, um die Roboter zu produzieren und zu verkaufen«, meint er.

Werden die Roboter also den Menschen glücklicher machen? Wenn man die Menschen betrachtet, die sie dort, am Fuße des Fuji, produzieren, ist man geneigt, die Frage mit Nein zu beantworten. Sogar Doktor Inaba scheint das Glück nicht in unmittelbarer Reichweite zu sehen. Am Ende eines Abends, den ich in seinem Haus verbringe, greift er zum Pinsel und malt auf ein Stück Papier die Zeichen eines alten Gedichts: »Einst hatten wir Zeit, den Frieden zu suchen. Heute nicht mehr.« Das Gedicht stamme von einem General, der es zu Kriegszeiten schrieb, sagt er mir.

Er geht auf in diesem Geist des Krieges, und mit ihm viele Japaner. So als hätten sie den Menschen ganz aus dem Blickfeld verloren. Als ich nach zwei Tagen, die ich dort als Gast in einer unbequemen Unterkunft verbracht habe, das gelbe Hauptquartier des Doktor Inaba wieder verlasse, bleiben mir vor allem die seltsamen Stimmen der Roboter im Gedächtnis, die sich dort rund um die Uhr reproduzieren. Und die weiten, leeren Korridore, an deren Wänden Bilder von verlassenen Mondlandschaften hängen. Am liebsten würde ich nach Tokio rasen, doch die Plastikpolizisten mahnen mich, langsam zu fahren.

Ich habe einen Besuch in der Zukunft gemacht und kann berichten, dass sie funktioniert. Ob sie uns gefällt, steht auf einem anderen Blatt.

Von Tokio aus berichtete ich auch über die Ereignisse in Südostasien, vor allem auf den Philippinen. Dort hatte die revolutionäre Bewegung der People's Power (Die Macht des Volkes) enormen Zulauf. Die Witwe Corazón (Cory) Aquino, früher Hausfrau, forderte den Diktator Marcos und seine Frau Imelda in den Ring. Die entscheidende Runde schien unmittelbar bevorzustehen. Also flog ich für einen Monat nach Manila.

Die »Heilige« von Manila, die Marcos das Fürchten lehrt

Manila, 3. Februar 1986
Still waren nur die Heiligen auf ihren Sockeln, der Christus mit dem blutenden Herzen am Altar und der Bischof, der von allen Seiten geschubst wurde, sodass sein rotes Mützchen in den Staub fiel. Die Menschenmenge, welche die Basilika gestürmt hatte, ohne das Knie zu beugen oder sich zu bekreuzigen, die Knienden mit sich riss und so die Feier der heiligen Messe in ein Chaos verwandelte, sie heulte, applaudierte und weinte ergriffen, als sei zwischen all den hölzernen Heiligen endlich eine aus Fleisch und Blut erschienen: »Cory! Cory! Cory!«

Nicht genug damit, dass sie nach ihr riefen, dass sie sie ansahen. Sie wollten ihr nahe sein, sie berühren, als bringe dies Glück, als ginge allein schon davon Segen aus. »Dies ist kein Wahlkampf«, sagte eine der Frauen, die Cory Aquino begleiten, »dies ist die Schlacht zwischen Gut und Böse.« Und wenn man sich am gestrigen Tag die Menschenmengen in Batangas ansah, arme Bauern, Arbeiter von den Zuckerrohrplantagen, Leute aus allen Ecken der Provinz, magere, dunkelhäutige Menschen in abgerissenen Kleidern und Plastiksandalen, dann war es genau dieser Eindruck, der sich einem aufdrängte.

Von einem Ende der Provinz zum anderen standen die Menschen in der glühenden Sonne und warteten, dass der Konvoi Cory Aquinos an ihnen vorüberzog, dass diese zierliche, gelb gekleidete Frau mit der zu großen Sonnenbrille auf der Nase »erschien« – und sei es nur für ein paar Augenblicke. Bei ihrer Ankunft in der Basilika von Taal, der größten Kirche der Philippinen, war es schon finstere Nacht, doch die Menge harrte immer noch aus, im Dunkeln, am Straßenrand, auf dem großen Platz vor der Kirche, auf den Treppen, und wartete gespannt mit all den Wimpeln und Transparenten. Selbst den kleinsten Kindern hatte man beigebracht, mit Daumen und Zeigefinger das Zeichen für *Laban*, »Kampf«, zu machen. »Noch nie habe ich etwas Derartiges erlebt«, meinte Monsignore Quizon. »Und kein Mensch bezahlt sie dafür!«

Gestern die Armen, heute die Reichen. Auf Einladung der Handelskammer sprach Cory auch vor den Wohlhabenden Manilas. Damen aus guter Familie mit fast weißer Haut, Geschäftsleute, Millionäre drängten sich im Bankettsaal des Hotel Intercontinental, um sie zu sehen. Und die Begeisterung war dieselbe. Der Enthusiasmus verdankt sich nicht so sehr dem, was sie sagt, denn Cory Aquino spricht wenig, und ihre Botschaft bedarf auch nicht vieler Worte. Die Faszination entspringt vielmehr ihrer schlichten Präsenz, ihrer Erscheinung einer »Heiligen«, die im Namen der Gerechtigkeit, der Menschenwürde und der nationalen Ehre das Böse herausfordert, das sich in Marcos und seinem Regime inkarniert hat.

Gestern, nachdem Cory die Basilika von Taal wieder verlassen hatte, formierte sich die Menge zu einer gewaltigen Prozession, angeführt von einer Pappmachéfigur, die Cory Aquino als Madonna mit Sonnenbrille darstellte. Heute habe ich in Manila Zeitschriften gesehen, die ihre Lebensgeschichte als Comic bringen. Als Extrabeilage gibt es eine Art Heiligenbildchen mit ihrem Foto. Unter den vielen Amuletten, die rund um die Kirche von Chiapo zur Abwehr des bösen Blicks, des *anting-anting*, feilgeboten werden, verkauft sich im Moment das am besten, auf dem nichts weiter steht als »Cory«.

Man muss die Gefühle verstehen, die diese Frau mit ihrem einfachen und bescheidenen Äußeren in diesem Land auslöst, einem Staatsgebilde aus 7000 vulkanischen Inseln mitten im Pazifik.

Einem Land, dessen Bevölkerung den unterschiedlichsten Kulturen angehört, abergläubischen Vorstellungen anhängt und vom Wirken übernatürlicher Kräfte zutiefst überzeugt ist. Der größte Teil der Filipinos erlebt den Kampf zwischen Cory und Marcos als etwas, das weit mehr und in gewisser Hinsicht weit weniger ist als Politik. Tatsächlich spricht Cory Aquino bei ihren kurzen Wahlkampfauftritten nie von Politik, aber die Menschen, die ihretwegen klatschen, schreien und weinen, wollen gar nicht wissen, ob sie eine Politik verfolgt, und wenn ja, welche. Für die Menschen ist Cory der heilige Georg, der den Drachen erschlägt, David, der Goliath herausfordert, und das genügt ihnen.

Cory ist die Witwe von Ninoy Aquino*, der nach Überzeugung aller Filipinos Opfer des Marcos-Regimes wurde. Und so wurde Cory zur symbolischen Verkörperung aller Opfer. Cory fordert das Regime heraus, und daher identifizieren sich mit ihr all jene, die in irgendeiner Form einmal Opfer von Ungerechtigkeit wurden. In den »Bidonville« genannten Elendsquartieren von Tondo wehen heute Corys gelbe Wimpel, obwohl Marcos' Helfer versuchen, die Wähler einzuschüchtern und unter Druck zu setzen. Die Schuhputzer der Stadt, die Kinder, die an den Kreuzungen Zigaretten stückweise verkaufen, alle haben sie auf ihren Holzkistchen Aufkleber mit ihrem Namen. Den vorüberfahrenden Autos strecken sie das mit senkrecht abgespreiztem Daumen und Zeigefinger gebildete L entgegen – für *Laban*, »Kampf«.

Diese Frau, die aus einer der reichsten und mächtigsten Familien der Philippinen stammt, die zu ebenjener Oligarchie gehört, die in der Vergangenheit das Land ausgeblutet hat, ist nun zur Galionsfigur der Armen geworden, zur Hoffnung der Unterdrückten. Für diese kleine herrschende Oberschicht ist sie zur Bannerträgerin all jener Kräfte geworden, die in Reformen und einem politischen Richtungswechsel den einzigen Schutz vor einer immer wahrscheinlicher werdenden kommunistischen Machtübernahme sehen. Im

---

* Benigno A. (Ninoy) Aquino, Senator und größter Gegner von Marcos, wurde 1983 durch einen Genickschuss mit der Pistole getötet.

Falle eines Wahlsieges wäre Cory Aquino vermutlich die populärste Präsidentin, die dieses Land je hatte. Es stellt sich allerdings die Frage, welche Politik eine Präsidentin Aquino dann vertreten würde. Und ob diese Oberschicht tatsächlich willens und fähig ist, gesellschaftliche Reformen durchzuführen, für deren Umsetzung sie ihren Interessen zuwiderhandeln und eigene Privilegien abbauen müsste.

Heute hat Cory Aquino versucht, jenen Kritikern entgegenzutreten, die ihr vorwerfen, sie habe kein Programm. In einer Rede mit dem Titel »Auszug aus der ägyptischen Gefangenschaft« stellte sie ihre Vorhaben für die ersten hundert Tagen ihrer Regierung vor. Die Hauptpunkte sind: Abschaffung aller unpopulären Steuern; Streichung sämtlicher von Marcos seinen Familienmitgliedern und Freunden zugestandenen Monopole, vor allem bei Zucker und Kokosnuss; Aufhebung der Anti-Streik-Gesetze; bessere Bedingungen für Lehrkräfte; Befreiung aller politischen Gefangenen und Wiedereinführung der Habeas-Corpus-Akte; Abschaffung des Presse- und Fernsehmonopols, das heute in Händen der Regierung liegt; Entlassung der Generäle, die trotz deutlich überschrittenen Pensionsalters von Marcos immer noch an ihren Machtpositionen gehalten werden; Beförderung der Obersten.

Und nach diesen hundert Tagen? Man wird sehen. Als jemand freundlich im Hinblick auf ihre Steuerpolitik nachhakte und fragte, wie sie es mit den ausländischen Investoren zu halten gedenke, kam sie ins Stocken und wirkte plötzlich unsicher, so als verstünde sie nicht viel von diesen Dingen. Zu ihrem Glück begann in diesem Moment das Publikum, wieder sein »Cory! Cory! Cory!« zu skandieren.

Ein Großteil der Beobachter geht ohnehin davon aus, dass die Frage, was sie nach den Wahlen anders machen würde, rein theoretischer Natur ist, da sie bei aller Popularität nicht mit einem Wahlsieg rechnen kann. Die Handlanger von Marcos, so heißt es, hätten schon die nötigen Vorkehrungen getroffen, dass der Präsident aus der Auszählung der Stimmen mit einem »überzeugenden« Vorsprung hervorgehen und so seinen Sessel im Malacañan-Palast nicht frei machen müsse. Man spricht von 10 000 heimlich angefertigten und versiegelten Urnen, die mit Pro-Marcos-Stimmen gefüllt und dann gegen die echten Urnen ausgetauscht werden sollen. Man spricht von Einschüchterungspolitik auf dem Land, wo die Männer von Marcos außerdem mit Koffern voller Banknoten unterwegs sind, um ihre Überzeugungskraft zu stärken. Man spricht von gekauften Stimmen und davon, dass die vom Regime kontrollierten Zeitschriften und Fernsehanstalten nächsten Freitag um drei Uhr nachmittags den Sieg des Präsidenten verkünden werden, sodass die Demonstrationen und die Anklagen wegen Wahlbetrugs Zeit hätten, sich übers Wochenende ein wenig zu beruhigen.

»Und wer gewinnt?«, fragte ich gestern einen Mann vor der Basilika von Taal, der auf Cory wartete. »Wir, *Laban*«, antwortete er. – »Und wenn Marcos betrügt?« – »Dann bricht die Revolution los!«, meinte er trocken und verschwand in der Menge. Dieselbe Frage habe ich in Manila wieder und immer wieder gestellt. Und die Antwort war mehr oder weniger immer die gleiche. Viele glauben, dass es zu Gewalttaten kommen wird. Botschaften europäischer Staaten arbeiten Notfallpläne aus, um ihre Landsleute in Sicherheit zu bringen. Heute standen die Menschen in langen Schlangen vor den Banken, um ihr Geld abzuheben. Und wer auf Ruhe und Sicherheit Wert legt, hat längst ein Ticket für den Tag nach den Wahlen – raus aus Manila.

»Die Straße zum Malacañan-Palast wird dunkler mit jedem Tag, der vergeht«, sagte Cory gestern zum Abschluss ihrer Rede im Hotel Intercontinental. »Die Kräfte des Pharao sind fest entschlossen, das Volk in Armut zu halten. Sie hecken finstere Pläne aus, um dem Volk seine Befreiung vorzuenthalten.« Dass Marcos von neuem das Kriegsrecht erklärt und die Führer der Opposition verhaften lässt, sollte es zu einem für ihn negativen Wahlergebnis kommen, ist nicht auszuschließen. Daher wird Cory, »die Heilige«, übermorgen, wenn die Wahlkampagne offiziell beendet ist, von ihren Getreuen an einen geheimen Ort irgendwo in Manila gebracht, wo sie den Ausgang der Geschehnisse abwarten wird.

Die Wahlen fanden statt, begleitet von Täuschungsmanövern und Betrügereien. Beide Kandidaten behaupteten, gewonnen zu haben, doch am Ende siegte Cory Aquino.

Flucht im Hubschrauber

Manila, 25. Februar 1986

Die Stunde des Volkes hat geschlagen. Es stürmte den Palast des Präsidenten und tanzte in seinen Sälen, aß in seiner Küche. Es warf seine Bilder aus dem Fenster und türmte sie zum Scheiterhaufen. Die Menschen drangen in Marcos' Schlafzimmer ein und hielten betroffen inne, als sie vor den Regalen voller Medikamente standen, vor den Dialyseapparaten, mit denen er sich in den letzten Monaten am Leben erhielt. Dann kehrten sie um, wie um der Hinfälligkeit alles Menschlichen ihre Achtung zu erweisen. Schließlich fingen sie wieder an, im Licht ihrer Taschenlampen zu tanzen, zu singen und zu beten, während die Dunkelheit die tropischen Bäume in ihr schwarzes Tuch hüllte. Marcos aber war fort.

Ein amerikanischer Hubschrauber hatte ihn zusammen mit seiner Familie und seinem Hofstaat ausgeflogen. Man las sie auf dem Rasen vor dem Palast auf und brachte sie nach Clark Field, einem amerikanischen Militärstützpunkt. Der Diktator, der noch einmal Präsident werden wollte, »dankte ab«. Von Clark Field aus wurde Marcos ein paar Stunden später auf die Insel Guam, einen amerikanischen Stützpunkt im Westpazifik, gebracht, von wo aus er in die Vereinigten Staaten einreisen wird. Cory Aquino sprach sofort im Fernsehen. Ihre erste Verlautbarung als Präsidentin war: »Die lange Agonie ist nun vorüber. Von heute an sind wir endlich frei.«

Heute Nacht ist der Malacañan-Palast keine gut bewachte Oase lautloser, arroganter Machtausübung, sondern ein lärmender Rummelplatz, auf dem sich ein außergewöhnliches Volksfest abspielt. Dort feiert die größte Menschenmenge, die sich je auf den Straßen der Philippinen versammelt hat: anderthalb Millionen sind es um Mitternacht, zwei Millionen um ein Uhr morgens, und die Menschen strömen weiterhin von nah und fern herbei, umarmen sich und jubeln vor Freude. Familien halten sich an den Händen, um nicht auseinandergerissen zu werden. Die Nonnen halten die Bilder der Madonna hoch, die Vertreter der linken Studentenschaft ihre schwarz-roten Fahnen. Die Soldaten des People's Power Movement werden mit Applaus begrüßt, als sie mit zwei Stunden Verspätung eintreffen, um den Palast in Besitz zu nehmen, den das Volk bereits »befreit« hat. Es gab keine Toten, keine Plünderungen, nur überwältigende Freude auf allen Seiten, eine Art kollektiver Zufriedenheit. Der Bürgerkrieg blieb aus, das allgemein befürchtete Blutvergießen fand nicht statt.

»Glaubst du jetzt an Wunder?«, fragte mich eine von Corys »Kreuzritterinnen«, die ich auf dem von Papieren übersäten Rasen vor dem Malacañan in der Menge treffe. Für die gedemütigten Filipinos, die seit mehr als zwanzig Jahren unter der Knute eines repressiven und korrupten Regimes litten, das schamlos nur seine eigene Klientel bediente, fanden die vielen Wunder der letzten Zeit ihren Höhepunkt an diesem außergewöhnlichen, historischen Tag. Er begann mit der formalen Ausrufung Cory Aquinos zur Präsidentin. Um acht Uhr morgens fanden sich im Club Filipino, in dem die gute Gesellschaft Manilas Erholung sucht, die Angehörigen der Familienclans zusammen – die Männer in ihren traditionellen, aus Bananenblättern gewebten *barong tagalog*, ganz in Weiß, die Frauen meist in Gelb, geschminkt und mit Juwelen geschmückt. Sie wohnten einem Ritual bei, das dieser zwar privilegierten, dennoch aufgeklärten und liberalen Schicht ihre alte Machtstellung zurückgab. Marcos, der populistische, faschistoide Parvenü, hatte die Familienclans der Philippinen systematisch entmachtet, gedemütigt und an ihre Stelle seine eigenen Günstlinge und Familienmitglieder gesetzt.

Dort hat das »Wunder« Cory seine Wurzeln, in den Namen der großen Familien, die am Mikrofon verlesen wurden, bei den Unterzeichnern der Proklamation, die sie zur Präsidentin machte, in der

Kirche, die vom einflussreichen und äußerst offenen Jesuitenbischof Escaler repräsentiert wurde, in den Anwälten, Geschäftsleuten und Intellektuellen, die schon seit Jahren die Opposition bildeten und dafür zu Zeiten des Kriegsrechts ins Gefängnis wanderten. Auch Vertreter des Militärs waren zugegen, vor allem der für seinen Reformkurs bekannte General Fidel Ramos*, der sich letzten Samstag gegen Marcos gewandt hatte und heute gleich zum Oberbefehlshaber der »Neuen Philippinischen Volksarmee« ernannt wurde. Und auch das Wetterfähnlein Ponce Enrile war da, der 1962 für Marcos eine Strategie zur Einführung des Kriegsrechts ausklügelte, bis zum letzten Samstag ein treuer Anhänger des Diktators. Dies gehörte zu seinen Pflichten als Verteidigungsminister, so wie er jetzt Verteidigungsminister der Regierung von Cory Aquino ist. Gefangene und Kerkermeister im Namen der philippinischen Einheit friedlich vereint.

Um 10.25 Uhr schwor Cory auf die Bibel ihres Mannes, der von Marcos' Schergen getötet worden war, dass sie die Rechte des Volkes und der Republik verteidigen werde. Das wohlhabende Publikum zeigte Rührung, Begeisterung das Volk vor den Türen.

Mehr oder weniger zur selben Zeit fand im Malacañan-Palast eine ähnliche Zeremonie statt, auch wenn die Atmosphäre sich grundlegend unterschied. 10 000 von Marcos' treuesten Anhängern, meist Gauner aus den ärmsten Vierteln Manilas, Banden der übelsten Typen, die für einen Tageslohn bereitwillig alles tun würden, waren engagiert worden, um sich im Park des Palasts zu versammeln. Jeder von ihnen trug eine Fahne mit den Farben der Republik und Buttons mit der Aufschrift »Präsident Marcos liebt uns«. Ihre »Gage« warf man ihnen von drei Militärlastwagen vor den Toren des Palastes zu, wodurch es zu einem heftigen Handgemenge kam, weil jeder seinen Sold in Form eines hart gekochten Eis oder eines Brötchens ergattern wollte.

Während diese bunt zusammengewürfelte, explosive Truppe vorübergehend im Schlaraffenland schwelgte, schwor Marcos im gut

---

* Ramos wurde nach Cory Präsident der Philippinen.

bewachten Palast auf seine Bibel, in den nächsten sieben Jahren die Verfassung zu respektieren und die Rechte der Filipinos zu achten. Niemand war zu diesem Staatsakt zugelassen außer den Familienangehörigen und den Kameras des letzten Fernsehsenders, den die Regierung gegen die Rebellen verteidigen konnte. Doch gerade in dem Augenblick, in dem das ganze Land auf Kanal 9 beobachten konnte, wie Marcos die Hand erhob, erlosch das Bild. Einige Rebellensoldaten hatten die Fernsehstation eingenommen und den Sender lahmgelegt.

Mittags öffneten sich dann die Fenster des Malacañan, und Familie Marcos zeigte sich auf dem Balkon der jubelnden Menge. Marcos mit geschwollenem Gesicht; Imelda im langen Seidenkleid tupfte sich mit einem weißen Spitzentaschentüchlein Tränen der Rührung aus den Augenwinkeln; Tochter Ireen; Sohn Bong Bong in der Uniform der Fallschirmspringer mit einer Maschinenpistole in der Hand. »Für immer Marcos!«, »Kriegsrecht!« und »Enrile: Hinrichtung!«, schrie das Publikum und wedelte mit den Fähnchen. »Sehen Sie, wie wir Filipinos unseren Präsidenten lieben?«, fragte mich eine Frau, die neben mir stand. Andere in diesem Gaunerhaufen schrien, dass die Schuld ohnehin nur bei den ausländischen Journalisten liege, die ungefragt ins Land kämen und Lügen verbreiten würden.

Das Publikum forderte eine Ansprache, aber Marcos wiederholte immer nur: »Es lebe die Republik, danke.« Imelda hingegen griff zum Mikrofon und verkündete: »Ich habe jeden Moment meines Lebens dem philippinischen Volk gewidmet, und das werde ich auch weiter tun.« Dann begann sie, ihr allerliebstes Liebeslied zu summen: *Dahil sa Iyo* (Für dich, mein Geliebter). Und auch er, der eben wieder gewählte Präsident Marcos, riss den Mund weit auf und sang: »Für dich, meine Geliebte.« Dieses Duett war der letzte, pathetische Auftritt dieses Regimes. Bereits zehn Stunden später zerschlugen Jugendliche in Plastiksandalen das Glas der Bilder von Marcos und Imelda, zerbrachen die Rahmen und warfen sie von demselben Balkon hinab zu der weiße Fahnen schwenkenden Menge, welche damit die rot leuchtenden Feuer fütterte, die gigantische Schatten an die Wand warfen. Und überall das zum Zeichen des Kampfes mit Daumen und Zeigefinger gebildete L.

Dort, wo morgens noch die gedungene Claque von Marcos sich auf Getränkedosen, hart gekochte Eier und Brötchen gestürzt hatte, die man ihnen von den Regierungslastern zuwarf, stürzte das Volk sich nun auf die Papiere aus dem Marcos-Archiv, die aus den weit geöffneten Fenstern des Palastes flatterten. Jeder suchte sich zum Andenken ein Blatt, auf dessen Kopf stand: Der Präsident der Philippinen, sei es nun eine Rede von Marcos, ein Flugblatt seiner Wahlkampagnen oder gar ein Brief aus der Schublade seines Schreibtischs. Der Malacañan wurde vom Volk gestürmt. Vorausgegangen war eine tagelange Belagerung. Jeder Zugang vom Palast wurde mit Stacheldrahtreitern versperrt, hinter denen Panzer und Soldaten im Kampfanzug warteten, um Hunderte, manchmal Tausende von Menschen in Schach zu halten. Doch mit jedem Ansturm schleiften die Menschen einen Teil der Barrikaden. Aus dem Stacheldraht wanden sie Dornenkronen wie auf den Passionsbildern Jesu. Diese Kronen waren das wahre Symbol dieser Tage der Befreiung. Jeder wollte eine haben und sie zur Erinnerung aufbewahren.

Gegen 8.30 Uhr dieses Morgens begannen die Soldaten, sich zurückzuziehen. Das Volk rückte nach. Die langen Verhandlungen zwischen Marcos, der mittlerweile mit seiner Familie im Malacañan eingeschlossen war, und den Rebellenführern, die heute Vormittag offiziell zu Mitgliedern von Corys Regierung ernannt wurden, schlossen mit der Garantie auf freien Abzug für ihn, seine Familie und seine engsten Mitarbeiter.

Um 21.05 Uhr hörte ich von einem Haus in der Nähe des Palastes aus zuerst ein Motorboot, dann das Geräusch von zwei Hubschraubern, die ohne Licht Richtung Manila-Bay davonflogen. Marcos, seine Frau Imelda, Tochter und Sohn hatten den Malacañan-Palast verlassen und den Pasirfluss überquert, um den betonierten freien Platz am anderen Ufer zu erreichen. Dort landeten die Hubschrauber für etwa fünf Minuten, um das mit sich zu nehmen, was von einer zwanzigjährigen Diktatur noch übrig geblieben war: eine

Hand voll verängstigter, unsicherer Menschen mit einigen in aller Eile gepackten Koffern.

Von der Mendiola-Brücke ausgehend, verließen die Einheiten der Infanterie und der Präsidentengarde, die den Palast schützen sollten (mindestens 5000 Mann waren dazu abgestellt), ihren Posten und zogen sich unter dem Applaus der Menge in die Kasernen zurück. Dann warf das Volk sich gegen die Gittertore und versuchte, über die weißen Mauern zu klettern. Doch aus dem Inneren drangen Gewehrschüsse, wurden Steine geworfen. Marcos hatte seine »Getreuen«, die zu seiner Vereidigung gekommen waren, gebeten, zu bleiben und ihn zu verteidigen. Einige haben dies tatsächlich getan und erklärten gar, sie seien bereit, für ihn zu sterben. Zum Glück hatten sie keine schweren Waffen. So dauerten die Attacken, meist Steinwürfe, nicht länger als eine halbe Stunde. Immer wenn jemand verletzt wurde, erklangen Rufe: »Schluss mit dem Vergießen philippinischen Blutes!« Oder: »Schluss mit den Steinen!« Schließlich rief die ganze Menge den eingeschlossenen, nur noch von den Gittern und einigen wenigen verbliebenen Steinen geschützten Anhängern Marcos' zu: »Aufhören. Wir sind doch alle Brüder.«

Und da geschah das eigentliche Wunder: Aus dem Nichts sah ich plötzlich eine Reihe von Nonnen, die sich untergehakt hatten und sangen. Hinter ihnen hatte man eine Madonnenstatue auf einen kleinen, gelben Laster gehoben und rund um sie Kerzen angezündet, deren Flämmchen nun im Dunkeln zitterten. Die Menge machte den Weg frei und beruhigte sich. Marcos' Getreue flohen in die Nacht, wo sie sich unter die Abertausende anderer Filipinos mischten, die glücklich in den Palast des Diktators eindrangen, in seinen Räumen tanzten, in seiner Küche aßen und seine Bilder aus dem Fenster warfen.

Und das Fest geht weiter.

Im Laufe der Jahre hatte ich jedes Buch gekauft, das über ihn geschrieben worden war, was meine Neugier allerdings nur zum Teil befriedigte. Als ich also nach Tokio kam, wo er gearbeitet hatte und verurteilt worden war, setzte ich mir in den Kopf, all jene aufzuspüren, die ihn gekannt hatten und noch am Leben waren.

Richard Sorge: ein sozialistischer James Bond

Tokio, Juni 1986

Spionen hält man kein Requiem, nicht einmal wenn sie schon lange tot sind. Unter den dunklen, ernsten Lärchen auf dem Friedhof von Tama, im äußersten Westen Tokios, musste der Grabstein Richard Sorges schon mehrfach seinen Ort wechseln, und das Schicksal der Asche, die er behütet, ist ungewiss. 42 Jahre nachdem er von den Japanern als angeblicher Sowjetagent gehängt wurde, wird mit den sterblichen Überresten des Mannes, der einer der berühmtesten und geschicktesten Spione der Geschichte war, immer noch heimlich doppeltes Spiel betrieben.

Alle zwei oder drei Monate hält ein Wagen mit Diplomatenkennzeichen in einer kleinen Straße des Mitaka-Viertels von Tokio. Ein Mann steigt aus, geht die gewundene Gasse entlang und klopft an deren Ende an die Tür eines Holzhäuschens. Er tritt ein, unterhält sich mit einer alten Frau, trinkt eine Tasse Kaffee und geht wieder, nicht ohne einen Umschlag mit Banknoten im Wert von 10 000 Yen zurückzulassen. »Schade, dass er nicht regelmäßiger kommt«, sagt Hanako Ishi, 75 Jahre alt und ehemalige Geliebte von Richard Sorge. Sie ist immer noch faszinierend lebhaft. Ihr Gesicht zeigt die Spuren vergangener Schönheit, und sie legt Wert darauf, dass sie die Erbin Richard Sorges ist, die sein Andenken bewahrt.

Bei seinem letzten Besuch hat der Mann zum ersten Mal für seine Großzügigkeit eine Gegenleistung verlangt: Die Sowjetunion bitte

Hanako-san um die Erlaubnis, die Asche Sorges, seinen Grabstein und das kleine Denkmal, das man für ihn und seine Mitspione errichtet hat, nach Moskau überführen zu lassen.

1944, als der Deutsche Richard Sorge, Mitglied der NSDAP, Korrespondent der *Frankfurter Zeitung* und als Geheimagent im Auftrag Stalins in Japan tätig, die Schlinge des Henkers mehr oder weniger schon um den Hals trug, hätte Moskau ihn noch retten können, hätte es Tokio einen gegenseitigen Austausch von Spionen vorgeschlagen. Doch die Russen taten so, als hätten sie den Namen dieses Mannes niemals gehört. Heute hingegen scheint Moskau beschlossen zu haben, Richard Sorge wieder für sich zu reklamieren und ihn zum Helden seiner Jugend aufzubauen. Mit der Idee, einen sozialistischen James Bond zu schaffen, entdecken die Sowjets mit einigen Jahrzehnten Verspätung eine Persönlichkeit wieder, die keineswegs der Phantasie entsprungen, sondern Teil ihrer Geschichte ist.

Sorge ist der Held mehrerer neu erschienener Bücher. Die Post der UdSSR gibt Briefmarken mit seinem Konterfei heraus. Straßen, Schulen und Schiffe tragen seinen Namen. Zu seinem Gedenken wurden mehrere Mahnmale errichtet. In den Schulen erzählt man den Kindern die Geschichten seiner Heldentaten. Doch dem Mythos, den der KGB, der allmächtige sowjetische Geheimdienst, um Sorge webt, um diesen vom anrüchigen Ruf des Spions zu befreien, fehlt noch eines: ein echtes Grabmal.

»Die jungen Pioniere, die ihn so sehr bewundern, haben keine Möglichkeit, nach Tokio zu kommen«, erläutert der russische Diplomat Hanako-san. Um die alte Dame zur Herausgabe der Asche zu überreden, erzählte er ihr außerdem, dass sich Tausende von Moskauern immer um das Grab Sorges kümmern werden. Sogar einige seiner alten Schulfreunde seien darunter.

»Was ganz sicher nicht stimmt«, meint Hanako-san. »Sorge ist niemals in eine russische Schule gegangen.«

Richard Sorge wurde zwar 1895 im russischen Baku geboren – sein Vater war Deutscher, die Mutter Russin –, doch im Gegensatz zu dem, was man heute in Russland so erzählt, kam Sorge schon im

Alter von drei Jahren nach Deutschland. Sein tatsächlicher Lebenslauf lässt sich heute nicht mehr mit letzter Sicherheit nachzeichnen. Alle lügen, alle erfinden Geschichten, und die historischen Dokumente werden gefälscht oder unter Verschluss gehalten. Daher ist es gut möglich, dass wir die wahre Identität dieses Mannes niemals herausfinden werden.

Noch Jahre nach dem Ende des Zweiten Weltkriegs hieß es, Sorge sei am Leben. So erzählte man beispielsweise, dass die Japaner Sorge mit neuem Anzug (ein Schneider aus Tokio schwor Stein und Bein, ihn angemessen und genäht zu haben) nicht etwa an den Galgen, sondern nach Macao geschickt hätten, wo sie ihn im Austausch gegen japanische Spione, Gefangene der Sowjetunion, russischen Agenten übergeben hätten. Andere Stimmen berichten, ihn 1948 in Schanghai gesehen zu haben.

Doch einige Protagonisten dieses außerordentlichen Spionageromans leben heute noch – alt geworden und vergessen – irgendwo in Tokio: mit ihren Erinnerungen, ihren Andenken und den alten Geschichten, mit denen jeder seine eigene Wahrheit verteidigt. Und alle scheinen sie irgendwie nicht glauben zu können, dass sie auf die eine oder andere Weise in diese höchst rätselhafte Geschichte unseres Jahrhunderts verwickelt waren.

Im Kodaira-Viertel zum Beispiel lebt Ito Ritsu, 73 und mittlerweile blind und taub. Er, der ehemalige Funktionär der Kommunistischen Partei Japans, soll das Netz Sorges verraten haben. Ein »lebender Judas« also, wie der Titel eines japanischen Buches über ihn lautet. 1950 verschwand er, 1980 war er plötzlich wieder da. Er war nach Peking geflohen, um dort politisches Asyl zu beantragen, und war dort 27 lange Jahre in einem chinesischen Gulag, einem Lager für politische Gefangene, gesessen. Für die Kommunistische Partei Japans ist Ito Ritsu immer noch der große Verräter. Doch es gibt auch andere Stimmen, die ihn als Opfer der internen Fehden zwischen den kommunistischen Parteien der einzelnen Länder sehen.

Nur 5 Kilometer entfernt lebt Hotsuki Osaki, der Bruder des engsten Mitarbeiters von Richard Sorge, der zusammen mit ihm am Galgen endete. 1945 gründete Hotsuki Osaki eine Gesellschaft zur Verteidigung der Gruppe Sorge-Osaki. Er müht sich noch heute zu beweisen, dass sein Bruder keineswegs ein Verräter, sondern im Gegenteil ein treuer Patriot war.

An der Peripherie von Yokohama lebt Yoshiko Yamasaki, die Witwe des Jugoslawen Branko Vukelic, dem nach Sorge wichtigsten Mann der Gruppe. Vukelic wurde zu Zuchthaus verurteilt und starb in einem Gefängnis in Abashiri, dem japanischen Sibirien, kurz vor der Niederlage 1945 an Hunger und Kälte. Seiner Witwe liegt nun vor allem am Herzen, dass alle Mitglieder der Gruppe, und nicht nur Richard Sorge, ihren Platz in der Geschichte finden.

Von den siebzehn Verhafteten aus dem Kreis um Sorge wurden zwei gehängt (Sorge und Osaki), sieben starben im Gefängnis. Von den acht Übrigen, die bei Ankunft der Amerikaner befreit wurden, sind sechs mittlerweile gestorben. Einer ist verschwunden, der andere, Kodai Yoshinobu, lebt mittlerweile als kleiner Händler in der Provinz von Gumma. Er weigert sich seit vierzig Jahren, über die Geschichte zu reden. Hanako Ishi hingegen spricht häufig und gern davon. Von den Überlebenden ist sie die bei weitem aktivste. Ihr autobiographisches und stark romantisiertes Porträt *Ningen Sorge* (Der Mann Sorge) geht mittlerweile in die vierte Auflage.

Hanako-san lernte Sorge 1935 kennen. Sie war nach Tokio gekommen, um Krankenschwester zu werden, aber weil sie keinen Arbeitsplatz gefunden hatte, arbeitete sie als Bedienung im »Rheingold«, einer bekannten Bierstube im Ginza-Viertel, die dem Deutschen Wilhelm Ketel gehörte. Die Japaner hatten Ketel im chinesischen Tsingtao verhaftet und ihn als Kriegsgefangenen nach Tokio deportiert. Sobald er wieder frei war, eröffnete Ketel das »Rheingold«, das bald zum beliebten Treffpunkt der Nazis in Tokio wurde. Am 4. Oktober 1935 feierte Sorge dort seinen Geburtstag, und da er an diesem Abend nicht in Begleitung war, ging Hanako-san mit ihm nach Hause.

Als Sorge noch lebte, war Hanako-san nur eine von vielen Frauen, zu denen er in näherer Beziehung stand. Sie war keineswegs seine große Liebe, die im Übrigen bis heute unbekannt geblieben ist. Hanako-san lebte nicht mit Sorge, doch sie besaß einen Schlüssel zu seiner Wohnung im Azabu-Viertel und schlief dort, wann immer sie wollte. Die beiden verstanden sich kaum: Sorge sprach nicht Japanisch, und sie konnte weder Deutsch noch Englisch.

Am 18. Oktober 1941 kam die japanische Polizei und verhaftete Sorge. Hanako war nicht da. Am 7. November 1944 wurde Sorge zusammen mit Osaki gehängt. Hanako-san erfuhr davon nichts. Die Familie Osakis holte seinen Leichnam ab, den von Sorge wollte niemand haben. Eigentlich hätte er daraufhin verbrannt werden müssen, doch da es in den letzten Kriegstagen überall an Benzin fehlte, wurde er in Zoushigaya begraben, einem Friedhof für Obdachlose und arme Leute in der Nähe des Sugamo-Gefängnisses, wo er exekutiert worden war. Man schrieb seinen Namen auf eine einfache Holztafel. Das war sein Grabstein.

Erst 1945 erfuhr Hanako-san, dass ihr Freund Sorge hingerichtet worden war. 1947 fand sie heraus, dass man ihn irgendwo in Tokio begraben hatte, und machte sich auf die Suche nach seiner letzten Ruhestätte. Auch die Amerikaner hatten ihn gesucht. Sie waren 1945 als Besatzungsmacht in Japan einmarschiert, konnten ihn aber nicht finden. Angesichts des Brennholzmangels war die Holztafel auf seinem Armengrab nämlich verbrannt worden, sodass die Gräber sich letztlich nicht mehr unterschieden.

Eines schönen Tages allerdings kam ein auf diesem Friedhof beschäftigter Totengräber zu Hanako-san und meinte, er habe einen Fund gemacht, der sie vielleicht interessieren würde: Die Knochen in dem aufgelassenen Grab seien mit Sicherheit die eines Ausländers, für einen Japaner seien sie einfach zu groß. Hanako-san kam sofort mit und hatte keinerlei Zweifel: Es musste sich um Sorge handeln. Als gute Krankenschwester erkannte sie den Bruch am rechten Oberschenkelknochen, der – verursacht von einer Verletzung aus dem Ersten Weltkrieg – ihn immer humpeln ließ. Außerdem identifizierte sie seinen Zahnersatz. Darüber hinaus fand sie in dem Knochenhaufen noch Sorges Brille, seine Gürtelschnalle und die Goldfüllungen seiner Zähne, aus denen sie sich in der Folge den goldenen Ehering anfertigen ließ, den sie heute noch am Finger trägt. Ihre Zeugenaussage ist bis heute der wichtigste Beweis, dass Sorge tot ist.

»Am liebsten hätte ich auch noch seine großen Schuhe mitgenommen, aber die waren mittlerweile doch zu brüchig«, sagte sie mir. »Wir Japaner glauben, dass die Haare nach dem Tod noch weiterwachsen, daher war ich erstaunt, den Leichnam kahl zu sehen. Das Gebiss habe ich sofort erkannt. Ich war noch jung, als wir uns kennenlernten, und das Gebiss fand ich immer ein wenig Ekel erregend. Nach dem Essen legte er es in ein Glas, in dem es weiß schimmerte ...«

Hanako-san ließ den Leichnam einäschern, erwarb eine Grabstelle auf dem Friedhof von Tama und ließ dort die Asche beisetzen. Auf den Stein ließ sie in gotischen Buchstaben gravieren: »Richard Sorge«. Und dann in Japanisch: »Hier liegt ein Held, der sein Leben dem Kampf gegen den Krieg und für den Frieden auf der Welt widmete.« Die Zeiten waren hart. Die Geliebte eines Spions gewesen zu sein war eine Schande. In den Zeitungen stand, dass Japan nur wegen Richard Sorge den Krieg verloren habe. Jedes Mal, wenn ein neuer Artikel über Sorge in der Zeitung stand, erhielt Hanako-san anonyme Drohbriefe. Wer immer mit Sorge zu tun gehabt hatte, wurde verfolgt und diskriminiert. Die japanische Witwe Vukelics fand jahrelang keine Arbeit und lebte mit dem gemeinsamen Sohn in Unglück und Elend. Dem Bruder von Osaki kündigte man seinen Bürojob ebenso wie seine Wohnung. Hanako-san zog in das Holzhäuschen im Mitaka-Viertel und lebte davon, dass sie drei Schlafstellen an Studenten vermietete.

Nachdem sie die menschlichen Überreste Sorges gerettet hatte, machte sie sich daran, auch seinen Ruf wiederherzustellen. Seit dreißig Jahren sammelt sie in ihrem Häuschen alles, was über ihn publiziert wird. Mittlerweile sind es über hundert Bücher. Und sie schreibt an Journalisten und Autoren, um die Fehler aufzudecken, die sie in deren Artikeln und Büchern findet.

Sorge war kein Trinker, wie die Leute sagen. Das Trinken war nur Teil seiner Tarnung. Natürlich mochte er die Frauen, aber die, die er liebte, behandelte er wie ein Kavalier. »Ich glaube, das war so ein typisch deutscher Charakterzug«, meinte Hanako-san. In dem Buch, das sie 1949 über sich und ihre Beziehung zu Sorge geschrieben hat, berichtet sie, dass sie nur einmal mit ihm gestritten habe – wegen einer anderen Frau: der Gattin des deutschen Botschafters in Tokio, Eugen Ott. »Heute tut es mir leid, dass ich diesen Namen genannt habe. Sorge hätte es nie erlaubt. Er war ein wirklicher Gentleman.«

1964 wurde Sorge rehabilitiert: natürlich nicht in Tokio, sondern in Moskau. Nach zwanzigjährigem Schweigen machten die Sowjets aus Richard Sorge ohne jeden ersichtlichen Grund plötzlich einen Helden der Sowjetunion. Hanako-san wurde nach Moskau eingeladen (und ist danach noch zweimal dorthin gereist) und gab – nachdem sie lange Zeit mit der sowjetischen Botschaft in Tokio verhandelte (der Übersetzer von damals ist heute dort Botschafter) – ihre Zustimmung, für ihn einen anderen Grabstein setzen zu lassen als den, den sie damals ausgewählt hatte. Nun kam auf den schwarzen Granit auch eine russische Inschrift, und Hanako-san stieg, da ein sozialistischer Held kein liederliches Leben führt, in den Rang von Sorges »Gattin« auf. »Die Bezeichnung *ai jin,* Geliebte, würde die Delegationen, die aus der Sowjetunion kommen, um sein Andenken zu ehren, in Verlegenheit bringen«, erklärte sie mir.

Die sowjetische Botschaft organisiert nämlich für all ihre besonderen Gäste einen Ausflug auf den Friedhof von Tama. Und die Marinesoldaten der Sowjetschiffe, die in Yokohama anlegen, fahren regelmäßig in Bussen dorthin. Für einen Russen ist das Erinnerungsfoto vor dem Grab von Sorge mittlerweile Teil der Japantour, wie die elektronischen Apparate, die man im Akihabara-Viertel kauft.

Seit etwa einem Jahr sind die sowjetischen Bemühungen um das Andenken an Richard Sorge sogar noch gewachsen. In Baku, der Geburtsstadt des Agenten, errichtete man ein beeindruckendes Denkmal mit zwei großen Augen auf einer Wand. Und zu seinem neunzigsten Geburtstag hat Moskau ihm zu Ehren gar ein Mahnmal im Stil des realen Sozialismus errichtet: ein Mann im Trenchcoat, der durch die Wand geht.

»Wie man jetzt die Geschichte umschreibt, überrascht mich doch ziemlich«, meint Hotsuki Osaki dazu, der eben aus Moskau zurückgekommen ist, wo er an einem Schriftstellerkongress teilnahm und eines der fünfzig Gymnasien besuchte, die mittlerweile den Namen Richard Sorges tragen. »Ein junger Pionier trug mir eine Geschichte vor, in der Sorge trotz Folter monatelang schwieg, während sein Genosse, der Dichter Miyagim, Harakiri beging, um die Namen der Gefährten nicht preisgeben zu müssen. Dabei ist eines mittlerweile klar: Sorge begann bereits nach acht Tagen zu reden, und Miyagi starb im Gefängnis an Tuberkulose.«

Doch die Fakten über den Fall Sorge interessieren die Sowjets nicht. Trotz all der Denkmäler, Bücher, Briefmarken und Propagandamaßnahmen hat Moskau seine Archive noch nicht geöffnet, sodass man die Akten nicht prüfen kann. Sogar die Botschaften, die Sorge aus Tokio nach Moskau sandte und die die russische Hauptstadt angeblich vor dem Angriff der Nazis gerettet haben, fallen noch immer unter die Geheimhaltung. Ebenso anonym bleibt die Tochter Sorges, die er in der Sowjetunion zurückließ. Als Sorge von Moskau nach Tokio ging, war seine russische Ehefrau – bereits die zweite – schwanger. Die Frau starb bei einer der großen stalinistischen Säuberungsaktionen, und lange Zeit dachte man, dass ihr Töchterchen dasselbe Schicksal erlitten habe. Doch 1965 ließen die Sowjets überraschenderweise wissen, dass das Mädchen noch am Leben sei. »Sie sollte an den Feierstunden zu Ehren der Sorge-Gruppe teilnehmen«, berichtet Frau Yamasaki-Vukelic, die auch in Moskau gewesen ist. »Doch es heißt, dass das Mädchen als Waise einen neuen Namen erhalten habe und daher unauffindbar sei.«

Der sowjetische Teil der Sorge-Story ist vermutlich zu schrecklich, als dass die Sowjets ihn veröffentlichen könnten. Der Mann, der Sorge als Agenten der Komintern zuerst nach Schanghai und dann nach Tokio geschickt hatte, General Belzin, wurde während der

Säuberungsaktion von 1938 erschossen. Das gleiche Schicksal ereilte seinen Nachfolger. Wenn Sorge, wie man ihm befohlen hatte, nach der Hinrichtung Belzins nach Moskau zurückgekehrt wäre, hätte er vermutlich dasselbe Ende genommen. Er aber weigerte sich.

Der Deutsche Sorge war in den Militärapparat der Nazis mittlerweile viel zu tief eingedrungen, um bei seinen Moskauer Gönnern nicht den Verdacht aufkeimen zu lassen, dass er in Wirklichkeit ein Nazi-Agent war. Sicher ist, dass Stalin den Botschaften seines Agenten nicht glaubte. »Sicher war Sorge ein Doppelagent, aber im Grunde war er moskautreu«, erzählt mir Ishido Kiyotomo, Historiker und Spezialist für die kommunistische Bewegung in Japan.

Weniger klar ist, ob Sorge Teil eines Austauschabkommens von gefangenen Agenten war. Die Russen wissen etwas, heißt es, doch sie schweigen. »Wenn es solche Verhandlungen gegeben hätte, hätte ich sicher davon gewusst«, meint General Seizo Arisuei, zwischen 1942 und 1945 Chef der Spionageabwehr in der kaiserlichen Armee Japans. Ich habe den Neunzigjährigen in seinem mittlerweile eher bescheidenen Häuschen in Tokio ausfindig gemacht.

Offiziell wollten die Russen mit Sorge nichts zu tun haben. Als er unter der Anklage verhaftet wurde, ein Spion der Komintern zu sein, erklärte ein Sprecher der sowjetischen Botschaft in Tokio: »Es handelt sich um eine Provokation seitens der SS.« Und als zuerst Hanako Ishi und dann die Witwe Vukelic nach dem Krieg dort Hilfe suchten, warf man sie buchstäblich hinaus.

Die Legende berichtet, dass Sorge der größte Spion aller Zeiten war. So habe er Stalin einige kostbare Wochen vorher vom geplanten Angriff der Deutschen auf Russland informiert, wobei er sich im genauen Datum nur um wenige Tage geirrt habe. Er soll Moskau auch darüber in Kenntnis gesetzt haben, dass die Japaner nicht Russland, sondern Südostasien angreifen würden. Diese Nachricht habe Stalin erlaubt, wichtige Truppenkontingente von der sibirischen Front abzuziehen und sie im Westen gegen die Deutschen einzusetzen. So wurde Sorge angeblich zum »Mann, der Moskau rettete«, wie ein Buch von Robert Guillain ihn nennt.

Heute hingegen vermutet man, dass all das vielleicht nicht so ganz richtig ist. »Dass die Japaner im Süden und nicht im Norden angreifen wollten, wusste doch damals jeder«, sagt Yukio Kanasawa, ein Historiker, der an einem Buch über die japanische Nachkriegszeit schreibt. »Was Sorge Moskau da mitgeteilt hat, war keinesfalls ein Staatsgeheimnis.« Kanasawa glaubt, dass Sorge schon Monate vor seiner Verhaftung von der japanischen Polizei überwacht wurde. Die Verhaftung und Auflösung der Gruppe um Sorge wurden seiner Ansicht nach von General Tojo veranlasst, um liberale Elemente innerhalb der Regierung zu kompromittieren, die irgendwie mit Sorge Verbindung hatten. Es sei schließlich kein Zufall, dass General Tojo am Tag nach der Verhaftung Sorges Ministerpräsident wurde.

Was Sorge allerdings im Gefängnis tat, bleibt ein Geheimnis. »Ich hörte ihn den ganzen Tag auf der Maschine schreiben«, erzählt Takehiko Nakamura, ein Ultranationaler, der in den Mord an Ministerpräsident Hiranuma verwickelt war und zusammen mit Sorge im selben Gefängnis saß. »Von unseren Begegnungen auf dem Flur blieben mir jedoch nur seine tief liegenden Augen im Gedächtnis, die mit dem stechenden Blick unter dem Strohhut hervorsahen, den wir alle tragen mussten.«

Als die Amerikaner Japan einnahmen, machten sie sich sofort auf die Suche nach den Akten zum Sorge-Fall. Für sie war Sorge ein Mann, der auf Seiten der Alliierten gekämpft hatte; daher war es nur logisch, dass sie die japanischen Offiziere und Beamten festnehmen ließen, die für seine Hinrichtung verantwortlich waren.

»Doch die japanische Polizei hatte ausreichend Gelegenheit, die Akten zu fälschen«, meint der Historiker Kanasawa. »Alle Hinweise darauf, dass Sorge und seine Gruppe einen Krieg zwischen Japan und der UdSSR vermeiden und für den Frieden eintreten wollten, wurden systematisch aus den Dokumenten getilgt. Alles hingegen, was eine ›kommunistische Verschwörung‹ zu belegen schien, wurde besonders hervorgehoben.« Dabei verschwanden auch das geistige Testament Osakis und das Tagebuch, das Sorge, wie man weiß, im Gefängnis führte.

Während der amerikanischen Besatzung wurden die liberalen Beamten in der Verwaltung weitgehend durch konservative ersetzt. So wurde aus Sorge langsam der Spion der Kommunisten. Die Sorge-Akten, die man während des politischen Aufstiegs von Senator McCarthy veröffentlichte, dienten sogar der Hexenjagd auf die amerikanische Linke, weil sie den Verfolgungswahn der konservativen Politiker rechtfertigten. Der Fall Sorge schien zu beweisen, dass es eine von Moskau gelenkte Weltverschwörung gab, die nicht nur in Tokio, sondern auch in Amerika und Europa am Werk war.

Der Mythos um Richard Sorge, den »größten Spion, den es je gab«, wurde von den Japanern geschaffen, dann von den Amerikanern benutzt und nach zwanzig Jahren schließlich von den Sowjets aufgegriffen. Dort wurde gerade entstalinisiert, und Sorge, der auf seine Weise Opfer des Stalinismus geworden war, war plötzlich ein Held der UdSSR. Als Kämpfer für das Proletariat, deutschen Ursprungs, aber der Sowjetunion treu ergeben, eignete sich Sorge als perfektes Beispiel für die Solidarität innerhalb des Ostblocks, die Moskau so am Herzen lag. Es ist wohl kein Zufall, dass in der DDR sofort Kinderbücher erschienen, in denen das Leben dieses »sowjetischen« Helden als Abenteuergeschichte erzählt wird.

Was aber sämtliche Behörden und Regierungen eint, ist das lebhafte Interesse, die Wahrheit über Sorge nicht ans Licht kommen zu lassen. So hält sich die chinesische Regierung beispielsweise trotz ihrer grundlegenden ideologischen Differenzen mit der Sowjetunion genauso zurück wie diese, wenn es um Informationen über Sorge geht. Die kommunistische Partei Maos verhindert konsequent jede Art von Nachforschung über die Zeit, die Sorge in Schanghai verbrachte. »Das hat einen ganz simplen Grund«, meint Professor Ishido. »In diesen Dokumenten finden sich die Beweise, dass Sorge von den deutschen Offizieren, die die Kuomintang unterstützten, Informationen erhielt, mithilfe deren Mao Zedong sämtlichen Versuchen, ihn einzukreisen, wirkungsvoll begegnen konnte. Und die Chinesen schreiben ihre Erfolge lieber sich selbst als einem fremden Agenten zu.«

Für die Kommunistische Partei Japans, die in die Affäre Sorge mehr als nur verwickelt war, stellt die Angelegenheit bis heute ein absolutes Tabu dar. Eine exakte Rekonstruktion der Fakten würde vermutlich an den Tag bringen, dass viele Führer der Partei, ihre Gründer und ihr erster Präsident nach Kriegsende als Spione für die Komintern tätig waren. Und das wäre, auch im heutigen Japan, für die Partei eine politische Katastrophe.

Die Spuren Richard Sorges verschwinden langsam aus Tokio. Sein Haus, von dem in dem DDR-Kinderbuch *Das Haus in Azabu* die Rede ist, wurde von den Bomben der Amerikaner zerstört. Die Bierstube »Rheingold«, die nach dem Krieg als Metzgerei diente, hat vor kurzem geschlossen, weil – wie Helmut Ketel, der Neffe des Gründers, meint – »die Ausländer in Tokio keine deutsche Wurst mehr essen«. Also eröffnete man dort ein neues Ketel-Restaurant. Das alte Sugamo-Gefängnis, in dem Sorge gehängt worden war, musste einem Mietshaus mit Parkplatz weichen. In dem kleinen Garten, der davon noch übrig ist, steht nicht etwa ein Denkmal für Sorge, sondern eines für die sieben Kriegsverbrecher und Massenmörder, die dort nach einem ähnlichen Prozess wie in Nürnberg den Tod fanden. Die Inschrift auf dem Denkmal lautet: »In der Hoffnung auf ewigen Frieden.«

Auf dem Tama-Friedhof, wo viele Persönlichkeiten des japanischen Lebens ihre letzte Ruhestätte fanden, liegen die erbitterten Feinde von einst friedlich nebeneinander. Nur wenige Meter von dem Kommunisten und Pazifisten Osaki entfernt liegt General Yamashita begraben, der »Tiger von Malaysia«, der von den Alliierten in Manila als Kriegsverbrecher hingerichtet wurde. In der Nähe des Grabes von Richard Sorge liegt das von Admiral Yamamoto, der für den Angriff auf Pearl Harbor verantwortlich ist, über den Sorge Moskau ja angeblich rechtzeitig informiert hat.

Hier ruhen wirklich alle in Frieden. Nur was mit Sorge geschehen wird, ist noch nicht entschieden.

»Nach meinem Tod wird sich meine Nichte um das Grab kümmern«, versichert mir Hanako-san. »Das Problem ist nur, dass sie auch schon 58 ist.«

Im Japan von heute, in dem viele Jugendliche nicht einmal wissen, dass es einmal einen Zweiten Weltkrieg gab, ist Richard Sorge weder ein bekannter Name noch eine Geschichte. Letztes Jahr, als die von Osakis Bruder gegründete Gesellschaft mit dem Namen »Gesellschaft zum Studium der Affäre Sorge-Osaki« zur Versammlung lud, kamen aus ganz Japan gerade einmal ein Dutzend Teilnehmer. Die meisten waren älter als siebzig. Und auch dies dient den Russen mittlerweile als Argument, um Frau Hanako Ishi umzustimmen: »In Japan kümmern sich um Sorge nur noch ein paar alte Menschen. In Moskau hingegen würden ihm täglich viele hundert Blumen bringen.«

Für den Moment hat Hanako-san den Vorschlag entschieden abgelehnt, Sorges Grab in die Sowjetunion verlegen zu lassen. Als versöhnliche Geste bot sie – wie dies in Asien üblich ist – an, die Russen könnten doch einen Teil der Asche mitnehmen. Doch dies schien ihnen wohl nicht tragbar. »Entweder alles«, meinten sie, »oder gar nichts.«

Mittlerweile sind die Sowjets sogar gewillt, mit der japanischen Regierung zu verhandeln, wenn Hanako-san je ihr Einverständnis geben sollte: die Asche Sorges gegen die einiger japanischer Generäle, die während des Zweiten Weltkriegs in Sibirien gefallen sind.

Als Ausländer reagiert man etwas befremdet, wenn man bemerkt, welchen Unterschied die Japaner grundsätzlich zwischen sich und allem, was nicht japanisch ist, machen. Als ich eines Tages las, sie seien davon überzeugt, ihre Eingeweide seien länger als die anderer Völker, beschloss ich, diesem Glauben an ihre Einzigartigkeit in einem Artikel nachzugehen.

Japan im Spiegel

Tokio, Oktober 1986

Ein Diplomat und ein Banker, beide Europäer, betreten einen exklusiven Nachtklub im Ginza-Viertel. Sobald sie sich niedergelassen haben, bemerkt ein elegant gekleideter Japaner am Nebentisch zu seinem Gourmand-Freund: »Hier stinkt es. Heute Abend stinkt es.« Die beiden Europäer tun, als hätten sie nichts gehört, und bestellen Whisky. Der japanische Herr wiederholt immer und immer wieder: »Hier stinkt es!« Am Ende lässt er den beiden durch eine Hostess eine Nachricht zukommen: »... und passt auf, denn am Ende werdet ihr die Rechnung nicht bezahlen können!« Und tatsächlich haben die beiden damit Schwierigkeiten. Die beiden Whiskys kosten zusammen umgerechnet 500 Euro.

Der neue Reichtum hat die Japaner arrogant gemacht, und diese Arroganz hat auch ihrer traditionellen Abneigung gegen die *gai jin,* die »von außerhalb«, neuen Auftrieb gegeben. »Stört es Sie, neben einem *gai jin* zu sitzen?«, fragt die Stewardess der Japan Airlines manchmal, wenn sie die Passagiere der ersten Klasse an ihren Platz führt. Vor einiger Zeit veröffentlichte die japanische Presse den Brief eines Ausländers. Dieser berichtete, wie sich auf einer Flugreise mit seinem japanischen Kollegen der Chefsteward ununterbrochen bei diesem entschuldigte, weil er so nahe bei einem *gai jin* sitzen müsse.

Einige Diskotheken im Roppongi-Viertel sind für Ausländer einfach geschlossen. »Die *gai jin* sind einfach zu laut«, ist der beliebteste Vorwand. Im Shinjuku-Viertel steht über dem Eingang der Oban-Sauna: »Ausländer werden gebeten, draußen zu bleiben.« Heute gelten die *gai jin* als Aidsüberträger.

Die Japaner sind Inselbewohner. Das Meer trennt sie vom Rest der Welt, und über 200 Jahre lang (1638–1853) verzichteten sie aus eigenem Entschluss auf jeden Kontakt mit dem Ausland. Die Außenbeziehungen Japans sind also traditionell eher problematisch. Aus dem Dilemma des Gefühls ihrer Unterlegenheit einerseits und der Vorstellung einer absoluten Überlegenheit andererseits haben die Japaner einen Ausweg gefunden: Sie glauben fest daran, von anderen Völkern vollkommen verschieden zu sein, sodass niemand sie letztlich begreife. »Ich wünsche Ihnen einen schönen Aufenthalt in Japan, auch wenn ich Sie darauf hinweisen muss, dass Sie Japan niemals verstehen werden.« Mit diesem Satz begrüßt Jahr für Jahr ein Professor der Universität Kioto die neu ankommenden ausländischen Studenten.

The Road to Sata heißt ein wunderschönes Buch, das der junge Engländer Alan Booth über seine 3000 Kilometer lange Wanderung durch Japan geschrieben hat. Am Ende berichtet er über ein typisches Gespräch zwischen ihm und einem alten Herrn auf Hokkaido. Nachdem der Japaner ihm erklärt hatte, dass es ihm gar nichts bringen würde, durch Japan zu reisen und mit den Menschen zu sprechen, auch wenn er die Sprache beherrsche, fragte Booth ihn, was er denn dann tun solle. »Nichts«, lautete die Antwort. »Ihr Ausländer werdet Japan nie verstehen.«

Es gibt Stimmen, die behaupten, früher seien sich die Japaner ihres »Japanisch-Seins« nicht so bewusst gewesen. »Anders als ihr im Westen waren wir nie mit anderen Völkern konfrontiert. Wir haben nie internationale Kriege geführt, sondern nur innere Kämpfe ausgetragen«, behauptet Shichihei Yamamoto, ein Historiker, der einen kleinen Verlag in Tokio besitzt. »Eines der wichtigsten Ereignisse in der Geschichte Japans war eine Schlacht, die nur vier Stunden dauerte.«

Erst in der Mitte des 19. Jahrhunderts, als Japan gezwungen wurde, die eigenen Grenzen zu öffnen, lernte das Land, mit dem Westen zu wetteifern und seine eigene Stellung zu definieren. Erst seit dieser Zeit fragen die Japaner sich, wer sie sind. Die Idee von der Einheit Japans jedenfalls haben sie von den Ausländern übernommen. Der Jesuitenpater Francesco Saverio, der 1549 im Süden Japans landete, schrieb in seinem Tagebuch: »Die Menschen, die wir hier vorgefunden haben, sind wohl zu den besten zu zählen ... mir scheint, dass wir kein anderes Volk mehr finden werden, das den Japanern das Wasser reichen kann.« Von diesem Zeitpunkt an prägten Staunen und Bewunderung ob der Andersartigkeit der Japaner die westliche Wahrnehmung dieses Landes und seiner Bewohner. Und die Japaner profitierten davon.

Seit etwa zehn Jahren gibt es eine neue Disziplin, mit der sich die Japaner beschäftigen: *nihonjin ron*, die »Theorie über den japanischen Nationalcharakter«. Dutzende von Expertenrunden, Fernsehprogrammen und Zeitungsartikeln drehen sich ausschließlich um das Thema »Japan«. Die Bücher, die dem Japaner das Wesen des Japaners erklären, gehen in die Tausende. Nicht wenige von ihnen sind zu Bestsellern geworden. Eines, das die Japaner mit den Juden vergleicht, hat sich in einem Jahr mehr als eine Million Mal verkauft. Jeder Aspekt des japanischen Daseins wird ausführlich diskutiert: vom »japanischen Denken« bis hin zum »japanischen Lächeln«. Und erst kürzlich erschien in den Buchhandlungen des Landes ein Band mit dem Titel *Die japanische Nase*.

»Das japanische Nationalgefühl ist die eigentliche Religion Japans geworden«, meint Professor Yamamoto. »Die Japaner selbst sind ihre Götter.« Ob dies nicht bereits von Anfang an so gewesen sei? Denn der Shintoismus ist die ursprüngliche Religion der Japaner, und ich war immer schon beeindruckt von der Tatsache, dass sich im Allerheiligsten eines shintoistischen Schreins, im »Tabernakel« des Hauptaltars sozusagen, keine Gottesdarstellung oder ein entsprechendes Symbol findet, sondern einfach ein Spiegel. So als seien die wahren Götter die Japaner selbst, die sich darin widerspiegeln.

Ein Mitglied der medizinischen Fakultät der Universität Tokio hat vor kurzem ein Buch publiziert, das sich einen durchaus wissenschaftlichen Anstrich gibt: *Das japanische Gehirn: seine Einzigartigkeit und Allgemeingültigkeit*. Mit Diagrammen und farbigen Computergrafiken versucht Doktor Tadanobu Tsunoda zu beweisen, dass der Kopf des Japaners anders funktioniert als der anderer Völkerschaften. Seiner Theorie zufolge sind die Japaner so japanisch, weil sie Japanisch sprechen. Da die japanische Sprache viel vokalreicher ist als andere Sprachen (»Ooo oooo oo ooo« zum Beispiel bedeutet: »Der mutige König versteckt seinen Zopf, wenn er ausgeht«), entwickle das Gehirn der Japaner sich schneller als das anderer Menschen, weil es sehr früh und lange diesen Vokalfolgen ausgesetzt sei. In zwanzig Jahren intensiver Forschungsarbeit will Tsunoda auch herausgefunden haben, dass Japaner Vokale in der linken Gehirnhälfte generieren, während sie bei anderen Völkern in der rechten entstehen. Will man Tsunoda glauben, so erklärt dies, weshalb die Japaner eine wesentlich stärker entwickelte linke Gehirnhälfte haben als die *gai jin*.

Das Einzige, was an diesem Buch wirklich überrascht, ist die Tatsache, dass es sich, obwohl es nur für einen kleinen Kreis von Wissenschaftlern gedacht war, zum Nationalbestseller entwickelt hat. Könnte dies vielleicht daran liegen, dass die Japaner den unbewussten, aber weit verbreiteten Wunsch verspüren, irgendetwas zu haben, was andere nicht haben? Die von Doktor Tsunoda durchgeführten Tests zeigen zum Beispiel, dass Japaner »extrem sensible Menschen sind, die sich beim Zirpen von Grillen oder anderer Insekten erholen und entspannen«. Die Menschen im Westen hingegen stünden diesen Klängen völlig verständnislos gegenüber. »Für einen *gai jin* unterscheiden sich diese zarten Töne in nichts vom Rauschen einer Klimaanlage oder vom Rumpeln eines Karrens«, schreibt Doktor Tsunoda. Und die Japaner freuen sich darüber.

Die Vorstellung, dass nur Japaner auf Naturverbundenheit Wert legen, ist ziemlich weit verbreitet. Sogar Ministerpräsident Nakasone ist davon zutiefst überzeugt. Als er im April dieses Jahres vor tausend Gästen sprach, die zur Kirschbaumblüte in die kaiserlichen Gärten in Shinjuku geladen worden waren, erzählte er, dass er kürzlich auf einer Europareise vor einigen Fenstern tatsächlich Geranien gesehen habe. Trotzdem seien die Japaner das einzige Volk, das diesen Blütenreigen zu würdigen wisse.

Diese Vorstellung von ihrer Einzigartigkeit wissen die Japaner im Übrigen recht geschickt zu nutzen. Bei Konferenzen und Besprechungen werden sie nicht müde zu behaupten, »japanisch« handeln zu müssen, ein Vorwand, um eine Leistung nicht mit einer entsprechenden Gegenleistung vergelten zu müssen. So ist Japan beispielsweise die einzige Nation der Welt, die ein medizinisches Examen nicht anerkennt, wenn es im Ausland abgelegt wurde, wenn also die medizinischen Kenntnisse an ausländischen Patienten erworben wurden. Obwohl seit einigen Jahren ausgewählte ausländische Arzneimittel auch in Japan verkauft werden dürfen ... aber nur, wenn die Ausländer, an denen sie getestet wurden, in Japan leben! Das MITI, das Ministerium für Industrie und internationalen Handel, gab bei einem japanischen Professor ein Gutachten in Auftrag. Dieses Gutachten bewies, dass der japanische Schnee anders ist als der europäische, weshalb in Japan nur japanische Skier funktionieren würden. Importskier würden keine ausreichende Sicherheit gewährleisten.

Mit der Idee von der eigenen Einzigartigkeit kompensiert der Japaner all seine Minderwertigkeitskomplexe. Denn mögen die Japaner auch glauben, *gai jin* würden stinken (der exakte Begriff lässt sich übersetzen mit: »Sie riechen nach Butter«), so ist ihr Schönheitsideal doch durch und durch westlich geprägt. In der Mode tauchen beispielsweise fast nur noch westliche Models auf. Die Japaner finden sich nicht schön. So schrieb Anfang des 20. Jahrhunderts der Autor Soseki Natsume während seines London-Aufenthalts in sein Tagebuch, wie schrecklich es doch sei, sich so klein, hässlich und bleich zu fühlen angesichts dieser Europäer. Zwei Jahre später verließ er England tief deprimiert.

Außerhalb ihres Landes fühlen die Japaner sich nämlich ungeschickt und dumm. Aus diesem Grund hat jede große Firma eine spezielle Abteilung, in der die Angestellten, die ins Ausland müssen, lernen, wie sie sich dort im Flugzeug, im Restaurant und im Hotel zu benehmen haben. Die Kurse dauern gewöhnlich mehrere Wochen.

Ichiro Kawasaki, der seinem Land als Botschafter in Buenos Aires und Warschau gedient hat, schreibt in seinem Buch *Japan Unmasked:* »Von all den Völkern der Welt sind die Japaner körperlich am unattraktivsten – ausgenommen die Pygmäen und die Hottentotten.« Seine Ehrlichkeit hat ihn schließlich seine Stellung gekostet.

Die Idee von der japanischen Einzigartigkeit entstand gegen Ende des 19. Jahrhunderts, in der Meiji-Epoche also, als Tausende von Ausländern plötzlich nach Japan kamen, um die Japaner in Technik und Wissenschaften des Westens zu unterrichten. Das Theoriegebäude war Ausfluss des Wunsches, sich gegen den übermächtigen Einfluss der *gai jin* zu verteidigen. Dass solche Gedanken nun von neuem auftauchen, etwa vierzig Jahre nach der Niederlage Japans im Zweiten Weltkrieg, und auch noch massiven Zuspruch finden, gibt vielen Intellektuellen Anlass zur Sorge. Derartiges Gedankengut hat den Nährboden für den ultrarechten Nationalismus und Chauvinismus der dreißiger Jahre des 20. Jahrhunderts bereitet. Und heute? Wo wird diese Doktrin uns dieses Mal hinführen? »Wenn wir die Einzigartigkeit Japans zu sehr betonen«, heißt es in einem Leitartikel der Tageszeitung *Nihon Keisai Shimbun,* »erwecken wir die Intoleranz zum Leben, die in uns seit Ewigkeiten lauert.« Von der Einzigartigkeit zum Herrenmenschentum ist es nur ein kleiner Schritt.

Und der Grund für so viel Überheblichkeit? Den erläutert uns Ministerpräsident Nakasone: »Die japanische Rasse ist etwas Besonderes, weil sie seit den Zeiten der Sonnenkönigin Amaterasu rein geblieben ist wie der reinste Sake, der nur aus Reis gemacht wird.« Und vor zwei Jahren hat er seine Theorie in Hiroshima wiederholt: »Wir haben deshalb so viel erreicht, weil unsere Rasse sich seit 2000 Jahren nicht mit fremden Rassen vermischt hat.«

Diese »rassische Einheit« wird häufig ins Feld geführt, um die unglaublichen wirtschaftlichen Erfolge des modernen Japan zu erklären. Und wenn ein unbedarfter Ausländer wissen will, weshalb die Kriminalitätsrate in Japan so viel niedriger liegt als im Westen, erhält er von den Behörden zur Antwort: »Weil wir eine homogenere Rasse sind.« Die Japaner gehen davon aus, dass der Niedergang der amerikanischen Automobilindustrie einsetzte, als erstmals schwarze Arbeiter an den Fließbändern Detroits beschäftigt wurden.

Die Vorurteile der Japaner gegen einen Ausländer verstärken sich sogar, wenn dieser *gai jin* auch noch farbig ist. So mussten die Kinder einer japanischen Schulklasse, die eine lebhafte Brieffreundschaft mit einer amerikanischen Klasse begonnen hatten, diese auf Befehl der Schulleitung einstellen, weil sie entdeckt hatte, dass die Kinder in der amerikanischen Klasse schwarz waren.

Die Ansicht, dass Minderheiten den Fortschritt im Land hemmen, ist ziemlich verbreitet. Auch hier mag wieder eine Äußerung Nakasones als Beleg herhalten, der am 22. September 1986 vor einer Versammlung der Jugendorganisation seiner Liberaldemokratischen Partei erklärte, die Japaner seien intelligenter als die Amerikaner, weil in Amerika der durchschnittliche Intelligenzquotient von den Minderheiten wie Schwarzen, Puertorikanern und Mexikanern gedrückt würde. Diskriminierung gilt, so muss man wohl anmerken, in Japan nicht grundsätzlich als negativ. Schließlich wird sie auch heute noch im Innern der japanischen Gesellschaft praktiziert.

So werden die 700 000 Koreaner, die hier vor mehr als 300 Jahren eingewandert sind, und diejenigen, die man Anfang des 20. Jahrhunderts als Zwangsarbeiter nach Japan verschleppt hat, heute noch als Ausländer und Menschen zweiter Klasse betrachtet. Die etwa zwei Millionen *burakumin,* die »Unberührbaren« früherer Zeiten, sind auch heute noch eine verachtete Minderheit. Nach 1975, als die Region von Flüchtlingen aus Vietnam und Kambodscha überschwemmt wurde, nahm Japan widerwillig gerade mal einige tausend auf. Die Flüchtlinge aus Indochina – so ließ Tokio damals verlautbaren – wären niemals in der Lage, sich der homogenen japanischen Gesellschaft anzupassen.

In Wirklichkeit sind die Japaner gar kein homogenes Volk. Man muss nur einmal offenen Auges durch die Straßen von Tokio gehen, um Japaner zu treffen, die etwas Mongolisches haben oder mehr dem philippinischen Typus zuneigen. Doch dies hält sie nicht davon ab, den Mythos von der Einheit der Rasse hochzuhalten. Dafür opfern sie im Notfall auch ein paar historische Wahrheiten. So wurden im letzten Jahr die archäologischen Grabungen in einem Kaisergrab nahe Osaka aufgegeben. Die offizielle Begründung lautete, dass durch den Zustrom von Frischluft die dem Grab beigegebenen Kunstgegenstände zerstört würden. Der wahre Grund, den allerdings niemand je eingestehen wird, dürfte jedoch die Befürchtung sein, dass die Funde einen seit langem gehegten Verdacht bestätigen würden: dass nämlich die Vorfahren der kaiserlichen Familie nicht von »rein« japanischem Blut, sondern koreanischer Abstammung seien. Dem Mythos zufolge stammt die Kaiserfamilie direkt von der Sonnengöttin Amaterasu ab. Und obwohl der Kaiser 1946 gezwungen wurde, seine »menschliche« Herkunft einzugestehen, liest man heute wieder in Schulbüchern, dass die Japaner Kinder der Götter seien.

Während des Zweiten Weltkriegs erhielt die Lehre von der »Reinheit der Rasse« naturgemäß erheblichen Auftrieb. Die nationale Propagandamaschinerie wurde nicht müde zu betonen, dass die Japaner sich aufgrund ihrer Einzigartigkeit und Reinheit von allen anderen Völkern unterschieden. Folglich kam ihnen, der »göttlichen Rasse«, auch das Recht und die Pflicht zu, die unterlegenen Völker zu beherrschen. Nachdem General Yamashita 1941 die Engländer besiegt und Singapur eingenommen hatte, wiederholte man in Tokio immer wieder zufrieden seinen berühmt gewordenen Ausspruch: »Wie der weiße Wissenschaftler Darwin selbst lehrt, stammen die Weißen von den Affen ab. Wir Japaner hingegen sind Nachfahren der Götter. Und wer diesen Krieg zwischen Affen und Göttern gewinnen wird, ist wohl ziemlich klar!«

Für die Generation der Japaner mittleren Alters wie zum Beispiel Nakasone ist die Propaganda von der »reinen Rasse« immer noch sehr lebendig. Ähnliches gilt für die Vorstellung, dass andere Völker, vor allem im asiatischen Raum, den Japanern unterlegen seien. Aus diesem Grund haben Menschen aus Südostasien solche Probleme, in Tokio eine Wohnung zu finden. Und Medizinstudenten aus Malaysia, Indonesien oder den Philippinen dürfen ihre medizinischen Praktika nicht an japanischen Patienten ableisten.

Als Nakasone seine Auslassungen über die Intelligenz der Japaner bzw. der Amerikaner, die von den Schwarzen auf ein niedriges Niveau herabgezogen würde, machte, war auch eine Gruppe japanischer Journalisten zugegen. Doch keiner schrieb diese Worte mit, weil sie keinem einer besonderen Erwähnung wert schienen. Nakasone sagte ja nur, was alle dachten. Erst als die Zeitschrift der Kommunistischen Partei *Akahata* (Rote Fahne) die Rede veröffentlichte und die amerikanische Presse sie nachdruckte, brach der Skandal los, und Nakasone musste sich rundherum entschuldigen.

Kurz zuvor hatte der Erziehungsminister Fujio verkündet, Japan müsse sich seiner Rolle im Zweiten Weltkrieg nicht mehr schämen. In anderen Worten: Japan habe es satt, auf seine Niederlage hingewiesen zu werden und überall den Sündenbock zu spielen, wie es das in den letzten vierzig Jahren getan habe.

Heute ist Japan der größte Kreditgeber der Welt. Es ist das Land mit dem höchsten Pro-Kopf-Einkommen. Das Land, das viele im Westen als beispielhaft bezeichnen. Das Land, das Großbritannien und die USA in puncto Auslandsvermögen bald überrunden wird. Doch politisch bleibt dieser wirtschaftliche Riese ein Zwerg, ein Schuljunge, der immer Gefahr läuft, von einem Lehrer ausgeschimpft zu werden. Wenn sein Ministerpräsident der für das Vaterland Gefallenen am Yasukuni-Schrein gedenkt, protestiert Peking. Wenn es in seinen Schulbüchern eine völlig eigene Version des Zweiten Weltkriegs druckt, dann empört sich das ganze restliche Asien. Verständlich, dass die Japaner es satthaben, wie die Parias der internationalen Staatengemeinschaft behandelt zu werden.

Und so hat Minister Fujio sich beeilt, seinen Standpunkt klar zu machen. Unmittelbar nach seinem Amtsantritt ließ er verlautbaren:

- Die angeblichen »Massaker« der japanischen Truppen in Asien seien keine Massaker, denn »im Krieg töten ist kein Verbrechen«.
- Der Kriegsverbrecherprozess von Tokio, bei dem wie in Nürnberg acht führende Persönlichkeiten des alten Regimes verurteilt und später hingerichtet wurden, sei ein »willkürlicher Prozess der Sieger gegen den Besiegten« gewesen.
- Die Atombomben, die Amerika auf Hiroshima und Nagasaki warf und die Hunderttausende von Opfer forderten, seien ethisch noch weit weniger zu rechtfertigen als die Massaker und Militäroperationen der Japaner im restlichen Asien.

Nach dieser Rede sah sich Ministerpräsident Nakasone gezwungen, seinem Erziehungsminister den Rücktritt nahezulegen. Als dieser aber das Ministerium verließ, standen an den Fenstern Hunderte von Angestellten und klatschten ihm Beifall.

Es ist verständlich, dass Japan in den Augen der Welt einen Rang einnehmen möchte, der seinem neu gewonnenen Reichtum entspricht. »Im 19. Jahrhundert setzte Großbritannien sich an die Spitze der Weltwirtschaftsordnung. Im 20. Jahrhundert taten die Amerikaner dasselbe. Es wird Zeit, dass Japan nun die Weltwirtschaft seinen Interessen entsprechend prägt«, schrieb kürzlich ein Wirtschaftswissenschaftler des Nomura-Instituts für wirtschaftliche Studien in Tokio. Die Japaner bereiten sich darauf vor, diese globale Vorreiterrolle zu übernehmen. Und weil sowohl Großbritannien als auch die USA die Welt nicht nur wirtschaftlich, sondern ebenso kulturell beeinflusst haben, fragen die Japaner sich jetzt schon, welche geistigen Werte sie der Welt neben ihrer starken Währung schenken können.

Im siebten Stock des Erziehungsministeriums bildet eine kleine Gruppe ausgewählter Wissenschaftler unter der Leitung von Professor Takeshi Umehara das Internationale Institut für Japanstudien, das Nakasone sich so sehr gewünscht hatte. Es wird seinen Sitz in Kioto haben, etwa sechzig Wissenschaftler aus den unterschiedlichsten Disziplinen beschäftigen und über ein Budget von einer Milliarde Yen verfügen. »Unsere Aufgabe wird es sein, die besonderen Merkmale der japanischen Kultur herauszuarbeiten, um sie an den Rest der Welt weitergeben zu können«, meint Professor Umehara, der sich freut, mir seine Theorien und Erwartungen darlegen zu können. Da er sieht, dass ich Italiener bin, sagt er: »In Zukunft werden die Menschen unseren Dichter Basho ebenso zitieren können, wie wir dies heute mit dem italienischen Dichter Dante tun.«

Vor allem in den umliegenden Ländern, wo Japan nur sehr wenige Freunde besitzt, sorgt man sich über dieses Aufkommen der »neuen Arroganz Japans«, wie es die Tageszeitung *Asahi* formulierte.

Für andere ist das neue Selbstbewusstsein Japans längst vollendete Tatsache. So schreibt Jared Taylor in seinem neuen Buch *Shadows of the Rising Sun: a Critical View of the Japanese Miracle* (Die Schatten der Aufgehenden Sonne: ein kritischer Blick auf das japanische Wirtschaftswunder): »Seitdem die Japaner sich die Pfauenfedern wieder angesteckt haben, wird der Umgang mit ihnen immer unangenehmer.«

Japan mit all seinen Problemen war für einen Journalisten eine dauernde Herausforderung, vor allem auf gedanklicher Ebene. Ich las viel, traf mich mit den unterschiedlichsten Menschen, sprach mit Experten. Was mir ein wenig fehlte, war das Abenteuer, eine Herausforderung, die mich zwang, an meine Grenzen zu gehen. Als daher auf der Insel Oshima der Vulkan ausbrach, die Bewohner evakuiert werden mussten und das Betreten der Insel verboten wurde, machte ich mich auf den Weg.

Die Stimme des heiligen Feuers

Oshima, Dezember 1986

Der Erdboden ist schwarz und in Aufruhr. Er dampft, gurgelt und zischt. Aus der Tiefe des immensen Kraters dringt von Zeit zu Zeit eine gewaltige, düstere Stimme wie das Geräusch von tausend Zügen, die durch einen Tunnel donnern. Dort unten spielt eine ungeheure Kraft mit Felsbrocken; erhitzt sie, bis sie flüssig geworden sind, und speit den glühenden Brei dann in die Luft.

Direkt am Kraterrand des Mihara-Vulkans auf der Insel Oshima, 120 Kilometer von Tokio entfernt, beruhigt mich weder der strahlend blaue Himmel über mir noch der Anblick des Fuji, der sich heiter und gelassen am Horizont erhebt. Hier beschleicht mich das deutliche Gefühl meiner eigenen Ahnungslosigkeit. Angst keimt in mir auf, dass die Welt um mich herum, die so ruhig und schön wirkt, jeden Moment mit einem simplen »Bang!« in die Luft fliegen könnte. Und ich mit ihr.

Mit diesem Gefühl werden die Japaner geboren. Mit ihm verbringen sie ihr ganzes Leben.

Japan ist eines der gefährdetsten Länder der Welt. 144 Vulkane verteilen sich über die Inselgruppe, 78 davon sind noch aktiv. Dazu kommen die noch nicht entdeckten Vulkane auf dem Meeresgrund, die ständig neue Inseln formen oder andere verschlingen, was häufig geschieht. Der japanische Archipel liegt an einem Punkt, an dem zwei Platten der Erdkruste sich übereinanderschieben. Die eine schiebt sich nach Norden vor, die andere nach Süden. Zwischen den beiden Platten liegt einer der größten Magmagräben der Erdkugel. »Wir treiben buchstäblich auf einem Flammenmeer«, hieß es erst kürzlich im Leitartikel der Tageszeitung *Mainichi*.

Erdbeben und Vulkanausbrüche sind an der Tagesordnung. Japan erlebt mindestens tausend Erdbeben pro Jahr. Bei einem Seebeben stürzt sich eine *tsunami* auf die Küsten des Landes, eine einzige gigantische Flutwelle von bis zu 20 Meter Höhe. Der *tsunami* vor sechs Jahren verschlang auf einen Schlag 104 Menschen, darunter eine Schweizerin. Dazu kommen noch etwa drei bis vier Taifune pro Jahr.

Im Lauf der Jahrhunderte haben die japanischen Kinder, wie es heißt, vier Dinge zu fürchten gelernt: Erdbeben, Donner, Feuer und den Vater – in dieser Reihenfolge. Daran hat sich nichts geändert. Sie jagen den Japanern noch heute Angst ein. Und weder Wissenschaft noch Technik können daran viel ändern. Sie können höchstens die Häufigkeit der Naturkatastrophen statistisch berechnen. Tokio zum Beispiel wird alle sechzig Jahre von einem schrecklichen Erdbeben verwüstet. Da das letzte sich 1923 ereignete, hat das nächste – statistisch gesehen – schon drei Jahre Verspätung. Alle Voraussagen stimmen darin überein, dass diesem Erdbeben ein Vulkanausbruch vorausgehen wird. Als daher am 21. November der Mihara auf Oshima plötzlich zum Leben erwachte und Lavaströme auszuspucken begann, deren Funkenwurf bis zur Küste zu sehen war, lief auf allen Fernsehkanälen des Landes ein Nachrichtenband durch, auf dem zu lesen war: »Keine Angst! Dies ist nicht der Beginn des erwarteten großen Bebens!« Zwei Tage später allerdings, als außerdem noch der Sakurajima im Süden und der Kikurachki im Norden ausbrachen, glaubten viele Japaner endgültig an das nahe Ende.

Die Insel Oshima, ein Landstrich, der vor Jahrhunderten von einem submarinen Vulkan ausgespuckt wurde, liegt im Westen Tokios vor der Halbinsel Izu. Den Geologen zufolge entstand der 758 Meter hohe Mihara bei einem zweiten submarinen Vulkanausbruch.

In den dreißiger Jahren war der Mihara ein beliebtes Ziel für Selbstmörder. Das begann 1933, als eine junge Literaturstudentin sich in den brodelnden Krater stürzte und nur ein Gedicht für eine Freundin zurückließ. Nach ihr gingen auf diese Weise mindestens drei Menschen täglich »ins Feuer«, meist junge Leute. Nach Kriegsende hingegen begannen die Selbstmordkandidaten verstärkt, ins Wasser zu gehen. Sie stürzen sich meist vom Nishikigakura-Felsen auf der Halbinsel Izu.

Für die Einwohner von Oshima ist der Mihara die einzige touristische Attraktion, mit der sie aufwarten können. Also errichteten sie auf dem heiligen Berg einen Tempel und platzierten im Gedenken an die vielen Selbstmordopfer eine Reihe kleiner Buddhafiguren an der Straße, die zum Gipfel führt. Das einzige Monument, das am zentralen Platz von Motomachi steht, der kleinen Distrikthauptstadt, in der die aus Tokio kommenden Fährschiffe anlegen, ist ein gigantischer, drei Meter hoher Lavabrocken. Er wurde 1777 beim bislang letzten Ausbruch aus dem Krater geschleudert. Ein paar Werbezettel in den Telefonzellen fordern den Besucher auf, die Nummer 04992-23700 zu wählen und der authentischen »Stimme des heiligen Feuers« zu lauschen.

Zuletzt machte der Mihara sich 1974 bemerkbar. Danach schwieg der Vulkan, und die Touristen blieben aus. Für die Ausflügler war es interessanter, auf der Halbinsel Izu zu bleiben, wo sie im Atakagawa-Park die 400 Krokodile besichtigen können, die man zu diesem Zweck aus Südostasien importiert hat. Oder in den Hügeln von Hirosaki die »Stimme des Dschungels« zu genießen, wo eine Privatfirma unter einem riesigen Plastikzelt eine tropische Landschaft eingerichtet hat. Drinnen hat man wirklich den Eindruck, im Dschungel zu sein. Schimpansen schnattern, Elefanten trompeten – aus geschickt im Laub der Bäume versteckten Lautsprechern.

Daher reagierten die meisten Einwohner von Oshima erst einmal erfreut, als der Mihara sich am 15. November wieder zu Wort meldete: Die »Stimme des heiligen Feuers« würde ihnen eine Menge Touristen bringen. Doch ihre Freude dauerte nicht lange an. Am

Nachmittag des 21. November stiegen gewaltige Feuersäulen in den Himmel, und der Lavastrom wälzte sich direkt auf Motomachi zu. Beim 195. Erdstoß entschied der Gouverneur von Tokio, zu dessen Bezirk auch Oshima gehört, die Insel zu evakuieren. Innerhalb weniger Stunden liefen 39 Kriegs- und Handelsschiffe im Hafen ein, am nächsten Morgen befanden sich die 10 580 Einwohner von Oshima inklusive einiger Touristen bereits in einem Lager in Tokio. Das einzige Opfer war ein alter Mann, der einem Herzinfarkt erlag. Eine Aktion ohne Fehl und Tadel.

Auf der verlassenen Insel wurde der Notstand ausgerufen. Niemand darf sich ihr nähern. Zwei Kriegsschiffe schirmen sie ab, Militärhubschrauber und Polizei kontrollieren die Felder und die verlassenen Dörfer. Elektronisch gesteuerte Kameras überwachen den Krater. Die wenigen Japaner, die sich rechtmäßig dort aufhalten, sehen aus wie Krieger auf einem Schlachtfeld. Jeder trägt Uniform: Die 72 städtischen Beamten aus Tokio sind in Grau, die 349 Feuerwehrleute in Schwarz, die 149 Polizisten, die das Feld beherrschen, in Dunkelblau. Die Wissenschaftler tragen eine gelbe Armbinde, auf der der Name ihrer Universität steht. Alle tragen zum Schutz einen weißen Helm. An der Mole sind drei Passagierschiffe verankert, die den Polizisten und Beamten als Hotel und Restaurant dienen. Sollte der Vulkan noch einmal ausbrechen, werden diese Schiffe die Männer in Sicherheit bringen.

Ich kam mit einem japanischen Freund und ein bisschen Glück hierher. Wir hatten unter dem Vorwand, fischen zu wollen, ein Boot gemietet. Als es dunkel wurde, legten wir ein wenig außerhalb des Hafens an. Von nun an konnten wir überallhin. Niemand hielt uns auf und fragte nach unserer Erlaubnis.

Was sich vor unseren Augen ausbreitet, scheint weniger die Folge eines Vulkanausbruchs als einer Neutronenbombe zu sein, einer Art Wind, der die Menschen davongeweht hat. Der Vulkan hat bislang keine Schäden angerichtet. Motomachi steht unverändert da. Die Häuser sind leer, die Türen stehen offen, aber Licht, Wasser und Telefon funktionieren ohne Probleme. Sobald die Sonne im Meer versinkt, gehen automatisch die Neonreklamen über Geschäften und Restaurants an. Die Straßenbeleuchtung schaltet sich ein. Und die Ampeln gehen wie eh und je, sodass die Polizeiwagen an jeder Kreuzung anhalten müssen, wenn es Rot wird. Überall traben Hunde und Katzen herum, welche die Evakuierten zurücklassen mussten. Schlecht geht es den Tieren nicht. Eine der Aufgaben der Polizei ist es, Säcke mit Futter für die verlassenen Tiere zu verteilen. Dem Anschein nach zu urteilen, werden sie eher noch fetter.

Mittlerweile sind drei Wochen vergangen, doch die Einwohner von Oshima haben immer noch keine Erlaubnis erhalten, in ihre Häuser zurückzukehren. War die Evakuierung denn überhaupt gerechtfertigt? Vielleicht nicht. »Die Einwohner der Insel waren nicht gefährdet«, behauptet der berühmte, französische Vulkanologe Renaud Vie-le-Sage, der extra nach Japan kam, um den Mihara in Aktion zu sehen.

Doch für Shunichi Suzuki, den Gouverneur von Tokio, ging es um etwas ganz anderes. Er musste zeigen, dass er mit einem kleinen Notfall wie diesem leicht fertig wird, um den zwölf Millionen Einwohnern Tokios zu beweisen, dass er auch mit der großen Katastrophe fertig werden würde, die der Hauptstadt droht. Einige wenige Opfer in Oshima, und er hätte seine Popularität eingebüßt (im April stehen Wahlen an) sowie die Hauptstadt in Angst und Schrecken versetzt. Indem er alle evakuierte, ging er keinerlei Risiko ein. Aus genau demselben Grund verweigert er den Menschen jetzt die Rückkehr.

Die Wissenschaftler wollten nämlich keinerlei Garantie geben. »Dass der Mihara ausbrechen würde, war vorhersehbar, nicht aber, mit welcher Intensität«, meint Professor Kentaro Tazawa, der seit 32 Jahren das meteorologische Forschungsinstitut auf Oshima leitet. In den letzten tausend Jahren brach der Mihara durchschnittlich alle 145 Jahre aus. Seit seinem letzten Ausbruch waren aber bereits 206 Jahre vergangen.

Tokio jedenfalls verfolgte die Ereignisse auf Oshima mit angehaltenem Atem. Das Fernsehen brachte stündlich Berichte über den

Stand der Dinge, und die großen Zeitungen schickten täglich einen mit Journalisten besetzten Hubschrauber auf die Insel, die über den brodelnden Krater berichten sollten. Kanal 4 schickte sogar mit behördlicher Genehmigung eine Rettungsmannschaft auf die Insel, die den zurückgelassenen Hund der Eltern eines bekannten Filmstars in Sicherheit bringen sollte.

Die Japaner jedenfalls sind sicher, dass Tokio demnächst Opfer eines schrecklichen Erdbebens werden wird. Das sagen die Wissenschaftler, und sie werden darin bestätigt von einer wahren Flut an Weltuntergangsliteratur, die immer stärker in Mode kommt. Ein Buch, das erst vor wenigen Jahren erschien, lässt das gewaltige Erdbeben mit dem Ausbruch des Fujiyama beginnen, dem Symbol Japans schlechthin. Der Autor ist Wissenschaftler am Staatlichen Institut zur Vorhersage von Naturkatastrophen. Sein Buch entwickelte sich innerhalb kürzester Zeit zum Bestseller.

»Ein Ausbruch des Fuji wird immer wahrscheinlicher. In letzter Zeit haben wir verschiedene Beben direkt unterhalb seines Gipfels gemessen«, erklärt Professor Toshi Asada, Kopf einer Gruppe von sechs Wissenschaftlern, welche die Regierung beraten sollen, falls in Tokio tatsächlich der Notstand ausgerufen werden müsste. »Doch die größte Gefahr geht keineswegs vom Fuji aus.« So ist Professor Asada zwar wie so viele davon überzeugt, dass das Erdbeben kommen wird, doch was ihm am meisten Angst macht, ist die Frage, wie die Bevölkerung auf die ersten Stöße reagieren wird. Jüngere Studien zeigen, dass die Menschen bereits bei einem Beben der Stärke 5 auf der Richter-Skala unkontrollierte Reaktionen zeigen. Bei Stärke 6 aber handelt niemand mehr rational.

Auch beim großen Erdbeben von 1923, das sich wie ein Albtraum ins kollektive Gedächtnis Japans gefressen hat, ging die große Zahl der Opfer hauptsächlich auf das Konto der in der Folge ausgebrochenen Panik. Es begann kurz vor Mittag. Die Leute liefen auf die Straße, ohne den Herd auszuschalten, auf dem sie gerade das Mittagessen zubereiteten. Folglich brachen mehr als 10 000 Brände aus, die meisten Menschen konnten sich aus den brennenden Häusern nicht retten, und so kamen 140 000 Personen in den Flammen um.

Etwas Ähnliches könnte jederzeit wieder geschehen. Eine für Tokio durchgeführte Studie der Taisho Marine and Fire Insurance Company zeigt, dass bei einem neuen, großen Erdbeben in kürzester Zeit alle Straßen verstopft wären. Gerieten dann auch noch die Häuser in Brand, so würde die dabei entstehende Wärme bald die Benzintanks der Autos in die Luft fliegen lassen. Am stärksten gefährdet seien Taxis.

Die Wolkenkratzer von Tokio sind zwar erdbebensicher, nicht jedoch die Gaskessel der chemischen Industrie in der Bucht von Tokio. Es besteht also die Gefahr, dass diese Gase im Falle eines Erdbebens austreten und als giftige Wolke über der Stadt liegen bleiben. Aus diesem Grund sind die Dienstwagen der wichtigsten Unternehmenschefs mit Gasmasken ausgerüstet. Die großen Gesellschaften haben bereits Ersatzrechenanlagen in weit entfernt liegenden Städten wie Osaka aufgestellt, falls es im Großraum Tokio zum Stromausfall kommen sollte. Einige Experten empfehlen auch, dass der Regierungssitz aus der Hauptstadt an einen anderen Ort verlegt werden sollte, damit im Falle einer größeren Katastrophe das Land nicht ohne Führung bleibt.

In allen öffentlichen Gebäuden der Hauptstadt gibt es einen gewissen Vorrat an Decken, Keksen und Trinkwasser. Und an jedem 1. September, dem Jahrestag des Erdbebens von 1923, übt die ganze Hauptstadt Katastrophenschutzmaßnahmen für den Fall eines Erdbebens. Sämtliche großen Kaufhäuser haben eine Spezialabteilung mit Artikeln für den Katastrophenschutz. Und an vielen Häusern hängt ein Sack mit Lebensmitteln, Streichhölzern und Medikamenten neben der Tür.

Wenn man Professor Asada Glauben schenkt, wird das Epizentrum des Erdbebens nicht in Tokio liegen, sondern ein wenig weiter westlich, rund um den Ort Shizuoka auf der Halbinsel Izu. So hat man in den Küstenstädten bereits überall Schilder aufgestellt, die den Bürgern sagen, wo sie sich sammeln sollen, falls Brände ausbrechen. »Das Erdbeben können wir nicht vermeiden, doch wenn wir rechtzeitig Gegenmaßnahmen treffen, können wir wenigstens der Panik begegnen und so viele Menschenleben retten«, sagt Professor Asada. »Panik ist an sich schon eine Katastrophe.«

Asada und seine Gruppe erhalten ihre Informationen von sämtlichen Erdbebenforschungszentren des Landes, in denen die seismischen Wellen genauestens registriert werden. Darüber hinaus bekommen sie Daten von zwei extrem teuren elektronischen Sensoren auf dem Meeresgrund sowie die Messungsergebnisse von Kap Omae, westlich von Shizuoka, das immer weiter ins Meer abrutscht. Aus diesen Berichten versuchen sie die Signale herauszufiltern, die das große Erdbeben ankündigen könnten. Die Gruppe trifft sich regelmäßig alle drei Monate und immer dann, wenn eine Anomalie auftritt. In diesem Fall allerdings ist das Treffen geheim, denn bereits die Ankündigung einer solchen Zusammenkunft könnte unter den Japanern Panik auslösen.

»Der wichtigste Hinweis darauf, dass uns etwas Größeres ins Haus stehen könnte, wäre eine geringer werdende Frequenz kleinerer Beben«, erläutert Professor Asada, der glaubt, die Bevölkerung so rechtzeitig warnen zu können, dass genügend Zeit bleibt, um sinnvolle Maßnahmen in die Wege zu leiten.

Unter diesem Gesichtspunkt betrachtet, war die Evakuierung von Oshima ein gutes Beispiel für die vollkommene Kontrolle der Bevölkerung. Sie war abgeschlossen, bevor sich Panik unter den Menschen ausbreiten konnte. Alle Befehle wurden bis aufs i-Tüpfelchen exakt ausgeführt. »Was einmal mehr beweist, dass wir eine Gesellschaft von Kleinkindern sind!«, schrieb Matsuro Morimoto in der Zeitschrift *Shincho*. Er war der einzige unter den japanischen Journalisten, der die Evakuierung infrage stellte.

Jahrhunderte stets wiederkehrender Naturkatastrophen haben aus den Japanern gemacht, was sie heute sind: ein gehorsames, hartnäckiges und diszipliniertes Volk, das sich einer strengen sozialen Hierarchie unterwirft, weil es nur so am Leben bleiben kann. Diese Erfahrung der Gefährdetheit wurde politisch so manches Mal ausgenutzt, wenn es darum ging, vom japanischen Volk Opfer, teils extremer Natur, zu verlangen. Bis 1945 war der Krieg die Katastrophe, der es zu begegnen galt, dann kam die Niederlage. Anfang der siebziger Jahre musste schließlich die Ölkrise herhalten, und heute ist es der Kampf um die Weltwirtschaft, der die Menschen bei der Stange halten soll.

Im Notfall funktionieren die Japaner blendend. Die Evakuierung von Oshima hat dies eindrucksvoll belegt. Für alles war gesorgt, alles war vorhergesehen, geplant – bis ins kleinste Detail. Sogar die unbedeutendsten Kleinigkeiten waren nicht vergessen worden.

Bevor ich die Insel wieder verließ, warf ich eine Münze in einen öffentlichen Fernsprecher und wählte die 23700. Ich wollte die »Stimme des heiligen Feuers« hören. Nach dem ersten Läuten vernahm ich eine sanfte, aber feste Stimme, die mir beschied: »Unser Service ist im Augenblick nicht verfügbar. Angesichts der Umstände halten wir dies für angemessen.«

Nachdem London und Peking ein Abkommen zur Rückgabe Hongkongs an China unterzeichnet hatten, vereinbarte China am 27. März 1987 mit Portugal die Rückgabe von Macao. In dieser portugiesischen Kolonie war ich zum ersten Mal 1967 während der großen Demonstrationen der Roten Garden gewesen. Später kehrte ich häufig dorthin zurück, manchmal, um mir die Nächte im Kasino um die Ohren zu schlagen, manchmal mit der Familie, um der Enge Hongkongs zu entgehen. Dementsprechend angetan war ich von dem Auftrag, der mich für zehn Tage nach Macao schickte.

Macao: Reise in eine Vergangenheit, die bald zu Ende geht

Macao, April 1987

Wenn Geschichte einen Duft hätte, dann wäre es wohl der dieser Stadt, wie sie im Morgengrauen vor mir liegt. Die Kirchen sind verlassen, die Kasinos noch immer überfüllt, während die Bettler sich von den Parkbänken erheben und fröstelnde Paare die Auslagen der Leihhäuser studieren, die Goldkettchen und die Uhren, die kostbaren Füllfederhalter, die andere Spieler dort versetzt und nicht mehr eingelöst haben.

Auf den Podesten recken Helden und Heilige dem sich aufhellenden Himmel über Asien ein Schwert oder ein abendländisches Kreuz entgegen. Aus den chinesischen Tempeln dringen Weihrauchwolken und das Gemurmel von Gebeten. Und auf dem gelblichen Wasser der Bucht, in die der Perlenfluss mündet, segeln Dschunken mit geblähten Segeln dahin.

Die Morgendämmerung in Macao ist keineswegs der Beginn eines neuen Tages. Nur ein neuer Abschnitt in der ewigen Aufeinanderfolge von Hell und Dunkel wird eingeleitet, die so unweigerlich aufeinanderfolgen wie Rot und Schwarz beim Roulette, dessen Rad hier nie stillsteht. Über dem Labyrinth verfallener chinesischer Hütten und portugiesischer Villen, deren Glanz längst verloschen ist, erhebt sich eindrucksvoll die Kirche des heiligen Paulus, von der nur die Fassade stehen geblieben ist. Doch nichts könnte den Niedergang von Macao besser ausdrücken als diese leeren Fenster, die wie blinde Augen auf die grandiosen enttäuschten Hoffnungen der Vergangenheit starren.

Macao: 16 Quadratkilometer Europa vor der Küste Chinas, auf denen Menschen verschiedenster Kulturen seit 400 Jahren im Spiel des Schicksals Leben und Vermögen setzen, getrieben vom Glauben oder vom Aberglauben, von der Suche nach Reichtum und Vergnügen. Macao war der erste Brückenkopf des Westens in Asien. Heute ist es der letzte.

Die Verträge sind unterzeichnet: Am 20. Dezember 1999, zehn Tage vor Ende des 20. Jahrhunderts, wird Portugal Macao mit seiner halben Million Einwohner an die Volksrepublik China zurückgeben, zweieinhalb Jahre nachdem die Engländer ihre vormalige Kolonie Hongkong an China zurückgegeben haben. »Hongkong und Macao sind zwei ungelöste Probleme der Geschichte«, verkündeten die Chinesen seit 1949 immer und immer wieder. Deng Xiaoping wollte, dass seine Nachfolger ohne diese Last ins neue Jahrtausend eintreten. So hat er zuerst die Vereinbarung mit den Engländern erzwungen, dann die mit den Portugiesen. Um das Land wieder vollkommen zu einen, fehlt jetzt nur noch Taiwan, doch dies ist eine andere Sache. Dabei geht es nämlich um Meinungsverschiedenheiten zwischen Chinesen. »Wenn Hongkong und Macao in die Arme des Mutterlandes zurückkehren, sind auch die letzten Spuren des Kolonialismus getilgt«, schreibt die chinesische *Volkszeitung* triumphierend.

Für Lissabon ist Macao ein rein sentimentales Problem. Die Portugiesen verdienen dort bereits seit Jahren kein Geld mehr und haben ohnehin schon mehrfach versucht, die Halbinsel mit ihren beiden vorgelagerten Inselchen an China loszuwerden. Das erste Mal 1966, das letzte Mal 1974. Die Chinesen lehnten immer ab. »Ihr habt uns dort 400 Jahre lang ausgebeutet, nun bleibt ihr auch so lange da, wie wir das wollen«, lautete die Antwort. Dass Macao offiziell portugiesisch war und die Volksrepublik hinter der Fassade einer ausländischen Verwaltung dort tun und lassen konnte, was sie wollte, war für die Chinesen nämlich ausgesprochen bequem.

Für Peking war Macao immer ein reiner Goldesel, und zwar nicht nur als Umschlagplatz für chinesische Waren, sondern vor allem, weil die Regierung dort unter der Hand an den Gewinnen der Spielkasinos beteiligt war. Es ist kein Geheimnis, dass jede Woche mit Banknoten voll gepackte Panzerwagen von einer von Peking kontrollierten Bank den kurzen Weg über die Grenze nach China zurücklegen, durch ein altes Portal hindurch, das mittlerweile nur noch von chinesischer Seite überwacht wird.

Der Status Macaos ist Resultat eines bilateralen Abkommens. Die Portugiesen, damals auf dem Gipfel ihrer Macht zur See, suchten einen Stützpunkt für ihre Schiffe, die von Goa aus nach Japan fuhren. Die Chinesen wiederum brauchten zur selben Zeit einen Verbündeten, der sie von den Piratenbanden befreite, die ihre Südküste unsicher machten. Die Portugiesen atomisierten mit ihren Kanonen die Piraten, und das Reich des Himmels erlaubte ihnen zum Dank, auf der kleinen Halbinsel Macao und den davor liegenden Inselchen Taipa und Coloan einen Stützpunkt zu gründen. So geschehen anno 1557.

Anders als Hongkong 300 Jahre später war Macao also keine Kriegsbeute und wurde China keineswegs mit Gewalt entrissen. Und anders als Hongkong wurde Macao auch nicht als Wirtschaftsstandort gegründet. Die Portugiesen jener Zeit betrachteten es vielmehr als Zentrum abendländischer Kultur in Asien. So besaß die mediterrane Stadt, welche die Portugiesen an der verlassenen Küste der Provinz Kanton errichteten, von Anfang an nicht nur mehrere Kirchen, ein Priesterseminar und ein Krankenhaus, sondern auch ein Theater und eine Universität.

Macao wurde zum Sammelpunkt für Abenteurer, Missionare und Seefahrer, die von dort nicht nur loszogen, um zu handeln und zu erobern, sondern auch, um zu missionieren und zu forschen. Der Priester, der ein Alphabet für das Vietnamesische entwickelte, kam aus Macao. Und jener, der zum ersten Mal die Ruinen von Angkor Wat sah. In Macao ließen sich die Mönche nieder, die Japan zum Christentum bekehren wollten. Von dort aus zogen so außergewöhnliche Missionare wie der Jesuitenpater Matteo Ricci los, um die Seelen Chinas zu erobern. Die Madonna, die immer noch die Fassade der Ruinen von St. Paul ziert, zertritt nicht – wie es die traditionelle Ikonographie vorschreibt – eine Schlange, sondern einen Drachen, das Symbol Chinas. Der Traum, das dicht bevölkerte Asien zum Christentum zu bekehren, ist nie wahr geworden. China ist gegen das Christentum völlig immun, Japan vielleicht noch mehr. Doch die Erinnerungen an diesen Traum durchdringen jeden Winkel in Macao, spiegeln sich wider in den Inschriften der Denkmäler, in den Liedern, die aus den Schulen erklingen, welche noch heute von den letzten, mittlerweile uralten Mönchen und Nonnen geleitet werden.

Die Portugiesen erlaubten jedem, sich hier niederzulassen, und so wurde Macao im Laufe der Jahrhunderte zum Zufluchtsort für alle Verfolgten und Flüchtigen. Luís Camões, der große Dichter Portugals, entging in Lissabon dem Zuchthaus, indem er nach Macao flüchtete, wo er seine großen *Lusiaden* schrieb. George Chinnery, der englische Maler, floh vor seinen Gläubigern und seiner schrecklichen Ehefrau hierher und blieb 27 Jahre, bevor er 1852 starb. 1937, als Japan China überfiel, flüchteten sich Tausende von Chinesen unter die Obhut der Portugiesen. 1941, als auch Hongkong den Soldaten des japanischen Heeres in die Hände fiel, landeten Hunderte von Schiffen und luden ihre Fracht an Flüchtlingen aus. Damals erreichte Macao seine historisch höchste Einwohnerzahl: 600 000 Menschen. In jüngerer Zeit fanden hier 20 000 Chinesen aus Birma Obdach, die sonst keiner haben wollte. Viele junge Chinesen, Kinder chinesischer Emigranten aus Indonesien, die Anfang der sechziger Jahre aus Patriotismus nach Peking zum Studium geschickt und dort dann während der Kulturrevolution gnadenlos verfolgt worden waren, landeten schließlich in Macao.

Nicht anders erging es den Flüchtlingen aus Armenien, Vietnam,

Kambodscha und den Mischlingskindern aus den ehemals portugiesischen Territorien: Halbinder aus Goa, Halbafrikaner aus Angola, Mosambik und Timor. 1962 kamen ein paar Lastwagen mit blinden und verkrüppelten Menschen hier an, die man in China als »unnütze Esser« betrachtet und einfach vor die Tür gesetzt hatte. In Macao kümmerte sich das »Heilige Haus der Barmherzigkeit«, ein christlicher Sozialdienst, um sie. Viele von ihnen sieht man immer noch auf den Straßen, ausgerüstet mit einer Aluminiumschale, in der sie eine Münze klappern lassen, deren monotoner, obsessiver Klang alles Elend der Welt in sich sammelt. Auch Hunderte von Leprakranken fanden in Macao Zuflucht.

»Macao ist für viele die letzte Hoffnung«, sagt Pater Mario Aquistapace, ein Salesianermönch, den man 1949 aus dem kommunistischen China ausgewiesen hat und 1975 aus dem kommunistischen Vietnam. Nun ist er Priester in einer kleinen Kirche auf der Insel Coloane und weiß, was ihn erwartet. Jeden Sonntag beendet Pater Mario die Messe, indem er die Arme zum Himmel erhebt, sich gegen China wendet, das nur wenige hundert Meter vor dem weit geöffneten Tor seiner Kirche liegt, und ruft laut: »Weiche, Satan!«

Dabei war Macao von Anfang an auch Zentrum von Laster und Spiel. Männer und Frauen unterschiedlicher Rasse und Herkunft, die ihr Leben anderswo vergeudet hatten, kamen hierher, um einen Neuanfang zu wagen oder neue Vergnügungen zu suchen. Die Bordelle der berühmten Rua da Felizidade gehörten zu den berühmtesten Asiens, und auch die Opiumhöhlen Macaos waren für ihre Raffinesse bekannt.

Das älteste traditionelle Glücksspiel dort ist *fan tan*. Dabei nimmt der Croupier mit einem umgedrehten Becher eine Handvoll Jetons auf, nimmt dann das Glas weg und ordnet die Jetons mit einem Holzstäbchen langsam in Vierergruppen. Die Spieler setzen, solange die Jetons noch unter dem Becher liegen, darauf, wie viel am Ende übrig bleiben: vier, drei, zwei oder einer.

Nachdem die Prostitution offiziell abgeschafft worden war, ist die

Rua da Felizidade zur Straße der Restaurants geworden. Neben dem Fleisch von Hunden und Schlangen bieten die verschiedenen Restaurants und Straßenhändler Gerichte mit jedem Tier an, das für den Handel verboten ist, von der Eule bis zum Gürteltier. So mischt sich der süßliche, pikante Geruch der Mahlzeiten mit dem fauligen des Abfalls und den Weihrauchdüften der Prozessionen und religiösen Feste, die sich auf der Straße abspielen.

Das letzte große Begräbnis in Macao gab es 1964, als der letzte Spross einer der ältesten Familien der Kolonie friedlich sein Leben aushauchte, das einzig und allein der Jagd nach immer neuen Vergnügungen gewidmet war. Man erzählt, dass er sich als alter Mann vom Kopf bis zu den Zehenspitzen von einer Gruppe Jungfrauen hatte ablecken lassen, die in seinen Diensten stand. Hinter der Fassade floriert die Prostitution weiterhin, und die Triaden, die Geheimgesellschaften chinesischer Verbrecher, kontrollieren etwa 200 *villas*, Pensionen, in denen mehr als tausend Mädchen zur Verfügung stehen. Das Glücksspiel ist mit Macao mittlerweile so verwachsen, dass es gar die Stadt zu zerstören droht. Die armen Fischer und Fabrikarbeiter verlieren innerhalb weniger Sekunden, was sie in Tagen harter Arbeit verdient haben. Außer in den großen Kasinos, die einer Gesellschaft mit mehr als 10 000 Angestellten gehören, an deren Spitze zwei Multimillionäre aus Hongkong stehen (Stanley Ho und Henry Fok; Letzterer hat ausgezeichnete Beziehungen zu Peking), kann man in Macao sein Geld beim Pferderennen verspielen, beim Hunderennen, beim Pelote und in den verschiedensten Lotterien.

Mehr als vier Millionen Menschen besuchen Macao jedes Jahr. Der Großteil Chinesen aus Hongkong, wo jede Art von Glücksspiel streng verboten ist ... Werden die Chinesen die Kasinos nach 1999 weiter erlauben? »Wenn sie die Geschichte Macaos respektieren, wird alles weitergehen wie vorher«, sagt Stanley Ho. »Das Glücksspiel gehört zur Tradition Macaos.« In diesem Punkt schweigen die Chinesen sich bisher aus. Anfang des Jahres, als Stanley Ho ein elegantes Bankett veranstaltete, um den 25. Jahrestag seines Glücksspielmonopols in Macao zu feiern, ließ sich jedenfalls keiner der geladenen chinesischen Funktionäre blicken. Aber Stanley Ho hat seine Schäfchen bereits ins Trockene gebracht. Kurz bevor Chinesen und Portugiesen ihr Abkommen über die für 1999 geplante »Rückkehr von Macao in die Arme des Mutterlandes« unterzeichneten, ließ er sich von der jetzigen Regierung von Macao seine Glücksspiellizenz bis zum Jahr 2001 verlängern.

In letzter Zeit hat das Glücksspiel einen enormen Anstieg der Kriminalitätsrate verursacht. Wenn die Spieler nichts mehr haben, was sie in den Tag und Nacht geöffneten Leihhäusern rund um die Kasinos versetzen können, ist ihre letzte Hoffnung häufig der »Privatbankier«, der als Mitglied der Triaden Geld »stundenweise« verleiht. Dabei können die Zinsen bis zu 100 Prozent betragen. Als Pfand für das geliehene Geld müssen die Spieler ihren Pass zurücklassen. Wird die Schuld nicht zurückgezahlt, wandert der Schuldner in eines der »privaten Gefängnisse«, bis ein Freund oder Verwandter aus der britischen Kolonie kommt, um ihn auszulösen.

Zu den Aktivitäten der Triaden gehört unter anderem, noch vor der Polizei an den Grenzen zwischen China und Macao illegale Einwanderer abzufangen. Die hübschen Mädchen werden in eine der »Villen mit Pension« gesteckt, die mittlerweile ganz Macao überziehen. Die weniger hübschen werden an wohlhabende Familien als Dienstmädchen verkauft. Da die meisten von ihnen keine Papiere haben und daher jederzeit als illegale Einwanderer verhaftet und nach China abgeschoben werden können, sind sie meist Jahrzehnte in diesen heimlichen Arbeitsverhältnissen gefangen, im Haus eingeschlossen, ohne je vor die Türe zu kommen. Im Durchschnitt versuchen pro Jahr zirka 50 000 Chinesen, über die Grenze zu kommen.

Es gibt nichts, was man in den Straßen von Macao nicht kaufen könnte: dreibeinige Tische, ein Kugellager ohne Kugeln, eine Vase der Qing-Dynastie, eine Jungfrau oder einen Killer. 1982 strichen zwei Kanadier eine halbe Million Dollar von zwei nordkoreanischen Agenten ein – als Vorschuss, wenn es ihnen gelänge, den Präsidenten von Südkorea zu ermorden. Die beiden landeten vor einem kanadischen Gericht.

Als Peking noch keine diplomatischen Beziehungen zum Westen unterhielt, diente Macao als Trainingscamp für chinesische Spione. Nordkorea schickt seine Agenten heute noch hierher. Die Männer von Kim Il Sung betreiben als Tarnung ein kleines Restaurant, eine Import-Export-Gesellschaft sowie eine kleine Firma, die Ginseng und andere Aphrodisiaka vertreibt.

Eines der letzten wirklich lukrativen Geschäfte, die sich augenblicklich in Macao noch tätigen lassen, ist der Handel mit chinesischen Antiquitäten bzw. Nationaleigentum der Volksrepublik. Einheiten der Volksbefreiungsarmee machen die Gräber in China ausfindig, die Bauern vor Ort legen sie frei, und ein Netz von Komplizen, angefangen bei den Politkommissaren bis hin zu den Beamten von Zoll und Denkmalschutz, schleust die Ware nach Macao. Die großen Antiquitätenhändler von New York und Tokio haben hier ihre Agenten sitzen, die ihre Tage damit zubringen, in den Teehäusern Mah-Jongg zu spielen und darauf zu warten, dass an Bord einer der Dschunken in der Bucht eine Lieferung »versteigert« wird. Ein Großteil der wertvollsten chinesischen Objekte, die in den letzten Jahren bei Sotheby's und Christie's in London bzw. New York versteigert wurden, hatte man über Macao aus China herausgeschmuggelt.

Was wird sich wohl ändern, wenn dieses Gebiet unter die Souveränität Chinas zurückkehrt? Die Chinesen haben zugesichert, zuletzt sogar schriftlich in dem Abkommen mit Portugal, dass Macao in den nächsten fünfzig Jahren seine eigene Sozial- und Wirtschaftsstruktur beibehalten kann. Wie das allerdings funktionieren soll, ist bislang noch die Frage. Sowohl hier als auch in Hongkong. »Macao wird von den Menschen in Macao regiert«, wiederholen die Emissäre Pekings immer wieder. Dabei weiß jeder, dass das Schicksal Macaos schon heute nicht mehr von seinen Bewohnern bestimmt wird, sondern von Peking. Die Portugiesen haben in der Stadt nichts mehr zu sagen.

Abends verlassen Minister und Staatssekretäre den rosa Palast des Gouverneurs an der Uferpromenade, prall gefüllte Aktentaschen in der Hand, und begeben sich unter dem Blick der chinesischen Wachen zu ihren von chinesischen Chauffeuren gesteuerten Wagen. Dieses Spiel spielen sie mit mediterraner Selbstgefälligkeit wie die Akteure eines alten Kostümfilms, der ständig wiederholt wird. Die Gesetze von Macao sind immer noch in Portugiesisch verfasst, die portugiesischen Richter halten ihre Verhandlungen auf Portugiesisch ab, und bis vor kurzem beantwortete der Gouverneur keine Briefe, die nicht in Portugiesisch verfasst worden waren. Dabei weiß die portugiesische Verwaltung nicht einmal, wie viele Menschen nun tatsächlich in Macao leben.

Die Chinesen in Peking aber wissen es. Denn jedes Reiskorn, das man dort verzehrt, wird von der chinesischen Gesellschaft Nam Kwong importiert. Über ihre Banken, ihre Import-Export-Gesellschaften, ihre Gewerkschaften, die Hälfte der Zeitschriften und die Parteiorganisationen in den Stadtvierteln haben die Kommunisten aus China Macao mittlerweile vollkommen in der Hand. Den Portugiesen ist wenig bis gar nichts geblieben: Sie kontrollieren weder den Luftraum über der Halbinsel noch das umgebende Meer. Und wie um alle daran zu erinnern, wer hier wirklich das Sagen hat, schicken die Chinesen von Zeit zu Zeit ein paar Motorboote mit wehenden roten Fahnen und lassen sie direkt vor dem Gouverneurspalast vor Anker gehen.

Immer häufiger kommen auch Schiffe mit Touristen aus der Volksrepublik, die von weitem den Kapitalismus bestaunen dürfen. »Früher waren es die Europäer und Amerikaner, die von hier aus einen sicheren Blick auf die Kommunisten jenseits der Grenze riskierten. Jetzt haben sich die Dinge umgekehrt«, sagt der Direktor des Hotels Pousada de Santiago.

Wenn am Abend der Vorhang über der Pariser Crazy Horse Show im Lisboa Hotel aufgeht, sitzen im Publikum hauptsächlich chinesische Touristen. Arbeiter und Bauern hocken in Begleitung ihrer Politkommissare unbeweglich in den Polstersesseln und begaffen die zwölf splitterfasernackten Blondinen aus dem Westen, die das Symbol aller volksrepublikanischen Träume umtanzen: ein riesiges Radio mit integriertem Kassettenrecorder. Um sich ja nicht beim kleinsten Hauch von Begeisterung ertappen zu lassen, klatscht niemand. Der einzige Applaus, der ertönt, kommt vom Band und dröhnt am Ende jeder Nummer aus den Lautsprechern. Aber an den Black-Jack- und Bakkarat-Tischen sieht man immer öfter Parteifunktionäre in ihrer klassischen Mao-Uniform.

Trotz aller Versprechungen Pekings über den künftigen Status von Macao haut jeder ab, der nur irgendwie kann. Sogar die Kirche verlässt die Halbinsel, denn offiziell erklärt sie sich zwar für optimistisch, in Wirklichkeit aber verkauft sie längst ihre lukrativsten Liegenschaften auf der Insel und investiert lieber in Apartmenthäuser in den Vereinigten Staaten.

Der alte Pater Texeira, der mehr als hundert Bücher über die Geschichte Macaos geschrieben hat und jetzt ganz allein im riesigen Priesterseminar zurückgeblieben ist, lässt seine Archive nach Lissabon bringen. »So wird wenigstens die Geschichte gerettet«, meint er enttäuscht, weil die Chinesen »nicht den geringsten Respekt vor der Geschichte« zeigen und Macao wie Hongkong behandeln. »Wir Portugiesen haben Macao nicht in einem Opiumkrieg gegen China gewonnen, doch am Ende behandelt man uns genau wie die Engländer«, schimpft er, während seine Schritte laut in den leeren Korridoren widerhallen und seine Worte beinahe übertönen.

Das einzige Zugeständnis, das China den Portugiesen gemacht hat, ist der Zeitpunkt der Übergabe: Macao wird China nicht zur selben Zeit wie Hongkong zurückgegeben, sondern fast zweieinhalb Jahre später. »Umgekehrt wäre es besser gewesen«, meint ein portugiesischer Bankier, der sich sorgt, weil Macao schließlich keinen eigenen Hafen hat und alles, was auf der Halbinsel aus und ein geht, über die britische Kolonie gehandelt wird. »Hongkong ist unsere einzige Verbindung zur Welt. Wenn Hongkong schon 1997 den Chinesen in die Hände fällt, wie sollen wir hier dann bis 1999 überleben?«

Die Portugiesen haben aber letztlich das geringste Problem: Sie können nach Portugal zurückkehren. Die reichen Chinesen können nach Kanada auswandern, nach Australien oder Amerika. Wohin aber sollen sich die etwa 10 000 »Macaenser« wenden, die – halb chinesisch, halb portugiesisch – sich für eine eigene Rasse halten, die von den beiden anderen nur widerwillig akzeptiert wird? »Wir sind die illegitimen Söhne einer Liebesbeziehung zwischen Orient und Okzident«, sagt Enrique Senna Fernandez, Anwalt und Schriftsteller. »Wir können nur in Macao überleben, aber sobald die Europäer abgezogen sind, ist dies hier nicht mehr Macao. Weggehen ist für uns eine schreckliche Vorstellung, doch das Bleiben ist wohl noch schlimmer.«

Einmal im Monat trifft sich eine Gruppe von Macaensern in einer Villa in Coloane, nur um die Vergangenheit dieses außergewöhnlichen Ortes wieder aufleben zu lassen, an dem »die Menschen in Frieden diskutieren und die Dichter träumen« durften, wie einer von ihnen schrieb.

»Das Wasser in der Bucht ist nicht tief, sodass auch ein großer Wind keine gewaltigen Wellen hervorruft«, meint Ma Man Kei, der Mann aus Peking, der versucht, die örtlichen Kapitalisten zu überreden, ihr Geld in Macao zu lassen und es in große Projekte zu stecken, welche die Volksrepublik realisiert sehen möchte: eine zweite Brücke zwischen der Halbinsel Macao und der Insel Taipa, einen Flughafen, eine Autobahn von Macao nach Kanton und weiter nach Hongkong. All das könnte Macao neues Leben einhauchen und ihm die lähmende Starre nehmen, die es mittlerweile befallen hat. Doch garantieren kann das niemand. Was aber schon jetzt, da die Übergabe 1999 beschlossene Sache ist, mit Sicherheit zu Ende geht, ist die Vergangenheit, die große Vergangenheit dieses westlichen Vorpostens in Asien.

Wer von Hongkong kommend die Stadt von der Terrasse des Hotels Belavista aus betrachtet, hat ständig den Eindruck, eher eine Reise durch die Zeit als durch den Raum gemacht zu haben. Auf der Speisekarte des Hotels hat der Schriftsteller Austin Coates, der jahrzehntelang im Orient gelebt hat, die Grabinschrift dieser einzigartigen, nicht wiederholbaren Erfahrung notiert, die Macao hieß:

> Hier liegt ein Kreuzfahrer,
> dessen Schwert und Grabstein
> vom Dickicht des Vergessens
> überwuchert sind.

Seit seinem Film »Vor der Revolution« habe ich Bernardo Bertolucci stets bewundert. Als ich daher erfuhr, dass sein Film über China bei der Schlussveranstaltung des Filmfestivals von Tokio Weltpremiere haben sollte, gab ich mir alle Mühe, eine Einladung zu ergattern.

Bertolucci in China

Tokio, Oktober 1987

Schön anzusehen, aber völlig falsch. »Der letzte Kaiser« ist eine ungeheuer kostspielige, jedoch vertane Chance. Von einem Regisseur mit der Werkgeschichte eines Bertolucci, der sich mit einer außergewöhnlichen Persönlichkeit wie Pu Yi auseinandersetzt, der im Alter von drei Jahren den Thron Chinas bestieg, mit sechs wieder entthront wurde, dann von den Japanern auf den Thron der von ihnen geschaffenen Provinz Mandschukuo gesetzt und schließlich von den Sowjets ins Gefängnis gesteckt wurde, nur um letztlich als »Kriegsverbrecher« an Mao ausgeliefert zu werden, konnte man zweierlei erwarten: entweder einen Abgesang auf ein ungewöhnliches Volk in einem der dramatischsten Momente seiner Geschichte, da ein tausendjähriges Reich zerfiel und eine moderne Diktatur entstand, oder die persönliche Geschichte eines Mannes, der als »Sohn des Himmels« geboren wurde und als einfacher »Bürger« stirbt, zumindest aus der profanen Perspektive des asiatischen Kommunismus, der – im Willen, eine neue Gesellschaft zu schaffen – sogar das Innerste der Menschen umzuformen versucht.

Bertoluccis Film aber erfüllt weder die eine noch die andere Erwartung. »Der letzte Kaiser« ist eine Aneinanderreihung hübsch kolorierter Postkarten aus einem Land, das nie existiert hat. Das China Bertoluccis, sowohl das kaiserliche als auch das revolutionäre, hat mit dem wirklichen China nichts zu tun. Es ist der bizarre, der »andere« Kontinent, wie ihn sich Europa so gerne vorzustellen beliebte und beliebt. Die Geschichte Pu Yis in der Verbotenen Stadt, wie Bertolucci sie nachzeichnet, ist nicht die eines Chinesen von hoher Geburt in einem sterbenden Kaiserreich, sondern die eines Europäers, der plötzlich zum Kaiser von China wird. Das Gleiche gilt für den erwachsenen Pu Yi: Bei dem italienischen Filmemacher ist er weder der mit der klassischsten aller Künste Chinas, dem Überleben, beschäftigte Chinese noch der reale, lasterhafte, korrupte, einfältige und halb blinde Pu Yi, den uns seine Zeitgenossen beschreiben. Nachdem so viele westliche Intellektuelle in Bezug auf den chinesischen Kommunismus ihre Hin-, aber glücklicherweise auch wieder ihre Rückfahrkarte gelöst haben, entdeckt nun Bertolucci die warmen, wenn auch schon seit längerem nur mehr lauen Wasser der »Umerziehung«.

Bertolucci wundert sich, dass Pu Yi in China »auf wunderbare und geheimnisvolle Weise« freigelassen wird, wo Kriegsverbrecher in Europa doch hingerichtet werden. Sein Staunen lässt sich nur durch völlige Unkenntnis chinesischer Verhältnisse erklären. Doch nach all dem, was über die Gulags in China mittlerweile geschrieben und gesagt wurde, ist diese Unkenntnis eigentlich nicht zu verzeihen. Wenn man im heutigen China einen Film nicht über eine exotische und historisch weit entfernte Persönlichkeit wie zum Beispiel Marco Polo dreht, sondern stattdessen ein so hochgradig brisantes und politisches Thema wie das Ende des alten China und die Geburt des neuen auswählt, bedeutet dies, dass man notwendigerweise zum Propagandainstrument Pekings wird. Dies gilt umso mehr, wenn Ausländer wie Bertolucci, sein Drehbuchautor Mark Peploe und die gesamte Filmcrew weder Land noch Leute kennen und daher bei jedem Detail und jedem simplen Glas Wasser auf die Mitarbeit von Chinesen angewiesen sind, welche Partei und Sicherheitskräfte speziell für diese Aufgabe ausgewählt haben. Ihr Job ist es, sich um Ausländer zu kümmern, vor allem um solche, die als Journalisten oder Filmemacher von Berufs wegen der Welt ein bestimmtes Bild von China vermitteln werden.

So paradox es auch scheinen mag, die Bilder, die Bertolucci mit »Der letzte Kaiser« auf die Leinwand bringt, helfen – so schön sie für sich gesehen auch sein mögen – der chinesischen Sache, wie sie von den Politkommissaren Pekings gesehen wird. Eben weil die Chinesen dies erkannten, haben sie ihre Mithilfe bei dem Projekt zugesagt. Genau aus diesem Grund spielt der berühmteste Schauspieler Chinas, Yin Ruochan, der – welch ein Zufall – auch noch Vize-Kultusminister ist, im Film die Rolle des gutmütigen Gefängniswärters von Pu Yi, dem dessen Umerziehung obliegt. Realistischer wäre ein Gefängniswärter gewesen, der sich skrupelloser Methoden zur Gehirnwäsche bedient.

Die Kompromisse, die Bertolucci im Laufe der Dreharbeiten eingehen musste, sind nur zu offensichtlich. Bertolucci wollte einen Film über Dekadenz drehen. Am Ende wurde daraus ein Werk über die wundersame Wandlung eines Mannes, der – wie er selbst in der Präsentationsbroschüre schreibt – »aus dem Dunkel ins Licht« kommt. Und das soll den Herren von der Agit-Prop in Peking nicht wie Öl hinuntergehen? Bertolucci glaubte wohl, seine künstlerische Freiheit zu nutzen, als er dem offiziellen Pu Yi, einem schwachen, unentschiedenen Charakter, der als Symbol für das dekadente, korrupte China der alten Zeit steht, ein paar moralische Züge verlieh, ein paar Prinzipien und zumindest einen gewissen Widerwillen gegen die Manipulationen, deren Opfer er wird. Aber gerade dadurch hat er die Bekehrung Pu Yis vom »Imperator zum Bürger« noch glaubwürdiger gemacht und das System der Umerziehung implizit gerechtfertigt. Bertolucci glaubt offenkundig, dies sei eine Art östlich-konfuzianischer Version unserer Psychoanalyse.

Doch die Geschichte der Umerziehung, die in China 1949 begann, in Vietnam 1975, ist eine der Gräueltaten und der brutalen Gewalt. Die Tatsache, dass Pu Yi in einem »milderen« Gefängnis landet, beweist nur einmal mehr, dass die chinesischen Kommunisten Illusionskünstler erster Güteklasse sind. So ist an der Freilassung Pu Yis nach zehn Jahren Umerziehung im Lager von Fushun nichts »Wunderbares« oder »Geheimnisvolles«. Dahinter steckt einzig und allein der politische Scharfblick Zhou Enlais, der sich vom ersten Augenblick der Affäre Pu Yis angenommen und sie ins Zentrum einer brillanten PR-Kampagne gerückt hatte. Dass sogar der verräterische Kaiser der sozialistischen Gnade teilhaftig wurde und so »belehrt« werden konnte, dass er zum »Modellbürger« der Volksrepublik wurde, war für die chinesischen Kommunisten die Nagelprobe für den Mythos vom neuen China, den sie sowohl nach innen als auch nach außen vermitteln wollen.

Daher die intimen Abendessen des ehemaligen Kaisers mit dem kommunistischen Premierminister, daher die Autobiographie, die selbstverständlich nicht von Pu Yi verfasst wurde. Man schrieb sie für ihn, und prompt wurde sie – auf Befehl der Partei – zum Bestseller. Mit seinem Film, der auf ebendieser Autobiographie fußt, webt Bertolucci nun an diesem Mythos weiter. Interessant ist, dass Bertolucci, um das Umerziehungslager so wirklichkeitsnah wie möglich zu gestalten, auf Fotos zurückgriff, die in dem Propagandaband erschienen sind, den Peking über Pu Yi herausgegeben hat. Und die Gefangenen machen in ihren Freistunden Tai-Chi-Übungen – wie die Gefangenen auf den offiziellen Propagandapostkarten.

Die Szenen aus der Kulturrevolution grenzen ans Lächerliche, wenn Bertolucci die Roten Garden bei einer Demonstration gegen rechte Elemente ein avantgardistisches Ballett in den Straßen Pekings aufführen lässt. Doch auch die Bilder aus dem alten China sind falsch. Zeitzeugen berichten, dass die Verbotene Stadt zu jener Zeit schon halb verfallen war. Die meisten Höfe waren von Unkraut überwuchert, die Gewänder der Höflinge häufig nur noch Fetzen, von Motten zerfressen und voller Läuse. Bertoluccis Verbotene Stadt hingegen ist sauber und sogar frisch gestrichen. Die Kleider des Hofstaates sind goldbestickt und mit Perlen übersät wie Kostüme aus der Pekingoper.

Bertolucci hat an diesem Film vier Jahre gearbeitet und 25 Millionen Dollar verbraucht. Schon während der Dreharbeiten war die Werbung recht massiv. Im Gefolge dieses Streifens sind – natürlich auch, um sich die ungeheure Publizität des Films zunutze zu machen – zwei weitere Werke zum Thema erschienen. Das eine ist eine Biographie Pu Yis von Edward Behr, dem früheren Korrespondenten von *Newsweek,* das andere ein schnell in Hongkong hingeschluderter Film über die letzten Jahre des »Bürgers« Pu Yi mit langen Rückblenden in die Vergangenheit.

Das Bild, das Behr und der in Hongkong gedrehte Film von Pu Yi (der zwar den Titel »Feuerdrache« trägt, aber in Tokio trotzdem unter demselben Titel erschien wie der Bertolucci-Film) zeichnen, ist stimmig. Pu Yi ist sehr viel zweideutiger dargestellt, korrupter, perverser und daher realitätsnäher als die Figur im Bertolucci-Film. Auch das China-Bild in dem Hongkong-Film ist ehrlicher und genauer als das Bertoluccis. Edward Behr hat sich als guter Journalist natürlich bei den Menschen informiert, die Bescheid wissen. Und Li Hanxiang, der Regisseur des »Feuerdrachen«, ist Chinese und hat in China gearbeitet. Beide haben, wenn auch auf verschiedene Weise, die Wahrheit hinter der Fassade einzufangen gewusst. Sie erstarrten nicht wie das Kaninchen vor der Schlange angesichts einiger konfuzianischer Aphorismen, die von den chinesischen Kommunisten wieder aufgewärmt wurden.

Bevor er den »Letzten Kaiser« drehte, war China für Bertolucci ein faszinierendes Rätsel. Mir bleibt nur zu konstatieren, dass er es nicht zu lösen verstand.

Es ist kaum zu fassen, doch die Japaner sind fest davon überzeugt, dass es auf ihrer Insel wirklich alles gibt: das Grab Jesu, die Pyramiden, den vollkommenen Nachbau eines deutschen Städtchens und das »echte« Schloss des Weihnachtsmanns. Tatsächlich gibt es in Japan Experten für alle Gebiete menschlichen Wissens. Eines Tages entdeckte ich dort den weltweit renommiertesten Sachverständigen für ...

Die Kultur des WCs

Tokio, 20. März 1988

Man schenkt dieser Tatsache ja kaum Beachtung, doch im Leben eines Menschen haben WCs eine wichtige Funktion. Die Japaner haben diese Entdeckung gerade erst gemacht, und so sind WCs der letzte Schrei in diesem Land, das keine Gelegenheit versäumt, in allen Bereichen die Nummer eins zu werden und dementsprechend Geld zu machen.

Die großen Kaufhäuser in Tokio überbieten sich seit neuestem darin, immer extravagantere Toiletten installieren zu lassen, um so Kunden anzulocken. Bekannte Restaurants finden für die Qualität ihrer Pissoirs poetischere Worte als für ihre Menüs. Man spricht vom WC auf Empfängen und wissenschaftlichen Kongressen. Seit diesem Jahr besitzt Japan seinen »Nationalen Tag der Toiletten«, während in der Hauptstadt kürzlich ein internationales Symposium über das WC zu Ende ging. Über 220 Delegierte aus verschiedenen Ländern waren der Einladung gefolgt.

Der schickste Platz für eine Verabredung ist augenblicklich ein avantgardistisches Café im 37. Stock des Ark-Mori-Towers im eleganten Akasaka-Viertel: Die Tischchen, von denen aus man die wundervollste Sicht auf Tokio hat, stehen rund um ein kunstvolles Arrangement der teuersten und bizarrsten Kloschüsseln aus aller Welt. An der Kasse kann man Souvenirs erwerben. Eines der gefragtesten ist eine Rolle allerfeinsten Toilettenpapiers, worauf ein

Bild des David sowie die Aufschrift »Verzeihen Sie, Michelangelo!« gedruckt sind.

Plötzlich spricht man in Japan von der »Kultur des WCs«, und es gibt tatsächlich schon »Literatur« zu diesem Thema. Die Zahl der »Kloologen« ist in stetigem Wachstum begriffen. Im nächsten Monat wird in Japan das – so scheint es – weltweit erste Toilettenmuseum eingerichtet, und zwar in einer kleinen Stadt auf der Insel Shikoku. Der Name der Stadt – Kagawa – bedeutet so viel wie »Fluss der Düfte«.

Mittlerweile sind schon Dutzende von ausgefallenen Modellen im Handel, die man hier als *high-tech toilet* bezeichnet. Außerdem gibt es eine verblüffende Auswahl an Zubehör. Doch die entscheidende Schlacht ist noch zu schlagen. Die beiden größten Hersteller der »Toilette der Zukunft« werden sie unter sich austragen: Dieses Modell bietet seinem Benutzer dann – neben den gewöhnlichen Funktionen eines WCs – die chemische Analyse seiner Hinterlassenschaft via Bildschirm.

»Anfangs wird die Analyse natürlich nur einige einfache Basisdaten liefern, aber bald werden wir in der Lage sein, die Toiletten elektronisch mit einigen Spezialkliniken zu verbinden. Dann wird auch die Analyse detaillierter«, erklärt mir Professor Hideo Nishioka, der größte WC-Sachverständige in Japan und vermutlich in der ganzen Welt.

Nishioka war Professor für Humangeographie an der berühmten Universität von Keio, als man ihn zu Beginn der sechziger Jahre, da die große Autobahn zwischen Tokio und Nagoia gebaut wurde, um seine Meinung zum Problem der Toiletten bat. In welchen Abständen man sie am besten planen sollte, wie viele an jedem Standort usw. Von da an führte Nishioka nur noch Studien zu diesem Thema durch. Er reiste in 72 Länder der Erde, um die verschiedenen Konstruktionstypen zu erforschen, und baute nebenbei die schönste private Sammlung an Klopapier auf, die sich vorstellen lässt.

»Nur ein Drittel der Weltbevölkerung benutzt Toilettenpapier. Die anderen zwei Drittel haben für diesen Zweck andere Methoden ersonnen. Ich habe ein vierzehnteiliges Klassifikationssystem aufgestellt«, sagt Nishioka, der vor vier Monaten einen wahren Seller auf den Markt brachte: *Die Kulturgeschichte des Toilettenpapiers*.

Nishioka zufolge wurden nicht wenige Völkerschicksale von der landesüblichen Art und Weise des Defäkationsvorgangs bestimmt. Die Griechen – so meint er – hätten die Perser nie besiegt, wären diese nicht daran gewöhnt gewesen, ihr Geschäft im trockenen, heißen Wüstenklima zu verrichten. So aber wurden sie dahingerafft von Epidemien, die von ihren eigenen Exkrementen ausgelöst wurden, die sich im feucht-kühlen Bergklima als ideale Brutstätte für alle Arten von Infektionskrankheiten erwiesen.

Im Verlauf des Zweiten Weltkriegs gelang es den Amerikanern nur deshalb, die Japaner auf Guadalcanal, einer Insel im Südwestpazifik, zu besiegen, weil diesen ein Rechenfehler unterlaufen war. Die amerikanischen Agenten schafften es irgendwie, in den Klärgruben des japanischen Lagers die täglich produzierte Menge an Exkrementen zu bestimmen. Da sie aber davon ausgingen, ein Japaner scheide täglich 100 Gramm Kot aus statt der tatsächlichen 400 Gramm, veranschlagten sie die Truppenstärke der Japaner viermal so hoch, als sie war, und schickten viel mehr Soldaten, als nötig gewesen wären, um die Insel zu nehmen.

Da Professor Nishioka ein ausgewiesener Sachverständiger ist, konsultierte man ihn auch, als es um die Ausstattung des Olympiageländes in Tokio ging. Bei den Spielen in Seoul wird er ebenfalls beratend tätig sein. »Ein Fehler in der Einschätzung des Toilettenbedarfs, und alles kann buchstäblich in die Hose gehen«, meint Nishioka, der sogar eine neue Maßeinheit entwickelt hat: die TOT (Maßzahl für die durchschnittliche Verweildauer auf der Toilette). Jahre der Forschung haben Professor Nishioka gelehrt, dass japanische Männer im Durchschnitt nur 31,7 Sekunden täglich auf der Toilette verbringen, bei den Frauen sind es 1 Minute und 37 Sekunden. Westliche Frauen und Männer verbringen dort etwa viermal so viel Zeit.

Eine der Hauptsorgen der Japanischen Vereinigung für das WC

ist die Hebung des Qualitätsstandards der öffentlichen Pissoirs. Zu diesem Zweck gab es erst kürzlich eine große Kampagne gegen die vier K – *kitana, kusai, kurai, kovai* – also gegen schmutzige, stinkende, dunkle und Angst einflößende Toiletten.

In ganz Japan gibt es zirka 30 000 öffentliche WCs, auch wenn nun ein nationaler Wettbewerb zum Bau einiger hundert neuer Toiletten ausgerufen wurde. Nun werden jedes Jahr am 10. November die schönsten Pissoirs Japans prämiert.

Das bedeutet, dass die Gemeinden jetzt im Wettstreit um die ungewöhnlichste öffentliche Toilette liegen. So gibt es bereits Toiletten in Form einer Bar, einer Kirche, einer Raumkapsel oder eines buddhistischen Tempels. In der Stadt Ito in der Präfektur von Shizuoka wurden die sechs neuen öffentlichen WCs, die alten Teehäusern nachempfunden sind, sogar zur Touristenattraktion. »Auch die Ausländer fotografieren sie. Ich frage mich nur, ob sie begreifen, was sie da vor sich haben«, meint der Herr vom Ordnungsamt.

Was die intime Sphäre der hauseigenen Toilette angeht, haben die Japaner wahrhaftig die Qual der Wahl. Die WCs, deren Brille sich sanft erwärmt, sobald man sich darauf setzt, sind ja schon normal. Doch da gibt es noch andere, die, sobald sie das Gewicht eines Körpers registrieren, anfangen zu pfeifen oder zu singen. Wieder andere vertreiben (mit oder ohne Musikuntermalung) die unangenehmen Gerüche mithilfe eines eingebauten Duftventilators. Der letzte Schrei auf dem Toilettenmarkt macht gar das Papier überflüssig. Ein Strahl lauwarmen Wassers und ein kräftiges Heißluftgebläse säubern und trocknen den Benutzer. Das Modell, bei dem Wasserstrahl und Heißluft per Fernbedienung reguliert werden können, kostet umgerechnet um die 2000 Euro. Da die Studien von Professor Nishioka ergeben haben, dass japanische Frauen täglich 12 Meter Toilettenpapier verbrauchen, japanische Männer hingegen nur 3,50 Meter (mit dem Toilettenpapier, das in Japan an einem Tag verbraucht wird, könnte man die Erde viermal umwickeln), stellen diese neuen Modelle mit dem Namen Wash Let eine enorme Einsparmöglichkeit dar.

Doch in dieser Hinsicht ist das letzte Wort noch nicht gesprochen. Einige Soziologen haben schon ihre Zweifel in Bezug auf das neue Modell angemeldet. Wenn man die japanischen Kinder daran gewöhne, kein Papier mehr zu benutzen, hätten sie vermutlich enorme Probleme, wenn sie sich an Orten aufhalten, wo es so vorzügliche Toiletten nicht gibt ... im Ausland also.

Auch die Kosten, die aus der Nutzung der Toiletten erwachsen, werden von den großen japanischen Unternehmen genauestens kalkuliert. Vor allem seitdem einige »Kloologen« herausgefunden haben, dass weibliche Angestellte, besonders wenn sie noch jünger sind, bei jedem Toilettenbesuch mehrmals auf die Spülung drücken, um die Körpergeräusche zu übertönen, die bei dieser Gelegenheit nun einmal entstehen. Wenn man nun rechnet, dass jeder Spülvorgang 5 Liter Wasser verbraucht, dass jedes Mädchen etwa fünfmal täglich die Toilette benutzt und dabei im Durchschnitt dreimal an der Kette zieht (bzw. auf den Knopf drückt), dann führt das Schamgefühl der Japanerinnen dazu, dass täglich Millionen Liter Wasser verschwendet werden. Doch eine Lösung wurde bereits gefunden: der »Übertöner«, ein batteriebetriebenes elektrisches Gerät von etwa 30 Zentimeter Länge, das regelmäßig das Geräusch der Wasserspülung imitiert. Es kostet rund 50 Euro, doch die Fuji-Bank, bei der 5000 Frauen angestellt sind, gibt an, sie habe etwa 40 000 Euro gespart, indem sie 1600 dieser Geräte in ihren Filialen habe einbauen lassen.

»Die wahre Toilette der Zukunft jedoch ist jene, die auch kein Wasser mehr verbraucht«, meint Professor Nishioka. »Die Wahrheit ist, dass der Mensch hinter den Tieren zurücksteht, wenn es darum geht, seine Hinterlassenschaften zu beseitigen. Die Tiere brauchen weder Wasser noch Papier und sind trotzdem sauber. Wir hingegen sind so abhängig von Gegenständen und Instrumenten ...«

Daher ist nun der Pandabär ins Zentrum des Interesses der »Kloologen« gerückt. Dessen Exkremente riechen nämlich nicht. »Das muss mit dem Bambus zu tun haben, von dem der Panda sich hauptsächlich ernährt, oder mit einer Substanz in seinem Magen«, sagt der Professor. Sein Ziel ist es, die bis dato noch unbekannte Formel zu entdecken und den Stoff der menschlichen Nahrung beizumengen. Ein ähnliches Interesse verfolgt ein Unternehmen in Tokio, das sich auf Nahrung in Oblatenform spezialisiert hat.

Für Katzen gibt es bereits ein Spray, das man auf ihr Futter sprüht, damit ihr Kot nicht stinkt. Das entsprechende Produkt für Hunde ist noch nicht ganz marktreif.

»Was die Menschen angeht, so wird die Forschung noch ein wenig brauchen«, sagt Professor Nishioka, aber er ist überzeugt, dass die japanische Technik es bis zum Ende des Jahrhunderts geschafft haben wird, die Exkremente des Menschen denen der Ziege anzugleichen: »Kleine Kügelchen, trocken, leicht recycelbar und vor allem geruchlos.«

Aufgrund all der technischen Errungenschaften, die mittlerweile überall erstanden werden können, sieht die durchschnittliche japanische Toilette jetzt schon aus wie eine Pilotenkanzel. Dabei bleibt immer weniger Platz für den »inneren Frieden«, von dem Junichiro Tanizaki in seinem Aufsatz »Lob des Schattens« spricht. Für den berühmten Schriftsteller war das klassische dunkle WC Japans mit seinem Boden aus Kampferholz, seinen Wänden aus Papier, dem Blick auf den blauen Himmel und ins moosige Grün des Gartens die »reine Vollkommenheit«.

Doch heute will man anderes. Nishioka zum Beispiel empfiehlt seinen Studenten, die ihren ersten Arbeitsplatz in einem Unternehmen auswählen müssen, um vielleicht ihr Leben lang dort zu bleiben: »Achtet nicht so sehr aufs Gehalt, das man euch bietet. Seht euch lieber die Toiletten an. Dort seht ihr, ob die Firma, in die ihr eintreten wollt, solide Finanzen hat.«

Im Herbst 1988 sollten in Seoul die Olympischen Spiele eröffnet werden. Für Korea war dies ein historisches Ereignis. Für mich bot sich die Gelegenheit, über ein Land zu schreiben, das ich bisher nur als Ort heftiger Studentenproteste, gewalttätiger Unruhen und umstrittener Wahlen erlebt hatte. Ich blieb mehr als einen Monat und reiste kreuz und quer durch das Land.

Südkorea: ein Krebs zwischen zwei Walen

Seoul, August 1988

Dach reiht sich an Dach wie ein Meer von Wellen. Die Stadt wächst langsam, aber stetig. Sie klettert die Hügel hinan, verschwindet über der Hügelkuppe und sammelt sich wieder im Tal. Sie schmiegt sich an den Flusslauf, aufgebläht von Wolkenkratzern und labyrinthischen Myriaden moderner Wohnblocks, um sich dahinter in den grünen und zartblauen Linien der Berge am Horizont zu verlieren, die ganz in Nebel gehüllt sind. Seoul: ein gewaltiger Körper, der atmet, sich kraftvoll ausdehnt, vibrierend, selbstsicher, voller Hoffnung, voller Leben. Die Südkoreaner nennen ihre Hauptstadt gerne »die Schöne im Spiegel«: attraktiv, aber ungreifbar.

So zerbrechlich wie ein Spiegel ist auch Seoul, besonders jetzt, wo es sich für seine Verabredung mit der Geschichte zurechtmacht.

Am 17. September werden um 10.30 Uhr die 24. Olympischen Spiele eröffnet, die größten Spiele, die es je gegeben hat, und die ersten in einem Land, das einst eine Kolonie war: 13 000 Athleten aus 161 Nationen (in Los Angeles waren es 140 gewesen, in München 123), 15 000 Journalisten und 250 000 Zuschauer, werden am größten Ereignis teilhaben, das Korea je erlebt hat.

Und es können sich ungebetene Gäste einstellen. Nordkoreanische Jagdflugzeuge brauchen nur eineinhalb Minuten bis hierher, die Panzer vielleicht eine Stunde. Schließlich ist die Grenze, eine der unsichersten der Welt, nur etwa 56 Kilometer entfernt. Vorstellbar wäre auch, dass von Pjöngjang bezahlte Terroristen ein Attentat versuchen oder radikale Studentengruppen diesen Moment, in dem die Augen der ganzen Welt auf Seoul gerichtet sind, dazu nutzen, spektakuläre Protestaktionen gegen das Regime des Südens in Szene zu setzen.

»Dies ist der gefährlichste Moment in der Geschichte Koreas«, meint C. C. Wills, ein amerikanischer Banker. »Mit einer einzigen Bombe lässt sich den gesamten Feierlichkeiten ein Ende setzen.« Dabei bereiten die Südkoreaner sich seit Jahren auf dieses Ereignis vor. Dementsprechend hoch gespannt sind ihre Erwartungen.

»Olympik, Olympik«: Dieses Wort ist hier zur Obsession geworden. Jede Stadt im Land, jede Behörde zählt die Tage bis zu den »Olympik«, so als wollten die Koreaner bis zum Anschlag die Zeit auskosten, die ihnen vor ihrem Sprung in ein neues Leben noch bleibt. »Mit der Olympiade wird Korea neu geboren«, wird Kim Yong Nae, der Bürgermeister, nicht müde zu unterstreichen.

Für jedes Land hat die Tatsache, dass es zum Ausrichter der Olympischen Spiele gewählt wird, eine andere Bedeutung. Die Spiele 1964 in Tokio – die ersten in einem »nichtweißen« Land – symbolisierten für Japan den Aufstieg aus der Asche des Krieges und die Rückkehr auf die politische Weltbühne als rehabilitierter Akteur. Für Korea geht es nicht um die Rückkehr, vielmehr um das erstmalige Betreten dieser Bühne, denn auf internationaler Ebene spielte das Land bisher keinerlei Rolle.

Korea. Wo liegt das denn? Was für ein Land ist das? »Ein Ort im Wind. Ein Krebs zwischen zwei Walen«, sagt mir Lee O Young, einer der größten Essayisten des Landes.

Eingeschlossen zwischen dem gewaltigen China und dem mächtigen japanischen Archipel, war die Halbinsel Korea immer wieder Opfer von Invasionen, Eroberungen und Zerstörungen, häufig auch Schlachtfeld für die Kriege fremder Heere. Immer unterdrückt, immer Besiegter.

Seit Jahrtausenden leben die Koreaner in ihrem »Land der 10 000 Gipfel, der 10 000 Inseln und der 10 000 Wasserfälle«, doch nur selten waren sie in ihrem Land auch Herr im Haus. Vollkommen unabhängig waren sie nie. Nie durften sie ihren Schmerz und ihre Wut darüber frei ausdrücken. Da die Umstände sie immer zwangen, sich dem Mächtigeren zu beugen, haben sie gelernt, ihre Identität im Verborgenen zu pflegen. Und so haben sie für dieses Selbstgefühl ein unübersetzbares Wort gefunden, nämlich *han*. *Han* bedeutet Traurigkeit und Hoffnung zugleich, die Sehnsucht nach vergangenem Glück und das Vertrauen in künftige Erlösung.

Von den Chinesen übernahmen die Koreaner Schriftzeichen, Gesetze, Regierungssystem, Kunst und Religion. (Sogar das Christentum kam über China nach Korea.) An den chinesischen Thron entrichteten sie ihre Tributzahlungen. Die koreanischen Herrscher durften sich allerdings nur König nennen und ihre Opfer bloß auf dem Altar der Erde darbringen. Die direkte Verbindung mit dem Himmel war dem chinesischen Kaiser vorbehalten.

Und doch schafften es die Koreaner in ihrer stillen, hartnäckigen, »von *han* erfüllten« Weise, ihre Traditionen, ihr Selbstverständnis als gebildete Menschen über Jahrhunderte hinweg zu bewahren. Lange Zeit waren sie den Japanern weit voraus, die sie um ihrer besseren Kenntnis der chinesischen Kultur willen beneideten. Japan verdankt Korea viel: So war es ein koreanischer Mönch, der den Buddhismus nach Japan brachte; koreanische Architekten unterstützten die Japaner beim Bau der ersten buddhistischen Tempel. Koreanische Ärzte unterrichteten die Japaner in chinesischer Medizin, und koreanische Keramiker lehrten sie ihre raffinierten Brenntechniken. Die japanischen Prinzen hatten koreanische Erzieher. Im Jahr 815 n. Chr. ließ Japan unter den adligen Familien des Landes eine Volkszählung durchführen. Es stellte sich heraus, dass ein Drittel koreanischen Ursprungs war.

Diese kulturelle Schuld gegenüber den Koreanern vermochten die Japaner nie einzugestehen. Das Thema ist heute noch tabu. Als die neu erstarkte Militärmacht Japan zu Anfang des 20. Jahrhunderts die koreanische Halbinsel besetzte, gaben die Japaner sich größte Mühe, dort alle Spuren von »Koreanertum« zu zerstören. Sie versuchten, die koreanische Sprache auszumerzen und den koreanischen Buddhismus zu vernichten, schrieben die Geschichte Koreas um und wollten sogar eine bestimmte Rosensorte ausrotten, welche die Koreaner sich zum Landessymbol erkoren hatten. Die Koreaner stellten ihr Land seit Jahrhunderten im Bild des Tigers dar. Die Japaner machten daraus einen Hasen. Sie zwangen die Koreaner, japanische Namen anzunehmen und Kaiser Hirohito die Treue zu schwören. An den Straßenrändern ließen sie Steine mit der Inschrift aufstellen: »Japan und Korea sind eins.«

Koreaner in mittlerem Alter erinnern sich noch voller Wut daran, wie man sie bestrafte, wenn sie in der Schule Koreanisch sprachen. Die Einwohner der Hafenstadt Kunsan zeigen Besuchern heute noch die riesigen Kornspeicher, in denen die Japaner den koreanischen Reis sammelten, bevor sie ihn nach Japan brachten. In Pusan hingegen führt man Touristen zu den Kais, von wo aus Hunderttausende Koreaner zur Zwangsarbeit in den Bergwerken und Fabriken Japans verschifft wurden.

Doch auch das Ende der langen japanischen Besatzung im Jahre 1945 war für die Koreaner kein Grund, auf sich oder ihr Land stolz zu sein. Sie verdankten ihre Befreiung den Amerikanern, die ihre Atombomben auf Hiroshima und Nagasaki warfen und den Träumen vom kaiserlichen Großreich Japan ein Ende setzten. Nur wenige Koreaner hatten gegen die Japaner gekämpft. Die meisten hatten kollaboriert. Und auf ebendiese Kollaborateure setzte Amerika, als es die neue Nachkriegsregierung Koreas bilden half.

»Unsere Geschichte ist eine Geschichte der Demütigung und der Scham«, sagt Lee O Young immer wieder. »Wir sind seit Jahrhunderten eine verwundete Nation.« Diese Wunden sind unterschiedlichster Art. Doch die, welche die japanische Besatzung (1905–1945) hinterlassen hat, sind noch heute überall sichtbar.

Im Zentrum von Seoul beispielsweise, am Ende des Sejong-Boulevards, wurde gegenüber dem Königspalast ein hässlicher Kuppelbau aus Granit errichtet. Diese architektonische Monstrosität haben die Japaner zu verantworten. Der Grund: Ein Wahrsager in Tokio hatte behauptet, hier, am Fuße des Pugak, ruhe der Geist Koreas. Nur wenn die Japaner dem Land dort ihren Stempel aufdrückten, würden sie es je unterwerfen können. Also plante man dort ein Gebäude in Form des Schriftzeichens für »Sonne«, das Symbol Japans.

»5000 Jahre lang ist es uns trotz aller Schwierigkeiten gelungen, Koreaner zu bleiben«, hört man die Menschen dort immer wieder sagen. Diese Zeitangabe entstammt der Legende. Die Koreaner glauben nämlich, dass sie von Tan Gun abstammen, einem Helden, der aus der Vereinigung eines Gottes mit einem Bären hervorging, der sich in eine Frau verwandelte. 333 v. Chr. soll Tan Gun das erste koreanische Staatsgebilde, das Chosonreich, gegründet haben. An diesen Mythos glauben die Koreaner mit Leib und Seele, ähnlich wie an die Sagen, die sie zu Erfindern der Sonnenuhr, der Wasseruhr, der Regenrinne und des Buchdrucks (noch vor Gutenberg!) machen. Darauf stützen die Koreaner sich, wenn es heute darum geht, ihre kulturelle Identität zu stärken. Aufzählungen ihrer Erfindungen kann man auf Tausenden von Gedenksteinen begutachten, die über das ganze Land verstreut sind. In Seoul stehen sie in Marmor gehauen an der Wand eines eleganten Restaurants im Kyobo-Gebäude, das überwiegend von jungen Führungskräften besucht wird.

Doch die schlimmste Wunde ist die Grenze, welche die Nation in zwei Teile zerschneidet: ein vier Kilometer breiter Streifen Niemandsland, eingerahmt von hohen, stacheldrahtbewehrten Palisadenzäunen, durchzieht die koreanische Halbinsel von Küste zu Küste, mehr oder weniger entlang des 38. Breitengrades.

Der 38. Breitengrad war die Demarkationslinie, die 1945 sowjetische von amerikanischen Truppen trennte, die beide gekommen waren, um die Kapitulation der Japaner entgegenzunehmen. Diese Linie besteht heute noch. 1948 bildeten sich zwei rivalisierende Regierungen: eine kommunistische im Norden unter Kim Il Sung mit der Hauptstadt Pjöngjang und eine prowestliche im Süden unter Syngman Rhee mit der Hauptstadt Seoul.

Im Jahr 1950 versuchte der Norden, Korea mit Gewalt zu einen. Truppen überschritten den 38. Breitengrad. Die Vereinigten Staaten und weitere fünfzehn Nationen kamen dem Süden zu Hilfe und schickten ihrerseits Militär. China wiederum, das damals schon von Mao regiert wurde, unterstützte die Kommunisten im Norden mit Soldaten. So entwickelte sich ein blutiger Krieg. Als beide Staaten 1953 einen Waffenstillstand unterzeichneten, gab es bereits mehr als zwei Millionen Tote.

Seitdem sind Nord- und Südkorea streng gegeneinander abgeschottet. Weder Briefe noch Besuche sind erlaubt, Kontakte jeder Art werden verboten. Mütter, die ihre Kinder auf einen Lastwagen nach Süden setzten in der Hoffnung, einmal nachkommen zu können, sitzen nun im Norden fest und haben ihre Kinder nie wieder gesehen. Im Süden hat jede vierte Familie Verwandte im Norden, von denen sie seit mehr als 35 Jahren nichts gehört haben.

Die Koreaner aber betrachten diese Teilung wie eine letzte, ungerechte Demütigung von außen. »Die Teilung Deutschlands erfolgte wenigstens, um sie für ihre Untaten zu bestrafen. Schließlich waren sie es, die den Zweiten Weltkrieg ausgelöst haben«, meint Kim Jun Tai, ein Dichter aus Kwangju. »Aber was haben wir Koreaner denn getan?«

Viel demütigender empfinden die meisten Koreaner allerdings die Tatsache, dass sie, um sich gegen ihre Brüder im Norden zu verteidigen, mit denen sie eigentlich vereint sein wollen, auf den Schutz einer ausländischen Macht angewiesen sind: die Vereinigten Staaten. Die USA unterhalten in Südkorea ein Heer von 42 000 Soldaten und 111 Militärbasen, einige davon sind gar mit Atomwaffen bestückt. Ein amerikanischer General hat das Oberkommando über sämtliche Truppen Südkoreas, das gesamte koreanische Heer eingeschlossen. Theoretisch müsste sogar der Oberbefehlshaber dieses Heeres, der Präsident der Republik, seine Befehle entgegennehmen.

Daher ist der Krieg im Süden Koreas eine ständig präsente Realität. »Seit ich auf der Welt bin, schlafe ich immer mit einem offenen Auge«, sagt mir ein 36 Jahre alter Angestellter in der Wechselstube. »Ich finde das ganz normal.« Alle Straßen des Landes sind so angelegt, dass sie sofort in Landeflächen für Jagdflugzeuge umgewandelt werden können. Das Land verfügt über 600 000 Soldaten und drei

Millionen Reservisten. Der Norden besitzt ein Heer von 880 000 Soldaten und fünf Millionen Reservisten.

Seit 1948 versuchen die beiden Staaten, sich gegenseitig den Rang abzulaufen. Wer ist rechtmäßiger Nachfolger des alten Korea? Welches Land ist koreanischer? Welches reicher? Anfangs hatte Nordkorea in diesem Wettkampf die Nase vorn. Bis 1965 gelang es Kim Il Sung, das Land in einen modernen Industriestaat umzuwandeln, dessen Pro-Kopf-Einkommen viel höher war als das im Süden. Mitte der sechziger Jahre jedoch kehrte sich das Bild plötzlich um. Das Wachstumstempo im Norden verlangsamte sich, das im Süden hingegen legte ständig zu.

Um Technologie aus dem Ausland zu importieren, mussten beide Länder sich hoch verschulden. Und der Norden war nicht in der Lage, seine Schulden zurückzuzahlen. Der Süden hingegen erwarb sich den Ruf eines »vorbildlichen Schuldners«. In sieben Jahren dürfte Südkorea, aktuell das am höchsten verschuldete Land der Welt, alles zurückgezahlt haben. Während der Norden sogar unter seinen Verbündeten relativ isoliert ist, profitiert der Süden von seinen vielfältigen Kontakten. Mittlerweile sind sogar die kommunistischen Länder an einem wirtschaftlichen Austausch mit Seoul interessiert.

»Der Wettkampf ist vorüber. Und wir haben ihn gewonnen«, meint Suh Sang Mok, einer der Architekten des sükoreanischen Wirtschaftswunders und Symbol einer neuen Klasse junger Menschen, die wach, gut ausgebildet und hoch motiviert sind: die neuen »kapitalistischen Magier«, die nun das Land führen.

Zweifellos betrachten viele Südkoreaner die Olympiade als Feier ihres »Sieges« im Wettkampf mit Nordkorea. Doch die meisten sehen die Spiele auch als Fest für ihr neu erstarktes Selbstbewusstsein. »Auf diesen Moment haben wir 5000 Jahre lang gewartet«, sagt Kim Jil Sol, der Vizedirektor der Tageszeitung *Chunchon*. »Endlich können wir der Welt einmal zeigen, wer wir sind und was wir zuwege gebracht haben.«

Und was die Koreaner da zeigen können, ist tatsächlich beeindruckend. Manche sprechen gar von einem »Wunder«. Vor dreißig Jahren war Südkorea ein zerstörtes Land, in dem nur halb verhungerte Bauern lebten. Viele Menschen erinnern sich heute noch voller Rührung an die Zeit, als sie in Hütten mit Strohdächern lebten, als die Straße zwischen Seoul und Pusan nicht geteert war und die Hauptstadt aussah wie ein »Dorf auf dem Mond, voller Baumstümpfe und rauchenden Ruinen«. Es gab nur eine einzige Brücke über den Han-Fluss, und diese mussten die Südkoreaner selbst sprengen, um die Vorhut der Nordkoreaner aufzuhalten, als am 25. Juli 1950 der Krieg ausbrach.

Heute ist Seoul mit seinen mehr als zehn Millionen Einwohnern die fünftgrößte Stadt der Welt, zumindest, was die flächenmäßige Ausdehnung anbelangt. Überall schießen moderne Wolkenkratzer aus Stahl und Glas in die Höhe. Den Han überspannen heute mehr als achtzehn Brücken. Die Wirtschaft des Landes gehört zu den dynamischsten der Welt mit einer der höchsten Wachstumsraten überhaupt (12 Prozent p. a. in den letzten beiden Jahren, etwa 10 Prozent in diesem Jahr). Dort wird beinahe alles hergestellt: von Jeans bis zu Autos, von Schuhen bis hin zur raffiniertesten Elektronik. Was die Produktion hochwertiger Speicherchips für Computer angeht, so steht Südkorea heute an dritter Stelle hinter den USA und Japan. Die Koreaner arbeiten mehr als jedes andere Volk der Welt (57 Wochenstunden gegen die 46 der Japaner und die 40 der Deutschen). Ihr Lebensstandard hat, zumindest auf dem Papier, den bestimmter europäischer Länder erreicht. Ein Regierungsbeamter meint, er sei heute schon höher als der Portugals.

Auch die Landwirtschaft blüht. 72 Prozent der nun wieder grün leuchtenden Reisfelder gehören den Bauern, die sie bearbeiten. Die berühmten koreanischen Wälder, die bei Kriegsende zu 90 Prozent zerstört waren, haben sich erholt: Zwei Drittel Südkoreas sind heute von Wäldern und Obstplantagen bedeckt. Das Straßennetz umfasst 1588 Kilometer, und die öffentliche Hand ist überall aktiv, und zwar nicht nur in Polizeistationen und Kasernen, sondern auch in Schulen und Poststellen.

Miang Sal ist eine Ansammlung von siebzehn Holzhäuschen mit Papiertüren in den Bergen nördlich von Hadong, in der Provinz Kyongsangnam. Im Dorf gibt es keinen Tempel, nur einen Haufen Steine unter einem alten Baum, worin – dem schamanischen Glauben der Bewohner zufolge – der Geist des Ortes haust. Das Haus von Kang Je Hyen, 62, ist wie viele andere Häuser auf dem Land: Es besitzt eine Tenne, einen Schweinestall und den kleinen Stall für die eine Kuh. Wenn Frau Kang in der dunklen Küche das Abendessen zubereitet, werden Wärme und Rauch in den benachbarten Raum geleitet, um den *ondol,* den auf typisch koreanische Art mit Wachstuch bedeckten Fußboden, zu erwärmen. Das Holzhäuschen ist ausgestattet mit zwei wunderschönen Truhen, einem Fernsehapparat, einer elektrischen Uhr und einem Telefon. »Seit vier Jahren hat jede Familie hier Telefon«, erzählt Frau Kang. Seit 1949, als sie hierher kam, hat sich das Leben in Miang Sal enorm verbessert. Ihr macht eigentlich nur eines Sorgen: »Alle jungen Leute ziehen in die Stadt. Wer wird sich am Ende um mein Grab kümmern?«

Im Jahr 1962 lebten zwei Drittel der Koreaner auf dem Land und nur ein Drittel in der Stadt. Heute hat sich das Verhältnis umgekehrt: Allein in Seoul leben bereits 25 Prozent aller Bewohner des Landes. Der Strom junger Leute, die es in die Städte zieht, reißt nicht ab. Mit ihnen ziehen Bitterkeit und Enttäuschung, denn gerade in den Städten zahlen die Südkoreaner den Preis für die »wundersame« Entwicklung ihres Landes.

Pusan ist die zweitgrößte Stadt Südkoreas und besitzt den wichtigsten Hafen. Auch wenn hier wohl einige olympische Wettkämpfe stattfinden werden, so wurde die Stadt doch keineswegs einer so vollkommenen »Runderneuerung« unterworfen wie Seoul. Daher lassen sich am Stadtbild noch alle Siege und alle Niederlagen des südkoreanischen Wirtschaftswunders ablesen.

Pusan wird von seinen Bewohnern die »Stadt der Container« genannt: Da sind die Frachtcontainer, die Tag und Nacht von den Fabriken zum Hafen transportiert und von dort ins Ausland verschifft werden. Und die Container, in denen die Menschen leben. Dreieinhalb Millionen Pusaner hausen in einem riesigen Gebirge dicht gestapelter Würfel, das die Hügel der Stadt überwuchert und das Grün fast völlig verdrängt.

Auf dem Stadtplan steht da, wo das Armenviertel von Pusan liegt, Gai Ya Hachan. Bei den Bewohnern heißt es »Monddorf«, weil es dort nicht eine der üblichen Unterhaltungsmöglichkeiten gibt: kein Kino, keine Bar. Das einzige Schauspiel ist nachts der Mond am Himmel. »Der Mond ist so arm wie wir«, sagt mir ein Arbeiter, einer von Tausenden und Abertausenden, die in den schmalen Gassen wohnen, in denen die Kinder neben den Ratten spielen. Um zu sparen, verbrennen die Menschen in der Küche die Plastikabfälle aus den Schuhfabriken, in denen die ganze Barackenstadt arbeitet. »Wenn Schuhe gehen, kommt Korea vorwärts«, war jahrelang die Parole von Pusan.

Samhwa ist eine Fabrik im Zentrum von Pusan. 10 000 Arbeiter an 42 Fertigungsstraßen produzieren dort jährlich 25 Millionen Paar Sportschuhe. »Bitte keine Fotos«, sagt der Geschäftsführer, der uns durch die Anlage führt, gleich zu Beginn des Rundgangs. Dabei will er nicht etwa technologische Geheimnisse schützen. Vielmehr sorgt er sich, dass die Wahrheit über die menschlichen »Ressourcen«, auf denen der Fortschritt Südkoreas beruht, ans Licht kommen könnte. Hunderte von bleichen, kränklichen Mädchen arbeiten hier im erstickenden Gestank der Kleber unter dem ratternden Lärm der Nähmaschinen. Drei oder vier Jahre machen sie das, bis sie heiraten. »Mehr ginge auch nicht«, sagt mir ein Gewerkschafter. »Anderenfalls würden sie so krank, dass sie keinen Ehemann mehr finden würden.« Das durchschnittliche Gehalt eines Mädchens, das sechs Tage pro Woche zehn Stunden täglich arbeitet, liegt bei 150 000 Wong, also zirka 100 Euro pro Monat.

Etwa 120 Kilometer nördlich von Pusan liegt die Küstenstadt Pohang und in ihr die POSCO, die größte Stahlhütte Koreas. »Als sie vor zwanzig Jahren eröffnet wurde, gab die Regierung den Befehl, den Stahl 30 Prozent unter dem Weltmarktpreis zu verkaufen. So kam die Automobilindustrie ins Rollen und auch der Schiffsbau«, berichtet

Professor J. Krakowski, ein polnischer Wissenschaftler, der gerade als Gast am Institut für die Entwicklung Koreas weilt. »Ich habe erlebt, wie ein reiches Land wie Polen plötzlich arm geworden ist«, meint er. »Nun studiere ich, wie ein armes Land wie Südkorea reich wird.«

Die Hauptstadt der koreanischen Automobilindustrie liegt 60 Kilometer nordöstlich von Pusan. Der Ort heißt Ulsan, doch das vergisst man schnell, weil überall – an den Fabrikmauern, den Häuserwänden, auf Autobussen und den Uniformen der zahlreichen Arbeiter, Studenten und Verkäufer – ein einziges Wort zu lesen ist: *Hyundai* – das »moderne Zeitalter«. »Wir produzieren mit koreanischer Technologie Autos für die ganze Welt«, informiert uns ein großes Schild gleich am Eingang der Fabrik. Und das stimmt. Dieses Jahr wurden hier 1,3 Millionen Autos hergestellt. Und 1993 sollen es 3,5 Millionen sein – fast alle für den Export.

Die gigantischen Werften von Daewoo in Chung Mu, zwei Stunden südwestlich von Pusan, zeichnen sich massig vor der Kulisse des Meeres und seiner in dichten Nebel getauchten Inselchen ab. Hier gewann Admiral Yi Sun Shin für Korea 1592 eine der wenigen Schlachten gegen die japanischen Invasoren. Der Admiral hatte die brillante Idee, Schiffe in der Form von Schildkröten bauen zu lassen, die von einem eisernen Panzer bedeckt waren und aus dem Maul Feuer spuckten. Und hier werden die Koreaner die Japaner wieder schlagen – dieses Mal symbolisch auf dem Feld des Schiffsbaus. 30 Prozent des Marktes haben sie schon erobert. Die Japaner halten zwar noch 34 Prozent, doch wenn man allein den Auftragseingang betrachtet, haben die Koreaner Japan bereits überholt.

»Der Plan war ganz einfach: in den sechziger Jahren Wachstum durch Export, in den siebziger Jahren Entwicklung der Schwer- und Chemieindustrie, in den achtziger Jahren Dienstleistungen und Hochtechnologie«, sagt der Wirtschaftswissenschaftler Suh. Seiner Ansicht nach konnte der Plan nur funktionieren, weil Korea über ein kostbares Gut verfügt: »Gute Arbeitskräfte zu niedrigem Preis.«

Doch das allein hätte wohl nicht genügt. Die entscheidende Zutat im Cocktail des koreanischen Wirtschaftswunders war eine Persönlichkeit, die die Macht hatte, diesen Plan ohne Diskussionen durchzusetzen, ohne sich um Menschenrechte kümmern zu müssen: ein Diktator. Und Korea hatte einen äußerst entschlossenen Herrscher: Park Chung Hee. Selbst Gegner und Opfer geben zu, dass er der Architekt des koreanischen Wirtschaftswunders ist.

General Park kam 1961 durch einen Putsch an die Macht. Das Regime seines Vorgängers Syngman Rhee war repressiv gewesen, aber auch ineffizient. Die letzten Monate seiner Regentschaft waren geprägt von immer wieder aufflackernden Protesten seitens der Studenten und der Bauern. Park versprach, die Ordnung wiederherzustellen und dem Land Reichtum zu bringen. Dieses Versprechen hat er gehalten.

Park stammt aus einer armen Bauernfamilie und wuchs in der Zeit der japanischen Kolonialherrschaft auf. Er wurde in einer Militärakademie ausgebildet und diente in der Mandschurei als Offizier der japanischen Armee. Wenn seine Gegner ihn später schmähen wollten, nannten sie ihn bei dem japanischen Namen, den er damals getragen hatte: Matsumoto.

In all den Jahrhunderten der koreanischen Geschichte ist Park der erste General, der Regierungsmacht besitzt, der erste, der diesem Land eine »Militärkultur« verlieh, die weder hier noch in China je gern gesehen wurde. Park belebte den Mythos um Admiral Yi Sun Shin von neuem und machte ihn zur Zentralfigur seines Nationalkults. Das Bild Yins, der mit gewaltigem Schwert in der Faust auf einem Modell seiner eisenbewehrten »Schildkrötenschiffe« steht, wurde zum Symbol der wiedergeborenen »glorreichen Militärtradition Koreas«.

Standbilder von Admiral Yi hielten Einzug in jeder Schule, auf städtischen Plätzen und ländlichen Hügeln. In den Schulbüchern fanden sich mit einem Mal Legenden über den Mut der Koreaner, und die Kinder lernten die drei Prinzipien von Admiral Yi auswendig: »Opfere dich für das Vaterland«, »Sei mutig und erfinderisch«, »Sei immer auf der Hut«. Das ganze Land wurde mit Kriegerdenkmälern überzogen.

Aus den Reihen der Streitkräfte rekrutierten sich auch die Führungskräfte der Wirtschaft, Militärs, denen der Herrscher vertraute. Generäle im Ruhestand wurden Aufsichtsratsvorsitzende der Staatsunternehmen, Offiziere Direktoren von Privatfirmen. Die Militärkultur durchdrang plötzlich die gesamte Gesellschaft. Befehle wurden militärisch gegeben und mussten ebenso befolgt werden, in der Wirtschaft wie in jedem anderen Sektor.

Im Jahr 1949 kam es auf der südlich gelegenen Insel Cheju zu einem Bauernaufstand gegen das Regime in Seoul. 20 000 Menschen wurden dabei getötet. Damals erging der Befehl, dass darüber weder gesprochen noch geschrieben werden sollte. Als habe der Aufstand gar nicht stattgefunden. Auch befahl die Regierung, dass sämtliche Dörfer an den Hauptstraßen einen neuen Anstrich erhalten sollen und die traditionellen Strohdächer durch solche aus Ziegeln zu ersetzen seien. Das Land sollte »modern« aussehen, und so geschah es.

Wer heute die ausgebauten Straßen Südkoreas entlangfährt, die fast durchweg von Blumenbeeten gesäumt sind, vergisst leicht, dass er sich in einem asiatischen Land befindet. Erst wenn man anhält und die vier Männer, die vor einem Stand Reiswein trinken und rohen Knoblauch kauen, nach dem Weg fragt, kehrt man zurück in die Realität. Dann nämlich deuten vier Hände in vier verschiedene Richtungen und geben vier unterschiedliche Antworten auf die Frage, wie weit der Ort noch entfernt ist, zu dem man will.

»Kilometer sagen diesen Leuten gar nichts«, erklärt mir der Student, der mir als Führer und Übersetzer dient. »Das sind noch Leute von früher, auch wenn sie an einer modernen Straße wohnen.«

Park war sich darüber im Klaren, dass Korea, wollte es sich entwickeln, eine gut ausgebildete Bevölkerung brauchte. Deshalb steckte er viel Geld in den Aufbau des Bildungswesens. Bald konnte das Land stolz sein auf die Tausende von Schulen, die er bauen ließ. In Korea gibt es heute praktisch keine Analphabeten mehr, und die Rate der Menschen mit Universitätsabschluss ist eine der höchsten in ganz Asien.

Und Park wusste, dass er, um das Selbstbewusstsein der Koreaner zu heben, ihre Erinnerung an die Geschichte des Landes wieder auffrischen musste. So entstanden zahlreiche Museen, und nicht nur die großen Städte bewarben sich darum. Jede Provinz bekam ihre historische Sammlung.

Als Park 1979 vom Chef der KCIA, des koreanischen Geheimdienstes, ermordet wurde und Chun Doo Hwan, ein anderer General, die Macht übernahm, blieb alles beim Alten: die Militärdiktatur, die Politik und der schnelle Rhythmus des Fortschritts. »Die Militärs hatten ein Projekt, und dieses setzten sie auf militärische Weise um, ohne sich um die öffentliche Meinung zu kümmern und ohne je eine Aktionärsversammlung abzuhalten«, meinte ein amerikanischer Investor.

Ein gutes Beispiel für dieses Vorgehen ist das Wachstum der Stahlindustrie. Ende der siebziger Jahre, als den Herren bei der POSCO klar wurde, dass China bald seine Märkte öffnen würde, wollten sie eine neue Stahlfabrik bauen. Man wählte einen wunderschönen Aussichtsort am Meer in der Nähe der Stadt Kwangyang östlich von Sunchon. Den 304 Familien, die dort lebten, befahl man, ihre Sachen zu packen. 1982 begannen die Bauarbeiten, und heute ist von den früheren Reisfeldern und Inselchen keine Spur mehr zu sehen. Stattdessen befindet sich dort jetzt »für das Glück unseres Landes und seiner zukünftigen Generationen die modernste Stahlfabrik der Welt«, wie es im Prospekt heißt.

Hinter Kilometern von Stacheldraht, hinter Stahltüren, die von muskulösen Männern mit futuristischen, schwarzweißen Helmen bewacht werden, kommen und gehen Hunderte von Arbeitern in braunen Uniformen und gelben Helmen. Alle grüßen militärisch zackig. Alles ist funkelnagelneu, sauber und ordentlich. Und die Menschen sind stolz auf dieses gewaltige Wunder, das aus der POSCO den drittgrößten Stahlproduzenten der Welt macht.

»Als ich noch Student war, hieß es immer, für ein kleines Land wie Korea sei es unmöglich, eine eigene Stahlfabrik zu bauen. Und da steht sie nun, hypermodern direkt vor meinen Augen«, meint der Besitzer eines kleinen Cafés in der Nähe der POSCO ganz stolz zu mir. »Als Koreaner fühle ich mich dadurch gestärkt.« Er fühlt sich auch stark, weil Samsung mittlerweile einer der größten Elektronikkonzerne der Welt ist, weil Amerikaner und Kanadier Hyundai fahren, weil Namen wie Daewoo, Lucky-Goldstar und Sunkyong auf der ganzen Welt bald genauso bekannt sein werden wie Sony und Toshiba.

War das nun die Diktatur wert? Die offizielle Antwort ist klar und eindeutig. Wir finden sie in dem unglaublichsten Schauspiel, das Korea je gesehen hat. Das Gebäude, in dem es stattfindet, liegt in einem gewaltigen Park, umgeben von bildschönen Bergen. Das Museum wurde erst letztes Jahr eröffnet, doch schon heute treffen täglich 500 Busse ein und laden Menschen aus dem ganzen Land dort ab. In der Ausstellung erfahren die Koreaner, dass sie »größer sind als der Durchschnitt der Menschheit«, dass »ihre hohe Stirn auf enorme intellektuelle Fähigkeiten schließen lässt« und so weiter. Hier machen die Besucher eine Zeitreise in ihre Vergangenheit und erleben dort die Dramen und Tragödien ihrer Vorfahren mit.

Betroffene Bäuerinnen in den traditionellen weißen Gewändern und ganze Schulklassen betrachten die extrem realistischen Szenen, in denen Koreaner vor Hunger sterben oder berühmte Schlachten schlagen. Sie werfen einen Blick in die Folterkammern, in denen japanische Offiziere aus Wachs halbnackte koreanische Mädchen verhören. Sie werden Zeugen schrecklicher Kriegsszenen, brutaler Exekutionen. Die Katharsis wartet erst gegen Ende des Rundgangs auf sie. Im achten Saal dieser Miniaturreise durch die Geschichte Koreas stehen sie mit einem Mal vor den gigantischen Abbildungen der Fabriken, Werften, Stahlhütten, die das heutige Korea prägen, und können mit eigenen Händen alle Produkte berühren, die jetzt in diesem Land hergestellt werden. Sie sehen ein Zimmer in einem typisch koreanischen Haus. Die Familie ist von allen Symbolen modernen Glücks umgeben: Telefon, Fernsehen, ein westliches Bett, ein Plüschteppich. Dann sinken die Besucher erschöpft in die Sessel unter dem riesigen Wandbild des Olympiastadions von Seoul, in dem bereits die Fahnen all jener Nationen flattern, die an den Wettkämpfen teilnehmen werden. Der letzte Blick des Museumsbesuchers fällt auf eine große Weltkarte, in deren Mitte Korea abgebildet ist.

Die Botschaft, mit der die Koreaner nach Hause zurückkehren, ist klar und einfach: Das Leiden ist vorüber, das Opfer hat sich gelohnt.

»Und wie die Diktatur hier funktioniert! Sehen Sie doch!«, meint Kim Kang, 26, und zeigt mir oberhalb der Ellbogen die Narben von einem Strick, der sich tief in sein Fleisch gegraben hatte. 1987 nahm der Student der Wirtschaftswissenschaft an den Demonstrationen gegen das Militärregime teil. Er wurde verhaftet, tagelang gefoltert und erst nach sieben Monaten wieder freigelassen. Heute ist er Journalist in Kunsan, einer von Tausenden, die die von der Militärdiktatur zugefügten Wunden nicht nur auf dem Körper tragen.

Bereist man Korea, erkennt man sie schon von weitem: bleich, mager, hart, aber gebrochen, mit einem melancholischen Blick in den eingesunkenen Augen, eingeschüchtert, als würden sie immer noch verfolgt. Sie arbeiten in den neuen Gewerkschaften, bei der Zeitung der Opposition, die gerade erst gegründet wurde, oder in der Bürgerrechtsbewegung. Sie gehören zum »Erbe des Leidens« – wie ein Journalistenkollege vom *Chosun il Bo* dies ausdrückte –, das die Militärdiktatur hinterlassen hat.

In Kwangju, der verwundeten Stadt, der bis heute noch keine Gerechtigkeit für das Massaker von 1980 widerfahren ist, ist dieses Erbe zum Greifen präsent.

Präsident Park war getötet worden. Der Staatsstreich von General Chun Doo Hwan und seinem Kameraden, General Roh Tae Woo, war geglückt. Auf den Straßen demonstrierten die Studenten gegen das Militär und verlangten eine demokratische Verfassung. Da schwebten Fallschirmspringer vom Himmel, und am Ende waren die Straßen voller entstellter, gemarterter Körper, die man zu Haufen schichtete. Die Regierung behauptet, es habe nur 185 Opfer gegeben. Die Menschen in Kwangju sprechen von mehr als 2000.

Kwangju war immer schon das Zentrum der Opposition – Kim Dae Jung stammt aus dieser Stadt. Nach dem Massaker wurde dort die Demokratiebewegung gegründet, und heute geht von dort eine andere »historische Mission« aus: die Wiedervereinigung des geteilten Landes.

Dabei spricht niemand offen über die Wiedervereinigung, aber alle scheinen daran zu denken. Hinter dem bequemen Sessel des Fabrikbesitzers hängt ebenso wie hinter dem Stuhl des einfachen Arbeiters ein Bild des geheimnisvollen Chong-Ji-Sees auf dem Gipfel des Paktou, der einst Symbol des gesamten Korea war, jetzt aber im Norden liegt. Und auf den Gebetszetteln, die die Menschen in den Tempeln lassen, um den Göttern ihre Wünsche mitzuteilen, steht häufig: »Möge unser Vaterland von neuem vereint sein!«

»Früher glaubten wir, dass unsere politischen Führer uns schon die Einheit bringen würden. Heute haben wir begriffen, dass wir das selbst in die Hand nehmen müssen«, sagt mir der Abt eines buddhistischen Tempels in Mun Pin Chong, ein wenig außerhalb von Kwangju. Er ist einer der Vorkämpfer für die Wiederaufnahme der Kontakte zwischen Nord- und Südkorea. Eine kürzlich durchgeführte Umfrage ergab, dass der Großteil der jungen Koreaner glaubt, nur die Wiedervereinigung könne ein neues Blutbad auf der Halbinsel verhindern.

Ironischer Nebeneffekt von drei Jahrzehnten eisern antikommunistischer Erziehung in Südkorea ist, dass die Jugendlichen hier mittlerweile von einer tiefen Wissbegier in puncto Kommunismus ergriffen sind. »Ich weiß, dass wir vom selben Blut sind. Und Blut ist stärker als jede Ideologie«, meint Nam Pyong O von der Katholischen Jugendvereinigung. »Die antikommunistische Propaganda hat unser Denken vergiftet. Es wird Zeit, dass wir eine Entgiftungskur machen.«

Außerdem ist Kwangju das Zentrum eines neuen Antiamerikanismus, der sich langsam im ganzen Land breit macht. »Bis zu den Protesten in Kwangju dachten wir, die Amerikaner seien unsere Freunde. Mittlerweile ist uns klar geworden, dass die Amerikaner die Paten all unserer Diktatoren waren«, erklärt mir Myong Ro Kuen, Professor für Literatur an der Universität von Chonnam, der achtzehn Monate im Gefängnis verbrachte. Seine beiden Töchter waren ebenfalls zu Gefängnisstrafen verurteilt worden: die ältere zu zwei Jahren, die jüngere zu zwei Monaten.

In Südkorea haben die Amerikaner viel an Sympathien eingebüßt. Mittlerweile wird auch ihre Rolle im Krieg heruntergespielt, ja nahezu vergessen. Die amerikanische Präsenz in Südkorea, die früher als Devisenquelle galt, wird mit zunehmendem Wohlstand nun als Quelle der Korruption empfunden. So nennt man die Niederlassungen rund um den Luftwaffenstützpunkt bei Kunsan, wo die Amerikaner mit ihren »vorübergehenden« koreanischen Ehefrauen leben, die »amerikanische Stadt«: wie einen Fremdkörper, dem man besser fern bleibt.

Welchem Modell die Koreaner folgen wollen, ist noch unklar. Für den Augenblick erinnert der Weg Koreas stark an den Japans. Die Verkäuferinnen des riesigen Kaufhauses *Lotte* im Zentrum von Seoul verneigen sich vor den Kunden, die den Aufzügen entsteigen, und murmeln endlose Willkommenslitaneien – genauso wie die Verkäuferinnen im Takashimaya-Tower in Tokio. Die Arbeiter von Hyundai beginnen ihren Tag ebenfalls damit, die Hymne des Konzerns zu singen und sich vor seiner Fahne zu verneigen, wie die Angestellten von Toyota. Ein großer Teil der südkoreanischen Infrastruktur wurde von Japanern geplant, und viele koreanische Warenhäuser sind mehr oder weniger Kopien ihrer japanischen Vorbilder.

Und auch die Formel, nach der Südkorea von allem ein bisschen produziert, vom Aufzug bis hin zu Flugzeugbauteilen, scheint den Japanern abgeguckt: ausländische Technologie erwerben, sie studieren und kopieren, daraus eine eigene Technologie schaffen und vom Ausland unabhängig werden.

Der Technologietransfer nimmt dabei verschiedene Formen an. Der Flug JAL 955, der jeden Freitagnachmittag den Narita-Flughafen in Tokio mit Seoul verbindet, ist normalerweise ausgebucht – von Japanern. Dabei handelt es sich keineswegs nur um Touristen oder

Herren auf Geschäftsreise. Viele der Passagiere sind Ingenieure, die das Wochenende nutzen, um für eine koreanische Firma zu arbeiten. Sie werden in einem guten Hotel untergebracht, bekommen einen Übersetzer zugeteilt und erhalten für die Arbeit eines Tages zwischen 300 und 500 amerikanische Dollar. Und wenn dazu noch ein wenig Industriespionage kommt, liegt der Preis noch sehr viel höher. Die japanischen Firmen, die langsam beginnen, sich Sorgen zu machen, sind mittlerweile dazu übergegangen, die Pässe ihrer Angestellten zu kontrollieren und auf den Flughäfen Spione zu postieren, um diese Wochenendexkursionen unter Kontrolle zu bringen.

Dabei mögen die Koreaner die Japaner nicht. Und die Japaner verachten die Koreaner. Ein Ausländer kann keinen schlimmeren Lapsus begehen, als Angehörige dieser beiden Völker miteinander zu verwechseln. Und doch unterhalten die beiden Länder enge Beziehungen. »Wir sind von Japan nicht abhängig«, meint der Wirtschaftswissenschaftler Suh, »wir haben nur enge Beziehungen.« Wirtschaftlich gesehen sind die Japaner in Korea heute stärker engagiert als die Amerikaner: Von allen Auslandsinvestitionen, die zwischen 1962 und 1986 in Korea getätigt wurden, geht die Hälfte auf japanische Unternehmen zurück, nur etwa ein Drittel kommt aus Amerika.

Und wieder war es Park Chung Hee, der begriff, dass Koreas Aufschwung niemals stattfinden würde, wenn es nicht zur Aussöhnung mit seiner kolonialen Vergangenheit bereit wäre. Also traf er 1965 die mutige Entscheidung, von neuem diplomatische Beziehungen mit Tokio aufzunehmen. Und er fing das recht geschickt an: Er öffnete das Land nur für Geschäftsleute und Ingenieure, alles andere hatte draußen zu bleiben. So blieben japanische Filme, Schallplatten und Videokassetten in Korea verboten. Erst zur Olympiade wurde eine Gruppe eingeladen, die in Seoul und Pusan eine traditionelle japanische Kabuki-Oper zum Besten geben sollte.

Der Sextourismus hingegen, der weite Gebiete Südkoreas in Bordelle für Japaner verwandelte, war von Anfang an gestattet. Pusan ist dafür ein gutes Beispiel. Die Japaner kommen in Gruppen mit dem

Schiff von Shimonoseki oder mit dem Flugzeug aus Tokio bzw. Osaka und bleiben ein paar Tage lang. Der Preis für das Mädchen ist im Pauschalpreis für Fahrt und Hotelzimmer bereits inbegriffen.

Solche Exkursionen waren nicht immer frei von Risiko. Nur eine Autostunde von Pusan entfernt findet sich in der alten Stadt Chinju der Tempel einer berühmten Nationalheldin Koreas. Non Gae war eine *kisaeng*, das koreanische Gegenstück zur japanischen Geisha. Als man sie zwang, einen japanischen General zu unterhalten, der 1592 mit der siegreichen japanischen Invasion ins Land kam, führte sie ihn auf einen Felsen über dem Nam-Fluss, wo sie ihn zärtlich umarmte – um sich dann mit ihm in die Tiefe zu stürzen. Im Tempel brennen zu ihrem Gedenken ständig zwei Kerzen, und in den Schulen lesen alle koreanischen Kinder seit Generationen die Geschichte dieser mutigen Frau.

»Der Preis, den Korea für sein Überleben zahlt, lässt sich vor allem von den Gesichtern der Frauen ablesen«, schrieb John Ashmead, ein amerikanischer Schriftsteller, in seinem Roman über den Zweiten Weltkrieg *A Mountain and a Feather* (Ein Berg und eine Feder).

Und das gilt heute noch. Die koreanischen Frauen übernehmen ihre Rolle als Dienerin des Mannes, ohne zu rebellieren, ohne zu protestieren, und mühen sich darin ab, während rundherum die Gesellschaft sich rapide verändert. Sie arbeiten hart in den *tabang*, Cafés, in denen mehr ihre Gesellschaft verkauft wird als der Kaffee selbst. Sie schuften in den Friseurläden, wo die Männer sich zuerst den Bart schneiden und dann von Hand befriedigen lassen. Und in den zahllosen *room salons*, einer koreanischen Institution, in der Mädchen in traditioneller Tracht oder in gefälligen westlichen Kleidern den männlichen Kunden mit Herz und Mund zu Diensten sind. Sie arbeiten in den Vierteln Seouls, in denen sie – wie im Miari-Viertel zum Beispiel – zu Hunderten in Schaufenstern ausgestellt werden. Oder in dem armseligen Labyrinth um den Yongsan-Bahnhof, wo die Männer sie nachts zu Billigstpreisen erwerben.

Drei Jahrzehnte Militärdiktatur haben das Schicksal der koreanischen Frauen nicht verbessert. Die konfuzianische Gesellschaftsordnung, die alles in allem gut zum tief verwurzelten Konservativismus passt, blieb unangetastet.

»Der Konfuzianismus ist Teil unseres Lebens, so wie das Christentum Teil der europäischen Kultur ist«, meint Kang Kuk Young, 68 Jahre alt und emeritierter Präsident einer der Elite-Universitäten in Chinju. »Daher können wir Veränderungen nur akzeptieren, wenn sie schrittweise erfolgen.«

Konfuzianismus – das bedeutet für die Frauen, dass sie zuerst dem Vater zu gehorchen haben, dann dem Ehemann und schließlich den männlichen Söhnen. Es bedeutet, dass Autoritäten und ältere Menschen fraglos respektiert werden. Als 1950 die Nordkoreaner einmarschierten, waren die Südkoreaner am meisten schockiert, als die jungen kommunistischen Soldaten ältere Männer mit »Genosse« titulierten. »Das war einfach unvorstellbar, inakzeptabel. Es war gegen die Natur«, sagt Professor Kang.

Auf dem Land sind die menschlichen Beziehungen immer noch von der Ethik des Konfuzianismus geprägt. Am Abend, wenn die Sonne untergeht, versammeln sich die Bauern unter dem Dach des offenen Pavillons, den jedes Dorf besitzt, um zu plaudern und Schach zu spielen – die Jungen sitzen streng von den Alten getrennt, und die Frauen bleiben diskret im Hintergrund. Wenn der Sohn nach Hause kommt wie zum Beispiel mein Übersetzer-Student, dann kniet er sich vor den Vater hin und berührt mit der Stirn den Fußboden.

Die konfuzianische Ordnung sorgt auch dafür, dass wohlhabende Familien wohlhabend bleiben und die armen, schlecht bezahlten Bevölkerungsgruppen sich nicht gegen ihr Schicksal auflehnen und arm bleiben. Das schnelle Wirtschaftswachstum hat diese Schere eher noch weiter geöffnet. Fünf Minuten von den eleganten Villen der Reichen am Skywalk von Seoul liegen die primitiven Betonblocks der Armen, in denen die Bewohner immer noch das Wasser mit dem Eimer holen und keine Toiletten im Haus haben.

So wurden die Reichen mit der Zeit zu einer ganz eigenen Rasse. Sie leben unter sich und machen nur unter sich Geschäfte. Sie sind die Einzigen, die ins Ausland reisen dürfen, ein Privileg, das die meisten Koreaner dreißig Jahre lang nicht nutzen konnten. Hier gilt immer noch das alte System der »arrangierten Ehen«, sodass Kinder reicher Eltern wieder solche heiraten und die Vermögen nicht etwa aufgeteilt werden, sondern immer weiter anwachsen.

Jede koreanische Stadt wird von einer kleinen Gruppe hochstehender Familien mit bekannten Namen beherrscht. Die Wirtschaft des ganzen Landes wird von wenigen *chaebol* gelenkt, vermögenden Industriekonglomeraten in der Hand von einzelnen Familien, die unter dem Schutz des Militärregimes immer reicher und mächtiger wurden: So produzieren allein fünfzehn dieser *chaebol* mehr als die Hälfte des Bruttosozialprodukts des ganzen Landes. Zu diesen gehören beispielsweise Samsung, Hyundai, Daewoo, Hanjin und Lotte.

Während die Reichen sich leisten können, ihre alten Traditionen aufrechtzuerhalten, und einige Familien sogar noch ihr kostbares Stammbuch besitzen, in dem mitunter über Jahrhunderte hinweg die Geburt ihrer Vorfahren verzeichnet wurde, verlieren die Armen ihre Wurzeln immer schneller. Die rasche Urbanisierung von Millionen von Landbewohnern führte dazu, dass deren traditionelle Werte mehr und mehr verloren gingen. Dazu gehört auch die Familie als solche.

»Mama, wo bist du?«, fragt auf einem Poster ein von seiner Familie verlassenes Kind. Jedes Jahr werden mehr als 9000 koreanische Kinder »exportiert«, um von ausländischen Familien adoptiert zu werden. Der Preis liegt augenblicklich bei etwa 4000 Dollar – Transport und Papiere inbegriffen.

Der wirtschaftliche Erfolg scheint zu zerstören, was die Koreaner sogar unter der japanischen Kolonialherrschaft hatten bewahren können: ihre Identität. Und dies zieht mitunter Unmut nach sich. »Wir haben der Modernisierung zu viel Bedeutung eingeräumt. Heute spüren wir, was uns verloren gegangen ist«, erklärt der Dichter Kim Jun Tai aus Kwangju. »Alles um uns herum haben wir vom Westen übernommen, unsere Häuser, unsere Sitten und Gebräuche, unsere Art zu denken.«

Seoul ähnelt Tokio immer mehr, und auch die Insel von Cheju, auf der es einst nur »Steine, Wind und Frauen« gab, bietet heute elegante Luxushotels und Badeanstalten, die sich von denen in anderen Ländern nicht im Geringsten unterscheiden. Alte religiöse Traditionen wie der Schamanismus zum Beispiel finden bei den jungen Leuten keine Anhänger mehr und verkommen zu touristischen Attraktionen. Sogar der Bürgermeister von Seoul erkennt mittlerweile die Gefahr: »In den letzten zwanzig Jahren haben wir Reichtümer angesammelt«, meint er. »Jetzt sollten wir uns um unsere Kultur kümmern.«

Das schnelle Aussterben der alten Sitten und Gebräuche hat bei den Koreanern eine immense Sehnsucht nach der Vergangenheit geweckt. Nun besuchen Studenten Volkstanzkurse, die Mittelschicht achtet vermehrt darauf, nur koreanische Gerichte zu essen und in traditionellen Häusern zu leben. Einige Angehörige der Nationalversammlung gehen wieder in den klassischen Gewändern ins Parlament. Und in den Provinzstädten gibt es neuerdings in den konfuzianischen Tempeln wieder Kurse in »ethischem Verhalten nach Konfuzius«. In Sunchon zum Beispiel besuchen Hunderte von Menschen diese Kurse – durchweg junge Leute.

In einem hoch gelegenen Tal am Chiri-Berg liegt Chunghak, das Dorf des blauen Storches. Dorthin haben sich 23 Familien zurückgezogen, die der modernen Welt entfliehen wollen. Sie sammeln Heilkräuter und stellen Honig her – wie die Koreaner dies vor Hunderten von Jahren taten. Sie kleiden sich in die traditionellen weißen Gewänder. Die unverheirateten jungen Leute tragen das Haar in einem langen Zopf, während die verheirateten es unter dem schwarzen, zylinderförmigen Hut aus Pferdehaar verbergen. Die Kinder besuchen eine einfache Schule, über deren Eingang geschrieben steht: »Der Schatten der Berge lässt große Seelen heranwachsen.« In dieser Schule studieren sie nur die *Gespräche* von Konfuzius. Das ganze Dorf befolgt streng die Regeln des chinesischen Weisen. »Dieses Dorf ist kein simpler Fleck auf der Landkarte, es ist ein geistiges Paradies«, erklärt mir der Dorfvorsteher Kim Tek Chun, nachdem er mich willkommen geheißen und mir eine Tasse Tee angeboten hatte. Er und seine Leute sind zutiefst davon überzeugt, dass Korea in der Zukunft der Menschheit eine wichtige Rolle spielen wird. Er empfindet es als seine Pflicht, die koreanische Spiritualität in einer Welt aufrechtzuerhalten, die sich immer stärker dem Materialismus verschreibt. »Das letzte Jahrhundert gehörte den Engländern, dieses den Amerikanern. Das nächste wird das Jahrhundert der Koreaner sein. Darauf bereiten wir uns vor«, meint Li Jong Suk, das spirituelle Oberhaupt des Dorfes. Während er mir von der neuen Ordnung der Welt erzählt, von der Ära des Friedens, die – mit Korea als Zentrum – unweigerlich anbrechen wird, spielen um uns herum die Kinder des Dorfes. Sie haben kleine Holzklötze, die sie über den Fußboden schieben, wobei sie die Geräusche fahrender Autos nachahmen.

Eine der sichtbarsten Folgen des Verlusts der alten Werte ist die Tatsache, dass die Arbeiter immer militanter werden und die Gewerkschaften ungeheuren Zulauf verzeichnen. Die Auseinandersetzungen werden immer zahlreicher: Allein 1987 gab es 3749 Streiks, mehr als in den ganzen zehn Jahren davor. In den ersten fünf Monaten dieses Jahres verbrauchte die Polizei 275 000 Tränengaspatronen, um Demonstrationen mit gewerkschaftlichem Hintergrund aufzulösen. Wobei im Augenblick die Tendenz zum Kompromiss noch überwiegt.

Obwohl mittlerweile die schlimmsten Symptome der Militärdiktatur Vergangenheit sind (Inhaftierte werden nicht mehr verprügelt, Gefangene anscheinend nicht mehr gefoltert), prägt noch immer der militärische Geist General Parks das Leben der Koreaner. Das zeigt schon die Art und Weise, wie Seoul sich auf die Olympischen Spiele vorbereitet. Bulldozer schieben ganze Barackenstädte von den Hügeln der Hauptstadt, 4000 Blinde und Bettler wurden aus den Straßen vertrieben. Die 16 000 fliegenden Händler und die 3000 bunten Zelte, in denen die Koreaner sich des Abends so gerne betrinken, wird es bald nicht mehr geben. Die Diktatur funktioniert. Und mit Erfolg. Die Funktionäre des Olympischen Komitees teilen mit, dass die Organisation der Spiele von Seiten der Koreaner vorbildlich sei.

Seit dem Scheitern des Sozialismus in Maos China sind die einzigen asiatischen Länder, die in den letzten dreißig Jahren einen Aufschwung zu verzeichnen hatten – das schon vor dem Krieg industrialisierte Japan einmal ausgenommen –, jene mit einem autoritären, prowestlichen und kapitalistischen Regime. Und Südkorea mit der wohl autoritärsten Führung wächst stärker als alle anderen: stärker als Singapur, Hongkong oder Taiwan.

Die Gefahr liegt nun darin, dass der von den Olympischen Spielen gekrönte Triumph Südkoreas die Niederlage Nordkoreas noch deutlicher macht. Was das Ansehen der Regierung in Pjöngjang, deren Legitimität sich größtenteils auf die Rivalität zum Süden gründet, noch mehr untergräbt. Alle Revolutionäre Asiens konnten in gewisser Weise Erfolge verzeichnen: Mao hat China geeint. Ho Chi Minh konnte – zumindest postum – auf ein geeintes Vietnam blicken. Kim Il Sung ist der Einzige, der bisher nichts dergleichen für sich beanspruchen kann. Wird er dies hinnehmen? Und sein Sohn, Kim Jong Il, wird er damit fertig werden? Die Möglichkeit, dass Pjöngjang einen Terroranschlag unterstützt (von Seiten des international gesuchten Terroristen Carlos vielleicht oder seitens der Reste der Roten Armee Japans?), um Südkorea den Spaß zu verderben, ist nicht von der Hand zu weisen.

Auf lange Sicht jedenfalls kann eine Annäherung der beiden Länder nicht ausgeschlossen werden. Eine zunehmend neutrale Haltung der beiden Länder könnte auf Dauer im Interesse der ganzen Halbinsel liegen. Experten weisen darauf hin, dass die beiden Teile Koreas, die 1945 durch eine schmerzhafte Trennung geschaffen wurden, wirtschaftlich optimal zusammenpassen (der Norden verfügt über Rohstoffe, der Süden über Fabriken). Vierzig Millionen Südkoreaner zusammen mit 22 Millionen Nordkoreanern würden Gesamt-Korea zu einer enormen Wirtschaftsmacht machen.

Da der Krieg vor vierzig Jahren ja kein Krieg zwischen Koreanern, sondern eine Auseinandersetzung zwischen Ost und West, zwischen Kommunismus und Kapitalismus war, glauben viele Koreaner, dass Korea in der Ära der schwindenden ideologischen Differenzen, im

Zeitalter der Entspannung zum Symbol der »postideologischen Epoche« werden könnte.

In Seoul jedenfalls liest man neuerdings wieder mit Interesse im *Jonggam Rock*, einer Sammlung von Prophezeiungen aus dem Korea des 13. Jahrhunderts. Eine davon scheint auf unser Zeitalter zu passen: Gegen Ende des Jahrtausends, so heißt es, komme die Menschheit ihrem Ende gefährlich nahe. Doch dann verändere sich in einem Land am Rande der Welt der Lebensstil; Krieg werde zu Frieden und dieses Land zum Mittelpunkt einer friedliebenden Welt. Und dieses Land sei Korea.

»Das hört sich blödsinnig an, aber heute scheint es wirklich wahr zu werden«, meint der Schriftsteller Lee O Young. »Vor 38 Jahren kamen junge Leute aus aller Welt hierher, um in Korea den Tod zu finden. Heute kommen sie her, um friedlich miteinander in Wettstreit zu treten. Damals war Korea ein Friedhof, heute wird es zum Ort für die Spiele. Diese Veränderung ist enorm. Tatsächlich könnte von hier der Weltfrieden ausgehen.«

Wenn man von den Hügeln des Namsan herab den lebendigen, funkelnden Körper Seouls beobachtet, der im Tal schimmert, denkt man unweigerlich an die »Schöne im Spiegel«, die sich für ihr anstrengendes Rendezvous mit der Geschichte schminkt. An die Drohung, die von der Grenze in nur 56 Kilometern Entfernung ausgeht. An die Prophezeiung, die hier den Ausgangspunkt für den Weltfrieden sieht. An die merkwürdige Begegnung mit dem alten koreanischen Bauern, der auf einem Baum neben dem Dorfpavillon von Yu Ung Li saß.

Der Alte zog sich zuerst den linken Schuh aus, dann den rechten. Beide stellte er säuberlich vor seine Füße. Dann zog er sie wieder an – nur umgekehrt. Und sie passten perfekt. »Sehen Sie!«, sagte er mit einem Lächeln zu mir. »Links und rechts, Kommunismus und Kapitalismus – all das sind westliche Vorstellungen. Wir Koreaner kennen diese Unterschiede nicht. Unsere Schuhe passen auf beide Füße.«

Jahrelang war das Haus von Kim Dae Jung eine Pflichtstation für Journalisten, die in Südkorea unterwegs waren. Kein Porträt des Landes wäre vollständig gewesen ohne ihn.

Kim Dae Jung: der »Schattenpräsident«

Seoul, August 1988

In Tokio glaubte er sich in Sicherheit, doch für die Agenten der gefürchteten KCIA, des südkoreanischen Geheimdienstes, war es ein Leichtes, ihn aufzuspüren. Nachts drangen sie in sein Hotelzimmer ein, betäubten ihn und steckten ihn in einen Sack. Im Kofferraum eines Wagens brachte man ihn auf ein Schiff, das sofort auslief. Plangemäß sollte er auf dem Meer beseitigt werden, und zwar so, dass sein Körper nie mehr an die Oberfläche kommen sollte. Auf diese Weise hätte das Verbrechen niemals mit absoluter Sicherheit der Militärdiktatur Südkoreas angelastet werden können.

Wunderbarerweise überlebte Kim Dae Jung, der Dissident, der Widersacher par excellence dieses Regimes, das Symbol schlechthin für den südkoreanischen Kampf um die Demokratie. Ein japanisches Militärflugzeug hatte dieses seltsame Schiff beobachtet, das so weit von der Küste entfernt war. Tokio verständigte Washington, und von der CIA kam dann innerhalb weniger Sekunden die dringende »Empfehlung« an die südkoreanischen Kollegen, diese Aktion besser abzubrechen. Also brachte man Kim Dae Jung nach Seoul und verurteilte ihn dort zum Tode. Aber auch dieses Urteil, das dem Militärregime politisch mehr als schadete, konnte Kim Dae Jung nicht vernichten.

Die Geschichte Kim Dae Jungs ist seit mehr als dreißig Jahren geprägt von einer erschreckenden Intimität mit dem Tod, die immer wieder von phantastischen Rettungsmanövern unterbrochen wird, von mutigen Schlachten und grandiosen Niederlagen. Und jedes Mal schien der Tod endgültig zuzuschlagen. 1971 wagte er es, gegen den Kandidaten des Militärs, den General Park Chung Hee, zur Wahl um das Präsidentschaftsamt anzutreten, und wurde danach als politisch tot eingestuft. Doch er stand wieder auf. Zehn Jahre später, als er einwilligte, das Gefängnis zu verlassen und ins Exil in die Vereinigten Staaten zu gehen, hieß es, dass die Koreaner ihn vergessen würden und er niemals zurückkommen könne. Doch er kehrte zurück. Und im Dezember letzten Jahres, als Kim Dae Jung dem ehemaligen General Roh Tae Woo, dem Kandidaten des Militärregimes, bei den Präsidentschaftswahlen unterlag, sagten und schrieben viele, dass dies nun seine endgültige Niederlage sei. Sogar aus den Reihen seiner Partei drangen Stimmen, die ihm empfahlen, den Rücktritt einzureichen, da er nun »ein totes Pferd« sei, auf das niemand mehr setzen würde. Er solle, so konnte man hören, doch den Weg für jüngere Führer frei machen. Und wie jedes Mal, so hatte Kim es auch dieses Mal geschafft, heil davonzukommen. Es gelang ihm, sich von der Bahre des politisch Toten zu erheben, auf die seine eigenen Anhänger ihn gebettet hatten. Nur acht Monate nach der schmerzlichen Niederlage bei der Präsidentschaftswahl steht Kim Dae Jung von neuem im Mittelpunkt der politischen Szenerie Koreas und ist »mehr Präsident als der eigentliche Präsident«, wie Kommentatoren in Seoul verlauten lassen.

Von ihm hängt es ab, ob ein Gesetz durchkommt oder nicht – dank seiner Anhänger im Parlament. Von ihm hängt es ab, ob auf den Straßen und Plätzen des Landes in den kommenden Monaten Frieden herrschen wird. Das Wort des Mannes, den das Militär als Galionsfigur der Revolution betrachtet (Kim Dae Jung kritisiert die amerikanische Präsenz in Südkorea und sucht den Dialog mit dem kommunistischen Norden der Halbinsel), gewinnt mit jedem Tag mehr Gewicht, wenn es um die Zukunft des Landes geht.

Roh Tae Woo ist offiziell immer noch der im »Blauen Haus« Südkoreas residierende Präsident, doch Kim Dae Jung ist mittlerweile zum »Schattenpräsidenten« aufgerückt. Für den Augenblick lautet sein Befehl: Mäßigung. »Wir wollen kein Chaos«, sagte er kürzlich vor seinen Anhängern. Roh bat ihn sogar bei einem bis vor kurzem noch unvorstellbaren Treffen um seine Unterstützung bei der Demokratisierung des Landes. Dies bedeutet vor allem eines: Die Machtmaschinerie, auf der das Militär in der Vergangenheit seine Autorität gründete und von der auch die Regierung Roh Tae Woos abhängig ist, hat sich festgefressen.

Die ersten Trompetenstöße waren bereits zu vernehmen – in beinahe bestürzender Deutlichkeit. Der Bruder von General Chun Doo Hwan, der bis Februar dieses Jahres das Land regierte, wurde unter Korruptionsverdacht verhaftet, und der ehemalige Präsident musste auf all seine lukrativen Beraterposten verzichten, die er sich gesichert hatte. Die Angehörigen des Militärregimes haben keine Wahl. Wenn sie keinen Staatsstreich riskieren wollen – was gerade jetzt vor den Olympischen Spielen peinlich und gefährlich wäre –, dann müssen sie mit Kim das Spiel der Demokratie spielen.

Vor einigen Tagen stattete ein leicht pedantisch wirkender Herr Kim Dae Jung einen Besuch ab und versprach ihm in wohl abgewogenen Worten, dass seine Organisation sich künftig aus der Innenpolitik heraushalten und er folglich von dieser Seite nichts mehr zu befürchten hätte. Es handelte sich dabei um den Chef der KCIA, des südkoreanischen Geheimdienstes.

Kim empfing ihn mit einem breiten Lächeln auf den Lippen, umgeben von Fotografen, die diese Ironie des Schicksals für die Geschichte festhalten sollten.*

---

* Kim Dae Jung gewann 1997 die Präsidentschaftswahlen. Der Übergang von der Militärdiktatur zur Demokratie glückte in bemerkenswerter Weise. Sein letztes Amtsjahr ist allerdings von Korruptionsvorwürfen überschattet. An den Präsidentschaftswahlen Ende 2002 konnte Kim Dae Jung aus verfassungsrechtlichen Gründen nicht mehr teilnehmen.

Zu den Aufgaben eines Korrespondenten in Tokio gehörte es damals auch, über den Gesundheitszustand des Kaisers zu berichten. Im Sommer 1988 erkrankte Hirohito.

Mitte September verschlechtert sein Zustand sich zusehends, und man nimmt an, dass er bald sterben wird.

Japan: Todeskampf eines Gottes

Tokio, 23. September 1988

Ein leichter Dauerregen fällt auf die Stadt, und der Kaiserpalast sieht düsterer und trübsinniger aus als je zuvor. Das Wasser im Schlossgraben wirkt schwarz, die Kiefern im Park finster. Sogar die großen, goldenen Chrysanthemen an den Pforten dieser mittelalterlichen Festung inmitten einer supermodern, ja teils futuristisch anmutenden Stadt scheinen nicht mehr als Herolde des gekrönten Hauptes, das dort residiert, sondern als Boten des Todes. Hinter diesen Mauern liegt ein Mann im Sterben, den man hier als die verkörperte Quintessenz der Nation betrachtet. Gestern Morgen hat Hirohito eine Bluttransfusion erhalten, doch der Lebensatem des sechsundachtzigjährigen Kaisers scheint mittlerweile erschöpft. Ein ununterbrochener Strom von Pilgern zieht an den Toren des Palastes vorbei. Tausende und Abertausende von Menschen jeden Alters drängen sich auf dem weiten Platz am Eingang des Palastes und den steinernen Bänken. Die Menge schweigt. Man hört nur das Knirschen des Kieses unter den Sohlen derer, die sich in endlose weiße Papierrollen eintragen, das Murmeln der Betenden und rhythmisches Händeklatschen, das dem Himmel die Gegenwart der knienden Menschen anzeigen soll. Japan hat seine Totenwache begonnen und bereitet sich – sorgenvoll und verunsichert – auf diesen Tod vor.

Zum ersten Mal stirbt ein Kaiser, nach der alten Staatsreligion als Gott geboren, den Tod eines gewöhnlichen Bürgers – gemäß der neuen Verfassung, die den Japanern nach dem Krieg von den

Amerikanern diktiert wurde. Mit dem Tod Hirohitos wird eine Seite im Buch der Geschichte Japans unwiderruflich umgeblättert. Und die Menschen wissen, dass die Seite, die nun aufgeschlagen wird, schon jetzt voller Fragezeichen steht. Da ist zum einen die Frage nach dem Fortbestand des Kaisertums. Es geht dabei nicht darum, ob Japan nun Republik wird. (Sämtliche Meinungsumfragen haben ergeben, dass nur 10 Prozent der Japaner eine derartige Veränderung des Status quo befürworten.) Nein, die Japaner beschäftigt vielmehr das Problem, ob nach dem Tod Hirohitos das Kaisertum seine bisherige Funktion beibehalten wird und wie bisher nicht nur einige kulturelle Aspekte des japanischen Lebens beeinflusst (hierher gehört zum Beispiel die dynastische Zählung der Jahre), sondern ob es weiterhin das tragende Fundament japanischer Identität sein wird – eine Rolle, die keine andere Monarchie heute mehr innehat.

»Die japanische Gesellschaft ist ohne das Kaisertum nicht vorstellbar«, erklärt mir Professor Yoichi Kamishima, Religionswissenschaftler, »und das Kaisertum wiederum ist ohne die Göttlichkeit des Kaisers nicht denkbar.« Die japanische Kultur baut auf einem uralten schamanistischen Weltbild auf, das die Natur und die Dingwelt von »göttlichen Geistern«, den *kami*, beseelt sieht. Ihren höchsten Ausdruck findet diese Denkweise in der Vorstellung, der Kaiser verkörpere die lebendige Seele des Landes. Eine der ersten Zeremonien, die ein neuer Kaiser vor der Thronbesteigung auszuführen hat (es gibt insgesamt siebzig), ist die Totenwache. Drei Tage und drei Nächte sitzt er am Totenbett seines Vorgängers, um dessen Geist aufzunehmen. Und so wird Kaiser um Kaiser zum körperlichen Symbol des Japanertums, zum sichtbaren Abbild des kollektiven Geistes, dem man nacheifern kann und der den Japaner erst zum Japaner macht.

Kamishima – und mit ihm viele andere Wissenschaftler – ist der Ansicht, dass das Selbstverständnis der Japaner sich radikal verändern würde, wenn der Kaiser das Attribut der Göttlichkeit verlöre. Als die Amerikaner Japan besetzten, zwangen sie Hirohito, formell auf seine »Göttlichkeit« zu verzichten, aber die Tatsache, dass er trotzdem Kaiser blieb, ließ diese »Abdankung« in Vergessenheit geraten. Die Mehrzahl der Japaner, auch junge Leute, glauben heute immer noch an seine besondere Natur als *Ohoribata*, als »Ehrwürdiger, der jenseits des Wassergrabens lebt«. In den Schulen lehrt man immer noch, dass die kaiserliche Familie direkt von der Sonnengöttin abstammt. Viele Japaner, auch der jüngeren Generation, glauben gerne an die Geschichten, die man immer wieder in den Boulevardzeitungen liest. So habe zum Beispiel der letzte Staatsgast Japans, der Präsident Venezuelas, in der Gegenwart des Kaisers zu weinen begonnen. Und auch Huo Yuobang, der aktuelle Generalsekretär der kommunistischen Partei Chinas, habe beim Anblick Hirohitos begonnen zu zittern, als habe er einen elektrischen Schlag erhalten.

In den Augen der meisten Japaner ist Hirohitos Sohn und Nachfolger Akihito, der eine »Bürgerliche« geheiratet hat und außerdem noch eine amerikanische Privatlehrerin hatte, wohl kaum geeignet, diese Aura des Göttlichen auszufüllen. Doch gerade die Göttlichkeit des Kaisers prägt viele Aspekte der japanischen Kultur. So zählt man hier die Jahre nicht – wie in der gesamten industrialisierten Welt – von der Geburt Christi an, sondern beginnend mit der Thronbesteigung des aktuellen Kaisers. Jeder Kaiser gibt seiner Epoche ihren Namen. Die Regierungszeit Hirohitos ist die Ära Showa, die seines Vaters die Ära Taisho, die seines Großvaters die Ära Meiji. Die Diskussion darüber, wie die Ära nach Hirohito heißen soll, ist bereits entfacht, doch es gibt auch Stimmen (zum Beispiel die der Tageszeitung *Asahi*, die gestern einen entsprechenden Leitartikel veröffentlichte), die dafür plädieren, nunmehr die Jahreszählung der restlichen Welt einzuführen. Das wäre keine kleine Veränderung. »Den Lauf der Jahre so eng an den Lebensrhythmus des Kaisers zu binden übt einen starken psychologischen Einfluss aus«, sagt Shigeyoshi Murakami, Professor für Religionsgeschichte an der Universität Keio. »Die Menschen werden so ständig daran erinnert, dass der Kaiser Zeit und Raum beherrscht, wodurch die Japaner sich weiterhin als Untertanen, nie als Herren im Land fühlen.«

Der Tod Hirohitos wird also auf jeden Fall einen tiefgreifenden psychologischen Einfluss auf die Japaner ausüben, denn mit ihm sterben Kontinuität und Stabilität, die den sozialen Zusammenhalt gewährleisteten, der in den letzten dreißig Jahren stark gefährdet war.

Ab 1921, dem Jahr seiner Ausrufung zum Regenten, bzw. 1926, dem Jahr seiner Krönung zum Kaiser, war Hirohito für Millionen von Japanern die einzige Konstante, der einzige ruhende Pol, auf den sie sich in einer Welt zum Teil dramatischen Wandels stützen konnten. Die letzten 75 Jahre waren für die Kinder der aufgehenden Sonne die schwierigste Zeit ihrer Geschichte: Triumphalen Siegen folgten schmachvolle Niederlagen. Und immer wieder schreckliche Dramen: das Erdbeben von 1923, das fast ganz Tokio zerstörte, in den dreißiger Jahren der Krieg in China, der Angriff auf Pearl Harbor, die japanische Invasion Südostasiens 1941, die beiden Atombomben auf Hiroshima und Nagasaki im Jahr 1945. Doch sosehr dieses Land auch durchgerüttelt wurde, das unbewegte Gesicht des Kaisers, der abwesende Blick hinter den dicken Brillengläsern dieses mitunter so ungeschickt wirkenden kleinen Mannes, der sich der Öffentlichkeit anfangs in Uniform auf einem weißen Pferd zeigte, später nur noch in Frack und Weste nach westlichem Zuschnitt, dieses Gesicht war immer da und versicherte den Durchschnittsjapaner seines Schicksals. Hirohito war einfach präsent, immer derselbe. Seine scheinbare Unsterblichkeit schien die Unsterblichkeit Japans widerzuspiegeln.

»Wir sind einfach nicht daran gewöhnt, uns ohne ihn zu denken«, meint ein Journalist von etwa fünfzig Jahren. »So als käme nach ihm nur eine gewaltige Leere.« Doch es wird keine Leere geben, denn in dem Augenblick, da Hirohito stirbt, wird sein Sohn wie vorgesehen seinen Platz einnehmen. Das Problem ist nur das Wie. Sollen Bestattung und Thronbesteigung nach den alten Riten erfolgen – was einen Konflikt mit der neuen Verfassung heraufbeschwören würde? Oder sollen sie nach neuem, nichtreligiösem Zeremoniell erfolgen, was dem Kaisertum eben seinen von vielen für so wichtig erachteten göttlichen Nimbus nehmen würde?

Laut Verfassung ist der Kaiser Staatsoberhaupt und Symbol der ganzen Nation, doch sagt sie auch, dass Japan für immer auf eigene Streitkräfte verzichtet. Die aber gibt es schon längst wieder, auch wenn sie nur »Kräfte zur Selbstverteidigung« heißen. Und sie gehören bereits zu den wichtigsten der westlichen Welt. Für die Japaner ist diese Verfassung nicht die ihre, weil sie ihnen von den Amerikanern aufgezwungen wurde. Viele würden sie gerne, wenn schon nicht abschaffen, doch zumindest ändern. Das Problem des Kaisertums wäre ein hinreichender Grund, um diese Diskussion wieder aufleben zu lassen.

Hier liegt die eigentliche Wurzel für die Anspannung dieser Tage und die Unsicherheit darüber, was beim und nach dem Tod des Kaisers geschieht. Wird man ihn wie einen Gott bestatten, wie es der Shintoismus vorschreibt? Oder wie einen einfachen Bürger? Und wird sein Sohn Akihito den Thron nach traditionellem Ritus besteigen oder wird man für ihn eine neue Zeremonie ersinnen, wie Japan sie bisher nicht kennt? Von der Beantwortung dieser Fragen wird das Selbstbild der Japaner in den nächsten Jahren abhängen wie auch die Art und Weise, in der sie von anderen Völkern, vor allem von ihren Nachbarn, wahrgenommen werden.

Während der alte Hirohito mit dem Tode ringt, ist dieser Kampf bereits voll entflammt. Erkennbar wird dies vor allem an der Geheimniskrämerei, mit der das Kaiserliche Büro, theoretisch ein Regierungsorgan, praktisch aber das Machtzentrum der Traditionalisten, die Öffentlichkeit und sogar die Regierung über den Gesundheitszustand des Kaisers im Unklaren lässt und seinen Todeskampf verschweigt.

Der Tod Hirohitos wird für Japan zum Wendepunkt werden, der es aus seiner Geschichte herauskatapultiert. Mit ihm verschwindet in den Augen der Welt (besonders der südostasiatischen) die Erinnerung an das kriegerische Japan, das die Region mit unendlicher Brutalität zu unterjochen versuchte. Dann werden sich der neue Kaiser und die Diplomaten Japans auf dem internationalen Parkett endlich bewegen können, ohne ständig das Gewicht vergangener Fehler mit sich schleppen zu müssen.

Der Mann, der nun in seinem düsteren, von Regenwolken umflorten Palast stirbt, der Mann, in dessen Namen Asien in Brand gesteckt wurde, hat seine unversöhnlichen Feinde von einst ohnehin um lange Jahre überlebt: von Stalin bis zu Churchill, von Roosevelt bis zu de Gaulle, von Truman zu Chiang Kaishek und Mao.

Die Trauerzeit

Tokio, 12. Dezember 1988
Die Bankangestellten gehen mit einer schwarzen Krawatte zur Arbeit. Die Nachrichtensprecher haben für alle Fälle einen dunklen Anzug in ihrer Garderobe hängen, in den Familien steht die Fahne mit dem schwarzen Streifen längst bereit.

Seitdem Regierung und Medien das Land auf die große historische Trauerzeit vorbereitet haben, hat kein japanischer Minister mehr das Land verlassen, kein ausländischer Würdenträger wurde in Tokio mehr empfangen. »Der Gesundheitszustand des Kaisers hat sich stabilisiert. Und Japan ist ins Koma gefallen«, sagt mir einer der Chefredakteure einer großen Tageszeitung. »Seit sechs Wochen sind wir quasi von der Welt abgeschnitten. Wir machen keine Außenpolitik mehr.« Man hat unter anderem dem italienischen Ministerpräsidenten De Mita abgesagt sowie den Außenministern Deutschlands und Chinas. Der sowjetische Außenminister Schewardnadse sollte am 19. Dezember hier eintreffen, aber nun ist auch dies fraglich geworden.

Die gravierendsten Auswirkungen der übereilten und ein wenig hysterischen Reaktion der Regierung auf die Krankheit des Kaisers treffen die Wirtschaft. Dem Beispiel der Regierung folgend, die alle offiziellen Termine absagte, strichen die großen japanischen Unternehmen sämtliche Empfänge, wodurch man sich von der Geschäftswelt – vor allem der westlichen – spürbar isolierte. Dutzende von Städten verzichteten auf Messen und Jahrmärkte. Auch die Bürger selbst halten sich mit privaten Feiern zurück. Die großen Hotels, in denen sich in Japan das soziale Leben abspielt, erlitten enorme Verluste. (Allein das Imperial Hotel in Tokio machte in einem Monat 600 Millionen Yen Verlust.) Geschäfte, die Seide, Süßigkeiten und Souvenirs verkaufen, mit denen man zum Ende eines solchen privaten Festes seine Gäste beschenkt, stecken plötzlich tief in der Krise.

Vor ein paar Tagen blieben am Tokioter Fischmarkt 1600 Hummer liegen, weil mehrere Bankette im letzten Augenblick abgesagt wurden. Kellner, Schauspieler und Musiker stehen plötzlich ohne Arbeit da, weil Konzerte und Theateraufführungen gestrichen wurden.

Diese Maßnahmen werden natürlich nicht mit dem Zustand des Kaisers begründet. Offiziell hört man nur »angesichts der aktuellen Umstände ...«, doch jeder Japaner weiß, was dies bedeuten soll. Und jeder übt sich in *jishuku,* was so viel bedeutet wie »Selbstkontrolle«, »Mäßigung«. Das ganze Land scheint von diesem Geist erfasst zu sein.

Jishuku ist der Grund, weshalb die großen Kaufhäuser alle Süßigkeiten aus roten Bohnen aus dem Angebot genommen haben, denn diese sind Symbol des Glücks. *Jishuku* veranlasst die Blumenhändler dazu, keine roten Blumen mehr zu verkaufen. Und *jishuku* sorgt dafür, dass in den Kleinanzeigen Worte wie »neu«, »Geburt« und »Glückwünsche« nicht mehr auftauchen, weil sie an die neue Ära gemahnen könnten, die nach Hirohitos Tod anbricht, und daher respektlos wären.

Da der Kaiser an inneren Blutungen leidet und über den Blutverlust und die Transfusionen stündlich in den Radio- und Fernsehnachrichten berichtet wird, hat man alle Veranstaltungen gestrichen, die etwas mit Blut zu tun haben, vor allem die hier sehr populären Gewaltdarstellungen.

Der Herbst ist in Japan Hochsaison für den Binnentourismus. Tausende reisen durchs Land und besuchen die Jahrmärkte, die um diese Zeit häufig abgehalten werden. Dass diese Veranstaltungen nun weitgehend gestrichen wurden, hat die Tourismusindustrie und alle damit verbundenen Geschäftszweige schwer geschädigt.

Die Stadt Kioto hat mehr als zwei Milliarden Yen verloren, weil sie das Festival des Feuers und den Jahrmarkt im großen Tempel von Heian absagte. Die Stadt Kitakyushu hat Zehntausende von Besuchern weniger zu verbuchen, weil sie die große Stahlmesse strich, die um diese Zeit dort stattfindet. Sogar der Markt der Antiquariate, der immer im Kanda-Viertel in Tokio abgehalten wird, fiel dieses Jahr aus.

Der Gruppendruck, der in der japanischen Gesellschaft herrscht, zwingt alle, sich zumindest nach außen hin zum *jishuku* zu bekennen. »Alle Andersdenkenden werden bald mit einer Verwarnung zu rechnen haben«, erzählt mir Isozaki Hiroguchi, der Generalsekretär der Gewerkschaft für Film- und Fernsehschaffende. »Die Rechte ist sehr aktiv, wenn es darum geht, die Menschen in Gleichschritt zu zwingen.«

In Japan gibt es mehrere Vereinigungen der extremen Rechten, die sich zum Teil lautstark bemerkbar machen. Eine zum Beispiel schickt täglich zu bestimmten Stunden Kleintransporter mit Lautsprechern auf die Straßen, mit Vorliebe in das Viertel, in dem sich die sowjetische Botschaft befindet. Dort spulen sie dann unüberhörbar Marschmusik und antikommunistische Parolen ab. Andere Organisationen arbeiten weniger plakativ im Untergrund. Einige dieser Verbände sind mehr oder weniger heimlich mit dem japanischen Bandenunwesen, den *yakuza*, verknüpft. Seit etwa sechs Wochen ist die Präsenz all dieser Organisationen deutlich zu spüren. Neofaschistische Vereine und Mitglieder patriotischer Bünde drängen auf die Einhaltung von *jishuku* im Alltag.

So erhalten Ladeninhaber Besuch von merkwürdigen Personen, die ihnen die Notwendigkeit von *jishuku* ausführlich erläutern. Große Firmen erhalten »Ratschläge« bezüglich ihres Verhaltens »... angesichts der aktuellen Umstände«.

All das mit sichtbarem Erfolg. Die großen Buchhandlungen haben Bücher, in denen Hirohito – und sei es noch so vage – kritisiert wird, aus den Schaufenstern genommen. Besitzer von Versammlungslokalen weigern sich zurzeit, ihre Räumlichkeiten für Diskussionen über die Zukunft des Kaisertums zur Verfügung zu stellen. Die Medien, allen voran das Privatfernsehen, das finanziell von den großen Unternehmen abhängt, sind augenblicklich mehr als vorsichtig in ihrer Berichterstattung über den Kaiser.

Doch das vielleicht beunruhigendste Phänomen ist das Schweigen der Intellektuellen. Keiner der großen Schriftsteller, Regisseure, Denker des Landes hat es bisher gewagt, Ansichten zu äußern, die der allgemein herrschenden Stimmung zuwiderlaufen. Niemand rührt mehr an die sogenannten »Chrysanthementabus« wie zum Beispiel die Verantwortung Hirohitos für den Zweiten Weltkrieg. Hakt man nach, so heißt es, dass der Sterbende Respekt verdiene. Doch der wahre Grund liegt wohl eher in dem, was mir einer der großen Denker Japans in einem Gespräch unter vier Augen anvertraute, zu dem er sich nur unter der Bedingung bereit erklärte, dass sein Name geheim bliebe: »Jetzt ist nicht die richtige Zeit, um zu sagen, was man wirklich denkt. Im Moment könnte uns dies das Leben kosten. Die Bedrohung durch rechte Terroristen ist real und von Dauer.«

Die Ungewissheit des Wartens ist für alle schlimm. Für die Drucker, die keine Kalender für das Jahr 1989 zu drucken wagen, weil es vermutlich eine neue Ära einleitet statt – wie bisher gedacht – das 64. Jahr der Ära Showa zu sein. Für die 1200 Journalisten und Fotografen, die vor den vier Pforten des kaiserlichen Palastes Wache schieben und auf Neuigkeiten warten: Drei davon sind mittlerweile an Herzinfarkt verstorben.

In dieser Stimmung des Wartens beherrscht *jishuku* weiterhin das Leben der Japaner, die im Namen von *jishuku* alles hinnehmen und alles rechtfertigen – auch wenn sie es im Innersten längst leid sind.

So nahmen die Angestellten eines großen Unternehmens im Zentrum von Tokio automatisch an, die Beseitigung der hier so zahlreichen Küchenschaben und Wanzen im Hauptsitz der Firma sei aufgrund der »aktuellen Umstände« aufgeschoben worden. In ihren Augen wäre es wohl – aus buddhistischer Sicht – wenig verdienstvoll gewesen, Tausende von Geschöpfen zu töten, während der Kaiser gleichzeitig so zäh um sein Leben rang. In Wirklichkeit war einfach nur der Kammerjäger krank geworden.

Der Kranich schweigt für immer

Tokio, 7. Januar 1989

Die Stimme des Kranichs ist verstummt, die Stadt liegt dunkel und still da. Nur das Flattern der Fahnen ist zu hören: Fahnen auf Halbmast vor den Firmensitzen im Zentrum, Fahnen mit Trauerrand vor den geschlossenen Läden und Abertausenden von Privathäusern. Die Neonlichter der riesigen Werbetafeln, der Kabaretts und der Spielsalons wurden abgeschaltet. Die Musik schweigt. Und doch scheint Tokio, das seinen Kaiser und Gott verloren hat, der 62 lange Jahre auf dem Thron saß, in der letzten Nacht der Ära Showa eher Gleichgültigkeit als Schmerz zu empfinden. Zumindest scheint die Trauer weniger einer spontanen Regung als perfekter Organisation zu entspringen. Der erste Tag der Zeit nach Hirohito jedenfalls verlief, als sei er von langer Hand minuziös bis ins Detail vorbereitet.

Morgens um 7.55 Uhr, als der um 6.33 Uhr erfolgte Tod des *Tenno Heika*, »Seiner Majestät, des Himmelsherrschers«, bekannt gegeben wurde, standen vor dem Palast nur ein paar Gruppen von Polizisten und Journalisten. Doch wenige Minuten nachdem sich das außerordentliche Räderwerk Japans in Gang gesetzt hatte, zeigte sich, wie gut das Kollektiv funktioniert. Die Bankangestellten, die Verkäuferinnen in den großen Warenhäusern, die wie jeden Tag ihre Tore öffneten, trugen bereits die richtige Krawatte oder eine entsprechende schwarzweiße Kokarde auf der Brust. Um 8.30 Uhr luden Lastwagen an den U-Bahn-Ausgängen und auf der großen Kreuzung im Ginza-Viertel die Sonderausgaben der Zeitschriften ab – alle übrigens mit demselben Titel –, die kostenlos an die Passanten verteilt wurden. Und niemand schien überrascht. Dieser Tod, mit dem man seit dem 19. September des vergangenen Jahres rechnete, als sich bei Hirohito infolge seines Bauchspeicheldrüsenkrebses eine schwere innere Blutung einstellte, war bereits Teil des japanischen Alltags geworden. Die Japaner hatten sich daran gewöhnt.

Auch bei der Menschenmenge, die kurz nach der Ankündigung auf dem weiten Platz vor dem Palast zusammenlief, überwog die Theatralik des Trauerrituals die natürlichen Gefühle. Als eine alte Frau weinend auf dem Kies niederkniete, wurde sie von der Meute der Fotografen fast überrannt. Drei Mitglieder einer rechtsnationalen Organisation, die sofort herbeigeeilt waren, um unter den ersten Trauernden zu sein, mussten ihre Kniefälle mehrfach wiederholen, bis die Szene fernsehgerecht gefilmt war. Während sich rund um den Palast die Menge immer dichter drängte, die nationalistischen Bonzen ihre Litaneien abspulten und die Mitglieder der neofaschistischen Organisationen ihre paramilitärischen Uniformen zur Schau stellten, ging im Rest der Stadt das Leben weiter wie immer. Den ganzen Tag über nutzten Zehntausende den freien Samstag aus, um den traditionellen Neujahrsspaziergang zum Meiji-Tempel zu machen.

Um zehn Uhr morgens vollzog sich im Innern des Palastes die Übergabe der »Schätze« und der kaiserlichen Siegel, mit der Akihito formal zum Nachfolger seines Vaters eingesetzt wurde. In Anwesenheit seiner Kinder und der gesamten Regierung unter der Führung von Ministerpräsident Takeshita erhielt der neue Kaiser vom ranghöchsten Mitglied des Hofes mehrere in Seide gewickelte Päckchen mit den Throninsignien überreicht (eine Art Keulenschwert und ein Juwel). Nach shintoistischem Glauben stammten diese von der Sonnengöttin Amaterasu und sollten ihre Nachkommen, die Kaiser Japans, schützen. Die ganze Zeremonie, die nur vier Minuten dauerte, spielte sich in vollkommener Stille ab. Neu daran war, dass das Zeremoniell geändert wurde. Statt der traditionellen Gewänder trugen alle Beteiligten Kleidung nach westlichem Muster. Was sich allerdings nicht geändert hat und daher Anlass zu Kontroversen geben könnte, ist die Tatsache, dass die Regierung diese im Grunde rein religiöse Zeremonie zum »Staatsakt« erklärt hat.

Der Tod Hirohitos ist das Ende einer ganzen Epoche. Schlag Mitternacht endet das 64. Jahr der Ära Showa. Gleichzeitig beginnt das erste Jahr der neuen Ära *Heisei*, »gelebter Friede«. Das vom Kaiser gewählte Motto, das in allen Abendzeitungen verkündet wurde, welche einmal mehr mit identischer Schlagzeile erschienen, befriedigt nicht alle, vor allem nicht die jungen Japaner, die es vorgezogen hätten, dieses Jahr – wie der Rest der Welt – einfach »1989« zu nennen.

In meinem Viertel waren die Videotheken voller denn je – lauter junge Leute, die sich Videos ausliehen, um die zwei Tage Staatstrauer zu überstehen, denn mit Sicherheit würde auf allen Fernsehkanälen nur eines zu sehen sein: das Leben eines Menschen, den es nicht mehr gab.

Seit meiner Ankunft in Japan war mir klar, dass er die interessanteste und geheimnisvollste Figur des ganzen Landes war, aber es war einfach unmöglich, an ihn heranzukommen oder Originalmaterial über ihn zu finden.* Eines Tages erhielt ich durch die Vermittlung eines sehr einflussreichen japanischen Freundes die Erlaubnis, mit Angela den »Wassergraben zu überqueren« und einen Vormittag lang Hirohitos »Reich« zu besichtigen: das kleine Reisfeld, das naturwissenschaftliche Labor, den Park, die Ställe, die Bonsai-Sammlung und den Shinto-Tempel.** Auch dies war eine Möglichkeit, mich auf den Artikel über ihn vorzubereiten.

Hirohito: Gefangener der Geschichte

Tokio, 7. Januar 1989

Er wurde geboren, um Gott zu sein, und starb wie ein gewöhnlicher Mensch. Für viele Japaner ist er ein Held. Andere halten ihn für einen Kriegsverbrecher. Die offizielle Geschichtsschreibung kennt ihn als 124. Kaiser Japans, doch das ist – wie so viele Details in seinem Leben – falsch. Er war eine der einflussreichsten Persönlichkeiten dieses Jahrhunderts, und doch wissen wir nicht viel über ihn. Mit seinem Tod wurden die Geheimnisse seines Lebens nicht gelüftet. Ganz im Gegenteil.

Im Jahr 1945 verlangten Großbritannien, Australien, China und die Sowjetunion, dass Hirohito abgeurteilt und gehängt werden sollte. In einigen Wochen allerdings werden die Abgesandten ebenjener Länder zusammen mit anderen staatlichen Würdenträgern aus aller Welt anreisen, um seiner sterblichen Hülle die letzte Ehre zu erweisen.

---

* Jahrelang gab es über Hirohito nur eine einzige Biographie, die von einem Engländer geschrieben worden war.
** Wie dieser Besuch und unsere fünf Jahre in Tokio verliefen, können Sie im Tagebuch meiner Frau Angela nachlesen, das 1994 unter dem Titel *Die Erben der Samurai* veröffentlicht wurde.

Wer Hirohito wirklich war, werden wir vermutlich nie erfahren. Alles, was über ihn nach außen drang – von seinen Ansichten während der letzten 75 Jahre bis hin zu den Umständen seines Todes –, wurde und wird vom Hof kontrolliert und gesteuert, dessen Aufgabe es seit jeher ist, den Kaiser in einen Schleier des Geheimnisses zu hüllen, eines möglichst undurchdringlichen Geheimnisses, sodass sein Bild in der Öffentlichkeit den politischen Erfordernissen des Augenblicks angepasst werden kann.

Zusammen mit Tausenden von Japanern und einigen Ausländern sah ich Hirohito das letzte Mal lebend am 29. April des vergangenen Jahres, am Tag seines 86. Geburtstags. Die Menge, die ausnahmsweise in den Kaiserpalast gelassen wurde, schwenkte Fähnchen aus Plastik und rief: »Tenno Heika Banzai!« – »Ein langes Leben dem Kaiser, dem Beherrscher des Himmels.« Und er antwortete mit einem unendlich langsamen Winken hinter der Schicht dicken Panzerglases, das man anbringen ließ, nachdem einer seiner Untertanen ihm bei ähnlicher Gelegenheit ein paar Kugeln verpassen wollte.

Die Geste wirkte, als käme sie aus dem stillen Inneren eines Aquariums, als stünde der Kaiser auf einer Bühne und spielte einmal mehr die Rolle, die ihm zugedacht war. Hirohito erschien weniger als Protagonist der Geschichte Japans denn als ihr Gefangener. Und vielleicht ist er genau dies immer schon gewesen.

Sein Leben lang war es Hirohitos Schicksal, als Symbol dienen zu müssen, dessen »Füllung« der Lauf der Geschichte bestimmte. Bis 1945 war er Inbegriff des kriegerischen japanischen Aggressors, nach 1945 wurde er zum Sinnbild des besiegten Japan, während er im letzten Jahrzehnt für ein Land stand, das sich angesichts seines enormen wirtschaftlichen Erfolges auf die Suche nach seiner kulturellen Identität gemacht hatte. Und immer wieder musste er mit der Symbolfunktion seiner Stellung fremden Zwecken dienen, ohne notwendigerweise damit einverstanden zu sein. Zumindest gibt es dafür keine Beweise.

Als die Amerikaner nach der Kapitulation Japans das Land besetzten, mussten sie feststellen, dass die Archive des Generalstabs im kaiserlichen Palast vernichtet worden waren. Wer, wie der Historiker David Bergamini, Autor von *The Imperial Conspiracy,* versuchte, die direkte Verstrickung Hirohitos in den 1931 erfolgten Angriff auf China oder in den 1941 begonnenen Krieg gegen die USA bzw. Südostasien nachzuweisen, musste auf Sekundärquellen zurückgreifen.

Allerdings steht außer Zweifel, dass Hirohito moralisch und politisch für den Krieg verantwortlich ist. Wenn er sich in einigen Fällen widersetzte, so geht dies einzig und allein auf das mangelnde Vertrauen in die Siegeszuversicht seiner Generäle zurück, die er nicht so recht zu teilen vermochte. Das geistige Klima, in dem er aufwuchs, hat ihn dem Pazifismus sicher nicht näher gebracht, geschweige denn demokratische Neigungen in ihm geweckt, welche die Hofgeschichtsschreibung ihm heute andichten möchte.

Als Hirohito zur Welt kam – offiziell 1901, vermutlich aber bereits 1900, als seine Eltern noch nicht verheiratet waren –, hatte Japan gerade begonnen, sich von einem unbedeutenden östlichen Feudalstaat in eine moderne Weltmacht zu wandeln. Unter der Führung seines Großvaters, des Kaisers Meiji, der 1868 den Thron bestiegen hatte, beschloss Japan, den Westen zu kopieren, um mit ihm gleichzuziehen. Das Land wollte lernen und übernahm von Europa alles, was ihm nützlich schien. So schuf man die japanische Verfassung nach dem Vorbild der russischen, die Marine formte man nach englischem Muster, das Heer hingegen folgte dem französischen Modell. Aus Europa holte man einige tausend Ingenieure, Juristen und Offiziere nach Japan, die dem Land all ihr Wissen bringen sollten. Man nannte sie *yatoi,* »lebende Maschinen«. Welch viel sagender Name für einen Ausländer!

Doch ins Herz dieses neuen Japan pflanzte man eine uralte Vorstellung: die vom Kaiser als Gott. Selbst diese Idee stammt übrigens ursprünglich nicht aus Japan. Tokio übernahm sie von Bismarck. Die kaiserliche Familie Japans lebte seit Jahrhunderten isoliert in Kioto. Viele Japaner wussten nicht einmal von der Existenz des Tenno. Das neue Japan aber verfrachtete seinen Kaiser nach Tokio und setzte ihn an die Spitze des politischen und religiösen Systems, das damals hauptsächlich vom Shintoismus geprägt war. Rund um die Figur des Kaisers schuf man den Mythos von seiner direkten Abstammung aus göttlicher Linie, die angeblich bis ins 6. vorchristliche Jahrhundert zurückreicht, in eine Zeit also, als die Japaner ihre Sprache noch nicht einmal zu schreiben wussten, was sie erst viel später – von den Chinesen – lernten.

Innerhalb weniger Jahre veränderte sich das Gesicht Japans vollkommen. Das Land betrat die Weltbühne – und zwar in erster Linie mit militärischen Absichten. Sechs Jahre bevor Hirohito zur Welt kam, hatte Japan China angegriffen und unterworfen. Vier Jahre nach Hirohitos Geburt besiegte Japan Russland und wurde so zum ersten östlichen Land, das eine »weiße« Macht bezwang. Das Schicksal des künftigen Herrschers wurde zweifellos von diesen Ereignissen geprägt. Es war wohl kein Zufall, dass der kleine Hirohito bei seinem ersten öffentlichen Auftritt (er war vier Jahre alt und musste am Bahnhof von Shimbashi einen Abgesandten Edwards VII. von England empfangen) eine winzige Marineuniform trug.

Mit elf Jahren erhielt Hirohito eine Lektion, die ihn für sein ganzes Leben prägen sollte: Am Tag, als sein Großvater, Kaiser Meiji, beigesetzt wurde, bat man den jungen Prinzen zu General Nogi, seinem Lehrer, an dem er sehr hing. Nogi erklärte Hirohito nun während dreier langer Stunden, was der Kaiser ihm bedeutet habe und dass er nun, wo dieser tot sei, ihm ins Grab folgen müsse. Danach verabschiedete Nogi sich vom Prinzen, kehrte in seinen Palast zurück, wo er sich auf traditionelle Weise den Bauch aufschlitzte und dem Jungen so eine letzte Lehre darüber erteilte, wie »der japanische Weg« auszusehen hatte.

Seine Kindheit war mehr als traurig. Als künftigem Gott waren dem kleinen Hirohito sämtliche Beziehungen verboten, die ein Junge seines Alters zu Normalsterblichen hatte. Er wuchs ohne Freunde auf. Jeder Augenblick seines Tagesablaufes wurde vom Hofzeremoniell geregelt, das ihn bis zur Minute seines Todes nicht einmal aus seinen Fängen ließ. Dem kleinen Hirohito machte es Spaß, Go zu spielen, eine Art Dame. Doch mit zwölf Jahren gab er das Spiel auf, als er merkte, dass seine Gegner ihn grundsätzlich gewinnen ließen. »Mein Leben war das eines Vogels in seinem Käfig«, sagte er in einem bemerkenswerten Interview, das er vor achtzehn Jahren einem japanischen Journalisten gab.

Wie viele Japaner dies heute noch empfinden, so fühlte sich auch Hirohito zum ersten Mal in seinem Leben richtig frei, als er ins Ausland ging. Die sechsmonatige Reise, die er 1921 nach England, Frankreich und Italien unternahm, war eine der glücklichsten Zeiten seines Lebens. In London zum Beispiel las er zum ersten Mal eine vollständige Zeitung. (Die Beamten seines Hofes legten ihm bis dato immer nur Ausschnitte vor.) In Paris wurde er zum ersten Mal wie ein normaler Mensch behandelt. (Ein Kontrolleur verbot ihm, eine U-Bahn zu besteigen, weil der Waggon schon voll war.) Eines seiner kostbarsten Souvenirs war eine U-Bahn-Fahrkarte, die er sich selbst gekauft hatte.

Aus Europa zurückzukommen bedeutet für Hirohito die Rückkehr in den Käfig. Sein Vater, Kaiser Taisho, verlor zusehends den Verstand. (Bei einer Parlamentssitzung zum Beispiel nahm er das Blatt mit der Rede, die er halten sollte, rollte es fein säuberlich zusammen und benutzte es als »Fernrohr«, mit dem er den Mitgliedern der erschütterten Volksversammlung einem nach dem anderen direkt ins Gesicht sah.) Es blieb nichts anderes übrig, als ihn aus dem Verkehr zu ziehen. So wurde Hirohito zum Regenten ernannt und begann, kaiserliche Pflichten zu übernehmen.

Im Jahr 1926, als Taisho starb, bestieg Hirohito formell den Thron, den er – wie manche meinen – nie gewollt hatte. Seine wahren Interessen lagen auf naturwissenschaftlichem Gebiet. Sobald der junge Hirohito den Wunsch geäußert hatte, Zoologie zu studieren, legte der Hof ihm nahe, er als künftiger Kaiser solle sein Augenmerk doch besonders auf große und edle Tiere wie zum Beispiel den Löwen richten. Er hingegen wandte sich mit einer Bescheidenheit, die er auch später noch des Öfteren zeigen sollte, winzigen, beinahe unsichtbaren Tieren zu, die auf dem Grund des Meeres leben. So konnte er wenigstens sicher sein, dass kein Japaner seine Forschungen aufgeben musste, um dem Kaiser nicht ins Gehege zu kommen. Außerdem erlaubten ihm diese Forschungsarbeiten, viel Zeit auf dem Meer zu verbringen, auf einem kleinen Boot ohne großes Gefolge.

Sobald er den Thron bestiegen hatte, spielte er seine Rolle jedoch manchmal auch mit überraschender Härte wie zum Beispiel 1936, als er persönlich den Befehl gab, eine Revolte junger Offiziere niederzuschlagen. Dem Militär hingegen, das die politische Szene immer mehr beherrschte, widersetzte er sich nie. Und schließlich genehmigte er mit seiner Unterschrift jeden einzelnen Angriff vom Krieg gegen China bis hin zu Pearl Harbor.

Die Offiziere hingegen trieben den Kult um seine Person auf die Spitze und redeten, ohne dass er sich dagegen gewehrt hätte, einer ganzen Generation ein, sie müsse in seinem Namen töten und sterben. Jeder Japaner, der an seiner Residenz vorbeiging oder mit der Tram daran vorbeifuhr, und sei es auch in beträchtlicher Entfernung, musste sich zum Palast hin verneigen. Wenn sein Zug durch das Land fuhr, mussten die Menschen alle Fenster schließen und durften den Blick nicht zu ihm erheben.

Hirohito aber lebte in der Einsamkeit seines Palastes in einem fortwährenden Widerspruch. Denn er als Wissenschaftler musste immer wieder den Anspruch erheben, am Ende seiner 124 Generationen zählenden Ahnenreihe stünden die Sonnengöttin und ein Krokodil. Diese Legende hatten die Japaner im 7. Jahrhundert ersonnen, um ihren chinesischen und koreanischen Nachbarn, deren Geschichte in weite nichtmythische Vergangenheiten zurückreichte, in nichts nachzustehen.

Obwohl Hirohito als Inbegriff des japanischen Wesens gelten sollte, war er in Wirklichkeit ein Bewunderer des Westens – und blieb es bis zu seiner Todesstunde. Anders als die meisten Japaner zum Beispiel hat er nie auf der *tatami* geschlafen, einer auf der Erde ausgebreiteten Reisstrohmatte, sondern immer in einem Bett europäischer Machart. Seinen Tag begann er mit einem Frühstück aus Eiern und Speck statt mit Fisch und Algen. Seine Kleidung war nach westlichem Muster gefertigt. Eine seiner Errungenschaften war es, das Golfspiel in Japan einzuführen, das er während seines Englandbesuches erlernt hatte und das mittlerweile bei seinen Untertanen äußerst beliebt geworden ist.

Doch auch wenn Hirohito innerlich gegen den Krieg gewesen sein sollte, so unternahm er nichts, um ihn aufzuhalten. Er ließ seine Generäle gewähren. Und so wurde seine zierliche, steife Gestalt mit Brille und Uniform auf einem weißen Pferd für die ganze Welt zum Symbol der Brutalität und Aggression Japans. Von 1931 bis 1945 forderte die im Namen Hirohitos ins Werk gesetzte Politik Japans etwa achtzehn Millionen Tote in China, zwei Millionen in Indonesien, mehr als eine Million auf den Philippinen, 200 000 in Korea – ohne die Opfer der Alliierten und der Japaner mitzurechnen.

Es besteht kein Zweifel, dass Hirohito als Oberkommandierender der kaiserlichen Streitkräfte über das Kriegsgeschehen und die unbeschreiblichen Grausamkeiten seiner Truppen informiert war. Einer der für das 1937 erfolgte Massaker in Nanking verantwortlichen Befehlshaber war Asaka, sein Onkel. Damals wurden 100 000 chinesische Zivilisten kaltblütig in drei Tagen hingeschlachtet. Hirohito aber empfing kurz nach diesem Blutbad seinen Onkel und verlieh ihm Auszeichnungen und Medaillen.

Hirohito muss auch von der berüchtigten »Gruppe 731« gewusst haben, einer japanischen Einheit, die sich auf bakteriologische Kriegsführung spezialisiert hatte und die in der Mandschurei an chinesischen und alliierten Kriegsgefangenen die barbarischsten Experimente durchgeführt hatte. Tausende von Menschen starben dabei nach beispiellosen Qualen. Der Kaiser selbst hatte dem dortigen Lagerkommandanten das Siegel und den kaiserlichen Wimpel überreicht. Ein amerikanischer Offizier, der nach Kriegsende mit der Überprüfung der japanischen »Forschungsergebnisse« beauftragt war, bestätigte erst kürzlich, dass in den Papieren der Gruppe häufig der Name des Kaisers auftauchte. Und er bestätigte des Weiteren, dass die Amerikaner versuchten, die Angelegenheit geheim zu halten. Sie gestanden allen Mitgliedern der »Gruppe 731« Straffreiheit zu, wenn sie ihnen im Gegenzug ihre Erfahrungen und Ergebnisse zugänglich machen würden.

Für Hirohito spricht die Tatsache, dass er seine noch zögernde Regierung dazu brachte, die Niederlage einzugestehen – ein Wort übrigens, das er als guter Japaner immer zu vermeiden wusste – und so dem Krieg ein Ende zu setzen. Als einige seiner Generäle trotz der beiden Atombomben auf Hiroshima und Nagasaki immer noch die Bevölkerung bewaffnen und den Amerikanern einen Kampf Haus um Haus liefern wollten, sprach Hirohito am 15. August 1945 im Radio zu seinen Untertanen. Er sagte ihnen, dass es nun an der Zeit sei, »das Unerträgliche zu ertragen«. Dies war das erste Mal, dass der gewöhnliche Japaner seine Stimme vernahm, die »Stimme des Kranichs«, wie die Japaner sie nennen, weil ihren Worten immer Gehorsam zu leisten ist.

Diese Entscheidung rettete mehrere hunderttausend Leben, sowohl auf japanischer als auch auf amerikanischer Seite. Doch sie spricht Hirohito nicht von seiner Schuld frei. Einer Schuld, die er – wie es scheint – auch eingestand. Denn als er im September 1945 vor General MacArthur trat, der an der Spitze der amerikanischen Besatzungstruppen über Japan herrschen sollte, tat er dies mit folgenden Worten: »Ich bin gekommen, um mich dem Urteil der Alliierten zu stellen und für all das einzustehen, was mein Volk während der Kriegsjahre getan hat.«

Leider war General MacArthur der einzige Zeuge dieser Episode, und merkwürdigerweise berichtete er darüber auch erst Jahre später in seinen Memoiren. MacArthur war »zutiefst beeindruckt« von dieser Haltung und wurde sich »sogleich bewusst, den ersten Ehrenmann Japans« vor sich zu haben. Diese Version der Ereignisse entspricht vielleicht nicht der Wahrheit, doch sie passte zumindest gut in das Bild, das die Amerikaner vom japanischen Kaiser vermitteln wollten. Privat sprach MacArthur immer von »diesem Charlie«, wenn er Hirohito meinte. Der zierliche Kaiser in seinen grau gestreiften Hosen und dem schwarzen Frack, der aussah wie ein Charlie Chaplin des Ostens, neben dem imponierenden amerikanischen

General in Hemdsärmeln, die Fäuste in die Hüften gestemmt, wurde zum Inbegriff des geschlagenen, reuigen, reparationswilligen Japan, das zu jeder Art von Zusammenarbeit bereit war.

Von diesem ersten Treffen ist noch eine Anekdote überliefert: MacArthur bot Hirohito eine Zigarette an, die dieser (zum ersten und einzigen Mal in seinem Leben) rauchte, um das Angebot der Amerikaner nicht ablehnen zu müssen – hustend und voller Abscheu. Was wirklich bei dieser ersten und den elf folgenden Begegnungen besprochen wurde, ist nach wie vor ein Geheimnis. Anders als der Rest der Alliierten, die Hirohito als Kriegsverbrecher vor Gericht stellen und am liebsten am Galgen sehen wollten, hatten die Amerikaner schon vor längerer Zeit beschlossen, ihn am Leben zu lassen. Sie nutzten sein Ansehen, um Japan zu einem friedlichen Staat zu machen und die in ihren Augen nötigen Reformen durchzuführen. Ihn wie die anderen Kriegsverbrecher vor Gericht zu stellen hätte die Japaner nur in einen antiamerikanischen Guerillakrieg getrieben. Dies aber wäre letztlich den japanischen Kommunisten zugute gekommen, den einzigen Kräften im Innern Japans, die das Kaisertum wirklich abschaffen wollten.

Im Prozess von Tokio wagte General Tojo, zu seiner Verteidigung vorzubringen, er habe »nie etwas gegen den Wunsch des Kaisers unternommen«, doch er wurde schon bald davon überzeugt, dies bleiben zu lassen, da in diesem Fall der Kaiser als oberste Autorität erschienen wäre, von der auch formal alle Befehle ausgingen. Der Name Hirohitos wurde von der Liste der Kriegsverbrecher gestrichen. Er wurde nicht einmal als Zeuge vernommen. Am Tag, als sein Ministerpräsident Tojo und weitere sechs seiner Untertanen im Gefängnis von Sugamo gehängt wurden, blieb Hirohito still in seinem Palast. An diesem Tag feierte sein Sohn und Nachfolger Akihito seinen fünfzehnten Geburtstag.

Der Zweite Weltkrieg gegen den Nazifaschismus war siegreich geschlagen, doch ein anderer Krieg hatte bereits begonnen: der Kalte Krieg gegen den Kommunismus, bei dem Japan unter der geistigen Führung Hirohitos auf dem Schachbrett Asien ein wichtiger Verbündeter des Westens sein würde. Dies sollte sich schon während des Koreakrieges erweisen. Die einzige Bedingung, welche die Amerikaner Hirohito stellten, wollte er auf dem Thron bleiben, war, auf seinen göttlichen Status zu verzichten. Dieser Forderung widersetzte er sich nicht im Geringsten, ja es schien ihm sogar Freude zu bereiten, sie zu erfüllen. Also verkündete er im Januar 1946 der Nation in klassischem Japanisch, das nur wenige seiner Untertanen verstehen konnten, nun »ein Mensch« zu sein. Ein Mensch vielleicht, frei aber war er immer noch nicht.

»Die Tür des Käfigs hat sich geöffnet. Aber wo soll ich jetzt noch hinfliegen?«, sagte er einem seiner Berater. »Ich kenne nur ein einziges Lied. Weshalb sollte ich es dort singen, wo der Wind es mir von den Lippen reißt?« Dieses Lied war ihm von den Amerikanern geschrieben worden, und es hatte die Festigung der Beziehungen zwischen Washington und Tokio zum Inhalt. Und Hirohito sang dieses Lied perfekt bis ins Detail. Auch hierin blieb er Symbol: Als er 1971 die USA besuchte, wollte er Disneyland sehen. Bei der Rückkehr nach Tokio trug er am Handgelenk eine Micky-Maus-Uhr. Die er im Übrigen auch später noch des Öfteren, mitunter sogar bei öffentlichen Anlässen, anlegte. »Diese Uhr sagt mehr als tausend Reden von tausend Ministerpräsidenten«, schreibt Henry Scott Stokes, ein intimer Kenner Japans.

Die intensive Amerikanisierung des Landes nach 1945 haben viele Japaner Hirohito vorgeworfen. Andere wiederum haben ihm nicht verziehen, dass er auf seine »Göttlichkeit« verzichtete, derentwegen zwei Millionen Japaner im Krieg fielen. »Warum musste der Kaiser ein Mensch werden?«, fragt sich ein Kamikazeflieger, Held eines Romans von Yukio Mishima.

In den Jahren unmittelbar nach dem Krieg bereisten Hirohito und seine Gattin, Kaiserin Nagako, das ganze Land. Sie besuchten Fabriken, Schulen, Bauerndörfer und ermutigten die Menschen, das Land aus den Trümmern des Krieges wieder aufzubauen. So wurde Hirohito zu einer populären, volksnahen, ja demokratischen Gestalt. Viele Japaner nannten ihn schließlich Herrn *Ah so desu-ka!* (»Ach, so ist das!«), weil er das immer wieder sagte, wenn jemand in der Öffentlichkeit mit ihm sprach. Doch diese Phase währte nur kurz. 1951, sobald die Amerikaner abgezogen waren, zog Hirohito sich wieder in seinen Palast zurück, einsam und vom Volk isoliert. »Ich beneide die Menschen nicht, die reisen können«, meinte er einmal zum amerikanischen Botschafter Reischauer, »wo ich doch jetzt ein Fernrohr habe.«

Und noch einmal wechselte Hirohito sein »Erscheinungsbild«: Er wurde zum Symbol jenes Japan, von dem General de Gaulle sagte, es sei »das Land der Transistorverkäufer«.

Obwohl die Verfassung klar sagt, dass der Kaiser nur »Symbol des Staates und seiner Einheit« ist, hat es der Hofapparat allmählich geschafft, Hirohito einen Teil seiner einstigen Aura der Unnahbarkeit zurückzugeben, indem man ihn von den Menschen fernhielt und ihn wieder hinter dem »Chrysanthemenvorhang« versteckte. Die Art und Weise, wie die ganze Nation während der Krankheit des Kaisers mobilisiert wurde, wie Presse und Fernsehen über ihn berichteten, ist der beste Beweis, dass er einmal mehr benutzt wurde, sogar noch auf dem Totenbett: dieses Mal von den konservativen Kräften des Landes, welche die Institution des Kaisertums stärken und ins Zentrum des technologischen, fortschrittsorientierten Japan die religiös-politisch gefärbte Gestalt des Kaisers als Quelle spiritueller Autorität für die orientierungslosen Japaner stellen wollen. Erneut wurde Hirohito zum Opfer von Ränkespielen, denen er nicht mutig entgegenzutreten vermochte. »Wenn ich nur einen Tag lang nicht Kaiser sein müsste«, sagte er eines Tages.

Leider ist ihm dies bis zum letzten Augenblick seines Lebens nicht gelungen.

Bei den umfangreichen Vorbereitungen für die Beisetzung war eine der Gefahren, die es bereits im Vorfeld auszuräumen galt, die Möglichkeit eines Terroraktes. Die Bedrohung ging vor allem von Gruppen der radikalextremistischen und angeblich revolutionären Linken aus. Diese »Guerillakämpfer« machten mich neugierig.

Die Verrückten vom »Fort«

Tokio, 23. Februar 1989

»Zu Hitlers Beerdigung wären sie nie gekommen. Warum also tauchen sie hier auf? Das ist Verrat an den Völkern der Welt, und die revolutionären Streitkräfte werden die Verräter bestrafen ... hier ... und hier ...« Sein Finger zeigt auf einen Stadtplan von Tokio, den er auf dem Tischchen ausgebreitet hat, und bezeichnet einen präzisen Punkt: die kaiserlichen Gärten von Shinjuku, wo sich Präsidenten, Premierminister und regierende Häupter aus aller Welt versammeln werden – die »Verräter« –, um Hirohito die letzte Ehre zu erweisen. Der Mann, der da im schwarzen Pullover vor mir steht, ist fünfzig Jahre alt und hat schwarze, unruhige Augen. In einem Betonbunker im Zentrum Tokios spricht er vom Kaiser als »Hitler Japans«, von der Beisetzung als der »letzten Schlacht«, vom 24. Februar als »historischem Tag, an dem der große Aufstand der Welt seinen Anfang nehmen wird«.

Ich befinde mich im Hauptquartier des *Chukaku-ha,* des »inneren Kerns«, der in Japan meistgefürchteten terroristischen Vereinigung, die im Mai 1986 Tokio erzittern ließ, als sie auf den Gipfel der Industriestaaten fünf Raketen abfeuerte. Nun hat diese Vereinigung versprochen, Hirohito mit einem großen »Feuerwerk« zu beerdigen. »Wir müssen die große Beisetzung attackieren und stören«, steht in Großbuchstaben auf der ersten Seite der Wochenzeitung des *Chukaku-ha,* die gerade frisch aus der Druckerpresse kommt. Darunter stehen die Tagesparole und der Schlachtplan, auf dem ein großer schwarzer Pfeil den militanten Kämpfern der Gruppe zeigt, in welcher Richtung der Marsch auf die kaiserlichen Gärten erfolgen soll.

»Die Gefahr eines terroristischen Attentats besteht, doch wir sind auf alle Eventualitäten vorbereitet«, sagte mir vor ein paar Tagen der Sicherheitsbeauftragte der Hauptstadt. 32 000 Mann stehen Gewehr bei Fuß, überall wurden Straßensperren vorbereitet, einige Straßen sind sogar schon gesperrt. Mehrere Hubschrauber und sogar ein Zeppelin werden diese gewaltige Stadt mit ihren zwölf Millionen Einwohnern von oben her überwachen und nach verdächtigen Vorgängen Ausschau halten.

Wer aber sind diese »Terroristen«, die in der Lage sind, einer so modernen und gut durchorganisierten Gesellschaft wie der japanischen den Kampf anzusagen?

Anders als in anderen Ländern haben Terroristen auch in Japan ein Telefon und stehen mit Adresse und Rufnummer im Telefonbuch. Daher war es nicht schwer, sie aufzuspüren. Zehn Minuten von der U-Bahn-Haltestelle Ikebukoro entfernt, einer Tankstelle gegenüber, eingezwängt zwischen einem Gitarrenladen und einer Druckerei, erhebt sich ein dreistöckiger, schmaler Betonbau, der ganz in dunklem Rot gestrichen ist. Vor den Fenstern gewaltige Gitter, auf dem Dach steht – wie auf den Zinnen einer mittelalterlichen Burg – ein »Guerillakämpfer« mit weißem Helm und einem Taschentuch vor dem Gesicht. Er sucht mit einem Fernglas die umstehenden Wagen ab, folgt den Menschen, die näher kommen, und informiert mit einem Walkie-Talkie seine Kameraden im Innern des Bunkers.

Das Eingangstor zur »Festung«, wie die Nachbarn das Gebäude getauft haben, ist aus 15 Zentimeter dickem Stahl und wird von Sandsäcken geschützt, als handle es sich um einen Militärstützpunkt. Ich klopfe. Durch den Spion sieht jemand heraus und erkennt mich (in diesem Fall ist mein Ausländerstatus nützlich). Das Tor öffnet sich, und ich trete in eine winzige Betonzelle, die von einer zweiten Stahltür abgeschottet wird. Erst als sich die erste Tür mit entnervendem Quietschen der Riegel und Schlösser wieder schließt, geht die zweite auf. Zwei »Guerillakämpfer« mit Helm, schwarzen Augen und Handtuch über dem Gesicht nehmen mich in Empfang und führen mich in den Bunker, wo mich ihr »Führer« erwartet. Der Bunker selbst ist akustisch isoliert. »Wir wollen ja nicht, dass die Polizei uns abhört.« – »Natürlich. Aber kommt die Polizei denn nicht manchmal her und nimmt euch zum Verhör mit?«, hake ich sofort ein.

»Schon. Hin und wieder greifen sie uns an, aber wir sind eine legale politische Organisation, und die Polizei muss das Gesetz respektieren«, meint er. »Eine ganze Organisation kann nicht verhaftet werden.« Juristisch ist der entscheidende Punkt, dass alle Attentate, für die der *Chukaku-ha* verantwortlich zeichnet, von den revolutionären Truppen begangen wurden. Und die wiederum üben ihre Tätigkeit natürlich vollkommen im Verborgenen aus. »Die revolutionären Streitkräfte werden die Beisetzung stürmen«, meint der Boss. »Der internationale Kapitalismus ist längst in der Krise. Er zerfällt in einzelne Blöcke. Auf der einen Seite steht Europa, auf der anderen die USA. Japan bleibt außen vor und wird am meisten unter dem bevorstehenden wirtschaftlichen Zusammenbruch leiden. Japan ist das schwächste Glied der imperialistischen Kette. Hier wird die Revolution beginnen. Und zwar bald, sehr bald.«

Hier zu sitzen und diesem fünfzigjährigen Herrn zuzuhören, wie er in der Rhetorik der Studentenbewegung der sechziger Jahre in einem Bunker von der Revolution spricht, in einer Stadt, die vielleicht die materialistischste, zukunftsorientierteste und am wenigsten präevolutionäre Stadt der Welt ist, erweckt den Eindruck, als sei man soeben dem letzten überlebenden Exemplar einer aussterbenden Gattung begegnet, unverbesserlichen Romantikern, die einfach nicht von ihren Jugendträumen lassen wollen. Die Drohungen, die »Verräter« zu bestrafen, die zum Begräbnis Hirohitos kommen, klingen reichlich hohl.

Aber weit gefehlt. »Erst kürzlich wurde ein Verräter von den revolutionären Truppen bestraft«, enthüllt mir der »Führer« mit erstaunlicher Offenheit. Und er lügt nicht. Die Nachricht steht in der aktuellen Wochenzeitung. Vor zwei Wochen wurde ein Mitglied der

Eisenbahnergewerkschaft, das zu einer anderen radikalen Organisation, *Kakumaru* (Marxistische Revolution), gehörte und vom *Chukaku-ha* verdächtigt wurde, ein Polizeispitzel zu sein, »vollkommen zerstört«, wie die Zeitung der »Guerillakrieger« sich auszudrücken beliebt. Anders gesagt: Er wurde ermordet.

Und er ist nicht der Einzige. Seit dem Ende der sechziger Jahre, als die Studentenbewegung sich in verschiedene Fraktionen aufteilte, kosteten die Brüderkämpfe zwischen den »revolutionären« Organisationen mehr als 150 Menschen das Leben. Der *Chukaku-ha* konnte davon profitieren: Er ist heute die stärkste Organisation. Er verfügt über etwa 2000 militante Kämpfer und ein enormes technologisches Wissen, da viele seiner Mitglieder ehemalige Studenten der Naturwissenschaften und des Ingenieurwesens sind. Vor zweieinhalb Jahren richtete er seinen Zorn auf die öffentlichen Verkehrsmittel und schaffte es, die elektronischen Zugleitstellen einen ganzen Tag lang zu blockieren, sodass zehn Millionen Pendler nicht vom Fleck kamen. Vor zwei Jahren überraschte er die Polizei damit, dass er auf dem Wirtschaftsgipfel in Tokio automatisch zündende Raketen mit einer Reichweite von 4 Kilometern abschoss.

Was werden sie wohl dieses Mal anstellen? Als ich aus der »Festung« heraustrete, die wie eine Insel des Wahnsinns im ganz anders gefärbten Wahn Tokios liegt, das sich auf das historische Datum vorbereitet, hallen die Drohungen des »Führers« noch lange auf beunruhigende Weise in meinen Gedanken wider. Mir wird mit erschreckender Klarheit bewusst, dass diese Beisetzung mit ihrem ungeheuren Aufgebot an illustren Gästen für die »Guerillakämpfer« eine geradezu einmalige Gelegenheit ist, etwas zu unternehmen, auf sich aufmerksam zu machen und weiter an den eigenen Wahnsinn glauben zu können.

Die Welt verbeugt sich

Tokio, 24. Februar 1989
Die Luft ist kalt, noch kälter aber die Atmosphäre. Hirohito tritt von der japanischen Bühne ab mit einer eisigen, mechanischen Zeremonie ohne emotionale Beteiligung: ein perfektes Theaterstück für ein verwöhntes Publikum von Königen, Präsidenten und Premierministern, die hier ihren – mitunter rein pekuniären – Pflichten Genüge tun. Ganz sicher aber kein herzzerreißender Abschied des Volkes.

Als um 9.35 Uhr der Korso mit seinen sechzig Wagen unter einem leichten Regenschauer vom kaiserlichen Palast losfuhr und sich auf den Weg zu den Gärten von Shijuku machte, standen an den 6 Kilometern Weges keineswegs die Million Menschen, die die Behörden erwartet hatten. Höchstens 200 000 waren gekommen. Und die Gesichter der Menschen drückten hauptsächlich Neugierde aus. Niemand weinte, nur wenige hatten die Hände zum Gruß gefaltet, viele schossen ein Erinnerungsfoto. In diesem schwarzen Wagen mit den vorgezogenen weißen Gardinen und der goldenen Chrysantheme anstelle des Nummernschildes wurden die sterblichen Überreste eines Mannes zu seiner letzten Ruhestätte überführt, der für viele Japaner ein Gott gewesen war. Der sich vom Symbol der Niederlage zum Symbol der Wiederauferstehung Japans gewandelt hatte. Und doch schien dies weiter niemanden zu berühren. Die Menschen versuchten, sich vor dem Regen zu schützen. Tausende von Polizisten, die an den Straßen postiert waren, richteten ihr Augenmerk vornehmlich darauf, Demonstranten und mögliche Terroristen aus der Menge herauszufiltern.

Als der Wagenkorso in den Gärten von Shinjuku angekommen war und zwei Reihen Militär in Galauniform passierte, die das Gewehr präsentierten, begann die eigentliche Zeremonie. Von diesem Moment an verlor aller Symbolismus sich in der Banalität perfekter Organisation. Die Diener eilten zu den shintoistischen Priestern hinüber, um diesen die Plastiküberwürfe abzunehmen, mit denen sie ihre Gewänder in faulig schimmerndem Grün und die traditionellen schwarzen Kopfbedeckungen vor dem Regen geschützt hatten. Vor den Reihen der Besucher hatte man Monitore aufgestellt, auf denen auch die weiter entfernt Stehenden den Ritus verfolgen konnten.

Direkt über dem Sarg erschien ein Zeppelin am Himmel, auf dessen Bauch in großen Lettern »Polizei« geschrieben stand. Plötzlich wandte sich das Interesse von Hirohito ab und dem modernen Ungeheuer zu. Dabei war er doch heute zum letzten Mal in diesem Garten, in dem er 1905 den Sieg Japans über Russland gefeiert und 1927 seinen Vater, Kaiser Taisho, begraben hatte.

Man hob den Sarg aus dem Wagen und legte ihn auf eine schwere Trage aus Holz und Bambus, die von 120 jungen Männern in schwarzer Toga geschultert wurde. Die 240 Holzpantinen brachten den Kies zum Knirschen, als sie sich wie ein gewaltiger Tausendfüßler auf den Altar zubewegte. Dies war es, was der Beerdigung einen traditionellen Anstrich verlieh – mehr als alle Trachten und Fahnen, die eher aus dem Fundus einer Theatergruppe zu stammen schienen.

Die 10 000 Gäste drängten sich unter den von Wind und Regen gepeitschten weißen Zelten. Der Trauermarsch, der vor hundert Jahren von einem Deutschen verfasst wurde, vermischte sich mit dem Flötenspiel des traditionellen Musikstückes »Große Trauer« und dem düsteren Krächzen der Raben, die über die Bäume des Parks hinwegflogen. Und die 21 Kanonenschüsse, die zu Ehren des Kaisers abgefeuert wurden, ließen mit Sicherheit nicht wenige der internationalen Gäste an die zahllosen Kanonenschläge denken, die während der vierzehn Kriegsjahre in Hirohitos Namen erklangen und ganz Asien unterjochen sollten.

Hinter der Trage schritt unter einem tropfenden Schirm ganz allein der neue Kaiser Akihito her – in einem Mantel westlichen Zuschnitts. Einige Meter hinter ihm ging die Kaiserin Michiko in traditioneller Trauerkleidung, das Gesicht von einem langen, schwarzen

Schleier verhüllt. Dahinter folgten weitere Würdenträger. Auf beiden Seiten des Weges die Zelte mit den sitzenden Gästen. In der ersten Reihe Regierungsoberhäupter und Präsidenten, dahinter andere Abgesandte, vor allem aus Ländern der Dritten Welt, die einzig und allein hier waren, um jene Wirtschaftshilfen zu erbitten, die Japan mittlerweile zum größten Geberland der Welt gemacht haben.

Die shintoistische Zeremonie, die von vielen Japanern als offene Verletzung der eigenen Verfassung betrachtet wird (aus diesem Grund haben die Vertreter von vier japanischen Parteien sowie eine Reihe anderer Persönlichkeiten ihre Teilnahme an dem Begräbnis abgesagt), dauerte eineinhalb Stunden. Akihito verabschiedete sich von seinem Vater. Die Priester brachten die Opfergaben aus Nahrung und Seide dar, alle Gäste mussten sich erheben.

Dann fiel – wie im Theater – der Vorhang. Der *tori*, der Holzbogen, umstrittenes Symbol des Shintoismus, wurde entfernt, und die Zeremonie ging als Staatszeremonie weiter. Ministerpräsident Takeshita hielt seine Rede, und schließlich kam es zum letzten, zum wichtigsten Ritual der ganzen Zeremonie: der Verbeugung der Welt.

Einer nach dem anderen wurden die 163 Vertreter ihrer Staaten von einem Lautsprecher aufgerufen. Sie erhoben sich und traten, einer nach dem anderen, vor die Bahre Hirohitos, um ihm die letzte Ehre zu erweisen. Einige neigten nur den Kopf, andere verbeugten sich mit dem Körper. Das diplomatische Protokoll forderte eigentlich, dass die Staatsoberhäupter ihrer »Dienstzeit« entsprechend aufgerufen werden. Doch weil dann der eben erst gewählte amerikanische Präsident als Letzter an der Reihe gewesen wäre, schmuggelte man ihn nach Mitterrand und von Weizsäcker ein, während der italienische Ministerpräsident Cossiga erst an 28. Stelle kam – nach vielen anderen, auch nach Cory Aquino. Und ein Fernsehsprecher kommentierte: »Die ausländischen Gäste hier verbeugen sich weniger vor dem Kaiser Showa, sondern vielmehr vor der Wirtschaftsmacht Japans.«

Kurz vor zwei Uhr nachmittags wurde der Sarg wieder auf den Wagen gestellt, und der Trauerkorso verließ die Gärten von Shinjuku und begab sich 60 Kilometer weiter zum kaiserlichen Friedhof von Hachioji. Auf dem Weg dorthin erkletterten zwei militante Anhänger der *Chukaku-ha*-Gruppe die Sperren und brüllten: »Nieder mit dem Kriegsverbrecher Hirohito!« Sie wurden sofort gefasst. Eine in einem Feuerlöscher versteckte Bombe explodierte an einem strategischen Punkt eines Autobahnzubringers und riss ein 2 Meter breites Loch in die Straße, konnte den Korso jedoch nicht aufhalten.

In Hachioji wurde Hirohitos Sarg dann in einer Zeremonie, die bis tief in die Nacht hinein dauerte, ins Mausoleum gebracht. Zusammen mit ihm begrub man verschiedene Dinge, an denen sein Herz gehangen hatte: ein Mikroskop, einen Hut, eine Krawatte, Socken, mehrere Orden und ein Schwert.

Im Mai 1989 werden die Massendemonstrationen gegen politische Korruption und für eine Demokratisierung Chinas immer dramatischer. Es war mir unmöglich, diese Entwicklung von Japan aus im Fernsehsessel zu verfolgen. Doch die chinesische Botschaft in Hongkong kennt mich als ausgewiesenen ehemaligen China-Korrespondenten und verweigert mir die Einreisegenehmigung. In Hongkong bekomme ich ein Touristenvisum, das aber nach zwei Wochen abläuft, die ich hauptsächlich in Schanghai verbringe. Peking meide ich. Am 4. Juni, einem Sonntagmorgen, befiehlt Deng Xiaoping dem chinesischen Heer, auf die Demonstranten am Platz des Himmlischen Friedens zu schießen. Ein Massaker ist die Folge. Folgender Leitartikel erschien danach im *Corriere della Sera*.

China: der Gott, der zweimal scheiterte

Tien An Men, 5. Juni 1989

Auf dem Platz des Himmlischen Friedens feierte der chinesische Kommunismus seinen größten Triumph. Auf demselben Platz erlitt er jetzt seine größte und definitive Niederlage. Diese außerordentliche Volksbewegung, die 1921 ihren offiziellen Anfang nahm, hatte es nach Jahren härtester Kämpfe geschafft, ein ganzes Land zu vereinen, ihm Stolz und Hoffnung zurückzugeben. Als ihr Protagonist konnte Mao auf ebenjenem Platz im Oktober 1949 der Welt verkünden: »China hat sich erhoben.« Doch mit dem Massaker dieser Tage hat diese Bewegung jede Legitimation verloren, jeden Anspruch auf moralische Autorität, jedes Recht, ein Volk zu führen, das über eine Milliarde Menschen umfasst.

In den vierzig Jahren ihrer Machtausübung hat die Kommunistische Partei Chinas – von den kurzen Perioden des Friedens einmal abgesehen – das Land ständig mit neuen politischen Kampagnen überzogen, welche das Volk spalteten. Die ständigen Kurswechsel verwirrten die Chinesen, die fortgesetzten Säuberungsaktionen kosteten die wertvollsten Köpfe jeder Generation. Und jedes Mal wieder schaffte die Partei es, sich aus der Affäre zu ziehen, zu überleben, indem sie verkündete, aus den Fehlern der Vergangenheit gelernt zu haben. Und immer wieder galten nun die neuen Positionen als richtig und gerechtfertigt.

Diese Serie von Irrtümern, die seit 1949 Millionen Menschen das Leben gekostet haben, hat nun mit dem Massaker von Tien An Men seinen Höhepunkt erreicht. Dafür gibt es keine Rechtfertigung. Kein Versprechen dieser Partei wird je mehr Glauben finden. Sie wird ihre Macht mit dem Gewehr ausüben müssen. Zumindest solange die Gewehre ihr noch gehorchen.

Für China ist dies eine gewaltige Tragödie, denn jetzt, wo die Kommunistische Partei das »Mandat des Himmels« verloren hat, ist keine andere Kraft da, die sie ersetzen könnte. Das Land ist immer noch arm und steht wie immer am Rande des Zerfalls. China besteht aus Provinzen, die ihre eigene Identität, ihre eigene Geschichte haben.

Die Kommunisten haben erreicht, dass alle sich unter einem Dach versammelten, eine Sprache redeten und sich in der Hoffnung auf allgemeinen Fortschritt zusammenschlossen. All dies steht nun auf dem Spiel. Der Weg ist frei für den Regionalismus mit seinen verschiedenen Machtzentren – wie damals zur Zeit der Kriegsherren.

Alle Grenzregionen Chinas werden von nichtchinesischen Völkern bewohnt, die mehr als einen Grund haben, der Zentralmacht in Peking zu misstrauen. Die Kommunisten haben es – mitunter mit Einsatz von Gewalt wie in Tibet – geschafft, diese Völkerschaften an sich zu binden und so die eigenen Grenzen zu schützen. Von nun an könnte dies schwierig werden.

Was aber hat das große Projekt des Kommunismus scheitern lassen, der aus China ein modernes, starkes und unabhängiges Land formen wollte? Die Antwort ist nicht schwer: die Natur des Kommunismus selbst. Die totalitäre Ideologie dieser Bewegung hat ihr die Kraft gegeben, gegen die japanischen Eindringlinge zu kämpfen und den Bürgerkrieg zu gewinnen, doch sobald sie an die Macht gelangt war, hat ebendiese totalitäre Auffassung dafür gesorgt, dass die Bewegung intellektuell immer schwächer wurde, weil sie systematisch jede Diskussion unterdrückte, jedes Moment der Reflexion im Keim erstickte.

Die Kommunistische Partei Chinas mit ihrer Landarbeiterbasis und ihren »Kaisern«, die ebenfalls dem Bauernstand entstammten – zuerst Mao, dann Deng Xiaoping –, hat ihre Erzfeinde immer in den Reihen der Intellektuellen gesehen. Daher hat sie in regelmäßigen Abständen die liberalsten Denker jeder Generation in Säuberungsaktionen ausgeschaltet. Immer wenn sich eine unabhängige Stimme gegen die Partei erhob, wurde diese unterdrückt. Das Massaker an den jungen Menschen auf dem Platz des Himmlischen Friedens und die aktuelle Jagd auf andersdenkende Studenten in den Universitäten gehört in eine Tradition, die schon früher ihre Opfer forderte: in der Säuberungsaktion nach der Bewegung der Hundert Blumen und in der Kulturrevolution. Dieses Mal war die Studentenbewegung stärker denn je, weil sie die in den unterschiedlichsten Bevölkerungsschichten herrschende Unzufriedenheit zum Ausdruck brachte. Vor allem in den Städten wuchs die Frustration angesichts der verschiedenen politischen Fehler der Partei unaufhaltsam an.

Heute besteht kein Zweifel mehr, dass die Bewegung in Peking, die mit dem Begräbnis von Hu Yaobang ihren Anfang nahm, die erste wirklich breite Massenerhebung gegen das kommunistische Regime Chinas ist. So gesehen lag das Regime völlig richtig: Das Heer musste eingeschaltet werden, um eine »konterrevolutionäre Verschwörung« zu vereiteln.

Obwohl die Studenten die »Internationale« sangen und unter dem roten Banner marschierten, war ihre Bewegung doch zutiefst antikommunistisch, auch wenn sie aus taktischen Gründen natürlich niemals offen eingestehen konnten, dass es um den Sturz des Systems ging. Ironie des Schicksals und Tragödie zugleich hingegen ist, dass ausgerechnet der Mann, den die Studenten und mit ihnen die Bevölkerung am meisten kritisierten, derselbe ist, der den Liberalisierungsprozess in China eingeleitet hat: Deng Xiaopings wirtschaftliche Reformen riefen die Geister, welche er nun nicht los wird und welche für jene antikommunistischen Tendenzen verantwortlich sind, die letztlich im Massaker von Tien An Men gipfelten.

Mao hatte China eine ausschließlich auf Ideologie gegründete Wirtschaftsordnung aufgezwungen, die Ergebnisse vollkommen außer Acht ließ. Deng hat mit dieser Politik Schluss gemacht. Er hat die Ideologie beiseite gelassen und einzig auf den Fortschritt gesetzt. Fälschlicherweise glaubte er, das wirtschaftliche System verändern zu können, ohne das politische antasten zu müssen. Das Ergebnis war das immer stärker werdende Bedürfnis nach Freiheit, das bereits 1979 einmal unterdrückt werden musste (das Verbot der »Mauer der Demokratie«) und das sich nun in den Demonstrationen der letzten Tage Luft gemacht hat.

Deng Xiaoping, der große Zauberer, der einem Großteil der westlichen Welt das Bild vermittelt hatte, er werde das System des Sozialismus langsam, aber sicher zum Einstürzen bringen, hat sich nun als linientreuer Parteibonze erwiesen. Er wird im Gedächtnis der Menschen haften bleiben als der Kommunist, der das totalitäre System mit einem Blutbad verteidigte.

Und das ist keineswegs verwunderlich. Schließlich hat Deng Xiaoping in Kambodscha auch Pol Pot unterstützt. Er hat die Verbindung zu den Roten Khmer auch dann nicht abreißen lassen, als deren Verbrechen der Welt bekannt wurden. Dieser Mann hat nun das Massaker am eigenen Volk befohlen.

In Wahrheit aber ist er eine tragische Figur. Er wollte den chinesischen Kommunismus vor dem Scheitern seiner maoistischen Spielart bewahren und hat damit seinen Tod verursacht. Damit aber hat er das Land in eine noch schlimmere Lage gebracht als Mao.

Dass Deng kapitalistische Mechanismen nutzte, um die wirtschaftliche Konsolidierung seines Landes voranzutreiben, dass er das Land für ausländische Kapitalgeber öffnete, hat sicher dazu beigetragen, den Wohlstand im Land zu fördern. Gleichzeitig aber verschärften sich dadurch die strukturellen Probleme Chinas: Die Küstenregionen entwickelten sich wesentlich schneller als das Landesinnere, das ausländische Kapital konzentrierte sich einmal mehr dort, wo es schon während der Kolonialzeit angesiedelt war.

Deng hat die maoistische Ideologie mit ihrem Gleichbehandlungsanspruch außer Kraft gesetzt, ohne sie durch ein anderes Rechtssystem zu ersetzen. Die Arbeiter in den Fabriken haben somit die Vorteile des Kollektivs verloren, ohne dafür die des kapitalistischen Systems genießen zu können.

Hin und her geworfen zwischen der maoistischen Logik, die Armut als Tugend betrachtete, und dem Räsonnement Deng'scher Prägung, das Reichtum mit revolutionären Ehren ausstattete, fand sich eine ganze Generation von Chinesen plötzlich ohne Helden wieder, ohne Vorbilder und Ideale. Vor allem in den Städten führte dies dazu, dass immer mehr Menschen sich vom westlichen Konsum anstecken ließen, der für den größten Teil der Chinesen auch heute noch Wunschdenken bleiben muss.

Hinter dem Aufwallen der Empörung, das sich nach dem Massaker breitmachte, hinter den Protesten und den Barrikaden, die sich nun in verschiedenen chinesischen Städten erheben und dem Heer nur Grund zu weiterem Blutvergießen bieten, steht aber keineswegs eine neue Idee, ein neuer Gesellschaftsentwurf.

Die Studenten vermissen einerseits die klare Moralität der Maoisten, andererseits träumen sie den Traum von der Demokratie und vom westlichen Wohlstand. Sie wünschen sich mehr Freiheit. Die Arbeiter wollen, dass es ihnen besser geht. Ihnen angeschlossen haben sich die zahlreichen Arbeitslosen in den Städten.

Für den Augenblick beschränkt sich die Bewegung, auch wenn sie von Millionen Menschen getragen wird, auf die Städte. Die 800 Millionen Landbewohner teilen sich in jene, welche Dengs Reformen ärmer gemacht haben, und jene, die sehr schnell reich geworden sind. Auf sie hat die Bewegung noch nicht übergegriffen, sie haben sich bisher nicht geäußert. Auf diese Masse der Landarbeiter aber zählt das Regime, um sich wenigstens noch einen Hauch von Legitimität zu sichern und seine blutige Unterdrückung zu rechtfertigen. Denn einen der staatlichen Apparate hat Deng völlig unversehrt gelassen. Nun tritt er in Aktion: Die Staatssicherheit kann jetzt ihre ganze makabre Effektivität zeigen. Der Kampf ist noch nicht zu Ende.

Die kommunistische Revolution ist gescheitert, doch bevor China wieder zu Einheit und Fortschritt findet, wird es noch andere Prüfungen, vielleicht auch noch weitere Massaker überstehen müssen.

In Tokio zu bleiben ist mir unmöglich. In der Tasche ein zweites Touristenvisum, das ich bei der Heimreise in Hongkong habe ausstellen lassen, versuche ich mein Glück.

Im Herzen der Angst

Peking, 7. Juni 1989

Das Flugzeug, das aus Tokio kommt, hat 252 Plätze, doch nur 26 sind besetzt. Von oben gesehen sieht das in die uralte Ebene geduckte Peking aus wie immer, so grau, staubig und nüchtern, wie ich es vor fünf Jahren verlassen habe, als man mich zur Ausreise zwang. Jetzt zurückzukehren bewegt mich tief. Auch wenn meine Unruhe mindestens genauso groß ist. Die Ebene wirkt wie ausgestorben. Die Dörfer rund um Peking sind leer. Ich sehe weder Bäuerinnen auf den Reisfeldern noch Fahrräder auf den ausgehobenen Wegen. Hin und wieder zeigt sich ein Wagen auf den Straßen. Die Angst vor dem, was in den letzten Tagen geschehen ist bzw. in den nächsten noch geschehen könnte, hat die Menschen von den Straßen vertrieben. Im Moment ist das Leben auf Eis gelegt.

Sobald ich gelandet bin, umgibt das Drama von Peking mich mit Schreien, Tränen, Bergen von Koffern und Umarmungen. Hunderte von Ausländern drängen sich am Terminal des Flughafens und versuchen, einen Platz in einem Flugzeug zu ergattern, das diese Stadt verlässt. Die Maschine, mit der ich gekommen bin, wird sicher voll wieder zurückfliegen. Aus allen Ländern der Erde kommen Spezialflüge an, um die internationale Gemeinschaft zu evakuieren: die Familien der Diplomaten, die Geschäftsleute, die ausländischen Studenten.

Ein Taxifahrer bietet mir für horrendes Geld eine Fahrt in die Stadt an. Um den Preis zu rechtfertigen, erzählt er mir von den Toten, die in Haufen am Straßenrand liegen, und von den Panzern, denen wir auf dem Weg begegnen werden. Mit Mund und

Augen zieht er heftige Grimassen, um mir klarzumachen, mit welcher Grausamkeit die Soldaten geschossen hätten und noch immer schießen. Auf dem Weg sehen wir nicht einen Toten, nicht einen Panzer. Stattdessen kommen uns andere Taxis entgegen, mit Menschen vollgestopfte Wagen, die Nummernschilder des diplomatischen Korps tragen, und eine Rikscha mit einem Japaner, der kein Auto gefunden hat und seine Fluchthoffnungen zusammen mit seinem schweren Koffer einem alten Chinesen anvertraut, der eifrig in die Pedale tritt.

Erst als wir in die Stadt kommen, treffen wir auf die ersten Soldaten. Menschengruppen stehen vor den Wachen, die ein Wäldchen hermetisch abriegeln. Darin soll sich ein Soldatencamp befinden. Das seien die »Guten«, erklärt der Taxifahrer. Sie gehören zum 38. Regiment, das sich gegen die »Bösen« des 27. Regiments erhoben haben soll, die für das Massaker verantwortlich sind und mittlerweile das Herz Pekings in der Hand haben.

Das Hotel, einer dieser Superluxusschuppen, die eigentlich reiche Touristen zu Tausenden anziehen müssten, ist mittlerweile zur Fluchtburg für Hunderte von Ausländern geworden, die in Peking leben. Sie haben ihre Wohnungen verlassen und warten darauf, evakuiert zu werden. Im Fahrstuhl treffe ich auf ein kanadisches Mädchen, das einen Käfig voller Kanarienvögel gerettet hat. Es herrscht nicht gerade Panik, doch die Stimmung ist sehr angespannt. Diese Hotels mit ihrer Atmosphäre von Luxus und Eleganz sind wie Seifenblasen in einem Meer von Kummer und Angst. Hinter diesen Wänden aus Stahl und Glas, umgeben von Golddekor und sanfter Musik, fühlt man sich beschützt. Man hat das Gefühl, irgendwo außerhalb von Peking zu sein und extraterritoriale Rechte zu genießen. Wer sich nicht in die Botschaften gerettet hat, die ihren Landsleuten längst die Pforten geöffnet haben, flieht instinktiv hierher, in die großen Hotels. Urplötzlich fallen mir die Erzählungen jener Ausländer ein, die während des Boxeraufstands zu Beginn des 20. Jahrhunderts in den Legationen, den extraterritorialen Botschaftsgebäuden, belagert wurden.

Ich treibe einen Wagen auf und mache eine erste Rundfahrt durch die Stadt. Die Barrieren aus Autobussen sowie die verkohlten Militärlastwagen, die von der Menge in Brand gesteckt wurden, umrunde ich vorsichtig. Etwa zehn davon stehen unmittelbar vor dem höchsten Wolkenkratzer Chinas, der sich noch im Bau befindet, strahlend modern und ganz aus Glas. Ein trauriges Bild, das den Unterschied zeigt zwischen dem, was das Land werden wollte, und dem, was es heute ist: der Traum von der Modernität angesichts der Realität der Zerstörung.

Hin und wieder rasen Autos mit Ausländern vorbei, welche die Fahnen ihres Landes aus dem Fenster halten, wenn sie sie nicht vorsorglich auf die Seitentüren gemalt haben: eine spontane Geste des Selbstschutzes derjenigen, die noch nicht weg sind. Bis zum Peking Hotel durchzudringen ist unmöglich. Die *Changan,* die Straße des »Langen Friedens«, wird auf Höhe des Diplomatenviertels *Jianguomenwai* von Panzern blockiert, deren Geschütze in alle vier Himmelsrichtungen zeigen.

Dutzende von Soldaten in weiten grünen Umhängen behalten eine kleine Menschenmenge im Auge, die gekommen ist, um sie anzusehen. Einige haben sogar ihre Kinder mitgebracht, als wäre dies ein Spaziergang. Hinter der drohenden Silhouette der Panzer erhebt sich grau der Umriss des alten Observatoriums, in dem im 16. Jahrhundert der Jesuitenmissionar Matteo Ricci arbeitete. Die Ankunft eines Ausländers interessiert die Leute. Sie kommen näher. Jeder will erzählen, was er gesehen oder gehört hat. Alle reden sie vom Massaker am Sonntag. Doch niemand kann sagen, wie hoch die Zahl der Opfer war. Zweitausend? Dreitausend? Ja, es gab viele Tote, aber Begräbnisse hat es nicht gegeben. Es war nicht genug Zeit. Vor allem aber gab es keine einzige Leiche. Die Leute erzählen, das Heer habe Bulldozer eingesetzt, welche die Toten zu einem Haufen zusammenschoben. Dann wurden die Leichen verbrannt. Man übergoss sie mit Benzin und richtete dann den Flammenwerfer auf sie. Es wird Abend. Die Straßen sind wie leer gefegt. Wie viele Familien fragen sich jetzt wohl hinter den Fenstern und Türen der kleinen

Häuschen in den *hutong,* den traditionellen Gassen der Stadt, in denen sich mittlerweile der Müll stapelt, was wohl aus ihren Kindern geworden ist, die nicht mehr heimgekommen sind?

Unter den in den Seifenblasen der Hotels eingeschlossenen Ausländern kursieren die verschiedensten Gerüchte. Immer wieder hört man, dass die »Guten« heute Nacht angreifen werden. Doch auch diese Aussicht ist wenig tröstlich. An einigen besonders geschützten Orten der Stadt geht das Leben weiter, als wäre nichts gewesen. In den Restaurants bekommt man immer noch alles, in der Diskothek des Lido Clubs tanzen die Menschen zu psychedelischen Lichtspielen, während auf dem großen Bildschirm ein Asterixfilm läuft. Im Bowlingcenter schieben junge Amerikaner und Europäer unermüdlich ihre schwarzen Kugeln auf die weißen Kegel zu. Sind es »Gute«? Oder doch »Böse«?

In den Hotelzimmern empfangen wir auf dem Fernsehschirm über Kabelfernsehen Nachrichten aus Amerika, in denen wir sehen, was um uns herum vorgeht. Die Nacht verläuft ruhig, unterbrochen nur von ein paar Telefonanrufen von Kollegen und Freunden, die glauben, dass die »Guten« jetzt angreifen. Aber das stimmt nicht. Am Morgen ist alles unverändert. Die Chinesen warten immer noch darauf, dass ihr Schicksal von zwei Regimentern entschieden wird, die sich aneinander messen müssen. Ich verlasse das Hotel, um wie jeden Tag zu joggen. Die »Guten«, die immer noch an der Straße zum Flughafen kampieren, kochen in riesigen Töpfen Reis über Holzfeuern. Einige Straßenhändler verkaufen wie immer Zigaretten und in Fett gebackene Kuchen. Der Fahrradverkehr ist rege. Ich sehe Lastfahrräder, deren hölzerne Ladefläche noch Blutflecken von den Verwundeten der letzten Tage zeigt. Heute transportieren sie Gemüse. Immer noch bringen ganze Konvois von Kleinbussen mit den Standarten der diplomatischen Vertretungen Frauen und Kinder zum Flughafen. Im Westen ist die Stadt ruhig. Im Zentrum nicht.

Um zehn Uhr fährt vom Platz des Himmlischen Friedens, der nun voller Panzer steht, ein Konvoi von Lastwagen los. Auf ihren Ladeflächen stehen Soldaten mit dem Gewehr in der Hand. »Wir beschützen das Volk!«, schreien sie ununterbrochen. »Nieder mit der Korruption der Funktionäre!« Aus den Seitenstraßen strömen Menschen herbei, um zu sehen, was passiert. Sind die »Bösen« jetzt zu den »Guten« übergelaufen? Niemand versteht, was los ist. Applaus brandet auf. Da feuern die Soldaten ein paar Maschinengewehrsalven in die Luft. In der allgemeinen Unruhe gelingt es mir, ins Hotel Peking zu kommen.

Seine Architektur spiegelt die gesamte Geschichte Chinas im 20. Jahrhundert wider. Der erste Flügel, der aus Granit, wurde von den Franzosen zur Zeit der exterritorialen Botschaften errichtet, die sich genau gegenüber befanden. Der zweite Flügel aus rötlichem Stein wurde von den Russen nach dem Zweiten Weltkrieg gebaut. Der dritte im sozialistischen Stil stammt aus den sechziger Jahren des 20. Jahrhunderts. Der vierte ist gerade im Bau, eine Konstruktion aus Glas und Stahl, die von einem Joint Venture finanziert wird, das es vielleicht bald nicht mehr gibt. Das Hotel ist halb leer. Im Erdgeschoss gibt es keinen Strom, die Geschäfte sind ebenso geschlossen wie die Bar, an deren Tischchen die größten Reisenden und Abenteurer des letzten Jahrhunderts saßen. Von den Zimmern oben hat man eine glänzende, ja atemberaubende Aussicht. Die Straße des langen Friedens erstreckt sich verlassen kilometerlang bis an den Horizont. Rechts vor dem großen Porträt Maos die dunkle Masse der Panzer und Spähwagen, Hunderte von Soldaten und die Hubschrauber, die auf den Platz vor dem Denkmal der Helden der Revolution kommen und sich wieder entfernen.

Gegen elf Uhr setzt sich eine Kolonne von etwa 2000 Soldaten in Marsch und wendet sich nach Osten. Die gewaltige grüne Schlange windet sich langsam über den Asphalt, wobei sie sorgfältig die ausgebrannten Lastwagen meidet. In der bedrückenden Stille der Stadt, in der alle Geschäfte geschlossen und alle Büros menschenleer sind, ist lange Zeit nur das Scharren der Stoffschuhe auf dem Asphalt zu hören und das metallisch-rhythmische Geräusch der Gewehre, die sich am Schulterhalfter reiben. Eine Gruppe besetzt das Ministerium für Außenhandel, eine andere zieht in das *Jianguomen-*

wai-Viertel, wo viele Diplomaten, Geschäftsleute und ausländische Journalisten leben.

11.30 Uhr. Sobald die Kolonne der Lastwagen vor dem Gebäude der Citic Pacific angekommen ist, beginnen die Soldaten wie verrückt zu schießen. Vier Minuten lang schießen sie, zuerst in die Luft, dann auf die Gebäude, in denen die Ausländer wohnen. Die Fenster der Wohnungen gehen zu Bruch. Viele Familien fliehen in den Innenhof, können aber nicht aus den Gebäuden heraus. Alle Eingänge des Diplomatenkomplexes sind abgeriegelt. Die Soldaten dringen in das Viertel ein, die Waffe im Anschlag wie zur Hausdurchsuchung.

Suchen sie vielleicht nach einem Dissidenten? Nach Fang Lizhi möglicherweise? Aus Washington drang gerade die Nachricht zu uns durch, dass der berühmte Astrophysiker, der wohl prominenteste Vertreter der Demokratiebewegung, in die amerikanische Botschaft geflüchtet ist und dort um politisches Asyl gebeten hat. Vielleicht sollen die Soldaten ihn festnehmen, bevor er aus dem Land geschafft werden kann?

Die Belagerung dauert etwa eine Stunde, dann ziehen die Soldaten sich zurück und führen einen Chinesen mit kurzen Hosen in Handschellen ab. Die Soldaten geben an, sie hätten einen Heckenschützen gesucht, der vom Dach auf ihre Kolonne geschossen habe. Kann dieser Junge wirklich der Schütze sein?

Das diplomatische Viertel kehrt zur Normalität zurück, doch die Berichte derer, die an den Fenstern standen und um ein Haar noch einmal davongekommen sind, überzeugen auch die letzten noch hier verweilenden Ausländer, dass es für sie sicherer ist, die Koffer zu packen und in die Hotels zu flüchten, um auf ihre Evakuierung zu warten.

Ein neues Gerücht geht um: Die »Guten« des 38. Regiments sollen sich wenige Kilometer vor Peking in den Duftenden Hügeln sammeln, denn aus anderen Gegenden Chinas seien weitere »Gute« im Anmarsch, um »die Bösen zu strafen« und wieder Ordnung in die Stadt zu bringen, in der das Fehlen einer anderen Autorität als jener der deutlich sicht- und hörbaren Gewehre langsam spürbar wird.

Vor Sonnenuntergang mache ich noch einen letzten Rundgang durch die Straßen. Mysteriöserweise sind die Panzer auf der Brücke mittlerweile abgezogen. Die Silhouette des alten Observatoriums scheint verschwunden. Weshalb? Niemand weiß eine Antwort. Auch 1949 standen sich zwei Heere gegenüber. Innerhalb der Mauern von Peking das nationalistische Heer. Draußen die Armee Maos. Am Ende wurde Peking von den Kommunisten kampflos genommen. Könnte dasselbe wieder geschehen? Vielleicht setzen sich auch jetzt die zwei verfeindeten Parteien an den runden Tisch, messen ihre Kräfte und entscheiden, wer gewonnen und wer verloren hat, um dieser alten Hauptstadt ein neues Martyrium zu ersparen?

Die absolute Stille der hereinbrechenden Nacht hört sich viel versprechend an.

Die Kasernenstadt

Peking, 10. Juni 1989

Nicht einmal Trauer ist möglich. Peking, die besetzte Stadt, hat das Recht zu weinen verloren. Tausende* junger Menschen wurden von der Armee ermordet, doch ihre Eltern und Geschwister wagen nicht einmal, sich ein schwarzes Band um den Jackenärmel zu binden, aus Angst, erkannt und von den Militärpatrouillen verhaftet zu werden, die auf der Suche nach »Konterrevolutionären« langsam die einzelnen Viertel durchkämmen. In China ist dies ein schweres Vergehen, das sogar mit dem Tod bestraft werden kann. »Die Rebellen müssen sich den Behörden stellen. Alle, die zu fliehen versuchen, werden streng bestraft. Die Bevölkerung ist verpflichtet, mitzuhelfen und kriminelle Elemente zu nennen«, schallt es aus Radios und Fernsehern. Danach werden die Telefonnummern angegeben, unter denen man einen Bekannten oder Nachbarn denunzieren kann. Dafür gibt es dann eine Handvoll Geld.

Nachdem Armee und Polizei auf Befehl von Deng Xiaoping vor genau einer Woche die größte, auf breite Bevölkerungsschichten gestützte und vollkommen gewaltlose Erhebung gegen das kommunistische Regime im Blut ertränkt haben, starteten sie zum einen eine Kampagne, die die Bevölkerung überzeugen soll, dass nun alles wieder normal sei, zum anderen aber überzogen sie das Land mit einem engmaschigen Netz der Furcht und Repression.

Die zahllosen Fotos, die während der Demonstrationen, des Hungerstreiks und der Besetzung des Tien-An-Men-Platzes von Polizeibeamten in Zivil geschossen worden waren, sowie die Filme und Videokassetten, die bei ausländischen Journalisten in den letzten Tagen beschlagnahmt worden waren, dienen nun dazu, für Tausen-

---

* Die ersten Schätzungen waren zu hoch gegriffen. Die genaue Anzahl der Getöteten war nie zu erfahren, doch die Opfer wurden auf zirka 900 beziffert.

de von Menschen ein »Dossier« zu erstellen. Die Jagd auf die Dissidenten ist eröffnet.

Auf der Ringstraße zwei, einer breiten Straße, die um die Hauptstadt herumführt, habe ich einen Militärlastwagen gesehen, der an der Kreuzung beim Lamatempel anhielt. Sechs Soldaten sprangen herab und rannten mit der Maschinenpistole im Anschlag auf einige Häuser zu. Kurz darauf kamen sie mit einem Jungen von etwa zwanzig Jahren wieder heraus. Weitere sechs Soldaten hielten eine Gruppe von Menschen in Schach, die das Geschehen still und eingeschüchtert verfolgten. »Dieses Mal haben wir verloren, weil wir keine Waffen besitzen«, flüstert mir ein Mann zu, als der Laster wieder abfährt.

So kehrt in Peking die Ordnung wieder ein, und das Leben, in dieser Stadt eine Pflanze mit besonders starken Wurzeln, nimmt hartnäckig und traurig von neuem seinen Lauf, als sei nichts geschehen. Die Barrikaden werden abgebaut, die ausgebrannten Wracks der Busse, der Militärjeeps und Panzerwagen, die von den Demonstranten in Brand gesteckt wurden, werden weggeschafft. Die Läden sind wieder geöffnet. Die Polizisten regeln wieder den Verkehr, der immer stärker wird. An den Ufern des kleinen Sees vor dem Trommelturm genießen Fischer die Sonne. In einer *hutong*, einer der traditionellen kleinen Gassen hinter der Verbotenen Stadt, spielt eine Gruppe Kinder Krieg. Sie schießen mit Maschinengewehren aus Holz aufeinander.

Die Hardliner haben gewonnen. Nun rollt eine gewaltige Propagandawalze über diese Stadt und schüchtert sie ein. Jene Stadt, die hier einige Wochen lang das einzigartige Gefühl der Freiheit erleben konnte. Gestern erschienen auch die Zeitungen wieder, alle mit identischen Artikeln über das »verdienstvolle« Werk der Armee. Im Fernsehen gibt es nur Szenen zu sehen, in denen Soldaten alten Menschen über die Straße helfen oder Delegationen des Volkes dem Heer Geschenke überreichen. Und andere, in denen junge Menschen in Handschellen abgeführt werden, einige mit geschwollenen, blutenden Gesichtern. Sie bringt man zu den Gefängnissen, um sie dort zu verhören.

Die offizielle Zahl der »konterrevolutionären Rebellen«, die bislang inhaftiert wurden, beläuft sich auf »mehr als 400«, doch niemand mag mehr den öffentlichen Verlautbarungen Glauben schenken. So heißt es in der offiziellen Darstellung der Geschehnisse zum Beispiel, dass die Opfer die Soldaten waren, nicht die Studenten: Die »konterrevolutionären Rebellen« sollen 300 Soldaten getötet haben. Der Platz des Himmlischen Friedens sei ohne Blutvergießen geräumt worden. »Nicht ein Student wurde getötet«, verkündet der Bürgermeister. »Nicht ein einziger Student«, wiederholen die Fernsehsprecher. Die Menschen hören es und schweigen. Einige junge Leute, die glauben, die Wahrheit müsse ans Licht dringen, riskieren die Verhaftung, indem sie sich den wenigen Ausländern nähern, die hier geblieben sind, und ihnen ein Bild oder einen Bericht über die Ereignisse in die Hand drücken, die im Ausland publiziert werden sollen.

Bald werden auch diese Gesten des passiven Widerstands verschwunden sein. Die Universitäten sind weitgehend menschenleer. Die Studenten sind zu Hause geblieben oder verstecken sich. Die Arbeiter, die an den Demonstrationen teilgenommen haben, mussten zu ihrer Arbeitseinheit zurückkehren, wo die Sicherheitsbeauftragten sich um sie kümmern, mächtiger denn je. Die Zentren des intellektuellen Widerstandes, aus dem sich die Demokratiebewegung speiste, sind jetzt von der Armee besetzt. Die Akademie für Sozialwissenschaften, der »Think Tank« der Partei, aber auch ein Brennpunkt der Kritik am orthodoxen Marxismus, ist zu einer Art Kaserne geworden. Dasselbe gilt für die Zeitungen, die in den letzten Monaten zu sorglos waren.

Die Soldaten sind überall. Sie kampieren in den Straßen, den Turnhallen, auf Baustellen. Sie bewachen die Kreuzungen der Stadt, die Brücken, die Eisenbahn. Sogar auf den Zinnen des alten Observatoriums, zwischen den von den Jesuiten im 16. Jahrhundert aufgestellten Instrumenten zur Himmelsbeobachtung scheinen nun Helme und Maschinengewehre auf.

Das Bild des von der Armee besetzten Peking zeigt recht deutlich, was letzte Woche in China eigentlich passiert ist: ein Staatsstreich. Deng Xiaoping, der seit Jahren behauptet, in Pension gehen zu wollen, und formell nur der Präsident der Militärkommission der Partei ist, hat einen Teil des Heeres dazu benutzt, die Macht an sich zu reißen, seinen Nachfolger und politischen Gegner Zhao Ziyang auszuschalten und dem Land eine Politik aufzuzwingen, die weder von der Partei noch von der Regierung für gut befunden wurde.

Um diesem Prozess, der sich gegen die Verfassung der Partei und des Staates richtet (deshalb handelt es sich letztlich um einen Putsch), eine revolutionäre Legitimation zu verschaffen, lud Deng Xiaoping zu seiner Siegeserklärung eine Gruppe früherer Parteibonzen ein, die offiziell keinerlei Funktion mehr haben, ja sogar von ihm selbst in den letzten Jahren entmachtet und an den Rand gedrängt worden waren.

Das Ergebnis ist, dass die Partei nun quasi umgangen wurde (schließlich hat Deng ganze drei Male versucht, ein Zentralkomitee zur Absetzung des liberalen Zhao einzusetzen, was ihm nie gelang). Premierminister Li Peng repräsentiert die zivile Macht nur noch formell, da seine Regierung nicht mehr auf das Vertrauen des Parlaments zählen kann (aus diesem Grund wurde das Parlament auch nicht einberufen). Die einzige wirkliche Autorität im Land ist augenblicklich das Militär. Die Studentenbewegung und die Besetzung des Tien-An-Men-Platzes waren also keineswegs der Grund für den Putsch, sondern nur der Anlass, ihn endlich auszuführen. Die Volkserhebung, so begründet und spontan sie auch gewesen sein mag, wurde am Ende geradezu provoziert, um sie zum Vorwand für die gewaltige Säuberungsaktion nehmen zu können, die nicht nur die demokratisch denkenden Dissidenten ausschalten sollte, sondern sich vor allem gegen die liberal-reformistische Gruppe innerhalb der Partei richtete.

Bei diesem Kampf ging und geht es um die Zukunft der Reformen, die noch von Deng Xiaoping selbst auf den Weg gebracht wurden. Das Problem ist und bleibt jedoch immer dasselbe: Zum einen hatten diese Reformen enorm positive Effekte. Sie stärkten die Wirtschaft und hoben den Lebensstandard vieler Menschen. Andererseits verursachten die Reformen auch gravierende Probleme, da sie ein starkes wirtschaftliches Ungleichgewicht zwischen den Küstenregionen und dem Landesinneren Chinas, zwischen reichen und armen Bürgern schufen. Sie machten China abhängig vom internationalen Kontext, verstärkten den ausländischen Einfluss auf das Land, führten auf ideologischer Ebene kapitalistische Denkwege ein und sorgten so für den demokratischen Ruck, der durch diese Gesellschaft ging. Die Autorität der Partei stand plötzlich auf dem Spiel und – wie die Forderungen der Studenten zeigen – der Sozialismus der Volksrepublik China.

Angesichts dieser Entwicklungen kam es in der Parteispitze zu heftigen Auseinandersetzungen: Auf der einen Seite stand Zhao Ziyang mit seinen Anhängern, die Reformen für unausweichlich hielten, ja sie sogar beschleunigen wollten. Auf der anderen stand der reformfeindliche Ministerpräsident Li Peng. Für den alten Stalinisten Deng Xiaoping, der die Reformen nicht in Gang gebracht hatte, um den Kommunismus zu stürzen (wie viele Menschen im Westen glaubten), sondern um ihn noch effizienter zu gestalten, gab es keinen Zweifel, auf welche Seite er sich zu stellen hatte.

In den Augen Dengs standen nicht nur die Reformen auf dem Spiel, sondern die Zukunft Chinas als kommunistisches Land. Um diese Zukunft zu retten, war ihm kein Preis zu hoch: nicht einmal ein Massaker. Lässt man die Ereignisse der vergangenen Wochen noch einmal Revue passieren, wird immer klarer, dass Deng Xiaoping ein außerordentliches Polittheater in Szene gesetzt hat, in dem Erpressung und Betrug eine ebenso große Rolle spielten wie die Anzahl der Divisionen, die ihm zur Verfügung standen. Einer seiner besten Tricks war es, sich krank, sterbend und schließlich sogar tot zu stellen. Der andere, alle glauben zu machen, dass am Ende Zhao Ziyang gewinnen würde.

Auf diese Weise kamen all seine Gegner aus der Deckung. Der bekannte Dissident Wang Li kam gar aus den Staaten zurück, wo er sich für die Sache der Studenten stark gemacht hatte. Man leitete seinen Flug nach Schanghai um und erteilte ihm Redeverbot. All das geschah, während Deng Peking von einem immer größer werdenden Heer ihm ergebener Soldaten umzingeln ließ. Irgendwann waren es dann 300 000 Mann, auf deren Maschinengewehre er zählen konnte. Er, den man bereits tot glaubte, stand – wie der wieder erweckte Kaiser in der klassischen Peking-Oper – »voller Kraft und Gesundheit« von den Toten auf, wie jetzt die Zeitungen berichten.

Und so umschließt von neuem seine Faust das Land, das ihm schon aus der Hand zu gleiten drohte. Seine Feinde haben sich zu weit vorgewagt und können nun ausgemacht und beseitigt werden. Dieser alte, letzte Kaiser der Bauern, der seine politische Schulung vor allem im Guerillakrieg und in den Höhlen von Yenan erhielt, habe auf die Veränderungen in China reagiert wie »ein Höhlenbewohner«, sagt mir ein ortsansässiger Diplomat. Was China in seinen Hoffnungen auf Veränderung um Jahrzehnte zurückgeworfen hat. Doch für Deng ist jetzt wenigstens seine sozialistische Zukunft gesichert, auch wenn er dafür auf eine Menge unbewaffneter Menschen schießen lassen musste und nun die Militärs das Land in ein Klima von Angst und Schrecken stürzen. In dieser Stadt, in der öffentliche Verlautbarungen nur noch Lüge sind, in der die Zeitungen keine Nachrichten mehr publizieren, kursieren die verschiedensten Gerüchte. Das jüngste lautet, dass Zhao Ziyang, angeklagt, die Studentenrevolte unterstützt und sich konterrevolutionärer Aktivitäten schuldig gemacht zu haben, hingerichtet wurde. Mit ihm seien andere Persönlichkeiten erschossen worden, unter anderem der Direktor der *Volkszeitung*.

Doch es kann auch sein, dass diese Gerüchte ausgestreut werden, um die Bevölkerung noch mehr einzuschüchtern und jene zu entmutigen, die glauben, es sei noch nicht alles verloren. Schließlich ist es nicht Parteitradition, »gesäuberte« Führer zu erschießen. Andererseits hat dieses Massaker alles verändert. Danach wird und kann China nie mehr sein wie vorher.

Auf dem Platz des Himmlischen Friedens, vor dem Mausoleum, in dem vergessen Maos einbalsamierter Körper unter Glas liegt, ducken sich immer noch Tag und Nacht einige Dutzend Panzer aufs Pflaster – wie die Brut schrecklicher Ungeheuer, die sich dort im Herzen des Landes eingenistet hat.

Die große Lüge

Peking, 27. Juni 1989

In diesen Zeiten sind die Nächte in China unruhig. Man schläft ein mit den Bildern des alltäglichen Terrors vor Augen, welche die Fernsehstationen ausstrahlen. Und man erwacht vom metallischen Krächzen der Lautsprecher, die nach Jahren des Schweigens nun wieder in Dienst genommen wurden.

Vor drei Wochen haben die Panzer die Körper der Menschen niedergewalzt. Nun ist es das erbarmungslose Hämmern der Propaganda, das den Geist der Überlebenden überrollt. Das alte maoistische China, das China der Gehirnwäschen, das fremdenfeindliche China der Kulturrevolution, das in den letzten zehn Jahren alle glauben machte, es habe sich geändert – und zwar für immer –, ist nun zurückgekehrt. Mit einem Mal sind die alten Slogans wieder da, die alten Bilder, die alten Parolen der Vergangenheit. Es gibt kein Entkommen.

Das Fernsehen bringt immer und immer wieder mindestens vier Stunden am Tag die Bilder der jungen Leute, die gefangen genommen, mit Schildern um den Hals an den Pranger gestellt und verurteilt wurden. Das Radio und mit ihm die Lautsprecher an den Straßen, in den Fabriken, auf den Schulhöfen quäken hinaus, dass es die Pflicht jedes Bürgers sei, die »speichelleckerischen Konterrevolutionäre« zu denunzieren und vor allem »das eigene Denken mit dem der Partei in Einklang zu bringen«. Die schrille Stimme der Sprecherin erklingt monoton und doch drängend in jedem Haus, in jedem Viertel.

Peking hört und senkt das Haupt immer tiefer. Noch vor wenigen Wochen war die Stadt eins in diesem außergewöhnlichen, unvorhersehbaren Luftschloss der Freiheit. Jeder redete mit jedem. Die Menschen halfen sich. Nun ist wieder jeder für sich. Jeder fürchtet den Nachbarn, weicht seinem Blick aus und fürchtet sich, als einer derjenigen erkannt zu werden, die »auch dort waren«.

»Warst du auch auf dem Platz des Himmlischen Friedens, um für die Demokratie zu demonstrieren?«, frage ich den jungen Taxifahrer, der mich zum Flughafen bringt. Sofort sieht er sich um, als ob wir nicht allein im Auto säßen, als ob die Straße, gesäumt von Weiden, die heute noch mehr zu trauern scheinen als sonst, nicht vollkommen verlassen wäre. »Doch ... aber ich muss das vergessen ... ich muss mein Denken mit dem der Partei in Einklang bringen.« Und das meint er nicht ironisch. Wieder einmal haben die Chinesen Gelegenheit, ihre uralte Kunst des Überlebens zu üben.

Um zu überleben, muss man eintauchen in die Gleichförmigkeit der Masse, aufhören zu denken, sich selbst davon überzeugen, dass die einzige Wahrheit jene große Lüge ist, die mittlerweile von allen Propagandaorganen der Partei verbreitet wird: Der Aufruhr ging auf ein von ausländischen Agenten angezetteltes Komplott zurück. In Peking gab es kein Massaker. Der Platz des Himmlischen Friedens hat nicht einen Toten gesehen. Die Armee hat dort nicht einen Schuss abgegeben. Wer sicher sein will, betet diese Formel nach. Und die meisten tun es.

Aus China ausreisen zu müssen hatte mich hart getroffen. Die Jahre, die ich hier verbrachte, hatten mich teilnehmen lassen an der Tragödie dieses Volkes, das seit mehr als hundert Jahren einen Ausweg aus der Vergangenheit sucht, um endlich mit der Zeit Schritt halten zu können. Dieses Mal jedoch empfinde ich auch eine gewisse Erleichterung, als ich auf den Flughafen zusteuere. Tagelang habe ich im Radio, in den Tageszeitungen und im Fernsehen nichts anderes gehört und gesehen als die große Lüge. Und ich tröstete mich mit den Worten des Dichters Lu Xun, eines großen Chinesen, der 1926, als die Regierung ein ähnliches Massaker an Studenten leugnete, schrieb: »Die Lügen der Tinte werden die Fakten des Blutes nicht auslöschen.«

Als ich Peking ein letztes Mal durchquerte, spürte ich den würgenden, ausweglosen Zugriff eines alten totalitären Regimes, das seinem Volk einmal mehr die Kehle zudrückte. An den Kreuzungen sah ich von neuem die Mitglieder der Volkskomitees jedes Viertels mit ihren roten Armbinden stehen. In der Theorie regeln sie dort den Verkehr. Praktisch aber sind sie da, um zu spionieren. Die Denunziation wird gefördert und mit Kokarden und kleinen Gratifikationen belohnt. Das Netz der Informanten wurde reaktiviert. Und auch die Videokameras, die eine englische Firma im Auftrag der Stadtverwaltung zur Verkehrsüberwachung in Peking montierte und die von Anfang an von der Geheimpolizei benutzt wurden, um die Demonstranten zu identifizieren, sind wieder in Betrieb. Die Menschen hatten den wahren Zweck dieser Kameras bald entdeckt und machten sie durch gezielte Steinwürfe unschädlich. Jetzt funktionieren sie wieder, vor allem an der Changan, der großen Prachtstraße in der Stadtmitte, und wurden zusätzlich noch mit großen Scheinwerfern ausgerüstet. Zukünftig werden sie also auch nachts gute Dienste leisten. Aber wird es denn neue Märsche, neue Demonstrationen geben?

Die amerikanische Botschaft ist auf drei verschiedene Gebäude aufgeteilt, und die chinesische Polizei hat noch nicht herausgefunden, in welchem sich Fang Lizhi verborgen hält, der Astrophysiker und Dissident, der dort um politisches Asyl gebeten hat. Seitdem stehen vor den Eingängen der drei Gebäude Lieferwagen mit braunen Vorhängen, von denen aus jeder fotografiert wird, der dort ein und aus geht. Wenn die Polizei eine »spontane Demonstration des Volkes« organisieren möchte, um Fang und seine Frau herauszuholen, will man schließlich auf Nummer Sicher gehen. Und es wäre nicht das erste Mal. 1966 gab es zum Beispiel eine »Spontandemonstration« des Volkes und der Roten Garden, bei der die englische Botschaft in Flammen aufging.

»Dem Volke dienen« steht am Eingang einer Kaserne. Um zu zeigen, dass das Militär immer noch getreu der Parole aus der Mao-Zeit folgt, und um das Massaker vergessen zu machen, haben Soldaten vor dem Militärmuseum ein Zentrum für den »Dienst am Volk« eingerichtet. Dort bieten sie an, die Fahrräder der Passanten und die Fernseher der Hausfrauen zu reparieren bzw. alten Leuten den Blutdruck zu messen. Doch die Menschen halten sich fern.

In den Gebäuden, die während der ersten Reformen Deng Xiaopings errichtet wurden, leben die hohen Parteikader. Gerade dort beklagen heute viele Familien ihre Kinder, die auf dem Tien-An-Men-Platz gestorben sind. Und dort führt die Polizei immer noch Haussuchungen durch, um die Beteiligten ausfindig zu machen. »Viele der Getöteten sind Einzelkinder, und diese Schuld wird die Partei bezahlen müssen«, sagt ein westlicher Diplomat zu mir.* Es heißt, dass ein paar alte Kommunisten, deren Kinder man getötet hat, sich zusammentun wollen, um die Toten zu rächen und die Verantwortlichen dieses Massakers heimlich zu ermorden.

China ist geschlagen. Es beugt sich über die eigenen Wunden, gedemütigt, weil es einmal mehr daran gescheitert ist, ein modernes Land zu werden. Es hatte an Mao geglaubt und war gemartert worden. Es hatte an Deng geglaubt und ist nun gespalten. Der Westen hat sich oft mit den Kämpfen dieses Volkes identifiziert. Immer wenn es in Bewegung kam, schienen Träume wahr zu werden. Die chinesische Studentenbewegung hat die Hoffnungen der Welt beflügelt. Der Junge, der ganz allein mit ausgebreiteten Armen den Panzer aufhielt, hat uns allen Vertrauen in die Kraft des Geistes zurückgegeben. »China müsste ihn auf Botschaftertour durch die Welt schicken wie die Russen Gagarin«, sagt mir ein europäischer Diplomat, als ich mich von ihm verabschiede.

Wird von diesen außergewöhnlichen Tagen denn irgendwo ein Körnchen zurückbleiben? Jeder von denen, die dabei waren, hat eine Geschichte zu erzählen. Meine ist sehr einfach. Drei Tage nach dem Massaker durchquerte ich eine kleine Straße hinter dem Park am Sonnentempel. Unter einer Laterne standen ein paar Leute, die im Lichtschein die Fotokopie einer Zeitung aus Hongkong lasen. Ein Mann mit einem Fahrrad löste sich aus der Gruppe, und als er an mir vorüberkam, flüsterte er mir zu: »Da dao Li Peng!« – »Nieder mit Li Peng!« Dann trat er in die Pedale und entfernte sich mit einer Handvoll Zwiebeln auf dem Gepäckträger.

* In China gilt die Ein-Kind-Politik, das heißt, jede Familie darf nicht mehr als ein Kind haben (A. d. Ü.).

Es scheint, als wäre der Flughafen ein paar Tage außer Betrieb. Dort ist das Chaos ausgebrochen. Umgekippte Mülleimer, niedergerissene Wände. Es sind kaum Menschen zu sehen. Nicht die üblichen Neugierigen, die schauen, wer ankommt und wer abfliegt. Nicht die aufgeregten Ausländer, die unbedingt weg wollten, als ich ankam. Niemand kommt, nur wenige fliegen ab. Darunter kein einziger Chinese. Seit zwei Tagen sind die Grenzen praktisch geschlossen. Alle Passagiere mit Ausreisegenehmigungen, die vor dem Massaker erteilt wurden, müssen sich bei der Polizei melden und sich die Ausreise noch einmal bestätigen lassen.

Der Flughafen scheint wie ausgestorben. Nur eine kleine Gruppe von Ausländern trifft sich im Wartesaal. Ein paar von Hand auf ein Blatt Papier gezeichnete Pfeile weisen uns den Weg durch das Labyrinth der Ständer im Duty-free-Shop, die nun alle von staubigen Betttüchern bedeckt sind. Am Post- und am Bankschalter schlafen die Mädchen und lehnen die Köpfe an die Rückenlehne der Sessel. Der Zollbeamte will nicht einmal in meine Tasche sehen. Der Polizist stempelt zerstreut meinen Pass ab. In den langen Korridoren funktioniert der »rollende Teppich« nicht, der Boden scheint bereits seit Wochen nicht mehr gefegt zu werden. Polizisten stehen zusammen und debattieren. Ich fühle mich unsicher. Während meines gesamten Aufenthaltes vermied ich jeden offiziellen Kontakt und ließ mich auch nicht zu häufig in der Öffentlichkeit sehen. Die Geheimpolizei hätte mich erkennen und hier erwarten können. Schließlich sehe ich zwei lächelnde Hostessen der Japan Airlines sich vor dem Ausgang verneigen. Ein Schritt und die Düfte, Klänge, Gesichter Chinas mit all dem Druck, der auf ihnen lastet, scheinen plötzlich weit entfernt.

Als das Flugzeug sich in die Luft hebt, habe ich nicht den Eindruck, in einem Flug von Peking nach Tokio zu sitzen, sondern in einem Raumschiff, das mich aus einer weit entfernten Vergangenheit in die Gegenwart der restlichen Welt bringt.

Doch in dieser Vergangenheit sitzen nun über eine Milliarde Chinesen in der Falle.

Was denken sie? Was wollen sie? Wer sind die Japaner in Wirklichkeit? Seit Jahrhunderten stellen Ausländer, die es aus irgendeinem Grund auf diesen merkwürdigen, fremden Archipel verschlägt, sich diese Fragen. Als ich diesen Dingen nachging, fragte ich mich als Erstes: Wovon träumen die Japaner?

Die Traumfabrik

Tokio, Oktober 1989

Sie leben in winzigen Häusern, arbeiten endlose Stunden und machen kaum Urlaub. Sie behaupten, glücklich zu sein, aber wenn der Abend herabsinkt, wollen auch die Japaner ihren Träumen nachhängen. Und da die wenigsten eigene Träume haben, geht man eben auf den Markt und kauft sie dort.

Japan ist voll von Orten des Vergnügens, die nur eine einzige Aufgabe haben: Träume zu verkaufen. In jeder Stadt gibt es ganze Viertel, die allein diesem Zweck gewidmet sind. Selbst das kleinste Dorf hat noch eine Straße, in der man sich seinen Traum erfüllen kann: ein großer Star zu sein oder ein mutiger Samurai, von einer Frau leidenschaftlich geliebt, von einer Mutter in der Wiege geschaukelt oder von einem Freund wirklich verstanden zu werden.

Doch Träume haben ihren Preis: Im Durchschnitt gibt jeder Japaner ein Drittel seines Einkommens für das aus, was sich auf Japanisch *yoka* nennt – Freizeit bzw. »Zeit der Unterhaltung«. Die Industrie, die diese Wünsche befriedigt, gehört zu den blühendsten Wirtschaftszweigen des ganzen Landes. Pro Jahr setzen die Japaner in Bars, Restaurants, Tanzsälen, Pachinko-Spielhallen, Kinos, Nachtklubs und anderen Lokalen eine geradezu astronomische Summe um: umgerechnet rund 270 Milliarden Euro. »Ein Betrag, der quasi dem Staatshaushalt entspricht«, sagt mir Miyano Takayuki, Direktor des Instituts für Freizeitgestaltung im Ministerium für Industrie. »Und dabei ist das, was für Sex ausgegeben wird, noch gar nicht enthalten!« Prostitution ist in Japan weit verbreitet und ausgesprochen gewinnbringend. Sie wurde 1956 per Gesetz verboten, und da es sie folglich nicht gibt, existieren darüber auch keine offiziellen Zahlen.

In Japan beginnt der Weg der Träume an der Bar. Dorthin und nicht etwa nach Hause geht der Japaner nach getaner Arbeit. Er öffnet eine schmale Pforte, und die schrille Stimme einer Frau, *mama-san* genannt, heißt ihn willkommen, als habe sie einzig auf ihn gewartet. Und schon ist der Schritt ins Paradies getan.

In Japan gibt es mehr als 100 000 Bars. Die *mama-san* und ihre jüngeren Assistentinnen, die Barhostessen, die ihren Kunden jeden noch so abartigen Wunsch erfüllen, zählen mehr als eine Million. Es gibt ganze Straßen, in denen sich eine winzige Bar an die andere reiht, ganze Viertel mit modernen Gebäuden, die auf jedem Stockwerk Dutzende von Nachtlokalen jeglicher Couleur beherbergen. Hier kann der frustrierte Japaner nach einem anstrengenden Arbeitstag in andere Zeiten und andere Welten eintauchen. In manchen dieser Lokale treffen sich Menschen mit demselben Beruf, in anderen solche mit derselben Neigung. In einer Bar im alten Ueno-Viertel von Tokio zum Beispiel verkleiden die Kunden sich als Cowboys und hören Countrymusik. Im Akihabara-Viertel dagegen gibt es eine Bar, in der die männlichen Besucher Röcke und Seidenstrümpfe tragen und Frauen spielen. »Mein Lokal zielt nicht auf Homosexuelle«, verteidigt sich der Besitzer. »Die haben ihren eigenen Club.«

Tatsächlich gibt es eine Menge Bars »Nur für Männer«. Die meisten finden sich im Shinjuku-Viertel. Dort werden die Kunden von *papa-san* begrüßt und freuen sich auf ihre spezielle Tanzshow. Ehemalige Marineoffiziere treffen sich in einer Bar im Aoyama-Viertel, die wie ein Kriegsschiff eingerichtet ist. Und wer durch die zahlreichen Bullaugen schaut, vor dessen Blick öffnet sich ein wogendes Meer. Andere Kriegsnostalgiker treffen sich im Top Club in Roppongi, wo ein Chor von Mädchen in Schuluniform die Militärhymnen der kaiserlichen Armee schmettert. »Ein Lokal wie dieses, in dem man stolz auf die Zeiten des Krieges zurückblicken kann, hat in Tokio einfach gefehlt«, erklärt der Besitzer, der zu seinen Kunden

Bankdirektoren, Vorstandsvorsitzende großer Unternehmen und einige prominente Politiker zählt.

Markenzeichen anderer Bars ist die spezielle »Arbeitskleidung« ihrer Hostessen. So gibt es welche, in denen die Mädchen wie Internatsschülerinnen aufgemacht sind – nur ohne Slip. In anderen ist das Einzige, was sie tragen, ein Mundschutz aus weißer Gaze. Eine Bar im Akasaka-Viertel bietet hingegen eine ganz besondere Art der Entspannung: Die Gäste tun so, als wären sie neugeborene Babys, denen die Mädchen die Windeln wechseln. Ein elegantes Hotel in Hakone, etwa 100 Kilometer von Tokio entfernt, lässt für etwa 100 Euro die historischen Träume seiner Gäste wahr werden. Sie können dort in jede Woche neu ausgestatteten Szenarien Samurai spielen.

Den Japanern, die täglich in den dunklen Anzug des Angestellten schlüpfen müssen, gefällt es, hin und wieder eine mittelalterliche Rüstung anzulegen. Der fast neunzigjährige Riyoichi Sasagawa, Kriegsverbrecher und Pate der japanischen Rechten, der sich heute international und philanthropisch gibt und den Friedensnobelpreis anstrebt, hat in seine Pressemappe auch ein Foto von sich gelegt, das ihn in alter Kriegertracht vor dem Kaiserpalast zeigt.

Der schönste Traum vieler Japaner, deren Häuser eng und dunkel sind, ist es, über Platz und ein wenig Komfort zu verfügen, und sei es auch nur für kurze Zeit. Und so gibt es eine Reihe von Lokalen, die speziell diesen Wunsch bedienen und das Ambiente eines »gediegenen Wohnzimmers« nach gutbürgerlich-westlicher Fasson bieten. Eines dieser Lokale liegt in Roppongi. Man betritt es durch eine unauffällige Tür und findet sich plötzlich in einem weiten, lichten Raum wieder. Wände, Sessel und Teppichboden – alles ist in makellosem Weiß gehalten. Vor einem weißen Flügel sitzt ein Mädchen in weißem Tüll und spielt Chopin. Man käme niemals auf die Idee, in einer Bar zu sein (die Flaschen sind versteckt). Allein hier zu sitzen kostet bereits 150 Euro die Stunde.

Der bekannteste und preiswerteste Typ ist der klassische Karaoke-Schuppen: drei oder vier Hocker vor einer Theke, gedämpftes Licht, an den Wänden Reihen von Flaschen, die um den Hals ein

Etikett mit dem Namen des Kunden tragen. Das Karaoke-Equipment (was wörtlich »leeres Orchester« bedeutet) ist ein Fernsehschirm mit angeschlossener Gesangsanlage. Der Kunde bestellt sein Lieblingslied, nimmt das Mikrofon zur Hand und blickt auf den Bildschirm. Nun werden Filmsequenzen eingespielt, häufig Szenerien mit Regen, Nebel und blühenden Kirschbäumen. Gleichzeitig ertönt die Instrumentalversion des gewünschten Liedes, wozu der Kunde den Text singt, den er vom Bildschirm abliest. Der Text, der zum gerade gespielten Teil gehört, wird in einer anderen Farbe eingeblendet. Die Aufmerksamkeit des ganzen Lokals ruht auf dem Sänger, die Kollegen applaudieren, und ein paar Minuten lang kann sich der *sarari-man* (der ein »Salär« bezieht) wie einer der Stars in einer großen Fernsehshow fühlen, ähnlich denen, die täglich die Illustrierten füllen.

Die Karaoke-Bar wurde in den letzten Jahren zur nationalen Institution. Die Bahn hat einige Züge mit Karaoke ausgerüstet. Eine Baufirma hat für Karaoke-Bars sogar eine spezielle Schalldämmung entwickelt, damit die Nachbarn, die schlafen wollen, nicht in ihrer Nachtruhe gestört werden. Eine andere Firma verkauft Karaoke-Anlagen für den Hausgebrauch, sodass man in den eigenen vier Wänden üben kann, bevor man sich in der Öffentlichkeit präsentiert.

Hinter jeder Tür, die der Japaner auf seiner langen Reise durch die Nacht öffnet, steht eine Frau, die ihn verwöhnt, die ihm zu trinken einschenkt, ihn seiner Talente versichert und seiner Männlichkeit. *Mama-san* und die Bar-Hostessen sind die Vestalinnen des modernen Japan. »Der Mann pendelt zwischen zwei Schlachtfeldern: Familie und Arbeitsplatz. Wir sind der Puffer zwischen den beiden«, meint Fumiko Honda, eine Frau um die fünfzig, die eine winzige Bar hinter dem Shibuya-Bahnhof führt. »Eigentlich verkaufen wir unsere Zeit: Wir hören den Kunden zu und trösten sie.«

Ein Bier, ein Glas Whisky, und das Spiel beginnt. Er spricht, *mama-san* hört ihm zu. Er öffnet den Mund, sie füttert ihn mit Stäbchen. Er prahlt oder jammert, sie blickt ihn bewundernd an oder tröstet ihn. Sex gehört dazu, auch wenn es meist bei Worten bleibt.

»Die japanische Gesellschaft ist zutiefst homosexuell. Frauen spielen nur die Mittlerinnen in den Beziehungen zwischen Männern«, erklärt mir eine amerikanische Soziologin, die ein Jahr lang in verschiedenen Bars als Hostess arbeitete. »Wenn ein Japaner sexuelle Entladung sucht, dann findet er auf dem Heimweg eine Reihe anderer Lokale.«

Und auch auf diesem Sektor ist für jeden Geschmack etwas zu haben. In den »Pink Salons« ist es so dunkel, dass der Kunde das Mädchen, das ihn masturbiert, während er sein Bier trinkt, kaum sieht. In den »Gesundheitszentren« hingegen spielt sich alles in grellstem Licht ab, weil die hier angebotenen Dienste offiziell unter dem Stichwort »Massage« rangieren. In anderen Lokalen hingegen legt der Kunde selbst Hand an sich, während er gleichzeitig ein so aufregendes Schauspiel betrachtet wie das eines nackten Mädchens, das in einem Käfig an der Decke hängt.

Die Liveshows mit direkter Publikumsbeteiligung kommen ein wenig aus der Mode, da man für einen Eintritt von immerhin 25 Euro kaum je Gelegenheit bekommt, mit der Stripperin vor den Augen aller anderen auf der Bühne Sex zu machen. Großen Zulauf verzeichnen hingegen die Peepshows, bei denen der Kunde in einer winzigen Kabine zu Werke geht, während er einschlägiges Filmmaterial betrachtet. Und die Kosten sind vergleichsweise moderat: nur 10 Euro pro Sitzung.

Hat der Japaner nun wirklich Spaß auf dieser Straße des Vergnügens? Ist er glücklich? Diese Frage stellen wohl eher wir Europäer uns. Für den durchschnittlichen Bewohner dieses Landes ist das Träumen mittlerweile zu einer Art Pflicht geworden, einer Methode der Entspannung, die ihn in die Lage versetzt, seine Funktion als Rädchen im Getriebe noch besser zu erfüllen. Tatsache ist, dass der Japaner auch bei seinen Fluchten niemals allein ist, niemals Individuum, sondern immer Teil eines Kollektivs.

Aus diesem Grund sind die Nachtlokale, Bars, Restaurants und Mini-Freudenhäuser, die der Japaner auf dem Nachhauseweg frequentiert, nicht wirklich Orte der Unterhaltung und der Freude, sondern vor allem der Ort, an dem die Beziehung zu seinen Kollegen gestärkt wird. Hier nimmt der Boss den neu Eingestellten an die Hand und führt ihn in die Firma ein. Hier wird aus dem Japaner der *sarari-man*. Und hier wird er zwischen einem Bissen rohen Fischs und einem Glas Whisky seine Wut auf die Firma los, hier macht er aus seinem Herzen keine Mördergrube, auch wenn er damit gleichzeitig auf die letzten Freiräume seiner Individualität verzichtet.

Jeder neu Eingestellte weiß, dass er in den kommenden zwei Jahren wohl jeden Abend mit den Kollegen ausgehen muss. »Wenn ich nicht hingehe, entgeht mir vieles«, sagt mir ein junger Versicherungsangestellter. »Tagsüber lerne ich Methoden und Fakten, abends aber tauche ich langsam ein in die Geheimnisse der Firma und lege so den Grundstein für meine Karriere.« Bar und Restaurant sind quasi das erweiterte Büro, sodass die Unterhaltung zur Verlängerung der Bürostunden wird. Die Zerstreuung wird zum Sicherheitsventil, und die Unternehmen sind sehr daran interessiert, dass diese funktioniert. Aus diesem Grund begleichen sie auch die Spesen. Jede Firma hat einen Kontrakt mit mehreren solcher Lokale, die ihre Angestellten, je nach Position, besuchen können. Der Angestellte unterschreibt, die Rechnung geht an die Firma. Ein Wirtschaftswissenschaftler hat kürzlich ausgerechnet, dass japanische Unternehmen täglich etwa 50 Millionen Euro für die Unterhaltung ihrer Kunden und Angestellten ausgeben.

Mit der Zeit werden die abendlichen »Sitzungen« mit den Kollegen zur Gewohnheit. Die langen Stunden, die er in Bars und anderen Lokalen verbringt, gehören für den Japaner zum Alltag. So wird sein Heim zum Schlafsaal, in dem er zudem noch recht wenig Schlaf bekommt. Eine jüngst durchgeführte Untersuchung ergab, dass 80 Prozent der Angestellten aller großen japanischen Unternehmen von sich sagten, »ständig müde« zu sein.

Und das Familienleben leidet ebenfalls. Dieselbe Untersuchung hat ergeben, dass 30 Prozent der japanischen Ehefrauen ihren Mann nicht länger sehen als etwa eine Stunde täglich. 12 Prozent gaben gar an, dass sie ihn höchstens für 10 Minuten pro Tag zu Gesicht bekommen.

Von Kindesbeinen an gewöhnt an harte Disziplin und eine rigide Sozialordnung, gezwungen, in winzigen Räumen zu leben und zu arbeiten, findet der Japaner im Alkohol einen leicht zugänglichen Fluchtweg. So ist Alkoholabhängigkeit in Japan mittlerweile ein weit verbreitetes Problem. Um Mitternacht, wenn Bars und Nachtlokale schließen, wirken die Japaner, die sich zu Hunderttausenden auf die Straßen ergießen, schwach und verwirrt. Die U-Bahn-Stationen, in denen tagsüber nichts weiter zu hören ist als das emsige Schlurfen von Millionen Füßen, hallen plötzlich wider von den Stimmen und Lachsalven der angeregten Menge. Nur wenige sind noch nüchtern und fähig, gerade zu gehen. Überall wird gekotzt, einige stürzen, während sie auf den letzten Zug zustolpern.

Baden wir doch gemeinsam!

Osaka, Oktober 1989

Splitterfasernackt in ein Becken mit kochend heißem Wasser einzutauchen und gemeinsam mit anderen Badenden die Natur oder das Spiel der Dämpfe in der kühleren Luft zu beobachten stellt für einen Japaner den Gipfel des Vergnügens, die einzig wirkliche Entspannung dar.

In Japan gibt es 2237 *onsen*, »heiße Quellen«. Rund um diese häufen sich Hotels, Nachtklubs, Pornolokale und andere Orte der Unterhaltung, denen der Japaner seine Träume anvertraut.

An der *onsen* angekommen, legt er seinen dunklen Anzug ab, den er Tag für Tag trägt, und schlüpft in eine andere Uniform, die des Spiels: einen Kimono, eine Art Morgenmantel aus Baumwolle mit dem Schriftzug des Hotels, dessen Gast er ist. Dazu klappernde Holzpantinen. In die *onsen* begibt sich der Japaner nie allein oder gar mit Familie. Er wird begleitet von den Kollegen aus der Firma. Und die Firma zahlt. Auf den großen Tafeln am Eingang der Hotels oder Pensionen, die zu den *onsen* gehören, stehen die Namen der Firmen verzeichnet, die für ihre Angestellten vorbestellt haben. Man schläft zu sechst oder zu siebt in einem Zimmer, isst zusammen, badet zusammen, besucht zusammen die Pornoshow und genießt das, was danach kommt. Und man betrinkt sich gemeinsam. Die Zeit der Entspannung stärkt den Zusammenhalt unter Kollegen und die Loyalität gegenüber dem Unternehmen.

Wenn die Busse mit den Männern »auf Betriebsausflug« Yamashiro, einen der großen Vergnügungsorte etwa 300 Kilometer von Tokio entfernt, verlassen, fahren sie noch an einem ganz besonderen Supermarkt vorbei, bevor sie sich endgültig auf den Heimweg begeben. Vor dem Laden kopulieren zwei riesige Betonschildkröten von 6 Metern Höhe. Alte Weiblein in weißer Schürze empfangen die Besucher, führen sie zwischen den Regalen durch, auf denen verschiedene Präparate auf Schlangen- oder Schildkrötenbasis stehen, und zwitschern: »Wenn du es letzte Nacht nicht gebracht hast oder wenn dir heute die Knie zittern, dann nimmst du am besten dieses Mittel.«

Sex ist für die Japaner weder ein Tabu noch ein Grund, Komplexe zu bekommen. Im ganzen Land finden sich Tempel, in denen entweder das weibliche oder das männliche Sexualorgan als Gottheit verehrt wird. Ein Besuch im Shinto-Tempel von Ise ist nicht vollständig, wenn man hinterher nicht auch das Porno-Museum besucht, dessen aktuelle Attraktion eine Liveshow ist, bei der zwei Pferde Liebe machen.

Pornographie gehört für den Japaner zum Alltag. Die Blättchen, die junge und alte Männer in der U-Bahn mit derselben Gleichgültigkeit durchblättern, sind voll von Fotos und Zeichnungen von vergewaltigten, gefolterten und grausam misshandelten Frauen. Jede Stadt hat ganze Viertel, in denen die einzige verkaufte Ware Sex ist. Ursprünglich hießen die Lokale, in denen sich dieser Handel abspielt, *turko,* doch seit die Regierung in Ankara offiziell dagegen protestiert hat, nennt man sie *soap-lando,* »Land der Seife«.

In Tokio findet sich die größte Dichte an *soap-landos* in Yoshiwara, einem alten Viertel im Nordwesten der Stadt, das seit jeher für seine Bordelle berühmt ist. Zur Zeit der Shogune waren diese den Samurai vorbehalten, die so nicht das Bedürfnis hatten, zu ihren Frauen zurückzukehren. Später waren die Kunden hauptsächlich Händler. In einem *soap-lando,* das sich »Vatikan« nennt, sind die Mädchen gekleidet wie Nonnen. Ein anderes namens »Airline« rüstet seine Mädchen aus wie Stewardessen.

Am Ufer des Biwa-Sees, nördlich der alten Hauptstadt Kioto und nur wenige Kilometer vom Ishiyama-Tempel entfernt, wo im Jahr 1004 die Hofdame Murasaki die ersten Zeilen ihres berühmten erotischen Romans *Die Abenteuer des Prinzen Genji* schrieb, liegt ein Dörfchen namens Ogoto, in dem jedes einzelne Haus ein *soap-lando* ist. Das Dorf wurde vor fünfzehn Jahren bewusst dort gegründet, weil in dieser Gegend viele Filmstudios liegen und jemand die brillante Idee hatte, man könne so den gescheiterten Aktricen eine alternative Karriere bieten. Ogoto wurde ein großer Erfolg. Bald nannte man es in ganz Japan nur noch »das Paradies der Männer«.

»Leider«, so sagt uns der Tourismusbeauftragte des Dorfes, der uns Stadtpläne in die Hand drückt und uns diverse Ratschläge erteilt, »gibt es heutzutage auch im Paradies Aids.« In Ogoto gab es bisher noch keinen nachgewiesenen Fall, aber die schiere Angst hat zwei Drittel der Kundschaft in diesem Jahr bereits veranlasst, zu Hause zu bleiben. Vor den einladenden Leuchtreklamen der *soaplandos,* von denen eines aussieht wie eine Moschee, ein anderes wie ein Schloss, ein drittes wie eine mittelalterliche Burg, sieht man nur die Schatten der jungen »Vermittler«, die mit dem Golfschläger in der Hand ihren Schwung beim Abschlag üben. Einige Häuser sind ganz geschlossen, andere haben nur die Hälfte der Zimmer abgesperrt. Von den tausend Mädchen, gescheiterten Schauspielerinnen, die bis vor drei Jahren hier arbeiteten, sind nur 600 geblieben. Alles beim Alten blieb hingegen bei den Preisen: 125 bis 300 Euro für 80 Minuten.

In Osaka heißt das Vergnügungsviertel »Tobita«, »das fliegende Reisfeld«. Hier wirkt Japan noch wie auf den Drucken des 19. Jahrhunderts. Schmale Gassen, niedrige Häuser, blasses Lampionlicht. Jeder Eingang ist eine kleine Bühne. Dort stehen zwei Frauen, eine junge und eine alte, und lächeln im Lichtstrahl des Lampions den Passanten zu. Eine Katzenfigur aus Stein, eine Puppe, ein Bonsaibäumchen im Hintergrund vervollständigen die absurde Szenerie. Es gibt Dutzende von diesen winzigen »Theatern«, in denen die junge Frau für 50 Euro die Stunde »ihre Freunde empfängt«, und zwar in dem Raum, den sie von der Alten »mietet«. Da Prostitution in Japan eigentlich illegal ist, sorgt diese Form der Geschäftsgestaltung für einen problemlosen Betrieb.

Doch in Tobita macht sich ebenfalls die Krise breit, auch wenn sie dort weniger mit Aids zu tun hat. »Die jungen Männer von heute sind zu verwöhnt«, meint eine alte Puffmutter. »Sie wollen eine persönlichere Behandlung, Abenteuer, Emotionen.« Und natürlich gibt es schon Angebote, die auf diese Wünsche eingehen. So sind die »Telefonklubs« entstanden, die ebenjene »Emotionen« bieten. Die aktuellste Neueröffnung in Osaka nennt sich »Friday«. Mit nur 5 Euro wird man Mitglied des Clubs, weitere 15 werden fällig, wenn man sich in eine der zahlreichen Friday-Filialen begibt, die über das ganze Stadtzentrum verteilt sind. Dort erwartet einen dann eine kleine Kabine mit einem bequemen Sessel, einem Tischchen mit Aschenbecher und Kleenex sowie einem Telefon, das ununterbrochen klingelt. Natürlich rufen nur Frauen an. Und die Werbung für Friday verspricht »Mädchen aus guter Familie, die das Leben kennenlernen wollen, einsame Schauspielerinnen, Hostessen und frustrierte Witwen«.

Für ein Land wie Japan, das mit der Raffinesse seiner Geishas und den erlesenen Freuden alten Stils die Phantasie der ganzen Welt anregte, sind die billigen Vergnügungen der Moderne ein Ausweis des kolossalen Verfalls, dem der gute Geschmack von einst unterworfen ist. »Nur wenige wissen heute noch unsere Kunst zu schätzen. An unsere Stelle treten mehr und mehr die Bar-Hostessen«, erzählt mir Hazuko Suzuki, eine 67-jährige Geisha, die heute ein *ryotei* im Kagurasaka-Viertel in Tokio besitzt, das sich »Seliger Weiser« nennt.

Versteckt hinter den Betonbergen der modernen Architektur finden sich hinter alten Wänden aus Stroh und Lehm auch im heutigen Japan immer noch winzige Inseln dieses alten, exklusiven Luxus: die *ryotei*. Ein einfaches Tor, ein kurzer Weg, der sich durch ein Bambusdickicht schlängelt, eine Lampe aus Stein, die Schwelle aus poliertem Holz und eine Frau in einem eleganten Kimono, die sich verbeugt. Der Gast zieht seine Schuhe aus und tritt damit aus der Alltagswelt heraus. Das Reich, das er betritt, wurde von den westlichen Reisenden des 19. Jahrhunderts immer wieder beschrieben. Im Japan von heute ist davon wenig oder gar nichts mehr übrig. »Wir sind Wächterinnen in einem Museum, das nur noch der Nostalgie dient«, sagt die alte Geisha im *ryotei* vom Seligen Weisen. »Vor vierzig Jahren kamen privat noch Männer, um ihre Abende in solchen Häusern zu verbringen. Doch seitdem alle Männer Angestellte sind, kann keiner mehr einen solchen Luxus aus eigener Tasche bezahlen.«

Nun halten vor den fragilen Häusern mit Papierfenstern und schweren, schwarzen Dächern im Kagurasaka-Viertel am Abend nur noch die schwarzen Limousinen der Großindustriellen. Im Akasaka-Viertel hingegen verkehren Politiker und Intellektuelle. Jede Gruppierung der liberal-demokratischen Partei hat für ihre diskreten Treffen ein eigenes *ryotei*, wo die Männer von vertrauenswürdigen Geishas bedient werden. »Häufig entscheidet sich die Zukunft Japans in der Abgeschiedenheit eines *ryotei*«, meint Madame Suzuki. »Aus diesem Grund muss eine gute Geisha vor allem Geheimnisse bewahren können.«

Im *ryotei* mietet man ein Zimmer mit Wänden aus Papier, Reisstrohmatten und Aussicht auf den »Garten aus Stein« und empfängt dort seine Gäste. »Was man bei mir bezahlt, ist vor allem die Atmosphäre«, sagt Frau Suzuki. Das Zimmer allein kostet 100 Euro pro Person. Das Abendessen wird in eleganten Lackgefäßen aus einem nahen Restaurant gebracht (75 Euro pro Person), die Geishas kommen aus einer der vielen Geisha-Agenturen (50 Euro pro Stunde für jede Geisha). Ein Abend mit zwei Geishas kostet für sechs Personen fast so viel wie das durchschnittliche Monatseinkommen eines Angestellten (1500 Euro). Doch auch diese Tradition geht langsam verloren. 1969 gab es nur im Kagurasaka-Viertel noch 60 *ryotei* und 700 Geishas. Heute sind davon noch 27 *ryotei* mit 80 Geishas geblieben.

Die berühmtesten Geishas sind immer noch die aus Kioto. Dort finden sich die schönsten *ryotei* Japans und auch die beste Geisha-Schule. Traurig ist nur, dass es mittlerweile an Schülerinnen fehlt. »Die Ausbildung ist zu hart. Die Mädchen von heute arbeiten lieber im Büro«, sagt die 84-jährige Yashiko Inoue, die berühmteste Tanzlehrerin überhaupt, die von der älteren Generation zutiefst verehrt wurde und sogar den Titel eines »Nationalschatzes« verliehen bekam. Die Tradition verlangt, dass in Kioto jedes Jahr eine große Prozession stattfindet, bei der die *maiko*, die künftigen Geishas, der

Stadt vorgestellt werden. Doch mittlerweile sind es so wenige, dass man ältere Geishas im Ruhestand bittet, sich als junge Damen zu verkleiden und an der Prozession teilzunehmen.

»Wir sind im Aussterben begriffen. Jede Zeit hat ihre Spiele. Und unsere interessieren heute niemanden mehr«, sagt Chieko, eine Geisha, die immer noch in Kioto arbeitet. »Die Männer sind einfach anders geworden. Um mit uns Spaß zu haben, müssen sie Zeit mitbringen, sich entspannen können. Stattdessen sind sie angespannt und haben es immer eilig. Sie sollten zuhören können, aber sie reden und reden ohne Ende. Und sie kennen nur ein Thema: Geld, Geld, Geld.«

Flucht ins Nirgendwo

Tokio, November 1989
Ihre überraschenden Silhouetten dominieren die Landschaft, ihre einladenden Lichtreklamen erhellen die Nacht. Die *love hotels*, die »Herbergen der Liebe«, gehören zu Japan wie die überfüllten U-Bahnen, der rohe Fisch und die Disziplin seiner Bewohner. Die *love hotels* sind Fluchtburgen – wie die Nachtklubs, die Bars, die *soaplandos* und die Pachinko-Spielhallen. Sie sind Teil jener Traumwelt, in die der Durchschnittsjapaner so gerne flieht, um der anonymen, bedrückenden Realität seines Alltags zu entkommen.

Will man in Japan ein Stundenhotel finden, braucht man gewöhnlich nicht weit zu gehen. Es gibt sie überall. Die großen Städte sind voll davon, und auch auf dem Land finden sie sich alle paar Kilometer. An Autobahnausfahrten stehen sie dicht gedrängt. Und wer mit dem Flugzeug in Tokio ankommt, fährt allein auf der Transitstrecke zwischen dem Flughafen von Narita und dem City Terminal schon an zwanzig *love hotels* vorbei.

Die Idee für diese Etablissements kam unmittelbar nach Kriegsende auf, als die Japaner noch sehr arm und ihre Häuser vollkommen zerstört waren, sodass Paare nicht eine winzige Ecke für sich hatten. Mittlerweile ist Japan ein reiches Land, aber der Raum, den es seinen Einwohnern zur Verfügung stellt, ist immer noch winzig. Intimität ist ein Luxus, den nur wenige sich leisten können. Und so sind die *love hotels* auch heute noch groß in Mode. Dort treffen sich Verlobte, Eheleute und Liebespaare, feste und weniger feste. Das *love hotel* garantiert Sauberkeit und Diskretion. Wer dort zum Beispiel mit dem Auto vorfährt, weiß, dass sein Nummernschild sofort abgedeckt wird.

Alles geht automatisch. Es gibt keine Türsteher, keine Zimmerkellner oder Dienstmädchen, also keine Zeugen. Die Eingangstür öffnet sich automatisch, wenn das Pärchen näher tritt, und eine metallische Stimme heißt es willkommen. Eine Leuchttafel am Eingang zeigt Farbaufnahmen aller Zimmer. Die beleuchteten sind noch frei. Dann drückt man den unter dem Bild befindlichen Knopf. »Ihr Schlüssel, bitte sehr«, säuselt das übliche körperlose Stimmchen. Auch in den Aufzug begleitet die computergesteuerte Präsenz das vergnügungswillige Paar: »Willkommen. Wir wünschen Ihnen einen schönen Aufenthalt.« Dieselbe Stimme verabschiedet die Paare, wenn sie nach ein oder zwei Stunden das Feld verlassen. Die Rechnung kommt per Rohrpost ins Zimmer und wird auf demselben Weg beglichen.

In der Architektur der *love hotels* drückt sich die ganze wunderliche Phantasie der Japaner aus. Jeder Bau wirkt irgendwie merkwürdig, ja absurd. Jeder versucht, den Traum einer anderen Flucht zu verwirklichen. Da gibt es mittelalterliche Burgen, Raumschiffe oder Nomadenzelte. Ein *love hotel* bei Okayama sieht aus wie ein Jumbojet, ein anderes wie der Schiefe Turm von Pisa, ein weiteres, das sich an der Autobahn zwischen Osaka und Gifu befindet, gibt sich den Anschein einer Pyramide. Im Meguro-Viertel in Tokio steht ein bekanntes *love hotel*, das eines der Schlösser Ludwigs II. von Bayern nachahmt – ständig in blaues Licht getaucht. Bei Shizuoka gibt es eines, das eine genaue Nachbildung des Weißen Hauses darstellt. Andere *love hotels* tragen auf dem Dach eine Kopie der Freiheitsstatue oder eine gigantische King-Kong-Figur.

Dementsprechend phantasievoll sind auch die Namen dieser Stundenhotels: »C'est la vie«, »Utopia«, »Haus für zwei« (sic!), »Episode«. Besonders häufig begegnet uns die Farbe Weiß: »Weißes Schloss«, »Schneewittchen«, »Reines Weiß«. Andere wiederum haben nur eine Nummer als Namen. Natürlich ist die häufigste »69«. Vollkommen überstrapaziert wird der Begriff Liebe: »Amour«, »Amor«, »Love«. Zwischen Tokio und Yokohama wurde ein *love hotel* in der Form eines englischen Ozeandampfers eröffnet. Der Besitzer lud sogar den britischen Botschafter zur Eröffnung ein, der jedoch dankend ablehnte: Das Stundenhotel trug den Namen »Queen Elizabeth II.«

Es gibt nicht ein *love hotel,* das aussieht wie ein anderes. Auch im Inneren ähneln die Zimmer sich nicht. Alle jedoch haben etwas, was die Japaner in ihren Wohnungen schwer vermissen: große Betten und geräumige Bäder. In jedem Zimmer wird die typische Einrichtung anderer Länder und anderer Epochen nachgeahmt: das alte Rom, das Japan der Samurai, Holland mit seinen Tulpen oder gar eine Kolonie im Weltraum. Ein *love hotel* in Nagoya hat ein Zimmer aus dem Deutschland der Nazizeit. Im Hotel »Kirschblütenprinz« in Osaka sind die Zimmer eingerichtet wie gynäkologische Praxen. In einem Stundenhotel in Gifu gibt es ein Zimmer, das wie ein Tennisplatz gestaltet ist. Und natürlich gibt es auch mehrere Hotels mit Sado-Maso-Zimmern. Eines der bekanntesten ist mitten in Tokio, direkt hinter der sowjetischen Botschaft. In einem *love hotel* in der Nähe von Kumagaya sehen die Gäste, wenn sie aus dem Fenster blicken, einen Sonnenuntergang, einen Sonnenaufgang und wieder einen Sonnenuntergang – damit sie das Gefühl bekommen, hier nicht eine Stunde, sondern einen ganzen Tag verbracht zu haben.

Auch für das Bett gibt es verschiedene »Verstecke«. Es kann sich in einer großen Muschel befinden, in einem Mercedes, einem Karussell, mitten im Dschungel oder in dem Auto, in dem Prinz Charles und Lady Di zur Vermählung gefahren wurden. Die Matratzen sind mit Luft oder Wasser gefüllt, sodass sie zu heftigem Schaukeln beitragen. In einigen Betten sind tief verborgen Lautsprecher angebracht, »damit die Musik im Körper fühlbar wird«. Es gibt sogar Betten mit akustischen Sensoren, die – sobald die Seufzer und Schreie der Frau schneller erfolgen – ein rotes Lämpchen angehen lassen und mit dem üblichen Computerstimmchen gratulieren: »Bravo! Du hast es geschafft. Mach weiter so!«

»Die Liebe sollte ein Spiel sein«, meint Shin Ami, ein Innenarchitekt, der sich auf die Einrichtung von *love hotels* spezialisiert hat. Vor zehn Jahren entwarf er Spielplätze für Kinder. Jetzt sind die Erwachsenen dran, wie er selbst sagt.

Es gibt in Japan etwa 50 000 *love hotels,* mehr als 4000 allein in Tokio. Vom wirtschaftlichen Standpunkt aus betrachtet, stellen sie eine ausgezeichnete Investition dar. Daher zählen zu den Besitzern der großen Ketten Banken, Versicherungen, ja sogar einige shintoistische und buddhistische Tempel. Ein neuer Typ *love hotel* ist nur für Familien gedacht. Sie sind mit Kindergärten ausgestattet, in denen die Eltern ihre Kleinen lassen können, solange sie aufs Zimmer gehen. In einigen kann man Sport und Sex verbinden. Wieder andere sind für Gruppen konzipiert – mit Zimmern, die bis zu fünfzig Personen fassen. Da die japanische Gesellschaft schnell altert, gibt es auch *love hotels,* die auf die Bedürfnisse der über Sechzigjährigen spezialisiert sind.

»Das Wichtigste ist, dass das *love hotel* nicht den Anschein eines Bordells erweckt«, sagt der Designer Ami. »Ein *love hotel* muss ein Ort sein, von dem ein Kind sagt: ›Da will ich auch hin, wenn ich groß bin.‹«

Ein anderer Ort der Träume, der für den durchschnittlichen Japaner jederzeit erreichbar und dazu noch billiger ist als das *love hotel,* ist das Café. Die Idee wurde während der Meiji-Epoche (Ende des 19. Jahrhunderts) aus Europa importiert. Doch das japanische Café ist ein Trompe-l'œil, eine Imitation jener Welt jenseits der Meere, nach der der Japaner sich sehnt, auch wenn er sich ihr nicht zuzuwenden wagt. Solche Cafés gibt es in Japan etwa 150 000. Man findet sie in jeder Straße, am Bahnhof, in den Unterführungen, den großen Kaufhäusern, im obersten Stock der Wolkenkratzer und in den Dörfern auf dem Land. Am Abend ist das Café hell erleuchtet wie die Heimstatt einer Fee.

Wie bei den *love hotels,* so kommt es auch hier vor allem auf die perfekte Nachahmung eines bestimmten Ambientes an. So kann ein Café einem den Eindruck vermitteln, im intellektuellen Paris der Piaf gelandet zu sein. Oder in einem Schweizer Chalet mit Kuckucksuhr. In den Cafés der Mozart-Gruppe hört man nur die Musik des großen Meisters. Und natürlich tragen auch die Kuchen dort seinen Namen. Dasselbe gilt für das Beethoven-Café. Die schlichteren Cafés der Renoir-Kette sind für den einfachen *sarari-man* gedacht, in den edleren der La-Mille-(Tausender-)Kette treffen sich die Damen der besseren Gesellschaft in einem englischen Salon mit offenem Kamin, gold gerahmten Bildern und Sofas mit Spitzendeckchen zum Tee.

Die Speisekarten, vor allem in den teureren Cafés, sind in einer Mischung sämtlicher europäischer Sprachen geschrieben, wobei das Französische überwiegt. So liest man über einem eleganten Café im Shinjuku-Viertel in großen, goldenen Lettern: *Parlons un peu de café!* (»Sprechen wir doch von Kaffee!«) Jedes Café verfügt außerdem über eine kleine Comic-Bibliothek. Man nimmt sich ein paar Comics, reinigt sich die Hände mit dampfenden Servietten, lässt sich von der Musik einlullen und genießt den Kaffee in einer Atmosphäre von Ruhe und Frieden.

Der Kaffee ist recht teuer (zwischen 1,25 und 5,00 Euro), doch ist jedem klar, dass er hier weniger den Kaffee bezahlt als den Luxus, ein wenig Platz zu haben. Für die Pendler, die weit draußen an der Peripherie wohnen, für die Frauen, die ihre Freundinnen nicht in einem Wohnzimmer empfangen können, das sie nicht besitzen, ist das Café ein angenehmer und angemessener »Stützpunkt«, an dem man Atem schöpfen kann.

Ist das Café eines der obligatorischen Elemente im Alltag Japans, so ist Pachinko das zweite. Pachinko (das Wort hat keine eigentliche Bedeutung) ist eine Art vertikaler Flipper. Man zieht an einem Hebel, und von oben herab fallen eine Handvoll glänzender Stahlmurmeln. Sie durchqueren ein Labyrinth aus mindestens 300 Zapfen, Lichtern und anderen Hindernissen und verschwinden mit Getöse in den Schlitzen am unteren Ende. Fällt eine der Murmeln in ein beleuchtetes Loch, belohnt die Maschine diesen Sieg, indem sie neue Murmeln herabregnen lässt. Wenn alle Murmeln in den Schlitzen verschwunden sind, muss man nur neue kaufen: 24 kosten etwa 50 Cent.

Dieses Spiel wurde in den dreißiger Jahren des 20. Jahrhunderts in den Vereinigten Staaten erfunden. Kurz nach dem Krieg lebte es in Nagoya wieder auf, wo man auf die Idee kam, die überflüssigen Kugellager aus der Kriegsproduktion zu einem Kinderspiel namens Pachinko umzuwandeln. Heute ist Pachinko zum Zeitvertreib schlechthin geworden, zum japanischen Nationalkult, der sogar den Sirenengesängen des Fernsehers, der Videospiele, des Körperkults und den Gesetzen gegen das Glücksspiel trotzt.

Die Japaner sind stolz darauf, dass Pachinko ein rein japanisches Spiel ist, das Ausländer nicht verstehen. Und das zu Recht. Was dem Ausländer wie die Pforte zur Hölle vorkommt, erscheint dem Japaner wie das Tor zum Paradies. Von zehn Uhr morgens an, wenn die Pachinko-Säle die Rollläden hochziehen, bis um zehn Uhr abends, wenn sie schließen, zieht es Hunderttausende von Männern und Frauen zu den magischen Kugeln. Dort im Höllenlärm der Spielsäle, der den einer Autofabrik leicht übertönt, verharren sie unbeweglich in geordneten Reihen, jeder fasziniert auf seine Maschine starrend. »Beim Pachinko vergesse ich alles. Es gibt nichts Besseres gegen Stress«, erklärt mir Takako Doi, der Generalsekretär der Sozialistischen Partei Japans, der wegen seiner Leidenschaft für dieses Spiel von der Nationalen Vereinigung für Freizeitgestaltung mit dem ersten Preis für die Kultur des Pachinko ausgezeichnet wurde. Für Tamara Machi, die jüngste und erfolgreichste Schriftstellerin Japans (eine kürzlich veröffentlichte Gedichtsammlung brachte es auf 2,4 Millionen verkaufte Exemplare), ist Pachinko ein Spiegel des Lebens. »Ich sehe die Kugeln abwärts rollen, und ich fühle mich wie sie«, schreibt sie.

Beinahe ist man versucht, sich zu fragen, ob Pachinko nur deshalb so viel Erfolg hat, weil der Japaner sich mit einer Maschine wohler fühlt als mit einem anderen Menschen. Der amerikanische Schriftsteller Donald Richie, der seit mehr als vierzig Jahren in Tokio lebt, behauptet ja, dass »der Japaner im Pachinko-Apparat seinen heimlichen Gefährten« sehe. Außerdem empfinde er, Ellbogen an Ellbogen mit Tausenden anderer Japaner, mit denen er nicht sprechen müsse, eine Art »gemeinschaftlicher Einsamkeit«.

Fasziniert von den Kugeln, die herabfallen, vom fiebernden Getöse der Apparate, von den Lautsprechern, die zum Weiterspielen auffordern, von der Militärmusik und dem flimmernden Neonlicht, das vergessen lässt, ob es draußen Nacht oder Tag ist, scheint der Japaner sich vollkommen von der Realität zu lösen. »Pachinko ist die populärste Form der Meditation«, sagt Richie. Immer höher und immer häufiger erheben sich die Pachinko-Hallen aus dem grauen Einerlei der Stadt wie verführerische Kathedralen zur Anbetung des Wahnsinns.

Pachinko-Säle, Nachtklubs, Bars, *love hotels,* Cafés, Videoklubs, Telefonklubs, Wohnzimmer, heiße Quellen und Bordelle – Japan ist nicht nur eine gewaltige Produktionsmaschinerie, sondern auch ein riesiger Vergnügungspark. Vielleicht ist das Geheimnis des wirtschaftlichen Erfolges, der den Rest der Welt so verblüfft und erschreckt, in ebendieser Kombination zu suchen. Vielleicht steckt es in der Tatsache, dass der tragende Pfeiler dieses Erfolgs, der Durchschnittsjapaner nämlich, sich mit so viel Eifer und Hingabe seinem Job widmet, weil er eine Illusion ständig vor Augen hat: die Flucht aus seiner alltäglichen Welt.

Die japanische Traumindustrie, die so effizient ist wie jede andere in diesem Land, bietet ihm ständig neue Produkte, neue Szenarien. Und jede dieser schillernden Seifenblasen trägt ihn weg aus seiner Realität, macht ihm sein unerträgliches Leben wieder annehmbar.

Auf der Karte scheint die Insel nur einen Katzensprung von Japan entfernt zu sein, praktisch aber war sie unerreichbar. Jahrzehntelang hat kein Fremder mehr seinen Fuß auf die Insel gesetzt. Das allein war Anreiz genug, um mich dorthin zu locken. Und ihre Geschichte, natürlich. Ich bat in der Botschaft der Sowjetunion um ein Visum und bekam es. So verbrachte ich dort drei ganze Wochen.

Sachalin: die verfluchte Insel

Južno-Sachalinsk (Sowjetunion), Juli 1989

Vom unsicheren Meer aus gesehen, erscheint den Seeleuten jeder Streifen Land wie die Rettung, eine Hoffnung, eine Zuflucht. Mit dieser Insel ist das anders. Sachalin, im Norden Japans vor der sibirischen Küste gelegen, taucht aus dem milchigen Dunst über den schwarzen Wassern des Ochotskischen Meeres auf wie eine düstere Drohung, eine dunkle Masse, eingehüllt in Nebel und Stille.

So erschien sie vor mehr als tausend Jahren den Chinesen, die sie als Teil ihres Reiches betrachteten und sie »Land der herumziehenden Teufel« nannten. So sahen sie auch die westlichen Entdecker, die dort nicht vor Anker zu gehen wagten und das Eiland als »schwarze Klippen« auf ihren Karten verzeichneten. Und nicht anders erlebten sie die ersten Russen und Japaner, als sie dort landeten, um die reichen Rohstoffvorkommen der Insel auszubeuten. Der Häuptling eines dort ansässigen Stammes sprach über die Eindringlinge einen Fluch: dass sie auf dieser Insel niemals glücklich werden und niemals etwas finden sollten, was ihnen nützte.

Seit jener Zeit lebt Sachalin mit seinem Ruf als »verfluchte Insel«. Etwa um die Mitte des 19. Jahrhunderts wurde diese »Insel am Ende der Welt« zum Sammelpunkt dessen, was das zaristische Regime »menschlichen Abfall« nannte. Schwerverbrecher jeden Typs, ausgebuffte Mörder, aber auch so mancher mutige Revolutionär wurden hierher verbannt und zu Zwangsarbeit verurteilt. Dahinter stand unter anderem die Hoffnung, die Insel würde sich mit diesem System wirtschaftlich besser entwickeln, eine Rechnung, die nicht aufging. Und so wurde Sachalin zum Synonym des Schreckens. Anton Tschechow, der – bereits an Tuberkulose erkrankt – 1890 die Insel bereiste, um das dortige Strafvollzugssystem zu studieren, nannte Sachalin einen »Ort unbeschreiblichen Leidens«. Tolstoj bezeichnete sie als »Insel des Schmerzes«, und der Schriftsteller Wassilij Dorokewitsch beschrieb sie als »Insel, welche die Natur in einem Anfall von Wut geschaffen hat«. Ganz Europa zitterte bei der bloßen Erwähnung ihres Namens. Eines Tages bat der Gouverneur der Insel den Zaren gar, ihr einen neuen Namen zu geben, um mit dem Namen auch die Aura des Schreckens abzustreifen und neue Siedler anzuziehen. Doch der Zar lehnte ab.

Im Jahr 1906 wurde die als *katorga* bekannte Strafe der Deportation abgeschafft, doch fanden damit die Gräuel auf Sachalin keineswegs ein Ende. In den dreißiger Jahren machte man den Norden der Insel zu einem Teil des sowjetischen Netzes von Straflagern, des Gulag. Tausende von armen Seelen, die dem stalinistischen Terror zum Opfer fielen, wurden dorthin deportiert, um entweder erschossen oder aus dem Gedächtnis der Menschheit gelöscht zu werden. Noch Anfang der fünfziger Jahre existierten in der eisigen Taiga Sachalins Arbeitslager für die »Feinde des Volkes«. Aufgabe dieser politischen Gefangenen war es, meist ohne Werkzeug, also mit bloßen Händen, einen Tunnel unter dem 5 Kilometer breiten Meeresarm zu graben, der die Insel vom Festland trennte.

Der Tunnel ist heute noch nicht fertig, denn nach dem Tod Stalins wurde die Zwangsarbeit abgeschafft. Doch selbst jetzt wich der Fluch nicht von der Insel, sodass Sachalin bis heute als Ort des Schreckens gilt: 1983 wurde ein Zivilflugzeug der Korean Airlines, der Flug KAL 007, von sowjetischen Abfangjägern über der Insel abgeschossen und stürzte mit 265 Passagieren ins Meer.

Seit 1945 gehört die gesamte Insel (mit einem Areal von 1000 Kilometern Länge und 150 Kilometern Breite, Einwohnerzahl etwa 640 000) zur Sowjetunion. Die einzige Verbindung zur Außenwelt ist eine Fähre, die – mit noch recht unregelmäßigem Fahrplan – zwischen der Hafenstadt Cholmsk und Wakkanai, der nördlichsten Stadt Japans, hin- und herpendelt.

Den wenigen Besuchern, die sich Sachalin heute nach siebenstündiger Überfahrt nähern, erscheint die Insel, wie sie Reisenden wohl immer schon erschienen sein muss: eingehüllt in Nebel, in die Schleier des Unerklärlichen, Sinnbild eines Lebens voller Mühen und Plagen. Lange Reihen elender Hütten ziehen sich zur Bucht hinunter. Auf den öffentlichen Gebäuden wehen Fetzen roter Fahnen, und an den schimmelbefallenen Fassaden der Hauptstraße verbleichen sozialistische Parolen. Die einzigen Lichter, die hier des Abends angehen, sind die grünen, gelben und blauen Neonreklamen in den leeren Schaufenstern eines großen Warenhauses. Alles ist schäbig, staubig, zusammengeflickt. Nur das Wort »Welcome!« auf dem Zollgebäude wirkt frisch gestrichen.

Sachalin liegt etwa 10 000 Kilometer von Moskau entfernt, doch Perestroika und Glasnost haben ihren Weg auch hierher gefunden. Und so öffnet sich plötzlich die Insel, die für Ausländer jahrzehntelang verbotenes Terrain war, für Besucher, versucht, aus ihrer Isolationshaft auszubrechen und Kontakte zur Außenwelt zu knüpfen. Doch die Einzigen, die im Augenblick an der Insel Interesse zeigen, sind die Japaner, auf diesem Breitengrad der Erzfeind Russlands. Es beginnt ein neues Kapitel einer uralten Geschichte.

Seit 200 Jahren streiten Russland und Japan sich um Sachalin. Dabei ging es immer um die sagenhaften Bodenschätze der Insel und ihre strategische Bedeutung. Der Besitz von Sachalin war für die Russen die Krönung ihrer Expansion nach Osten, die sie so bis an den Pazifik vorantreiben konnten. Den Japanern wiederum war daran gelegen, ihren kleinen, übervölkerten Inselstaat um ein riesiges Areal zu erweitern, das mehr oder weniger unbewohnt war. So wurde die erste russisch-japanische Schlacht um Sachalin bereits 1806 geschlagen. Seitdem wechselte die Insel mehrfach den Besitzer. Zwischen 1855 und 1875 gehörte sie beiden Staaten. Nach 1875 waren die Russen dort Alleinherrscher. 1905, nach der russischen

Niederlage in der historischen Seeschlacht von Tsushima, nahm Japan den südlichen Teil der Insel bis zum fünfzigsten Breitengrad in Besitz und taufte ihn Karafuto.

Karafuto wurde für Tokio die »neue Grenze«, ein Gebiet, das es aufzubauen galt. Zwischen 1905 und 1945 förderten die Japaner die Ansiedlung dort mit allen erdenklichen Mitteln. Sie investierten viel in die Stadtentwicklung, bauten die ersten Bahnlinien und die ersten Fabriken. Während das japanische Sachalin so langsam seinen Platz in der modernen Welt einnahm, blieb der nördliche Teil der Insel, der von Moskau kontrolliert wurde, was er war: ein Refugium mittelalterlicher Kultur.

Über all diese Jahre betrachteten sowohl Tokio als auch Moskau die Teilung der Insel als vorübergehenden Zustand. Die Russen warteten nur darauf, die Japaner ins Meer zu jagen, die Japaner wiederum versuchten mit allen Mitteln, auch des Nordteils habhaft zu werden. Mal probierten sie es mit kriegerischen, mal mit finanziellen Mitteln. Immer erfolglos. Die Japaner in Karafuto waren so sehr um ihre Sicherheit besorgt, dass jeder Fremde, der den Südteil der Insel besuchte, Tag und Nacht von der Polizei überwacht wurde. Zumindest schreibt dies Fosco Maraini, der Florentiner Abenteurer und Asiengelehrte, der 1939 Sachalin besuchte.

Fast hätte der Zweite Weltkrieg auf Sachalin begonnen. 1941 zog das Oberkommando der kaiserlichen Armee Japans in Erwägung, über den fünfzigsten Breitengrad hinaus zu marschieren und so die Sowjetunion anzugreifen. Erst später entschied man sich dann doch für den Angriff auf Pearl Harbor und den Südosten Asiens.

Zwar nahm der Krieg seinen Ausgang nicht auf Sachalin, endete aber dort. Als Japan bereits in die Knie gezwungen war, als die amerikanischen Atombomben Hiroshima und Nagasaki schon dem Erdboden gleichgemacht hatten, überquerten die Sowjets die Grenze und nahmen innerhalb weniger Stunden Karafuto und die Kurilen ein. Die 400 000 Japaner, die sich auf Sachalin angesiedelt hatten, wurden verjagt und durch Sowjetbürger ersetzt. Das Betreten der Insel war fortan verboten. Seit 1945 hat niemand mehr Sachalin ohne Sondererlaubnis betreten. Und niemand durfte sie verlassen. In der Falle saßen auch jene 43 000 Koreaner, die von Japanern mit Gewalt als Minenarbeiter in ihre Kolonie verschleppt wurden. Wer nicht starb, befindet sich heute noch dort: die letzten, vergessenen Gefangenen des Zweiten Weltkriegs.

Für die Sowjetunion erlangte Sachalin nach 1945 eine enorme militärische Bedeutung. Die Insel schirmte die in Wladiwostok stationierte Ostmeerflotte gegen neugierige Blicke ab und war gleichzeitig ein optimaler Spähposten zur Kontrolle der amerikanischen Militärstützpunkte auf Hokkaido. Sachalin war damit einer der neuralgischsten Pufferzonen zwischen der »freien Welt« und dem Kommunismus. Dass der Flug KAL 007 abgeschossen wurde, vermutlich eines der letzten Dramen des Kalten Krieges, liegt eben an dieser strategisch sensiblen Position der Insel. Das Flugzeug, das von seiner üblichen Route abgekommen war, überquerte einige der geheimsten Militäreinrichtungen der Sowjetunion und wurde daher »automatisch« eliminiert. »An diesem Tag glaubten wir alle, dass nun der Dritte Weltkrieg vor der Tür steht«, erzählt mir Alexandr Fëodorow, einer der Parteifunktionäre auf der Insel. »Heute ist so etwas undenkbar geworden.«

Die Politik Gorbatschows und seine neue Militärdoktrin sorgten dafür, dass Sachalin als strategischer Standort der Sowjetunion im Pazifik an Bedeutung verlor. Die wichtigsten Militäreinrichtungen wurden bereits in die Kamtschatka im Nordosten des Landes verlegt. Die Reisebeschränkungen auf der Insel selbst wurden kürzlich aufgehoben. Nun sind Touristen und ausländische Investoren wieder willkommen. »Wir haben keine Geheimnisse mehr«, sagt Valerij Belonosow, der Chefideologe der Kommunistischen Partei auf Sachalin. »Wir sind bereit, mit allen zu kooperieren. Auf jedem Gebiet.«

Mit der Öffnung Sachalins gestehen die Russen ihr Scheitern ein und bitten um internationale Hilfe. Nach 44 Jahren sowjetischer Herrschaft ist Sachalin eine arme, unterentwickelte Region. Ein Ort, dem eine ökologische Katastrophe droht, ein Ghetto misstrauischer Menschen, gefangen im eigenen Unglück und den eigenen Enttäuschungen. Dabei ist Sachalin eine richtige Schatzinsel! Hier findet sich einfach alles: Phosphor, Eisen, Gold, Silber, Wolfram, Quecksilber, zudem gewaltige Vorkommen an Kohle und Erdöl. Meer und Flüsse gehören zu den fischreichsten der Welt, ihre Wälder zu den dichtesten. Und doch ist es, als habe sich der alte Fluch bewahrheitet, denn von all diesen Schätzen haben die Insel und ihre Bewohner fast nichts.

Die Lebensbedingungen auf Sachalin sind nach wie vor primitiv. Die Insel verfügt über keinerlei Infrastruktur. Ein Prospekt der Provinzregierung rühmt sich eines Straßennetzes von 3500 Kilometern, doch dabei handelt es sich meist um unbefestigte Pisten, die für normale Autos nicht zu befahren sind. Die Straße, die von der Hauptstadt nach Poronajsk im Norden führt, liegt ständig unter einer Staubwolke. Die Russen wie der junge Chauffeur, der mich mit dem Jeep dorthin bringt, trösten sich damit, dass die Straße wie die Zunge der Schwiegermutter sei: lang, spitz und schwer zu ertragen.

Derselbe Prospekt berichtet auch, dass die Insel über 1000 Kilometer Schienenwege verfügt. Was er nicht sagt, ist, dass jede der drei Hauptlinien eine andere Spurweite hat und keine davon der Spurweite des sowjetischen Schienennetzes entspricht. Zudem wurde die wichtigste Verbindung noch von den Japanern geschaffen. Auf den Waggons steht heute noch »Made in Japan«, und es ist amüsant anzusehen, wie sich die dicken Russen in die für die zierlichen Passagiere früherer Zeiten konstruierten winzigen Abteile zwängen. Es existiert keine Bahnverbindung zwischen den wichtigsten Städten der Insel, und die Flugverbindungen sind mehr als provisorisch, um nicht zu sagen primitiv.

Nicht einmal Nogliki (550 Kilometer nördlich von Južno-Sachalinsk), eine der wichtigsten Erdölstädte an der Ostküste der Insel, hat einen Flughafen. Sogar das winzige Propellerflugzeug der interinsularen Fluggesellschaft landet auf einer provisorischen Sandpiste. In einer Holzhütte, die als Terminal dient, können die Reisenden sich an einer Tasse heißem Tee und kalten Fleischbällchen laben.

In den Städten gibt es keine Kanalisation. Der größte Teil der Häuser besitzt kein fließendes Wasser. Die Hauptstadt, Južno-Sachalinsk, von den Japanern Toyohara genannt, ist ein elendes Arbeitslager, das im Winter vom Schnee erdrückt wird, im Sommer unter ungehemmt sprießendem Unkraut verschwindet. Ocha*, der nördlichste Ort Sachalins, Zentrum der Gas- und Erdölförderung, erinnert an die Kulisse eines Horrorfilms. Bläst der Wind, hüllt sich die Stadt in einen dichten Staubmantel. Regnet es, werden die Straßen zu Wildbächen. Über der grauen Einförmigkeit der Holzhäuser erheben sich die schwarzen Arme der Erdölpumpen wie die Tentakel eines gigantischen Insekts, das aus einer anderen Welt hierher gekommen ist.

»Und wo ist das Stadtzentrum?«, frage ich den Parteisekretär, der mich begleitet. »Hier«, antwortet er. Wie in so vielen anderen Orten, die die Sowjets auf Sachalin errichtet haben, ist das Zentrum der Ort, an dem sich die Straße des Kommunismus mit der Allee der Revolution kreuzt. Der Platz, der aus dieser Kreuzung hervorgeht, erhält unweigerlich den Namen Lenins.

Južno-Sachalinsk ist grau und trostlos. Es wirkt weniger wie die Hauptstadt einer »Schatzinsel« denn als Symbol des sowjetischen Scheiterns auf Sachalin. »Wir haben gearbeitet und produziert wie die Verrückten, aber darunter hat auch unser Leben gelitten«, erklärt mir Wassilij Chessalin, der Chefredakteur der *Roten Fahne* (Auflage 7700 Stück), der Tageszeitung von Alexandrowsk, der ehemaligen Hauptstadt Sachalins während der Zarenherrschaft, die einzige Stadt, die auch heute noch einen gewissen Reiz besitzt.

Auf Sachalin wird tatsächlich viel produziert. Das gilt noch heute. Ein Fünftel des in der gesamten Sowjetunion verzehrten Fisches wird hier gefangen. Der berühmte rote Kaviar kommt von der Insel. Das Papier, auf dem die Kinder der ganzen UdSSR, vom Ural bis nach Sibirien, ihre Schulaufgaben machen, wird hier hergestellt, genauso wie das Papier, auf dem alle Zeitungen der Sowjetunion

* In der Sprache der Ainu, der Ureinwohner dieses Gebiets, bedeutet Ocha »Schwarzes Wasser, das aus den Fußspuren des Damhirschs entspringt«.

gedruckt werden. Kohle, Gas und Erdöl aus Sachalin wärmen alle Städte an der Küste des Ochotskischen Meeres. Sie treiben sämtliche Stahlhütten Sibiriens an und halten die Ostmeerflotte der UdSSR am Laufen.

Seit mehr als vierzig Jahren gibt Sachalin seine Reichtümer an das Festland ab: jährlich 5 Millionen Tonnen Kohle, 3 Millionen Kubikmeter Holz, 2,5 Millionen Tonnen Erdöl. Dazu kommen noch 2 Milliarden Kubikmeter Erdgas, das Sachalin über eine 570 Kilometer lange Pipeline verlässt, die unter dem Tartarensund hindurchgeht und so das Festland speist.

Von all diesen Schätzen scheinen der Insel nicht einmal Brosamen zu bleiben. Die Schäden hingegen sind mittlerweile offenkundig. »Sachalin war ein ökologisches Paradies. Heute ist es die Hölle«, sagt Vitalij Gulí, 36 Jahre und Journalist in Južno-Sachalinsk, der einen Parlamentssitz errungen hat, der traditionell dem lokalen Sekretär der Kommunistischen Partei vorbehalten war.

Die ungehemmte Ausbeutung der Insel hat ihren größten Schatz zerstört: die Natur selbst. Im Norden veränderte die Erdölförderung die Lebensbedingungen im Meer, sodass in der ganzen Bucht von Urkt kein einziger Fisch mehr zu finden ist. Die Schmidt-Halbinsel am nördlichsten Punkt Sachalins, die einst für ihre unberührte und teils auch noch unerforschte Tundralandschaft berühmt war, ist nun von gewaltigen Ölteppichen bedroht, die aus den marinen Förderquellen austreten. Und im Süden sind mittlerweile fast sämtliche Flüsse von den Abwassern verschmutzt, die sieben gigantische Papierfabriken dort einleiten. Die Wälder leiden unter dem ungebremsten Holzeinschlag.

Die Straße, die von Poronajsk nach Timosk im Zentrum der Insel führt, verlief einst durch baumbestandene Hügel, die heute alle kahl und bloß daliegen. Ein wenig weiter östlich wurde ein 220 000 Hektar großes Waldgebiet durch einen erst im Juni ausgebrochenen Waldbrand zerstört, sodass die gesamte Fläche nun von schwarzer Asche bedeckt ist. Dort fraßen sich, von heftigem Wind getrieben, die Flammen mit unglaublicher Geschwindigkeit, die mitunter 50 Kilometer am Tag erreichte, durch Täler und Hügel. 2000 Soldaten und 150 Bulldozern gelang es schließlich, das Inferno einzugrenzen und unter Kontrolle zu bringen. Nun machen den Behörden nicht mehr ausschließlich die enormen Holzverluste Kopfzerbrechen, sondern auch die Langzeitfolgen dieses Brandes. Die Hälfte allen Damwildes im Norden kam in den Flammen um. Außerdem ist der Lachsbestand hochgradig gefährdet.

»Wo kein Wald, da kein Lachs«, erklärt mir Frau Zoya Yakunina, die Ichthyologin der Insel, deren Aufgabe es ist, den Fischbestand zu kontrollieren. Die große Hitze des Brandes hat den Wasserspiegel in den Flüssen der Region stark absinken lassen, sodass die Lachse, die dort im Moment eigentlich laichen müssten, ebenfalls nicht überleben werden.

Dabei ist der Sachalin-Lachs mit seinem roten Kaviar das berühmteste Produkt der Insel. Er kommt in ihren kalten Flüssen zur Welt und zieht dann zum Meer, wo er drei oder vier Jahre bleibt. Sobald er erwachsen ist, kehrt er an ebenjene Quelle zurück, an der er geboren wurde. Er schwimmt den Fluss hinauf, legt dort seine Eier ab und stirbt. Von diesen toten Fischen ernähren sich die prähistorischen Bewohner der Insel: die Sachalin-Bären.

Bis vor kurzem waren in sechzig Flüssen der Insel Lachse zu finden. Mittlerweile ist die Hälfte davon völlig lachsfrei. Das Wasser ist dort so verschmutzt, dass die Lachse, wenn sie die Mündung erreichen, um flussaufwärts zu schwimmen, wieder kehrtmachen und im Ozean bleiben. Auf diese Weise wird ihre Reproduktionskette unterbrochen.

In Poronajsk, einer Stadt von 24 000 Einwohnern an der Westküste, riecht auch das Meer nicht mehr nach Meer: Dort schlagen schaumige Wellen von schrecklichem Gelb an eine abfallübersäte, graue Küste. Die große Papierfabrik, von der fast die ganze Stadt lebt, spuckt Tag und Nacht schwarzen Rauch und seifiges Wasser aus, die weite Teile des Ozeans vergiften.

Ihre Bewohner nennen Poronajsk die »stinkende Stadt«. Abends ist in den dunklen Straßen nur das Heulen der wilden Hunde zu hören. Und das Gebrüll der Betrunkenen, die bei ihren Spielen leere Flaschen an den Wänden zerschellen lassen. Zweimal im Monat kriechen bärtige, ungepflegte Männer mit geröteten Gesichtern aus ihren finsteren Baracken und stellen sich an, wenn der Staat Alkohol verteilt. Die aktuelle Ration liegt bei zwei Flaschen Schnaps pro Monat und Person. Die heimlichen Destillerien erfüllen die restlichen Bedürfnisse. Angeblich gibt es davon 300 auf der Insel.

Alkoholismus, Diebstahl, Prostitution und Vandalismus sind Probleme, die jede Stadt Sachalins kennt. Kulturell ist die Insel eine Wüste. Es gibt keine einzige Universität. Auch Plätze in Kindergarten und Schule sind rar. Ein paar Kinos und Videotheken sind alles, was Sachalin an Zerstreuung zu bieten hat. Die Jugend langweilt sich. So kommt es, dass in einer Stadt wie Južno-Sachalinsk das Einschlagen der Glasscheiben in den Telefonhäuschen zum beliebten Zeitvertreib geworden ist.

Moskau spricht von Sachalin immer noch als dem »Land, in dem der Kaviar löffelweise gegessen wird«, um Siedler anzuwerben, dabei hat fast kaum jemand Lust, hier zu wohnen und zu arbeiten. Die Regierung hat von dem, was sie aus Sachalin heraushält, zu wenig reinvestiert. Die Insel fördert Erdöl, besitzt aber keine Raffinerie. Sie bringt Holz und Fisch in rauen Mengen hervor, kann aber beides nicht verarbeiten. »Wir sind ein kolonisiertes Gebiet, das vom Festland ausgebeutet wird«, sagt Valerij Pereslawtschew, ein Historiker, der Anfang des Jahres aus der Kommunistischen Partei austrat, die ihm zwanzig Jahre lang geistige Heimat gewesen war.

Das Gefühl der Solidarität unter den Menschen verdankt sich in Sachalin nicht wie in anderen Regionen der UdSSR einer gemeinsamen ethnischen Herkunft, sondern dem gemeinsamen Schicksal. »Uns verbindet eine eigene Kraft«, sagt Diana Urina, die Herausgeberin der Tageszeitung in Ocha. »Eine Kraft, die aus dem gemeinsamen Ertragen des harten Lebens hier kommt.«

In Sachalin scheint jede Biographie ihr Geheimnis zu bergen. »Jedes Mal, wenn ich meinen Vater frage, weshalb er denn eigentlich hierher gekommen sei, antwortet er, dass es umständehalber passiert sei«, erzählt ein sechzehnjähriges Mädchen aus Alexandrowsk, das immer noch nicht begreifen kann, dass es wirklich auf Sachalin geboren wurde. In Južno-Sachalinsk lebt ein Mann, den alle den »Italiener« nennen. Er selbst kann sich nicht erklären, weshalb sein Familienname Graziano ist.

Von den 640 000 Einwohnern dieser Insel wurden die meisten durch unglückliche »Umstände« hierher verschlagen. Sachalin ist der asiatische Strand, an den es die Überlebenden diverser europäischer Schiffbrüche verschlagen hat: Juden auf der Flucht über Harbin und Schanghai, dann Weißrussen, Polen und viele Deutsche. Die ersten Fremden hier waren russische Zuchthäusler, Mörder und Räuber der übelsten Sorte. Sie waren hierher verbannt worden, weil es hieß, dass von dieser abgelegenen Insel niemand fliehen könne. Meer, Nebel, Kälte, Taiga, Bären, Stechmücken und Hunger galten als die besten Kerkermeister. Was sie auch tatsächlich waren.

Ab dem Jahr 1859 stachen in Odessa immer wieder Schiffe mit Gefangenentransporten in See, die nach einer schrecklichen Reise um die halbe Welt – über Suez, Ceylon, Singapur und Hongkong – am Strand von Due bei Alexandrowsk anlegten. Von dort aus verteilte man die Sträflinge auf die verschiedenen Kohlebergwerke.

Die Tunnel, die sie gruben, existieren heute noch. Auf Kap Yonkirk ist immer noch die Bronzeglocke zu sehen, die 1651 vom regierenden Zaren nach Sachalin verbannt wurde, weil sie mit ihrem Läuten Petersburg schlechte Nachrichten verkündet hatte.

Die Verurteilten lebten und arbeiteten in Ketten. Sie hausten unter unmenschlichen Bedingungen in feuchten, überfüllten Hütten. Bei Verstößen gegen die Disziplin wurden sie ausgepeitscht oder an ihren Schubkarren gebunden. Wurde ein entsprungener Sträfling wieder eingefangen, schor man ihm den Kopf zur Hälfte als sichtbares Zeichen seines Vergehens. Als Tschechow 1890 die Insel besuchte, notierte er, dass auf Sachalin nicht nur die Menschen, sondern auch die Hühner und Schweine angekettet wurden. Das ständige Knirschen der Ketten und Eisenkugeln verfolgte ihn noch, als er schon nach Moskau zurückgekehrt war. Dies war sicher die düsterste Zeit auf Sachalin.

Sobald ein Gefangener seine Strafe abgesessen hatte, erhielt er, sofern er überlebt hatte, eine Axt, eine Säge, eine Handvoll Kartoffeln, ein paar Sämereien und so viel Land, wie er zu roden und bebauen vermochte.

Frauen waren auf dieser Insel so rar – 1887 waren von 7000 Einwohnern nur 700 weiblichen Geschlechts –, dass die Verbrecherinnen, die man nach Sachalin verbannte, schon vor ihrer Ankunft von Beamten und Aufsehern »gebucht« wurden. Auch Häftlinge hatten bei guter Führung Anspruch auf eine dieser verurteilten Verbrecherinnen. Frauen, denen der zugewiesene Gefährte nicht gefiel, ermordeten ihn häufig in der Hoffnung, bei der nächsten Zuteilung mehr Glück zu haben. Denjenigen aber, die voll naiven Glaubens ihren verurteilten Männern auf die Insel gefolgt waren, blieb nichts außer der Prostitution, wenn sie überleben wollten. Die Kinder dieser »Beziehungen« erzielten, vor allem, wenn es Mädchen waren, einen hohen Preis auf dem Markt.

»Mein Vater war 28, doch die Frau, die man ihm zugeteilt hatte, war über fünfzig«, berichtet Grigorij Kucerenko, ein alter Fischer aus Alexandrowsk. »Als das Schiff mit den neuen Verurteilten ankam, hatten die Männer, die vor ihm da gewesen waren, bereits ihre Wahl getroffen. Die besten Frauen waren schon weg.« Der Vater ließ sich jedoch nicht entmutigen. Als er nach einigen Jahren erfuhr, dass wieder ein Schiff mit Frauen unterwegs sei, lieh er sich von einem Freund ein Pferd und war so der Erste am Hafen. So ergatterte er ein Mädchen von nur siebzehn Jahren, das ihm sechzehn Kinder schenkte. Eines davon war mein Fischer. In Alexandrowsk sind fast alle Einwohner – auch der Bürgermeister – Nachkommen von Sträflingen.

Tschechow blieb drei Jahre dort, um das System der *katorga* zu studieren. Sein Reisebericht über *Die Insel Sachalin* trug dazu bei, das unmenschliche System der Verbannung abzuschaffen.

Für die sowjetischen Führer der Insel aber blieb Tschechow eine unbequeme Figur. Obwohl es dort einen Berg gibt, verschiedene Schulen und sogar einen Verein, die seinen Namen tragen, sind die Werke des Schriftstellers dort nahezu unbekannt. »Tschechow ist als Verfechter der Menschenrechte natürlich unbequem für die Partei«, erläutert Wassilij Chessalin, der Präsident der Tschechow-Bewegung, deren 460 Mitglieder eine schnelle Demokratisierung des politischen Lebens auf der Insel fordern.

Tatsächlich verschwanden in den Jahren des stalinistischen Terrors, zwischen 1936 und Anfang der fünfziger Jahre des 20. Jahrhunderts, Tausende von Personen von der Insel. Doch erst in den letzten Monaten, seit Anbruch der Glasnost, beginnt man, Fragen über diese schmerzlichen Dinge zu stellen.

> Wo sind die Gräber unserer Väter?
> Wie sollen wir jemals die Toten zählen
> im unwegsamen Wald?
> Die Felder schweigen.
> Erst heute vermögen wir
> die verlorenen Jahre zu füllen.
> Glasnost, das klingt
> wie das Läuten des jungen Tages.

Dieses Gedicht veröffentlichte kürzlich ein junger Dichter in der Tageszeitung der Partei.

In Verni Armudan, einem Tal zwischen Alexandrowsk und Timosk, suchen zwei junge Studenten, Angehörige der Tschechow-Bewegung, nach den Massengräbern jener 6000 bis 10 000 Personen, die im Schnellverfahren verurteilt und standrechtlich erschossen wurden. Verni Armudan aber war nicht nur eines der Vernichtungslager des stalinistischen Gulag, sondern auch ein Zentrum der sowjetischen Gegenspionage. Die Antenne, über die während des Zweiten Weltkriegs die Botschaften des Sowjetspions Richard Sorge eingingen, steht heute noch.

Perestroika und Glasnost haben die Russen von Sachalin aus ihrem Dornröschenschlaf geweckt. Plötzlich scheinen ihnen alle Probleme der Insel bewusst zu werden, und sie suchen nach Gegenmitteln. So verfügen die Sowjets zum Beispiel nicht über die erforderliche Technologie, um die eben im Norden entdeckten Erdgas- und Erdölvorkommen auszubeuten. Die Japaner haben zwar die Technologie, aber keine Bodenschätze. Die Sowjets wollen ihre alten Papierfabriken in moderne Industrieanlagen umbauen, die die Umwelt weniger belasten. Die Japaner sind darin Experten. Außerdem sind die zu modernisierenden Werke ebenjene, die sie selbst vor einem halben Jahrhundert gebaut haben. Und der Tourismus würde Sachalin schnell die für den Technologietransfer benötigten Devisen bringen. Auch hier könnten japanische Investoren für Hotels und Infrastruktur sorgen.

Japan! Japan! Jeder Ort, jedes Unternehmen auf Sachalin scheint seine Hoffnungen auf Japan zu richten. Nicht zu Unrecht: Moskau ist etwa 10 000 Kilometer weit weg, während Hokkaido, die nördlichste Insel des japanischen Archipels, nur 44 Kilometer vom Südzipfel Sachalins entfernt liegt. »Wir sind wie zwei Mieter, die sich verschiedene Zimmer derselben Wohnung teilen«, meint Fjodor Chrustalew, der Chefredakteur des *Sowjet Sachalinsk*. »Früher war diese Nähe gefährlich. Heute könnte sie zum beiderseitigen Vorteil gereichen.«

Für die Sowjets jedoch ist es demütigend, erwartungsvoll auf Japan blicken zu müssen. In den letzten 44 Jahren haben sie jede Spur der Japaner sorgfältig ausgelöscht, jeden Namen, jedes Gebäude, das an die Vergangenheit erinnerte. In Južno-Sachalinsk modelte man den shintoistischen Tempel zur Textilfabrik um, die einstige japanische Bank wurde zur Galerie.

Von der Lenin-Statue einmal abgesehen, sind die einzigen Denkmäler, die die Sowjets je errichteten, dem Gedenken an die 1945 erfolgte »glorreiche Befreiung vom Joch Japans« gewidmet. Die ganze Insel ist mit Panzern, Maschinengewehren und Kanonen aus Beton übersät, die an diesen Sieg erinnern. Heute müssen die Sowjets auf derlei Eitelkeiten verzichten und eingestehen, dass die vor 44 Jahren besiegten Japaner in der Zwischenzeit sehr viel größere Fortschritte gemacht haben als sie selbst. Dieses Eingeständnis geschieht mitunter nicht ohne einen gewissen Galgenhumor. So sagt mir ein Regierungsbeamter in Sachalin: »Aids ist die Pest des 20. Jahrhunderts. Nur die Japaner und die Russen von Sachalin werden sie überleben.« Als ich nach dem Grund frage, antwortet er lächelnd: »Weil wir noch im 19. Jahrhundert leben und die Japaner schon im 21.«

Japan jedenfalls reagiert auf die Annäherungsversuche der Insel mit gesteigertem Interesse. Wakkanai, die nördlichste Stadt Hokkaidos, die an der La-Pérouse-Straße liegt, verzehrt sich in wehmütigen Erinnerungen an das alte Karafuto. Die Stadt, die während der japanischen Besatzung der Insel wuchs und gedieh, litt enorm unter der Teilung von 1945. Ein eigenes Museum dokumentiert die japanische Kolonisierung Sachalins, und den Hafen schmückt der Betonnachbau einer alten Lokomotive, die mehr als 3000 Meilen zurücklegte, um Menschen und Maschinen auf die Insel zu bringen. Der wichtigste Shinto-Tempel der Stadt heißt »Nördliche Pforte«, und die Japaner beten dort, dass ebenjene Pforte sich für sie wieder öffnen möge. An der Küste steht ein Denkmal für die neun Telefonistinnen, die sich am 24. August 1945 das Leben nahmen, als die Sowjets den letzten Widerstand der Japaner auf Sachalin brachen. Ihre letzten Worte stehen dort in Stein gemeißelt: »Brüder und Schwestern. Das Ende ist gekommen. Sayonara!«

Die Japaner pilgern zum Aussichtsturm auf dem höchsten Hügel von Wakkanai in der Hoffnung, von dort aus einen Blick auf die weit am Horizont liegende Silhouette der verbotenen Insel zu erheischen. »An klaren Tagen glaubt man fast, sie mit Händen greifen zu können«, sagt mir der Wächter.

Die Fähre, mit der ich nach Sachalin gekommen bin, war die erste, die wieder die alte Route durch die La-Pérouse-Straße aufnahm. An Bord lauter Japaner, die einst auf Karafuto gelebt hatten. Hunderte von Bürgern Wakkanais standen an der Mole, um dem auslaufenden Schiff gute Fahrt zu wünschen: »Banzai! Banzai!«, riefen sie. »Vivat!« – Und dabei hoben sie die Hand zum Himmel.

Langsam strecken die Japaner wieder die Hand nach der Insel aus. Geschäftsleute aus Tokio bringen in der Fischfangindustrie bereits die ersten Joint Ventures auf den Weg. Die größte Attraktion in Cholmsk ist mittlerweile das neu eröffnete japanische Restaurant, in dem die Russen Schlange stehen, um ein Drittel ihres Einkommens für eine Mahlzeit auszugeben, die ihnen wohl paradiesisch erscheinen mag. Junge japanische Akademiker kommen mit den ersten Reisegruppen, um einstige Forschungen auf der Insel weiterzuführen. Die Blockadepolitik wird mittlerweile nicht mehr von Moskau, sondern von Tokio betrieben. Dort will man eine engere wirtschaftliche Zusammenarbeit in Bezug zur Entwicklung Sachalins nämlich an eine Bedingung knüpfen: die Rückgabe der vier südlichen Kurilischen Inseln, welche die Sowjetunion 1945 okkupierte, an Japan.

Die Idee zu dem folgenden Artikel hatte ich, als ein Freund mir ein Bonsaibäumchen, einen Zwergbaum mit den Worten verehrte: »Den Menschen in diesem Land geht es ähnlich: Sie werden so lange beschnitten und zurechtgestutzt, bis sie nach Maß wachsen.«

Die Schule:
kleine, dressierte Seehunde

Tokio, Februar 1990

Das große Geheimnis Japans liegt in seinen Fabriken. Nur dort ist die Wurzel seines wirtschaftlichen Erfolges zu finden, in der Präzision, in der Effizienz, mit der es seine Produkte herstellt. Doch das zweifellos erfolgreichste Unternehmen Japans ist jenes, das die Japaner selbst hervorbringt: die Schule.

Das Fließband des Schulsystems spuckt jedes Jahr 28 Millionen Mädchen und Jungen aus. Wie alle japanischen Produkte sind auch diese von einzigartiger Qualität und absolut zuverlässig. Gleichzeitig aber handelt es sich um normierte Massenware ohne Individualität.

Der neunjährige Schulbesuch ist in Japan Pflicht. 94 Prozent der Kinder erreicht das Mittelstufenniveau, 36 Prozent schreiben sich gar an der Universität ein. Die Resultate, die diese Art der Fabrikation zeitigt, sind überwältigend. Trotz der enormen Schwierigkeit der Sprache – so müssen die Schüler zum Beispiel drei verschiedene Schriftsysteme lernen – können alle Japaner lesen und schreiben. Und auch das Rechnen scheint ihnen zu liegen: Bei internationalen Wettbewerben belegen die japanischen Schüler regelmäßig die vordersten Plätze. Dasselbe gilt für die Musik. So sind unter den Teilnehmern des renommierten Internationalen Chopin-Wettbewerbs in Warschau immer mindestens ein Viertel Japaner. Doch von diesen gelangt nur selten einer ins Finale. »Es ist unmöglich, sie auseinanderzuhalten«, erklärte vor kurzem einer der Juroren. »Sie spielen alle gleich.«

In Japan führt der sicherste Weg zum Erfolg über die Schule. Und so wird jeder Japaner schon von Kindesbeinen an unter Druck gesetzt, damit er oder sie auch fleißig lernt. Ein Drittel der japanischen Kinder wird von den Eltern bereits mit drei Jahren eingeschult, die Hälfte mit fünf Jahren. »Mit zwanzig Jahren ist der Japaner dann diszipliniert, sanftmütig und autoritätsgläubig«, meint der Schriftsteller Shuichi Kato. »Die Schule ist mehr als effizient: Sie verwandelt kleine menschliche Wesen in dressierte Seehunde.«

Einige Experten nehmen an, dass dieses Schulsystem, das mit schöner Regelmäßigkeit eifrige, gehorsame Japaner produziert, die Grundlage für die Stabilität dieses Landes ist. Das »Wirtschaftswunder« der Nachkriegszeit hat seine Wurzeln also im »Erziehungswunder«. Andere wiederum sehen darin die Achillesferse Japans, weil diese Art der Schule keine Menschen hervorbringt, die auf die Herausforderungen der Zukunft kreativ reagieren können. »Wenn wir nicht so schnell wie möglich mit dieser Produktion von Robotern zweiter Klasse aufhören, wird Japan im 21. Jahrhundert zusammenbrechen«, sagt mir Naohiro Amaya, der ehemalige Vizeminister des MITI, des Ministeriums für Handel und Industrie, der heute Vorstand des Werbegiganten Dentsu ist. »Wir brauchen mehr kreative Menschen mit Phantasie. Aber unsere Schulen produzieren unermüdlich genau das Gegenteil.«

Auch wenn in Japan selbst die Nachteile des japanischen Schulsystems heftig diskutiert werden und diesbezüglich die Besorgnis wächst, sind viele Ausländer immer noch zutiefst von diesem System überzeugt. Es gibt sogar Stimmen, die meinen, wir sollten zumindest einige Aspekte übernehmen. So bezeichnet eine jüngere amerikanische Studie die japanische Schule als »hochgradig effizient und demokratisch«. »Demokratisch deswegen, weil dort jedem Kind die gleiche Erziehung zuteil wird. Doch gerade diese Gleichschaltung ist eine neue Form des Totalitarismus«, urteilt Steven Platzer, Pädagoge von der Universität von Chicago, der aktuell an der Universität von Tokio arbeitet.

Der Eindruck, den man von japanischen Schülern gewinnt, ist der einer streng kontrollierten Masse, die unter ständigem Druck steht. Wenn man sie in ihren dunklen Schuluniformen morgens aus der U-Bahn kommen sieht, die Jüngeren mit dem Schulranzen auf den Schultern, und dann beobachtet, wie sie sich in Habtachtstellung im Schulhof aufreihen, glaubt man, ein Heer kleiner Soldaten vor sich zu haben und nicht eine Horde von Schülern.

Jede Schule hat ihre eigene Uniform, doch gehen sie alle auf jenen preußischen Prototyp zurück, den Japan im 19. Jahrhundert übernahm, als es entschied, ein modernes Land zu werden und westlichen Vorbildern zu folgen: dunkelblauer Faltenrock mit Matrosenbluse für die Mädchen, schwarze Hosen und hochgeknöpfte Jacke für die Jungen. Die Kappen sind heute noch dieselben, die im Bismarck-Deutschland das Erscheinungsbild beherrschten.

Die Kleiderordnung, die jede Schule erlässt, muss strikt befolgt werden. Jedes Detail ist genau vorgeschrieben: von der Länge der Röcke über die Größe der Schultasche bis zur Farbe der Socken. Die Jungs haben die Haare im Bürstenschnitt zu tragen und sie unter der Kappe zu verstecken. Die Mädchen dürfen die Haare weder färben noch sich eine Dauerwelle machen. Hat ein Mädchen wirklich Naturlocken oder eine andere Haarfarbe als der rabenschwarze Durchschnitt, muss sie ein Attest bei sich tragen, das ihre »Anomalie« bestätigt. So hat eine Schule zum Beispiel angeordnet, dass die Sportschuhe ihrer Schüler nicht mehr als zwölf Löcher für die Schuhbänder haben dürfen, eine andere, dass Mädchen immer weiße Unterwäsche tragen müssen. Die Mutter eines Jungen aus Tokio, der bei einem Schulausflug nach Nara, 370 Kilometer von der Hauptstadt entfernt, dabei ertappt wurde, dass seine Hosen enger waren als vorgeschrieben, musste ihrem Jungen auf schnellstem Wege ein Paar mit dem korrekten Schnitt bringen, wenn sie seine Bestrafung verhindern wollte.

Die Methoden, mit denen Disziplinverstöße geahndet werden, unterscheiden sich zwar ebenfalls von Schule zu Schule, doch körperliche Bestrafung wird von allen praktiziert, und das oft mit ziemlicher Brutalität. Natürlich ist das Beispiel des Lehrers, der eine seiner Schülerinnen zu Hause aufsuchte und sie aufforderte, Selbstmord mit einem Küchenmesser zu begehen, weil sie beim Rauchen erwischt worden war, eine Ausnahme. Doch in den Zeitungen liest man immer wieder über Gewalt an den Schulen. Einer neueren Studie des Erziehungsministeriums zufolge wird in der Mittelstufe einer von drei Schülern geschlagen. 70 Prozent von ihnen kommen gar mit Verletzungen nach Hause. Ein Gymnasiallehrer berichtet in einem Leserbrief an die Tageszeitung *Asahi* empört, er habe erlebt, dass »Kindern der Kopf geschoren wurde, dass sie Ohrfeigen erhielten oder gar mit Gewalt in die Schränke der Umkleidekabinen gesperrt wurden«.

In den letzten beiden Jahren sind mindestens fünf Kinder infolge schulischer Gewalt ums Leben gekommen, doch trotz zahlreicher Elternproteste wird die eigentlich verbotene körperliche Züchtigung allgemein toleriert. »Die Eltern wurden als Kinder ja auch geschlagen und glauben daher, dass ein Lehrer, der prügelt, seine Aufgabe eben ernst nimmt«, erklärt Kenichi Nagai, Gründer einer Bürgerinitiative für Kinderrechte.

In Japan gilt Duckmäusertum als große Tugend. So setzt der Druck, sich unterzuordnen, die »soziale Harmonie« nicht mit individualistischem Gebaren zu stören, bereits sehr früh ein.

»Ich vertraue Ihnen mein Kind an. Machen Sie aus ihm ein nützliches Mitglied der Gesellschaft, das anderen keine Sorgen bereitet«, lautet die übliche Floskel, wenn japanische Mütter ihre Kinder in den Kindergarten bringen.

Bereits dort beginnt die »Produktion« eines guten Japaners! Die Kinder gewöhnen sich daran, still zu sitzen, mit geradem Rücken und den Händen auf den aneinandergepressten Knien ihre Bewegungen zu kontrollieren und wenig Raum einzunehmen. Und sie lernen, die Regeln zu respektieren. Viele Kindergärten verlangen nicht nur, dass alle Kinder dasselbe Pausenbrot mitbringen, sondern auch noch, dass es auf bestimmte Weise in seinem Behälter aufbewahrt und von den Kindern auf die vorgeschriebene Art verzehrt wird.

In der Schule lernt das Kind nicht etwa, seinen Kopf zu gebrauchen, sondern das Richtige im richtigen Moment zu sagen. Auf jede Frage gibt es eine Antwort, die auswendig gelernt wird. »Was passiert, wenn der Schnee schmilzt?«, fragt die Lehrerin, und ihre Klasse antwortet im Chor: »Er wird zu Wasser.« Wenn eines der Kinder sagt: »Dann wird es Frühling«, wird es dafür getadelt. Denn dieser Ausbruch von Phantasie unterscheidet es von der Gruppe, und das wird nicht gerne gesehen. »Der Nagel, der herausragt, zieht Hammerschläge auf sich«, lautet ein altes japanisches Sprichwort. Und dieses Prinzip gilt heute noch. Wer ausbricht, wer sich seine eigenen Gedanken macht, wer glaubt, alles allein zu können, ist »unerwünscht«. Bereits das Anderssein ist ein Vergehen und der Ausschluss aus der Gruppe die höchste Form der Bestrafung. Vor einigen Monaten nahm sich ein vierzehnjähriger Junge das Leben, weil er aufgrund einiger Unregelmäßigkeiten fürchten musste, aus dem Baseballteam ausgeschlossen zu werden.

Auch inhaltlich ist wenig Raum für das Individuum. Der Erziehungsminister entscheidet, was gelernt wird. Die Bücher sind einer rigiden Zensur unterworfen. So können japanische Schüler zwar ohne Probleme sadomasochistische Comics lesen, die den dortigen Markt überschwemmen, doch wenn sie unter ihren Schulbüchern eines suchen, das den Zweiten Weltkrieg auch nur annähernd objektiv darstellt, das zum Beispiel den japanischen Einfall in China und Südostasien als »Invasion« bezeichnet und auch von den Grausamkeiten der kaiserlich-japanischen Armee in diesen Gebieten spricht, sucht er vergebens. So wächst Generation um Generation heran, ohne auch nur die leiseste Ahnung von der jüngeren Geschichte des Landes zu haben und von den Beziehungen zum Rest Asiens, der Japan immer noch mit Argwohn betrachtet. »Bevor die Japaner nicht auf ihr Recht auf freie Verbreitung von Information pochen, wird Japan niemals eine wirkliche Demokratie sein«, meint Professor Teruhisa Horio, Dekan der Fakultät für Pädagogik und einer der schärfsten Kritiker des japanischen Schulsystems. »Im Augenblick ist es noch der Staat, der entscheidet, was die Bürger denken dürfen.«

Und der Staat scheint genau zu wissen, wie sein »Wunschbürger«, der Modelljapaner, den die Schule hervorbringen soll, auszusehen hat. Dieses »Modell« wurde ausführlich in einem 54 Seiten starken Büchlein mit gelbem Einband beschrieben, das mittlerweile jeder Schulleiter in der Schreibtischschublade hat. Sein Titel lautet *Der Japaner, wie er sein soll*. Es wurde 1964 vom Erziehungsministerium herausgegeben und legt Ziele und Funktion des Schulsystems fest: »Zum Wohl des Staates und der Gesellschaft braucht Japan einen neuen Menschen«, heißt es dort. »Einen Menschen, der sich seiner Einzigartigkeit als Japaner bewusst ist, einen Menschen, der seine Befriedigung darin findet, voll und ganz in seiner Arbeit aufzugehen.«

Die Idee war brillant. Damals wurde Japan, das noch keinerlei wirtschaftlichen Erfolg aufzuweisen hatte, von heftigen sozialen Auseinandersetzungen geschüttelt. Die Linke hatte noch genug Kraft, den Konservativen die Macht streitig zu machen. Und die Industrie machte sich fertig, ihren großen Sprung nach vorne zu tun und das Land – wie man damals sagte – »in die Ära maximalen Wirtschaftswachstums« zu katapultieren. Man wollte die Politik in Vergessenheit geraten lassen und hielt jedem die Mohrrübe des Wohlstands vor die Nase. Vor allem aber ging es darum, Fabriken, Baustellen und Büros mit Japanern zu füllen, die nicht nur gut ausgebildet waren, sondern zudem gehorsam und loyal. Der Schule wurde die wichtige Aufgabe zuteil, diese Art von Japanern hervorzubringen, die Professor Horio »die Industriesklaven« nennt.

Und dieser Bildungsauftrag wurde nie revidiert. So geht das Buch vom *Japaner, wie er sein soll* mittlerweile in die 20. Auflage, weil es zur Bibel der japanischen Lehrkräfte wurde.

Treue Diener von Staat und Industrie

Tokio, Februar 1990

Zwei Japaner, die sich zum ersten Mal begegnen, müssen sofort ihre soziale Position klären ... und sei es nur, um zu wissen, wie tief sie sich vor dem anderen verbeugen müssen. Da in diesem Land nicht zählt, wer du bist, sondern welche Rolle du spielst, kommt es zum exzessiven Austausch von Visitenkärtchen, die mit großer Detailgenauigkeit den Rang ihres Besitzers beschreiben und die Japaner aus der Verlegenheit befreien, ihre eigene Stellung in Bezug auf ihr Gegenüber vielleicht falsch einzuschätzen.

In der japanischen Gesellschaft ist alles genau klassifiziert, jedes Individuum hat seinen Rang. Dieser Rang wird vor allem von der Schule bestimmt. Die gesellschaftliche Stellung, die man später einnimmt, hängt von der Schule ab, die man besucht. Jeder kennt dieses Schema: Ein Beamter aus dem Finanzministerium ist mehr wert als einer aus dem MITI, und einer aus dem MITI mehr als einer aus dem Außenministerium. Und so erfreuen sich auch Arbeiter, Angestellte und Führungskräfte, die in einem der sechs großen Industriekomplexe des Landes arbeiten, einer höheren Wertschätzung als solche, die in unbedeutenderen Firmen tätig sind.

Strebt man jedoch eine hochrangige Position im Finanzministerium oder bei den sechs Marktführern an, so geht dies nur, wenn man vorher auf der richtigen, erstklassigen Universität war. Um auf solch eine Universität zu kommen, ist ein Gymnasium von entsprechendem Ruf Vorbedingung ... usw., bis hinunter zum Kindergarten. Da es aber nur wenige »hochrangige« Kindergärten gibt, müssen die Kleinen dort schon ein Auswahlverfahren passieren. Um sich auf diese erste schicksalhafte Begegnung mit dem Leben vorzubereiten, marschieren Tausende kleiner Japaner, bereits in ihre niedlichen Uniformen verpackt, schon im Alter von drei Jahren zu ihren ersten privaten Schulstunden. »Die entscheidendste Schlacht unseres ganzen Lebens wird in der Kindheit geschlagen«, sagt der Fernsehjournalist Miho Kometani. »Wer sie verliert, setzt seine Zukunft aufs Spiel.«

Hat man erst einmal die Prüfung für den Kindergarten überstanden, wiederholt sich die Prozedur für die Grundschule, die Hauptschule usw., bis zur äußerst wichtigen Zulassungsprüfung für eine gute Universität. Die beste ist die Todai-Universität von Tokio. Diese Prüfungen, die Familien im ganzen Land in Atem halten, finden eben jetzt statt. Dies ist auch der Grund, weshalb nun alle Tempel des Landes in dichte Weihrauchwolken gehüllt sind. Auf den Altären häufen sich die Votivtafeln aus Holz, auf denen Tausende junger Menschen ihre einzige Bitte an den Himmel notiert haben: »Lass mich bitte bestehen.«

Die Examen sind praktisch überall gleich. Man füllt Fragebögen aus. Neben jeder Frage stehen verschiedene Antworten, von denen nur eine richtig ist. Diese gilt es anzukreuzen. Computer werten die Bögen dann aus und errechnen automatisch die Rangfolge. Innerhalb von zwei Tagen werden die Ergebnisse publiziert. All das geschieht ohne mündlichen Kontakt, ohne Befragung, ohne ein Gespräch mit dem Prüfling.

Da also der Sinn des Schulbesuchs weniger darin besteht, sich Bildung anzueignen, als darin, bei den Prüfungen zu bestehen, hat sich in Japan in den letzten dreißig Jahren parallel zum offiziellen Schulsystem ein zweites entwickelt. Sein einziger Zweck ist, die Schüler für die Aufnahmeprüfungen fit zu machen. Dieses Nachhilfesystem heißt *juku* und gehört zu den einträglichsten und blühendsten Dienstleistungszweigen Japans.

Es gibt 36 000 Schulen, die auf diesem Sektor ihre Dienste anbieten. Einige sind mittlerweile riesige, börsennotierte Unternehmen. Andere sind technologisch so perfekt ausgerüstet, dass sie die Unterrichtseinheiten ihrer besten Lehrer via Satellit an die verschiedenen Außenstellen im Land übertragen. Was die Schüler angeht, so haben sie einfach keine Wahl. Die Eltern wurden von der Werbung so lange bombardiert, bis sie zur Überzeugung gelangt waren, dass kein Schüler in der Lage sei, ohne die Hilfe eines *juku* ein Examen zu bestehen. So bringen die Eltern mittlerweile horrende Opfer, um ihren Kindern den Nachhilfeunterricht zu ermöglichen, meist nicht nur in einer, sondern gar in zwei oder drei Schulen.

Wie alles in Japan, so werden natürlich auch die Nachhilfeinstitute klassifiziert nach der Quote ihrer Schüler, welche die Examen bestehen. Und daher gibt es auch schon Aufnahmeprüfungen für die Nachhilfeschulen. Und *juku*, die auf die Prüfungen an anderen *juku* vorbereiten. Ein Wahnsinn, der darüber hinaus noch Unsummen verschlingt. Ein Kind vom Kindergarten bis zur Abschlussprüfung an der Universität zu unterhalten kostet heute etwa 22 Millionen Yen (110 000 Euro), wenn es öffentliche Schulen besucht, aber 58 Millionen Yen, wenn es auf private Schulen geht. Das bedeutet, dass die Ausbildung eines Kindes ein Viertel dessen verschlingt, was ein durchschnittlicher Arbeiter in seinem ganzen Leben verdient.

Wenn man die Schüler Japans von der Schule heimkommen sieht, immer mit zwei Taschen bewaffnet, einer für den regulären Unterricht und einer für die Nachhilfe, wenn man sieht, wie sie auf der Stelle einschlafen, kaum haben sie in der U-Bahn Platz genommen, scheinen sie der Inbegriff einer unglücklichen Kindheit. Für viele von ihnen beginnt der Tag um sechs Uhr morgens und dauert, bis Schule, Nachhilfe und die Wegstrecken dazwischen bewältigt sind, bis um neun Uhr abends. Einige *juku* werben gar für Kurse, die um 22.30 Uhr beginnen, wenn die anderen Privatschulen schließen, und bis um 1.30 Uhr morgens dauern.

Den jungen Japanern, die dergestalt unter Dauerdruck stehen, bleibt wenig Zeit für das, was die jungen Leute anderer Länder so treiben. Sie haben kaum Zeit für Sport, was erklärt, weshalb Japan bei den Olympischen Spielen regelmäßig so wenig Medaillen gewinnt. Und sie haben keine Zeit für Vergnügungen oder die Pflege von Freundschaften. Daher titelte die Tageszeitung *Asahi* erst kürzlich: »Lassen wir der Jugend ihre Jugend!« Der Artikel führte dann weiter aus: »Unsere Kinder sind Prüfungsgenies, aber als Menschen sind sie schwach, egozentrisch und unreif.« Die Vereinigung der privaten Universitäten führte jüngst eine Studie über das japanische Schulsystem durch und kam zu dem Schluss, dass die Schule die Jugend Japans »lobotomisiert«, also vom Gehirn befreit hat.

Die wenigen Stunden, die den japanischen Schülern noch bleiben, verbringen sie mit Videospielen. Am meisten en vogue ist im Moment eines mit dem Titel »Die zweidimensionale Geliebte«. Dabei erscheint auf dem Bildschirm ein lächelndes Mädchen, das Stück für Stück seine Kleidung ablegt, je mehr Punkte der Spieler erzielt. »Statt eine richtige Freundin zu finden, haben die Jungs von heute nur Zeit für solche Maschinenliebchen«, sagt Tamoto Sengoku, Pädagogikexperte.

Die Frustration, verursacht vom ständigen Druck in der Schule, sucht sich ihr Ventil mitunter in Kriminalität und Gewalt. 1988 wurden in Japan 189 000 junge Leute zwischen vierzehn und neunzehn Jahren verhaftet und eines Vergehens angeklagt, das man *ijime* nennt. *Ijime* bedeutet, dass man das schwächste Glied einer Gruppe ausmacht, das Gruppenmitglied, das »anders« ist, und es quält, bisweilen sogar misshandelt. *Ijime* ist neben dem Druck in der Schule einer der häufigsten Gründe für Schülerselbstmord in Japan. Unter den 22 795 Japanern, die sich 1988 das Leben nahmen, waren 1635 Schüler.

Die Geschichte von Yoko Uehara, einem dreizehnjährigen Mädchen aus Nagano, ist bezeichnend für dieses Phänomen. Das Mädchen, das von seinen Mitschülerinnen ständig gehänselt und gequält wurde, wandte sich um Hilfe an seinen Lehrer. Dieser gibt den Mitschülern auf, in einem Aufsatz zu erklären, weshalb sie Yoko zur Außenseiterin stempelten. Die Mädchen schreiben, Yoko sehe aus wie ein Polyp. Der Lehrer lässt Yoko die Aufsätze ihrer Mitschülerinnen laut vorlesen. Ein paar Tage später erhängte sich das Kind zu Hause, im sicheren Heim.

Viele Intellektuelle machen sich Sorgen über diesen Typus des »neuen Japaners«, der in der Schule heranwächst. »Wir produzieren erstklassige Automobile, aber die Menschen, die unser Schulsystem hervorbringt, sind keine Menschen mehr«, sagt Shitsue Kato, mit ihren 92 Jahren eine der ersten Feministinnen Japans und ehemalige Abgeordnete der Sozialistischen Partei. »Unser Schulsystem ist eine einzige Verirrung. Am besten schafft man es ganz ab.«

Doch das wird wohl kaum geschehen. Anders als ihre Vorgänger widersetzen die neuen Lehrer sich dem System nicht mehr, da sie selbst innerhalb seiner Restriktionen aufgewachsen sind. Bis vor einigen Jahren gehörte die Lehrergewerkschaft Nikkyoso zu den entschiedensten Gegnern des Schulsystems. Mittlerweile hat die Gewerkschaft sich geteilt, und der größte Teil der 600 000 Mitglieder folgte der gemäßigten Fraktion.

Hat es der junge Japaner allerdings bis an die Universität geschafft, kann er sich beruhigt zurücklehnen. Kein Mensch verlangt mehr von ihm, dass er studiert. Industrie und Staat, welche die jungen Leute hinterher einstellen, interessieren sich kaum für deren universitäre Ausbildung. »Die jungen Universitätsabsolventen sollten sein wie leere Gefäße, in die sich die Unternehmenskultur ergießt«, erklärt mir ein Professor der Meiji-Universität. Der Arbeitsplatz, den man im späteren Leben einnehmen wird, hängt ausschließlich von der Universität ab, an der man studiert hat: Die jungen Juristen der Universität von Tokio wandern durchweg in die Ministerien. (Die Hälfte der japanischen Ministerpräsidenten hat an der Todai-Universität studiert.) Die Absolventen der Waseda-Universität gehen in die großen Industrieunternehmen, die von Keio in den Journalismus oder in die kleineren Firmen. Aus den Absolventen der Universitäten zweiten Ranges rekrutiert sich die gesichtslose Masse der *sarari-man*.

Die Massenproduktion junger Menschen, die sich gehorsam in die Rolle fügen, die ihnen das soziale und wirtschaftliche System Japans vorschreibt, kommt nicht von ungefähr. »Bei uns hat es Tradition, die Bürger nicht als menschliche Wesen, sondern als Sklaven zu betrachten«, sagt Yoshikazu Sakamoto, Professor an der Meiji-Universität in Tokio.

Dabei ist diese spezielle Tradition nicht älter als hundert Jahre. Mitte des 19. Jahrhunderts galt Erziehung als die mächtigste Waffe, um das Land vor der Kolonisierung zu retten. Und so begann man 1868 in einer beispiellosen Kraftanstrengung mit der Einrichtung eines landesweiten Schulsystems nach westlichem Muster. Der Zweck desselben war schnell auf einen Nenner gebracht: Es ging darum, »tugendhafte, loyale und gehorsame Diener des Staates heranzuziehen«, wie der damalige Erziehungsminister erklärte. Dank dieses Schulsystems gelang es Japan, mit der Moderne Schritt zu halten und seine Unabhängigkeit zu bewahren. Doch dasselbe System öffnete später Krieg und Militarismus Tür und Tor.

Als daher 1945 die Amerikaner als Sieger in Japan einmarschierten, gehörte es zu ihren ersten Anordnungen, dieses Schulsystem, in dem die nationalistische und totalitäre Ideologie des kriegerischen Japan von Generation zu Generation weitergegeben wurde, zu reformieren. Doch den demokratischen Schulreformen war kein langes Leben beschieden. Sobald die Amerikaner 1952 den Inselstaat verließen, übernahm die alte Garde wieder das politische Kommando. Überzeugt, dass die von Washington angeordnete »Demokratisierung« den japanischen Nationalcharakter schwächen und überflüssige soziale Konflikte verursachen würde, führten sie allmählich das alte Schulsystem wieder ein. Und so kam es, dass in den Schulen bald nicht mehr von »Bürgerrechten« die Rede war, sondern von dem »Treuegefühl«, das der Einzelne dem Staat schulde. »Innerhalb weniger Jahre brachte die Schule erneut systemkonforme Staats- und Industriediener hervor«, meint Professor Teruhisa Horio, Vorstand der Fakultät für Pädagogik an der Universität Tokio.

Die Wiedereinführung des Vorkriegsschulsystems ist noch nicht völlig abgeschlossen. Erst vor kurzem wurde an den Schulen das morgendliche Hissen der Nationalflagge wieder zur Pflicht erklärt, zusammen mit dem Singen der japanischen Hymne (für die frühere Lehrergewerkschaft ein absolutes Unding) und einem geänderten Lehrplan, in dem die Rolle der Kriegshelden für die japanische Geschichte neu gewürdigt wird. Diese Restauration des alten Schulsystems wird vom Erziehungsministerium vorangetrieben, das fest in den Händen des rechten Flügels der Liberaldemokratischen Partei ist. Sie geht konform mit dem Wiedererstarken des Kaiserhauses und der Wiedereinführung des Shintoismus als Staatsreligion. Doch es gibt auch Stimmen, die diese Entwicklung alarmierend finden: »Japan hat Großes vor in der Welt des 21. Jahrhunderts«, erklärt Professor Horio. »Die stromlinienförmige Jugend von heute wird diese Ambitionen sicher nicht infrage stellen oder gar aufhalten.«

Den ersten direkten Kontakt hatte ich durch Zufall in einer winzigen Bar im Shinjuku-Viertel. Der Mann, der auf dem Hocker neben mir saß, war – wie er selbst sagte – »ein Yakuza in Pension«. Bis zu diesem Zeitpunkt hatte ich über die japanische Mafia nur ein paar Bücher gelesen und eine Menge Zeitungsausschnitte gesammelt. Dieser »pensionierte« Gangster ließ mich an mehreren gemeinsam durchzechten Abenden einen Blick hinter die Kulissen tun. Und er gab er mir Namen und Adressen von »Kollegen«, die ich unbedingt aufsuchen sollte. Die meisten davon lebten in Osaka, der japanischen Hauptstadt des Verbrechens.

Yakuza: »Wir sind die Erben der Samurai!«

Osaka, Juni 1990

Wir sind zur Teezeit im elegantesten Hotel der Stadt verabredet, im Nikko Hotel, und der Gangster ist überpünktlich. Ein schimmernder, weißer Rolls-Royce hält vor dem Eingang, zwei Leibwachen im modischen Zweireiher beeilen sich, die Tür zu öffnen, und da ist er: Bleich und elegant schreitet er gemächlich an den Reihen der im Diener erstarrten Portiers und Pagen vorbei, die ihn sofort erkennen. In Japan genießen Mafiosi einen besonderen sozialen Status: Sie werden respektiert und verehrt.

Das Treffen wurde von einem Bandenchef in Tokio arrangiert, der mich wissen ließ: »Sie wollen etwas über unser Leben erfahren? Gut. Er kann ihnen alles sagen. Er steht in der Hierarchie ziemlich weit oben. Eigentlich lebt er über den Wolken.« Und da ist er nun. 45 Jahre alt, untadelig, das Gesicht wachsbleich, die Haare nach hinten gekämmt, in einem dunkelblauen Anzug von bestem Schnitt. Am Handgelenk trägt er eine diamantenbesetzte Markenuhr, und auch seine schwarze Krawatte fixiert ein kleiner funkelnder Brillant am makellos weißen, gestärkten Hemd.

Das Begrüßungsritual könnte nicht japanischer sein. Ich halte ihm mit beiden Händen meine Visitenkarte hin, er gibt mir zwei seiner Karten. Eine weist ihn als Präsidenten verschiedener Gesellschaften aus: Finanzen, Immobilien, Bau und Transport. Die andere ist eleganter und sagt in der geschwungenen Kalligrafie der klassisch-japanischen Schrift, dass hier ein Oberhaupt der Yakuza vor mir steht, der japanischen Mafia, die heute zu den größten kriminellen Untergrundorganisationen der Welt gehört.

»Die Gesellschaft heißt uns Räuber, in Wirklichkeit aber sind wir die wahren Erben der Samurai«, sagt der Mann zu mir, sobald er an dem Tisch Platz genommen hat, der extra für uns reserviert wurde. »Im heutigen Japan sind wir die Einzigen, die noch Prinzipien vertreten, die eine Moral haben. Die anderen, die Normalbürger, *sarari-man*, Bürokraten und Politiker, denken doch nur ans Geld. Wir hingegen leben noch nach den alten Traditionen, nach den Idealen der Krieger von einst. Und deshalb braucht Japan uns.« Den Fakten nach zu urteilen, hat er zumindest in diesem Punkt Recht.

In Japan gibt es heute 86 552 Gangster, die alle bekannt und als solche registriert sind. Und doch gibt es niemanden, der auch nur daran denkt, ihnen Einhalt zu gebieten. Aus diesem Grund brauchen sie sich nicht zu verstecken. Ganz im Gegenteil. Die Yakuza tragen das Abzeichen ihrer Organisation ganz offen im Knopfloch. In den Städten Japans sind die »Filialen« der einzelnen Banden an den großen Messingtafeln am Eingang leicht auszumachen. Ihre Nummer steht im Telefonbuch. Eine Sonderkommission der japanischen Polizei ist zwar offiziell mit der Bekämpfung des organisierten Verbrechens beschäftigt, aber der leitende Kommissar (ich traf ihn in Tokio, bevor ich mich auf diese Reise ins Reich der Banditen machte) gesteht offen ein, dass es unmöglich sei, den Yakuza beizukommen.

Begründet wird dieser merkwürdige Sachverhalt gewöhnlich damit, dass im Gefolge der Demokratisierung des Landes nach dem Zweiten Weltkrieg die Polizei zu vielen Kontrollen unterworfen sei und nicht mehr die entsprechenden Mittel habe, um diesen Banden entgegenzutreten. Die Wahrheit aber ist, dass die Yakuza aus der japanischen Gesellschaft gar nicht wegzudenken sind, weil sie darin einige wichtige Funktionen übernehmen. Niemand hat also wirklich Interesse daran, sie loszuwerden. »Die Yakuza gehören zur Physiognomie dieses Landes, sie sind keine Krankheit, die es auszumerzen gilt«, erklärte mir Yukio Yamaguchi, einer der Hauptanwälte der Gangster. »Niemand käme auf die Idee, die Gedärme aus dem menschlichen Körper zu entfernen, nur weil sie eher ›unsaubere‹ Aufgaben erledigen.«

Und in einer Gesellschaft wie der japanischen, in der es normal ist, das eine zu sagen und das andere zu denken, in der es üblich ist, selbst wider besseres Wissen den Schein für die Wirklichkeit zu nehmen, gibt es verschiedene »weniger saubere« Aufgaben, die gleichwohl jemand übernehmen muss. Aufgaben, von denen alle wissen, auch wenn jeder so tut, als habe er nie davon gehört: Prostitution, Drogenhandel und Glücksspiel. Auf diese Wirtschaftszweige haben die Yakuza das Monopol.

Die Prostitution ist, wie sich das heute für ein modernes Land gehört, auch in Japan illegal. Aber nur der Form halber. In jedem Ort des Landes gibt es »Massagesalons« und »Rosa Salons«, in denen halbnackte Mädchen den Kunden auf hastige und unpersönliche Weise sexuelle Befriedigung verschaffen. Normalerweise liegen diese Räume nur ein paar Schritte von den *co-ban,* den Polizeistationen, entfernt. Und die Yakuza führen diese Etablissements völlig unbehelligt. Wie seit jeher.

Vor dem Krieg fuhren die Yakuza aufs Land, kauften dort den armen Bauern ihre Töchter ab und brachten sie nach Tokio in die berühmten Freudenhäuser des Yoshiwara-Bezirks, des traditionellen Vergnügungsviertels. Während des Krieges waren die Yakuza verantwortlich für die Versorgung des Heeres mit Prostituierten – »Gefälligkeitsdamen«, wie man sie damals nannte, die der Armee auf ihrem Eroberungsfeldzug durch Asien folgten. In den heutigen Wirtschaftswunderzeiten sind allerdings immer weniger Japanerinnen bereit, diesem Gewerbe nachzugehen, also müssen die Yakuza das Personal im Ausland anwerben. »Stipendium für japanische Universität!« versprechen die Billiganzeigen in den Tageszeitungen Bangkoks. Für diese besondere Universität werden allerdings nur die hübschesten Mädchen ausgewählt.

In Manila werden die Anzeigen etwas deutlicher formuliert. Die japanischen »Impresarios« suchen junge Schauspielerinnen, Tänzerinnen, Sängerinnen. Wenn die Mädchen in Japan ankommen, nimmt man ihnen den Pass ab, und vom versprochenen Gehalt sehen sie wenig bis nichts. Tatsächlich halten die Banditen sie wie Sklavinnen. Augenblicklich gibt es in Japan etwa 60 000 Mädchen, die so zur Arbeit in den Bordellen gezwungen werden. Einige hundert davon sind Europäerinnen.

Auch das Glücksspiel ist illegal, praktisch aber kontrollieren die Yakuza die 15 000 höllisch lauten Pachinko-Hallen des Landes, auf die die Japaner mehr Zeit und Geld verwenden als auf jede andere Form der Unterhaltung – weil sie ja schließlich auf Gewinn hoffen.

Dasselbe gilt für Drogen. Die am weitesten verbreitete nennt sich *shabu*. Es handelt sich dabei um ein Amphetamin, das während des Krieges vom japanischen Staat für die Arbeiter in den Munitionsfabriken und die Kamikazeflieger vor ihrem letzten, selbstmörderischen Flug hergestellt wurde. Heute wird *shabu* vor allem von Taxifahrern konsumiert, die mitunter zwölfstündige Schichten fahren, von Studenten in der Examensvorbereitung und von den Lastwagenfahrern, auf deren Schultern die ausgesprochen effiziente Logistik des Landes ruht.

Etwa eine halbe Million Menschen in Japan nehmen regelmäßig *shabu*. Die Yakuza versorgen sie, und das Geschäft läuft blendend: Ein Kilo *shabu* kostet in der Produktion (die normalerweise in Korea oder Taiwan erfolgt) etwa 3 Millionen Euro. Auf den Straßen von Tokio bringt es 175 Millionen ein. Der Drogenmarkt ist vollkommen in der Hand der Yakuza, und sie verteidigen ihr Monopol mit größtmöglicher Härte. Im Februar dieses Jahres versuchte ein Kolumbianer, im Shinjuku-Viertel Kokain zu verkaufen. Er wurde augenblicklich verhaftet. Es waren die Yakuza, die ihm auf die Spur kamen und der Polizei einen Tipp gaben. »Heroin und Kokain sind wie die

Pest. Sie kommen aus dem Westen, und es ist unsere Pflicht, Japan vor dieser Geißel zu bewahren«, sagt mein Bandenchef.

Natürlich ist dieser Pakt zwischen den Gangstern und der Gesellschaft kein offener, doch er existiert. Als Gegenleistung dafür, in den Grauzonen des japanischen Lebens unbehelligt operieren zu können, wirken die Yakuza an der Bewahrung jenes Werts mit, der allen Japanern gleichermaßen teuer ist: der Ordnung. So als trügen Polizei und Yakuza dieselbe Verantwortung. Nur die Aufgabenteilung ist eine andere.

In jeder Stadt Japans gibt es bestimmte Viertel, in denen sich die Pornokinos, *love hotels* und Spielhöllen konzentrieren. Abends, wenn diese Etablissements sich mit Kunden füllen, verschwindet die Polizei wie von selbst. Die Yakuza nehmen nun ihre Aufgaben wahr. Wenn zwei Betrunkene einen Streit vom Zaun brechen, eilt sofort einer der schwarz gelockten Jünglinge herbei, die an jeder Straßenecke Wache schieben, und flüstert den beiden drohend ein paar Worte ins Ohr. Sofort entschuldigen sich die beiden, verneigen sich voreinander und gehen ihrer Wege.

In Japan wird alles von der Gruppe geregelt. Dem Individuum bleibt da wenig oder gar kein Raum. Das trifft auch auf das Verbrechen zu. Der Handtaschendieb, der ohne die Konzession einer Organisation klaut, der Bankräuber, der eine Bank auf eigene Rechnung überfällt, stört die soziale Harmonie, spielt sich in den Vordergrund, und dies ist ein unverzeihlicher Lapsus. Die Yakuza besitzen sozusagen das Monopol auf kriminelle Betätigung und wachen über dessen strikte Einhaltung. Jüngst sorgte in Tokio ein außergewöhnlicher Vorfall für Aufsehen. Eine Gruppe von Räubern überfiel eine Bank und floh mit erstaunlich hoher Beute. Bald verbreitete sich das Gerücht, die Täter seien Franzosen gewesen. Natürlich wurden sie gefasst.

In ihren »Gründertagen«, also vor etwa 300 Jahren, waren die Yakuza fahrende Händler, die auf den Märkten im Land das Glücksspiel organisierten. Wörtlich übersetzt bedeutet Yakuza »8-9-3«, das absolute Verliererblatt in einem alten Kartenspiel. »Yakuza« hieß also so etwas wie »Tunichtgut« oder »falsche Fünf«. Der Name ist ihnen geblieben, doch mittlerweile sind die Yakuza die Asse im Spiel.

Die Yakuza haben ausgezeichnete Kontakte zu Politik und Wirtschaft. Sie haben ihre Finger in der Börse, im Immobilienmarkt, im Kunstmarkt und in verschiedenen anderen Industriezweigen. Und natürlich mischen sie auch in der Politik persönlich mit. Drei bekannte Yakuza sitzen heute im Parlament, in der Lokalpolitik sind sie zahlenmäßig weit stärker vertreten. Dass die wichtigsten Funktionäre des Landes Kontakte zu den Yakuza haben, stört in Japan niemanden: Erst kürzlich zum Beispiel hat die Tageszeitung *Yomiuri* ein Foto veröffentlicht, auf dem der Oberbefehlshaber des Heeres in angeregter Unterhaltung mit dem Gangsterboss der Shikoku-Insel zu sehen war. In einer Gesellschaft, in der die traditionellen Seilschaften der Macht mehr zählen als Recht und Gesetz, werden die Yakuza mittlerweile als unvermeidlich hingenommen.

Wie in den Zeiten der Feudalherrschaft, als nur die Samurai das Recht besaßen, ein Schwert zu tragen, liegt auch heute das Gewaltmonopol fest in Händen der Gangster. Und die Gesellschaft nimmt deren Dienste eifrig in Anspruch. Eine Firma erhält für gelieferte Ware kein Geld? Die Yakuza kassieren in ihrem Auftrag. Ein Grundbesitzer weigert sich, an einen Unternehmer zu verkaufen, der ein Großprojekt auf die Beine stellen will? Die Yakuza überreden ihn, seine Meinung zu ändern. Ein Politiker möchte nicht, dass sein Rivale im Wahlkreis gegen ihn antritt? Die Yakuza sorgen dafür, dass er seine Kandidatur zurückzieht. Es ist bekannt, dass jedes große japanische Unternehmen einen Kontaktmann zu den Gangstern hat, der sie im Bedarfsfall um ihre Mitwirkung bittet.

»Ohne uns wäre Japan blockiert. Wir sind das Schmiermittel, das den Motor am Laufen hält«, sagt mein Bandenchef. Und bei jedem Satz, den er äußert, nicken die beiden Leibwächter, die aufrecht hinter seinem Stuhl stehen, wie zur Bekräftigung. Sobald die Hand des Gangsters zu dem Päckchen Zigaretten auf dem Tisch wandert, zückt einer der beiden das Feuerzeug. Dreht der Boss nur leicht den

Kopf, beugt einer sich sofort herab, damit dieser ihm seine Befehle ins Ohr flüstern kann.

»Gehorsam ist das erste Gebot für jemanden, der in die Organisation eintritt. Wer nicht pariert, bezahlt dafür«, meint der Bandenchef. »Und wie?«, frage ich. »Auf traditionelle Weise«, antwortet er und beißt sich andeutungsweise in den Finger. Also gibt es dieses Ritual immer noch! Wenn ein Yakuza einen Fehler begeht oder ihm eine Unachtsamkeit unterläuft, bleibt ihm nur ein Weg zur Rehabilitation: Er muss sich ein Fingerglied des kleinen Fingers abbeißen und es seinem Boss zukommen lassen, als Zeichen der Unterwerfung sozusagen. »Dieses Ritual ist seit Jahrhunderten gleich«, meint der elegante Yakuza.

Seine Worte dringen durch die gedämpften Geräusche der Abendgesellschaft zu mir, die sich langsam im Foyer versammelt, untermalt von den Chopin-Klängen des Klaviers im Atrium. Vor den großen Fenstern des Salons lebt das hoch technisierte Japan, das elektronische Japan der Computer und Roboter. Das Japan, das jeder kennt und bewundert, strahlt im Schein der Lichter. Doch der Mann, der mir gegenübersitzt, ist wie die dunkle Seite des Mondes. Eine Seite, die Japan gern vergisst. Hinter dem Anschein von Öffnung und Modernität, hinter der Fassade des modernen Industriestaats, der so ist wie alle anderen, ja sogar noch besser, ist Japan im Grunde immer noch ein finsterer Feudalstaat. Und die Yakuza sind nur ein Beispiel für diesen inneren Widerspruch.

Einer der Leibwächter wird ans Telefon gerufen. Er kommt zurück und flüstert dem Bandenchef etwas ins Ohr. Der Boss der Bosse aller Yakuza, der nach Okinawa geflogen war, um Golf zu spielen, wurde von der dortigen Polizei abgewiesen und kommt jetzt am Flughafen von Osaka an. Alle örtlichen Bandenchefs sind gehalten, zu seinem Empfang zu erscheinen. Mein Gangster beeilt sich, in seinen Rolls-Royce zu steigen. Ich springe in ein Taxi und folge ihm, sodass ich Zeuge einer äußerst beunruhigenden Szene werde.

Eine lange Reihe von nagelneuen, funkelnden Mercedes, Cadillacs, Rover und Rolls-Royce versperrt den Eingang zum Flughafen.

Im Wartesaal eine außergewöhnliche Ansammlung von Gangstern in eleganten Zweireihern, dunklen Sonnenbrillen und lockigem Haar. Alle sind mit Mobiltelefonen ausgerüstet. Eineinhalb Stunden lang scheint es, als sei der Flughafen der zweitgrößten Stadt Japans von einer außerirdischen Militärmacht besetzt. Die verängstigte Menge gewöhnlicher Japaner betrachtet schweigend diese 500 Banditen, die sich plötzlich tief verbeugen und unisono rufen: »Osh, osh!«, »Er lebe hoch!« Draußen fährt ein schwarzer Mercedes mit goldenen Türgriffen vorbei.

»Wer ist der Mann? Was ist denn da los?«, frage ich einen Polizisten neben mir und tue, als wüsste ich von nichts.

»Welcher Mann?«, gibt er mir zur Antwort. »Ich habe niemanden gesehen. Passiert ist gar nichts.«

Der Bandit, der um die Ecke wohnt

Kobe, Juni 1990

In einem Gässchen im Hanakuma-Viertel, einem Viertel der Hafenstadt, in der sich im 19. Jahrhundert viele Ausländer niederließen, tritt jeden Morgen ein Mann aus einem weiß verputzten Haus, das aussieht wie alle anderen. In kugelsicherer Weste kehrt er sorgfältig den Gehsteig vor seiner Tür. Von der anderen Straßenseite grüßt ihn mit einer leichten Verbeugung eine alte Dame in Schürze und Pantinen, die vor ihrem Haus saubermacht. Der Gangster erwidert den Gruß. Japan ist ein seltsames Land. Hier sind die Gangster genauso diszipliniert wie die gesetzestreuen Japaner. Sie sind höflich und machen sich Gedanken darüber, was wohl der Nachbar sagt. »Die Mitglieder der Yamaken-gumi werden gebeten, nicht auf dem Gehsteig herumzulungern, nicht laut zu sprechen und keine Abfälle auf die Straße zu werfen«, steht auf dem Schild vor dem weißen Haus.

Die Yamaken-gumi ist eine der mächtigsten Banden (*gumi* bedeutet im Japanischen »Bande«) in Kobe. Und das weiße Häuschen ist ihr Hauptquartier. Rechts von der Tür sind zwei Messingschilder angebracht. Auf einem steht in schönen, stilisierten Schriftzeichen der Name der Bande, auf dem anderen das Symbol der Mutterbande, der Yamaguchi-gumi, die heute wohl die mächtigste kriminelle Vereinigung der ganzen Welt ist. Jeder, der – wie ich oder der Postbote – nach den Gangstern sucht, hat nicht das geringste Problem, sie aufzustöbern. Ich habe sie in den Gelben Seiten von Kobe gefunden: Die Yamaken-gumi steht unter »Gesellschaft zur wechselseitigen Unterstützung«. Und auch die Namen der Bandenmitglieder sind kein Geheimnis. Im ersten Raum im Erdgeschoss, in den man mich mit zurückhaltender Höflichkeit geleitet, fällt mein Blick sofort auf einen großen Schaukasten, in dem unzählige Reihen von Holztäfelchen hängen. Auf jedem ist mit schwarzer Tinte ein Name verzeichnet. Der des Bandenchefs hängt für sich über den anderen, gleich darunter die drei seiner Stellvertreter, und dann – in streng hierarchischer Ordnung – die der anderen Bandenmitglieder. »Es sind 183«, sagt der Herr, der mich empfangen hat, als er bemerkt, dass ich versuche, sie heimlich zu zählen.

Es ist helllichter Tag, doch im »Büro« brennt grelles Neonlicht. Die Stahlverblendung vor den Fenstern lässt nicht einen Sonnenstrahl durch. Nach einem blutigen Bandenkrieg, der schon dreißig Gangstern das Leben kostete, wurde der Boss dieser Gruppe, der 48-jährige Yoshinori Watanabe, zum Boss der Bosse gewählt, zum Oberhaupt der Yamaguchi-gumi. Doch da einige seiner Rivalen den Wahlausgang nicht anerkannt haben, ist das Klima in der Welt der Yakuza momentan etwas gespannt.

Das Hanakuma-Viertel erinnert eher an ein Dorf, worin es Tausenden anderer in Japan gleicht: schmale Gassen, kleine Läden, an den Wänden Automaten für alles Mögliche, Plastikblumen, die von hässlichen Strommasten baumeln, wie sie jede Straßenkreuzung Japans verunzieren. Und das Leben in Hanakuma (wörtlich bedeutet der Name »im Schatten der Blüten«) geht trotz der Präsenz der Gangster seinen alltäglichen Gang. Hinter dem Hauptquartier der Yamaken-gumi liegt das Büro der Kommunistischen Partei des Viertels, auf der anderen Straßenseite ein buddhistischer Tempel, ein paar Häuserblocks weiter befindet sich die Kommandantur der Polizei von Kobe.

»Der beste Weg, sie loszuwerden, wäre es, ihre Geldquellen austrocknen zu lassen. Doch trotz all unserer Bemühungen fällt es den Gangstern in einer Gesellschaft wie dieser natürlich leicht, an Geld zu kommen«, teilt mir Itzuo Hokosaki mit, der Chef der lokalen Kommission zur Bekämpfung des organisierten Verbrechens. Wie die japanische Wirtschaft, so expandiert im Moment nämlich auch die Industrie des Verbrechens mit enormen Zuwachsraten. Die Organisationen werden immer reicher und mächtiger. »Die Yakuza sind mittlerweile ein wichtiges Versatzstück im wirtschaftlichen Mosaik dieses Landes«, schließt der Spitzenbeamte.

Schätzungen zufolge nehmen die Yakuza jährlich etwa so viel ein wie alle Supermärkte Japans zusammen. Da sie mehr Liquidität haben, als sie brauchen, machen die Yakuza sich nun daran, wie jedes andere japanische Unternehmen neue Investitionsmöglichkeiten zu erkunden und neue Märkte im Ausland zu eröffnen. Die Yakuza, die früher höchstens Ableger in Taiwan und Südkorea hatten, sind mittlerweile nicht nur in allen Ländern Südostasiens vertreten, sondern auch in Australien und Europa.

»Dass die Yakuza sich international immer weiter ausbreiten, liegt in der Natur der Sache und ist nicht zu übersehen«, sagt mir der Vertreter des FBI an der amerikanischen Botschaft in Tokio. »Wir müssen uns rechtzeitig darauf vorbereiten, wenn wir nicht plötzlich mit dem Rücken zur Wand stehen wollen, wie damals vor fünfzig Jahren, als die italienische Mafia plötzlich von Sizilien aus expandierte.« Die amerikanischen Behörden sind beunruhigt: Sie haben erst kürzlich herausgefunden, dass einige der japanischen Firmen, die in den letzten Jahren in den USA, vor allem in Hawaii, Hotels und Golfplätze aufgekauft haben, von den Yakuza kontrolliert werden. Die Australier machten dieselbe Entdeckung, als sie eine Serie von Investitionen an der Golden Coast untersuchten. »Die Strategie der Yakuza ist simpel«, meint der Mann vom FBI. »Zuerst kaufen sie Land, dann steigen sie ins Hotelgewerbe ein, und bald kontrollieren sie Prostitution, Glücksspiel, Drogenhandel sowie das lukrative Geschäft mit den Erpressungen.«

Die Regierung der Philippinen – entschlossen, die Yakuza an der freien Betätigung im Land zu hindern – bat die Japaner um die Namen der bekanntesten Gangster, um diese bereits am Flughafen von Manila dingfest zu machen. Leider hatte sie mit ihrem Ersuchen nicht viel Erfolg. »Auf diese Weise werden die Persönlichkeitsrechte der Betroffenen verletzt«, erklärt der »Verbrechensbekämpfer« aus Kobe. Dabei sind die Namen bekannt. Jeder weiß, um wen es geht. Hinter ihm hängt an einer großen Tafel das Organigramm aller Banden der Stadt. Da hängen Fotos und Biographien der wichtigsten Bandenmitglieder mit ihren legalen und illegalen Aktivitäten – alles auf dem neuesten Stand. Obwohl die Yakuza in offiziellen Verlautbarungen aus pragmatischen Gründen immer wieder als »Feinde der Gesellschaft« bezeichnet werden, scheint es nicht gerade zu den Prioritäten der Politik zu gehören, sie auszulöschen. Von den tausend bestausgebildeten Beamten der polizeilichen Kommandantur in Tokio gehören nur vierzehn zu der Abteilung »Organisiertes Verbrechen«. Von 250 000 Polizisten in ganz Japan sind lediglich etwa 200 auf die Yakuza angesetzt.

Die japanische Polizei arbeitet, wenn sie will, gründlich und effizient: Von zehn Verbrechen werden sieben in kürzester Zeit aufgeklärt. Die Schuldigen werden verhaftet, vor Gericht gestellt und in 99,8 Prozent der Fälle verurteilt. Den japanischen Polizisten entgeht wenig bis nichts. Ihr Netz ist recht engmaschig. Dank der *co-ban,* der kleinen Polizeistationen in den Stadtvierteln, die den Leuten Geld leihen, wenn sie keines mehr haben, Betrunkene nach Hause bringen und freundlich mahnen, doch demnächst das Auto zu waschen, weiß die japanische Polizei bestens über Freud und Leid im Leben ihrer Schutzbefohlenen Bescheid. Doch bei den Yakuza vermag sie noch keinen Erfolg vorzuweisen. Keine einzige Bande wurde bisher zerschlagen, keiner der großen Bosse verhaftet oder verurteilt. Nicht einmal die wichtigsten bekannten Aktivitäten werden von der Polizei überwacht. Es stimmt schon, dass die Zahl der Yakuza in den letzten 25 Jahren abgenommen hat (1965 gab es in Japan mehr Gangster als Soldaten: 186 000), aber das ist wohl eher dem Wirtschaftsboom zu verdanken, in dessen Folge die Zahl der Arbeitslosen abnahm. Dieser Rückgang der Mitgliederzahlen zwang das organisierte Verbrechen, sich etwas umzustrukturieren und Tausende seiner Mitglieder in privaten Sicherheitsunternehmen unterzubringen. Diese unterliegen jedoch immer noch der Kontrolle durch die einzelnen Banden.

Bis Anfang der achtziger Jahre des letzten Jahrhunderts gab es etwa 4000 Banden. Jetzt sind es nur noch zirka 3000. Die großen Mutterorganisationen, die alle anderen kontrollieren, sind sogar nur drei: die Sumiyoshi-rengo, die Yanagawa-kai, die beide ihren Sitz in Tokio haben, sowie die Yamaguchi-gumi, die im Gebiet von Kobe und Osaka beheimatet ist. »Unser Ziel ist es, die großen Banden unter eine Führung zu stellen«, sagt mir einer der Stellvertreter des Bosses im weißen Häuschen in Hanakuma. »Wenn es Sturm gibt, bieten große Bäume besseren Schutz.«

Feuerwaffen sind in Japan strengstens verboten. Kein Privatmann darf auch nur eine einfache Waffe besitzen, aus welchen Gründen auch immer. Die 520 000 Jagdwaffen im Land sind genauestens registriert und werden regelmäßig überprüft. Für einen Yakuza aber ist der Besitz einer Waffe Ehrensache. Sie ist – wie einst das Schwert der Samurai – Ausdruck seines Handwerks, seiner Macht. »Man muss sich nur einmal klarmachen, dass jeder der Gangster auf die eine oder andere Weise in den Besitz mindestens einer Pistole gelangt ist«, erzählt der Polizist aus Kobe.

Bis vor einigen Jahren war der einfachste Weg, sich eine Waffe auf den Philippinen zu besorgen. Um nun nicht wegen Schmuggels angeklagt zu werden, importieren die Yakuza keine Waffen mehr, sondern Waffenschmiede, vorzugsweise von der Insel Cebu, die jede beliebige Waffe in Handarbeit herzustellen vermögen. Im April dieses Jahres wurden vier von ihnen, lauter Filipinos, unter der Anklage, Waffen für Verbrecher zu produzieren, vor Gericht gestellt. Seit sie in Japan angekommen waren, hatten sie bereits 160 Pistolen und mehr als tausend Schuss Munition geliefert. Sie wurden zu fünf Jahren Gefängnis verurteilt. Die Yakuza aber, ihre »Arbeitgeber«, sind immer noch auf freiem Fuß.

Doch trotz dieses gut bestückten Arsenals setzen die Gangster Waffen nur selten ein, und dann vor allem gegeneinander. Selbst im Falle von blutigen Bandenkriegen scheinen sie das Menschenmögliche zu tun, keine normalen Bürger hineinzuziehen. Vor kurzem hielt eben hier in Kobe die Yamaguchi-gumi eine Pressekonferenz, wie jedes andere Unternehmen Japans dies auch getan hätte, um sich bei der Öffentlichkeit für die durch viele Schießereien verursachten »Unannehmlichkeiten« zu entschuldigen.

Wie jede andere soziale Gruppe Japans, so haben auch die Yakuza ihre Jahrestage, ihre Feste und ihren Schutzpatron. Wie jedes andere Unternehmen geben auch sie eine Zeitung heraus, *Asahi Geino*, mit Nachrichten, Klatsch, Verlobungs-, Ehe- und Sterbeanzeigen aus der Unterwelt.

In Japan trägt jeder eine Uniform, die seinen Beruf signalisiert. Dies gilt für den Straßenkehrer, den Angestellten der Telefongesellschaft, den Intellektuellen und den Studenten. Da wollen die Gangster natürlich nicht zurückstehen. Ein Yakuza, der respektiert werden möchte und in seinem Metier Erfolg haben will, muss schließlich von allen als solcher erkannt werden. Dies ist die eigentliche Bedeutung der Uniformität ihres Äußeren: auffällige farbige Anzüge, mit Dauerwelle gelockte Haare und das Bandenabzeichen im Knopfloch. Auch ein mit Tattoos von Frauen in Kimonos, Blumen und Drachen übersäter Körper ist wichtig, vor allem für die Yakuza der unteren Rangstufen. »Wenn ich irgendwo hingehe, knöpfe ich nur mein Hemd auf«, erzählt ein junger Gangster aus dem weißen Häuschen. »Die Tätowierung schüchtert die Leute ein. Dann muss ich gar nichts mehr tun. Sie wissen Bescheid.«

»Bescheid wissen« bedeutet, dass sie bezahlen, und sei es nur, um Aufsehen zu vermeiden. Japan ist ein Land, in dem die Tradition mehr gilt als das Gesetz, in dem die Menschen sich eher beugen, als ihre Rechte durchzusetzen, ein Land, in dem es als unehrenhaft gilt, vor Gericht zu gehen. Für die Yakuza ist all dies eine lukrative Quelle leicht verdienten Geldes. Ein Beispiel, das sich erst kürzlich zugetragen hat: Ein junger Gangster tut so, als habe er eine Tasche in einem Kaufhaus vergessen. Kurz darauf kommt er zurück, findet die Tasche wieder und behauptet, etwas sehr Wertvolles sei daraus verschwunden. Das Kaufhaus zahlt natürlich »eine Entschädigung«, um zu verhindern, dass seine Angestellten als Diebe bezeichnet werden. Ein anderes Beispiel: In Abashiri, einer kleinen Stadt auf Japans Nordinsel Hokkaido, entdecken die Yakuza, dass eine große Bank sich beim Kontoabschluss eines Kunden um 20 Yen geirrt hat. Nun werden die Yakuza monatelang immer wieder in der Bank vorstellig, bis man ihnen dort eine »Prämie« von mehreren Millionen Yen überreicht, um sich aus dieser peinlichen Situation zu befreien.

Nicht einmal ein großes Unternehmen wie die Fuji-Bank konnte sich dieser Form der Erpressung widersetzen. Die Bank zählt zu einem der sechs großen Firmenblöcke, die die Wirtschaft des ganzen Landes dominieren. Zu ihnen gehören 150 Unternehmen wie zum Beispiel Nissan, Hitachi, Canon und Marubeni, denen negative Pressemeldungen wirklich schaden würden. Als daher die Fuji Bank in New York große Verluste erlitt und eine Yakuza-Bande dahinter kam, erhielt diese von der Bank einen enormen Kredit ohne jede Sicherheit, nur um Aufsehen zu vermeiden. Die Bank wird das Geld natürlich nie wieder sehen, auch die zweite Tranche nicht, die sie einer anderen Bande bezahlen musste, damit diese die Transaktion mit der ersten Bande nicht publik machen würde. »Wir mussten bezahlen, weil wir ständig bedroht wurden«, erklärt der Sprecher der Fuji-Bank, ohne jedoch weitere Informationen zu geben.

Aus der Angst vor Negativschlagzeilen, vor dem »Gesichtsverlust«, wie dies hier bezeichnet wird, haben die Yakuza eine äußerst raffinierte und einträgliche Geschäftsidee entwickelt: Gemeint sind die *sogaya*, wörtlich »Provokateure«, auf den Hauptversammlungen der Aktionäre. Das Spiel ist ganz simpel: Die Gangster kaufen einige Aktien und wenden sich dann an den Vorstand der Firma mit der Drohung, auf der nächsten Aktionärsversammlung unbequeme Fragen zu stellen. Und die Gesellschaft zahlt, um Probleme zu vermeiden.

In den Augen des Durchschnittsjapaners sind die Yakuza keine Geißel, vor der man sich schützen sollte. Ganz im Gegenteil: »Es ist wichtig, wenigstens einen Yakuza zu kennen«, meint ein Taxifahrer in Kobe. »Man weiß nie, wann man sie mal braucht.« Er wandte sich an die Yakuza, als eine Versicherungsgesellschaft sich zu Unrecht weigerte, ihm seinen Unfallschaden zu ersetzen.

Und die Yakuza sind noch in manch anderer Hinsicht nützlich. Für die jungen Leute, die von der Universität abgehen und daher nicht die geringste Chance haben, bei einer der großen Firmen zu landen, stellen die Yakuza eine ernsthafte Alternative dar: für eine Karriere als Gangster natürlich. Die Koreaner, die seit Generationen in Japan leben und immer noch als Ausländer diskriminiert und marginalisiert werden, finden im Bandensystem die einzige Möglichkeit, es zu etwas zu bringen und in die Ränge der Macht aufzusteigen: Der aktuelle Boss einer der Osaka-Banden zum Beispiel ist Koreaner. Das Gleiche gilt für die *burakumin,* die »Unberührbaren« Japans, eine Gruppe von Menschen, die seit Jahrhunderten verachtet und in Ghettos gedrängt wird, weil sie in der traditionellen Gesellschaft Japans »unreine« Berufe ausübten wie Metzger oder Totengräber. Doch sobald sie den Reihen der Yakuza angehören, werden die *burakumin* geachtet wie alle anderen Bandenmitglieder. Daher stammen wenigstens ein Drittel aller Yakuza in dem Gebiet von Kobe und Osaka aus der Gruppe der *burakumin.*

All jenen, die mit dem gleichmacherischen Druck der japanischen Gesellschaft nicht zurechtkommen und so zu Parias werden, bieten die Yakuza eine letzte Möglichkeit der Integration. Es ist daher kein Zufall, dass die Banden sich »Familien« nennen und dass die Beziehungen im Innern nach diesem Modell organisiert sind. Der Boss ist der *oyabun,* der »Vater«, die Untergebenen nennt man *kobun,* die »Söhne«, ein hoch gestelltes Mitglied der Familie ist der »ältere Bruder«, der dem Neuen, dem »jüngeren Bruder«, zur Seite steht.

»Wie erklärt man sich, dass ein Mann, der den Befehl erhalten hat zu töten, dies tut, auch wenn er weiß, dass er dafür fünfzehn oder zwanzig Jahre ins Gefängnis wandern wird?«, fragt Yamanuchi, der Anwalt der Gangster. »Ganz einfach: Die Bande ist das ganze Leben des Yakuza.«

Der Eintritt in eine der Banden ist von einer feierlichen Zeremonie begleitet, die sich – wie fast alle Riten im Leben eines Gangsters – in einem der traditionellen japanischen Hotels abspielt. Die Bandenmitglieder tragen Kimono, der »Kandidat« normale Straßenkleidung.

Man trinkt gemeinsam aus kleinen Bechern Sake und Reiswein. Am Ende der Festlichkeit erhält der Neue seinen Kimono und das Bandenabzeichen. Häufig werden die frisch ernannten Gangster dann zu einem nächtlichen Bade- und Reinigungsritual in den

Fluss geschickt, der die dem Shintoismus heilige Stadt Ise durchquert.

Doch die wichtigste Festlichkeit der Yakuza ist die »Krönung« eines neuen Bosses, die tatsächlich abläuft wie eine Kaiserkrönung. Als Yoshinori Watanabe zum absoluten Oberhaupt der Yamaguchi-gumi gewählt wurde, zeichnete man die ganze Zeremonie auf Video auf. Bei der darauffolgenden Feier wurden 650 Videokassetten, in weiße, goldverzierte Seide gewickelt, an die Gäste verteilt – zur Erinnerung an das »glückliche Ereignis«.

Obwohl das Treiben der Yakuza offen unter den Augen der Japaner abläuft, sind sie wie der Kaiser, die Koreaner und die *burakumin* letztlich ein Tabu des Landes. Man spricht kaum über sie, man schreibt kaum über sie – außer zu folkloristischen oder propagandistischen Zwecken. Die bisher einzige ernst zu nehmende Studie über die Yakuza und ihre Rolle in der Gesellschaft wurde vor fünf Jahren von zwei Amerikanern verfasst. Seitdem haben zwanzig japanische Verlage eine Übersetzung angekündigt, doch gewagt hat es bislang noch keiner.

Wie man Japaner wird

Osaka, 1990

Der Markt von Kamagasaki öffnet um 5.30 Uhr morgens. Dort stehen Männer zum Kauf, die sich als Tagelöhner anbieten. 7000 Yen (35 Euro) für einen Wächter, 11 000 Yen (55 Euro) für einen Hilfsarbeiter und bis zu 20 000 Yen (100 Euro) für einen Arbeiter, der sich auf das Gerüst der im Bau befindlichen Wolkenkratzer wagt. Die Preise stehen auf den Scheiben der Kleinbusse unter der Eisenbahnbrücke. Junge Männer mit lockigem Haar, viele davon in paramilitärischer Uniform, schreien sie laut hinaus und wetteifern darin, aus der armseligen Menge auf diesem merkwürdigen Markt die Arbeiter auszuwählen, die noch am besten aussehen.

Einer der vielen Mythen Japans ist, dass hier Vollbeschäftigung herrscht und ein junger Japaner, wenn er erst einmal eine Anstellung bei einem Unternehmen gefunden hat, dort bis zur Pensionierung ein gesichertes Auskommen hat. Das stimmt nicht, aber der Mythos lebt. Der Großteil der Japaner hat keine lebenslange Arbeitsplatzgarantie, und viele müssen sich mit Zeitarbeit zufrieden geben.

In Osaka gibt es derzeit verschiedene Großbaustellen, unter anderem den neuen Flughafen, der auf einer künstlichen Insel in der Bucht realisiert werden soll. Arbeit gibt es daher genug für alle. Um sieben Uhr morgens, wenn der Markt von Kamagasaki schließt und die Kleinbusse mit ihrer Arbeiterfracht abfahren, bleibt nur noch eine Handvoll arbeitsloser Betrunkener übrig, die sich um ein paar offene Feuer aus Fahrradschläuchen scharen.

»In der japanischen Gesellschaft gibt es einen Mechanismus der Gewalt, der sich von oben nach unten fortsetzt. Diejenigen am Boden sind die Schwächsten, sie werden gnadenlos zerquetscht«, sagt mir der deutsche Missionar, der seit Jahren unter den 47 000 Einwohnern des Viertels tätig ist und versucht, hin und wieder jemandem vor dem sich ausbreitenden Alkoholismus zu retten. »Kamagasaki ist ein Ort, an dem sich die Zerbrochenen sammeln.«

Und zwar nicht der einzige. Jede große Stadt in Japan besitzt ein Viertel, in dem die schiffbrüchigen Reste, der Abfall dieser Gesellschaft angeschwemmt wird, die kein Mitleid kennt. In Kamagasaki trifft man Arbeitslose aus Bankrott gegangenen Industriezweigen (es gibt in Japan keine Arbeitslosenversicherung), junge Leute, die die Schule »gesteckt« haben, alte Menschen, die nichts zum Leben haben, und jene, die »sich in Luft aufgelöst haben« – ganz normale *sarari-man*, die eines Tages aus der Routine ausbrechen, nicht mehr im Büro erscheinen, nicht nach Hause kommen, in eine andere Stadt gehen und sich dort diesem merkwürdigen Stamm der »Obdachlosen« anschließen, der den Markt der Tagelöhner bedient.

»Komm nach Hause. Mama geht es schlecht!«, steht auf einem Pappschild mit dem Foto eines etwa Fünfzigjährigen, das an einem der Lichtmasten an der Hauptstraße von Kamagasaki befestigt ist. Solche und ähnliche Appelle hängen hier zu Dutzenden.

Das ganze Viertel wird von den Yakuza beherrscht. Für einen jungen Gangster, der sich noch seine Sporen verdienen muss, ist die Rekrutierung von Tagelöhnern ein lohnendes Betätigungsfeld. Die großen Firmen ordern eine bestimmte Anzahl von Männern. Und die Gangster sorgen dafür, dass sie zur Stelle sind. Für jeden Arbeiter, den die jungen Herren mit ihren Löckchen zur Baustelle bringen, erhalten sie eine »Anstellungsprämie«. Und natürlich entrichtet auch der Arbeiter noch seinen Obolus.

Die Yakuza, die in Vierteln wie diesem arbeiten, sind meist Yakuza in der »Probezeit« oder das Fußvolk kleinerer Banden. Auf dem Tagelöhnermarkt gibt es nicht mehr viel zu verdienen. Sehr viel einträglicher ist der Markt der illegalen Einwanderer, und der ist in Händen der großen Banden. Jeden Monat kommen Tausende von Filipinos, Koreanern, Singhalesen und Pakistani mit einem Touristenvisum nach Japan und bleiben als Arbeiter auf den Baustellen und in den Fabriken, auch wenn dieses längst abgelaufen ist. Das ist gegen das Gesetz. Die Arbeiter werden auf das Schlimmste ausgebeutet (viele erhalten nur ein Drittel des üblichen Lohns), doch die japanische Industrie hat einen hohen Bedarf an Arbeitskräften, und so drücken die Behörden ein Auge zu und lassen den kontinuierlichen Zustrom von Menschen ungehindert fließen.

Dabei halten sich bereits mehr als 100 000 »Illegale« in Japan auf. Und viele werden ihnen nachfolgen. Dafür sorgen schon die Yakuza. Die Gangster schicken ihre Anwerber in die verschiedenen asiatischen Länder. Die »Touristen« werden dann von den Gangstern abgeholt und an ihren Arbeitsplatz gebracht. Und wenn jemand versucht, das Geschäft zu stören, stehen ihre Rollkommandos bereit. Sobald ein unschuldiger junger Japaner, vielleicht Mitglied einer Menschenrechtsorganisation, es auch nur wagt, eine kleine Demonstration gegen die »Ausbeutung« der eingewanderten Arbeiter zu organisieren, wird sein Haus sofort von bedrohlichen, schwarzen Lastern umstellt, von denen japanische Fahnen flattern. Aus den Lautsprechern klingen dann Worte wie: »Raus! Du Verräter! Hast du keinen Respekt vor dem Vaterland?«

Die Yakuza haben schon längst entdeckt, dass der Ultranationalismus ein erstklassiger Deckmantel für ihre kriminellen Machenschaften ist. Eben unter diesem vaterländischen Mäntelchen gelang es ihnen, im Nachkriegsjapan ihre Macht entscheidend auszubauen. Die wachsende Popularität der Sozialisten und Kommunisten bereitete den amerikanischen Besatzern Japans zunehmend Sorgen, und so ergriffen sie Gegenmaßnahmen. Sie holten mehrere als Kriegsverbrecher verurteilte Führer der extremen Rechten aus dem Gefängnis und setzten sie im Kampf gegen den Kommunismus ein. Unter diesen Leuten waren auch Männer wie Yoshio Kodama, der mithilfe der Yakuza eine gewaltige Antigewerkschaftskampagne anleierte, mehrere Streiks brach und schließlich die Gründung der Liberaldemokratischen Partei finanzierte, die nun seit mehr als dreißig Jahren die Macht in Japan innehat.

Kodama ist tot, doch die Bande, die er zwischen der japanischen Rechten und den Yakuza knüpfte, sind auch heute noch sehr eng.

Tatsächlich gibt es zwischen den beiden Organisationen keine großen Unterschiede. Der Polizei zufolge kommen die rechtsextremen Organisationen auf 125 000 Mitglieder. Und das sind mehr oder weniger dieselben, die auch in den Listen der Yakuza stehen, die über 86 000 registrierte Mitglieder zählen. Zu ihnen gesellen sich aber noch die Gruppen der »Anwärter« und »Teilzeit-Banditen«. Erpressung und schwarzer Terror sind im heutigen Japan eins. Statt sich als Banditen zu präsentieren, die Schutzgeld eintreiben, besuchen die Yakuza – angetan mit paramilitärischen Uniformen der extremen Rechten – die Unternehmen und bitten um »Spenden« für die »Befreiung der nördlichen Territorien«, der vier südlichen Kurilischen Inseln, die Japan in den letzten Tagen des Krieges an die Sowjetunion verlor und die Tokio heute zurückverlangt. Wenn eine Firma nicht bezahlt, fahren die schwarzen Laster mit den Lautsprechern vor und beschuldigen lautstark den Vorstand des Unternehmens, wenig »patriotisch« zu sein. In einem Land, in dem es gilt, das »Gesicht« zu wahren, in dem man es für richtiger hält, dem Stärkeren nachzugeben, als um seine Rechte zu kämpfen, zahlen die Firmen lieber und halten still.

Firmen, die Geschäfte mit der Sowjetunion machen, sind solchen Angriffen natürlich besonders ausgesetzt. Banken, die Projekte in den sozialistischen Staaten finanzieren, bekommen schon mal Geschenkkörbe mit vergifteten Lebensmitteln, während ihre Direktoren offene Drohbriefe und -anrufe erhalten. Und die Drohungen der Rechten werden ernst genommen in einem Land, in dem der politische Terrorismus Tradition hat. In den dreißiger Jahren des 20. Jahrhunderts brachte eine Serie von Morden der nationalistischen Rechten das Militär an die Macht. Auch während der Nachkriegszeit gab es zahlreiche Attentate vonseiten der schwarzen Terroristen: So wurde 1960 der Generalsekretär der Sozialistischen Partei ermordet. Und erst kürzlich wurde ein Attentat auf den Bürgermeister von Nagasaki, Hitoshi Motoshima, verübt, nur weil er es gewagt hatte, darauf hinzuweisen, dass Kaiser Hirohito am Ausbruch des Zweiten Weltkriegs eine gewisse Mitschuld trägt.

»Er musste bestraft werden«, meinte sein Attentäter bei der Gerichtsverhandlung, der – wie sollte es auch anders sein? – gleichzeitig Yakuza und Mitglied einer rechtsextremistischen Organisation mit dem Namen »Die Schule des reinen Denkens« war. Den mutigen Motoshima hatte die Kugel in den Rücken nicht dazu gebracht, seine Meinung zu ändern. Sein Kollege in Hiroshima hingegen gab nach einer Reihe von Drohungen nach. Da das dem Abwurf der Atombombe gewidmete Museum der Stadt restauriert werden musste, hatte der Bürgermeister versprochen, einen weiteren Saal anzufügen, in dem die Ereignisse vor dem Fall der Bombe dargestellt und die Zahl der Opfer japanischer Aggression genannt werden sollten. Eine von den Rechtsnationalisten geführte Kampagne zwang ihn dazu, diesen Vorschlag öffentlich zu widerrufen. Und so werden die künftigen Besucher des Museums wie schon in den letzten vierzig Jahren weiterhin den Eindruck davontragen, die Japaner seien im Zweiten Weltkrieg die armen, angegriffenen Opfer gewesen und nicht die Aggressoren. Und genau das will die Rechte.

Yakuza und Ultranationalisten tun alles, damit die japanische Gesellschaft sie nicht vergisst. Fast jeden Tag fahren die Lastwagen der Rechten um die Mittagszeit durch das Zentrum Tokios. Am Sonntag kleiden einzelne Gruppen von Yakuza sich wie Soldaten und erweisen im Yasukuni-Schrein den Gefallenen für das Vaterland die Ehre. Wenn man Zeuge dieses Spektakels wird, dann meint man, allenfalls mit einer folkloristischen Randerscheinung zu tun zu haben. Mit ein paar Ewiggestrigen ohne Bezug zum Rest des Landes und von diesem ignoriert. Doch dieser Eindruck täuscht. In den Augen des Durchschnittsjapaners sind die Yakuza eine Art Volkshelden, romantische Gestalten, welche die Tradition der Samurai heraufbeschwören und die Werte des alten Japan verteidigen. Sie sind die Helden schwärmerischer Romane mit enormen Verkaufszahlen und vieler populärer Filme. Yakuza und Rechtsnationalisten erfreuen sich beträchtlicher politischer Protektion und haben daher einen nicht zu unterschätzenden Einfluss auf das Land.

Im Nagatacho-Viertel, nur wenige Schritte vom Parlament entfernt, steht das Palais Royal, ein beeindruckendes Gebäude, in dem die Büros einiger wichtiger Politiker der Liberaldemokratischen Partei (unter anderem auch das vom Vizeministerpräsidenten Shin Kanemaru), die der wichtigsten Yakuza-Banden und einiger rechtsnationaler Organisationen Tür an Tür liegen. Bis zu seinem Tod hielt Kodama die Fäden dieser unterschiedlichen Welten in der Hand, was ihn zu einem der einflussreichsten Männer des ganzen Landes gemacht hatte. Heute ist es sein Nachfolger Ryoichi Sasagawa. Auch er saß als Kriegsverbrecher der Klasse A im Gefängnis, auch er war von den Amerikanern wieder auf freien Fuß gesetzt worden, um sie bei ihrem antikommunistischen Feldzug zu unterstützen.

Sasagawa ist dank seines Wettmonopols auf Motorbootrennen heute einer der reichsten Männer Japans. Er ist der von den Ultranationalisten anerkannte Pate, der Einzige, der es schafft, in den hin und wieder ausbrechenden Bandenstreitigkeiten der Yakuza erfolgreich zu vermitteln. In den letzten Jahren hat Sasagawa seine Aktivitäten ein wenig »diversifiziert«. Er gibt vermehrt den Philanthropen, um seine Vergangenheit vergessen zu machen und seinen größten Traum zu realisieren: den Friedensnobelpreis zu erhalten. Zu diesem Zweck hat er eine Stiftung gegründet, die weltweit enorme Geldsummen an Einzelpersonen und Institutionen verteilt. Letzte Woche erst organisierte er in Tokio einen riesigen Kongress über Möglichkeiten der finanziellen Unterstützung von Entwicklungsländern. Auf seine Kosten wurden 250 Delegierte aus aller Herren Länder eingeladen. Um dem Ganzen einen intellektuellen Anstrich zu verleihen, versuchte Sasagawa mit Erfolg, den Club of Rome als Kosponsor zu gewinnen.

Wer erwartet, dass Japan auf Druck der internationalen Gemeinschaft hin die Yakuza etwas besser unter Kontrolle bringt, erliegt einer Illusion. Einer Illusion, der die japanische Polizei nicht aufsitzt. Auf der letzten Seite des jüngsten Berichts über die organisierte Kriminalität in Japan steht zu lesen: »Vom jetzigen Stand der Dinge ausgehend, erscheint es schwierig, wenn nicht unmöglich, die Organisationen der Gangster aufzulösen.« Aus diesen Zeilen ist deutlich herauszulesen, was mit dem »jetzigen Stand der Dinge« gemeint ist: die japanische Gesellschaft.

Mein alter Bandenchef »im Ruhestand«, dessen Kontakte mir diese Reise durch Japans Unterwelt ermöglichten, formulierte diesen Zusammenhang in etwas offeneren Worten: »Solange es in Japan einen Kaiser gibt, wird es auch die Yakuza geben.«

Als ich in Japan ankam, sagte mir ein Freund: »Bleib nicht länger als fünf Jahre. Danach wird's gefährlich. Wir Europäer verlieren hier nur zu leicht den Verstand.« Im Sommer 1990 stimmte *Der Spiegel* meiner »Versetzung« von Tokio nach Bangkok zu. Sobald ich den Umzug hinter mir hatte, rasierte ich mir den Schädel und machte mich – wie ein Pilger alter Zeiten – auf, der ältesten und prominentesten Gottheit des Landes die Ehre zu erweisen: dem Fujiyama.

Japan von oben

Daigo (Präfektur von Ibaragi), August 1990
Er ist der höchste, heiligste und schönste Berg Japans, und wenn man das Land von dem 3776 Meter hoch liegenden Gipfel betrachtet, umrahmt vom Funkeln des Meeres und dem flüchtigen Blau der weit entfernten Bergketten, dann erscheint es wirklich so wie in den Sagen und Legenden: großartig, uralt, unberührt, ewig – das Land der Götter.

Leider ist der Fuji nicht mehr das, was er einst war. Der Berg, der von weitem so stolz und kraftvoll aussieht, so bezaubernd und elegant, beeindruckt auf dem Gipfel nur noch durch seine Kleinheit und Verwundbarkeit, die schäbige Gewöhnlichkeit seiner Erscheinung: ein Aschehaufen, nicht mehr. Graue, rote, schwarze Asche, aber eben nur Asche, ohne die beruhigende Festigkeit des Felsens. Keine Spur von Heiligkeit, von Schönheit oder Magie.

Die dichten Rauchsäulen, die vom Rand des Kraters aufsteigen, kommen nicht etwa aus den schwefligen Eingeweiden des Vulkans. Sie stammen vielmehr von den stinkenden Abfallhaufen, die dort ständig verbrannt werden müssen ... Die sanfte Stimme der Frau, die mitten in der Nacht einsam auf dem Gipfel erklingt, ist nicht etwa die Stimme der barmherzigen Göttin, die der Sage zufolge dort oben wohnt. Nein, der Getränkeautomat ist es, der sich bei einem durstigen und schlaflosen Kunden bedankt, weil er ein Getränk gekauft hat. Die vielfarbigen Lichter dieses Automaten leuchten in der Dunkelheit heller als jeder Stern.

Jede der Stationen, an der man beim Aufstieg auf den Fuji Halt machen und die Welt betrachten kann, die sich immer weiter entfernt, hat einen überaus romantischen Namen – Heimstatt der weißen Wolken, Pavillon des ersten Lichts et cetera –, doch wenn man diese Orte verlässt, erinnert man sich nur an den durchdringenden Uringeruch, der alles einhüllt.

Jedes Jahr erklimmen fünfzehn Millionen Japaner den Fuji. Von diesen erreichen zwar nur 300 000 tatsächlich den Gipfel, doch nichtsdestotrotz scheinen alle auf dem Weg ihre Spuren zurücklassen zu wollen. Leere Dosen, Sauerstoffpatronen, gebrauchte Batterien, Sonnenmützen, Handtücher, alte Zeitungen und dazu noch die knallfarbigen Plastikbehälter mit den Resten aller Köstlichkeiten, die Japan herzustellen vermag, machen aus dem Berg eine Mülldeponie.

In regelmäßigen Abständen treffen wir auf die *torii*, shintoistische Torbögen aus Holz, die den Wanderer daran erinnern sollen, dass er sich ins Reich der Götter begibt. Die himmlischen Bewohner des Berges aber scheinen längst das Feld geräumt und es recht irdischen Spekulanten überlassen zu haben. »Kehr hier ein! Verbring die Nacht hier!«, rufen die wenig vertrauenswürdigen Marktschreier und versuchen, die Pilger in ihre primitiven Hütten zu locken. Sobald man auf dem Gipfel angekommen ist, ist die Übernachtung nur noch eine Frage des Preises: Für 5800 Yen erwirbt man das Recht, mit Hunderten anderer Menschen zusammengedrängt auf einer Plattform aus Holz zu nächtigen und um vier Uhr morgens brutal geweckt zu werden, um den Sonnenaufgang nicht zu verpassen.

Doch leider mag man das stets verblüffende alltägliche Schauspiel nicht so recht genießen, denn auf dem Gipfel des Fuji – dem Sonnenaltar schlechthin – wird die Magie des frühen Morgens vom hellen Licht der Scheinwerfer zerstört, die Stille der Natur vom Rumoren der Generatoren zunichte gemacht. Einige ältere Frauen knien sich hin, um die ersten goldenen Lichtstrahlen zu begrüßen, andere Besucher können damit weniger anfangen und betrachten das Schauspiel verstört durch den Rauch ihrer Zigaretten hindurch.

Was die Sonne auf dem Gipfel des Fuji jedoch unzweifelhaft zum Leben erweckt, ist das Höllenspektakel einer Art von Basar. Wie aus dem Nichts stehen plötzlich Stände vor uns, die warme Suppe anbieten, alkoholische Getränke und Postkarten. In dem kleinen Shinto-Tempel auf dem höchsten Punkt des Gipfels beginnen zwei junge Priester, ihr Monopol auszuüben. Nur sie dürfen – für 200 Yen, versteht sich – einen roten Stempel auf jedes mitgebrachte Andenken drücken, der beweist, dass der Betreffende den Fuji bestiegen hat. Im großen Tempel ein wenig weiter unten öffnet sich der Supermarkt der Amulette und Glücksbringer; und schon verwandelt sich der kahle Weg am Krater entlang zum brodelnden Hauptsträßchen eines japanischen Dorfes, in dem es wirklich alles zu kaufen gibt und in dem alles, was mit diesem heiligen Berg zu tun hat, zum billigen Souvenir verkommt.

Aber war der Fuji nicht sogar mehr als nur ein Berg? War er nicht das Symbol, die Quintessenz von Japan selbst? War der Fuji nicht Teil der japanischen Seele? War er nicht – zusammen mit dem Kaiser – die Wurzel der japanischen Identität? Der eigentliche Grund, weshalb die Japaner sich als Japaner fühlen?

Früher einmal muss das so gewesen sein. Jahrhundertelang war der Fuji in den Augen der Japaner der Wohnsitz ihrer Götter, der Ort, an dem ihre Legenden spielten, Maß für jede Art von Schönheit. »Nichts hat auf die japanische Mentalität so einen beherrschenden Einfluss ausgeübt wie der Fuji«, schrieb vor einem halben Jahrhundert der Essayist Okakura. Maler und Dichter haben ihr Talent an ihm gemessen, indem sie versuchten, die kaum fassbare Realität des Berges darzustellen. Einige davon sogar mit Humor:

> Irgendwie
> war es lustig,
> den Fuji
> vor lauter Nebel und Regen nicht zu sehen.

Dies schrieb vor mehr als 300 Jahren Basho, der Dante Japans, der große Meister des Haiku-Gedichts.

Der Fuji war für die Einwohner des japanischen Archipels Spiegel ihrer ganz besonderen Beziehung zur Natur. Diesem Berg begegneten sie mit Achtung, ja Frömmigkeit. Aus diesem Gefühl heraus entstand die ursprüngliche Religion Japans, der Shintoismus, in dem jede Kraft der Natur, die der Mensch als überlegen wahrnimmt, zu einem Gott, einem *kami* wird. Die Sonne aber ist der Ursprung aller *kami* und die Mutter der Japaner selbst. In diesem Götterreigen war der Fuji der Beschützer Japans, der über sein Schicksal wachte:

> Die Wolken am Himmel
> halten ehrerbietig inne.
> Ein Schatz den Sterblichen,
> ein göttliches Auge über Japan.

Das schrieb Tachibana no Moroe im Jahr 757 n. Chr. in einem Gedicht über den Fuji, das seitdem jedes japanische Schulkind auswendig lernen musste.

Der Aufstieg auf den Fuji vertrieb in den Augen der Japaner alle Furcht und half dem Menschen, neue Kräfte zu gewinnen. *Rokkon shojo* intonieren die Pilger dabei seit Jahrhunderten, wenn sie in einfachen weißen Gewändern und Sandalen die aschebedeckten Hänge erklimmen: »Mögen die sechs Seelen meines Leibes wieder rein werden.« In der Hand tragen sie einen achtfach facettierten Stock und eine Glocke, deren Klang die Litanei begleitet: *rokkon shojo*.

Pferde durften früher keinen Fuß auf den Berg setzen. Frauen auch nicht.* Der Aufstieg war in zehn Etappen unterteilt. An den zehn Stationen hielt der Pilger an, um sich auszuruhen und zu beten. Der Shinto-Tempel auf dem Gipfel war der Göttin des Berges

---

* Die erste Frau, die 1867 den Fuji erstieg, war – so heißt es – die Frau eines englischen Diplomaten, Lady Parkes. Der erste Ausländer auf dem Fuji war ebenfalls ein Engländer: Rutherford Alcock, 1860.

gewidmet, einer weiblichen Gestalt, deren Name übersetzt »Die, die Knospen der Bäume aufspringen lässt« hieß.

Im Licht der aufgehenden Sonne auf dem Fuji beten zu können war für jeden Japaner ein Glück, ein Sühneopfer, das die Götter versöhnlich stimmte. Sogar wenn man nur vom Fuji träumte, galt dies als Glück verheißendes Zeichen. Der Fuji war der Tempel des tiefsten Glaubens der Japaner, eine Präsenz, die wie in einem Spiegel ihre innersten Leidenschaften nach außen verkörperte:

> Wirf deinen Wolkenschleier ab
> und zeig mir, o zeig mir
> deine weiße, deine reine Haut.

Die Worte schrieb ein Zen-Maler in weißer Kreide auf sein berühmtes Bild vom Fuji.

Jedes Dorf, von dem aus man den Fuji sehen konnte, hatte seinen Fujitempel. Die Provinzen aber, denen der Anblick des heiligen Berges verwehrt war, tauften ihren höchsten Berg ebenfalls Fuji. Überall in Japan gab es Tempel, die in ihrem Tempelbezirk Nachbildungen des heiligen Berges errichten ließen. Einige davon waren höher als ein Haus, damit die Menschen sich einen Begriff von der heiligen Pilgerfahrt machen konnten.

Die Fremden, die sich auf die Suche nach dem Wesen der japanischen Seele machten, zogen aus der Tatsache, dass dieses Volk einen Berg verehrte, und zwar hauptsächlich seiner vollkommenen Symmetrie halber, den Schluss, dass in Japan die Form immer mehr zählte als der Inhalt, die Emotion mehr als das Prinzip. Einige nahmen die Verehrung des Fuji gar als Beweis für die spirituelle Leere im Zentrum dieses Landes. »Den wahren Kern zu suchen ist wie das Schälen einer Zwiebel«, hieß es unter den Fremden, die Anfang des 20. Jahrhunderts in Japan lebten. »Man schält und schält, und am Ende hat man nur die Schalen in der Hand.«

Dasselbe könnte man vom Fuji sagen. Auf dem Gipfel des Berges, den in den letzten Jahrhunderten sicher Millionen von Japanern erklommen haben, findet sich nur ein leerer Krater, in dem die Menschen mit weißen Steinchen auf schwarzer Asche die Ideogramme ihres Namens legen ... oder der Firma, für die sie arbeiten. Der Krater hat einen Durchmesser von etwa 500 Metern und ist zirka 250 Meter tief. Seine acht Erhebungen besucht zu haben und von den östlich gelegenen aus den Sonnenaufgang zu betrachten ist das höchste Streben jeder Pilgerfahrt.

Heute aber ist es schöner, von einem der westlichen Gipfel aus den Sonnenuntergang zu sehen. Wenn dort das Licht des Tages erlischt und Meer, Bergketten und schließlich den Fuji selbst mit sich in die Dunkelheit reißt, während die Pilger sich immer noch verzweifelt abmühen, spürt man den Geruch des Todes. Und der Tod ist es vielleicht, den die Japaner immer schon am Fuji verspürt haben, ihrem Vulkan.

Die Japaner sind seit jeher vom Tod fasziniert. Im Laufe ihrer Geschichte haben sie sich immer wieder damit auseinandergesetzt. Ihre Schwerter sind vermutlich der höchste Ausdruck ihrer Kunstfertigkeit, ihre meistverehrten Helden sind gefallene Krieger. Die besondere Beziehung dieses Volkes zum Fuji speist sich wohl auch aus dieser Sehnsucht nach dem Tod, an den der instabile Vulkan es immer wieder erinnert. Es ist kein Zufall, dass der Fuji in der japanischen Mythologie das Tor zum Jenseits ist. Nicht umsonst gilt es jedem Japaner als höchstes Glück, mit Blick auf den Fuji zu sterben. Und die Beziehung zwischen dem Fuji und dem Tod ist auch heute noch aktuell.

»Denk an deine Eltern. Denk an die Menschen, die du liebst. Leben ist ein kostbares Gut ... Informiere die Polizei, bevor du weitergehst.« Kleine Schilder säumen den Weg zum Aokigamori, dem »Wald des blauen Holzes« am Fuße des Fuji, besser bekannt als »Wald der Selbstmörder«. Von überallher kommen die Japaner, um sich im Schatten des heiligen Berges zu töten. Hin und wieder ist die Polizei sogar gezwungen, den Wald mit Freiwilligen nach Leichen zu durchkämmen.

Vor kurzem erst hat der große Regisseur Akira Kurosawa die

schwarzsandigen Hänge des Fuji für seine japanische Fassung des King Lear ausgewählt. Dort verliert der Held seinen Verstand. Und die letzte Schlacht in seinem filmischen Epos »Ran« findet ebenfalls am Fuji statt. Einer der Bestseller der letzten Zeit, der sich sieben Jahre lang auf der Liste der meistverkauften Bücher hielt, heißt *Das Ende Japans* und beginnt mit einem Ausbruch des Fuji.

Vor hundert Jahren kam zu den klassischen Symbolwerten des Fuji noch ein weiterer hinzu: Er stand für die japanische Einzigartigkeit. Etwa zu dieser Zeit fand Japans kulturelle Auseinandersetzung mit den Westmächten statt. Und Japan entschied sich, einen großen Teil seiner eigenen Traditionen aufzugeben, entschied, dass japanische Geschichte, Kultur und Gewohnheiten nicht mehr zählten, weil aus Japan ein neues und modernes Land werden sollte. So blieb den Japanern nur noch die Natur, auf die sie stolz sein konnten und durch die sie sich von den Abendländern unterschieden. Nun definierte man Japans Natur als »einzigartig« und machte den Fuji zum Symbol der Einzigartigkeit und Überlegenheit dieses Volkes.

Jetzt war das Ersteigen des Fuji nicht mehr nur Pilgerfahrt, sondern auch ein höchst patriotisches Unternehmen. Die Pilger trugen nicht mehr bloß den Stab mit den zwei Glöckchen mit sich, sondern auch die Fahne mit der aufgehenden Sonne. Der Tenno, der »alleinige, einzige« Kaiser, und der Fuji, der »alleinige, einzige« Berg, gaben dem Gefühl der Japaner, eine Nation von Göttern zu sein, einen politischen Anstrich. Bilder vom Kaiser und vom Fujiyama wurden in ganz Japan verteilt, und der Kult um den Tenno wuchs im selben Maße wie der Kult um den Berg. Die Nähe des Fuji war für Japan eine Quelle der Kraft und des Nationalstolzes. Die kaiserliche Armee richtete zu Füßen des Berges eines ihrer Trainingslager ein. Und Hirohito selbst erklomm 1923 den Berg noch als Kronprinz.

Nach dem Krieg ließen die neuen »Krieger« Japans sich im schützenden und stärkenden Schatten des Berges nieder. Inaba war der Erste, der dort eine Fabrik baute: seine außergewöhnlichen gelben Hallen, in denen Roboter 24 Stunden am Tag andere Roboter herstellen. Einige Vorreiterindustrien und Forschungslabors für neue

Technologien folgten. Mitglieder der extremen Rechten errichteten ein Denkmal für General Tojo und andere Kriegsverbrecher, die von den Amerikanern aufgehängt worden waren. Die nationalistisch-buddhistische Sokagakkai-Schule begründete einen Friedhof mit 50 000 Grabstellen für ihre Anhänger. Und noch heute gehören das Hinomaru-Banner mit der roten Sonne im Zentrum oder das Kyoku-Gitsuki-Banner mit den explodierenden Sonnenstrahlen zur Standardausrüstung all jener, die den Aufstieg wagen.

Heute aber hat der Aufstieg auf den Fuji – wie so viele andere Traditionen Japans – viel vom ursprünglichen Symbolgehalt verloren und ist schlichtweg zu einer Enttäuschung geworden. Die Ernüchterung beginnt schon am Fuße des Fuji. Die ersten fünf der klassischen Pilgerstationen sind bereits verschwunden. Eine Art Straße schlängelt sich den Berg hinauf, und Tausende von Autofahrern ersparen sich die erste Hälfte des Aufstiegs. Kommt die Blechkolonne zum Stillstand, tönt es aus zwischen Pinien verborgenen Lautsprechern, die Fahrer möchten doch bitte zurücksetzen. Die Hälfte der Bäume ist übrigens bereits abgestorben – wegen der Abgase.

Ab der fünften Station geht es dann zu Fuß weiter. Der Weg ist mit Seilen und Ketten markiert, gesäumt von zahllosen Hinweistäfelchen, die den Pilger vor Steinschlag und anderen Gefahren warnen, die ihn außerhalb der markierten Piste erwarten. Andere Schilder gratulieren uns zu der Wegstrecke, die wir bereits zurückgelegt haben, und machen Mut für den Rest. Manchmal ist die Zahl der »Bergsteiger« so groß, dass man das Gefühl hat, zur Stoßzeit in der U-Bahn zu sein und nicht an den Hängen eines Berges. Zu Tausenden erklimmen die Japaner ihren Berg, ein Fegefeuer aus Hitze und Staub durchquerend: in Reih und Glied und diszipliniert, ohne die geringste Vorstellung, warum sie eigentlich diesen Aufstieg unternehmen.

»Warum besteigen Sie den Fuji?«, fragte eine japanische Fernsehjournalistin die schwitzenden Kletterer. »Weil er eben da ist« und »Weil alle es tun« waren die häufigsten Antworten. Für viele Japaner ist der Fuji einfach der Ort geworden, an dem man noch Rekorde aufstellen kann (der älteste Mann, der je den Gipfel erstieg; der Mann, der die schwerste oder seltsamste Last auf den Berg trug). So wird der Fuji häufig zum Schauplatz sinnloser Rituale. Die neueste Mode unter den jüngeren Gipfelstürmern ist es zum Beispiel, ein Fahrrad auf den Schultern zur Bergspitze hinaufzuschleppen.

Außerdem ist der Fuji mittlerweile zur Marke geworden. Es gibt eine Fuji-Bank, eine Fuji-Fernsehkette, und Tausende von Produkten werben mit seinem Bild: vom Eis am Stiel bis zum Dieselmotor. Lokale aller Art schmücken sich mit seinem Namen, von der Bowlingbahn bis zum Bordell. Die wirtschaftliche Ausbeutung eines Namens, der einst heilig war, scheint niemanden zu stören.

Sogar die Schriftzeichen, mit denen der Berg bezeichnet wird, haben sich verändert. Früher wurde *Fu ji* mit zwei Zeichen geschrieben, die bedeuteten »Es gibt keinen Zweiten« und »unsterblich«. Heute schreibt man ihn immer noch mit zwei Zeichen, doch inzwischen benutzt man dafür die Zeichen für »Reichtum«.

»Der Fuji lebt«, meinen die japanischen Wissenschaftler, die den Berg unter die 78 aktiven Vulkane Japans einstufen. Wissenschaftlich gesehen mag dieser Satz zutreffen, auch wenn der Fuji 1707 zum letzten Mal ausbrach. Doch ist die Magie des Berges erloschen, und die Japaner, die ihn heute noch besteigen, sind in gewisser Weise die Akteure eines traurigen Massenrituals: des Begräbnisses der japanischen Kultur, die sich einst den Fuji zum Symbol gewählt hatte.

Auf einer alten Illustration sitzt eine winzige Schnecke zu Füßen des gewaltigen Berges. Darunter steht geschrieben: »Mit Entschlossenheit erreicht auch ein kleines Wesen sein Ziel.« Und genau das haben die Japaner in den letzten hundert Jahren getan. Mit einer unglaublichen Entschiedenheit sind sie, getragen von ihrer fast stammesartigen Geschlossenheit, vorwärts marschiert. Sie haben sich bis zum Gipfel durchgekämpft, sind reich und modern geworden. Doch diesen Erfolg haben sie teuer bezahlt. Sie haben den Kontakt mit jener Kraft verloren, die seit Jahrhunderten die Grundlage ihrer Kunst, ihrer Literatur, ihrer Religion und damit letztlich ihrer Identität ist: der Natur.

Und wenn man mit ihnen zusammen den Fuji besteigt, erkennt man unweigerlich, welch schrecklichen Verlust die Japaner sich selbst beschert haben. Der Aufstieg, ob er nun fünf oder zehn Stunden dauert, hat nichts mehr von der Begegnung mit der Wildnis, vom Einssein mit der Natur. Er ist zur Übung im *modern living* verkommen, wie die Japaner ihren neuen Lebensstil so gerne nennen. Der Berggipfel ist nicht mehr Altar der Sonne und der Naturkräfte, sondern ein getreues Spiegelbild dessen, was jeder von uns hinter sich gelassen hat: der unnatürliche Kosmos der großen Städte. Der Wanderer entdeckt entzückt, dass es auch hier ein Postamt gibt, dass ganze Armeen der üblichen grünen Telefonzellen darauf warten, dass man sich anstellt, um jemanden vom »höchstgelegenen Fernsprecher des Landes« aus anzurufen. Andere Bergtouristen haben ein Radio mitgebracht und fahren nun die lange Antenne aus, um dessen Gedudel mit den Kakophonien des Basars hinter uns zu verschmelzen. Der weiße Ballon der Wetterstation und der gewaltige Bagger, der davor parkt, sind die beliebtesten Motive für das Erinnerungsfoto.

Dieselben Japaner, die jahrhundertelang in vollkommener Harmonie mit der Natur lebten, die sich von ihren Kräften erschrecken und bezaubern ließen, scheinen nun, wo sie den höchsten Stand der Technologie erreicht haben, jeden Respekt vor ihr zu verlieren. Von Anbetern der Natur haben sie sich zu Zerstörern gewandelt. In ihrem eigenen Land wie in fremden.

Ein großer Teil der japanischen Tierwelt ist vom Aussterben bedroht. Fast alle Flüsse verlaufen heute im Betonbett. Mehr als die Hälfte der japanischen Küste wird durch Wellenbrecher aus Beton verschandelt. In die großen, unberührten Wälder fressen sich die Motorsägen japanischer Gesellschaften, die Tiefen des Meeres werden von sogenannten »Todesnetzen« leer gefischt. Umweltschützer haben Japan den Ehrentitel »Erzfeind der Natur« verliehen. Und die Folgen dieses Raubbaus beschränken sich keineswegs nur auf die Natur.

Schon vor mehr als hundert Jahren hat eine der vielen geistigen

Größen Japans, Nyozekan Hasegawa, erkannt, welche Gefahren der Fortschritt barg, dem Japan so eifrig hinterherjagte. »Die Unfähigkeit des modernen Japaners, die Natur richtig zu schätzen, lässt vermuten, dass unsere Kultur bald nicht mehr schöpferisch zu sein vermag«, schrieb er. Seine Befürchtungen waren berechtigt.

Die zeitgenössische Jagd nach Profit und materiellen Gütern bedroht den Fuji mit einer neuen Welle der Zerstörung. In den letzten drei Jahren haben sich die Grundstückspreise zu Füßen des Berges verdreifacht. Die alten Bauern wurden von ihren Reisfeldern verjagt, 20 Prozent der Wälder rund um den Berg wurden bereits von den verschiedensten Spekulanten erworben – für Golfplätze, die, wie wir mittlerweile alle wissen, kräftig zur Umweltzerstörung beitragen. Und die Spekulanten richten ihren gierigen Blick mittlerweile auch auf den Berg selbst. Angeblich ist eine Seilbahn geplant, die Skifahrer bis auf den höchsten Gipfel des Fuji trägt, dorthin, wo ewiger Schnee herrscht.

Im Moment ist der Widerstand gegen dieses Projekt groß, doch früher oder später wird das Profitstreben wohl den Sieg davontragen. Der letzte *tori* des Berges, der Holztorbogen, der dem Wanderer verkündet, dass er sein heiliges Ziel erreicht hat, ist von Münzen bedeckt. Die Japaner sagen, das sei hier wie an der Fontana di Trevi. Man lasse die Münzen zurück, um wiederzukommen. Trotzdem kann man sich des Eindrucks nicht erwehren, dass der Gott des Geldes es geschafft hat, sich auch im höchstgelegenen Heiligtum des Landes einzunisten.

Entweiht, gesichtslos und von Müll bedeckt, scheint der Fuji heute für die zerstörerische Kraft des modernen Japan und seinen spirituellen Abstieg zu stehen. Doch dieses Schicksal schien sich schon im Namen des Berges anzudeuten. Das Wort »Fuji« ist nicht japanisch. Es stammt aus der Sprache der Ainu*, der ursprünglichen Bewohner dieses Eilands, die von den Japanern fast ganz ausgerottet wurden.

---

* In der Sprache der Ainu bedeutet Fuji »Göttin des Feuers«.

Ist das Los der Japaner nicht seltsam? Von allen Völkern sind sie vielleicht die Einzigen, die als Symbol ihrer Kultur ein Stück Natur gewählt haben. Anders als die Chinesen mit ihrer Großen Mauer oder die Ägypter mit ihren Pyramiden haben sie ihr Schicksal an einen Vulkan gebunden. Welche Ironie bei einem Volk, dessen Menschen sich heute so gern als große Macher sehen.

Noch ironischer ist allerdings die Tatsache, dass der Fuji seine Symbolkraft gerade seiner Form verdankt, die heute jedoch gefährdet ist.

> Vollendet unter den Strahlen der Sonne,
> Vollendet unter Wolken und Regen,
> Unwandelbar ist die Form des Fuji.

So sagten die Alten. Die Legende berichtet, dass jedes Sandkorn, das von den Pilgern im Laufe des Tages weggetragen wird, wie durch ein Wunder nachts zum Berg zurückkehrt, damit der Berg sich nicht verändere. Dies zumindest stimmt heute nicht mehr. Der Berg verliert jedes Jahr 200 000 Kubikmeter Sand und Lava, die nicht ersetzt werden. Die berühmte Kegelform des Fuji, von der es einst hieß, sie sei »so stabil wie das politische System des Landes«, verändert sich aufgrund von Erosionen und Erdrutschen nur allzu schnell. Doch die Japaner wissen auch dagegen ein Mittel: Man plant, den Gipfel mit einer Betonmanschette zu umgeben. Dann sähe der Berg zumindest aus der Ferne aus wie in früheren Jahrhunderten.

Sie machen vor nichts Halt, diese Japaner! Nun, wo sie »modern« geworden sind und den Glauben in ihre abertausend Götter verloren haben, scheint ihnen nichts mehr heilig zu sein. Vor kurzem erst meinte ein Student bei einer öffentlichen Diskussion an der Universität: »Die Luft? Macht doch nichts, wenn sie weniger wird oder verschmutzt ist. Dann erzeugen wir sie eben künstlich.« Niemand stellte die Frage, ob ein Leben in dieser künstlichen Luft denn noch der Mühe wert wäre. Das sind Fragen, die man hier nicht stellt.

Anfang des 20. Jahrhunderts waren die Japaner so stolz auf ihre gelungene Modernisierung, dass das Sprichwort umging, Japan habe in zwei Jahrzehnten geschafft, wozu der Westen zwei Jahrhunderte gebraucht habe. Ihr aktueller wirtschaftlicher Erfolg hat eine ähnliche Arroganz zur Folge. Ihr Geschick im Lernen, im Kopieren, im Anpassen und Verbessern aller möglichen Erfindungen macht sie glauben, sie seien die erste Garde der Zukunft. Sie sehen sich als Synthese des modernen Menschen, als Modell, das andere Völker tunlichst nachahmen sollten. Ihrer Ansicht nach ist der »Homo japonicus« der Mensch von morgen.

Ihre Energie speist sich aus ihrem sozialen Zusammenhalt und ihrer Entschlossenheit, die jener der kleinen Schnecke auf der alten Illustration so sehr ähnelt.

Wenn man bei Sonnenaufgang auf dem Fuji steht und hinunterblickt, sieht man sie kommen, kommen, kommen. Mit ihren Lampions erinnern sie an einen Schwarm Glühwürmchen. Sie krabbeln über die Lava und über die Müllberge, beladen mit ihren Utensilien, Rucksäcken, Radiogeräten, Glöckchen und Zelten, ihrem elektronischen Schnickschnack, ihren Fahrrädern und ihren Fahnen, im Vollgefühl ihres kollektiven Japanischseins, zufrieden, etwas zu tun, was auch die anderen tun.

Haben wir also das Rätsel Japan gelöst, indem wir es von oben betrachtet haben? Sicher nicht. Aber wir haben zumindest die Einsicht gewonnen, dass dieses Land nicht mehr ist, als es zu sein scheint, und dass es, wie der Fuji, groß nur wirkt, wenn man es aus der Ferne betrachtet.

Ich hatte als neuen Standort Thailand gewählt, weil ich nach fünf Jahren aseptischer, effizienter und kalter Modernität in Japan große Sehnsucht nach den Düften und Farben der chaotischen, warmen Menschlichkeit im tropischen Asien hatte. Das baufällige Haus, das wir dort bezogen, war das schönste unseres Lebens. Es war ganz aus Holz und stand auf Pfählen über einem Tümpel, in dem eine uralte, riesengroße Schildkröte lebte. Bevor mein Name noch auf der Liste der akkreditierten Berichterstatter auftauchte, beantragte ich ein einfaches Touristenvisum nach Birma.

Birma: Tote ohne Blumengruß

Rangun, Januar 1991

Wie alle Diktaturen sieht auch die birmanische Journalisten nicht besonders gern. Und so fällt mir in der einzigen Tageszeitung, die hier gedruckt wird und die man mir mit dem Schlüssel für mein Zimmer im Strand Hotel aushändigt, sofort der Leitartikel ins Auge. Er prangert die Fehlinformationen an, die »von gewissen Auslandskorrespondenten in Umlauf gebracht werden, die sich unter falschem Namen ins Land schleichen und denen das Volk auf die Spur kommen muss«. Ich bin einer von ihnen. Um ein Visum zu erhalten, habe ich einen anderen Beruf angegeben. Um mit einer Touristengruppe reisen zu können, musste ich eine horrende Summe bezahlen. Und sobald ich hier war, habe ich mir mit ein paar Dollar hier, ein paar Dollar da ein wenig Bewegungsfreiheit erkauft. Dies verdanke ich vor allem den normalen Birmanen, die alles andere im Sinn hatten, als mich zu denunzieren. Und so versuche ich, einen Blick hinter die Fassade von Ordnung und Sauberkeit zu werfen, welche die Militärdiktatur errichtet, um die Welt hinters Licht zu führen.

Rangun ist ein typisches Beispiel für den Budenzauber, der die Touristen blenden soll. Die Fassaden der öffentlichen Gebäude im Kolonialstil und die verfallenden Vorderseiten der Privathäuser haben erst kürzlich einen neuen Anstrich erhalten, um die Schimmelspuren der Zeit und die Einschlaglöcher der Kugeln zu verbergen. Die Senkgruben wurden geleert, die Löcher in den Straßen mit Teer gefüllt. In den Parks der Stadt versprühen neue Brunnen fröhlich ihre Wasserfontänen. Abends, wenn ein Heer von Sternen und Vögeln den klaren Himmel füllt, schweben die eleganten Silhouetten der Pagoden über der Stadt. Eine ruhige, eine faszinierende Stadt? Die Hauptstadt eines Landes, das in Frieden mit sich selbst lebt? Weit gefehlt.

Wut und Angst sind überall spürbar. Ein paar Fragen nur, und man erfährt, dass die Menschen sich verschulden mussten, um ihre Häuser – wie von der Regierung gewünscht – zu streichen. Dass das Wasser, das aus den Brunnen aufsteigt, jetzt in zwei Krankenhäusern im Zentrum fehlt. Dass das Licht für die Beleuchtung der Pagoden die Energieversorgung der Hauptstadt gefährdet, die immer häufiger von Stromausfällen geplagt wird. Zu den Innovationen, deren sich die Diktatur so sehr rühmt, gehören die Überführungen, die über den wichtigsten Hauptstraßen im Zentrum gebaut wurden. Und jeder Birmane weist mich auf den weniger offensichtlichen, dafür aber umso beunruhigenderen Aspekt dieser Konstruktionen hin: »Von dort oben können die Soldaten besser auf die Demonstranten schießen als von den Dächern.«

Im September 1988 marschierten die Birmanen zu Hunderttausenden durch die Hauptstraßen Ranguns und forderten Freiheit und Demokratie. Die Demonstrationen wurden im Blut ertränkt. Man errichtete entlang jener Straßen einen hohen Drahtverhau und an den wichtigsten Kreuzungen kleine Türme, mit deren Schießscharten man alle Aufmarschrichtungen im Visier hatte. Wer es nun noch wagt, auf die Straße zu gehen, bezahlt sicher mit seinem Leben. Demonstranten wären praktisch wie in einem Tunnel gefangen, direkt dem Feuer der Maschinengewehre preisgegeben.

Angst ist ein klassisches Herrschaftsinstrument, und das birmanische Militär tut alles, damit diese Angst in den Köpfen der Menschen nicht erlischt. Tag und Nacht fahren Militärlastwagen durch das Stadtzentrum, die Soldaten tragen die MP im Anschlag. Auch vor den Pagoden und Klöstern halten Soldaten mit schussbereitem Gewehr Wache. Die Universität von Rangun ist seit drei Jahren geschlossen und aktuell vom Militär besetzt. Das Haus, in dem seit dem Juli 1989 Aung San Suu Kyi, die Heldin des Kampfes für die Demokratie, unter Hausarrest und ohne jeden Kontakt zur Außenwelt lebt, ist von Truppen in Kampfanzügen umstellt.* Schon 50 Meter vor dem Haus warnt ein Schild: »Durchgang verboten«. Doch es versucht ohnehin niemand. Auch das formvollendete Parlamentsgebäude wurde erst kürzlich weiß gestrichen. Es liegt still und verlassen inmitten eines Parks, in dem es von Waffen und Uniformen nur so wimmelt. Und dass die 485 Abgeordneten, die das birmanische Volk in freien Wahlen letztes Jahr gewählt hat, sich dort bald versammeln werden, ist ziemlich unwahrscheinlich.

Die Militärs selbst sagten diese Wahlen zu, als sie im September 1988 durch einen Staatsstreich an die Macht kamen. Da ihnen das Ergebnis jedoch missfiel (82 Prozent der Bevölkerung wählten die Nationale Liga für Demokratie, die Partei von Aung San Suu Kyi), weigerten sich die Generäle einfach, das Parlament einzuberufen. Die Generäle des SLORC (State Law and Order Restauration Council) – wie die Junta sich nennt – haben nicht die Absicht, die Führung des Landes einer Zivilregierung zu überlassen. Ganz im Gegenteil. In den zwei Jahren seit ihrer Machtergreifung taten sie alles, um ihre Gegner kaltzustellen. Im Nachhinein ist festzustellen, dass sogar die Wahlen selbst nur diesem Zweck dienten. Die Fotos und Videos, die während der Demonstrationen und der Wahlveranstaltungen der Nationalen Liga für Demokratie aufgenommen wurden, dienten dazu, in jedem Dorf und jeder Stadt des Landes die Führer der Demokratiebewegung auszumachen, um sie danach zu eliminieren. Tausende von Studenten kamen ins Gefängnis oder ins Arbeitslager, Hunderte sind einfach verschwunden. Die frisch gewählten Abgeordneten wurden vom Militär einzeln vorgeladen und mit Drohungen und Erpressung dazu gezwungen, ein Dokument zu un-

---

* In diesem Haus lebt Aung San Suu Kyi, die mittlerweile mit dem Friedensnobelpreis ausgezeichnet wurde, auch heute – immer noch unter Hausarrest.

terzeichnen, in dem sie die Oberhoheit des SLORC anerkennen. Wer nicht unterschrieben hat, wanderte ins Gefängnis. Zehn von ihnen gelang es, vorher nach Thailand zu fliehen. Dort gründeten sie eine Exilregierung, die jedoch kein Land der Welt anerkennt.

Amnesty International spricht in seinem letzten Bericht über die Situation in Birma von »Massenhinrichtungen, weit verbreiteter Folter und unerklärlichen Todesfällen unter den Gefangenen«. Trotzdem taten die Länder der Europäischen Gemeinschaft nicht mehr, als die Beziehungen zu Rangun auf Eis zu legen und die Finanzhilfen für Birma einzufrieren. Und auch dies wird nicht allzu lange andauern. Mit der Zeit wächst der Druck vonseiten derer, die die Zusammenarbeit und vor allem den Handel wieder aufnehmen wollen.

»Die Militärregierung ist nicht legitimiert«, sagt ein westlicher Diplomat zu mir, »aber sie hat nun mal das Land unter Kontrolle.« Und die Birmanen müssen selbst sehen, wie sie mit den Folgen dieser »realpolitischen Einschätzung« seitens des Westens zurechtkommen.

»Wir werden alle massakriert. Bitte informieren Sie die Vereinten Nationen«, lese ich auf einem Briefchen, das ein Mann, der vorher neben mir auf der Parkbank saß, dort liegen lässt. Eine pathetische Geste. Eine trügerische Hoffnung. Die Vereinten Nationen haben nicht viel zu sagen. Letzten Oktober scheiterte der Versuch, die Regierung von Rangun durch eine Resolution der Vollversammlung abzumahnen, bereits in den ersten Verhandlungsrunden am Einspruch Japans. Tokio hat in Birma starke wirtschaftliche Interessen, die es zu schützen gilt. So lässt die UNO ihre Hilfsprogramme weiterlaufen, und Millionen Dollar landen in den Kassen des Landes. Die Diktatur bedient sich schamlos und verletzt weiterhin die grundlegendsten Prinzipien der Vereinten Nationen.

»Möchten Sie etwas über die Deportationen wissen?«, sagt die Stimme eines Mannes, der mich im Hotel anruft. Wir treffen uns nach Sonnenuntergang am Ufer des Inle-Sees. Es ist so dunkel, dass ich sein Gesicht nicht sehen kann, aber seine Informationen sind sehr präzise: In Rangun werden ganze Viertel umgesiedelt. Die Gegenden, aus denen während der Demonstrationen die radikalsten Regimegegner kamen, werden systematisch entvölkert. Die Bewohner werden gezwungen, die Hauptstadt zu verlassen und sich in abgelegenen Siedlungen niederzulassen. Die Regierung spricht von »neuen Städten«, die Menschen sagen dazu »Konzentrationslager«.

Einer dieser Orte ist Dagon, 10 Kilometer nördlich von Rangun. »Ohne Disziplin kein Fortschritt« steht über dem Eingang. Der Anblick ist erschütternd. In einer dürren, baumlosen Ebene, in dürftigen Holzbaracken leben dort mittlerweile 20 000 Menschen. Alles, was es hier an Wasser gibt, sind die brackigen Pfützen des Sumpfes, über dem eine riesige Wolke von Stechmücken sirrt. Die Sonne brennt herunter, die Erde klafft in tiefen Rissen. Hier wächst nichts. Die Leute suchen weiterhin Arbeit in der Stadt. Wird einer der Einwohner Dagons nach Sonnenuntergang aber noch in Rangun angetroffen, wandert er ins Zuchthaus. Wie die Hauptstadt, so ist mittlerweile jede Stadt in Birma »gesäubert« worden. Die »Disziplinlosen« wurden in neue Siedlungen deportiert. Und die Welt hat nicht protestiert. Die UNO hat ihre Hilfsprogramme nicht gestoppt. In Pagan, der Stadt mit den 10 000 Pagoden, wurde die gesamte Bevölkerung innerhalb von drei Tagen umgesiedelt. Und die Vereinten Nationen zahlen immer noch für die Restaurierung der Pagoden.

Eine weitere Gräueltat, die auf das Konto der Diktatur geht, ist die Existenz der »Träger«. Tausende von Männern werden von den Militärs willkürlich zusammengetrieben, um als Lasttiere in den bergigen Grenzregionen zu dienen, wo die Regierung die Unabhängigkeitsbestrebungen ethnischer Minderheiten bekämpft. »Einer meiner Nachbarn kam erst nach Beginn der Ausgangssperre nach Hause. Da haben ihn die Soldaten einfach mitgenommen«, erzählt mir ein Taxifahrer. Ich suche die Adresse der Familie. Und die Ehefrau bestätigt die Geschichte. Von ihrem Mann hat sie seit sechs Monaten keinerlei Nachricht mehr. Geschichten wie diese habe ich zu Dutzenden gehört. Im Norden Birmas habe ich einen Mann kennengelernt, der geschäftlich nach Lashio unterwegs war. Auf dem Weg begegnete ihm eine Kolonne von Militärlastern, die mit Bambusmatten abgedeckt waren. Auf der Ladefläche Hunderte junger Männer, die an die Front gebracht wurden. Unter ihnen auch sein Neffe, der im Mai verhaftet worden war. Von den »Trägern« kehren nur wenige zurück, um zu berichten, was dort in den Bergen geschieht. Doch was sie erzählen, lässt kalte Schauder über den Rücken laufen. Die Männer werden dort an ihrer Last, Munition oder Nahrungsmittel, festgebunden und dann als Vorhut über Minenfelder geschickt, um so die Soldaten zu schützen. Ihre Leichen deckt man notdürftig mit Laub ab und lässt sie am Wegrand liegen. Von diesen Schreckenstaten weiß man außerhalb Birmas nichts oder wenig.

In gewisser Weise hat sich die Tragödie Birmas nicht im Bewusstsein der Welt verankert. Warum dies so ist, lässt sich schwer erklären. Etwa tausend Tote im Zentrum Pekings erschütterten die Welt und schaden dem Ansehen Chinas heute noch. Zwei-, drei- oder viertausend tote Birmanen von 42 Millionen scheinen weniger wichtig zu sein. Um die Welt zu täuschen, haben die Generäle ihr Land umgetauft und nennen es jetzt Myanmar. Auf diese Weise haben sie Birma und seine Massaker ein für alle Mal aus dem Gedächtnis der Menschheit gelöscht.

Wie viel Tote es genau gab, weiß man nicht. Doch in den zwei Wochen, die ich mit Zug, Schiff und Autobus durch das Land reiste, drängte sich mir der Eindruck auf, dass es hier ein Blutbad gegeben hat, das die Birmanen wohl nicht so leicht vergessen werden. Ein Mädchen erzählt mir von 300 Toten in der Stadt Pymmana und von einem Steinbruch, in dem einige hundert Studenten Zwangsarbeit leisten. Ein Holzhändler berichtet von einem Massengrab bei Taunggyi, in dem die Soldaten nicht nur Tote, sondern auch Verletzte begraben hätten.

Eine wirkliche Bedrohung für das Regime existiert nicht mehr. Die 20 000 Studenten, die im vom Dschungel überwucherten Grenzgebiet zu Thailand untertauchten, um von dort aus einen Guerillakrieg zu führen, sind wieder zurückgekehrt, um sich freisprechen, verhaften oder töten zu lassen. Der Rest der Bevölkerung hat resigniert. Der Terror hat sich als wirksam erwiesen. Niemand lässt mehr zum Zeichen der Solidarität die Hupe ertönen, wenn er am Haus von Aung San Suu Kyi vorüberfährt. Niemand bringt mehr Blumen an die Orte, wo so viele Menschen starben. Und niemand schreibt auch nur den einfachsten Protestslogan gegen das Militär an die Wände der Hauptstadt. »Wir haben keine Waffen, wir haben keine Leute mehr, und wir haben den Mut verloren«, sagt mir ein Mann, der militanter Kämpfer der Nationalen Liga für Demokratie war. »Wenn heute jemand auf den Straßen riefe: ›Nieder mit der Diktatur!‹, würden alle ängstlich davonrennen.«

Man hofft auf eine Veränderung von außen. »Die Welt kann uns doch nicht vergessen haben«, höre ich immer und immer wieder auf meiner Reise. Das Traurige ist, dass die Welt zu viele Tragödien hat, um sich auch noch um die zu kümmern, die den 42 Millionen Einwohnern eines seltsamen und abgelegenen Landes namens Myanmar widerfährt.

Die Revolte der Bonzen

Mandalay, Januar 1991
Als König Mindon vor 140 Jahren beschloss, diese Stadt zur Hauptstadt des Landes zu machen, ließ er als Erstes in den Fundamenten seines neuen Königspalastes 52 Menschen lebendig begraben. Sie sollten als »Schutzgeister« das Land hüten. Sein Nachfolger, König Thibaw, befürchtete, jemand würde ihm den Thron streitig machen. Daher ließ er alle seine Verwandten in den Kerker werfen und achtzig von ihnen töten.

Das Massaker dauerte drei Tage, untermalt von Musik und traditionellen Tänzen. Als das Schicksal seines Königreichs besiegelt schien, weil die Engländer von Indien aus gen Birma vorrückten, wollte König Thibaw die Schar seiner Schutzgeister vergrößern und ließ weitere 600 Männer und Frauen rund um den Königspalast lebendig begraben.

In der Tradition Birmas wird Macht immer als Ausdruck des göttlichen Willens betrachtet. Aus diesem Grund empörten sich die Birmanen nicht über die Untaten ihrer Herrscher. Seltsamerweise ist dies auch heute noch so. Die Militärdiktatur, die das Land in der Hand hat, tötete bereits bei der Machtübernahme 1988 mehrere tausend Menschen. Heute verhaftet, foltert und mordet sie noch immer ihre politischen Gegner, doch die breite Masse der Bevölkerung nimmt dies offenbar hin wie ein schlechtes Erntejahr, das der Himmel geschickt hat und gegen das sich folglich nichts tun lässt. Irgendwie scheint die Geschichte sich immer zu wiederholen.

Der Königspalast hier in Mandalay, in dem König Mindon und König Thibaw lebten, ist heute Residenz der Generäle, die über den Norden des Landes herrschen. Das Gefängnis, in dem die Angehörigen der Opposition zusammengepfercht sind, ist dasselbe wie vor hundert Jahren: ein trister, grauer Bau in der Nordostecke der Palastmauern. Doch jetzt sind die meisten Gefangenen Mönche.

Mandalay ist das spirituelle Zentrum Birmas. Dort liegen die wichtigsten buddhistischen Klöster. Dort finden sich einige der heiligsten Pagoden des Landes. Von dort ging die gefährlichste Revolte aus, mit der sich die Militärdiktatur in den letzten Jahren konfrontiert sah.

Entfesselt wurde sie von einigen jungen religiösen Würdenträgern, den sogenannten Bonzen. Diese hatten nach einer wie immer blutig niedergeschlagenen Studentendemonstration zum Boykott aufgerufen. Und diese Kampfmaßnahme erwies sich von Anfang an als weit mächtigere Waffe als Demonstrationen und Streiks. Der Boykott nämlich traf eine der wichtigsten Adern im birmanischen Leben. Seit Jahrhunderten verlassen im Licht des frühen Morgens Zehntausende von Mönchen ihre Klöster. Barfuß und in ihren orangefarbenen Überwurf gehüllt, durchstreifen die Gruppen im Gänsemarsch die Straßen der Stadt und der umliegenden Dörfer – in der Hand eine leere Schale. Häufig schlägt ein junger Bonze, der die Gruppe anführt, den Gong vor den Häusern, um ihr Kommen anzukündigen. Die Menschen warten schon auf die vorbeiziehenden Mönche, um deren Schalen mit Reis, Früchten und Blüten zu füllen und dafür den Segen zu empfangen. Dieser Ritus prägt nicht nur das Alltagsleben, die Opfergaben sind quasi die wichtigste Möglichkeit für die buddhistische Bevölkerung, Verdienste für das nächste Leben anzusammeln.

Die Tatsache, dass die Mönche in Mandalay, und später in ganz Birma, sich plötzlich weigerten, Opfer von den Familien der Soldaten anzunehmen, dass sie nicht mehr an militärischen Zeremonien teilnahmen und für Uniformträger weder Hochzeiten noch Beerdigungen durchführten, war ein mehr als harter Schlag. »Schlimmer als hundert Bomben«, meinte ein Diplomat zu mir. Für die einfachen Soldaten war diese Weigerung wie eine Exkommunikation, was ihre Moral deutlich schwächte. Die Bonzen waren mit ihrem Prestige und ihrer landesweiten Präsenz plötzlich zum Rückgrat einer möglichen Opposition gegen das Regime auf nationaler Ebene geworden.

Die Militärregierung erkannte augenblicklich die Gefahr und

reagierte sofort. Im Oktober besetzten die Truppen innerhalb von drei Tagen sämtliche Klöster Mandalays, verhafteten einige hundert Mönche und zerstörten die Häuschen, Hütten und Läden an der Tempelmauer, wo Menschen wohnten, die einen dauerhaften Kontakt zum religiösen Leben suchten. Die Bewohner wurden in ein Sammellager 7 Kilometer entfernt getrieben.

Heute sind die Klöster isoliert. Rund um jedes religiöse Gebäude liegt ein Streifen Niemandsland, das nur die Bonzen durchqueren dürfen. Jeder Tempel wird von Soldaten im Kampfanzug bewacht. »Heilige Erde – Besatzungsgebiet. Hilfe!« steht auf einem Stück Papier, das mir ein junger Mönch zusteckt, als ich die Pagode des Goldenen Kranichs im Zentrum der Stadt besichtige. In den zahllosen Höfen und Kapellen kampieren Soldaten. Maschinengewehre und Helme lehnen an den Buddhafiguren aus Marmor, die friedlich lächelnd in ihren Nischen sitzen.

Seit zwei Monaten dürfen die Mönche, die früher frei von einem Ende des Landes zum anderen reisen konnten und dabei im Auto oder Bus aus Respekt immer den Ehrenplatz vorne neben dem Fahrer einnahmen, ihre Klöster nur noch verlassen, wenn der Abt ihnen eine schriftliche Erlaubnis erteilt. Tausende von Mönchen werden von der Militärregierung gezwungen, ihre Mönchsroben abzulegen und ins zivile Leben zurückzukehren. Andere werden verhaftet und der Vergewaltigung bzw. des Diebstahls bezichtigt. In der buddhistischen Tradition Birmas kann jemand nur dann Mönch bleiben, wenn er vier Gebote nicht übertritt: nicht töten, nicht stehlen, keine sexuellen Beziehungen haben und sich nicht der eigenen Fortschritte auf dem Weg zur Erleuchtung rühmen. »Die Diktatur hat dem noch ein fünftes Gebot hinzugefügt«, meint ein junger Bonze zu mir: »Sich nicht um Politik kümmern.«

Bis zum letzten Jahr gab es in Birma 330 000 Mönche. Die Militärjunta will nun diese Zahl mit der eben losgetretenen Kampagne zur »Reinerhaltung des Buddhismus« um mindestens 20 Prozent reduzieren. Um die Repressionen gegen den Klerus wieder auszugleichen, die vor allem junge und militante Mönche treffen, versucht das Militär, die alten Äbte auf seine Seite zu ziehen, die den Klöstern vorstehen und deren Nominierung von der Regierung abhängt. Fast jeden Tag sind auf der Titelseite der einzigen Tageszeitung in Birma, der *Zeitung des arbeitenden Volkes*, Bilder von Generälen zu sehen, die den Oberhäuptern der Sangha, der Gemeinschaft der buddhistischen Gläubigen, Geschenke machen: Lebensmittelpakete, Farbfernseher und enorme Geldsummen zur Restaurierung ihrer Tempel.

Trotz der Unterdrückungsmaßnahmen gegen die Mönche scheint Birma gerade eine gewaltige religiöse Renaissance zu erleben. Wohin man auch geht, im ganzen Land werden Pagoden restauriert, Klöster frisch gestrichen, Arbeiter zum Vergolden der Tempeltürmchen abgestellt. Offenkundig versucht das Militär nun, seine Herrschaft zu legitimieren, indem es auf die Religion setzt.

»Wenn der König gerecht ist, blüht das religiöse Leben, und große Schätze kommen ans Licht«, verspricht eine alte birmanische Prophezeiung, welche die Generäle der Diktatur jetzt plötzlich – welch ein Zufall! – wiederentdeckt und verbreitet haben. Die Bambusgerüste, die sich heute um jede Pagode und jede Buddhafigur erheben, die gerade restauriert werden, scheinen der beste Beweis, dass die Generäle des SLORC ebenjener »gerechte König« sind, den alle sich herbeisehnen. Der zweite Beweis ist, dass gerade jetzt in Birma ein großer Schatz gefunden wurde: der größte Rubin der Welt. Die Geschichte, die hierzulande großes Aufsehen erregt hat, soll sich so zugetragen haben: Eine Gruppe von Schürfern aus Mandalay soll das Juwel in den nahen Hügeln entdeckt haben, einen Stein, wie es keinen zweiten gibt: 150 Karat und ein vollkommenes Licht. Der Stein wird nach Thailand geschmuggelt und dort verkauft. Indigniert bitten die Generäle des SLORC ihre Freunde vom thailändischen Geheimdienst um Hilfe, und prompt wird der Stein nach einigen Wochen gefunden, zurück nach Rangun gebracht und dort ausgestellt – zum Beweis für die Gutgläubigen, dass die Militärjunta sich der Billigung des Himmels erfreue.

Ein »Schatz«, der – so er gehoben wird – für die Militärjunta einen noch größeren Wert hat als jener Rubin, ist das Erdöl. Birmas Kassen sind leer. Um an der Macht zu bleiben und die Unmengen von Waffen zu bezahlen, die die Generäle, vor allem aus China, importieren (1,2 Milliarden Dollar in Flugzeugen und Panzern), verscherbelt die Militärjunta alles, was sie hat: umfangreiche Einschlaggenehmigungen für die letzten großen Teakwälder an die Thailänder, Fischereikonzessionen für die birmanische Küste an die Fangflotten aus Südkorea und Thailand. Doch die Erträge aus diesen Vereinbarungen werden nicht lange vorhalten.

Das Erdöl ist also die letzte Hoffnung der Regierung. Internationale Gesellschaften haben mit den Generälen aus Rangun Verträge zu seiner Gewinnung abgeschlossen. Mehr als tausend Experten aus Europa, Amerika, Australien und Japan sind bereits hier tätig. Die ersten Bohrungen verliefen positiv. Es ist alles nur eine Frage der Zeit. »Wenn die Quellen in den nächsten fünf Jahren zu sprudeln beginnen, wird die Diktatur hier noch weitere dreißig Jahre überstehen«, sagt mir ein westlicher Diplomat. Und die meisten Beobachter teilen sein Urteil.

Die Militärjunta ist zwar nicht beliebt. Zu schwer lasten das Massaker von 1988 und weitere in der Folge begangene Grausamkeiten auf ihrem Image. Doch ihre Macht ist ungebrochen. Nun, wo auch die Bedrohung durch die buddhistischen Mönche beseitigt ist, gibt es niemanden mehr, der ihr gefährlich werden könnte.

Die Tatsache, dass die Demokratiebewegung in den Städten entstand und von einer städtischen intellektuellen Elite angeführt wurde, ermöglichte es den Militärs, sie schnell und gründlich von der Masse der Bevölkerung zu isolieren, die zum überwiegenden Teil immer noch auf dem Land arbeitet und dort ein traditionelles Leben nach altem Muster führt, das mit der modernen Welt nicht viel gemein hat.

Der Rangun-Mandalay-Express, der Zug, der jede Nacht durch das endlose Reisfeld in der Ebene zwischen den beiden großen Flüssen des Landes donnert, wirkt hier wie ein Ungeheuer von einem anderen Planeten, ein Blitzstrahl in der blinden Dunkelheit des Landes, attackiert vom wütenden Gebell der wilden Hundemeuten. In der Finsternis sieht man hin und wieder einfache Petroleumlampen in den Hütten aus Holz und Stroh aufblitzen. Die Dörfer verfügen weder über Elektrizität noch über fließendes Wasser. Die Menschen leben in ihren Mythen, nicht in der Welt der Nachrichten und Fakten. Legenden zählen hier mehr als die Geschichte.

Vor den Höhlen von Pindaia, südlich von Mandalay, wo die jahrhundertealte Frömmigkeit der Birmanen Tausende von Buddhastatuen in den feuchten Eingeweiden des Berges versammelte, bemüht sich ein regierungstreuer Führer, den Touristen die »Geschichte« dieses Ortes nahezubringen: »Vor vielen, vielen Jahren lebte hier ein Prinz. Als er eines Tages sein Land bereiste, sah er, wie eine riesige Spinne in diese Höhle hier kroch. Er folgte ihr und ...«

Im großen Maha-Muni-Tempel von Mandalay steigen jeden Tag Hunderte von Männern (Frauen haben keinen Zutritt) auf das Podest in der Mitte des Tempels und bedecken den großen Buddha dort mit Goldblättchen in der Hoffnung, auf diese Weise ihre Missetaten wieder auszugleichen.

Ideen wie »Demokratie« oder »Recht« sind den birmanischen Bauern, die sich heute wie ehedem durch Feudalbande an ihren »Herrn« gebunden fühlen, zutiefst fremd.

In Taunggyi wollte ich eine Fabrik besuchen, in der die *cheroot*, die berühmten birmanischen Zigarren, hergestellt werden. Als ich mich dem Holzgebäude näherte, tönte mir verlockender Gesang entgegen. In dem großen Raum hockten etwa sechzig Frauen zusammengekauert auf der Erde und rollten mit hastigen Bewegungen die grünen Tabakblätter zusammen. Der Gesang gehörte zu ihrer Arbeit. Da der Fabrikbesitzer, ein frommer Buddhist, im Sterben lag, rezitierten sie die Sutren, um ihm den Übergang in ein neues Leben zu erleichtern. Für ein Tagespensum von tausend Zigarren erhalten die Frauen 15 Kyat, zirka 10 Euro-Cent. Um diese Menge überhaupt zu schaffen, bringen viele Frauen ihre kleinen Kinder mit zur Arbeit, die ihnen helfen.

In dieser Gesellschaft, deren Macht noch nie vom Volke ausging, haben die Massen sich offenkundig daran gewöhnt, dass ihr Schicksal in den Händen der Mächtigen liegt, die häufig nicht nur grausam, sondern schlicht verrückt sind. »Das war schon immer so!«, habe ich hier oft gehört. Im 19. Jahrhundert zum Beispiel hielt der König von Mandalay sich einen Elefanten bei Hofe. Für die Bedürfnisse des Dickhäuters sorgte ein Minister, allein sein Unterhalt verschlang die Steuern einer ganzen Provinz. Als der Elefant noch klein war, wetteiferten die Frauen der Stadt gar darum, ihn stillen zu dürfen.

Mittlerweile gibt es in Mandalay keine Elefanten mehr, Herrscher mit seltsamen Eigenheiten aber hat Birma immer noch. Ne Win zum Beispiel, der Diktator, der das Land von 1962 bis 1988 regierte, weigerte sich, Banknoten von 50 oder 100 Kyat drucken zu lassen. Stattdessen gab es Noten zu 90 Kyat, weil Ne Win an die magische Wirkung der Zahl Neun glaubte. Zu seinem 75. Geburtstag wurden sogar Noten zu 75 Kyat gedruckt.

Der Diktatur von Ne Win folgte – durch den Putsch 1988 – die des SLORC. Das Oberhaupt der Militärjunta, die Birma heute in Angst und Schrecken versetzt, ist General Saw Maung.

Vertraut man den Aussagen eines ortsansässigen Arztes, der den General persönlich kennt, setzt dieser die Tradition seltsamer Herrscher in Birma ungebrochen fort. Und tatsächlich wirkt er bei seinen öffentlichen Auftritten so. Jedes Mal, wenn er eine Rede hält, rühmt er sich, ein paar Bücher gelesen zu haben. Und vor kurzem erstaunte er die Welt mit der Behauptung, Buddha und Jesus seien Zeitgenossen gewesen.

Der psychedelische Heiligenschein

Pagan, Februar 1991

Es gibt Panoramen, die in uns den Stolz erwecken, zur menschlichen Rasse zu gehören. Pagan im Morgengrauen ist eines davon. Aus der weiten Ebene, die einzig vom Aufblitzen des Irrawadi-Stromes durchbrochen wird, erheben sich allmählich die Silhouetten Hunderter Pagoden und legen ihren Nebelmantel ab: zart und elegant, jede ein formvollendeter Hymnus auf Buddha. Von der Höhe des Ananda-Tempels krähen die Hähne, die Hufe der Pferde scharren bereits auf den ungepflasterten Straßen. Einen Moment lang ist es, als hätte ein Zauberspruch dieses Tal in der grandiosen Schönheit seiner Vergangenheit festgehalten.

Ich kam im Boot nach Pagan, das von Mandalay aus dem schlammigen Lauf des Irrawadi folgt. Die Reise dauert einen ganzen Tag. Ständig sondieren die Schiffsjungen mit langen Stangen den Fluss, um die nichtschiffbaren Stellen zu umfahren. Doch sobald man die Brücke von Ava passiert hat, die in den dreißiger Jahren von den Engländern erbaut wurde und heute noch die einzige Verbindung zwischen den beiden Ufern ist, gleitet das Boot mit seiner uralten Menschenfracht durch eine Landschaft, die aus einem anderen Jahrhundert zu stammen scheint.

An den sandigen Hochufern ist nicht eine Fabrik zu sehen, kein Beton, kein Hochspannungsmast, keine Tankstelle. Nur hin und wieder tauchen zwischen dem jadeschimmernden Grün der Reisfelder die weißen Spitzen einer Pagode auf oder die niedrigen Strohdächer einiger Holzhäuser. Die Menschen an Bord sowie jene, die an den Anlegestellen versuchen, ihre Waren zu verkaufen – kleiden sich, wie sie es seit Hunderten von Jahren tun. Sie fischen, beten und arbeiten mit immer denselben, uralten Gesten.

Nichts ist hier modern, nichts stammt aus dem 20. Jahrhundert. Scharen von Kindern waschen sich und spielen im Fluss. Die Luft ist klar und rein. Keinerlei Umweltverschmutzung spürbar. Ein Paradies? Nur zu gern würde ich auf diese Frage mit Ja antworten, doch ich erinnere mich gerade noch rechtzeitig daran, dass Birma diese oberflächliche Reinheit mit anderen Formen der Verschmutzung bezahlt hat. Der augenscheinliche Friede kostet die Birmanen viel. Sie zahlen dafür den Preis der Gewalt.

Der Zauber Birmas liegt darin, dass hier die Geschichte stehen geblieben scheint. Seine Tragödie ist es, dass dies auf Befehl von Despoten geschah, die jeden Versuch, dem Land Fortschritt zu bringen, in Strömen von Blut erstickten.

Gegen Ende des Zweiten Weltkriegs war Birma von den Ländern, die eben erst ihre Unabhängigkeit errungen hatten, sicher dasjenige mit den besten Aussichten, bald mit der großen Welt Schritt halten zu können. Es hatte alle natürlichen Ressourcen, von denen ein Entwicklungsland nur träumen kann: Erdöl, Erdgas, Kohle, Edelsteine und gewaltige Wälder voller Edelhölzer. Dank der Klosterschulen verfügten die Birmanen über ein Bildungsniveau, das zu den höchsten Asiens zählte. Und seine Verwaltung funktionierte einwandfrei. Die indischen und chinesischen Minderheiten hatten für eine wettbewerbsfähige Wirtschaftsstruktur gesorgt. In der Hauptstadt Rangun fanden sich die besten Buchhandlungen und die besten Hotels in ganz Asien, von der ausgezeichneten Universität gar nicht zu sprechen.

Es ging also nur darum, innerhalb eines Modernisierungsprogramms all diese Ressourcen zu nutzen. Dann würde der Erfolg sich schon einstellen. Zuerst ging eine demokratische Regierung ans Werk, doch der Staatsstreich von Ne Win 1962 setzte dem ganzen Experiment ein Ende.

Ne Win, ein General, der in den Kriegen gegen das kolonialistische England gekämpft hatte, glaubte, die einzig richtige Antwort auf die eine Frage gefunden zu haben, die sich damals alle in die Unabhängigkeit entlassenen Staaten stellten: Wie sich entwickeln, ohne die eigenen Identität zu verlieren? Wie modernisieren, ohne dabei zu verwestlichen? Sein Ziel war die Schaffung eines buddhistischen Paradieses auf Erden, sein Vorhaben nannte er »den birmanischen Weg zum Sozialismus«.

Zu seiner Umsetzung isolierte Ne Win das Land vom Rest der Welt. Hinter seiner Utopie stand die uralte Vorstellung vom goldenen Zeitalter, der Wunsch, die Zeit zurückdrehen zu können bis zu den präkolonialistischen Ruhmestaten des alten birmanischen Reiches. Auf seine Weise betrachtete Ne Win sich als Erben der glorreichen Könige der Vergangenheit. So ließ er den Löwenthron Thibaws, des letzten birmanischen Königs, den die Engländer ins Exil geschickt hatten, in seine Residenz in Rangun schaffen. Eine seiner sieben Ehen schloss er mit einer Frau, die in direkter Linie von der königlichen Familie abstammte.

Wer sich ihm widersetzte, den fegte er mit unerhörter Gewalt beiseite. Als eine Gruppe Studenten ein Gebäude der Universität besetzten, um gegen die Diktatur zu protestieren, ließ Ne Win das Gebäude mitsamt seinen Besetzern mit Dynamit in die Luft sprengen. Als die ethnischen Minderheiten im Land mehr Selbständigkeit verlangten, entfesselte Ne Win einen Bürgerkrieg, der in dreißig Jahren mehr als 130 000 Menschenleben forderte. Einen Krieg, der heute noch andauert.

Der »birmanische Weg zum Sozialismus« führte das Land ins Nirgendwo. Er zerstörte nur einfach die Infrastruktur, die bereits vorhanden war, und vergeudete die Ressourcen des Landes. Heute produziert Birma nichts mehr von dem, was es selbst braucht. Fahrräder, Teekannen, Uhren und Kochtöpfe für den Reis müssen importiert und teuer bezahlt werden. Sogar die *longyi*, die langen Stoffbahnen, die alle Birmanen, Männer und Frauen, wie einen Mantel um sich wickeln, kommen heute größtenteils aus Indien oder China. Und die wenigen Industrien, welche die Diktatur aufgebaut hat, erzeugen nur ein Drittel dessen, was möglich wäre. Die Stahlhütte von Anizhakha in der Gegend von Maymyon wurde in den achtziger Jahren des 20. Jahrhunderts von Italienern gebaut. Sie produziert nur 30 der vorgesehenen 90 Tonnen Stahl. Die Glasfabrik bei Bassein ist seit zwei Jahren geschlossen. Eine Fabrik zur Herstellung von Milchpulver, die im letzten Jahr mit australischer Hilfe im Süden von Mandalay errichtet wurde, hat die Produktion noch nicht aufgenommen, weil es ihr an Fachkräften mangelt. Dreißig Jahre der Isolation und der wirtschaftlichen Stagnation (1989 ging die Wirtschaftsleistung um 11 Prozent zurück) haben den Lebensstandard des normalen Birmanen erheblich eingeschränkt. Das Durchschnittseinkommen liegt heute bei etwa 210 Dollar pro Kopf und Jahr und gehört damit zu den niedrigsten der Welt.

Die Armut des Landes hat die menschliche Landschaft Birmas verändert. In der Nachkriegszeit, als Birma noch zu den größten Reisexportländern gehörte, gab es praktisch keine Bettler. Heute sind die Märkte voll von Armen, die sich von Abfällen ernähren. Am Eingang der Hotels und der Tempel belagern Kinderscharen die Touristen mit ausgestreckten Händen: »Einen Kyat ... einen Kyat.« In den Bahnhöfen kampieren Hunderte von Obdachlosen.

Auch das Bildungsniveau ließ aufgrund der Armut stark nach. Eine Studie der Unicef ergab, dass von den Kindern zwischen fünf und neun Jahren ein Drittel nicht zur Schule geht. Von denen, die sich eine Schule leisten können, gehen zwei Drittel schon nach den ersten vier Jahren ab. Doch dieses Problem scheint die Militärs nicht zu kümmern. Ganz im Gegenteil. Die Uniformträger wissen, dass diejenigen, die sich ihrer Macht widersetzen, aus den Reihen der Intellektuellen kommen. Die Demokratiebewegung und die Modernisierungsbewegung sind in den Universitäten entstanden. Aus diesem Grund sind die Hochschulen, die vor drei Jahren geräumt wurden, heute noch geschlossen und vom Militär besetzt.

Auf den ersten Blick bezaubert das idyllische Bild eines traditionellen Birma, das – vom Fortschritt unberührt – nicht unter dessen zerstörerischen Auswüchsen leidet, den abendländischen Besucher, der auf der Suche nach exotischen Erlebnissen und Mitleid heischender Armut ist. Aber wie lange kann dies noch so weitergehen? Wie lange kann ein Volk, das bereits vor tausend Jahren mit den Pagoden von Pagan bewies, dass es zu den fortschrittlichsten der Welt gehört, die Demütigung, einfach übergangen zu werden, noch ertragen? Wie lange kann die gewaltsame Macht einer Diktatur die Zeit noch anhalten?

Im Morgengrauen über der Ebene von Pagan, die ich vom höchsten Türmchen des Ananda-Tempels aus betrachte, fällt mir die Antwort schwer. Ich bin mir nicht einmal sicher, was für dieses außergewöhnliche und traurige Land wirklich zu wünschen wäre. Reißt man es jetzt aus seiner selbst gewählten Isolation, hieße dies nur eine rasche Verwestlichung. Das Land fiele fremden Bauherrn und Spekulanten in die Hände, die vor den Audienzsälen der Generäle in Rangun jetzt schon Schlange stehen, um mit den entsprechenden Genehmigungen und Konzessionen die Reichtümer des Landes auszubeuten. Tatsächlich ist die Sehnsucht, den Fortschritt aufzuhalten, ein uralter birmanischer Wesenszug. Als akzeptierte das Volk einfach, dass sich – aus buddhistischer Sicht – die Geschichte ohnehin immer nur wiederholt. Der Ananda-Tempel, der schönste, eleganteste von allen, ist dafür der beste Beweis.

Er wurde 1090 auf Geheiß eines Königs errichtet, der von den buddhistischen Lehren indischer Mönche so fasziniert war, dass er in seiner ockergelben Ebene die weißen Gipfel des Himalaya erstrahlen sehen wollte. Als der Tempel fertiggestellt war und seine weißen Pagodenspitzen sich wie schneebedeckte Gipfel in der Weite des Landes erhoben, war der König begeistert – und ließ dem Baumeister, der seinen Traum verwirklicht hatte, sofort den Kopf abschlagen. Er sollte nichts mehr schaffen können, das vielleicht noch schöner war.

In der Ferne zeichnet sich am Ufer des Irrawadi die Silhouette des Mingun-Tempels ab. Auch dort ließ der König, der die größte Glocke der Welt gießen ließ, hinterher den Glockengießer hinrichten, sobald das Meisterwerk vollendet war. Diese Könige wollten den Fortschritt nicht. So wie die Despoten von heute, die jede Forderung nach Veränderung in einem Blutbad ersticken.

Vermochte diese Grausamkeit nun, die Seele Birmas zu retten? Trug sie dazu bei, dass das Land seine Identität bewahren konnte? Bewahrte sie es vor den Übeln der Modernisierung und des Materialismus, der untrennbar mit der westlichen Kultur verbunden ist? Es sieht nicht so aus. Obwohl die Birmanen immer noch ihre *cheroot*-Zigarren rauchen und sich in ihre *longyi* kleiden, scheint alles, was von außen kommt, auf sie eine fatale Anziehungskraft auszuüben. Auf den Märkten des Landes werden Pornovideos verkauft, die aus Thailand eingeschmuggelt werden. Neben den Kalendern mit den Buddhabildern liegen andere mit Fotos von Filmschauspielern – alle nach westlicher Mode gekleidet. Die Mädchen schmücken sich das Gesicht immer noch mit *tannaka*, mit Sandelholzpaste, aber sogar auf traditionellen Hochzeiten tanzt man heute zur Rockmusik. In der Schwedagon-Pagode von Rangun, der heiligsten des Landes, weil in ihren Fundamenten acht Haare Buddhas verborgen sind, die der Erhabene einem Händler für ein wenig Honig überließ, ist die größte Attraktion im Moment die Rolltreppe »made in Germany«, die vor einem Jahr eingebaut wurde. Unter den vielen Geschenken, mit denen die Militärbehörden sich die Äbte der Klöster geneigt zu machen suchen, sind psychedelische Lichtspiele die beliebtesten. Mittlerweile tragen viele Buddhas in ganz Birma – leider – diese irrwitzigen Lichterketten wie einen Heiligenschein um den Kopf.

In gewisser Weise scheint auch Birma sich nicht der Faszination dessen entziehen zu können, was das moderne Leben dem Rest der Welt gebracht hat. Da es aber keine Wahl hat, bleiben ihm vom Fortschritt nur die destruktivsten Aspekte. So liegt das Land weiter in Ketten.

Im Manuha-Schrein, ein wenig außerhalb der Stadtmauern von Pagan, steht ein gewaltiger Buddha aus Stein, von dem die Birmanen sagen, dass er ihr Schicksal widerspiegelt. Das Dach des Tempels lastet auf seinem Kopf, die Wände drücken gegen seinen Rücken. Seine Brust ist so eingeschnürt, als habe er keinen Raum zum Atmen. Sein Körper wirkt, als sitze er in einer Zelle. Der Buddha von Manuha steht dort schon seit tausend Jahren, ein Gefangener, dessen trauriges Lächeln sich an den Wänden bricht. Er wurde von einem König in Auftrag gegeben, der seine Freiheit verloren hatte und sein Volk immer an die Pein dieser Erfahrung erinnern wollte.

»Wir Birmanen sind wie diese Buddhafigur. Unser Herz steckt voller Bitterkeit, voller Dinge, die wir nicht sagen können«, flüstert mir der Mann zu, der neben mir kniet, scheinbar ins Gebet versunken. Erschrocken angesichts der eigenen Kühnheit erhebt er sich und eilt davon. So ist Birma heute.

Gorbatschow unternahm eine offizielle Reise nach Tokio. Im Zentrum der geplanten Verhandlungen sollten die Kurilen-Inseln stehen, zu denen Fremde seit 1945 ebenfalls keinen Zutritt haben. Nun schien mir der Zeitpunkt gekommen, einige Kontakte wieder aufzufrischen, die ich auf Sachalin geknüpft hatte. Ich erhielt ein Visum und reiste drei Wochen lang durch das Inselreich.

Die Kurilen:
Inseln am Ende der Welt

Južno-Kurilsk (Sowjetunion), März 1991
Wenn die Welt einen Anfang hat, dann kann ihr Ende nur hier sein, wo der Rauch der Vulkane sich mit den vom Meer hereinziehenden Nebeln vermischt und die Schrecken erregenden Naturgewalten einen unwillkürlich erschauern lassen. Vom Fenster der alten »Antonow« aus, einem Propellerflugzeug, das unruhig im milchigen Himmel schaukelt, wirkt das Land, das plötzlich unter ihren Tragflächen auftaucht, wie die Schwelle zum Jenseits. An die schwarze, unwegbare Küste schlagen schaumig die Wellen. Unvermittelt erscheint ein Vulkan unter uns, zu dessen Füßen zwei Seen liegen: der eine von einer weißen Eisschicht bedeckt, der andere brodelnd wie ein gewaltiger Kessel.

Die Kurilen sind der östlichste Teil der Sowjetunion und gehören heute noch zu den unbekannten Regionen der Welt. Nur wenige Ausländer haben es bisher geschafft, hierher zu kommen, denn sogar Sowjetbürger benötigen eine Sondererlaubnis. Und wenn man die Lavainseln so von oben sieht, wie sie kahl und drohend aus dem Ozean ragen, fragt man sich unwillkürlich, warum überhaupt jemand je den Wunsch verspürt haben sollte, sich hier anzusiedeln.

Das Flugzeug landet auf einer Piste aus gewaltigen Eisenplatten, die Räder erzittern und schleudern Schlammspritzer durch die Luft. Als die Schwingtür sich öffnet, merke ich, dass ich auf einem Militärflughafen gelandet bin. Jahrzehntelang lag über diesen Inseln ein dichter Vorhang des Schweigens, der wer weiß welche Geheimnisse zu bergen schien. Nun, wo der Vorhang sich hebt, wird offenkundig, dass das einzige Geheimnis hier die Armut und der Verfall sind, in denen das Sowjetreich seine östlichsten Grenzgebiete versinken ließ.

Die Hauptstadt der Insel liegt nur 32 Kilometer entfernt, doch es führt keine richtige Straße dorthin. Der Militärjeep schlingert mühselig auf einem Streifen Schlamm dahin, der sich durch einen Wald von winzigen Birken schlängelt, bevor er sich mit dem rabenschwarzen Sand eines Strandes vermischt, auf dem wir in regelmäßigen Abständen die Trümmer nicht nur eines Schiffbruchs erblicken. Auf den Rümpfen der Fischerboote und den verrosteten Skeletten der Transportschiffe verbleichen langsam die Namen. Und gleich am Eingang der Stadt stoßen wir auf einen weiteren Friedhof: verrostete Chassis von Lkws, Kränen, Personenwagen und Panzern lagern dort neben Stapeln von Autoreifen und großen Tanks. Man hat den Eindruck, dass hier eine große Schlacht geschlagen und verloren wurde: die, auf diesen Inseln ein Bollwerk des Sozialismus zu errichten.

Die sowjetischen »Pioniere« kamen 1945 hier an. Die einen vom revolutionären Geist getrieben, von dem sie dachten, er würde früher oder später die ganze Welt erobern. Die anderen kamen in der Hoffnung auf ein besseres Leben, weil hier das Doppelte von dem bezahlt wurde, was es auf dem Festland zu verdienen gab. Doch das Einzige, was die einen wie die anderen fanden, war ein unendlich hartes Leben.

Seitdem sind 46 Jahre vergangen, und von all den Hoffnungen ist nur eine gewaltige Enttäuschung geblieben. Die »Hauptstadt« von Kunašir ist nichts weiter als eine graue, anonyme Kolonie von Holzbaracken, die mit Teerpappe gedeckt sind. Kein einziges Denkmal, kein einziger Turm zeichnet sich gegen den Himmel ab. Nur drei Friedhöfe spucken schwarzen Rauch in die graue Weite. Wo immer mein Blick hinfällt, sehe ich schlecht ausgebesserte Schlaglöcher, nicht zu Ende gebrachte Arbeiten, Unkraut, zerbrochene Flaschen, leere Schachteln, umgekippte Mülleimer. Um jedes Haus ein Lattenzaun, der nur weiteres Unkraut eingrenzt. Am Abend versinkt alles in Finsternis.

»Wenn die Japaner wirklich diese Inseln übernehmen, müssen sie erst einmal alles abreißen, was da ist, und ganz neu anfangen«, sagt ein junger Arbeiter im Speisesaal des Magnolienhotels, einer stinkenden Baracke, wo man seinen Hunger mit schwarzem Brot und Algen aus der Dose stillt.

Kunašir ist eine der vier Inseln dieses Archipels, den Japan seit Jahrzehnten zurückfordert. Die Sowjetunion hat sich bisher standhaft geweigert, die Angelegenheit auch nur zu diskutieren, und so sind die Kurilen der Grund dafür, dass Moskau und Tokio bisher immer noch keinen Friedensvertrag unterzeichnet haben, der den Zweiten Weltkrieg in Asien offiziell beenden würde. Der Tokio-Besuch Gorbatschows in zwei Wochen könnte dem ein Ende setzen. Der Kremlchef reist nach Japan, um dort Hilfe beim wirtschaftlichen Aufbau seines Landes zu erbitten. Die Japaner ließen verlauten, sie würden ihm gerne entgegenkommen (es geht um 25 Milliarden Dollar), aber nur, wenn endlich die Frage der »nördlichen Territorien« gelöst werde, wie die japanische Propaganda die vier fraglichen Inseln nennt. So steht Gorbatschow vor einer schwierigen Entscheidung: Macht er den Japanern Konzessionen, dann gibt er seinen politischen Gegnern eine Waffe in die Hand, die sich für ihn als tödlich erweisen könnte. Gibt er nicht nach, kehrt er vielleicht mit leeren Händen nach Hause zurück, was die ökonomische Krise in der Sowjetunion beträchtlich verschärfen könnte.

Die Kurilen sind ein Archipel von 32 Inseln, der sich über 1200 Kilometer zwischen der Kamtschatka-Halbinsel und der japanischen Insel Hokkaido erstreckt. Auf den südlichen Inseln ist das Klima etwas milder, drei von ihnen – Iturup, Shikotan und Kunašir – werden von zirka 20 000 Russen bewohnt. Diese drei Inseln und die sieben Inselchen der Habomai-Gruppe, insgesamt 4997 Quadratkilometer Erde, stellen die sogenannten »nördlichen Territorien« dar, die Japan sich wieder eingliedern will.

Der japanisch-russische Kurilen-Konflikt dauert mittlerweile seit

200 Jahren an. Für die Russen sind die Kurilen die wichtigste Verteidigungslinie Sibiriens gegen den Osten. Die Japaner sehen in ihnen die natürliche Verlängerung ihrer größten Insel, Hokkaido. Außerdem sind die Inseln von sowohl wirtschaftlicher als auch strategischer Bedeutung. Das Meer um die Kurilen gehört zu den fischreichsten Gewässern der Welt. Außerdem friert es aufgrund warmer Strömungen im Winter nicht zu und stellt daher einen sicheren Transport- und Kommunikationsweg dar.

Sowohl Russen als auch Japaner behaupten von sich, die »Ersten« gewesen zu sein, die diese Inselkette entdeckt hätten, und begründen damit ihre Besitzansprüche. In Wirklichkeit waren die Kurilen jahrtausendelang im Besitz eines recht geheimnisvollen Volkes, nämlich der Ainu, die durch die ankommenden »Entdecker« nahezu ausgerottet wurden.

Zur Vermeidung weiterer bewaffneter Konflikte, die bereits mehrere Opfer gefordert hatten, einigten sich Russen und Japaner Mitte des 19. Jahrhunderts vertraglich auf die Ziehung einer Demarkationslinie. Im Vertrag von 1855 wurde diese Linie zwischen den Inseln Urup und Iturup gezogen. Doch schon zwanzig Jahre später wurde ein neuer Vertrag ausgehandelt: Der Zar von Russland verzichtete auf seinen Teil der Kurilen und erhielt dafür den südlichen Teil der Insel Sachalin. Nun gehörte den Japanern der ganze kurilische Archipel – zumindest bis 1945.

In den letzten Kriegstagen, als die Amerikaner Japan bereits in die Knie gezwungen hatten, gingen die Sowjets zum Angriff über. Von ihrem Militärstützpunkt auf der Kamtschatka eroberten sie nach und nach alle Inseln der Kurilen. Innerhalb von drei Jahren wurden die 17 945 Japaner, die damals dort lebten, deportiert. Daher fürchten heute viele Russen auf dem Archipel, dass sie vielleicht ein ähnliches Schicksal erwartet.

In größter Sorge über ihre weitere Zukunft haben die Einwohner der Insel Shikotan (29 Kilometer lang, 9 Kilometer breit) bereits 500 Container geordert, um ihren Hausrat aufs Festland zu transportieren. »Wir sind doch nur Bauern im internationalen Spiel

Gorbatschows«, sagt eine Arbeiterin in der Fischfabrik von Krabozavodsk, dem »Ort der Krebse«. Über die Hälfte der Bevölkerung aber hat auf dem Festland keine Heimat mehr. »Wenn sie uns von hier fortjagen, werden wir das Heer der zahllosen Bettler in der Sowjetunion verstärken«, sagt Wladimir, ein Arbeiter, der vor 38 Jahren in Shikotan geboren wurde.

Die Sorge um die Zukunft wird nur zum Teil von der Hoffnung auf die Prämien gemildert, welche die Japaner vielleicht als Anreiz zur Umsiedlung bezahlen werden. In den zwei Städtchen der Insel kursieren die seltsamsten Gerüchte. Manche glauben, dass die Japaner jeder russischen Familie einen Fernseher, ein Videogerät, einen Kühlschrank und vielleicht sogar ein Auto überlassen werden. Andere wiederum fürchten, dass die Prämien direkt an Moskau bezahlt werden, sodass für sie keine Kopeke übrig bleibt. Hin und wieder hofft auch einer, dass er unter neuer Verwaltung bleiben kann. »Ich bin kräftig. Die Japaner werden Leute wie mich brauchen«, sagt ein junger Russe. Und ein anderer gibt zurück: »Unter den Japanern würden wir sicher besser leben. Aber dann sind wir Knechte.«

Während die Einwohner von Shikotan den Veränderungen mit Sorge entgegenblicken, rechnet man in Nemuro, einem japanischen Städtchen auf Hokkaido, schon aus, was das Land auf den Inseln jetzt wohl wert ist. In Nemuro leben viele Japaner, die 1948 von den Kurilen verjagt wurden, sowie deren Nachkommen. Nach japanischem Recht sind sie immer noch Eigentümer ihrer Grundstücke. Einige Immobilienmakler machen bereits interessante Angebote für die ersten Entwicklungsprojekte, die entstehen sollen, sobald die Fahne der aufgehenden Sonne wieder über dem Archipel weht.

Das aktuelle Kurilenproblem ist eigentlich eine Folgeerscheinung der Jalta-Konferenz. Damals war Nazideutschland bereits besiegt, und die Amerikaner wollten die Sowjetunion dazu bewegen, sich im Krieg in Asien gegen Japan zu engagieren. Stalin erklärte sich einverstanden, falls man ihm den südlichen Teil Sachalins, den die Russen im Krieg von 1905 an die Japaner verloren, und die gesamten Kurilen zusagen würde. Roosevelt akzeptierte. Japan selbst verzichtete im 1951 geschlossenen Friedensvertrag mit den Vereinigten Staaten auf »alle Rechte und Forderungen an den Kurilen-Inseln«. Nur wenige Jahre später »entdeckten« die Japaner plötzlich, dass nicht alle Inseln des Archipels »Kurilen« genannt werden, und so wurden die vier südlichen Inseln zu den »nördlichen Territorien«, die aus japanischer Sicht von den Sowjets »widerrechtlich besetzt« wurden.

Im Jahr 1956 bot Chruschtschow, der auf einen Friedensvertrag mit Japan hoffte, der Grundbedingung für eine Weiterentwicklung Sibiriens war, Tokio die Rückgabe der beiden Hokkaido am nächsten gelegenen Inseln an, Shikotan und Habomai. Japan nahm an und unterzeichnete einen Vorvertrag, doch dann verstrich Monat um Monat, ohne dass Tokio den eigentlichen Vertrag unterzeichnete. Moskau war hingegen überzeugt, dass endlich eine Lösung gefunden war, und traf alle Vorkehrungen für die Rückgabe der beiden Inseln. Ende 1956 zog die Rote Armee aus Habomai ab und ließ den 1700 Russen, die noch dort lebten, vier Monate, um ihr Bündel zu schnüren. »Man sagte uns, dass es keine Krebse mehr gebe und die Fabrik schließen müsse«, erzählt Wladimir Prokofjew, der 1946 als »Pionier« hierher gekommen war. »Unser Leben war hart. Das Schlimmste waren die Einsamkeit und der Mangel an frischem Obst und Gemüse. Der Alkohol war unser einziger Zeitvertreib«, erinnert er sich.

Als die letzten Russen 1957 von Habomai weggingen, nachdem sie zwölf Jahre auf der Insel gelebt hatten, wurden die Häuser dort immer noch mit Kerosin erhellt. Zu den Gebäuden, die die Japaner damals errichtet hatten, waren nur zwei neue hinzugekommen. Seitdem ist Habomai unbewohnt. Die einzigen Anzeichen einer einstigen Besiedlung sind die riesigen Haufen von Krebsschalen, deren Fleisch die Fabrik in Dosen füllte. Zwischen diesen Krebsgehäusen halten heute vierzehn Sowjetsoldaten Wache über die gespenstische Einsamkeit der Insel.

Das Anziehendste an den Kurilen sind zweifellos ihre Bewohner. Stark, herzlich, von unglaublicher Wärme und ein bisschen verrückt. Die Inselrussen, die so lange Jahre in diesem fernen Grenzgebiet verbracht haben, sind fast eine eigene Rasse geworden. »Sag mir, wer dir den Arm gebrochen hat, und ich geh hin und sorg dafür, dass ihm dasselbe passiert«, ruft mir ein junger Arbeiter zu, den ich noch nie im Leben gesehen habe, als er meinen Gips erblickt, das Resultat einer Schlitterpartie auf dem Eis, das zu dieser Jahreszeit die Inseln bedeckt.

Im Winter peitschen eisige Winde die Kurilen, im Sommer verpesten gigantische Mückenschwärme die Luft. Jeden Tag bebt die Erde, und das eben noch friedliche Meer erhebt sich zu einer gewaltigen Springflut, weil am Meeresgrund ein Vulkan ausbricht.

Die Menschen, die vom sowjetischen Festland hierher gekommen sind, die meisten schon 1945, einige auch später, haben gelernt, mit dieser unvorhersehbaren Natur zu leben und sich auf ihre eigenen Kräfte zu verlassen. Im Kontakt mit der Natur wachsen die jungen Leute zu gesunden und robusten Zeitgenossen heran. Was sie mit der Zeit mürbe macht, ist die schlechte Ernährung. Viele verlieren schon bald die Zähne und bekommen billige Gebisse, mit denen ihr Lächeln aussieht, als sei es aus Eisen gegossen.

Seitdem Moskau Herr über die Kurilen ist, hat es die Inseln ausschließlich als Rohstoffquelle betrachtet, ohne sich groß um die Lebensbedingungen der »Pioniere« zu kümmern, die dort ihrer Arbeit nachgingen. Die Infrastruktur der Insel ist nur dürftig ausgebaut. Wenn man von den Parteigebäuden absieht, die alle in Ziegelbauweise ausgeführt sind und sogar einen richtigen Gehsteig aus Zement vor dem Eingang haben (nur hier versinkt man nicht hoffnungslos im Schlamm!), hat die sowjetische Regierung ziemlich wenig zuwege gebracht.

Es gibt keinen regelmäßigen Fährverkehr zwischen den Inseln. Um von Kunašir nach Iturup zu gelangen, zwei Inseln, die eigentlich nur von einem 30 Kilometer breiten Meeresarm getrennt sind, musste ich tausend Flugmeilen hinter mich bringen, zuerst nach Južno-Sachalinsk und von dort aus wieder zurück auf die Kurilen. Öffentliche Verkehrsmittel auf den Inseln existieren nicht, die Menschen haben sich daran gewöhnt, die 15 Kilometer zwischen Kurilsk und Redejwo zu Fuß zu gehen, auch wenn man dabei mitunter auf Bären stößt. Der Fußmarsch von Južno-Kurilsk bis Golownino dauert einen ganzen Tag.

Golownino ist eine der traurigsten Siedlungen auf der Insel Kunašir. Unter den Japanern zählte diese Hafenstadt noch 5000 Einwohner. Heute leben dort gerade einmal 240 Russen. Golownino liegt auf der Japan zugewandten Seite der Insel, und so haben die Einwohner einen – illegalen, aber genialen – Weg gefunden, mit den Japanern Waren auszutauschen. Wenn die Russen etwas brauchen, werfen sie ihre Netze im Meer aus. Beim Einholen zappeln darin aber nicht etwa Krebse, Tintenfische oder Krabben. Die haben sich schon die Japaner als Bezahlung für ihre Waren herausgeholt. Dafür sind die Netze jetzt prall gefüllt mit Fernsehapparaten, Bierkästen oder Kosmetika, alles wasserdicht in Plastik verpackt. Und zu Weihnachten haben die Japaner den Russen Geschenkpakete mit Kartoffeln und Fertigsuppen geschickt. »Wir haben die Kartoffeln zu gleichen Teilen an die Familien verteilt. Jede hat sieben Kartoffeln bekommen. Doch wir essen sie nicht, sondern bewahren sie als Saatgut für das nächste Frühjahr auf«, sagt der Bürgermeister.

»Ich bin Russe und stolz darauf, dass ich zu einer Rasse gehöre, die die Welt erzittern ließ, wenn sie mit dem Fuß aufstampfte. Heute schäme ich mich, dass ich diese Kartoffeln als Geschenk annehmen muss. Wo sind wir nur hingeraten?«, fragt sich Wladimir Kuznitow, 53 Jahre, ehemaliger Journalist aus Tula in Zentralrussland, der vor zwanzig Jahren hierher verbannt wurde, weil er etwas Unliebsames geschrieben hatte, und seitdem als Maurer arbeitet. Als er von dem ungewöhnlichen Besucher hörte, lud er mich sofort ein, mit ihm eine Mahlzeit aus »illegalem Fisch« zu teilen. Unsinnig, aber wahr: Da sämtliche Meeresfrüchte und Fische dem Staat gehören, gilt privater Fischfang als Diebstahl, und die Inselbewohner dürfen nicht einmal ein Ruderboot besitzen.

Zentralismus, Bürokratie und fehlende Privatinitiative haben die Wirtschaft auf den Kurilen noch stärker gelähmt als im Rest der Sowjetunion. Eben weil die Bewohner dieser Inseln Pioniere in einem unberührten Land waren, hätte der Staat ihnen mehr Freiheiten einräumen müssen. Nur so hätte ihr Pioniergeist sich entwickeln, ihre Phantasie neue Lösungen ersinnen können. Stattdessen hörten die Pioniere aus Moskau von Anfang nur: »Ihr habt nur den Fisch in Dosen zu verpacken, den Rest übernehmen wir.« Anfangs ging auch alles gut: Die Inseln wurden mit Konsumgütern und Lebensmitteln reichlich beliefert. Doch allmählich blieben die Lieferungen aus, die Läden wurden immer »pornographischer«, wie die Leute hier sagen, weil »die Regale ja immer nackt sind«.

Das offenkundige Scheitern des kommunistischen Systems auf den Inseln schlägt sich in der Meinung der Inselbewohner zum Thema »Rückerstattung an Japan« nieder: »Was die Sowjets zustande bringen, haben wir ja gesehen. Nun warten wir mal ab, was die Japaner vorhaben«, sagt eine der Verkäuferinnen in der einzigen Buchhandlung von Kunašir, die bei der Volksabstimmung am 17. März für die Rückgabe gestimmt hat.

Die Wahrheit ist, dass diese Inseln, die »mit Blut erobert« wurden, wie Stalin dies einmal ausdrückte, Tag für Tag von den Verlockungen des japanischen Wohllebens zurückerobert werden. Der Fotokopierer im Büro des Bürgermeisters von Južno-Kurilsk stammt aus Japan sowie der große, gelbe Kran, der im Stadtzentrum steht. Jeden Tag heften die Bewohner der Kurilen ihre Augen auf die stummen Bilder des japanischen Fernsehprogramms, das man hier leicht empfangen kann, wenn auch ohne Ton. Und das Meer spült täglich an ihre Küsten die Hinterlassenschaften einer Konsumgesellschaft, die der Sozialismus nicht zu schaffen vermochte. So ist es mittlerweile ein beliebter Zeitvertreib, am Strand spazieren zu gehen, um Dosen und Plastiktüten aus Japan zu sammeln: Treibgut aus einer anderen Welt.

Neben den rostigen Schiffen im Hafen von Kitawo auf der Insel Iturup liegen zwei funkelnde, moderne Fischerboote. Auch sie kommen aus Japan. Sie wurden im Dezember beschlagnahmt, weil sie in sowjetischen Hoheitsgewässern fischten. Eine Kooperative ortsansässiger Fischer hat sie vom Staat ersteigert, und nun versuchen ein paar von allen bewunderte russische Matrosen, das elektronische Ortungssystem in Gang zu bringen, das die Fischbänke in der Tiefsee von selbst aufspürt.

Von den vier Inseln, auf die Tokio Anspruch erhebt, ist Iturup die, welche am weitesten von Japan entfernt liegt. Auf Iturup spielt das Militär die Hauptrolle. Die einzige Stahlbetonkonstruktion des gesamten Archipels steht hier, entlang der Walbucht. Eine Flugzeugpiste, auf der ständig die Mig 23 der sowjetischen Luftwaffe landen oder abheben. Auch die Japaner besaßen dort einen großen Militärstützpunkt. Die warmen und kalten Strömungen in dieser Meeresregion erzeugen eine dauerhafte, dichte Nebelwand. Hinter dieser verbargen die Japaner 1941 die gigantische Flotte, mit der sie dann Pearl Harbor angriffen.

Heute befindet sich auf Iturup eine der modernsten Luftwaffenbasen des gesamten asiatischen Verteidigungsrings. Von hier aus hat die sowjetische Luftwaffe den ganzen Pazifik unter Kontrolle. Und so liest man in der japanischen Presse immer wieder, dass auf Iturup Raketen stationiert seien und Atomwaffen gelagert würden. Die Sowjets leugnen dies und behaupten, ihre militärische Präsenz auf den Kurilen diene ausschließlich dem Zweck der Selbstverteidigung.

Wie groß die Streitmacht der Sowjets auf den Kurilen auch immer sein mag (man spricht von 20 000 Soldaten), für jeden, der die Inseln bereist, steht außer Zweifel, dass das Militär das Inselreich beherrscht. Das Militär ist es, das die Inseln in diesen Schleier von Geheimnis hüllt, der es den Bürgermeistern der Städte sogar verbietet, exakte Bevölkerungszahlen herauszugeben. Und das Militär wünscht, dass ein Besucher wie ich – hört, hört – zu den heißen Quellen geführt wird, auf die man dort so stolz ist, aber natürlich nachts, damit er die Militäranlagen der Umgegend nicht sieht.

Für Moskau sind die Kurilen strategisch nach wie vor wichtig. »Wenn wir den Japanern die vier Inseln zurückgeben, die sie gerne haben möchten, schlagen wir eine Bresche in den gesamten Archipel«, sagt Michail Bugaew von der Tageszeitung *Freies Sachalin*. »Das Ochotskische Meer würde seinen Seencharakter verlieren, und wir müssten Milliarden von Rubeln ausgeben, um die sibirische Küste zu schützen.« Dass Gorbatschow das anstrebt, ist wohl eher unwahrscheinlich. Er würde wohl höchstens Shikotan und Habomai anbieten, da die beiden anderen – Iturup und Kunašir – genügen würden, um die Kette zu schließen.

Problematisch dabei ist, dass viele Russen leidenschaftlich dagegen sind, auch nur einen Meter nationales Territorium aufzugeben. Michail Wysokow, ein Historiker vom Museum Južno-Sachalinsk, drückt dies so aus: »Es stimmt schon, dass wir den Japanern diese Inseln mit Gewalt entrissen haben, aber das ist noch lange kein Grund, um sie jetzt zurückzugeben. Vor 400 Jahren war Russland noch ein kleines Land, heute ist es ein Imperium von 22 Millionen Quadratkilometern. Fast alles davon haben wir auf die eine oder andere Weise erobert. Sollen wir deshalb jetzt alles zurückgeben?«

Die Japaner hingegen begründen ihren Anspruch auf die Kurilen historisch und betonen, dass sie schließlich 150 Jahre lang dort gelebt hätten. Und das stimmt. Aber inzwischen haben auch die Sowjets dort ein Stück Geschichte geschrieben: eine Geschichte der Mühen, die mittlerweile schon ein halbes Jahrhundert andauern. Wenn diese Inseln nun an Japan zurückgegeben werden, werden sie ein weiteres Beispiel für die unglaubliche Verschwendung im Sozialismus sein: Verschwendung von menschlicher Kraft vor allem, Verschwendung dieser wunderbaren, russischen Menschen, denen nach Jahren harter Arbeit in diesem Grenzgebiet nur eines bliebe: ihr melancholisches, eisenbewehrtes Lächeln.*

---

* Trotz des Zusammenbruchs der UdSSR und der Auflösung der Sowjetunion gehören die Kurilen auch heute noch zu Russland.

Da ich für ein Wochenmagazin schrieb, musste ich nicht ständig die pausenlos von den großen Nachrichtenagenturen übermittelten Meldungen verfolgen. Wenn ich zweimal täglich BBC hörte, genügte das normalerweise. Indien fiel damals noch nicht in mein Ressort. Trotzdem eilte ich hin, so schnell ich konnte, als ich folgende Meldung hörte ...

Rajiv ist tot

Sriperumbudur (Indien), 23. Mai 1991
Indien stürmt auf den Reisenden ein, es packt ihn an der Gurgel, schlägt ihm auf den Magen. Nur eines tut es nie: ihn gleichgültig lassen.

Ich bin in diese Stadt im Süden Indiens gekommen, um den Weg Rajiv Gandhis abzuschreiten, den er zu seiner Verabredung mit dem Tod nahm. Als Erstes fällt mein Blick auf eine Frau in einem roten Sari mit goldener Bordüre, die mit bloßer Hand die Fladen der zahlreichen Büffel von der leeren Straße aufsammelt: Das ist Indien, wie es immer war, ein armes Land.

Ich bin hierher gekommen, weil ich der Frage nachgehen wollte, was von dem einstigen Indien, Inbegriff von Pazifismus und Toleranz, geblieben ist. Doch sobald der Wagen, den ich gemietet habe, sich in Bewegung setzt, kommt auch schon eine Gruppe junger Männer mit Stöcken auf mich zu und versucht, mich aufzuhalten: Das ist Indien heute, ein Land voller Gewalt.

Da fällt mir ein altes Buch ein mit rosarotem Umschlag, eine italienischsprachige Sammlung der Reden Mahatma Gandhis mit dem Titel *Le parole come pietre* (Worte wie Steine). Kurz vor seinem Tod hatte der Mahatma, der selbst ermordet wurde, gesagt: »Sobald wir frei sind, werden wir alle Tränen in den Augen der Menschen trocknen.« Die Freiheit kam vor mittlerweile 44 Jahren, doch der Tränen ist es in Indien scheinbar noch lange nicht genug.

In Sriperumbudur schluchzen die Frauen in dunklen Ecken. Die

Männer stehen schweigend im Schatten großer Bäume. Sriperumbudur ist ein kleines Bauerndorf an der Straße von Madras nach Bangalore. In den Reihen strohgedeckter, weiß getünchter Häuser ist das Leben zum Erliegen gekommen. Der Marktplatz liegt verlassen, die Geschäfte haben geschlossen. All die Alltagsgeräusche sind verstummt. Nur die Vögel pfeifen noch voller Vergnügen von den Wipfeln der Zuckerpalmen.

Jahrhundertelang duckte sich Sriperumbudur in die ockerfarbene Ebene 42 Kilometer von Madras entfernt, mitten im Herzen von Tamil Nadu, der »einladendsten Provinz Indiens«. Jahrhundertelang drehte das Rad des Lebens sich unverändert fort für ein paar tausend Inder, die dort ihre trockenen Felder bestellten, die mageren Kühe molken und Generation um Generation zum Wasserbecken nahe dem Tempel pilgerten, um das grünliche Wasser zu trinken oder sich damit zu waschen.

Dann kam plötzlich letzten Dienstag Rajiv hierher, und Sriperumbudur betrat mit einem Mal den Schauplatz der Geschichte. Hier zerriss eine mysteriöse, aber heftige Bombenexplosion das dynastische Band der Familien Nehru-Gandhi, das die indische Politik ein halbes Jahrhundert lang geprägt hatte. Hier in Sriperumbudur wird Indien vielleicht seine Stabilität verlieren.

»Warum hier? Nun werden sich die Menschen nur aus diesem Grund an uns erinnern. Warum nur?«, fragt sich Krishan, der Elektriker, der die mehr als hundert Lampen installiert hat, die Rajivs Weg zum Podium hätten erleuchten sollen. Von dort aus hätte der ehemalige Premierminister eine kurze Wahlrede halten sollen. Offenkundig hatte Rajiv auf seiner Wahlkampagne nur deshalb in Sriperumbudur Halt machen wollen, weil er hier schon einmal gewesen war. 1986 hatte er am Ort eine Statue seiner Mutter Indira eingeweiht, aber die Menschen hier reden mittlerweile nur noch vom »Schicksal« und sehen in allem, was davor geschah, ein Zeichen.

An jenem Abend war Rajiv mit seinem Zeitplan in Rückstand geraten, sodass der letzte Teil der Reise eigentlich gestrichen werden sollte. Doch er wollte sein Programm unbedingt erfüllen, und von dem

Augenblick an, in dem sein kleines, von ihm selbst gesteuertes Flugzeug an der Peripherie von Madras landete, schien sein Weg in den Tod noch einmal alle Stationen seines Lebens auferstehen zu lassen, eines Lebens, das ihn – den Politiker wider Willen – an die Spitze der Kongresspartei und schließlich an die Spitze Indiens geführt hatte.

Er machte in Kathipara Halt, einer kleinen Stadt am Fuße eines Hügels, der dem heiligen Thomas geweiht ist. Die Legende berichtet, dass hier der Apostel den Märtyrertod starb. Rajiv sprach auf dem Marktplatz und erwies dem Standbild Nehrus die Ehre. Am Dorfeingang von Sriperumbudur hielt er von neuem an und legte der silberfarbenen Statue von Indira einen Blütenkranz um. Sein Großvater, seine Mutter: zwei Persönlichkeiten, denen Rajiv seine politische Karriere und damit indirekt seinen Tod verdankte.

Rajivs Traum war es, Jumbojets zu fliegen, nicht etwa, Indien zu regieren. Er wurde in dieses Amt gezwungen, weil Indira ihre politische Macht wie in Erbfolge in den Schoß der Familie legte. Da der erste Sohn ums Leben kam, positionierte sie den zweiten in vorderster Linie. Sie selbst hatte ihre Macht ja von ihrem Vater Nehru übernommen und andere verdrängt, die ihr an Intelligenz, Bildung und Erfahrung überlegen waren. Ebensolche Schachzüge hatte Gandhi, der Mahatma, verhindern wollen. Noch in den Jahren der Kampagne gegen die englische Kolonialherrschaft hatte Gandhi immer wieder betont, dass die Kongresspartei angetreten war, um die Unabhängigkeit zu erstreiten. Sobald diese erreicht sei, solle die Partei sich auflösen und anderen das Feld überlassen, was das Spiel der Demokratie gestärkt hätte. Doch leider geschah nichts dergleichen, und die Partei wurde zu einer Art Club dynastischer Feudalherren, die immer weniger das taten, was Gandhi gewollt hatte, und gleichzeitig immer korrupter wurden. Als Beweis für diesen wesensmäßigen Mangel an demokratischer Fundiertheit kann wohl die Tatsache gelten, dass die Partei soeben versucht, Sonia, die italienische Witwe Rajivs, zu ihrer Vorsitzenden zu machen. Und ebendiese Pervertierung des demokratischen Parteiengedankens hat Rajiv schließlich zu seinem letzten Auftritt begleitet.

Als Rajiv im Dorf ankam, wartete die Menge bereits seit Stunden auf ihn. Der Marktplatz war zu klein, so hielt man die Veranstaltung auf freiem Feld ab, nahe beim verlassenen Tempel. »Ein schlechtes Omen«, sagen jetzt die Leute, weil dies einst ein religiöser Ort war und dort noch nie eine politische Versammlung stattgefunden hatte.

Man hatte eine rote Matte auf der Erde ausgebreitet, und einige ausgewählte Mitglieder der lokalen Parteiorganisation warteten auf Rajiv, um ihm Blumen zu überreichen. Die Polizei kannte ihre Namen und hatte sie nur flüchtig durchsucht, als sie hinter die Absperrung getreten waren.

»Ich stand in der Reihe, aber als Rajiv an mir vorbeikam, wollte er meine Blumen nicht. Auch die von meiner Schwester nahm er nicht, dann hielt er plötzlich inne«, erzählt mir unter Tränen und langen Pausen Shamthakumari, eine Frau von 28 Jahren. »Ich hörte ein merkwürdiges Geräusch, eine Art ›klick‹ ... dann weiß ich nichts mehr. Als ich versuchte, wieder aufzustehen, lag meine Schwester zu meinen Füßen – ohne Kopf. Und Rajiv, dort, ganz nah – ich sah nur einen Schuh und ein Bein.«

Die Frau erzählt weiter. Die Nachbarinnen hocken auf dem Betonfußboden eines ärmlichen, schmutzigen Hauses und begleiten ihren Bericht mit kleinen Schreien und Seufzern. Jemand holt Bilder der toten Schwester aus einer alten Schachtel und lässt sie herumgehen. »Das war sicher niemand von uns. Es muss jemand von außerhalb gewesen sein«, wiederholt die Frau, und die anderen fallen im Chor ein. Die Polizei ist der gleichen Ansicht. Von den sechzehn Leichen, die man, in Stücke gerissen, auf dem ganzen Feld verteilt fand, konnten fünfzehn identifiziert werden. Der Leichnam einer Frau um die dreißig blieb namenlos.

Die am häufigsten geäußerte Vermutung, die anscheinend auch die indischen Behörden teilen, geht dahin, dass die Frau zu einer Selbstmordeinheit der Tamilischen Tiger gehörte, die auf Sri Lanka für einen eigenständigen Staat kämpfen. Im Augenblick aber gibt es hierfür keine Beweise. Gegen die allgemeine Meinung spräche jedoch die Tatsache, dass Rajiv sich vor drei Monaten mit einem Vertreter der Tiger getroffen hatte und dabei vereinbart worden war, die Vergangenheit endlich ruhen zu lassen. Sicher ist nur, dass der Attentäter, welcher die Bombe nach Sriperumbudur gebracht hat, bereit war, selbst zu sterben.

»Die Frau hatte den Sprengstoff in einem speziellen Gürtel um die Taille gebunden und hat die Bombe erst aktiviert, als Rajiv sich zu ihr beugte«, sagt der örtliche Polizeiinspektor, der noch zwei Tage nach dem Attentat mit einem primitiven Magneten Bombensplitter aus dem Wust an Haarsträhnen, Kleiderfetzen und Plastiksandalen herausfischt, welche die fliehende Menge auf dem Platz zurückgelassen hatte.

»Willkommen bei unserem geliebten Rajiv«, steht immer noch auf einem bunten Transparent. Das Podium ist noch immer geschmückt mit einem lebensgroßen Bild des lächelnden Politikers. »Wir werden nie erfahren, wer ihn getötet hat«, meint Raja, der Chauffeur, der mich hierher gebracht hat.

Auf lange Sicht zählt die Identität der Mörder auch wenig. Rajiv wurde wie seine Mutter ein Opfer des politischen Scheiterns ganz Indiens. Er starb, weil die Versprechen des Mahatma von seinen Nachfolgern nicht eingehalten wurden. Er starb, weil Gewaltlosigkeit in einem Land, dessen Bevölkerung sich in den letzten vierzig Jahren quasi verdoppelt hat, nicht mehr möglich scheint. In einem Land, in dem der Großteil der Menschen seinen Besitz nicht mehr teilen kann, sondern dem anderen das entreißen muss, was dieser zum Überleben braucht.

»In ihnen steckt nur Zorn. So viel Zorn«, sagt Raja, als er auf der Rückfahrt erneut die jungen Leute mit ihren Stöcken und Steinen sieht. Der Asphalt ist bedeckt von den Glassplittern der Autos, auf die sie losgegangen sind. An der Böschung stehen ausgebrannte Lastwagen. Wir jedoch bleiben unbehelligt. Die Fahne der Kongresspartei, die nun auf der Kühlerhaube flattert (Raja hatte sie vom Ort des tödlichen Attentats mitgenommen), scheint uns zu schützen.

Die Jahre in Thailand waren journalistisch gesehen sehr fruchtbar. Der zum Scheitern verurteilte Versuch der Vereinten Nationen, Frieden in Kambodscha zu schaffen, brachte mich häufig nach Phnom Penh, der Ausbruch des Pinatubo ließ mich die Philippinen wiedersehen. Der Auszug der Rohingas, der Muslime Birmas, hielt mich einige Zeit in Bangladesh fest. Der Staatsstreich und das schreckliche Massaker an Zivilpersonen im Zentrum von Bangkok beschäftigten mich zu Hause. Das ganze Jahr 1993 war ich nur in Zügen und Schiffen unterwegs, um einen Flugzeugabsturz zu vermeiden, den ein Wahrsager mir prophezeit hatte.* 1994, als der Posten des Indienkorrespondenten für den *Spiegel* frei wurde, erinnerte man sich in Hamburg daran, dass ich immer gesagt hatte, ich wolle eines Tages dort leben, wo vermutlich alles, was mich an Asien interessiert, seinen Anfang hatte. So bezogen wir im Juni unser neues Domizil: dieses Mal im Zentrum von Neu-Delhi, im ersten Stock eines verfallenen Kolonialgebäudes, das von den Engländern in Kriegszeiten als Unterkunft für ihre Offiziere genutzt worden war.

---

* Dieses Jahr habe ich beschrieben in *Fliegen ohne Flügel,* Frederking & Thaler 2000.

Gegen Ende August erreichten uns aus den zentralindischen Staaten Maharashtra und Gujarat die ersten Nachrichten über den Tod Tausender von Ratten, denen wenig später die ersten Menschen folgten. Bald darauf war das schreckliche Wort in aller Munde: die Pest.
Die Panik breitete sich rasend schnell aus. Die Behörden lassen verkünden, dass hohe Dosen von Tetracyclinen (Antibiotika) die Infektion verhindern können. Aber wenn ich in Delhi bleibe, ist es unmöglich, mir von der Situation ein Bild zu machen.

Die Pest

Surat (Indien), September 1994

Die Pest hat kein Gesicht, doch von nun an werde ich immer dieses Bild von ihr im Gedächtnis tragen: bläuliche Rauchwolken, die langsam von den Abfallhaufen aufsteigen; Kühe, Hunde, Ziegen, Schweine und Raben, die ihre Furcht vor den Flammen überwinden, um ihnen hartnäckig eine Mahlzeit abzujagen; Grüppchen schweigender Männer vor den geschlossenen Fensterläden der Geschäfte.

Ich bin im Taxi nach Surat gekommen, das mich für das Dreifache des normalen Preises die 126 Kilometer vom nächsten erreichbaren Flughafen in Boroda bis hierher beförderte. Wir kommen von Norden her in die Stadt. Es gab weder Kontrollen noch Straßensperren. Der Verkehr verlief normal, doch der Fahrer hatte Angst. »Sie ist in der Luft. Überall ist sie. Wir dürfen nicht anhalten«, murmelte er ständig vor sich hin, während er – wie alle es tun – sich ein Taschentuch vor Mund und Nase hält. Für ihn wie für den Rest der Welt ist Surat das Sinnbild des »schwarzen Todes«, eine Geißel, die man überwunden glaubt, ein Fluch, vor dem es kein Entrinnen gibt. Aber Surat scheint sich schon eine Woche nach Ausbruch der Epidemie daran gewöhnt zu haben, mit dieser unsichtbaren, bedrohlichen Präsenz zu leben.

Supermärkte, Schulen, Geschäfte, Banken und Büros sind geschlossen. Eine Million Menschen – etwa die Hälfte der Einwohner – haben die Stadt verlassen. Nahrungsmittel sind knapp, aber das Leben geht weiter, und die Kinder lassen auf den Flachdächern der armseligen Häuser ihre bunten Papierdrachen in die Luft steigen. Panik herrscht hier nicht. Auch nicht Verzweiflung.

Ich habe mir ein Taschentuch vor den Mund gebunden, meine erste Dosis Tetracycline geschluckt, und schon kommt die Pest auch mir viel weniger apokalyptisch vor, weniger beunruhigend als noch vor wenigen Tagen, da ich in der Ferne von ihr erfuhr. Ich blieb drei Tage lang in Surat.

Die erste Überraschung war, dass der Sensenmann längst nicht mehr so unerbittlich mäht wie vor Jahrhunderten: Die Anzahl der Opfer ist trotz allem begrenzt. Offizielle Quellen sprechen von 51 Toten innerhalb einer Woche. Das ist wohl die Wahrheit, und das Gerücht, die Pest habe hier schon Hunderte von Opfern gefordert, entbehrt jeder Grundlage. Um mir Gewissheit zu verschaffen, habe ich ein paar Stunden an dem Ort verbracht, wohin alle Leichen der Stadt gebracht werden: im Krematorium. Die dreizehn Verbrennungsöfen auf dem linken Ufer des Tapti arbeiten im selben Takt wie immer: Jeder von ihnen äschert dreißig Leichen pro Tag ein und verbraucht dafür bei einer Brenndauer von drei Stunden 150 Kilo Holz. Ziegenherden fressen die Blütenkränze, mit denen die Angehörigen den Leichnam ihrer Lieben schmücken. »Für uns ist dies Normalbetrieb«, sagt mir der Direktor. »Vor einem Jahr gab es die Rassenunruhen, vor zwei Wochen war Überschwemmung, nun haben wir mit der Pest den einen oder anderen Toten mehr, aber der Durchschnitt der Feuerbestattungen ist in etwa gleich geblieben.« In seinem Register hält er Namen und Adresse jedes Menschen, der hier in Rauch aufgeht, minuziös fest. Die Pestkranken kamen alle aus einem einzigen Viertel: aus Ved.

Also begab ich mich dorthin. Während ich mich dem Viertel langsam nähere, frage ich mich, weshalb die Bevölkerung dort nicht evakuiert wurde, waren doch neben der Pest auch noch Typhus und Cholera festgestellt worden. Ved wirkt wie die stinkende, faulige

Wohnstatt eines mittelalterlichen Stammes. Die Geschichte des Viertels illustriert eine der vielen Widersprüchlichkeiten des modernen Indien. Bis vor fünfzehn Jahren war Ved einfach ein Sumpfgebiet. Dann wurde Surat zum Zentrum der Textilindustrie und Diamantverarbeitung, aus Ved hingegen wurde ein gewaltiger Schlafsaal für die zugewanderten Fabrikarbeiter.

Der Grund für diese Entwicklung ist leicht erklärt: In Bombay waren mittlerweile die Gewerkschaften zu stark. Die Eigentümer der Fabriken hatten daher beschlossen, die Produktion hierher zu verlagern, wo es keine gewachsene, politisierte Arbeiterschaft gibt. Und so ergoss sich ein Strom von einer Million junger Leute aus den ärmsten Provinzen Orissa und Andhra Pradesh auf Arbeitssuche in die Stadt Surat. Bauspekulanten zogen eine Ansammlung von Betonschachteln ohne Wasser und Kanalisation in die Höhe. In Zimmern von 2 auf 3 Metern lebten bis zu zehn Personen. Da eine Schicht zwölf Stunden dauerte, konnten sich immer fünf Arbeiter zum Schlafen hinlegen, während die anderen in der Fabrik waren. Für wahre Hungerlöhne (von 0,75 bis 1,50 Euro pro Tag) produzierten die jungen Leute (manche davon noch Kinder) die Konsumgüter der Luxuswelt: Brokatstoffe mit Gold- und Silberfäden und 60 Prozent der indischen Diamantproduktion.

Vor zwei Wochen trat der Tapti über die Ufer. Das ganze Viertel wurde überschwemmt. Die elenden Betonhütten waren 1,5 Meter hoch mit stinkendem Schlamm gefüllt, in dem all die Tiere verendeten, die für gewöhnlich ein indisches Stadtviertel bevölkern: Ratten, Schweine, Hunde und Kühe. Ihre Kadaver lagen, umgeben von Fliegenschwärmen, tagelang auf der Straße.

Und dann brach die Pest aus. Am Sonntag, dem 18. Dezember, wurden drei junge Arbeiter aus Ved mit Atemproblemen ins Krankenhaus von Surat eingeliefert. Wenige Stunden später waren sie tot. »Wir dachten, es handle sich um eine akute Lungenentzündung«, erzählt mir ein junger Arzt, der zu jener Zeit Dienst hatte. »Dann kamen andere mit denselben Symptomen, aber erst am Mittwoch hatten wir den Beweis, dass es wirklich die Pest war.«

Die Nachricht verbreitete sich wie der Blitz in Surat – zusammen mit absurden Gerüchten wie zum Beispiel, dass das Wasser vergiftet worden sei. Und schon begann der Exodus. Die Ersten waren jene, die Familie und Gepäck einfach ins Auto laden konnten, also die Reichen, die Ärzte und Apotheker und einige hohe Beamte der Stadtverwaltung. Am Donnerstag, dem 22. Dezember, war Zahltag in den Fabriken. Nachdem sie ihre Hand voll Rupien abgeholt hatten, verschwanden auch die Arbeiter von Ved in ihre Heimatprovinzen. Das Viertel war nahezu ausgestorben. In den Krankenhäusern wurden immer mehr Patienten mit Pestsymptomen eingeliefert. Ein paar hundert ließen sich von den Ärzten untersuchen und suchten dann das Weite.

Am Freitagabend begannen die städtischen Behörden endlich, in der Stadt DDT zu versprühen und tonnenweise Kalk vor die Häuser zu kippen. Millionen und Abermillionen von Tetracyclinkapseln wurden verteilt. Aus Radios, Fernsehern und auf Lastwagen montierten Lautsprechern wurde die Bevölkerung darüber aufgeklärt, wie diese einzunehmen seien: eine Kapsel à 500 Milligramm alle sechs Stunden. Die ganze Stadt scheint mittlerweile damit ausgerüstet zu sein. Mehrfach hat mir einer meiner Gesprächspartner ganz stolz seine Dosis gezeigt, als sei sie ein besonderer, wunderbarer Schatz. Und Wunder wirkt das Tetracyclin vielleicht wirklich. Die Zahl der Todesfälle ging augenblicklich zurück. Letzten Samstag waren es noch sechs, dann starb etwa einer pro Tag, gestern gab es überhaupt keinen Toten.

»Die Leute sterben einfach anderswo«, sagt mir einer der Krankenhausärzte. »In ihren Heimatdörfern zum Beispiel, wo es weder Kontrollen noch Behandlung gibt.« Die Nachrichten über Patienten, die mit Pestsymptomen in den Distriktkrankenhäusern von Gujarat sowie anderer Provinzen (einschließlich Bombays und Delhis) auftauchen, scheinen ihm Recht zu geben. »Die Behörden hätten die Stadt abriegeln müssen, damit niemand hinauskann«, meint er.

Aber wäre das denn überhaupt möglich gewesen? »Um zwei Millionen Personen hier festzuhalten, hätten wir zwei Millionen Soldaten gebraucht«, meint der Chefredakteur der Tageszeitung in Surat. »Es hätte einen Aufstand gegeben, der sehr viel mehr Opfer gefordert hätte als die Pest selbst. Wir sind eine Demokratie, wir können nicht einfach die Bewegungsfreiheit der Leute einschränken.«

Auch der bekannteste hiesige Dichter, der in Gujarati schreibt, ist der Ansicht, dass es wenig Sinn gehabt hätte, die Stadt unter Quarantäne zu stellen. »Jeder stirbt, wenn seine Zeit gekommen ist.« Er lag in der Hängematte auf seiner Veranda und las *Die Pest* von Camus. Aus seinem Viertel ist keine einzige Familie geflohen.

Jeder in Surat interpretiert die Ereignisse auf seine Weise. Der Dekan der Fakultät für Soziologie ist der Ansicht, die Pest sei einzig und allein das Resultat einer fehlgeleiteten Entwicklungspolitik seitens der Regierung. »Heute trifft man Entscheidungen nicht mehr zum Besten des Volkes, sondern auf Verlangen der Weltbank«, erklärt Professor Jaganath Pathy. »Auf dem Papier klingt es super, wenn Textil- und Diamantindustrie jährliche Zuwachsraten von 20 Prozent verzeichnen können, in Wirklichkeit aber bedeutet das, dass die Bevölkerungszahlen in der Stadt explodieren, dass zwei Millionen Menschen unter hygienischen Bedingungen leben, die für eine Million gerade noch akzeptabel waren, und dass achtjährige Kinder beim Diamantenschleifen mitarbeiten, die mit 25 Jahren dann halb blind sind.«

Die muslimische Gemeinde in Surat rührte sich ebenfalls nicht von der Stelle: »Mit der Pest rächt Allah an den Hindus, was sie uns im letzten Jahr angetan haben«, erklärt mir im Brustton der Überzeugung der Imam der Moschee von Chow Basar. Die Muslime von Surat tragen daher keine Masken und nehmen keine Tetracycline. In gewisser Weise vertrauen sie einfach auf das Wort des Propheten: »Hörst du von einer Stadt, dass dort die Pest ausgebrochen ist, so hüte dich, dorthin zu gehen. Bricht die Pest aber dort aus, wo du lebst, dann lauf nicht weg. Die Gläubigen werden verschont werden.«

Auch die Prostituierten in den aidsinfizierten Bordellen der Mirza-Swami-Straße, die in der Stadtmitte liegt, scheinen keine Furcht zu haben. Sie sitzen vor den Türen ihrer armseligen Behausungen, ohne jenes traurige Lächeln, mit dem sie um Kunden werben, hinter einer Maske zu verbergen.

Surat hat eine grandiose Vergangenheit. Dass die Pest gerade hier ausbricht, scheint auf makabre Weise zu bestätigen, dass die Geschichte sich stets wiederholt. Dieser Hafen war jahrhundertelang eine der Drehscheiben im Handel zwischen dem Orient und Europa. Hier gründete man 1608 die erste Niederlassung der Ostindischen Kompanie und leitete so die Kolonialisierung des Kontinents ein. Und schließlich kamen auch die berüchtigten »schwarzen Ratten« Indiens, welche die Pest in den Mittelmeerraum und dann nach ganz Europa trugen, aus dem Hafen von Surat.

Mit seinen gewaltigen unterirdischen Rattenkolonien war Indien schon zu Beginn der christlichen Zeitrechnung ein Krankheitsherd, in dem die Pesterreger ideale Bedingungen vorfanden. Auch dieses Mal tragen die Ratten die Schuld am Ausbruch der Pest. Ihren Ausgang nahm die Tragödie im August in der Provinz Maharashtra, 500 Kilometer von Bombay entfernt. Dort starben in verschiedenen Dörfern plötzlich die Hausratten. Ein Jahr zuvor war die ganze Region von einem Erdbeben erschüttert worden, das die wilden Ratten, die Überträger des Pesterregers, zwang, ihre unterirdischen Tunnelsysteme zu verlassen und in bewohntes Gebiet auszuweichen. Läuse steckten dann mit dem Pestbakterium die Hausratten in den Dörfern an. Als diese starben, gingen die Läuse auf die Menschen über, woraufhin einige Bauern erste Symptome der Beulenpest zeigten. Die Nachricht brauchte einen Monat, um nach Delhi zu gelangen. Die Pest war schneller. Drei junge Arbeiter aus Surat waren zu einer Hochzeit in eines der betroffenen Dörfer gereist und hatten die Krankheit nach Ved zurückgebracht. Sie waren die ersten drei, die im Krankenhaus starben.

»In Ved fand der Bazillus dann das ideale Ambiente, um sich zu entwickeln«, erklärt einer der jungen Ärzte der Abteilung für Pestkranke.

Natürlich ist der Ausbruch der Pest für Indien ein äußerst peinlicher Vorfall. Gerade jetzt, wo das Land versucht, seiner Halbisolation zu entkommen, wo es wie alle anderen den Weg zu mehr Entwicklung und einer Zukunft nach westlichem Muster beschreitet, wird es von dieser Geißel getroffen, die ein Racheakt der Vergangenheit zu sein scheint. Fakt ist, dass das Land enorme Widersprüche in sich birgt. Seine 900 Millionen Einwohner teilen vielleicht dasselbe Territorium, aber nicht dieselbe Geschichte. Sie leben nicht im selben Raum, nicht in derselben Zeit. Neben jener Bevölkerungsschicht, die bereits Autos besitzt, Kühlschränke, Computer und alle Heilmittel des 20. Jahrhunderts, gibt es – mitunter in direkter Nachbarschaft – jene, die weder Wasser noch Strom haben und wie im Mittelalter leben. Dieser Teil der Bevölkerung wird heute noch ausgebeutet wie die europäischen Arbeiter zu Beginn der industriellen Revolution. Dort hausen die Erreger dieser atavistischen Urangst, die die Pest in uns auslöst.

Erst vor drei Jahren begann Indien, seine Wirtschaft zu liberalisieren und ausländisches Kapital ins Land zu lassen. Sein Ziel ist es, neben China zum neuen, gewaltigen Tiger Asiens zu werden. Die Pest wirft diesen Traum nun um Längen zurück. 15 Kilometer von Surat entfernt liegt Hazira, wo die Regierung ein leistungsfähiges Zentrum für Hochtechnologie aufbauen will. Letzten Sonntag legte ein Schiff dort an und fuhr sofort wieder ab. An Bord alle Ausländer, die zum Arbeiten in die Hafenstadt gekommen waren. Es wird wohl einige Zeit dauern, bis sie sich wieder hierher wagen.

Bombay, die Hauptstadt der Provinz Maharashtra, liegt 223 Kilometer von Surat entfernt und ist das Finanzzentrum des Landes, das Symbol des »neuen« Indien. Bombay wäre gern das Hongkong des indischen Subkontinents. Doch als die ersten Gerüchte über die Pest sich ausbreiteten, brach die Börse dort zusammen. Angesichts dieser Tatsache ist die Regierung natürlich daran interessiert, »diese Pestsache« möglichst herunterzuspielen.

»Die Pest ist eine zwar gefährliche, aber durchaus heilbare Krankheit«, liest man auf den Anschlägen am Bahnhof von Surat. Aber wie lange noch? Die Tetracycline wirken, solange man sie nimmt.

Doch die Läuse und Stechmücken zeigen schon erste Resistenzen gegen DDT. Und mittlerweile haben die Arbeiter des Ved-Viertels sich über das ganze Land verstreut, mögliche Träger eines Erregers, der nur ein paar Tage Inkubationszeit hat.

Die Behörden aber weigern sich einfach, drastischere Maßnahmen zu ergreifen. Und so halten täglich mehr als zwanzig Züge in Surat, das auf der Linie Delhi–Bombay liegt. Es ist nicht leicht, eine Fahrkarte zu ergattern. Daher kampieren Hunderte von Menschen, die die Stadt verlassen möchten, stundenlang in den Wartesälen, bis sie dran sind. Die stickige, übel riechende Luft ist erfüllt von Husten, Niesen und dem Geschrei der Kinder, die ihre weißen Masken nicht mögen. In einer Ecke fächelten zwei Jugendliche ihrem Kameraden, der fiebernd auf dem Boden lag, Luft zu. Niemand wurde kontrolliert, niemand angehalten.

Als der Zug anhält und wie üblich drei Minuten lang stehen bleibt, gelingt es einigen Glücklichen, hineinzuklettern. Ob unter uns, die wir auf dem Weg nach Delhi sind, auch sie ist, kann ich nicht sagen. Denn die Pest hat immer noch kein Gesicht.

Zwei amerikanische Diplomaten werden in Karachi ermordet. Damit betritt Pakistan mit seinen vergessenen kriegerischen Konflikten erneut die Weltbühne. Und so fahre ich für zwei Wochen dorthin.

Pakistan: das Land der Reinen

Karachi, März 1995

Man verspürt unwillkürlich Angst, auch wenn man nicht so genau weiß, vor wem eigentlich. Vor diesen Männern dort, die an die Mauer gelehnt stehen? Vor dem Auto, das an der Kreuzung hält, oder den beiden bis an die Zähne bewaffneten Wachen, die auch etwas ganz anderes sein könnten?

Die Angst ist mittlerweile allgegenwärtig: Jeden Tag gibt es in dieser Zwölf-Millionen-Stadt ein Massaker, ein Bombenattentat, fast täglich wird eine abgehackte Hand zur Warnung in jemandes Garten geworfen. Niemand fühlt sich hier mehr sicher. Die Heroinhändler bewegen sich frei in der Stadt, die Mörder schießen am helllichten Tag, und die Polizei vermeidet tunlichst, sie zu verfolgen. »Wozu sich umbringen lassen?«, sagt der Offizier, der vor zwei Wochen Zeuge wurde, wie zwei Beamte der amerikanischen Botschaft auf dem Weg zum Flughafen getötet wurden, und sich weigerte, den Wagen der Terroristen zu verfolgen.

Eine der wenigen Regeln, die hier noch befolgt werden, ist es, die Lieferwagen von Abdul Sattar Edhi – dem Mann, der in Karachi die Rolle der Mutter Teresa spielt – ungehindert passieren zu lassen. Sie sammeln täglich die Leichen ein. Seit Anfang Dezember letzten Jahres waren es mehr als 500. Mit einem dieser Wagen bin ich durch die Pak Colony gefahren, eines der explosivsten Viertel Karachis, das von mehreren bewaffneten Banden unsicher gemacht wird.

Dabei liegt das Stadtzentrum mit seinen Riesenhotels, mit den Banken, Büros und dem Leben, das immer noch einen Anschein von Normalität bewahrt, nur wenige Minuten entfernt. Doch dann werden die Straßen allmählich leerer, immer mehr Geschäfte sind geschlossen. Sobald wir ins Gewirr der ungepflasterten Gässchen eintauchen, versammeln sich junge Leute um den Wagen und geleiten ihn zu einem verfallenen Haus aus Beton. Die Wände sind von Kugeln durchsiebt, der Fußboden ist blutgetränkt, zertrümmerte Möbelstücke liegen herum und Schuhe. Die Mörder kamen um elf Uhr vormittags und töteten allein im ersten Raum sieben Personen. Ein junger Mann von etwa dreißig Jahren versuchte, sich in einem Brunnen unter dem Haus zu verstecken, schaffte es aber nicht mehr, den Deckel über sich zuzuziehen. Er wurde mit einem Schuss ins Gesicht ermordet. Er ist am schwierigsten zu bergen. Als der Lieferwagen mit seiner Totenlast abfährt, bleibt eine schweigende Menge auf dem Platz zurück. Eine Ziege streckt alle vier Beine in die Luft, auch sie ein sinnloses Opfer der Schießerei. Mir drängen sich eine Unmenge Fragen auf, auf die jedoch niemand eine sichere Antwort zu wissen scheint.

»Es sind augenblicklich wohl vier verschiedene Auseinandersetzungen im Gang«, meint Fazal Qureshi, Chef der pakistanischen Presseagentur. »Der Konflikt zwischen Muslimen, Sunniten und Schiiten, jener zwischen den Drogenbanden, ein dritter zwischen den politischen Parteien und jener zwischen Polizei und Mafia, den wir quasi immer haben. Und dann noch der ganze Rest.« Der »Rest« – das sind sechs verschiedene pakistanische Geheimdienste, die in Karachi mehr als 6000 Leute unterhalten; das sind die Agenten des indischen Geheimdienstes, die Pakistan zu destabilisieren versuchen, um dem Einfluss Pakistans in Kaschmir gegenzusteuern; das sind die amerikanischen Agenten der CIA und der Antidrogeneinheit, die afghanischen, iranischen und saudi-arabischen Spione sowie die Waffenhändler, die hier einen florierenden Markt vorfinden.

Karachi, einer der wichtigsten Häfen Asiens, ist mittlerweile unregierbar geworden, ein gewalttätiges Frankenstein'sches Monster, ein zweites Beirut, das vielleicht sogar den Untergang Pakistans auslösen könnte. Die Ursachen für das, was hier geschieht, sind in der Geschichte zu suchen.

Im Jahr 1947 ließen die Engländer, die ihre Kolonien endlich freigaben, es geschehen, dass Indien sich in zwei Staaten aufspaltete: das eigentliche Indien mit seiner überwiegend hinduistischen Einwohnerschaft und das muslimisch orientierte Pakistan. Das »Land der Reinen«, wie Pakistan wörtlich übersetzt heißt, hatte schon kartographisch einen schlechten Start: Zu deutlich zerfiel es in zwei Rumpfstaaten – einen westlichen mit der Hauptstadt Karachi und einen östlichen mit der Distrikthauptstadt Dhaka. Die beiden Teile liegen Tausende von Kilometern auseinander. Die Teilung führt zu einer Völkerwanderung biblischen Ausmaßes und zu den ersten Pogromen dieses Staates, bei denen Hunderttausende Hindus von Muslimen hingeschlachtet werden und umgekehrt.

Zu dieser Zeit ist Karachi noch eine vergleichsweise kleine Stadt mit nicht einmal 200 000 Einwohnern. Der Einfluss der aus Indien eingewanderten Muslime, die Urdu sprechen, über einen höheren Bildungsgrad verfügen und auch unternehmerisch interessierter sind als ihre lokalen, Sindhi sprechenden Brüder, verändert die Sozialstruktur der Stadt vollkommen. Zwischen den beiden Gruppen entsteht eine latente Spannung, die sich im Laufe der Zeit nur noch verschärft. Die Sindhi nehmen landesweit eine zentrale Machtposition ein. Es gelingt ihnen, Islamabad zur Hauptstadt zu machen, sodass die Einwanderer, die in der weit wichtigeren Stadt Karachi geblieben waren, sich immer stärker diskriminiert fühlen. Die Pakistan's People Party von Benazir Bhutto ist im Wesentlichen eine Sindhi-Partei. Die MQM, die Partei der Urdu-Einwanderer, findet die meiste Unterstützung in Karachi, ist aber nicht in der Regierungsverantwortung. In den letzten drei Jahren wurden Hunderte von Parteimitgliedern vom Militär sowie von den vom Militär unterstützten militanten Gruppen getötet, die der Partei die Kontrolle über die Stadt entreißen wollen. Der Parteichef ist aktuell im Londoner Exil.

Aus dieser Partei, die bei den Einwohnern Karachis auch heute noch sehr populär ist, sind immer wieder Stimmen zu vernehmen, die mehr Autonomie, ja gar die politische Unabhängigkeit für Karachi fordern. Einige träumen gar davon, Karachi zum Freihafen und Finanzzentrum nach dem Vorbild Singapurs zu machen. Sollte es so weit kommen, dann wäre dies ein weiterer Schritt auf dem Weg zur Auflösung Pakistans, die 1971 begann, als das Land während des Unabhängigkeitskrieges seinen »Ostflügel« verlor, der von da an Bangladesh genannt wurde.

Ein weiterer wichtiger Punkt in der aktuellen Geschichte dieses Landes ist der Afghanistankrieg. Die Amerikaner, die von Anfang an Pakistan gegen das prosowjetische Indien unterstützten, machten aus Pakistan den Stützpunkt des afghanischen Widerstandes gegen das Regime in Kabul und die sowjetische Besatzungsarmee in Afghanistan. Tausende und Abertausende von Dollar fließen in das Land, um die Mudschaheddin zu finanzieren, die »Gotteskrieger« und die Koranschulen, in denen sie erzogen werden, um ihren »heiligen Krieg« gegen die Kommunisten zu führen. Karachi ist der Hafen, über den die Amerikaner all das Kriegsmaterial ins Land bringen, mit dem die USA die Widerstandskämpfer versorgen.

Dass viele dieser Waffen auf dem Weg zu ihrem Bestimmungsort verloren gehen, stört Washington nicht besonders. Ebenso wenig wie die Tatsache, dass in den nun waffenleeren Containern, die von der afghanischen Grenze zurückkommen, enorme Mengen Heroin nach Karachi und von dort in die ganze Welt transportiert werden. Jahrelang war es das erklärte Ziel der Amerikaner, die Sowjets in Afghanistan zu besiegen und den Zusammenbruch der UdSSR voranzutreiben. Das Resultat war ein Erfolg auf der ganzen Linie. Der Preis dafür ist jetzt allerdings in Karachi zu zahlen: Etwa 50 000 Maschinenpistolen befinden sich heute in »nichtöffentlichen« Händen, und die Drogenmafia ist so mächtig geworden, dass sie mit den von ihr geschmierten hoch gestellten Politikern alle Parteien kontrolliert, auch das MQM (Mojahir Quami Movement), die Nationale Volksbewegung.

Der amerikanische Sieg in Afghanistan hat zu einer hohen Arbeitslosigkeit unter den »Gotteskriegern« geführt. Hier rekrutieren Geheimdienste und Mafia ihre Handlanger und Agents provocateurs. So sollen jene religiösen Massaker, wie das in der Schiitenmoschee und das, bei dem die Männer zweier Familien drei Stunden lang vor den Augen ihrer Angehörigen gefoltert und dann getötet wurden, in Wirklichkeit gar nicht von sunnitischen Muslimen verübt worden sein. Man sagt stattdessen, dass die Mörder Agenten ausländischer Geheimdienste gewesen seien, die versucht hätten, einen Teufelskreis der Rache in Gang zu setzen, der die Angst in der Stadt lebendig halten würde.

Was den Mord an den beiden Amerikanern angeht, kursiert hier mittlerweile das Gerücht, dass die USA nun das Drogenproblem lösen wollen und Druck auf die pakistanische Regierung ausübten, damit diese den verschiedenen Banden endlich das Handwerk legt. Den Hinterhalt habe man gelegt, weil die beiden Amerikaner keine normalen Botschaftsangehörigen gewesen seien. Und es gibt verschiedene Gruppen, die als Täter infrage kommen.

Die pakistanische Regierung allerdings ist mittlerweile hoffnungslos überfordert. Benazir Bhutto, die vor einigen Tagen Karachi besuchte, versprach der Stadt, alles Menschenmögliche zu tun, um dort die Ordnung wiederherzustellen. Kurz darauf vermeldete die Polizei, es seien 300 Verdächtige festgenommen worden. Doch bereits nach wenigen Stunden hatten die örtlichen Tageszeitungen herausgefunden, dass es sich dabei hauptsächlich um Obdachlose und kleine Drogenkonsumenten handelte. Kurz darauf kam es zu einem neuen Massaker am helllichten Tage.

So ist Karachi die Hauptstadt der Angst. Und es ist kaum vorstellbar, dass diese Angst so schnell Vergangenheit sein wird.

Die Universität des »heiligen Krieges«

Peschawar (Pakistan), März 1995
Die Einfriedung ist aus Lehm. Auch die Häuser, auf die ich einen kurzen Blick erhasche, sind einfache Lehmbauten. Auf dem Schild am Eingang steht »Universität«. Der Taxifahrer aber, den ich gebeten habe, hier anzuhalten, steigt aufs Gas und zeigt mit dem Finger auf einen schwarzen Wagen ohne Nummernschild, der am Straßenrand steht. Hinter den verdunkelten Scheiben sehe ich die schemenhaften Umrisse bärtiger Männer mit Gewehren. »Das sind die Studenten!«, meint er und duckt sich tief hinter das Steuer.

Seine Angst ist berechtigt: Verschiedenen Quellen zufolge lehrt man hier in dieser unzugänglichen, seltsamen »Universität« in der steinigen Ebene zu Füßen des Chirat-Berges in Pakistan, an der Straße nach Afghanistan also nicht Medizin oder Literatur, sondern die Wissenschaft des Terrorismus. Hier, in diesen Lehmhütten, die denen anderer Dörfer aufs Haar gleichen, sollen die Fäden verschiedener Komplotte und Geheimorganisationen zusammenlaufen, welche die Polizei in den westlichen Ländern bisher nicht zu entwirren vermochte. Die Bombe, die vor zwei Jahren im World Trade Center explodierte, und jene, welche beim Papstbesuch in Manila hochging, haben auf jeden Fall mit dieser »höheren Lehranstalt« zu tun: Der Mann, der beides bastelte, machte bei seiner Reise über die Landesgrenzen ganz sicher hier Station.

Bereits der Name der Schule, der in Weiß auf grünem Grund über dem Eingang steht, ist Programm: *Dawat and Jihad* – Willkommen zum heiligen Krieg. Die »Studenten« sind wohl ein paar hundert an der Zahl. Hier werden sie ausgebildet, um für Ruhm und Ehre des Islams in der ganzen Welt zu kämpfen. Junge, militante Muslime, die in den letzten Jahren zwischen diesen Lehmwänden ihren letzten Schliff empfingen, stehen jetzt an der »Front« in Algerien, Tadschikistan, Bosnien, Kaschmir und den Philippinen.

Die »Universität«, die während der sowjetischen Besatzung in Afghanistan gegründet wurde, ist eines der zahlreichen Beispiele dafür, welche Monster der amerikanische Kampf gegen die UdSSR geboren hat. Diese Ungeheuer entfalten heute ein Eigenleben, das weitgehend außer Kontrolle geraten ist.

Um den Kalten Krieg zu gewinnen, ließ Washington es zu, dass die antikommunistischen Gruppen in Afghanistan sich mithilfe des Drogenhandels finanzierten. Heute überschwemmt deren Heroin die gesamte westliche Welt. Washington versorgte diese Gruppen mit Waffen, die mittlerweile auf dem schwarzen Markt von Terroristen aufgekauft werden. Washington spielte die Amme für die Mudschaheddin, die das atheistische Regime in Kabul bekämpften, und züchtete so eine Armee fundamentalistischer Islamisten, die sich nun gegen die prowestlichen Staaten Arabiens, ja gegen den Westen selbst wenden.

»Als die Mudschaheddin zu Kriegszeiten hierher kamen, empfingen wir sie mit offenen Armen«, erzählt der pakistanische Polizeichef in Peschawar. »Sie waren schließlich aus noblen Motiven hier, daher stellten wir keine Fragen.« Zwischen 1979 und 1989 kamen mehr als 25 000 junge Moslems aus den Ländern des Mittleren Ostens und Nordafrika durch Pakistan, um in den *jihad,* den »heiligen Krieg«, in Afghanistan zu ziehen. Da dieser jedoch mittlerweile zu Ende ist, können die meisten von ihnen nicht mehr in ihre Länder zurück, wo sie als »subversiv« gelten. Und so setzt man sie für einen viel weiter gefassten *jihad* ein, den Kampf für die islamische Weltherrschaft. Die »Nordwestgrenze«, wie man diese bergige Region zwischen Pakistan und Afghanistan auch nennt, ist ein ideales Territorium für dieses neue Heer religiöser Fanatiker.

Ein Großteil dieser Gegend mit ihren fünfzehn Millionen Einwohnern und den zweieinhalb Millionen afghanischer Flüchtlinge steht nur der Form halber unter pakistanischer Oberhoheit, da das Land die Gesetze, die im Rest des Landes gelten, dort einfach nicht durchsetzen kann. Im Städtchen Darra zum Beispiel, nicht mehr als 28 Kilometer von Peschawar entfernt, ist in den Geschäften an der Hauptstraße nur eine Ware zu sehen: Waffen. MPs, Pistolen und Bazookas werden dort ganz offen zusammen mit der Munition angeboten. Ein AK-47 kostet gerade einmal 6000 Rupien, etwa 150 Euro. Nicht im Angebot sind die Stinger-Raketen, tödliche Waffen, die ohne weiteres Flugzeuge oder Hubschrauber vom Himmel holen können, indem sie deren Wärmestrahlung folgen. Die Amerikaner hatten den Mudschaheddin einige hundert davon überlassen und bieten nun einige Millionen Dollar für die Rückgabe der nicht gebrauchten. Doch nur wenige tauchen wieder auf. Offenkundig wird auf dem Terroristenmarkt mehr dafür bezahlt.

Die pakistanischen Behörden wissen seit Jahren, dass diese Region Pilgerstätte der verschiedensten fundamentalistischen Gruppierungen ist und dass sich hinter der Fassade der »Universität« sowie verschiedener arabischer Wohltätigkeitsorganisationen Dinge abspielen, die eindeutig terroristisch sind. Doch erst jetzt, nachdem Washington entsprechend Druck ausgeübt hat, geht man das Problem an. Pakistans Lage ist dabei alles andere als beneidenswert. Seit seiner Gründung im Jahr 1947 sucht Pakistan seine nationale Identität im Islam. Daher nutzt jede Regierung den Islam, um an der Macht zu bleiben. Die Fundamentalisten, die vom Iran und anderen arabischen Interessengruppen finanziert werden, nutzten dies, um sich in Pakistan fest niederzulassen. Mit der Zeit haben sie einen so großen Einfluss erlangt, dass es für jeden Ministerpräsidenten, auch für Benazir Bhutto, extrem riskant ist, sich gegen sie zu stellen. Es besteht durchaus das Risiko, dass diese Gruppen sich gegen die Regierung in Islamabad wenden, sie als antiislamisch und als Speichellecker der Amerikaner diffamieren. Die Folge wäre ein heiliger Krieg, um alle westlichen Einflüsse auszurotten und ein orthodox-islamisches Regime einzuführen wie das der Taliban in Afghanistan.

Pakistan ist ein Land, dessen soziale Pole weit auseinanderklaffen. Beherrscht wird es von einer Handvoll Großgrundbesitzer, die Macht und Reichtum gepachtet haben. Diese leben in den Städten, schicken ihre Kinder zum Studium ins Ausland und sind nicht sonderlich religiös, auch wenn sie die Religion zur Legitimation ihrer

Macht nutzen. Die Masse der Bevölkerung hingegen ist sehr traditionalistisch, und die einzig mögliche Erziehung auf dem Land ist die in den Koranschulen. Der Unterricht besteht hauptsächlich darin, immer und immer wieder den Koran zu lesen. Manchmal werden die Schüler dabei an die Bänke gekettet.

In den Koranschulen entstand dann die Gruppe der Taliban, der »Schüler«, fanatischer Islamisten, die nun versuchen, Afghanistan in ihre Gewalt zu bringen. In den Koranschulen wachsen die Guerillakämpfer heran, die in den indischen Teil Kaschmirs eindringen, werden jene militanten Kämpfer groß, die dann an den verschiedenen Schauplätzen islamisch inspirierter »Kriege« in den Kampf ziehen.

Angesichts des scheinbar unaufhaltsamen Vordringens der westlichen Kultur, die mithilfe des Fernsehens sogar in die entlegensten Dörfer jedes Landes gelangt, reagieren viele Gesellschaften feudaler Prägung mit der Rückkehr zu den Sicherheiten der Religion, meist in ihrer radikalsten und reaktionärsten Ausprägung. Dort findet der erstarkende islamische Fundamentalismus seine Wurzeln. Viele Menschen der islamischen Welt sehen in ihm die einzige Möglichkeit, das »Böse«, das aus dem Westen kommt, zu bekämpfen.

Aus diesem Grund ist Peschawar, das schon seit den ersten Jahren des Kalten Krieges Mittelpunkt von Spionageaktionen und politischen Intrigen ist (die U-2, das amerikanische Aufklärungsflugzeug, das jüngst in der UdSSR abgeschossen wurde, startete hier), nun erneut zum Kessel geworden, in dem allerlei geheime Machenschaften brodeln. Jetzt geht es um den westlichen Krieg gegen einen neuen Feind: den Fundamentalismus islamischer Prägung. Aus diesem Grund wimmelt es in Peschawar nur so von Agenten, die nach den Mördern der beiden in Karachi ermordeten amerikanischen Diplomaten forschen. Und von Spionen auf der Suche nach Algeriern, Marokkanern, Yemeniten, Palästinensern, Saudi-Arabern und anderen, die mit einem für 4000 Rupien (umgerechnet 100 Euro) erworbenen pakistanischen Pass durch die Welt reisen und das Wissen anwenden wollen, das sie in den Lehmhütten der Universität für den »heiligen Krieg« erworben haben.

Mittlerweile gab es nur noch wenige Orte auf der Welt, welche die »Zivilisation« mit all ihren »Segnungen« noch nicht erreicht hatte. Einer davon sollte ein vergessener Zipfel Nepals sein.

Mustang: Das verlorene Paradies

April 1995

In einem abgelegenen Tal hinter den schneebedeckten Gipfeln des Himalaya lebt ein König aus einer anderen Zeit. Sein Schloss besteht aus Steinen und Lehm, seine Reichtümer aus Schafen und Pferden. Sein einziger Wächter ist ein Mastino, ein Kampfhund mit rabenschwarzem Fell. Er herrscht nur über 4500 Untertanen, und doch entfacht sein Reich die Phantasie jedes Reisenden, der noch den Mut hat, nach Träumen zu suchen.

»Mustang ist das Land des vollkommenen Glücks, in dem alles, was man wünscht oder braucht, immer zur Hand ist, wo die Untertanen strahlen wie die Sterne und der Geist sich in der Kontemplation des Königs ergeht.« So steht es in den alten Handschriften, die heute in den Gompas verstauben, den buddhistischen Klöstern des Landes.

Ist dies vielleicht das irdische Paradies? Ist dies der mythische Ort, den wir seit Menschengedenken suchen und der uns zu entwischen scheint, sobald wir ihn gefunden zu haben glauben – wie eine Fata Morgana?

Mustang, ein Landzipfel von 3573 Quadratkilometern, liegt im nordöstlichen Teil Nepals, an der Grenze zu Tibet. Aus Tibet stammen seine Menschen, seine Traditionen, seine Religion. 1380 siedelte sich ein Edelmann aus Lhasa hier an, rief sich zum König aus und gründete zwischen diesen beeindruckenden Bergen eine Stadt. Er umgab sie mit hohen Lehmmauern und nannte sie Lo Mantang, »Ebene des geistigen Strebens«.

Der aktuelle Monarch, der 62-jährige Jigme Palbar Bista, ist der 25. Nachkomme des Begründers einer Dynastie, die heute zu den ältesten der Welt gehört. Jeden Morgen steht er vor Sonnenaufgang auf, um eineinhalb Stunden lang zu meditieren. Später tritt er aus dem großen Stadttor aus Holz, seinen »Rosenkranz« in der Hand, und umrundet, unablässig Gebete murmelnd, die Mauern, wie es seine Vorfahren 600 Jahre lang getan haben.

Mustang ist vom Rest der Welt abgeschnitten. Unberührt von westlichen Einflüssen, verharrt das Land in der Unbeweglichkeit der Zeit. Unüberwindliche Berge verhinderten, dass der »Fortschritt« eindringen konnte. Als 1951 Einheiten der chinesischen Volksbefreiungsarmee Tibet überfielen, schloss das winzige Land seine Grenzen nach Norden und wurde Teil des Königreiches Nepal. Auf diese Weise verhinderte es die »Befreiung«, sprich Zerstörung, durch das kommunistische China.

Auch 1959, als die Truppen Mao Zedongs Tibet besetzten, hielten sie an der Grenze zu Mustang inne, um die Souveränität Katmandus nicht zu verletzen. Damals flohen die 6000 Soldaten des Dalai Lama, die Kampa, nach Mustang und versuchten, mithilfe der CIA die Chinesen durch Guerillaaktionen zu schwächen. Dadurch wurde der Zugang zu dieser Region weiter erschwert. Der Schleier des Geheimnisses, der über Mustang liegt, wurde noch dichter.

Der Widerstand der Tibeter gegen Peking endet im Jahr 1974. Der Dalai Lama selbst bat seine treuen Anhänger, die Waffen niederzulegen. Viele taten es und nahmen sich danach das Leben. Und Mustang blieb weiterhin ein verbotenes Land: eines der letzten, eines der faszinierendsten.

In einer Zeit wie der unseren, in der jedes Rätsel gelöst, jedes Geheimnis entdeckt, jeder Zipfel der Erde erforscht ist, weckt die Vorstellung von einem winzigen Königreich, das unzugänglich und unberührt hinter den höchsten Bergen der Welt liegt, allerhand Neugier und Begehrlichkeiten. Und so wurde Mustang zum Symbol der brennenden Sehnsucht des Menschen, sich auch der letzten Herausforderung zu stellen, wie Kipling dies in seinem 1898 verfassten Gedicht »Der Entdecker« beschreibt:

Verborgenes liegt dort. Du musst es suchen.
Suche jenseits der Gipfel.
Jenseits der Gipfel ging etwas verloren.
Es ging verloren und erwartet dich dort. Geh!

Seit jeher vermuten die Religionen und Legenden Asiens im Himalaya das irdische Paradies. Dort soll der mythische Berg Meru liegen, für die Inder das Zentrum der Welt und der Sitz der Himmlischen. Die Chinesen glauben, dort den Jadeberg zu finden, auf den die Acht Unsterblichen sich zurückzogen. Und die Tibeter sehen im Himalaya ihr Shambala, das Land vollkommener Reinheit, aus dem die geheimsten Belehrungen des Buddhismus kommen.

Jahrhundertelang suchten Forscher und Pilger auf den Gipfeln des Himalaya nach diesem verborgenen Land. Viele sind niemals wiedergekehrt. Einige jedoch begriffen auf dem Weg, dass sie einem Phantom nachjagten, dass das Ziel kein physisches, sondern ein spirituelles ist, weil das Paradies in uns selbst liegt. Und doch starb die Vorstellung von einem abgeschiedenen Land hinter den hohen Bergen, in dem Frieden und Glück herrschten, nie ganz aus.

Noch 1933 schrieb ein junger Engländer namens James Hilton ein Buch, das sich auf der ganzen Welt millionenfach verkaufte: *Der verlorene Horizont*. Ein kleines Flugzeug mit drei Männern und einer Frau kommt von seiner Route ab und muss in den schneebedeckten Gipfeln des Himalaya landen. Die vier Passagiere werden in ein Tal gebracht, in dem die Zeit stehen geblieben zu sein scheint. Die Menschen leben dort Hunderte von Jahren, ohne zu altern. In einem tibetischen Kloster werden die geistigen Schätze der Welt aufbewahrt, damit die Welt sie wieder nutzen kann, nachdem der letzte, mörderische Krieg geführt wurde. Hilton nannte diesen Ort »Shangrila«, und seitdem ist dieses Wort in allen Sprachen der Welt zum Symbol für das irdische Paradies geworden.

Auch heute beginnt die Reise nach Mustang in einem kleinen Flugzeug mit vierzehn Sitzen, das von der Piste von Pokhara in Zentralnepal startet und auf den blauen Schatten der Gipfel des

Annapurna zufliegt, als wolle es die Grenzen der bekannten Welt hinter sich lassen. Von der Schönheit der Berge zutiefst erschüttert, schwebt der Reisende in der gigantischen Leere und fragt sich unwillkürlich, ob nicht auch er sich nach Shangrila verirren wird.

Da setzt das Flugzeug plötzlich zum Sinkflug an und landet auf einer lichtüberfluteten Hochebene. Ich bin in Jomoson, dem Ort, von dem aus all jene aufbrechen, die den Annapurna besteigen wollen. »Sei achtsam in dieser zerbrechlichen Welt!« steht auf einem Schild. Es wurde von Umweltschützern aufgestellt, die versuchen, die vom Tourismus verursachten Schäden in Grenzen zu halten. Denn der Tourismus trug in den letzten zwanzig Jahren sicher zur Entwicklung Nepals bei, doch er ist auch für seine Zerstörung verantwortlich.

Im März 1992 öffnete Nepal auf Drängen der internationalen Reiseagenturen die Grenzen Mustangs für Besucher. Eine begrenzte Anzahl von Touristen (anfangs waren es nur 200 pro Jahr) erhielt die Erlaubnis, gruppenweise von Jomoson nach Lo Mantang zu reisen. Dabei dürfen die Wanderer nichts von der Bevölkerung annehmen und müssen alles Nötige selbst mitbringen, von den Nahrungsmitteln bis hin zum Brennmaterial. Alle Abfälle müssen komplett entsorgt werden, und jede Gruppe wird von einem nepalesischen Polizisten begleitet, der darauf achtet, dass man sich an diese Regeln auch hält.

Nach Mustang führen keine Straßen. Man marschiert einen Weg entlang, der durch eine ausgedehnte Kiesebene führt: das trockene Flussbett des Kali-Gandaki, der sich hier im Laufe der Jahrtausende den tiefsten Canyon der Welt gegraben hat. Dann setzt sich der in die Flanken der Berge gehauene Steig fort, vorbei an Schwindel erregenden Abgründen. Er schlängelt sich über Hochebenen und steigt an bis zu den Pässen in 4000 Metern Höhe. Das Wetter ist erbarmungslos. Wir sind morgens in glühender Sonne losgegangen und finden uns nachmittags im dichten Schneesturm wieder.

Der Boden, über den unsere Maultiere und Pferde langsam und bedachten Schrittes wandern, war vor Millionen von Jahren Grund eines Ozeans. Doch das Aufeinanderprallen der indischen und chinesischen Kontinentalplatten hat diese gewaltige Masse aus den Meerestiefen nach oben gepresst und die gewaltige Kette des Himalaya geschaffen. Nur so lassen sich die Korallenbänke erklären, die man heute noch auf den Gipfeln findet, und die geheimnisvollen schwarzen Steine von ungewöhnlich symmetrischer, manchmal absolut vollkommener Kugelform im endlosen Gewirr der grauen Steine. Diese Steine fühlen sich bei Berührung viel kühler an als die anderen, und wenn man sie aufschlägt, finden sich darin Fossilien winziger Meerestiere oder seltsame goldschimmernde Eier, die 100 oder 150 Millionen Jahre alt sind.

Die Natur ist dort von ursprünglicher Schönheit. Rundherum scheinen die Berge sich herabzubeugen, Kuppeln und Türme zu bauen, bevor sie sich in glatten, geschliffenen Wänden verlieren oder wie die Pfeifen einer gewaltigen Zyklopenorgel nach oben streben. In der absoluten Stille, die uns umgibt, in dieser Stille des Kosmos, scheinen wir die ersten menschlichen Wesen zu sein, die nach dem Urknall die Erde erkunden. Nur der Anblick einer winzigen, sandfarbenen Eidechse oder die kaum sichtbare Silhouette eines Reiters auf einem Berggrat erinnert uns daran, dass wir immer noch Teil dieser Welt sind.

Mitunter windet der Saumpfad sich durch das weiße Areal eines Salzplateaus, dann wieder durch schwarze Lavaebenen oder durch einen Engpass aus rostfarbener Erde. Der eintönige, langsame Ritt durch diese Welt vollkommenen Friedens lässt bald ein Gefühl von Leichtigkeit aufkommen, die Erfahrung der eigenen Bedeutungslosigkeit angesichts der großartigen Gegenwart des Göttlichen in der Natur. Plötzlich versteht man, weshalb die Menschen, die seit Jahrhunderten in dieser Landschaft leben, den Wind als den Atem der Berge betrachten, jeden Felsen und jeden Abgrund als Behausung eines Gottes, den es sich geneigt zu machen gilt.

Immer wenn unsere Gruppe einen Pass überquert, werfen unsere tibetischen Führer Steine in die Luft, um die bösen Geister zu verjagen, und rufen aus vollem Hals: »Scho, scho, scho!« So kündigt man den Geistern sein Kommen an. Auf den höchsten Bergkämmen flattern lange Streifen aus dünnem weißen Stoff im Wind, der die pinselgeschriebenen Gebete in den Himmel trägt.

Auf diesem ungewöhnlichen Weg kam der Buddhismus, der ursprünglich aus Indien stammt, nach Tibet. Es war Padmasambhava, der ihn dorthin brachte, »der Lotosgeborene«. Er war ein berühmter Yogi und Magier, der sich im 8. Jahrhundert von Indien nach Lhasa in Tibet aufmachte, wo er mit seinen beiden Ehefrauen lebte. Dabei kam er auch durch Mustang. Er, der den Buddhismus von den Sinnen her interpretierte, sah in der sexuellen Aktivität eine Möglichkeit, zur Erleuchtung zu gelangen. Mit seinen magischen Kräften unterwarf Padmasambhava die Dämonen dieser Berge und machte sie zu Beschützern Mustangs und seiner Religion.

»Schau, dort, das ist das Blut des Ungeheuers, das Padmasambhava tötete.« Der Mann mit den Mulis zeigt auf einen merkwürdigen Streifen roter Erde, der tatsächlich einen Berghang herunterzurinnen scheint. »Und dort sind die Eingeweide!« Damit weist er auf eine lange, niedrige Wand, die sich unerwartet auf einem kahlen Abhang erhebt. Erst als wir daran vorbeireiten, merke ich, dass die Mauer aus Tausenden von Steinen besteht. Auf jedem ist das Mantra aller Tibeter eingeritzt: *Om mani padme hum* – »Ehre dem Juwel in der Lotosblüte«.

Religion und Aberglauben gehören seit jeher zum Alltagsleben in Mustang. Überall sind kleine Steinhaufen zu sehen, welche die Pilger in überwältigender Naivität zu Ehren der Götter am Wegrand aufschichten. Pässe und Täler werden von den Tschörten geschützt, tibetischen Reliquiarien. Am Eingang jedes Dorfes, durch das unsere Gruppe kommt, stehen Reihen kleiner Gebetsmühlen. Weitere finden sich an der Haustür oder an den Brunnen, wo das Wasser sie antreibt. Jede Umdrehung vervielfacht das Gebet, das im Innern der Mühle auf ein Stück Papier geschrieben steht.

Auf einer Anhöhe über dem Dorf Geling erheben sich zwei große, elegante Gompas, die mit ihrer roten Bemalung ebenfalls wie zwei Wachtposten wirken. Die Wände sind von uralten Fresken bedeckt. Auf den Altären reiht sich eine kostbare Bronzestatue an die andere. Darüber hängen Thankas, wertvolle Gemälde auf Seide. In der Festung des Städtchens Tsarang wird immer noch eine alte Handschrift des *Kangyur* aufbewahrt, dem heiligen Buch der Tibeter. Der Text ist in reinen Goldlettern geschrieben, das ganze Buch wiegt 40 Kilogramm.

In der Gompa von Lo Gekar, die zwischen 108 Tschörten auf einem ansonsten unbewohnten Berg liegt, sind die Wände von Hunderten kleiner Steintafeln bedeckt. Auf jeder ist kunstvoll ein Gott eingeritzt. Im Halbdunkel hinter dem Hauptaltar erhebt sich eine wundervolle 1 Meter hohe Bronzestatue von Padmasambhava in inniger Umarmung mit seiner Gefährtin. Diese Gompa ist der älteste Tempel der Region. Die Legende sagt, dass Padmasambhava persönlich hier einige Monate lang lebte.

Je mehr Tage vergehen, umso deutlicher wird, dass diese scheinbar so verlassene Landschaft in Wirklichkeit von zahlreichen »Sixtinischen Kapellen« des Buddhismus belebt wird. In den windgepeitschten Gompas werden Thankas aufbewahrt, die jedem Museum der Welt zur Ehre gereichen würden. Die meisten gehen auf das 14. oder 15. Jahrhundert zurück, das goldene Zeitalter von Mustang, als die Karawanen aus Tibet durch dieses Land zogen, um Salz nach Nordindien zu bringen, und dafür Tribut bezahlten.

Was in Tibet zerstört wurde, was die Chinesen verbrannt oder zertrümmert haben, ist in Mustang intakt geblieben. Hier haben die alten Künste und Traditionen der Tibeter in ihrer ursprünglichen Form überlebt. Wie das mythische Shangrila, so steckt auch Mustang voller Schätze.

Doch ebendiese sind nun in Gefahr. Fünfzehn Thankas sind schon auf mysteriöse Weise aus dem Kloster von Geling verschwunden. Erst ein paar Wochen vor unserer Wanderung durch das Gebiet hat man dort einen Mann gefasst, der mit einer ganzen Kollektion von Fotos antiker Kostbarkeiten unterwegs war. Er gestand, dass ein Antiquar in Kathmandu ihn beauftragt hatte, diese Objekte für ihn zu besorgen. Auf den Kunstmärkten der Welt ist eine Bronze oder ein Thanka aus Mustang mittlerweile so viel wert wie eine ganze Yakherde. So ist die Versuchung groß, vor allem jetzt, wo viele der heiligen Orte verlassen sind.

Die Lamas sind aus den Klöstern verschwunden. In der Küche des alten Klosters von Gami stehen immer noch zwei riesige Eisenkessel, in denen man früher den Reis für tausend Mönche kochte. Heute leben in dem gewaltigen Komplex nur noch zwei alte Lamas. In den Schlafsälen der Klosteranlage von Tsarang haben die Vögel ihr Nest über einem wunderbaren Fresko gebaut. Es zeigt Mara, den Gott des Todes, der das Rad des Lebens in seinen vier Klauen hält, um es zu verschlingen. Das Fresko, das aus dem Jahr 1400 stammt, löst sich langsam auf – wie Hunderte anderer im Land.

Nach fünf Marschtagen zu Fuß und auf dem Rücken der Pferde erscheint plötzlich Lo Mantang inmitten einer von kahlen, gelblichen Hügeln umringten Ebene. Mit ihren drei rot bemalten Gompas, den weiß gekalkten Lehmwänden und den beiden gigantischen Trauerweiden wirkt es immer noch so, wie es wohl zur Zeit seiner Gründung ausgesehen haben mag. Von fern drängt sich der Eindruck auf, endlich im Herzen eines Mysteriums angekommen zu sein, das bisher noch niemand enthüllt hat. Beim Näherkommen blättert die mythische Tünche dann zusehends ab, und der Reisende versteht, worum es eigentlich geht: Es zählt der Weg, nicht das Ziel. Sinn und Zweck des Reisens ist die Reise selbst, nicht die Ankunft.

Die Gruppe hat kaum Zeit, das Panorama der »Ebene des geistigen Strebens« zu genießen, da sie sofort von einer Horde Kinder überfallen wird, die uns die Hände entgegenstrecken und um Geld bitten, um Schokolade und Kugelschreiber. Einige betteln sogar schon fremdsprachig. Ihre Augen sind rot und entzündet, auch die Nase läuft.

Vor dem Stadttor steigen wir vom Pferd. Nur der König hat das Recht, die Schwelle im Sattel zu überqueren. An den Häuserwänden sitzen Frauen, die Wolle spinnen. Einige alte Männer beten, den »Rosenkranz« in Händen. Seit sechs Monaten hat es nicht mehr geregnet, doch die Straßen sind von einer weichen Mischung aus Schlamm und Exkrementen bedeckt.

Im vierten Stock seines Palastes hält der König auf einem Bett aus Teppichen Hof. Den langen Pferdeschwanz hat er um den Kopf gewunden. In den Ohrläppchen trägt er große Türkise. Jeder Fremde, der es bis hierher schafft, wird von ihm persönlich empfangen. Der Tee, den er uns servieren lässt, ist kochend heiß, die Atmosphäre märchenhaft.

In Lo Mantang dreht sich alles um den Monarchen. Mustang verfügt weder über Gesetze noch über Gefängnisse. Der König spricht Recht in jedem Streitfall. Einige Untertanen kommen von sehr weit her, um ihm ihre Auseinandersetzungen um Land oder Wasser vorzulegen. Sein Urteil ist endgültig und unwiderruflich. Er erhält dafür eine Tributzahlung. Umgekehrt teilt er das Saatgut an die Bauern des Landes aus.

Seine Gegenwart schützt die Stadt. Das Dach seines Palastes ist von Schädeln und Klauen toter Tiere übersät. Die Steine, die es bedecken, tragen magische Inschriften oder Bilder von Buddhafiguren in Meditationshaltung. Wenn der König Lo Mantang verlässt, ist es tagelang verboten, einen Besen zu benutzen. Denn beim Kehren könnte man böse Geister aufscheuchen, die ihm möglicherweise auf seinem Weg folgen.

Den Nepalesen, weitgehend Hindus, sind die Bewohner Mustangs mit ihrem buddhistischen Glauben, ihrer Sprache und ihrer Kultur fremd. Ja, schlimmer noch, sie sind Fremde einer niederen Kaste. Das Wort *bhote,* mit dem die Nepalesen die Tibeter bezeichnen, bedeutet »primitiv« und »schmutzig«. Daher rührt ihr mangelnder Respekt gegenüber allem, was tibetisch ist. Dieser aber ist die eigentliche Bedrohung für Mustang: Dieses winzige, vergessene Reich zwischen den Bergen ist das letzte Stück des alten, reinen Tibet. Die aktuelle Politik in Kathmandu richtet sich darauf, es zu »nepalisieren«, dem Land einzugliedern.

Alle Lehrkräfte, welche die nepalesische Regierung nach Mustang schickt, sind Hindus, die kein Wort Tibetisch sprechen. So besteht ihre erste Handlung meist darin, den Kindern in ihren Schulen Hindunamen zu geben. Nicht einmal der Direktor der Schule für junge Mönche in Lo Mantang ist Buddhist. Kathmandu betrachtet Mustang mittlerweile nur noch als Produkt, das man auf dem einträglichen Markt des internationalen Tourismus Gewinn bringend verschachern kann. Daher kommen mittlerweile auch nicht nur die 200 vorgesehenen Gäste nach Mustang, sondern mehr als tausend.

Als meine Reisegruppe in Lo Mantang ankommt, finden wir vor den Toren der Stadt bereits drei andere Gruppen: eine französische in blauen Zelten, eine italienische in grünen und eine deutsche in Igluzelten. Wohin der Blick auch fällt, verfolgen Kinder die Ausländer mit ihren unausgesetzten Bitten.

»Die Öffnung des Landes für den Tourismus ist verheerend. Sie hat hier eine Bettlerkultur geschaffen«, sagt Pushpa Tulal Han zu mir, ein junger nepalesischer Anthropologe, der Mustang liebt und es zum Gegenstand seiner Forschung gemacht hat. »Die Menschen verlieren ihre Identität.«

Da sie bis vor kurzem vollkommen von der Welt abgeschnitten waren, entwickelten die Einwohner Mustangs ein eigenes autarkes Überlebensmodell. Sie erzeugten alles, was sie zum Leben brauchten, aus dem, was ihre Umgebung bot. Als Brennmaterial trockneten sie auf kleinen Rädern die Exkremente ihrer Tiere. Ihre Häuser erhellten sie mithilfe eines pflanzlichen Harzes. Die Erwachsenen nähten sich ihre eigenen Kleider, die Kinder bastelten ihr Spielzeug selbst.

Wurde jemand krank, so legte man zwei rote Steine vor die Tür, damit der Lama kam und eine religiöse Zeremonie abhielt, oder man wandte sich an den *amji*, den Astrologen und Kräuterkundigen, der immer eine Arznei parat hatte. »Jetzt kommen immer weniger Leute zu mir«, berichtet Tashi Chusang, der einzige *amji*, den es noch in Lo Mantang gibt. »Die Heilmittel der Fremden wirken viel schneller. Daher wollen alle sie haben.«

Auch die traditionellen Filzschuhe verschwinden langsam und machen den Sportschuhen nach westlichem Muster Platz, die die ganze Welt überschwemmt haben. Statt der klassisch tibetischen Hüte aus Filz mit den drei Klappen hinten und seitlich tragen die Männer mittlerweile gewöhnliche Baseballmützen, auf denen »Boss« oder »Captain« steht. Auf dem Marktplatz hält ein Mädchen eine Puppe im Arm – mit blauen Augen und strahlendem Blondhaar. Die Jungen spielen mit Plastikflugzeugen, die ein Tourist ihnen geschenkt hat, und machen große Kaugummiblasen.

»In Mustang hat sich in den letzten drei Jahren mehr verändert als in den letzten drei Jahrhunderten. Manchmal kann ich nachts nicht schlafen, wenn ich daran denke, was noch alles geschehen kann«, vertraut mir der König an. »Ich bin nicht gegen den Fortschritt, wenn er unser Leben verbessert. Aber was, wenn er es zerstört? Natürlich möchte ich auch Strom haben, aber nicht fürs Fernsehen. Ich bin sehr gegen das Fernsehen. Es hält die Leute von der Religion ab.«

Aber was kann man tun?

»Ich habe alle Klöster in Mustang gebeten, vermehrt Gebete zu sprechen, aber ich weiß nicht, ob das genügen wird ...«, meint resigniert der Monarch.

Als die Nacht hereinbricht, beginnt der Mastino des Königs, den man auf der Galerie des Palasts festgebunden hat, damit er dort Wache hält, wie ein Verrückter zu bellen. Er bellt seltsame, farbige Schatten an, die durch das Dunkel tanzen. Vor dem Palast, auf dem Platz aus fest gestampfter Erde, hat es der Inhaber des kleinen Ladens geschafft, mithilfe seiner Autobatterie einen Fernseher samt Videorecorder in Betrieb zu nehmen. Davor kauern begeistert Scharen von Kindern und sehen sich einen indischen Film an. »Mittlerweile kennen sie die Namen der Schauspielerinnen in Bombay besser als die ihrer Götter«, erklärt der Anthropologe.

Selbst den Einwohnern Mustangs wird mittlerweile klar, dass das Leben nicht mehr wie früher funktioniert, dass der unvermittelte Einbruch der Fremden das alte Gleichgewicht in ihrer Gesellschaft zerstört hat. Der Wind bläst stärker als früher? Der große Regen kommt zu spät? »Das ist alles die Schuld der Touristen«, sagen sie. »Sie haben die Götter erzürnt.«

In mehr als 600 Jahren sind höchstens ein Dutzend Reisende

nach Mustang gekommen: ein paar italienische Kapuzinermönche, die gegen Ende des 17. Jahrhunderts auf dem Weg nach Lhasa waren; 1899 ein japanischer Mönch und ein paar Gelehrte bzw. Abenteurer wie Giuseppe Tucci in diesem Jahrhundert. Seit 1992 waren es mehr als 1500.

Am Morgen, wenn der König seine Runde um die Stadtmauer macht, die Frauen nach ihm herauskommen, um die über Nacht angefallenen Exkremente der Tiere einzusammeln, stößt jeder, der durch das Stadttor kommt, die riesige Gebetsmühle an, die ebenso hoch ist wie das Tor selbst. Bei jeder Umdrehung schlägt ein Stock an eine kleine Glocke. Dieser silberhelle Ton schwebt lange in der Luft, als würde er langsam immer höher steigen.

Diese Stille genoss ich an meinem letzten Morgen in Lo Mantang, als der zarte Laut plötzlich von einem metallischen Knattern übertönt wurde, das langsam immer näher kam. Es war ein Hubschrauber.

Eine neue Touristengruppe kam an, die sich offenkundig den harten Fußweg hatte ersparen wollen.

Im Frühjahr 1995 bricht von neuem Krieg im indischen Kaschmir aus. Eine Gruppe militanter Islamisten verschanzt sich in einem der heiligsten Tempel der Region. Nach langer Belagerung geht das indische Heer zum Angriff über.

Kaschmir:
Die Hunde kennen die Wahrheit

Sharar-i-sharif (Kaschmir), Mai 1995
Voll Angst schleichen die Hunde durch die Trümmer und schnüffeln hin und wieder an den verkohlten Knochen. Durch das Feuer erblindet, sterben sie vor Hunger, zusammengerollt zwischen den rauchenden Resten dessen, was einst der heiligste Tempel Kaschmirs war. Sie wissen die Wahrheit, und sie sind wohl auch die Einzigen, die nicht lügen würden, doch die Hunde Kaschmirs können nicht einmal mehr winseln.

Seit 1300 erhob sich auf diesem Felsvorsprung inmitten der Himalayagipfel eine elegante Stadt aus gebrannten Ziegeln. Heute sind davon nur noch wenige Häuser übrig. Im Jahr 1460 wurde hier ein Tempel aus dem Holz des Nussbaums erbaut, reich geschmückt mit Intarsienarbeiten. Hierher kamen Hindus und Muslime, um zu beten, hierher brachten sie als Votivgabe den ersten Haarschopf ihrer Söhne. Jetzt stehen nur noch die Steinstufen des Tempels. Alles ist in Rauch aufgegangen, und mit dem Tempel gingen auch die letzten Hoffnungen auf eine friedliche Einigung im Kaschmir-Konflikt verloren. Kaschmir ist der Zankapfel, der seit einem halben Jahrhundert die Beziehungen zwischen Indien und Pakistan vergiftet und nun zum Auslöser eines neuen Krieges zwischen den beiden Nachbarländern werden könnte, die mittlerweile beide Atomwaffen besitzen.

Das Heiligtum von Sharar-i-sharif war Symbol religiöser Toleranz, Sinnbild der möglichen Koexistenz zwischen Hindus und Muslimen. Man hatte es über dem Grab Sheik Nuruddins errichtet. Dieser, ein Anhänger des Sufismus, der mystischen Richtung des Islam, forderte stets Gewaltlosigkeit. Er hat uns Verse hinterlassen, die heute noch das Wesen dieses Landes charakterisieren:

> Gott ist überall und hat tausend Namen,
> da ist kein Blatt,
> das er nicht kennt.
> Wir leben gemeinsam auf dieser Erde,
> weshalb teilen wir nicht Freude und Schmerz?

Dies schrieb Scheich Nuruddin, um seine Landsleute davon zu überzeugen, dass nur die Liebe imstande sei, die Ungläubigen zu bekehren, aber nicht das Schwert. Seine Auffassung war, »dass Hindus von Muslimen nicht getrennt sein dürfen«.

Doch die Brandstifter von Sharar-i-sharif haben diesen Graben noch vertieft. Wer hat den Brand wohl gelegt? Wer wollte dieses Städtchen mit allem, wofür es steht, auslöschen? Die Hunde schweigen. Einige wenige Fakten sind gesichert. Vor zwei Monaten mischten sich etwa fünfzig bis an die Zähne bewaffnete Guerillas der islamistischen Fundamentalisten unter die Pilger von Sharar-i-sharif. Ihr Anführer war Mast Gul, ein angeblicher »Major« der Mudschaheddin, der Afghanistan-Kämpfer. Das indische Heer schickte 3000 Soldaten, die die Stadt umzingelten, doch die indischen Generäle ließen verlautbaren, dass sie nicht angreifen würden, um Opfer unter der Zivilbevölkerung zu vermeiden und das Heiligtum nicht zu zerstören. Diese Pattsituation dauerte Wochen. Und plötzlich ging eines Nachts die ganze Stadt mit dem Tempel, dem Grab Scheich Nuruddins, seinen Handschriften und dem Mantel Fatimas, der Tochter Mohammeds, einer kostbaren Reliquie also, in Flammen auf.

Wer ist für dieses Sakrileg wohl verantwortlich? Die indischen Behörden geben den Guerillakriegern die Schuld. Die jedoch schieben den schwarzen Peter der indischen Artillerie zu. Die Einwohner der Stadt, die sich in die umliegenden Dörfer gerettet haben, erzählen die unwahrscheinliche Geschichte von ein paar Hubschraubern, welche ein brennbares Pulver über der Stadt ausgestreut und dieses dann mit Bomben in Brand gesteckt haben sollen. Erzählt jemand die Geschichte anders, wird er sofort von den Umstehenden korrigiert.

Die Bevölkerung Kaschmirs lebt mit der Angst: Angst vor den Mudschaheddin, die sie »befreien« wollen, Angst vor den Indern, die sie »beschützen« möchten.

»Die militanten Kämpfer waren kaum mehr als dreißig. Alles Söldner aus Pakistan. Wir haben 28 getötet und einen gefangen genommen. Für uns war das ein großer Erfolg«, berichtet General Mohinder Singh, der Kommandant der indischen Truppen, welche die zerstörte und verlassene Stadt besetzt haben. Seine Uniform ist gestärkt, am Turban trägt er einen roten Streifen, trotzdem geht der General barfuß. »Aus Respekt vor dem Heiligtum« zwingt er alle, Soldaten und Journalisten, im Tempelbezirk die Schuhe auszuziehen und mit nackten Füßen über die gefährlichen Trümmer und Glassplitter zu laufen, obwohl der Tempel selbst gar nicht mehr existiert. Eine letzte Heuchelei in einem Krieg, der nicht zuletzt auch mit falschen Tönen und publikumswirksamen Lügen geführt wurde.

Denn für Indien war die Zerstörung von Sharar-i-sharif alles andere als ein erfolgreicher Feldzug. Die mächtige indische Armee wurde nicht nur von einer Bande Bewaffneter in Schach gehalten, letztlich wurde sie auch noch regelrecht vorgeführt. Während die Militärsprecher noch verkündeten, »Major« Mast Gul sei eingekreist und würde innerhalb weniger Stunden »liquidiert« werden, verließ dieser in aller Seelenruhe mit achtzehn seiner Leute Sharar-i-sharif und ließ uns Journalisten ein Band zukommen, auf dem er über seine Flucht berichtete und sich über die Inder lustig machte. Für die jungen Kaschmiri ist der »Major« der Held des Tages.

Den indischen Behörden zufolge ist Pakistan schuld an diesem Aufstand. Ihrer Ansicht nach geht der Terrorismus auf das Konto der Söldner, die über die Grenze nach Kaschmir kommen. Aber auch dies ist nur die halbe Wahrheit.

»Alles Ausländer«, sagt ein indischer Offizier und zeigt auf die Leichen von fünf Guerillakämpfern, die auf einer Wiese vor Sharar-i-sharif unter Tüchern liegen. Die Journalisten machen ihre Notizen, die Fotografen ihre Fotos, und dann verschwinden sie wieder. Wer neugierig nach ein paar Stunden wiederkommt, entdeckt rund um die Getöteten weinende Frauen. Jeder der Toten hat einen Namen und stammt aus den Dörfern der Gegend.

Zweifellos schüttet Pakistan gern Öl ins Feuer der antiindischen Bewegung in Kaschmir. Es schickt Agenten und Waffen für die Guerillakämpfer, doch die Bewegung selbst hat ihre Wurzeln im Hass der Bevölkerung gegen die indische Verwaltung, der mittlerweile so groß geworden ist, dass viele junge Kaschmiri spontan ihre Dörfer verlassen und in den von Pakistan kontrollierten Teil Kaschmirs gehen. Monate später kehren sie zurück – nicht nur militärisch, sondern auch religiös geschult.

Für Indien, das jahrzehntelang aus der friedlichen Koexistenz der Religionen seine nationale Identität gewann, ist die zunehmende Abwendung Kaschmirs – des einzigen Staates in Indien, in dem eine muslimische Mehrheit lebt – eine peinliche Angelegenheit, und zwar sowohl innen- wie auch außenpolitisch.

Der Zerstörung des Sufi-Tempels in Sharar-i-sharif ging nämlich die des Goldenen Tempels der Sikh in Amritsar durch die indische Armee und die Brandschatzung der Moschee von Ayodhya durch die Hand fanatisierter Hindus voraus. All dies scheint auf eine wachsende religiöse Intoleranz hinzuweisen. Für die 125 Millionen Muslime, die als Minderheit in Indien leben, ist dies ein beunruhigendes Signal.

Zurzeit scheint es tatsächlich keine Lösung zu geben: Jedes Zugeständnis, das Indien an Kaschmir machte, würde im Moment wie ein Zugeständnis an Pakistan wirken, und das kann sich in Delhi ganz sicher niemand erlauben. Gestattete man der Bevölkerung Kaschmirs, in einer Volksabstimmung über seine Zukunft zu entscheiden, so könnte dies einen Flächenbrand auslösen, der andere indische Provinzen ebenfalls zur Unabhängigkeit ermutigen würde. Dann wäre Indien bald ein schwacher Staat, der in seine Einzelteile zerfiele. So geht der Belagerungszustand weiter, und Kaschmir, ein

Land von vollendeter Schönheit, wird immer mehr zum verlorenen Paradies.

Abends bleiben die Hausboote im Schatten der monumentalen Ahornbäume am Dalsee dunkel. Die einstigen Touristenherbergen sind leer. Im Mondlicht glänzen silbrig die Gipfel des Himalaya. Plötzlich zerreißen in der Ferne Rufe die friedliche Stille der Natur: »Azaadi Kashmir!« – »Freiheit für Kaschmir!« Dann feuern schon die Maschinengewehre.

Irgendwo verstoßen junge Kaschmiri bewusst gegen das Waffenstillstandsgebot. Sie werfen Steine auf die Kasematten der Soldaten und bereiten sich so auf ihr neues Leben als Guerillakämpfer vor.

Im Juli entführt eine dubiose Guerillagruppe fünf westliche Touristen, darunter auch einen Deutschen. Und so schickt man mich wieder nach Srinagar, um ein Bild von Kaschmir zu zeichnen.

Ein Tunnel ohne Ende

Srinagar (Kaschmir), August 1995

Es könnte gar nicht schöner sein. Hineingeschmiegt in das Theaterrund des Himalaya ist Kaschmir ein exzellentes Beispiel für die Vollkommenheit der Natur. Die Berge verlieren sich in schwindelnden Höhen, das Wasser der Flüsse ist klar wie Glas, und in den Seen, die einmal jadegrün, dann wieder himmelblau schimmern, spiegeln sich gewaltige Pappeln, Weiden und Ahornbäume, majestätisch wie Kathedralen.

Nichts glättet die Wogen der Seele so sehr wie das Betrachten des Sonnenuntergangs über dem Dalsee, wenn Entenschwärme tief über dem unbeweglichen Wasser dahinfliegen und ein einsamer Eisvogel in gold- und azurglänzendem Gefieder sich von einem Pfahl herab auf seine Beute stürzt.

Die Mogulherrscher, die im 16. Jahrhundert aus dem trockenen Zentralasien hier einfielen, um Indien zu erobern, schufen an den Ufern dieses Sees die schönsten Gärten des Orients, in deren Schatten sie glücklich die heißen Sommer verbrachten. Als 1627 Kaiser Jehangir, der Vater des Taj-Mahal-Erbauers, in Bhim Bhar im Sterben lag und man ihn fragte, was sein letzter Wunsch sei, flüsterte er nur: »Kaschmir, Kaschmir.« Und ein berühmter Vers aus dem 19. Jahrhundert, den jeder Kaschmiri gerne vorträgt, lautet:

> So es denn ein Paradies auf Erden gibt,
> dann ist es hier, hier, hier!

Leider stimmt dies nicht mehr. Das »glückliche Tal«, wie es die englischen Kolonisatoren noch nannten, ist nun zum Tal der Tränen geworden, in dem Angst und Tod lauern. Seit sechs Jahren ist Kaschmir Schlachtfeld, Schauplatz eines schrecklichen Krieges. Auf der einen Seite steht Indien mit seinem Heer und seiner Polizei, auf der anderen lokale Guerillakämpfer, die von Pakistan unterstützt werden und Kaschmir aus dem indischen Machtbereich herauslösen wollen.

Es gibt wohl kaum einen traurigeren Anblick als diesen: Srinagar, die elegante, mittelalterliche Hauptstadt mit ihren Holzmoscheen und ihren Patrizierhäusern am Fluss Jhelum, mit ihren Basaren, in denen die Handwerker die raffinierten Kaschmirschals weben und besticken, Teppiche knüpfen und ihre berühmten Pappmachéfiguren herstellen, mit den Hunderten von Hausbooten auf seinen Kanälen, dieses Srinagar ist zum Militärlager geworden.

An jeder Kreuzung, auf jedem Platz stehen Behelfskasernen, aus deren Schießscharten indische Soldaten mit Gewehren auf die Passanten zielen. Schulen, Krankenhäuser, Kinos und Hotels wurden vom Militär beschlagnahmt. Das Leben in diesem »Venedig des Himalaya«, in dieser »diamantgefassten Perle« ist vollkommen gelähmt.

Indische Soldaten haben sich in den Gärten und den alten Festungen der Mogulkaiser eingenistet, haben den Tempel aus dem 7. Jahrhundert vor Christus besetzt, der von der Höhe eines Hügels herab über Srinagar wacht, und haben ihren Fuß sogar auf die schwimmenden Gärten im Dalsee gesetzt, in denen die Moguln in Vollmondnächten den Himmel zu betrachten liebten.

Touristen kommen schon lange nicht mehr. Die Läden sind leer, und die Bevölkerung lebt in Angst und Schrecken. »Man verlässt das Haus und weiß nicht, ob man je wieder heimkommen wird«, meint der 55-jährige Schriftsteller Muhammed Zahir. Vor einigen Tagen ließen ihn indische Soldaten von seinem Motorrad steigen, schleppten ihn in einen Bunker und misshandelten ihn dort stundenlang. »Sie stellten mir gar keine Fragen. Es ging einzig darum, mir zu zeigen, dass wir Kaschmiri nicht mehr sind als Moskitos, die die Inder jederzeit an die Wand klatschen können, wenn sie es wollen.«

Jeden Tag werden ganze Stadtquartiere in einer der gefürchteten Überraschungsaktionen von den indischen Sicherheitskräften abgeriegelt. Man nennt dies »Einkreisungs- und Durchsuchungsoperation«. Beliebtester Zeitpunkt dafür sind die frühen Morgenstunden. Die Lautsprecher wecken die noch Schlafenden. Die Menschen müssen ihre Häuser verlassen und auf einem nahe gelegenen Platz Aufstellung nehmen. Dort müssen sie an Jeeps vorbeidefilieren, auf denen die sogenannten »Katzen« sitzen – ehemalige Guerillakämpfer, die jetzt zu Informanten der Inder geworden sind. Furcht erregend sehen sie aus in ihren schwarzen Umhängen, die sie von Kopf bis Fuß bedecken, damit sie nicht erkannt werden können. Und so identifizieren die »Katzen« ihre ehemaligen Gefährten und die Sympathisanten der Guerillabewegung. Jeder »Verdächtige« wird zum Verhör weggebracht und kehrt häufig als Leichnam zurück.

»Eines Morgens lagen fünf Tote in meiner Gasse«, erzählt ein Geschäftsmann aus Srinagar. »Einer war der Sohn meiner Nachbarin, der am Tag zuvor aus Bombay gekommen war, um seine Mutter zu besuchen.« Die Inder, die ihn noch nie gesehen hatten, hielten ihn für einen »infiltrierten« Guerillakämpfer und folterten ihn, um ihm Informationen zu entlocken, die er gar nicht besaß.

Den Berechnungen der kaschmirischen Menschenrechtsorganisationen zufolge (die Behörden in Delhi verweigern internationalen Organisationen wie Amnesty International den Zutritt zu der Region) gab es seit 1989 etwa 1500 von diesen »in der Haft Verstorbenen«; 200 junge Leute sind »verschwunden«, zwischen 15 000 und 20 000 Personen befinden sich in Haft. Und diese Zahlen wachsen täglich an.

Indien setzt in Kaschmir die gleichen repressiven Methoden ein, mit denen es bereits frühere Autonomiebestrebungen in den Provinzen Nagaland und Punjab unterdrückt hat: Man beseitige erbarmungslos alle militanten Kämpfer und schüchtere die Bevölkerung so ein, dass sie nicht mehr wagt, diese zu unterstützen. In Kaschmir allerdings scheint der Schuss nach hinten loszugehen. Wer heute nach Kaschmir kommt, wird keinen Einheimischen mehr finden, der auch nur ein gutes Wort über Indien verliert. Auch bei den Unpolitischen, die sich nur Frieden wünschen und dass alles seinen normalen Gang geht, wächst mittlerweile der Hass gegen die Inder, die sich immer mehr als brutale Besatzungsmacht erweisen.

»Sobald ich wieder laufen kann, schnappe ich mir ein Gewehr und schließe mich der Guerilla an«, sagt zum Beispiel ein 28-jähriger Zeichenlehrer und zeigt mir die Verbrennungen, die ihm die indische Polizei zugefügt hatte, indem sie Leisten und Hoden mit Elektroden traktierte. Er war mit seiner kranken Frau eben vom Land gekommen und wollte sie ins Krankenhaus bringen, als man ihn während einer Razzia verhaftete und drei Tage lang folterte. Dann ließen die Inder ihn frei, wie sie ihn gefangen genommen hatten – ohne jede Erklärung.

Für diesen Konflikt gibt es offenkundig keine einfache Lösung, da aus dem irdischen Paradies Kaschmir gut der Kriegsfunke überspringen könnte, der nicht nur die Sicherheit der Region, sondern die der ganzen Welt gefährden könnte. Indien und Pakistan haben um Kaschmir drei Kriege geführt. Und ein vierter scheint unmittelbar bevorzustehen. Dieser könnte durchaus zum Atomkrieg ausarten, da sowohl Indien als auch Pakistan ihr Waffenarsenal mittlerweile um einige Atombomben erweitert haben.

Gefährlicher könnte die Lage gar nicht sein. Beide Kontrahenten sind der festen Ansicht, dass es der Gegenseite nur um die völlige Zerstörung der anderen Partei geht. Sowohl Indien als auch Pakistan halten es für erwiesen, dass ihre inneren Probleme nur von den subversiven Aktivitäten des Gegners herrühren. Beide Staaten sind davon überzeugt, dass es in ihren zwischenstaatlichen Beziehungen um Leben und Tod geht.

Und das trifft vielleicht sogar zu. 1971, als Bangladesh sich von Pakistan abspaltete und seine Unabhängigkeit erklärte, war Indien daran maßgeblich beteiligt. Es unterstützte aktiv die Rebellion des östlichen Landesteils gegen die Regierung in Islamabad und schickte sogar eigene Truppen, um die Unabhängigkeit des neuen Staates zu garantieren. Seitdem unterstützt Pakistan wiederum alle innerindischen Sezessionsbewegungen – vor allem die der Sikh, die um einen eigenen Staat Punjab kämpfen. Vermutlich war Pakistan auch in die 1993 ausgebrochenen blutigen Unruhen zwischen Hindus und Muslimen sowie in die mysteriösen Bombenattentate in Bombay verwickelt.

Obwohl beide Regierungen dies leugnen, ist klar, dass das Geschehen in Kaschmir eng mit dem in Karachi verknüpft ist und umgekehrt. Die Beobachter nennen die Politik des »Zahn um Zahn« in diesen Regionen »K um K«. Indien unterstützt Gruppierungen, die aus Karachi, der größten Stadt und dem wichtigsten Hafen Pakistans, ein Schlachtfeld gemacht haben. Und Pakistan lässt, um sich zu rächen, den Untergrundkämpfern in Kaschmir seine Hilfe zuteil werden.

»Um dieses Problem zu lösen, das so weit in die Geschichte beider Staaten zurückreicht, sind zwei Persönlichkeiten von hohem Niveau und großer politischer Macht nötig«, meint Ved Bashin, der Chefredakteur der Tageszeitung *Kashmir Times* in Jammu. »Leider sind dazu weder Narasima Rao noch Benazir Bhutto fähig.«

Das Kaschmir-Problem begann 1947, als London seiner indischen Kolonie die Unabhängigkeit zurückgab. Aus dem alten britannischen Indien wurden zwei Staaten: Indien mit seiner größtenteils hinduistisch-gläubigen Bevölkerung und Pakistan, das »Land der Reinen«, das überwiegend muslimisch ist. Die Maharadschas der 562 indischen Fürstentümer durften wählen, zu welchem Staat sie gehören wollten. Die schwierigste Entscheidung hatte sicher der Maharadscha von Jammu und Kaschmir zu treffen, der über eine höchst ungewöhnliche Mischung von Völkern und Ländereien herrschte, welche die Geschichte zusammengewürfelt hatte. Das schöne Kaschmirtal mit seiner überwiegend muslimischen Bevölkerung hatte einer seiner Vorfahren für 7,5 Millionen Rupien von den Engländern erworben. Das vornehmlich buddhistische Ladakh und die von Hindus bewohnte Jammu-Ebene hatte der Maharadscha selbst unterworfen.

Und so hatte Maharadscha Hari Singh, selbst Hindu, der über

eine zu 80 Prozent muslimische Bevölkerung herrschte, sich selbst am Tag der Unabhängigkeit noch nicht entschieden. Also blieb das Fürstentum von Jammu und Kaschmir zunächst einmal für zwei Monate unabhängig. Erst als Pakistan seine »Freiwilligen« sandte, um das ganze Land zu annektieren, gab der Maharadscha in aller Eile Indien den Vorzug. Die Bewohner Kaschmirs wurden nicht gefragt, und so sind sie seit damals unzufrieden mit der ihnen oktroyierten Lösung.

Die Trennung zwischen Indien und Pakistan – die *partition*, wie die Engländer sagen – ist in den Augen der meisten Historiker die große Tragödie des Subkontinents. Sie ist die Wurzel der Feindseligkeiten zwischen Indien und Pakistan und der zunehmenden Spannungen zwischen der 125 Millionen Menschen zählenden muslimischen Minderheit in Indien sowie der übrigen hauptsächlich hinduistisch-gläubigen Bevölkerung. Jahrhundertelang lebten die beiden Bevölkerungsgruppen friedlich nebeneinander. Die am grünen Tisch vorgenommene Trennung jedoch schuf nicht nur künstliche Landesgrenzen, sondern trennte auch und vor allem die Herzen der Menschen. Die *partition* verursachte eine Völkerwanderung biblischen Ausmaßes, die schließlich zu unerwartetem, aber dramatischem Blutvergießen führte. Muslime schlachteten Hindus ab, Hindus Muslime. Niemand zählte die Toten, aber man nimmt an, dass innerhalb eines Jahres mehr als eine Million Menschen aufgeschlitzt, lebendig verbrannt, niedergestochen oder zu Tode geprügelt wurden. Die durch wochenlanges Fasten unterstrichenen Appelle Mahatma Gandhis verhallten ungehört. Auch er konnte die Massaker weder verhindern noch begrenzen.

Seitdem sind 48 Jahre vergangen, doch die Wunden eitern immer noch. Das Ausmaß dieser Tragödie lastet schwer auf Kaschmir, »dem Scheidungskind, für das beide Parteien nun das Sorgerecht einfordern«, wie Doktor Eqbal Ahmad, ein pakistanischer Historiker aus Islamabad, die Situation beschreibt.

Der erste Krieg zwischen Indien und Pakistan brach unmittelbar nach der Teilung aus. Am 26. Oktober 1947 schickte Neu-Delhi seine Truppen nach Kaschmir und meldete der UNO die pakistanische Aggression. Die UNO verhängte einen Waffenstillstand, schickte Militärbeobachter und gesteht Kaschmir in zwei verschiedenen Resolutionen des UN-Sicherheitsrates das Recht auf Selbstbestimmung zu. Sobald die beiden Heere sich auf ihre Ausgangsposition zurückgezogen hätten, sollte die Bevölkerung über die Zugehörigkeit zu Indien bzw. Pakistan abstimmen können.

Die Armeen zogen sich nicht zurück, und die zugesicherte Volksabstimmung fand nie statt. 41 UNO-Blauhelme bleiben an sieben verschiedenen Beobachtungsposten auf der Waffenstillstandslinie stationiert, und so wurde Kaschmir zum »längsten ungelösten Konflikt, der je den Vereinten Nationen zur Lösung vorgelegt wurde«, wie der UNO-Generalsekretär Boutros Ghali verkündete.

Was im Moment der Unabhängigkeitserklärung Indiens der Staat Jammu und Kaschmir war, teilt sich heute wie folgt auf:

- Jammu, Ladakh und das Kaschmirtal (mehr als 100 000 Quadratkilometer mit acht Millionen Einwohnern), der Großteil des ehemaligen Fürstentums also, stehen unter indischer Kontrolle.
- Ein kleiner Teil namens Azad Kashmir, das »Freie Kaschmir« (77 000 Quadratkilometer mit 3 Millionen Einwohnern und der Hauptstadt Muzaraffabad), wird von Pakistan beherrscht.
- Den noch kleineren nordöstlichen Zipfel des Landes (24 000 Quadratkilometer mit anderthalb Millionen Einwohnern) hat sich China nach bilateralen Verhandlungen mit Pakistan und nach dem Krieg mit Indien von 1962 einverleibt.

Die Kaschmiri fühlen sich von allen betrogen, die in den letzten fünfzig Jahren Entscheidungen über sie getroffen haben. Ihr Traum von der Unabhängigkeit hat sich weder diesseits noch jenseits der Waffenstillstandslinie erfüllt. In beiden Staaten werden sie von »Fremden« beherrscht. Daran sind sie allerdings gewöhnt. Seit 400 Jahren kennt das Land nur Eroberer: zuerst die Moguln, dann die Afghanen, danach die Sikh und schließlich die Familie des Maharadscha Singh.

Trotzdem blieben unter diesen verschiedenen fremden Herren die Kaschmiri immer friedlich und tolerant. Ihre Religion war der Sufismus, die mystische Richtung des Islam. Gewalt war ihnen unbekannt, und wenn doch einmal in einer ihrer Gemeinden ein Mord geschah, so glaubten sie, würde sich der Himmel rot färben. Auch während der schrecklichen Massaker infolge der Unabhängigkeit gehörte Kaschmir zu den wenigen Staaten, in denen Hindus und Muslime sich gegenseitig respektierten und in Frieden zusammenlebten.

Der Waffenbesitz ist bei den Kaschmiri traditionell verpönt. Sogar die Ruder an ihren *shikaras*, den gedrungenen Gondeln, mit denen sie den Dalsee befuhren, waren herzförmig. Der Mogulkaiser Akhbar fand die Kaschmiri so irritierend weibisch, dass er den Männern befahl, weite Kleider zu tragen wie die Frauen. Heute ist dieses *feron* genannte Kleidungsstück Nationaltracht, und die jungen Kaschmiri verstecken darunter ihre Kalaschnikows.

Die Situation veränderte sich während der Wahlen von 1987 oder, besser gesagt, während der Betrügereien, die Neu-Delhi für nötig hielt, um die Kontrolle über die Region zu behalten. Die Partei für die Unabhängigkeit Kaschmirs galt als sicherer Sieger, doch die Inder fälschten die Wahlergebnisse und schickten ihren Kandidaten nach Srinagar. »Wollten wir unser Recht auf Selbstbestimmung behalten, mussten wir zu den Waffen greifen«, berichtet Yassim Malik, 29, Präsident der JKLF, der Befreiungsfront für Jammu und Kaschmir, den ich in einem engen, verfallenen Zimmerchen im Herzen des alten Srinagar traf. Er war erst vor kurzem dorthin zurückgekehrt, schwach und von körperlichem Verfall gezeichnet, weil er vier Jahre in einem indischen Gefängnis zugebracht hatte.

Im Jahr 1988 organisierte Malik mit einer Gruppe Studenten die ersten Angriffe der Stadtguerilla. Ein Jahr lang war die JKLF – eine nationalistische Bewegung ohne religiösen Hintergrund, die sich einzig und allein die Unabhängigkeit Kaschmirs sowohl von Indien als auch von Pakistan zum Ziel gesetzt hatte – die einzige Gruppe, die den bewaffneten Kampf gegen Indien aufgenommen hatte. Andere sollten folgen. In den letzten sechs Jahren beherrschten immer wieder neue Guerillagruppen, echte und falsche, von Provokateuren oder Kriminellen infiltrierte, die Szene in Kaschmir. Mittlerweile werden die meisten von Pakistan mit Waffen und Geld versorgt.

Etwa zwölf Kilometer östlich von Peschawar, der großen pakistanischen Stadt an der Grenze zu Afghanistan, steht ein weißes Gebäude, zu dem der Zutritt strengstens untersagt ist. Dies soll das Hauptquartier des »Kashmir Jihad« sein, des »Heiligen Kriegs um Kaschmir«. Dort besorgen die Funktionäre der Jamaat-el-Islam (der fundamentalistischen Partei Pakistans) die Rekrutierung und Ausbildung der Hizbul-Mudschaheddin, der wichtigsten Gruppe, die heute in Kaschmir gegen die Inder kämpft. Diese Gruppierung verfügt über enorme Reserven an Geld und Waffen und unterhält ein Heer von 4000 bis 5000 Guerillakämpfern in Kaschmir. Die meisten sind junge Leute, welche die Waffenstillstandslinie überschritten haben, um sich in Pakistan militärisch ausbilden zu lassen. Ihre Führer sind meist Veteranen des Afghanistankrieges.

Die Inder ihrerseits wiederum lassen durch den RAW, ihre Spionageabwehr, kleine Gruppen von Guerillakämpfern ausbilden, die angeblich ebenfalls für die Befreiung Kaschmirs kämpfen, in Wirklichkeit aber nur Verwirrung stiften und die wirklich militanten Kämpfer – vor allem bei der JKLF und den Hizbul-Mudschaheddin – töten. Des Weiteren sollen sie die Abspaltungsbewegung in den Augen der Bevölkerung diskreditieren.

Ende letzten Monats machte dann eine neue Gruppe von sich reden, die Al Faran. Deren Anhänger entführten fünf westliche Touristen. Einer von ihnen, ein junger Norweger, wurde kurz darauf mit durchschnittener Kehle gefunden. Doch bisher kann noch niemand mit Sicherheit sagen, welche Interessengruppe hinter dieser neuen Vereinigung steckt. Handelt es sich um eine propakistanische Gruppierung, die auf diese Weise versucht, das Kaschmirproblem ins Bewusstsein der Weltöffentlichkeit zu heben? Oder um eine indische Gruppe, die – wie viele militante Kaschmirkämpfer glauben wollen – versucht, die Unabhängigkeitsbewegung zu diskreditieren, indem sie ihr derart blutig-barbarische terroristische Akte in die Schuhe schiebt?

Wenn sich abends in Srinagar die Inder in ihre provisorischen Kasernen zurückziehen, wenn die Kaschmiri in ihre Häuser gehen und nur noch das Bellen der Hunde und das sporadische Knattern eines Maschinengewehrs durch die Luft schallt, ist jeder Schatten verdächtig. Bewaffnete Guerillakämpfer bewegen sich in einem Labyrinth uralter Gassen und bitten an den Türen um eine Spende für den *jihad*. Anderswo berauben und erpressen junge Arbeitslose die Wohlhabenden, indem sie sich als militante Kämpfer ausgeben. Einige Händler in Srinagar behaupten gar, dass auch indische Soldaten sich bereichern, indem sie als Guerillakämpfer verkleidet die Läden bestehlen.

Eines der Hauptmerkmale der in Pakistan ausgebildeten Gotteskrieger ist, dass sie ideologisch gedrillt sind. Anders als die ersten militanten Kämpfer in Kaschmir scheinen diese nicht mehr nur für die Unabhängigkeit ihrer Region zu kämpfen, sondern generell für die fundamentalistische Version des Islam.

Indien, das sich als Vorhut im Kampf gegen eine Kette islamischer Staaten betrachtet, die sich ohne Unterbrechung von Pakistan bis nach Nordafrika erstreckt, hat also leichtes Spiel, wenn es seine Unterdrückung der Kaschmiri als Teil seiner Strategie gegen eine islamisch-fundamentalistische Weltverschwörung ausgibt, die auch dem Westen Sorgen bereitet.

Erst kürzlich schlossen sich 35 Gruppen, die für die Unabhängigkeit Kaschmirs eintreten, zur Hurriet Conference zusammen, um ihre gemeinsamen Aktivitäten besser zu koordinieren und gleichzeitig Indien einen Verhandlungspartner zu bieten. Indien jedoch hat sie bisher ignoriert und versucht, jeden Kontakt zu vermeiden. »Die einzigen indischen Beamten, mit denen ich bisher zu tun hatte, waren die Gefängnisaufseher«, sagt der 65-jährige Syed Ali Shah Gilani, der wichtigste Repräsentant der Jamaat-el-Islam-Partei, der wegen seiner antiindischen Umtriebe zehn Jahre im Gefängnis saß.

Shabir Shah, der Präsident der Volksliga von Jammu und Kaschmir, hat von seinen vierzig Jahren zwanzig in indischen Zuchthäusern verbracht, gehört aber trotzdem nicht zu den militanten Kämpfern. »Das Gewehr mag Teil der Lösung sein, die Lösung selbst ist es niemals«, meint er, als ich ihn in seinem Haus in Srinagar besuche, das von morgens bis abends von seinen Anhängern belagert wird. Manche kritisieren den moderaten, mitunter sogar zum Frieden mahnenden Ton seiner Reden, aber seine Positionen teilen wohl die meisten Menschen Kaschmirs. Viele nennen ihn auch den Nelson Mandela Kaschmirs.

Denn die einzelnen Gruppierungen der Hurriet Conference verfolgen nicht immer gleiche Ziele, vor allem in Hinblick auf das Endziel des Kampfes. Einige sind für den Anschluss an Pakistan, andere für eine neue *partition* (das Kaschmirtal an Pakistan, den Rest an Indien). Es gibt Stimmen, die aus Jammu und Kaschmir eine islamische Republik machen wollen, während andere einen unabhängigen Staat ohne religiöse Fundierung vorziehen. Nur in einem Punkt sind alle sich einig: dass die Inder aus Kaschmir verschwinden sollen.

»Die Zukunft Kaschmirs kann nur von den Kaschmiri bestimmt werden«, meint Shabir Shah, der davon träumt, aus Kaschmir einen Staatenbund nach Schweizer Vorbild zu machen, in dem Muslime, Hindus, Buddhisten und Christen friedlich zusammenleben und ihre sprachlichen und religiösen Traditionen pflegen können.

Indien hingegen betrachtet den Kaschmirkonflikt als »innere Angelegenheit«, deren Entwicklung alle UNO-Resolutionen über etwaige Volksabstimmungen habe hinfällig werden lassen. Indien geht davon aus, dass das Problem sich löst, sobald Pakistan aufhört, im Trüben zu fischen ...

Pakistan hingegen, das vor zwei Jahren schon einmal riskierte, von den Vereinigten Staaten auf die Liste der Länder gesetzt zu werden, die den Terrorismus unterstützen, besteht darauf, dass seine Unterstützung für die Guerilla in Kaschmir allenfalls »moralischer Natur« sei, und unternimmt größte Anstrengungen, seine Soldaten aus dem Konflikt herauszuhalten.

Wer jedoch heute nach Muzaffarabad kommt, der Hauptstadt des sogenannten »Freien Kaschmir«, das unter pakistanischer Kontrolle steht, erkennt auf den ersten Blick, dass diese kleine Provinzstadt, etwa 30 Kilometer von der Waffenstillstandslinie entfernt, das Nachschublager für die heiligen Krieger in Kaschmir bildet. Verletzte Guerillakämpfer werden dort in einem speziellen Krankenhaus versorgt. Jede militante Gruppierung hat dort ihren »Vertreter« sitzen. Ein Anruf genügt, und alle Terroristen, die Indien so verzweifelt sucht, stehen zu einem Gespräch zur Verfügung. Momentan sind sie alle in Muzaffarabad, um die Neuankömmlinge in Empfang zu nehmen, Nachschub an Kriegsmaterial zu besorgen und mit ihren pakistanischen Beratern Pläne für eine neue Angriffswelle auszuarbeiten. Die Stadt ist voll von merkwürdig eleganten, jungen Leuten in Zivil, die ausgesprochen militärisch wirken und immer in ihr Walkie-Talkie sprechen. An mich verschwenden sie kein Wort, an einen Ausländer, der, statt im Gästehaus der pakistanischen Regierung zu bleiben, in dem man ihn mehr oder weniger zwangsweise untergebracht hat, prompt in der Pension landet, in der fast jeder ein Geheimdienstagent oder Offizier zu sein scheint.

Es gibt keinen Zweifel, dass aus diesem »Heiligtum« auf pakistanischem Territorium jene Männer und Waffen kommen, die – heimlich über die Grenze geschmuggelt – das indische Heer in Kaschmir in Schach halten. Um diesen steten Zufluss abzuschneiden, verstärken die Inder mittlerweile ihre Artillerieeinsätze an der Grenze. Die UN-Beobachter berichteten, dass allein im letzten Monat der Waffenstillstand 150-mal verletzt wurde: die höchste Zahl an Vorfällen seit dem Ende des Krieges von 1971.

»Indien hat sich immer noch nicht an die Existenz Pakistans gewöhnt. Es hat die Vorstellung von zwei getrennten Staaten nicht akzeptiert«, meint Sadar Kayum, formal der Verwaltungschef des Freien Kaschmir. »Wir müssen daher mit der Möglichkeit rechnen, dass Indien eines Tages die Waffenstillstandslinie überschreiten wird und diese von der Geschichte ungeklärt gelassene Angelegenheit auf seine Weise zu regeln versucht.«

Delhi hat mehr als eine halbe Million Soldaten und Polizisten in Kaschmir. Der Krieg hat bereits 30 000 Kaschmiri das Leben gekostet, zwei Drittel davon waren zivile Opfer. Jedes Viertel in Srinagar hat einen kleinen »Märtyrerfriedhof«. Doch davon sind viele schon überfüllt. Die neuen Toten werden daher auf dem Idqa-Friedhof begraben. Über der Masse neu aufgeworfener Gräber prangt ein Schild: »Flieht nicht das Gewehr, ihr Jungen! Der Befreiungskrieg ist noch nicht gewonnen!«

Dieser offene Aufruf zur Gewalt sowie die zunehmende Islamisierung der Widerstandsbewegung verändert langsam die traditionelle Ethik der kaschmirischen Gesellschaft. Unter dem Einfluss der Fundamentalisten tragen immer mehr Frauen die Burka, einen schwarzen oder braunen Umhang, der den ganzen Körper bedeckt und nur zwei blattgroße Löcher für die Augen frei lässt.

Fünfmal am Tag ruft der Muezzin mit kriegerischer Stimme die Gläubigen zum Gebet. Die Mullahs kritisieren den Sufismus immer lauter. Sogar die kleine Moschee im alten Kangjar-Viertel, in der Generationen von Touristen das angebliche Grab Christi besucht haben (einer Legende zufolge soll Jesus die Kreuzigung überlebt haben, um dann hier, im irdischen Paradies, zu sterben), wird heute von einem unsensiblen Fundamentalisten bewacht, der von diesen alten Geschichten nichts wissen will.

»Alles, was uns teuer ist, wird zerstört«, klagt eine Lehrerin aus Srinagar. »Unser Schicksal wird es sein, ausgelöscht zu werden wie die Kaschmiri.«

Gibt es denn kein Licht am Ende dieses Tunnels?

»Nein«, sagt Parvez Imroz, ein Anwalt aus Kaschmir. »Nach diesem Tunnel kommt ein anderer, und dann wieder einer und noch einer. Aber niemals Licht!«

Seit mehr als zehn Jahren wütet in Sri Lanka, einem der schönsten Länder Asiens, der Bürgerkrieg.
Immer wenn die Regierung glaubt, dem Gegner, den »Tamilischen Tigern«, endlich den entscheidenden Schlag versetzt zu haben, antworten diese mit einem Gegenanschlag wie zum Beispiel dem Sprengstoffattentat auf die Treibstofflager des Flughafens der Hauptstadt Colombo. Eines Morgens wird das »Galle Face Hotel«, in dem ich abgestiegen bin, von einer heftigen Explosion erschüttert.

Sri Lanka: die kranke Insel

Colombo, 11. November 1995
Die Leichenteile sind obszön – ein Bein hier, ein Rumpf dort, ein Kopf, ein Penis, die Finger einer Hand verstreut an einer Straßenecke. Doch die Krähen scheinen die Einzigen zu sein, die angesichts dieses grauenvollen Gemenges menschlicher Glieder protestieren, das selbst noch ihre Bäume entstellt. Ihr durchdringendes Krächzen ist in der Stille nach der Explosion wohl der vernünftigste Kommentar zu dem Wahnsinn, an den wir alle uns, jeden Tag ein bisschen mehr, gewöhnt haben.

Vor ein paar Tagen erst sah ich in den Dörfern im Norden des Landes zahllose Opfer, die von Kindern massakriert worden waren; heute stolpere ich mitten in der Hauptstadt, einen Schritt von den großen Hotels entfernt, in denen die wenigen Touristen absteigen, die sich noch nach Sri Lanka verirren, über die sterblichen Überreste jener beiden jungen Männer, die sich selbst in die Luft gejagt haben und alles in ihrer Umgebung mit in den Tod rissen. Den Sprengstoff hatten sie unter dem Hemd verborgen. Sie zündeten ihn um 9.30 Uhr heute Morgen, ein Akt ohne auch nur einen Hauch von Heldentum, eine reine Routineoperation, auf die mittlerweile Hunderte junger Leute gedrillt sind.

Eine der menschlichen Bomben explodierte vor dem Hauptquartier der Streitkräfte, die andere zirka 100 Meter weiter. Die beiden Selbstmordattentate kosteten etwa fünfzehn Menschenleben. Eine genauere Zählung ist schwierig: Es waren Passanten, ein alter Mann mit weißem Haar, eine Frau, die Erfrischungsgetränke verkaufte und die zusammen mit ihren Flaschen in Fetzen gerissen wurde.

Einige Stunden lang nahm man an, dass es einem dritten Bombenattentäter gelungen war, in eines der Luxushotels an der Bucht einzudringen. Das ganze Viertel wurde abgeriegelt, Soldaten im Kampfanzug bezogen hinter den Palmen Position, Dutzende Polizisten durchsuchten jedes einzelne Zimmer, während von oben ein Hubschrauber das Areal überwachte. Der Alarmzustand dauerte ein paar Stunden, dann, nachdem man einen Mann mit einer Pistolenkugel in der Stirn in einem der oberen Stockwerke des Hotels gefunden hatte, kehrte alles wieder zur »Normalität« zurück: eine weitere Episode in diesem schrecklichen Bürgerkrieg, der im Laufe der letzten fünfzehn Jahre aus Sri Lanka, dem einstigen »Land, in dem Milch und Honig fließen«, das »Land des Blutes und der Tränen« gemacht hat.

Im Krieg liegen die Regierung, augenblicklich geführt von Präsidentin Chandrika Kamaratunga, und die Separatistenbewegung der »Tamilischen Tiger«. Die LTTE (Liberation Tigers of Tamil Eelam) stehen unter dem Kommando des »Erhabenen« Velupillai Prebhakaran, einer seltsamen Persönlichkeit, die sich aus den verschiedenen revolutionären Ideologien von Che Guevara bis Hitler, von Mao bis Pol Pot zusammensuchte, was ihr gerade in den Kram passte. Er ist für diesen Todeskult verantwortlich, der mittlerweile die eigentliche Religion der Rebellen geworden ist. Der Konflikt hat das Land bereits in zwei Hälften gespalten: die von der Regierung kontrollierten Landesteile im Süden und Westen mit ihrer singhalesisch-buddhistischen Bevölkerung und der Hauptstadt Colombo; und die Landesteile im Norden und Osten mit der Hauptstadt Jaffna, deren Bevölkerung fast ausschließlich aus tamilischen Hindus besteht, auch wenn es eine christliche Minderheit gibt. Diese werden von den Rebellen kontrolliert.

Der Krieg, auf dessen Konto bis jetzt 50 000 Tote und 600 000 Flüchtlinge gehen (bei einer Gesamteinwohnerzahl von siebzehn Millionen), behindert den Fortschritt des Landes und hat es in eine Spirale von Brutalität und Gewalt gezwungen, aus der es fast keinen Ausweg mehr gibt, auch wenn die Kontrahenten formell Frieden schließen sollten. Das Grauen ist so sehr Teil des Alltags der Menschen geworden, dass niemand mehr es schrecklich oder anormal findet.

»Wollen Sie ein Massaker sehen?«, fragte mich die Angestellte des Außenministeriums, während sie mein Foto auf eine Karteikarte klebte. »Gleich fliegt ein Hubschrauber los, der Sie mitnehmen kann.« Ich war gerade in Colombo angekommen, hatte meine Koffer im Hotel abgestellt und war ins Außenministerium gegangen, um dort meine Akkreditierung zu erledigen. Und schon war ich mit einem Kamerateam der örtlichen Fernsehanstalt unterwegs, um Augenzeuge der tausendsten Kriegsszene zu werden, die einmal mehr bewies, wie bestialisch der Mensch sein kann: in Stücke gerissene Leichen, die Brust aufgeschlitzt, die Opfer meist Frauen und Kinder. Man hatte die steifen, blutenden Körper gerade erst im Korridor des Distriktkrankenhauses von Kebitigollewa aufgereiht, einer kleinen singhalesischen Stadt im Norden des Landes. Die Menschen standen noch unter Schock und wollten unbedingt erzählen. Die Geschichte war dieselbe wie immer.

»Sie kamen im Morgengrauen. Wir schliefen noch, als sie begannen, uns abzuschlachten. Die waren höchstens zehn, zwölf Jahre alt«, erzählte ein etwa fünfzigjähriger Mann, der im Getümmel in den Dschungel fliehen konnte. »Sie waren so jung. Eine der Einheiten bestand nur aus Mädchen«, meinte eine Frau und beschrieb die Zöpfe, die ihnen über die Uniformjacken hingen. »Das sind die Neuen bei den Tigern. Das gehört zu ihrer Ausbildung. Töten stärkt ihre Willenskraft«, erklärte mir mehr oder weniger gleichgültig der Dorflehrer. Unter den Leichen, die bald über und über von Fliegen bedeckt waren, war auch ein Baby von nur sieben Tagen. Der noch weiche Kopf war von einer Axt in zwei Stücke gespalten worden.

»Wie kann ein Mädchen, das so etwas tut, je Mutter werden?«, fragte sich eine der Frauen in der immer noch schreckensstarren Menge.

Mütter werden diese Mädchen höchstwahrscheinlich nie. Jede der jungen Tigerinnen hat geschworen, im Kampf zu sterben. Jede trägt um den Hals eine Kapsel mit Zyankali, die sie aufbeißen soll, falls sie je in Gefangenschaft gerät. Die Tiger lassen sich nicht lebendig fangen. Ganze Generationen wachsen mittlerweile mit dieser Ideologie auf. Die beiden Selbstmordattentäter von heute Morgen waren sicher vom selben Typus – groß geworden mit der Gewalt, erzogen zum Sterben und Töten.

Und dies soll Sri Lanka sein, die »Insel der Seligen«?

Sri Lanka liegt an der Südspitze Indiens. Schon die alten Griechen und Römer kannten es. Unter den europäischen Reisenden des Mittelalters erlangte es gar Berühmtheit. Alle großen Religionen haben dort ihre Spuren hinterlassen, sodass Sri Lanka jahrhundertelang als mythischer Ort galt, an dem Götter und Heilige lebten. Auf dem Gipfel eines der höchsten Berge kann man einen Fußabdruck im Fels sehen. Die Buddhisten glauben, er stamme von Buddha Shakyamuni, die Hindus schreiben ihn Shiva zu, die Christen dem heiligen Thomas, und die Muslime sind überzeugt, Adam habe ihn hinterlassen, als er nach der Vertreibung aus dem irdischen Paradies zusammen mit Eva hier landete.

»Heute ist Sri Lanka wieder zum Symbol eines Falls geworden: des Absturzes der Menschheit in ein neues Zeitalter der Barbarei«, sagt mir ein alter Freund, Manik Sandrasagara, Filmproduzent und selbst Tamile, der jedoch diese ethnischen Unterscheidungen ablehnt. »Jahrhundertelang haben wir auf dieser Insel in Frieden gelebt. Der Konflikt zwischen Singhalesen und Tamilen ist Produkt der Politik.«

Es steckt viel Wahres in seinen Worten. Die Singhalesen sind Buddhisten, die Tamilen Hindus, doch in den alten Tempeln der beiden Religionsgemeinschaften sind die Götter und Heiligen beider Religionen noch friedlich vereint. Toleranz und gegenseitiger Respekt gehörten zur Kultur der Insel. All das hat jetzt ein Ende gefunden.

Sogar historische Fakten wie zum Beispiel, dass der letzte König von Sinhala ein Tamile war, werden aus dem kollektiven Gedächtnis verbannt. Die beiden religiösen Gruppierungen schreiben ihre Geschichte um und stricken an neuen Mythen, welche ihr engstirniges Beharren auf ethnischer Verschiedenheit rechtfertigen sollen.

Als die Insel 1948, damals noch unter dem Namen Ceylon, ihre Unabhängigkeit erlangte, hatte sie alle Voraussetzungen, um in jeder Hinsicht zu prosperieren. Straßen und Eisenbahnlinien waren in bestem Zustand, das Durchschnittseinkommen war mehr als doppelt so hoch wie in Indien. Ceylon hatte die geringste Kindersterblichkeit in ganz Asien und die längste Lebenserwartung.

Heute ist Sri Lanka nur ein weiteres Beispiel, wie ein Land der Dritten Welt, das sich vom Joch des Kolonialismus befreit hat, scheitern kann. Die Wirtschaft liegt darnieder, der größte Teil der Rohstoffe wird im Bürgerkrieg verschwendet. Wie konnte es so weit kommen?

Häufig hört man zur Begründung, dass sich die Singhalesen, die auf der Insel zwar eine Mehrheit bilden (75 Prozent Singhalesen gegen 18 Prozent Tamilen und 7 Prozent Muslime), den Tamilen unterlegen fühlen, die traditionell ein höheres Bildungsniveau besitzen und – rechnet man die 55 Millionen Tamilen dazu, die im nur wenige Kilometer entfernten indischen Bundesstaat Tamil Nadu leben – letztlich doch in der Überzahl sind.

»1948 waren viele Singhalesen gegen die Unabhängigkeit. Sie hatten Angst vor Indien und hätten es vorgezogen, weiterhin unter dem Schutz der britischen Kolonialregierung zu verbleiben«, erzählt mir ein Journalist in Colombo. »Seitdem leben wir in der Angst, dass die Tamilen hier sich mit denen in Indien verbünden und uns ins Meer jagen.« Aus dieser paranoiden Furcht heraus fassten die verschiedenen Regierungen in Colombo, die durchweg von Singhalesen gestellt wurden, einige für die Tamilen nachteilige Beschlüsse: So wurde etwa einer Million Tamilen das Wahlrecht vorenthalten, eine halbe Million wurde nach Indien zurückgeschickt, und das Singhalesische, nicht das beiden Volksgruppen gemeinsame Englische, wurde zur

Nationalsprache erklärt. Diese Beschlüsse schufen zwischen den beiden Volksgruppen einen Konflikt, der historisch gar nicht existierte. Um die zunehmende Marginalisierung der Tamilen zu rechtfertigen, begannen die Singhalesen, sich als Abkömmlinge eines mythischen Löwen (*sinhala* bedeutet wörtlich »Löwe«) und als arischen Volksstamm darzustellen. Und die Tamilen, die nie als kriegerisches Volk galten, entdeckten plötzlich unter ihren Vorfahren viele unerschrockene Krieger. Schon war die explosive Mischung für einen ethnisch motivierten Krieg fertig.

V. P. Vittachi, der erst kürzlich ein Buch mit dem Titel *Sri Lanka: What has gone wrong?* (Sri Lanka: Woran es scheiterte) veröffentlicht hat, sieht den Grund für die aktuelle Misere darin, dass »in den 500 Jahren der Kolonialherrschaft, in denen die verschiedensten Kolonialherren, nämlich Portugiesen, Holländer und schließlich Briten, selbst ständig miteinander im Krieg lagen, unsere Kultur vollkommen zerstört wurde. Als daher 1948 die Unabhängigkeit kam und wir plötzlich ohne Führer dastanden, waren wir moralisch und kulturell ohne Orientierung.«

Wenige Jahre der Unabhängigkeit genügten bereits, um auf der Insel gravierende Verfallserscheinungen im sozialen Gewebe zu zeitigen:

- In einem vom Buddhismus, einer absolut gewaltfreien Religion, geprägten Land wurde der erste politisch motivierte Mord ausgerechnet von einem buddhistischen Mönch begangen. Das Opfer war Präsident Bandaranaike. Kurz darauf wurde seine Frau zum ersten weiblichen Ministerpräsidenten der Welt gewählt und begründete damit die Tradition der asiatischen Frauen, die ihre Macht von ihren ermordeten Männern oder Vätern erben: Cory Aquino auf den Philippinen, Benazir Bhutto in Pakistan, Sheik Hasina und Khaled Zia in Bangladesh, Sonia Gandhi in Indien.
- In einer Gesellschaft, die Kriminalität und Mord vorher kaum kannte, wurde Gewalt bald zum alltäglichen Schauspiel. Die Singhalesen töteten die Tamilen, die Tamilen die Muslime. Singha-

lesische Politiker ließen ihre Gegner ermorden. Und das ganze Land ging in einem Blutrausch unter, der bisher von der Weltöffentlichkeit noch kaum beachtet wurde.

Obwohl Sri Lanka ein Land der Kirchen, Moscheen, Pagoden und Hindutempel ist, hat keine der großen Religionen es je für nötig gehalten, zu einem Ende der Gewalttaten aufzurufen. Die Buddhisten schon gar nicht. Die Legende berichtet, dass Buddha, als er starb, Sri Lanka als den Ort nannte, an dem seine Lehre sich am besten entwickeln würde. (Und tatsächlich breitete sich der Buddhismus der Theravada-Tradition von hier in den südostasiatischen Raum aus.) Doch seine Lehren über die Gewaltlosigkeit drangen offenkundig nicht in die Seele dieses Landes ein.

In Kandy, der alten königlichen Hauptstadt, steht am Ufer eines stillen Sees unter riesigen Bäumen, die ganzen Schwärmen großer Fledermäuse Schutz bieten, ein Tempel mit einer besonders kostbaren Reliquie: einem Zahn Buddhas. Doch ein Ort der Ruhe und der Meditation ist dieser Tempel nicht. Morgens und abends hält man vor den heiligen Hallen eine geräuschvolle Zeremonie ab, begleitet vom aufdringlichen Ton der Flöten und Trommeln, der eher geeignet wäre, eine Schlange zu beschwören, als die Gläubigen zum Nachdenken über die Vergänglichkeit des Lebens zu bewegen.

Der Zahn Buddhas ist für die Singhalesen Symbol für ihre Herrschaft über die Insel. Um die Tamilischen Tiger von einem Angriff abzuschrecken, wird das Heiligtum ständig von bis an die Zähne bewaffneten Soldaten bewacht. Die Mönche, welche die Reliquie hüten, wirken – wie so viele im Land – eher wie Beamte denn wie Exempel besonderer Tugend. Die Regierung lässt ihnen auch einige Fürsorge angedeihen. Sie müssen nicht einmal ihren morgendlichen Bettelgang unternehmen. Die buddhistische »Hohepriesterschaft« hat sich immer auf die Seite der ultranationalistischen Singhalesen geschlagen. Aus diesem Grund ist sie reich und mächtig geworden und spricht von den hinduistischen Tamilen als Feinden der »wahren Religion«. Eine nicht gerade buddhistische Haltung.

»Für unsere Probleme gibt es nur eine Lösung«, hörte ich kürzlich einen Fremdenführer im Tempel des Zahns zu einem Pärchen europäischer Touristen sagen. »Dies ist das Land der Singhalesen. Es ist die Schuld der Tamilen, wenn wir heute Hunger leiden. Also müssen wir eben Tamilen fressen. Wir müssen alle auffressen«, und dabei schnappte er mit den Lippen.

Das ist die Art von Ansichten, mit der sich die Tamilen des unabhängigen Sri Lanka plötzlich konfrontiert sahen, und es dauerte nicht lange, bis Einzelne reagierten. 1971 gründeten dreizehn Jugendliche in Jaffna, dem kulturellen und wirtschaftlichen Zentrum der Tamilen, die erste revolutionäre Tamilenzelle. Prebhakaran, der damals erst siebzehn Jahre zählte, gehörte zu ihren Gründern. Prebhakaran war es auch, der 1975 mit einer plakativen Geste die Feindseligkeiten eröffnete. Er suchte den Bürgermeister von Jaffna auf und erschoss ihn, während er mit ihm sprach. Die Tamilischen Tiger waren geboren. 1976 entstand dann formell die LTTE-Bewegung, die den ideologischen Unterbau lieferte. Ihr Symbol, den Tiger (im Gegensatz zum singhalesischen Löwen), übernahm die Bewegung vom Etikett einer Streichholzschachtel.

Seit diesem Tag erzeugte Gewalt immer nur neue Gewalt. So steckten die Singhalesen 1981 die große Bibliothek von Jaffna in Brand, die mit ihren 97 000 Bänden der kulturelle Stolz der Tamilen war, um sich für die Ermordung eines Polizisten zu rächen. 1983 wurden bei einem Anschlag sechzehn Regierungssoldaten getötet, was dazu führte, dass sich im ganzen Land die Singhalesen gegen die Tamilen erhoben. Sie töteten einige tausend, zerstörten ihre Häuser, Läden und Tempel. Entsetzt von diesem ersten Pogrom auf ceylonesischem Boden, verließen viele Tamilen, vor allem Intellektuelle, die Insel und flüchteten ins Ausland. Andere schlossen sich den Tigern Prebhakarans an und verstärkten somit deren Schlagkraft.

Prebhakaran, der alle ihm zur Verfügung stehenden Mittel einsetzte, also auch Mord, schaffte es innerhalb weniger Jahre, seine eventuellen politischen Gegner unter den Tamilen auszurotten. (Mehr als 400 wurden kaltblütig hingeschlachtet.) Gleichzeitig gelang es ihm, ein Heer aufzustellen, das ihm vollkommen ergeben war und für die Errichtung eines unabhängigen Tamilenstaates namens Eelam kämpfte. Auf den Karten der Tiger bedeckt Eelam etwa ein Drittel Sri Lankas.

Mit der Überzeugungskraft des Terrors bemächtigte sich Prebhakaran Jaffnas und verwandelte die Stadt, ein uraltes Kulturzentrum, in dem Singhalesen, Muslime und Burgher (die Nachkommen der europäischen Kolonisatoren) friedlich zusammengelebt hatten, in eine reine Tamil-Stadt, ein »Straflager, in dem die Einwohner den Mund nur öffnen, um zu essen und sich die Zähne zu putzen«, wie ein alter Tamile erzählt, der heute in Colombo lebt.

Sich einer Taktik bedienend, die von den Roten Khmer in Kambodscha entwickelt wurde, nahm Prebhakaran immer jüngere Kämpfer in sein Heer auf, um sie besser formen zu können. Einige dieser Kinder, die man während ihrer Ausbildung zwingt, Gefangene zu foltern und zu töten, verloren darüber den Verstand. Ein besonders mutiger Tamil-Psychiater in Jaffna wies die Weltöffentlichkeit auf diese Zustände hin, indem er auf einer internationalen Konferenz einen solchen Fall beschrieb.

Mit diesen seinen Guerillakämpfern bekriegte Prebhakaran zuerst die Regierung, dann die 75 000 Soldaten des indischen Heeres, das Delhi in der Hoffnung nach Sri Lanka geschickt hatte, dort Frieden schaffen zu können. Doch auch die Inder scheiterten, und Prebhakaran konnte seine Macht über die Tamilen Sri Lankas weiter stärken. Die Tiger brachten jeden Andersdenkenden zum Schweigen. Tausende Menschen verschwanden in den unterirdischen Kerkern Jaffnas, und die »Verräter«, diejenigen also, die sich in Colombo oder in ausländischen Tamilengemeinden versteckten, setzte man auf schwarze Listen, um sie früher oder später aufzuspüren und zu liquidieren. Ein berühmter Intellektueller aus Jaffna, der der LTTE-Bewegung kritisch gegenüberstand, wurde letztes Jahr in Paris ermordet.

»Die Tiger gründeten sich aus dem Wunsch heraus, die tamilische Zivilisation zu retten. Stattdessen haben sie sie zerstört, sowohl materiell als auch kulturell«, sagt Rajna Hoole, vormals Professor für Mathematik an der Universität von Jaffna. 1988 hatte Hoole begonnen, zusammen mit einigen Kollegen die Menschenrechtsverletzungen im Norden Sri Lankas zu dokumentieren und regelmäßig Berichte über die Lebensqualität der Menschen unter dem Terrorregime der LTTE zu veröffentlichen. 1989 wurde ein Mitglied dieser Gruppe, eine promovierte Wissenschaftlerin, von den Tigern erschossen, während sie mit dem Fahrrad auf dem Weg nach Hause war. Professor Hoole floh nach Colombo, wo er untertauchte: ein Gejagter, der nie zweimal im selben Haus schläft. Trotzdem hat Hoole seinen gewaltfreien Kampf nicht aufgegeben. Er ist einer der wenigen Couragierten, die sich dem Terror entgegenstellen. »Zwei Dinge liegen mir vor allem am Herzen«, sagt er. »Zum einen möchte ich darlegen, dass die LTTE nicht die einzige Stimme der Tamilen ist; zum anderen möchte ich den Tamilen das Gefühl zurückgeben, Teil eines geeinten Sri Lanka zu sein.«

Doch bleibt die Gewalt nicht etwa auf den Konflikt zwischen Tamilen und Singhalesen beschränkt, sondern vergiftet auf ebenso brutale Weise auch die Beziehungen der Singhalesen untereinander. So verfolgte in den siebziger Jahren eine regierungsfeindliche Gruppierung aus jungen arbeitslosen Intellektuellen und Anhängern der JVP, der maoistischen Partei der extremen Linken, ihre politischen Ziele mit einer noch nie da gewesenen Grausamkeit. Die jungen Revolutionäre der JVP hackten ihren Feinden die Gliedmaßen ab und ließen sie auf den Straßen der Städte und Dörfer, vor allem im Süden, einfach verbluten. Wer den Opfern zu helfen versuchte, teilte bald deren Schicksal. Die Familien der Opfer zwang man, ihre Toten ohne Bahre durch die Straßen an den Ort zu schleifen, wo man sie verscharrte. Wer sich weigerte, musste zusehen, wie andere Familienmitglieder an die Haustür genagelt wurden.

Der Staat schlug mit gleicher Brutalität zurück. Armee, Polizei und Todesschwadronen jagten sämtliche wirklichen oder vermeintlichen Mitglieder der JVP unbarmherzig und töteten alle, deren sie habhaft wurden. Ihre Leichen wurden auf Stapel alter Autoreifen geworfen und nachts angezündet. Zwischen 40 000 und 60 000 Personen verschwanden während dieser Aktionen, »eine Zahl, die jene der *desaparecidos* in Argentinien und Chile weit übersteigt«, meint Doktor Neelan Tiruchelvam, Tamile und ein bekannter Anwalt in Colombo, der früher Parlamentsmitglied war und heute als Berater von Präsidentin Chandrika fungiert. »Ereignisse wie diese sind Teil unserer Geschichte. Wir müssen daraus lernen, um Ähnliches in Zukunft zu vermeiden.«

Einer von vielen jüngst ans Licht gekommenen Vorfälle zeigt, wie tief die Entmenschlichung der Gesellschaft Sri Lankas mittlerweile geht. In einem Bezirk im Süden der Stadt wird die Tochter des Schuldirektors von einigen Jugendlichen belästigt. Dieser zeigt die Jungen an, sie alle werden als Rebellen verhaftet. Einige Monate lang behalten die Soldaten sie als Diener in der Kaserne, doch als der Befehl zum Abrücken kommt, sind die jungen Leute im Weg. Die Soldaten wollen sie der Polizei übergeben, die jedoch keinerlei Interesse zeigt. Also laden die Soldaten die Jungen auf einen Lastwagen, bringen sie in den nahe gelegenen Wald und erschießen sie dort. Ihr Grab wurde erst vor kurzem entdeckt.

Verbirgt sich hinter diesen Ausbrüchen von Gewalt vielleicht etwas, das tief zu dieser Insel gehört, irgendein geheimnisvoller Zug? Eine dunkle, verborgene Seite in der Seele dieses Landes?

Bevor er den Staatsdienst quittierte und Virginia, die künftige Schriftstellerin, heiratete, verbrachte Leonard Woolf drei Jahre auf Ceylon. Er spricht in seinem 1913 verfassten Roman *Das Dorf im Dschungel* von der düsteren Macht des Dschungels. Michael Ondaatje, einer der besten zeitgenössischen Autoren Sri Lankas, beschreibt in *Es liegt in der Familie,* wie die reiche, gebildete und promiskuitive High Society der Insel nach einem beim Pferderennen verbrachten Nachmittag beim Austernessen in Ambalangoda landet. Als man schließlich zu den Klängen eines tragbaren Plattenspielers am mondhellen Strand tanzt, erklingen um Mitternacht plötzlich dumpfe Trommelschläge aus dem Inneren der Insel, die den Takt zu diabolischen Tänzen zu schlagen scheinen. Ondaatje verbindet diese Geräusche mit blutigen Riten, die in vorbuddhistischen Zeiten hier zu Ehren dunkler Gottheiten stattfanden. Seiner Ansicht nach spiegelt sich darin der Glaube, dass jede kosmische Erneuerung nur durch Gewalt geschehen kann.

Viele Bewohner Sri Lankas sind mittlerweile überzeugt, dass die einst als »selig« geltende Insel einem Fluch zum Opfer gefallen und ein Ausweg aus dem Schrecken daher unmöglich ist.

Dann erschien letztes Jahr Chandrika Kamaratunga auf der politischen Bildfläche und versprach, dem Blutbad ein Ende zu bereiten. Und sie schien dafür vom Schicksal auserkoren zu sein, war sie doch selbst ein Symbol für die Leiden, die dieses Land erfahren hatte. Ihr Vater war von einem Mönch getötet worden, ihr Mann von einem seiner politischen Gegner. Diese Frau startete ihre Wahlkampagne und versprach, mit den Tamilischen Tigern zu verhandeln. Sie gestand den Tamilen zu, dass die früheren Regierungen sie ungerecht behandelt hatten, und entschuldigte sich bei ihnen im Namen aller Singhalesen. Sie wurde mit überwältigender Mehrheit zur Präsidentin Sri Lankas gewählt, auch von vielen Tamilen.

Als die erste Regierungsdelegation in Jaffna ankam, um Friedensverhandlungen zu führen, wurde sie von einer enthusiastischen Menge von Tamilen begrüßt. »Die Menschen berührten uns und den Hubschrauber mit den Händen, als wollten sie sich versichern, dass wir Wirklichkeit waren«, erzählt mir ein Mitglied der Gruppe. Und diese Reaktion bereitete Prebhakaran Sorgen. Dem »Erhabenen« wurde klar, dass die Tiger ihren Rückhalt im Volk zu verlieren drohten, sollten die Verhandlungen Erfolg haben. Also boykottierte er sie. Drei Monate der Gespräche, in denen vierzig Briefe zwischen Prebhakaran und Chandrika hin- und hergingen, blieben ohne Resultat. Prebhakaran blieb unnachgiebig und wollte von anderen Lösungen außer Eelam, dem separaten Staat, den die Tiger anstrebten, nichts hören. Im April brachen die Tiger die Gespräche ab.

Präsidentin Chandrika blieb nun nichts anderes übrig, als sich an die Generäle zu wenden, die sie anfangs immer auf Distanz gehalten hatte, sodass sie an den Friedensverhandlungen erst gar nicht beteiligt waren. Seitdem hat der Krieg auf breiter Front wieder begonnen, und alles ist wieder wie vorher. Die Regierungssoldaten greifen die tamilischen Gebiete an und stehen kurz davor, Jaffna zu erobern.* Prebhakaran aber schickt seine Mörderkinder, um die Singhalesen im Schlaf zu töten oder sich im Zentrum Colombos in die Luft zu sprengen.

Ein Drittel der Regierungstruppen (35 000 von 100 000) steht mittlerweile auf tamilischem Gebiet, sodass die Hauptstadt und die anderen singhalesischen Städte mehr oder weniger ungeschützt sind. Als Prebhakaran letzten Monat zwanzig Guerillakämpfer schickte, um die Treibstoffvorräte im Flughafen von Colombo in die Luft zu jagen, drangen seine Leute in das abgesperrte Gebiet ein und hielten sich zwölf Stunden dort auf, ohne auf den geringsten Widerstand zu stoßen. Noch beängstigender aber ist, dass die Regierungssoldaten, als sie endlich auf dem Plan erschienen, am Ende des Feuergefechts nur sechs Guerillas festnehmen bzw. töten konnten. Die anderen entkamen unerkannt in die Stadt und halten sich dort wohl immer noch auf. Vermutlich in Gesellschaft anderer verdeckt operierender Tiger, die hier schon seit Jahren leben.

Trotzdem scheint man in Colombo nicht sonderlich besorgt. Nach dem Attentat von heute Morgen wurden die Schulen geschlossen, weil sie als öffentliche Gebäude Ziel anderer Angriffe werden könnten. In der Stadt gibt es die üblichen Straßensperren, aber man gewöhnt sich schließlich auch an die Angst. Man guckt nur etwas neugieriger als sonst auf vorbeirollende Fahrräder, auf haltende Autos oder junge Burschen, die etwas unter ihrem Hemd verbergen könnten.

---

* Kurz danach wurde Jaffna von den Regierungstruppen eingenommen. Prebhakaran konnte nicht gefangen genommen werden, sondern floh mit seinen Männern und seinem gesamten Waffenarsenal in den Dschungel, was bedeutet, dass der Kampf weitergeht.

Heldentod für Kinder

Batticaloa (Sri Lanka), Dezember 1995

Der Junge lacht: »Sterben ist leicht. Schau!«, meint er und nimmt eine kleine Kapsel aus durchsichtigem Glas zwischen die Zähne, in der weiße Kristalle schimmern.

Wenn er jetzt zubeißt, tötet das Zyankali ihn innerhalb weniger Sekunden. »In weniger als einer Minute«, präzisiert er stolz, als gebe ihm diese Tatsache Sicherheit. Doch der Junge beißt nicht zu, der Mund bleibt zu einem scherzhaften Lächeln geöffnet. »Los! Jetzt du!«, sagt er und schiebt mir die Kapsel herüber. Er ist höchstens sechzehn Jahre alt und fordert mich zum einzigen Spiel heraus, das er kennt: dem Spiel mit dem Tod.

Rundherum hat sich eine kleine Gruppe anderer Jungs versammelt, die höhnisch grinsen. Jeder von ihnen trägt eine dieser Kapseln an einem schwarzen Faden um den Hals, wie man in anderen Teilen der Erde ein Kruzifix, ein Madonnen- oder Buddhabild an einem Goldkettchen trägt. Das Amulett dieser Kinder ist die Zyankalikapsel, Zeichen ihrer Zugehörigkeit zu einer Art gefährlichem religiösen Orden. Wie Mönche haben auch sie ihre Gelübde abgelegt: Sie trinken nicht, sie rauchen nicht, sie haben keine sexuellen Beziehungen. Sie haben sich verpflichtet, für die Schaffung eines unabhängigen Tamilenstaates namens Eelam auf Sri Lanka zu kämpfen. Und sie haben geschworen, sich niemals lebendig von den Regierungstruppen fangen zu lassen, die gegen diese Separatistenbewegung vorgehen. Das Zyankali vertreibt die Furcht und stärkt den Glauben.

Die Tamilen nennen sie »unsere Kinder«. Sie selbst aber nennen sich »Tiger«, die Tiger der Bewegung für die Befreiung von Eelam (LTTE) – die effizienteste, grausamste, mörderischste Guerillaarmee der Welt.

Die Tiger zu finden war leicht: von Batticaloa aus 15 Kilometer mit der Trisha nach Süden, zur Mittagszeit auf einer sonnenbeschienenen Straße, wenn die Regierungssoldaten weniger aufpassen und in ihren schattigen Bunkern bleiben; eine halbe Stunde mit der Fähre über die Lagune – der Fährmann blinzelt mir kurz zu und weigert sich, von mir Geld zu nehmen; dann ein paar Kilometer mit einem geliehenen Fahrrad, und die »Kinder« empfangen mich im Büro der LTTE von Kokkadicholai, einem großen Dorf inmitten der Reisfelder. An der Tür hängt ein Plakat, das fünf Jungen in einem Mantel aus blauen Flammen zeigt und ihr »Martyrium« verkündet: Sie haben sich vor kurzem mit Sprengstoff voll gepackt und in verschiedenen Militärstationen der Regierung in die Luft gesprengt.

Schwieriger ist es, Antworten auf die tausend Fragen zu finden, die mir durch den Kopf schwirren, seit ich hierher unterwegs bin. Vom Hörensagen könnte man die Tiger für besondere Wesen halten, für Zombies, denen die Gehirnwäsche nur noch eine Leidenschaft gelassen hat: den Tod. Steht man ihnen jedoch gegenüber, so wirken die »Kinder« wie normale Dorfjungen. Sie sind zufrieden mit dem, was sie tun, und fühlen sich in ihrer Umgebung wohl.

In Kokkadicholai sind die Tiger zu Hause. Hier wie im Norden ist der größte Teil der Bevölkerung tamilisch. Es gibt nicht eine Familie, die nicht einen Sohn oder einen anderen Verwandten bei den Guerillakämpfern hat. »Wir sind nicht mit allem einverstanden, was sie tun, aber die ›Kinder‹ sind unsere Lebensversicherung«, sagt mir ein Mann, der nachts kommt, um mit mir zu sprechen. »Wenn die Soldaten zurückkommen, bringen sie uns alle um.«

Im Jahr 1990 verjagte das ausschließlich singhalesische Heer die Tiger aus der Region um Batticaloa. Dabei wurden Tausende junger Tamilen verhaftet und gefoltert. Die Menschen waren so gelähmt vor Schrecken, dass sie nicht einmal wagten, die Leichen zu identifizieren, die auf alten Autoreifen am Straßenrand lagen. »Diese Bilder werde ich nie vergessen«, erzählt ein katholischer Priester aus der Gegend. »Eines Tages regnete es, und die Feuer gingen aus. Ich sah vor mir einen Haufen Füße, völlig intakt und säuberlich aufgeschichtet, wie Brötchen in einem Backofen. Seit damals frage ich mich, ob wir überhaupt noch Menschen sind.« In den fünf Jahren, in denen die Regierung das Gebiet mit seinen 250 000 Einwohnern kontrolliert, sind 4200 Tamilen auf diese Weise »verschwunden«.

Die Gewalttaten vonseiten der Singhalesen brachten viele junge Tamilen dazu, in die Guerillaarmee einzutreten. Aus diesem Grund scheint der Tod für sie keinen Schrecken zu haben. »Wir sind eine Minderheit, und wir kämpfen gegen ein starkes Heer mit einer ausgezeichneten militärischen Ausrüstung. Der Selbstmord ist unsere mächtigste Waffe«, sagt Karikalan, der Anführer der Tiger im Osten.

Er trifft sich mit mir in einem Haus inmitten der Felder. Er ist einer der meistgesuchten Menschen in Sri Lanka, aber auch er scheint sich unter seinen Leuten sicher zu fühlen. Er kommt mit dem Motorrad, hat nur einen Leibwächter dabei. »Der Fall Jaffnas? Das ist doch nicht weiter wichtig«, meint er. »Die Armee ist dort eingedrungen, aber sie werden nicht mehr herauskommen. Und wir kämpfen vom Dschungel aus weiter. Die Bevölkerung steht auf unserer Seite. Frieden gibt es erst, wenn es ein unabhängiges Eelam gibt. Präsidentin Chandrika hat den Krieg in unsere Hauptstadt getragen. Wir werden ihn ihr zurückbringen, in ihre Hauptstadt, nach Colombo.«*

Die Regierung kann diese Drohung nicht ignorieren. So lebt Colombo mehr oder weniger im Belagerungszustand. Der Verkehr wird durch die zahlreichen Kontrollen und Durchsuchungen ständig behindert. Die Minister bleiben meist in ihren Hochsicherheitsvillen, und auch die Präsidentin lässt sich kaum in der Öffentlichkeit sehen. Das Gerücht geht um, dass Dutzende von »Schwarzen Tigern« die Stadt infiltriert haben und nur darauf warten, in einer spektakulären Aktion neue Selbstmordattentate auszuführen. Was jedoch alle am meisten fürchten, ist ein Attentat auf die Präsidentin. Mit dem heftig bejubelten Sieg über Jaffna ist der Krieg keines-

---

* Die Drohung war keineswegs aus der Luft gegriffen. Nach diesem Interview kam es zu einigen schrecklichen Selbstmordattentaten im Zentrum Colombos. Dabei wurde unter anderem das Gebäude der Zentralbank zerstört, wobei in wenigen Minuten mehr als hundert Menschen starben.

wegs an sein Ende gelangt. Der Fall der rebellischen Hauptstadt verkommt ganz im Gegenteil immer mehr zur Episode in einem Krieg, dessen Ende nicht abzusehen ist.

Die Tiger haben bei der letzten Offensive heftige Verluste erlitten. 2000 von 10000 Guerillakämpfern fanden den Tod. Aber Prebhakaran hat keine Probleme mit dem Nachwuchs, der immer jünger wird. Seine Rekrutierungstechnik ist immer dieselbe. Prebhakans Männer gehen in tamilischen Gebieten in die Schulen und zeigen dort Videos, auf denen singhalesische Soldaten Tamilen töten. Dann fragen sie: »Wollt ihr, dass dies euren Eltern passiert? Oder euren Schwestern?« Am Ende einer solchen »Schulstunde« erheben sich meist Dutzende junger Männer, die alles, was sie besitzen, ihren Eltern zur Erinnerung zurücklassen und mit den Anwerbern fortgehen. Und nicht selten ist alles, was die Angehörigen dann noch von ihnen sehen, eines der Fotos auf den Plakaten, die wieder einen Märtyrer-Selbstmord im Rahmen einer militärischen Aktion preisen.

Mit dieser Härte, mit dieser erschreckenden Grausamkeit hat Prebhakaran die Tiger zu der riesigen Organisation aufgebaut, die sie heute sind, auch wenn wir sie nur in Teilen kennen. Die Tiger sind nämlich nicht nur die Guerillakämpfer in Sri Lanka mit ihren Sympathisanten. Darüber hinaus verfügen sie über ein dichtes Netz von Auslandskontakten mit etwa vierzig Außenstellen, die mitunter sogar diplomatischen Status besitzen. Sie finanzieren sich durch – mitunter erzwungene – Spenden der Tamilengemeinden in anderen Staaten und immer häufiger auch über Waffen- und Drogenhandel. Es besteht der noch nicht ausreichend erhärtete Verdacht, dass die Tiger Heroin aus Birma zuerst nach Europa und dann weiter in die ganze Welt schmuggeln. Werden ihre Kuriere abgefangen, so bewahren sie absolutes Stillschweigen. Auch in Italien wurden bereits ein paar hundert Tamilen wegen Drogendelikten verhaftet, meist in Palermo. Schätzungen zufolge verfügen die Tiger über ein Kapital von mehreren hundert Millionen Dollar. So finanzieren sie ihren Kampf.

Trotz der von ihnen begangenen Verbrechen und Gräueltaten schaffen die Tiger es meist, sich nach außen als die einzigen Verteidiger des tamilischen Volkes darzustellen. Ihre Gewalttätigkeit wird immer noch häufig ideologisch verbrämt und als Notwehr gerechtfertigt. Daher unterstützen sie auch viele Gruppierungen der westlichen Linken.

Dabei unterdrücken die Tiger strikt jede Form von abweichender Meinung. Wer es wagt, Prebhakaran zu kritisieren, wird ermordet. Erst kürzlich traf es Prebhakarans Stellvertreter, der nach »einem Jahr der Befragung« erschossen wurde, wie der Sprecher der Bewegung verkündete. Prebhakaran ist der unbestrittene Chef der Bewegung, die auch nach dem Verlust von Jaffna keineswegs geschwächt erscheint. Wo auch immer ich in den letzten vier Tagen war, galten die Tiger als »Helden«. Dutzende von Jungen und Mädchen in der Region von Kokkadicholai träumen davon, so zu werden wie sie – mit einer Maschinenpistole in der Hand und einer Zyankalikapsel um den Hals.

Es ist für sie weniger wichtig, dass am Ende ein Grab auf sie wartet.

»Schau mal!« Sie zeigen mir ihre Dienstmarken mit dem Zeichen der LTTE und ihrer Nummer. Davon hat jeder drei Stück: eine um den Hals, eine am Handgelenk und eine um die Taille. »Dann kann man mich auch identifizieren, wenn ich in Stücke gerissen werde«, meint einer der Jungen und macht mit der Hand eine Geste, die die Explosion andeuten soll.

Etwas außerhalb des Dorfes haben die Tiger vor kurzem den »Park der Märtyrer« angelegt. Dort finden sich sauber aufgereiht die Gräber der toten »Kinder« und Reihen von Fackeln für all jene, deren Körper nicht geborgen werden konnte.

Als ich in die von der Regierung kontrollierten Gebiete zurückkehrte, musste ich an diesem Park vorbei, und das riesige Areal, das für neue Gräberreihen reserviert war, stimmte mich traurig. Es wird viel Zeit brauchen, vielleicht auch ein Wunder, damit diese Kinder andere Spiele lernen als die des Tötens und Sterbens. Damit auf dieser schönen, aber kranken Insel, die heute noch dem Gesetz des Dschungels gehorcht, ein wenig Weisheit einkehrt.

Es begann mit einem Telefonat, das ich mit einem alten Studienkollegen aus Pisaner Zeiten führte. Giovanni Alberto Agnelli, der junge Erbe des Fiat-Konzerns, der jeden Kontakt mit der internationalen Presse vermied, hatte zugestimmt, der »Schülerzeitung« meiner ehemaligen Universität, mit der Piaggio, ein Unternehmen des Fiat-Konzerns, soeben ein gemeinsames Projekt initiiert hatte, ein Interview zu gewähren. Die Aufgabe wurde mir übertragen. Ich lebte in Delhi, wo Agnelli sich gerne aufhielt, wo er sich um die lokalen Fabriken kümmerte. Und ich selbst war recht neugierig auf diese Persönlichkeit, die bald einer der wichtigsten Wirtschaftskapitäne Europas sein würde, ihr Herz aber offenkundig an Asien verloren hatte.

Giovanni Alberto Agnelli: eine kurze Zukunft

Neu-Delhi, Januar 1996

Präsidenten, Generäle, Revolutionäre, Minister, Banditen, Industrielle, Diebe, Polizisten, Mörder, Politiker. Als Journalist, der immer durch die Welt zieht, trifft man unendlich viele Menschen, und man gewöhnt sich daran, niemanden allzu ernst zu nehmen, sich von niemandem beeindrucken zu lassen, weniger auf das zu achten, was ein Interviewpartner offiziell mitteilen will, sondern auf das, was ihm so nebenbei entschlüpft, als Nebensatz zu einem Statement vielleicht, das ansonsten abgespult wurde wie geplant.

Wer des Öfteren Menschen interviewt, entwickelt eine gesunde Skepsis gegenüber »Erklärungen«, ein instinktives Misstrauen gegen Versprechen, eine gewisse Distanz zu der Macht des anderen, die einen umschmeichelt, einhüllt, aufsaugt, die aber auf Dauer gesehen wie alles Menschliche dem Untergang geweiht ist.

»Aber die Macht, die dieser junge Mann hat, wird eine ganze Generation prägen. Was er tun und lassen wird, hat Einfluss auf meine Kinder«, sagte ich mir, als ich zur Friends Colony unterwegs war, einem der Villenviertel von Neu-Delhi, und mit meinem Auto wie üblich um die auf der Straße liegenden Kühe herumnavigierte.

Diese Sonderstellung erweckte in mir ein gewisses Interesse, das über die übliche Neugier auf einen der mächtigsten Männer der Welt hinausging.

Das Treffen mit Giovanni Alberto Agnelli – dem 32-jährigen designierten Erben einer Familie, in deren Händen sich eine enorme Wirtschaftsmacht konzentriert, dem künftigen Führer eines Imperiums, das Meinungen ebenso produziert wie Automobile, das große Fabriken besitzt und große Zeitungen – sollte beim Frühstück im Haus von Ugo Lanfranchi stattfinden, dem lokalen Piaggio-Repräsentanten.

Ich war pünktlich, aber der »Dottore«, wie seine Mitarbeiter ihn auf typisch italienische Weise ansprechen, die so wenig zu diesem jungen Mann mit den vollendeten Manieren passt, der in einer amerikanischen Militärakademie erzogen wurde, einen Mastergrad an der Brown University in Rhode Island erworben hat und beim Sprechen immer wieder auf Anglizismen zurückgreift, der »Dottore« war bereits da – umgeben von einer Schar von Freunden und Führungskräften: dem Vespa-Manager für Indien, dem langjährigen Vertriebsleiter der Motorroller für China, einem ehemaligen Journalisten aus Delhi, der jetzt für den Konzern Öffentlichkeitsarbeit macht, und einer sehr zurückhaltenden jungen Dame* aus Amerika, die – Ironie des Schicksals – zu ihren Vorfahren ebenjenen hohen englischen Beamten zählte, der zu Anfang dieses Jahrhunderts in Indien als Vizekönig herrschte: Lord Curzon.

Wir trafen uns, weil die Scuola superiore Sant'Anna, die aus dem juristischen Kolleg der Scuola Normale in Pisa hervorgegangen ist und heute vorzugsweise Naturwissenschaften lehrt, in Pontedera eine Kooperation mit Piaggio vereinbart hatte. Der junge Agnelli ist bereit, mit einem ehemaligen Schüler des juristischen Kollegs zu sprechen, der seit mehr als einem Vierteljahrhundert Asien als Ort seines freiwilligen Exils gewählt hat. Indien, dieses gewaltige, tragische Land, scheint der ideale Ort für das Gespräch zu sein, dessen

---

* Diese junge Dame, Avery Howe, wurde nur wenig später Agnellis Frau. Ihre Hochzeitsreise unternahmen die beiden nach Indien.

Inhalt nicht vorher festgelegt wurde. Ein Aufnahmegerät hält unsere Unterhaltung fest.*

Tiziano Terzani: Ich bin auf der Suche nach einer Kultur, die dem modernen westlichen Weg etwas entgegenzusetzen hat. In Indien gibt es heute noch Spiritualität und Wahnsinn. Mich persönlich macht es neugierig, zu sehen, wie eine Welt funktioniert, die nicht ausschließlich den Gesetzen der Wirtschaft unterworfen wird. Das ist im Moment mein Hauptinteresse. Und Ihres?
Giovanni Alberto Agnelli: Mich interessiert der Zusammenhang zwischen Kultur und Naturwissenschaft. Eines der Hauptprobleme dieses Jahrhunderts scheint mir die Tatsache zu sein, dass die Kultur hauptsächlich in Händen einiger weniger Intellektueller, häufig Journalisten, liegt. Menschen, die viel über Literatur oder Geschichte wissen, aber nur sehr wenig über Physik, Biologie und Chemie. Nehmen Sie einmal die Physik: Sie hat in den letzten Jahren bahnbrechende Fortschritte gemacht, aber die moderne Gesellschaft hat dies kaum bemerkt, weil die Intellektuellen diese Art des Wissens kaum verbreiten. Doch wenn wir verstehen wollen, wohin sich diese Welt bewegt, müssen wir die Naturwissenschaften zurück ins kulturelle Leben bringen. Wir müssen sie von neuem verbreiten. Menschen wie Newton oder Einstein waren vor allem sehr kultivierte Menschen, nicht Wissenschaftler im Elfenbeinturm. So gesehen sind die heutigen Naturwissenschaftler keine Kulturmenschen mehr.
Terzani: Haben Sie sich deshalb in diesem Projekt engagiert, das ein Universitätskolleg wie das von Sant'Anna, dessen vordringliche Aufgabe das wissenschaftliche Denken ist, mit der Piaggio zusammenbringt, einer Fabrik, in der alle geistigen Kräfte auf die Praxis, die Herstellung von Motorrollern, konzentriert sind?
Agnelli: Die Frage nach den Beziehungen zwischen Naturwissenschaft und Kultur wurde dabei noch nicht angeschnitten. Was

---

* Das Interview wurde in der Juninummer der *Sant'Anna News* publiziert, dem Rundbrief der Vereinigung ehemaliger Schüler des Kollegs.

ich Ihnen hier mitteile, sind in erster Linie persönliche Reflexionen. Das Projekt zwischen Sant'Anna und Piaggio ist vor allem deshalb entstanden, weil wir das Gefühl hatten, dass universitäre und industrielle Welt sich zu sehr voneinander entfernen. Das wollten wir ändern. Für mich sind hier die Vereinigten Staaten ein Vorbild, wo der Kontakt zwischen der universitären Welt des Forschens und Denkens und der industriellen Welt, in der dieses Wissen angewandt wird, sehr eng ist. Auf das Kolleg Sant'Anna sind wir zugegangen, weil wir den Abgrund, der zwischen diesen beiden Universen klafft, schließen wollen. Auf diese Weise können wir Industriellen von der Welt der Forschung lernen und gleichzeitig unsere ganz konkreten Alltagsprobleme in den universitären Alltag einbringen.

Terzani: Aber besteht denn nicht auch die Gefahr, dass diese Verknüpfung, die ja in gewisser Weise auch eine Liaison zwischen Reich und Arm ist, zu einer Verwässerung der Forschungsziele führt? Einer der großen Vorteile der Universität ist, dass dort absolute Freiheit herrscht: Freiheit des Denkens, des Forschens, Freiheit, auch das scheinbar Nutzlose zu ergründen. Die Industrie hingegen interessiert sich naturgemäß und vorrangig für das Nützliche, das Profitable. Wie also können diese beiden Welten zusammenkommen, ohne dass der Reichere und Mächtigere sich den anderen unterwirft und dienstbar macht?

Agnelli: Sicher, das ist ein Problem. Ich gehöre gewiss nicht zu jenen, die Universitäten als Schule für das Management betrachten. Die Universität muss sich in ihrem eigenen Rhythmus bewegen, ihren eigenen Stimuli folgen. Es wäre schrecklich, wenn sie ihre kulturelle Unabhängigkeit verlöre und wenn wir versuchten, ihr den Rahmen vorzugeben. Wichtig wäre eine Art Osmose, bei der jeder der Beteiligten seine Identität behält, aber trotzdem vom anderen lernen kann.

Terzani: Was also bedeutet es, wenn die Forschungslaboratorien von Sant'Anna nach Pontedera ausgelagert werden, in die »Wissenschaftsfestung« von Piaggio, wie man diese Labors auch nennt?

Agnelli: Nicht alle Labors ... nur die Mikro-Megatronik.

Terzani: Was ist das?

Agnelli: Die Herstellung von Miniaturrobotern, aber darüber weiß ich selbst nicht sehr viel.

Terzani: Ihr Wunsch, die industrielle mit der universitären Welt zu verbinden, ruft mir ein vergleichbares italienisches Projekt ins Gedächtnis: das der Olivetti unter Adriano. Damals versuchte man, die industrielle Produktion in die Umwelt, die menschliche Gemeinschaft zu integrieren. Man wollte aus der Fabrik ein Kulturzentrum machen und die intellektuelle Crème de la Crème anziehen. Diese Idee faszinierte mich damals sehr. Daher ging ich gleich nach meinem Abschluss zu Olivetti und arbeitete dort fünf Jahre. Schließlich wurde ich zum Assistenten des großartigen Schriftstellers Paolo Volponi. Doch dieses Experiment des Olivetti-Leiters Adriano ging schief. Die Firma musste auf dem Markt überleben, und das bedeutete, dass alles, was nicht unmittelbar zur Produktion gehörte, wieder abgebaut werden musste. Heute ist die Olivetti eine Firma wie jede andere, die aufgrund strenger ökonomischer Kriterien geführt wird. Werden auch Sie diesen Weg gehen müssen?

Agnelli: Leider ist alles, was man heute in Italien über die alte Olivetti liest, negativ. Es heißt, die Olivetti unter Adriano habe falsch investiert. Sie habe das Geld in sinnlose kulturelle Untersuchungen über die Gesellschaft im Allgemeinen gesteckt und dabei das Kerngeschäft aus den Augen verloren. Sicher, geht man von den rein ökonomischen Kriterien aus, welche die Literatur zu diesem Thema heute anlegt, war Adrianos Olivetti ein Misserfolg. Aber warum berücksichtigt man nicht auch die vielen interessanten und positiven Impulse, die dieses Experiment hervorgebracht hat? Für mich sind diese ebenso wichtig. Die Industrie hat meiner Ansicht nach auch die Aufgabe, Kultur zu schaffen. Davon bin ich zutiefst überzeugt. Leider gibt es heute nicht mehr viele Firmen, die dies tun.

Terzani: Aber haben Sie nicht den Eindruck, dass die heutige globalisierte Welt, die rein auf den Markt reduziert ist und von der eisernen und grausamen Logik des Profits beherrscht wird, eine Welt, in der das einzige Kriterium für Erfolg und Moral der Gewinn ist, Ihren Bestrebungen, als Industrieller auch Kultur zu schaffen, entgegensteht?

Agnelli: Nein. Ich kann einfach nicht akzeptieren, dass der Daseinszweck der Industrie, ihre einzige Bestimmung sozusagen, der sein soll, Geld zu scheffeln. Natürlich ist es wichtig, Gewinne zu machen. Selbstverständlich ist der Profit ein wesentliches Ziel unseres Tuns. Der Profit garantiert die Zukunft. Doch ich glaube, dass es ebenso Aufgabe der Industrie ist, die Welt zu verbessern, den Menschen zu helfen, indem sie ihnen Produkte und Dienstleistungen zur Verfügung stellt, welche ihre Lebensqualität verbessern. Ganz im Gegenteil: Dies ist vielleicht wichtiger als das reine Erzielen von Profiten.

Terzani: In den nächsten Jahren werden Sie mit Fiat einen der größten Konzerne der Welt leiten. Wenn Sie das, was Sie jetzt sagen, in die Praxis umsetzen, dann werden Sie schon bald in Konflikt mit der Ideologie geraten, die heute die Welt beherrscht: der amerikanischen Ideologie. Suchen Sie also mit Ihren Bestrebungen auch einen »europäischen Weg« für die Industrie des 21. Jahrhunderts?

Agnelli: In Europa, vor allem in Deutschland, gibt es heute schon Firmen, die diesen Weg gehen: Firmen, die mithilfe ihrer Stiftungen zur Verbesserung der Welt beitragen.

Terzani: Welche?

Agnelli: Bosch und Siemens zum Beispiel. Auch in Amerika tun Stiftungen wie die von Ford oder Rockefeller viel in dieser Hinsicht. Was ich Ihnen hier erzähle, sind keine neuen Visionen. Es gibt solche Dinge bereits. Die Vorstellung von der Corporate Citizenship, von der Firma, die ihre soziale Verantwortung wahrnimmt, kommt aus Amerika. Auch diese Idee liegt mir sehr am Herzen.

Terzani: Mich schreckt diese Vorstellung einer Industrie bzw. von Industriellen, die Kultur machen wollen, ein wenig. Wer etwas herstellt, hat ja ein natürliches Interesse daran, dass seine Produkte gekauft werden. Er will immer mehr produzieren und kann daher die Konsequenzen seines Tuns für die Gesellschaft gar nicht erkennen. Seine Vision ist daher immer ein wenig kurzsichtig, und deshalb sollte man ihm nicht die Aufgabe übertragen, in die Zukunft zu sehen.

Wir sitzen an einem Weidentischchen auf der Veranda, die sich auf den Garten öffnet. Plötzlich werden unsere Stimmen vom lauten Rattern eines langen Zuges übertönt, der nur wenige Dutzend Meter vom Haus entfernt vorüberfährt.

»Nehmen wir zum Beispiel den Zug«, sage ich. »Indien steht heute vor der historischen Entscheidung, wie es künftig die Mobilität seiner Menschen regeln will: mehr Straßen oder mehr Eisenbahnlinien. Und dies ist keineswegs nur eine Frage der Wirtschaft, sondern auch der Kultur. In den Zügen kommen die Leute ins Gespräch, essen miteinander, schließen Freundschaft. Züge stärken das Gemeinschaftsgefühl. An dem Tag, an dem die Inder beginnen, in Gruppen zu zweit oder zu viert im Auto zu reisen, zerreißt dieses Netz menschlicher Bindungen, das gerade in einem Land wie Indien sehr wichtig ist, und die Gesellschaft bekommt ein anderes Selbstverständnis. Daher ist dies keine Entscheidung, die man einfach nur den Automobilproduzenten überlassen kann, denn die werden sicher für mehr Straßen optieren, sodass sie mehr Autos verkaufen und mehr Geld verdienen können. Glauben Sie nicht?«

Agnelli lächelt: »Ich verstehe Ihre Besorgnis. Auch ich denke nicht, dass das Auto als Fortbewegungsmittel für alle Länder der Welt angemessen ist. Das Auto ist wichtig, aber es schafft Verkehrsprobleme und vergiftet die Luft in den Städten. Diese Probleme müssen gelöst werden, wenn die Verkehrsdichte zunimmt. Aus diesem Grund plant Piaggio ja Fahrzeuge, die sich von den jetzigen unterscheiden, Fahrzeuge für den Stadtverkehr, die nicht unbedingt Autos sein müssen. Wir denken da an etwas, das nicht 2 mal 4 Meter Platz braucht, denn das kann nicht die Zukunft sein. Das Auto ist eine tolle Sache, aber aktuell ist es nur auf große Räume zugeschnitten, auf Länder wie die USA oder Südamerika, die wenig besiedelt sind. Wenn die Automobilindustrie in Indien auf europäisches oder amerikanisches Niveau heranwüchse, wäre das in meinen Augen eine Katastrophe. Dann könnte man hier nicht mehr leben. Freilich, in einem Land wie diesem ist für mittlere Entfernungen der Zug das allerbeste Verkehrsmittel.«

Terzani: Ich habe irgendwo gelesen, dass in den Vereinigten Staaten jetzt ein Elektroauto auf den Markt gekommen ist. Ist das die neue Ära?

Agnelli: Mit der aktuellen Technologie wohl nicht. Wir alle versuchen, Transportmittel zu entwickeln, die die Umwelt nicht verschmutzen, doch das Elektroauto von Ford ist hier noch nicht die optimale Lösung. Es ist sehr teuer, die Batterien sind zu schwer und müssen außerdem ständig aufgeladen werden. Daher ist dieses Auto nicht wirklich revolutionär. Aber es ist klar, dass in dieser Richtung die Zukunft liegt.

Terzani: Ach ja, die Zukunft. Viele westliche Geschäftsleute glauben, die Zukunft liege in Asien, weil dies die Märkte von morgen sind. Was sagen Sie dazu?

Agnelli: Das stimmt natürlich. Dazu ist keine große Phantasie nötig. In China leben mehr als eine Milliarde Menschen, in Indien fast eine Milliarde, in Südostasien eine halbe Milliarde. In Europa dagegen sind wir 350 Millionen, in den Vereinigten Staaten 300 Millionen und in Südamerika 250 Millionen. Es ist klar, dass jedes Produkt dort mehr Absatzmöglichkeiten findet, wo mehr Menschen leben.

Terzani: Sie sind in Italien groß geworden, haben in Amerika studiert und werden bald die Leitung des Fiat-Konzerns übernehmen. Ist Ihnen die Tatsache, dass Sie Italiener sind, auf internationalem Parkett eine Last?

Agnelli: Das Problem liegt nicht darin, dass ich Italiener bin. Nein, es geht vielmehr darum, dass man kein glaubwürdiges System im Hintergrund hat. Alle finden uns Italiener sympathisch und nett, aber wenn wir dann die Versprechen erfüllen sollen, die wir gegeben haben, dann enttäuschen wir rundum – sowohl auf privater wie auch auf politischer Ebene. Die Inder sollen Schlangenbeschwörer sein, die alles auf ihre Sirenengesänge setzen? Nein, die wahren Taschenspieler sind wir.

Terzani: Ja, und wirklich gute. Wenn ich so durch Asien reise, passiert es mir immer wieder, dass ich irgendwo Landsleute treffe, Geschäftsleute oder kleine Unternehmer, die aus irgendeinem Provinznest kommen und ganz allein, ohne einen Beamtenapparat, ohne zur Botschaft zu laufen, neue Handelswege auftun und neue Produkte erfinden. Menschen, die ohne Netz und doppelten Boden arbeiten, mutige Leute, aber Einzelgänger. Italien ist eine der größten Industrienationen der Welt. Wir produzieren mindestens genauso viel wie Großbritannien, wenn nicht noch mehr, und doch sind wir auf der internationalen Bühne kaum präsent, zumindest weniger als alle anderen europäischen Länder.

Agnelli: Sicher, wir sind aber auch eine sehr junge Nation ... Wir haben noch kein Zusammengehörigkeitsgefühl. In den Schulen lernen wir nicht, auf unser Italien stolz zu sein. Als ich in den Vereinigten Staaten zur Schule ging und für meine Schule Fußball spielte, stellten wir uns vor jedem Spiel in einer Reihe auf, legten die Hand aufs Herz und sangen die Nationalhymne. Wir sahen zu, wie die Flagge gehisst wurde, zerdrückten eine Träne im Auge und waren ausnahmslos stolz darauf, Amerikaner zu sein. Ich habe die Grundschule in Turin besucht, aber die bloße Vorstellung, vor einer sportlichen Veranstaltung mit der Hand auf dem Herzen die Nationalhymne zu hören, war einfach undenkbar.

Terzani: Vielleicht sind wir, mehr als andere Nationen, dazu geboren, Weltbürger zu sein?

Agnelli: Ja, vielleicht. Denn die nationalen Identitäten lösen sich zunehmend auf, auch wenn die Menschen wieder mehr an ihrer Region hängen. So ist der Toskaner immer mehr Toskaner und immer weniger Italiener.

Terzani: Halten wir also alle künftig unseren heimatlichen Kirchturm in Ehren?

Agnelli: Ja. Wir werden Lokalpatrioten, und was für welche! Vielleicht gibt es künftig nur noch Staatenbünde mit einem Makroregelwerk, das für alle gilt, aber mit vielen lokalen Ausnahmen in der Anwendung: ein Art faktischer Föderalismus also, bei dem schlimmstenfalls Brüssel die Regeln diktiert oder gar die Vereinten Nationen. Die Regeln legen die Prinzipien fest, aber die praktische Anwendung wird dort entschieden, wo sie zur Anwendung kommen.

Terzani: Belastet Sie die Vorstellung, dass Sie als Boss des Fiat-Konzerns bald eine schwere Verantwortung zu tragen haben? Oder finden Sie das ganz normal, da Sie ja immer gewusst haben, dass Sie eines Tages dieses riesige Imperium erben werden?

Agnelli: Ich bin mit der Idee groß geworden, immer mein Bestes geben zu müssen, ohne mich groß zu fragen, was morgen oder übermorgen geschehen wird.

Terzani: Sehen Sie die Zukunft optimistisch? Sind Sie nicht besorgt über die fortschreitende Globalisierung, die zunehmende Amoralität des öffentlichen Lebens, das Vorherrschen überwiegend materialistischer Wertvorstellungen?

Agnelli: Doch, das bin ich. Aber ich habe auch sehr klare Vorstellungen von der Zukunft. Wir leben in einer sehr komplexen Welt, und das nahende Ende des Jahrtausends verleiht diesem Gefühl eine nicht unerhebliche Dramatik. Zum einen erleben wir den Niedergang der Religionen, zum anderen beobachten wir das Anwachsen des islamistischen Fundamentalismus, der noch nie so stark war wie heute. Die Religion hat ihren angestammten Platz verloren, andererseits gibt es in Europa immer mehr Buddhisten und in Asien immer mehr Christen.

Terzani: Glauben Sie, dass die Religion zukünftig einen Platz im Herzen der Menschen haben wird?

Agnelli: Aber ja. Meiner Ansicht nach werden die großen Religionen wieder ihre Rolle im Leben der Menschen einnehmen. Sie können ihnen moralische Werte anbieten, Sicherheit in einer Welt ohne Sicherheiten. Mit der Zeit wird es sicher dazu kommen.

Terzani: Und wie sehen Sie die Entwicklung der Naturwissenschaften – positiv oder negativ?

Agnelli: Ich sehe beides. Nehmen Sie einmal die Medizin. Sie hat in den letzten Jahren enorme Fortschritte gemacht. Wenn es das Penicillin nicht gäbe, hätte Indien jetzt vielleicht nur 300 Millionen Einwohner. Diese würden natürlich besser leben als die 950 Millionen von heute. Aber kann man deshalb sagen, dass die Naturwissenschaften ein Fluch sind? Ich persönlich bin in dieser Hinsicht sehr optimistisch. Der Fortschritt begeistert mich, im Moment am meisten auf dem Sektor der Information.

Terzani: Ich bin da eher pessimistisch. Ich habe den Eindruck, dass wir immer unwissender werden, je mehr Information uns zur Verfügung steht. Eines der erschreckendsten Bücher, die ich in dieser Hinsicht in letzter Zeit gelesen habe, ist Bill Gates' *Der Weg nach vorn*. Auf jeder Seite musste ich an T. S. Eliot denken, der uns folgende wunderbare Sätze hinterlassen hat: »Where is the life we have lost in living? Where is the wisdom we have lost in knowledge? Where is the knowledge we have lost in information?« – »Wo ist das Leben, das wir lebend verlieren? Wo ist die Weisheit, die wir ans Wissen verloren haben? Und wo das Wissen, das wir verlieren an die Information?« Für mich ist Internet wie eine Droge.

Agnelli: Aber das stimmt nicht. Es geht darum, die Information richtig auszuwählen, um die Art und Weise, wie wir sie benutzen. Der Fortschritt in der Informatik wird uns neue Freiheiten schenken. So kann ich von meinem Haus in der Toskana aus mithilfe eines Computers auf Informationen aus der ganzen Welt zugreifen. Das ist doch wunderbar. Stellen Sie sich vor, ein Mediziner kann einen Kranken nicht heilen. Er gibt die Symptome ins Internet ein, und früher oder später trifft er dort auf jemanden, der diese Krankheit kennt und ihm verrät, wie er ihrer Herr wird. Und dieser Jemand sitzt irgendwo auf der Welt. Das ist doch eine tolle Sache.

Terzani: Doch der Preis dafür ist, dass die Menschen immer mehr Zeit vor dem Computer verbringen und immer weniger mit anderen reden. Die jungen Leute heute spielen schon mehr mit Computern als mit ihren Altersgenossen ...

Agnelli: Ja und nein. Denn die neue Informationsgesellschaft sorgt auch dafür, dass wir alle weniger arbeiten müssen und mehr Zeit für unsere persönlichen Beziehungen haben. Mit dem Computer können wir künftig zu Hause arbeiten und viel mehr Zeit mit der Familie verbringen, weil wir nicht mehr ins Büro müssen und uns so auch den Weg dorthin sparen. Das ist die positive Sicht der Dinge.

Terzani: Die Arbeit, von der wir hier sprechen, ist die Arbeit eines Intellektuellen, die Arbeit einer Elite. Wer zum produzierenden Gewerbe gehört, wird weiterhin in die Fabrik müssen. Der Computer wird also dem größten Teil der Menschheit nichts bringen.

Agnelli: Das muss aber nicht so sein. Es wird immer mehr Dienstleistungsunternehmen geben. Nehmen Sie eine x-beliebige Firma. Schon heute besteht mehr als ein Drittel ihrer Aktivitäten aus Dienstleistungen, und die kann man auch außerhalb der Firma erledigen. Zu Hause.

Terzani: Auf lange Sicht führt dies zu einer Zergliederung der Fabriken. Sehen Sie das auch so?

Agnelli: Ja. Bei uns ist das bereits der Fall. Es geht dabei um eine Managementtechnik, welche die Amerikaner als »Outsourcing« bezeichnen. Bei Piaggio wenden wir sie bereits an. IBM zum Beispiel kann Computer viel besser warten als wir selbst. Wunderbar. Also haben wir unsere Informatikabteilung genommen und haben zusammen mit IBM eine Firma gegründet, die nun diesen

Service für unsere Unternehmen übernimmt. Dasselbe ist mit Verwaltungsdienstleistungen denkbar. Auch diese werden bald außerhalb der Firma erledigt werden.

Terzani: Sie haben eine ganz besondere Erziehung genossen: Grundschule in Italien, Militärakademie in den USA, Fallschirmspringer bei der italienischen Armee, dann die amerikanische Universität. Wenn Sie Ihre Ausbildung heute noch einmal durchlaufen könnten, würden Sie dem etwas hinzufügen?

Agnelli: Ich bin unendlich neugierig, was die neuen Technologien angeht. Mich interessiert diese Welt in Nordkalifornien, in San Francisco, wo die Menschen sich nicht nur der Informatik oder Telekommunikation widmen, sondern auch Biotechnologie et cetera erforschen. Auf diesem Sektor bin ich ein ziemlicher Dilettant, aber ich würde gerne mehr darüber erfahren. Mir scheint es wichtig zu wissen, wohin die Gesellschaft von morgen steuert.

Terzani: Ich glaube, an einen ziemlich üblen Ort ... einen wie Singapur zum Beispiel.

Agnelli: Das kann uns behagen oder nicht. Aber wenn Singapur tatsächlich die Stadt der Zukunft sein sollte, wie so viele europäische Denker, zum Beispiel Dahrendorf, dies annehmen, dann ist es gut, sich das klarzumachen und diese Stadt kennenzulernen. Es ist wichtig zu begreifen, was es bedeutet, wenn eine Gesellschaft nur noch auf wirtschaftlichen Kriterien fußt, wenn Dichter in ihr nicht mehr willkommen sind ...

Terzani: Und solch eine Gesellschaft würde Ihnen gefallen?

Agnelli: Vielleicht nicht, aber ich möchte sie verstehen.

Terzani: Mich beunruhigt es, wenn ich sehe, wie die junge Generation in einer solchen Gesellschaft heranwächst und immer besser programmieren, aber immer weniger denken kann. Man kann sich auf Leute nicht verlassen, die glauben, alles mithilfe von Software erledigen zu können. Die jungen Leute müssen sich auch mit Philosophie beschäftigen ...

Agnelli: Ich habe einen Abschluss in Philosophie und Politikwissenschaft.

Terzani: Wenn die Gesellschaft der Zukunft den Menschen nur noch als Wirtschaftswesen sieht, dann erleben wir gerade die Abenddämmerung unserer Kultur!

Agnelli: Im Moment mag es vielleicht so aussehen, als regiere die Wirtschaft die ganze Welt und als gebe es nichts mehr über ihr. Doch das wird nicht immer so sein. Ich bin überzeugt, dass andere, grundlegendere Werte sich neu verankern werden und dass die Religion dabei eine wichtige Rolle spielen wird, weil sie es ist, welche die Bedürfnisse einer Gesellschaft interpretiert.

Terzani: Und die Politik?

Agnelli: Augenblicklich sehe ich in Europa ein großes politisches Vakuum. Wir werden mehr oder weniger gut regiert, aber eben auch nach wirtschaftlichen Kriterien, die der Maastricht-Vertrag festlegt. Da haben also zehn Zentralbanker diesen Vertrag ausgehandelt, und von nun an besteht die einzige Aufgabe der Politik darin, diese Kriterien einzuhalten. Dabei bräuchten wir neue Politiker, wirkliche Politiker, die neue Ideen und neue Visionen entwickeln. Aber solche sind nicht in Sicht.

Terzani: Was ist Ihrer Ansicht nach der Grund dafür?

Agnelli: Die Welt ist gerade im Umbruch. Die alte Führungsklasse, welche die dramatische Erfahrung von Krieg und Wiederaufbau gemacht hat, ist tot. Mitterrand war der letzte Große, hat aber keine Nachfolger hinterlassen. Das Problem dieser Größen war es, dass sie sich kaum mit Mitarbeitern umgaben, die ihnen das Wasser reichen konnten, Menschen, die eine Vision hatten, die ihre Ideen und Strategien zur Diskussion stellten.

Terzani: Und mit welchen Leuten umgeben Sie sich?

Agnelli: Ich versuche, im Team von Piaggio lauter Mitarbeiter zu halten, die besser sind als ich. Das meine ich ernst. Ich glaube an diese Vision. Wenn ich einen Menschen beurteilen muss, dann sehe ich mir an, mit welchen Leuten er oder sie sich umgibt. Und ich möchte, dass andere dies mit mir genauso machen. Wenn Sie meine Arbeit beurteilen wollen, müssen Sie sich nur meine Mitarbeiter ansehen. Das ist mein Prinzip.

Terzani: Und wo sind die Größen der Welt von morgen zu finden?
Agnelli: Sicher sind es nicht die Leute in der zweiten Reihe der alten Führungsgeneration. Die neuen Leader sind sicher nicht dort zu finden. Wir müssen vielmehr einen Generationssprung machen. Die neuen Größen werden dort geboren, wo die Menschen mit neuen Ideen und Vorstellungen heranwachsen.
Terzani: Also in Ihrer Generation?
Agnelli: Ja, wieso nicht? Unter den Vierzigjährigen vielleicht. Dort gibt es noch Menschen mit Prinzipien und Zielen.
Terzani: Welche Ziele haben Sie sich gesetzt?
Agnelli: Ich bin noch zu jung, um anderen Ratschläge fürs Leben zu erteilen. Aber ich bin wirklich davon überzeugt, dass jeder seines Glückes Schmied ist und nur dann vorwärts kommt, wenn er das gut macht, was er eben macht. Und das ist es, was ich mir vorgenommen habe: das, was mir obliegt, gut zu machen, mein Bestes dafür zu geben. Nicht mehr, aber auch nicht weniger.

Das Pfeifen und Rattern eines weiteren Zuges übertönt Dank und Abschied. Und wieder fahre ich durch die Straßen Indiens, vorbei an den Kühen, die sich sorglos auf dem Asphalt ausruhen. Wenn die Zukunft wirklich von Personen abhängig ist, dann will ich es zufrieden sein, wenn diese so wie Agnelli sind: Menschen, die sich mit Mitarbeitern umgeben, die ihnen auch zu widersprechen wagen.*

---

* Diese Zukunft war kürzer, als er und ich es an diesem Tag erwarten konnten. Giovanni Alberto Agnelli starb am 13. Dezember 1997 an Krebs. Kurz zuvor kam seine Tochter auf die Welt und erhielt den Namen des Kontinents, der auch ihm so sehr am Herzen lag: Asia.

Nach Dharamsala zu fahren, der Hauptstadt der Exiltibeter, ist eines der Vergnügen, die man sich in Delhi durchaus gönnen kann: Eine Nacht im Zug bis Pathankot, dann vier Stunden mit dem Auto, und schon genießt man die warme Gastfreundschaft in dem Haus, in dem die Gäste des Dalai-Lama untergebracht werden und in dem sein Bruder heute noch lebt. Die Verschärfung der chinesischen Attacken gegen das spirituelle Oberhaupt der Tibeter führte mich auf diese Insel des Buddhismus mitten in Indien.

Der vierzehnte Dalai-Lama

Dharamsala, Februar 1996

Ein schönes, blondes Mädchen sitzt in der Sonne an einen Baum gelehnt, der eben wieder zu treiben beginnt, und blättert in einem Buch. »Warum bist du hier?« – »Aus demselben Grund wie alle anderen. Ich hatte das Gefühl, dass mir in Europa etwas fehlt. Und das suche ich hier.« Ein junger Mann aus Venedig erzählt mir, er wolle herausfinden, wer er sei. Im Wartesaal des Nechung-Klosters, der Residenz des Staatsorakels, das wie eh und je einmal pro Jahr die Zukunft Tibets vorhersagt, bittet ein bleiches, dünnes Mädchen den alten Mönch dort um »Samen«. »Bitte geben Sie mir viele. Ich kehre nach Deutschland zurück und brauche sie, um mich zu schützen.« Der Mönch kehrt mit vier Plastiksäckchen voller roter Körner zurück. »... auch für Ihre Freunde«, sagt er. Das Mädchen dankt ihm überglücklich.

Jeder braucht Hoffnung, und diese Handvoll Häuser und Tempel zu Füßen der majestätischen Gipfel des Himalaya im Norden Indiens ist einer der Orte, in denen die Hoffnung zu Hause ist. Die hier angesiedelten Tibeter leben seit 35 Jahren im Exil und hoffen darauf, eines Tages in ihr Land zurückkehren zu können, das im Augenblick von seinen chinesischen Besatzern zur Kolonie gemacht wird. Die westlichen Besucher, meist jüngeren Alters, kommen als Pilger nach Dharamsala in der Hoffnung, hier etwas zu finden, was ihnen anderswo fehlt: inneren Frieden, Lebenssinn.

All diese Hoffnungen, kollektive und individuelle, politische und spirituelle, gründen auf einem Mann, der gerade sechzig Jahre alt geworden ist und schon ein wenig gebeugt geht. Sein Gesicht unter dem immer rasierten Schädel ist stark und ruhig. Nur manchmal explodiert es in lautes Gelächter. Die Welt kennt ihn als Dalai-Lama, den »Ozean der Weisheit«, doch wenn man in Dharamsala ankommt, merkt man, dass der am häufigsten auf ihn angewandte Name »Kundun« ist, die »Gegenwart«.

Lhamo Thondup, einer der sechzehn Söhne einer Bäuerin, vierzehnte Reinkarnation eines der Aspekte des Buddha, nämlich des Mitgefühls, ist überall: in den Gesprächen, den Gebeten, den Gedanken der Menschen. In Büchern, auf Postkarten und auf den T-Shirts, die in den einzigen beiden Straßen des Dorfes verkauft werden. Im Morgengrauen pilgern Hunderte von Tibetern mit ihren »Rosenkränzen« um seine Residenz und murmeln ihre endlosen Gebete. Die Besitzer der Geschäfte, Pensionen und Telefonhäuschen für die westlichen Touristen zünden vor seinem Bild regelmäßig Räucherstäbchen an. Von dieser »Gegenwart« leben alle hier.

Der Dalai-Lama ist seit 1959 in Dharamsala. Damals erhoben sich die Tibeter gegen die chinesischen Truppen im eigenen Land und kämpften für die Unabhängigkeit Tibets von Peking. Die von Mao persönlich angeordnete Niederschlagung des Aufstands erfolgte mit unglaublicher Brutalität. Die Revolte wurde im Blut ertränkt, und der Dalai-Lama, damals kaum älter als zwanzig Jahre und bereits unbestrittenes politisches und spirituelles Oberhaupt der Tibeter, musste fliehen. Die Inder gewährten ihm und den etwa hunderttausend Flüchtlingen, die seitdem über die Grenze kamen, Gastfreundschaft und erlaubten den Tibetern, sich in diesem Tal anzusiedeln. Seitdem ist Dharamsala Hauptstadt der tibetischen Diaspora und Sitz der Exilregierung, die unter der Leitung des Dalai-Lama den Chinesen das Recht abspricht, Tibet zu regieren.

Kein Land der Welt hat diese Regierung bisher anerkannt. (Keines möchte China verstimmen und damit seine Chance auf die Präsenz in einem gewaltigen Markt verspielen.) Doch der Dalai-Lama, Träger des Friedensnobelpreises und eine der großen Persönlichkeiten auf internationalem Parkett, wird vom Vatikan bis zum Weißen Haus von allen Regierungen empfangen und hat sich so zum Stachel im Fleisch der Chinesen entwickelt. Diese »Gegenwart« ist das letzte Hindernis, das sich den Chinesen in den Weg stellt, wenn sie Tibet vollkommen unter ihre Gewalt bringen wollen. Viele Menschen in Dharamsala machen sich Sorgen, ob die Chinesen nicht versuchen werden, den Dalai-Lama zu beseitigen. Erst kürzlich wurden drei im Gebrauch von Spezialwaffen ausgebildete chinesische Agenten entdeckt, die sich unter die zahlreichen Flüchtlinge mischten, die immer noch von Tibet nach Indien kommen. Die Unruhe wächst.

In den letzten Jahrzehnten hat Peking Tausende von Tibetern verfolgt, ins Gefängnis geschickt und ermordet. Es hat die überwiegende Zahl der Tempel und Klöster zerstört, um die traditionelle Kultur Tibets auszulöschen, die auf die Religion gegründet ist. Stattdessen versucht es, das Land mit Gewalt nach chinesisch-sozialistischem Muster zu modernisieren. Seit einigen Jahren überschwemmt Peking das Land mit fremden Siedlern: So sind etwa in Lhasa, der Hauptstadt Tibets, nur noch ein Drittel der Einwohner Tibeter. Das alte Stadtzentrum wurde abgerissen. Stattdessen finden sich dort heute Supermärkte, Diskotheken und chinesische Bars, wo die neue Generation der Tibeter lernt, sich zu »modernisieren«, indem sie sich betrinkt.

»Noch zehn oder fünfzehn Jahre, und Tibet existiert nicht mehr«, sagt die »Gegenwart«. »Es ist möglich, dass ich tatsächlich der letzte Dalai-Lama bin.«

Ich treffe ihn in einem der Räume seiner Residenz, dessen Wände vollkommen mit Thankas, tibetischen Rollbildern, bedeckt sind. Wir reden zwei Stunden lang über die unterschiedlichsten Themen, doch was mich am meisten beeindruckt, ist ein Charakterzug, der mir sogleich ins Auge fällt: seine Einfachheit, in der seine wahre Größe liegt. Der Dalai-Lama ist kein entrückter Heiliger. Er gebärdet sich auch nicht wie ein Guru und tut keine Wunder. Seine Weisheit liegt im gesunden Menschenverstand, seine Spiritualität ist die Güte.

Wir reden über den letzten Versuch der Chinesen, seine Autorität zu unterminieren. Als er ein sechsjähriges Kind als Wiedergeburt des Panchen Lama anerkannte, ließen die Chinesen dieses Kind verschwinden und vertauschten es mit dem Sohn zweier linientreuer Kommunisten. Er berichtet, wie er mithilfe komplizierter Meditationen und Weissagungen zu seinem Schluss gekommen war. »Am Ende legte ich die Namen der drei letzten Kandidaten in drei verschließbare Kugeln und ließ diese in einer Schale so kreisen, dass eine davon herausspringen musste. Und es sprang immer dieselbe heraus ... immer dieselbe: Es war klar, dass er es sein musste«, sagt er, hält plötzlich inne und lacht. »Sie halten mich vielleicht für verrückt. Für euch Abendländer sind solche Praktiken doch ziemlich abwegig, aber in meinem Leben habe ich wichtige Entscheidungen immer auf diese Weise getroffen ...« Dann fügt er hinzu, so als wolle er mir ein kleines Geheimnis anvertrauen: »Die Antworten des Feuers kann ich leider noch nicht so gut entziffern.«

Wir sprechen auch über die vielen »Westler«, die Buddhisten werden und die man hier in Dharamsala »hartgekochte Eier« nennt, weil ihre frisch rasierten Schädel so hell aus der Menge herausleuchten. Seine Meinung dazu überrascht mich: »Seine Religion zu wechseln ist sehr schwierig. Es ist ein gefährlicher Prozess, der große Verwirrung erzeugen kann. Es ist am besten, seiner eigenen Religion zu folgen. Der Buddhismus kann auch für Christen nützlich sein, aber für Christen ist es besser, Christen zu bleiben.«

Wir sprechen darüber, dass die spirituelle Dimension im Leben der Menschen immer mehr verloren geht, weil sie immer stärker rein materialistische Werte verfolgen. Er meint, dass auch die Tibeter sich ziemlich rasch veränderten. Sogar einige seiner höchsten Lamas seien mittlerweile Opfer dieser Tendenz geworden. »Sobald sie eine Gelegenheit sehen, sich zu bereichern, können sie nicht mehr widerstehen«, sagt er und bricht in Lachen aus.

Die Geschichte des tibetischen Buddhismus regt zum Nachdenken über unsere Zeit an. Das Land lag jahrhundertelang isoliert hinter hohen Bergketten. So erfuhr diese spezielle Form der Religion keinerlei Einfluss von außen. Den Weg, den andere Völker, vor allem im Westen, in der äußeren Welt beschritten haben, gingen die gläubigen Tibeter im Inneren. In der Einsamkeit der höchsten Berge der Welt entwickelten sie die Meditation zusammen mit anderen esoterischen Praktiken bis zu einem Punkt, der besondere Wahrnehmungs- und Kommunikationsfähigkeiten zumindest möglich erscheinen lässt. So wurde Tibet eine Art Schatzkästlein dieser geheimen »Methoden«, ein Winkel der Welt, in dem ein geheimnisvolles Wissen bewahrt wurde, das seit jeher Forscher, Missionare und Abenteurer anzog.

Die chinesische Invasion von 1959 und die in der Folge einsetzende Flucht der Tibeter aus ihrem Heimatland öffnete dieses Schatzkästlein und verstreute die einst so geheimen Kenntnisse über die ganze Welt. Der Dalai-Lama, Symbol der Weisheit und gleichzeitig Führer eines geheimnisvollen, unterdrückten Volkes, regte die abendländische Phantasie an. Das steigende Interesse am tibetischen Buddhismus führte auch zur vermehrten Solidarisierung mit der tibetischen Sache.

Dharamsala ist ein Ort, an dem viele Menschen Hilfe suchen – auf körperlicher oder geistiger Ebene. Und viele haben sie auf ihre Weise gefunden: in den Meditationskursen, in den Belehrungen, die der Dalai-Lama jedes Frühjahr gibt, oder in den Rezepten seines alten Leibarztes, der erst nach zwanzig Jahren in einem chinesischen Zuchthaus nach Dharamsala gekommen ist. (Die Folter zeichnet sich in seinen vernarbten und schiefen Gesichtszügen deutlich ab.) Er verfügt über ein Geheimrezept für schwarze, »kostbare« Pillen, die zum Beispiel gegen Hepatitis helfen.

Doch der Erfolg des tibetischen Buddhismus trug gleichzeitig zu seinem Niedergang bei. Die Praktiken, die auf den Gipfeln des Himalaya noch ihren Sinn hatten, verlieren ihn zwischen den Wolkenkratzern von Los Angeles und New York, wo der Buddhismus und der Dalai-Lama mittlerweile groß in Mode sind. Die Weisheit, einst geheim und Frucht jahrelanger Anstrengung, steht nun scheinbar allen zur Verfügung. Sie wird zum Konsumgut, zur Ware im esoterischen Supermarkt, im Regal für Glücksbringer.

Außerdem führt der Materialismus unserer freien westlichen Gesellschaft zu Konflikten, die im feudalen Tibet gar nicht denkbar waren. Der Buddhismus verliert seine Wurzeln und seinen Weg. Einer der bekanntesten Rinpoches (»inkarnierter Meister«), der einen Bestseller über die Kunst des Lebens und des Sterbens geschrieben hat, wird in Kalifornien sexueller Übergriffe beschuldigt. Die Klägerin, eine seiner ehemaligen Schülerinnen, verlangt nun 10 Millionen Dollar Schadensersatz.

Doch Tibet verkauft sich immer besser, kommt immer mehr in Mode. Nach dem Film »Little Buddha« von Bernardo Bertolucci werden jetzt noch zwei weitere Filme gedreht: »Sieben Jahre in Tibet« ist die Geschichte Heinrich Harrers, eines österreichischen Bergsteigers, der während des Zweiten Weltkriegs aus einem Gefangenenlager in Indien ausbricht und das »geheime« Land entdeckt; »Kundun« von Martin Scorsese basiert auf der Autobiographie des Dalai-Lama.

Im Frühling wird Dharamsala langsam immer voller. Einer der auffälligsten Besucher ist George Segal, der berühmte Hollywood-Schauspieler, der mit einer weißblonden Juno angekommen ist, um sich von einem seltsamen, wie ein Bandit anmutenden Lama in tantrische Praktiken einweihen zu lassen. Jede Nationalität hat ihren Lieblings-»Meister«. Die Italiener treffen sich am liebsten in dem erst kürzlich renovierten (und wegen der vielen Schüler vergrößerten) Haus eines alten »Meisters«, der als junger Mann eine Vision gehabt hatte: Tibet wurde von den Chinesen erobert, blieb jahrzehntelang unter chinesischer Herrschaft und wurde eines schönen Tages dann von zwei Ländern befreit – von Amerika und Italien. Das Seltsame daran ist, so berichtet der Alte, dass er als junger Mann von Italien noch nie gehört hatte. Und trotzdem habe er ebendiese Buchstaben gesehen: I-ta-li-a. Und nun kommen die Italiener scharenweise zu ihm.

Der Dalai-Lama ist sich der Gefahr, die in seinem Erfolg liegt, sehr wohl bewusst. Er weiß, dass die Chinesen nicht seine einzigen Feinde sind. Sein Ruhm und die Popularität des tibetischen Buddhismus dienen der politischen Sache, aber sie beeinträchtigen auch die Kultur und die Spiritualität seines Landes. Die Sympathie und die finanziellen Mittel, die viele Abendländer der kleinen Gemeinde in Dharamsala schenken, haben die neuen Generationen von Flüchtigen verwöhnt. Sie sind sich über ihren wahren Status nicht mehr im Klaren. Der Dalai-Lama sieht daher letztlich nur eine Lösung: seine Anhänger in ihr Land zurückzubringen, ihnen ihre Täler wiederzugeben, ihre Berge. »Und das muss schnell passieren, wirklich schnell«, meint er. Dann legt er mir einen langen, weißen Schal um den Hals, Erinnerung an unser Treffen und Geste des Segens, bevor er hinzufügt: »Euch Abendländern kommt eine große Aufgabe zu. Helft uns, Tibet zu retten, dann wird Tibet euch helfen, euch selbst zu retten.«

Die Abenddämmerung bricht herein. Die Gletscher lodern wie Feuer, während die Berge, auf die die Sonne nicht mehr fällt, vollkommen schwarz sind. Ein goldener Schimmer liegt in der Luft. Auf den Straßen drängen sich die Menschen, jeder mit seiner persönlichen Hoffnung.

Wir alle brauchen Hoffnung.

Wahlkampagnen sind für einen ausländischen Journalisten gewöhnlich eine ausgezeichnete Gelegenheit, ein Land richtig kennenzulernen und gute Beziehungen zu Politikern herzustellen. Man reist mit einem Kandidaten durch seinen Wahlkreis, von Versammlung zu Versammlung. So habe ich anlässlich der 1996 in Indien stattfindenden Parlamentswahlen zwei Tage mit Phoolan Devi verbracht, der ...

Königin der Banditen

Mirzapur (Indien), April 1996

Die Geschichte Indiens steckt voller Legenden. Diese Legenden vereinen das Volk, sie nähren es und speisen seine Träume. Erst kürzlich wurde eine neue Legende geboren, dieses Mal auf der politischen Bühne des Landes.

»Ich bin Phoolan Devi! Den größten Teil meines Lebens habe ich im Dschungel zugebracht oder im Gefängnis. Ich habe keine Heimat, daher bin ich gekommen, um bei euch zu wohnen.« Eine kleine Frau von etwa 39 Jahren, mit dunkler Haut und breiter Kartoffelnase, mit Augen, die einmal furchtsam, einmal bedrohlich schauen können, spricht zu einer armseligen Menge von ausgemergelten Menschen, die unter Hunger und Hitze leiden. Sie ist Banditin. Dutzende Morde, Raubüberfälle und Entführungen sollen auf ihr Konto gehen.

Doch ist es nicht das, was die staubige, müde Menschenmasse sieht.

Männer, Frauen und Kinder haben sich auf die Erde gekauert, sind auf Bäume geklettert oder auf die Dächer ihrer armseligen Hütten, wo sie sich mühsam im Gleichgewicht halten. Diese Menschen sehen in Phoolan Devi die Göttin der Blumen. (In Hindi bedeutet ihr Name ebendies.) Sie halten sie für die Reinkarnation der zehnarmigen Durga, der schrecklichen Göttin des Krieges, der Rächerin. Alle wissen, dass sie bei den Wahlen am 27. April einen der 543

Sitze im indischen Parlament erobern möchte, und sie wollen sie darin unterstützen.

»Sie ist das Glück bringende Gewitter, das Feuer, welches das Leben gebiert«, deklamiert der Dorfdichter Gopigan im Distrikt Mirzapur, im östlichen Teil des Bundesstaates Uttar Pradesh, wo Phoolan Devi eine ihrer Wahlversammlungen abhält.

Sie reist in einem weißen Wagen, gefolgt von zwei Jeeps voller Polizisten und einem Lastwagen, auf dem eine Gruppe von Männern immer wieder wie besessen ihren Namen schreit. Die kleine Karawane bewegt sich durch eine der ärmsten und traurigsten Gegenden Indiens. Die Dörfer sind aus Lehm gebaut und nicht ans Stromnetz angeschlossen. Die Leute dort sehen nicht fern und gehen nicht ins Kino. Trotzdem wissen alle über Phoolan Devi Bescheid, denn von ihr spricht man im Basar, von ihr erzählen die wandernden Geschichtenerzähler. Sie wissen, dass sie eine Unberührbare ist, die den Mut hatte, sich gegen die höheren Kasten aufzulehnen; sie wissen, dass sie eine Frau ist, die – wie Durga – zu den Waffen griff, um sich gegen Bösewichte zu wehren.

Im Distrikt von Mirzapur gehen 1,2 Millionen Menschen zur Wahl. Davon sind 80 Prozent Unberührbare wie Phoolan Devi. Sie stellen die niedrigste Schicht der Gesellschaft dar und werden »als menschlicher Abschaum« seit über 3000 Jahren diskriminiert und gedemütigt. Um ihnen dieses Stigma zu nehmen, hat Gandhi, der Mahatma, die »große Seele«, sie *harjan* getauft, »Kinder Gottes«, doch sie selbst nennen sich lieber *dalit*, »Leidende«. Von den 900 Millionen Einwohnern Indiens sind etwa 200 Millionen *dalit*. Und Phoolan Devi ist wohl die berühmteste unter ihnen.

Stunden um Stunden wartet die Menge unter der glühenden Sonne auf sie. Als die Karawane dann endlich eintrifft, werfen die Frauen sich Phoolan Devi zu Füßen. Andere versuchen, mit der Hand ein wenig von der Luft einzufangen, durch die sie geschritten ist, und führen diese dann an ihr Gesicht oder berühren mit der Hand den Kopf ihrer Kinder, gleichsam zur Segnung.

»Ich bitte euch, wählt nicht den Lotos oder die Hand. Gebt eure Stimme dem Fahrrad!«, ruft Phoolan Devi.

Ja, dem Fahrrad! Für ein Fahrrad nämlich und eine magere Kuh verkaufte ihr Vater sie im Alter von elf Jahren an einen Mann, der zwanzig Jahre älter war als sie. Der Mann vergewaltigte sie und verstieß sie bald, um eine andere Frau zu heiraten. Und es ist reiner Zufall, dass das Fahrrad heute Symbol der Sozialistischen Partei Samajwadi ist, für die Phoolan kandidiert: gegen die rechtsnationale BJP, die Partei der Hindus, die als Symbol den Lotos gewählt hat, und gegen die Kongresspartei, die heute die Regierungsmehrheit stellt und deren Emblem die offene Hand ist.

»Phoolan Devi zindabad.« – »Es lebe Phoolan Devi!«, rufen ihre Claqueure aus. »Zindabad! Zindabad!«, antwortet die Menge im Chor. Doch sie bittet um Stille, um überall, wo sie anhält, ihre Botschaft verkünden zu können. »Hört mich an! Ich habe jene beraubt, die *mich* beraubt haben. Macht es wie ich! Für jeden Fußtritt, den man euch gibt, gebt zwei zurück. Habt keine Angst: Beißt die Hand, die euch schlägt!«

Wie häufig sie tatsächlich zurückgeschlagen hat, ist unsicher, denn mittlerweile gibt es fast so viele Versionen ihrer kurzen und dramatischen Lebensgeschichte wie Menschen, die diese zum Besten geben.

Phoolan Devi wurde 1956 in Uttar Pradesh geboren, als zweite von sechs Töchtern einer armen Landarbeiterfamilie, die zu den *dalit* zählte. Das Dorf wurde von den Mitgliedern einer höheren Kaste beherrscht, von den *thakur*. Der Dorfvorsteher ließ sich Premierminister nennen und bestimmte über das Schicksal aller Bewohner. Ohne seine Einwilligung durfte ein Unberührbarer sich nicht einmal den Bart wachsen lassen oder gar seine Notdurft auf den Feldern eines *thakur* verrichten. Die Unberührbaren mussten ihren Bedürfnissen in der eigenen Hütte nachkommen und natürlich ohne Eimer. So konnte kein Unberührbarer je das Wasser aus dem Brunnen eines *thakur* verschmutzen. Das Monatseinkommen eines unberührbaren Arbeiters lag bei 50 Rupien, also zirka 1,20

Euro, und der *thakur* warf es dem anderen vor die Füße, um jeden Kontakt mit ihm zu vermeiden.

Von ihrem Ehemann verstoßen, kehrt die vierzehnjährige Phoolan Devi heim zu ihrer Familie. Mit sechzehn wird sie zum ersten Mal verhaftet, weil ein Cousin angibt, sie habe ihn bestohlen. Im Gefängnis wird sie von den Polizisten vergewaltigt, worauf man sie im Dorf als leichtes Mädchen einstuft. Mit 21 Jahren wird sie von einer der zahlreichen Banden entführt, die dort die Gegend unsicher machen. Sie wird zur Sklavin der sexuellen Bedürfnisse der Banditen. Als das Oberhaupt der Bande eines Tages beschließt, sie zum Gaudium aller öffentlich zu vergewaltigen, lehnt ein junger *dakoi* sich dagegen auf. Er erschießt den Boss und macht Phoolan zu seiner Geliebten. Sie verliebt sich in ihn, und er schenkt ihr das erste Gewehr.

Von diesem Augenblick an gilt Phoolan Devi als »Appetithappen«. Schon bald darauf wird ihr junger Liebhaber, auch er ein *dalit*, von zwei *thakur*-Brüdern ermordet, denen der Sinn nach dem Mädchen steht. Die beiden entführen Phoolan Devi und bringen sie ins Dorf von Behmai, wo sie drei Wochen lang von allen *thakur* des Ortes vergewaltigt wird. Zu ihren Aufgaben gehört es, nackt das Dorf zu durchqueren, um Wasser zu holen. Am Ende hat ein alter Mann Mitleid mit ihr und verhilft ihr zur Flucht. Phoolan schwört den *thakur* Rache und schart um sich eine Bande von *dakoi*: insgesamt 37 Männer.

Der Tag der Rache bricht Mitte Februar 1981 an. Phoolans Banditen umstellen das Dorf Behmai. Mithilfe eines Megaphons befehlen sie allen Männern des Dorfes, sich entlang des Yamuna-Flusses aufzustellen. Leider fehlen die beiden Brüder, die Phoolan mehr als alle anderen zu bestrafen wünscht. Doch als die Banditen das Dorf wieder verlassen, liegen zwanzig *thakur* tot auf der Erde.

Es gibt Augenzeugen, die behaupten, Phoolan Devi habe all diese Männer mit eigener Hand getötet. Andere hingegen schwören, dass sie gar nicht dabei war. Im Lauf der Jahre hat sie selbst einmal diese, einmal jene Version erzählt. Sicher ist, dass damals die Legende von

Phoolan Devi ihren Anfang nahm. Die junge Unberührbare, Opfer und Scharfrichter zugleich, die an der Spitze ihrer wilden, bärtigen Banditen drei Staaten Indiens unsicher macht (Uttar Pradesh, Madhya Pradesh und Rajasthan) und die Reichen beraubt, um ihre Beute unter den Armen zu verteilen, wird schnell zur Volksheldin. Tausende von Polizisten jagen sie, manchmal sogar mit dem Hubschrauber. Achtzehn Mitglieder ihrer Bande sterben bei den verschiedenen Zusammenstößen, andere verlassen die Gruppe, doch Phoolan Devi gelingt mit ein paar Getreuen immer wieder die Flucht. Der Premierminister von Uttar Pradesh, ein *thakur*, muss seinen Hut nehmen, weil er es nicht schafft, sie für ihr Tun zu bestrafen.

Die Heldentaten der »schönen, grausamen Königin der Banditen«, von denen die Presse in den romantischsten Tönen berichtet, bringen die Regierung Indira Gandhis in nicht geringe Verlegenheit. So befiehlt die Enkelin Gandhis, endlich eine Lösung zu finden. Ein geschickter Polizist handelt mit Phoolan Devi die Konditionen aus, unter denen sie sich ergeben wird: Kein Mitglied ihrer Bande wird gehängt. Keiner hat mehr als acht Jahre Gefängnis zu gewärtigen. Ihr Bruder erhält eine Stelle als Polizist. Für ihre Mutter verlangt sie ein Fleckchen Erde und eine Kuh.

In der Stadt Gwalior erwarten am 12. Februar 1983 Tausende von Menschen, darunter Journalisten und Fernsehteams aus aller Welt, die Kapitulation der Göttin der Rache. Und sind ein wenig enttäuscht, als eine abgezehrte, vom Fieber geschüttelte, verschreckte Frau von höchstens 35 Kilo vor ihnen auftaucht, umgeben von sieben Mitgliedern ihrer Bande, und behauptet, niemals jemanden getötet zu haben.

Doch die Legende von Phoolan Devi verkauft sich einfach gut, und so überlebt der Mythos. In Indien dreht man zwei Filme in Hindi über sie, die beide großen Erfolg haben, und die Phoolan-Devi-Puppe, ein Mädchen in Khakiuniform mit Pistolengurt, wird zum beliebtesten Spielzeug des ganzen Subkontinents. Im Westen wird das arme indische Mädchen, das seine Vergewaltiger getötet hat, zur Heldin der Frauenbewegung. Viele Bücher zeichnen das Porträt einer Rebellin in einer von Männern und Kasten dominierten Gesellschaft. Einer der bekanntesten indischen Regisseure dreht für den internationalen Markt den Film »Die Königin der Banditen«, für den man mit dem Slogan wirbt: »Sexuelle Gewalt, Folter und Mord. Spontaner Sex und Ekstase.«

Die üblichen Simplifizierungen des Showbusiness, die auch vor der Geschichte von Phoolan Devi nicht Halt machen, lassen vergessen, dass die ersten Männer, die sie vergewaltigt haben, Männer ihrer eigenen Kaste waren und dass jener Alte, der sie vor den *thakur* rettete, ein Brahmane war, also Angehöriger einer sehr hoch stehenden Klasse. Unmittelbar nach seiner Tat wurde er an den Füßen aufgehängt und lebendig verbrannt.

Acht Jahre vergehen, die Mitglieder von Phoolan Devis Bande werden alle freigelassen. Sie aber bleibt im Gefängnis. Erst als die Unberührbaren Indiens sich ihrer Macht als Wähler bewusst werden und sich langsam von der Kongresspartei abwenden, um eine eigene Partei zu gründen, wird Phoolan Devi zum bequemen Symbol dieses neuen Kasten-Bewusstseins. Die Unberührbaren erklären den höheren Kasten den Krieg. Wer könnte den Massen diese Botschaft besser verkünden als Phoolan Devi?

Sobald Mulayan Singh Yadav, ein Politiker aus einer niederen Kaste, Premierminister von Uttar Pradesh wird, ändert sich Phoolan Devis Schicksal. Einen Monat nach seiner Machtübernahme zieht Mulayan sämtliche Anklagepunkte gegen die »Königin der Banditen« zurück. Im August 1994 kommt Phoolan endlich frei.

In den zwölf Jahren, die sie im Gefängnis verbracht hat, gab es kein Urteil, und kein Gericht hat je versucht, die Wahrheit über diese Frau herauszufinden ... Wer ist Phoolan Devi? Gefangen zwischen den Journalisten, die gerne eine bestimmte Version dieser Geschichte hören, und den Anwälten, die eine ganz andere brauchen, um sie freizubekommen, weiß sie vielleicht selbst nicht mehr so richtig, welche wahr ist und welche nicht.

In einer völlig leeren Wohnung in Neu-Delhi, wo sie mit ihrem neuen Ehemann lebt (dort findet unsere erste Begegnung kurz nach ihrer Freilassung statt), genießt Phoolan Devi zum ersten Mal in ihrem Leben die Freiheit. Doch vollkommen ist diese Freiheit noch nicht. Die beiden *thakur*-Brüder haben geschworen, sie zu töten, und daher wird Phoolan Devi Tag und Nacht von drei Polizisten bewacht.

An ihre Tür klopfen die Abgesandten der unterschiedlichsten Parteien, die ihre Beliebtheit bei den Unberührbaren für sich nutzen wollen, doch sie lehnt jedes Angebot ab. Aber das kann nicht lange so weitergehen. Andra Pradesh, einer der Staaten, die sie als Banditin unsicher gemacht hat, hat gegen sie Anklage wegen Mordes erhoben, und der höchste Gerichtshof hat dieser Anklage zugestimmt. Und Phoolan Devi, die weder lesen noch schreiben kann, ist eine Überlebenskünstlerin und weiß, dass ihr Heil in der Politik liegt. Sie muss Parlamentsmitglied werden, um nicht ins Gefängnis zu kommen.

Als Mulayan ihr anbietet, für seine sozialistische Partei ... des Fahrrads zu kandidieren, kann sie nicht ablehnen. »Früher habe ich dem Volk als Banditin gedient, heute will ich dies im Parlament tun. Gebt eure Stimme dem Fahrrad!«, wiederholt sie bei jedem Halt während ihrer Wahlkampagne.

Im Dorf Patikpura kauern sich Hunderte von rotznasigen, triefäugigen Kindern um sie herum, deren Haare aufgrund der schlechten Ernährung gelb aussehen. Kuhfladen trocknen an den Mauern der Hütten. Das Einsammeln der Exkremente, die zum Feuermachen dienen, ist die erste Arbeit jedes Kindes. Sie tun es, sobald sie laufen gelernt haben. Die Kinder, die als Sklaven in den Teppichwebereien der Region arbeiten, haben Glück!

An den Straßenrändern verbergen die Frauen ihre Gesichter hinter dem Schleier, so als wollten sie verschwinden. Phoolan Devi ruft sie zu sich. Eine wirft sich ihr zu Füßen. Sie zeigt ihr einen verstümmelten Arm und erzählt weinend, ein *thakur* habe ihn mit einer Axt abgehauen, weil sie ihm ihr Stückchen Land nicht überlassen wollte.

Auf ihrem Weg durch das Land hält Phoolan Devi immer nur kurz an, und sie wird dabei nicht von Musikgruppen empfangen. Das würde einfach zu viel kosten. Doch überall, wo sie aus ihrem Wagen steigt, schenkt man ihr eine Kette aus Orangenblüten. Sie berührt sie und gibt sie dann an die Kinder weiter, die sie umzingeln. Phoolan hat für ihre Kampagne kein Geld. Ihr Hauptquartier ist ein dunkler Hausflur mitten im Basar von Mirzapur, vor dem eine schwarze Kuh schläft. Alles, was sie den Millionen von Händen geben kann, die sich ihr entgegenstrecken, ist ein Handzettel mit einem Fahrrad darauf. Einige besondere Gäste erhalten Zettel mit Kleberand.

Doch sind alle sicher, dass sie gewinnen wird. »Sie ist Analphabetin und dürfte gar nicht in der Politik sein. Sie ist eine Mörderin und sollte eigentlich im Gefängnis sitzen. Stattdessen werden die Leute sie wählen, weil sie dumm sind und unwissend«, meint indigniert der junge Dorfvorsteher von Patikpura, ein *thakur*.

Am Abend endlich, als wir das Städtchen Suriyawa erreichen, drängt sich eine von einer Staubwolke eingehüllte Menge auf dem Platz, wo sie ihre Rede halten wird. Alles drängelt und schreit herum. »Wenn Phoolan Devi ermordet wird, werden Hunderte neuer Phoolan Devis hervortreten!«, ruft sie von einem Podium herab, das extra für sie vor dem Gemeindehaus errichtet wurde. Man hört sie fast nicht. Es gibt keinen Strom. Der Lautsprecher, der an eine Batterie angeschlossen ist, funktioniert nicht. Die Gestalt der kleinen Frau ist hinter der Masse ihrer Anhänger kaum noch zu sehen. Plötzlich erscheinen – vom Schein einiger flackernder Gaslaternen provoziert, die eben angezündet wurden – große, lange Schatten an der Wand des Gemeindehauses wie die Arme einer gewaltigen Göttin, die in jeder Hand eine Waffe trägt.

Bestürzt hält die Menge inne. »Durga, Durga!«, hört man es im Dunkeln flüstern.*

---

* Phoolan Devi wurde gewählt und nahm ihren Sitz im Parlament in Neu-Delhi ein. Am 25. 7. 2001 wurde sie von zwei unbekannten Maskierten vor ihrem Haus erschossen. Die Täter sind bis heute nicht gefasst.

Ich hatte über Menschen aus dem Westen geschrieben, die sich auf der Suche nach Gurus und »Heiligen« irgendwo in Indien verloren hatten, doch an sie habe ich dabei nie gedacht. Bis ich ein paar junge Europäer traf, deren Leben sie – wie sie erzählten – vollkommen verändert hatte.

Mutter Teresa

Kalkutta, Juli 1996

Ich hatte eben das Aufnahmegerät ausgeschaltet und dankte ihr für die Zeit, die sie mir gewidmet hatte, als sie mich mit ihren himmelblauen, vom Alter geröteten Augen fest ansah und mich fragte: »Wozu bloß all diese Fragen?« – »Weil ich über Sie schreiben möchte, Mater.« – »Schreiben Sie nicht über mich. Schreiben Sie über *ihn* ...«, sagte sie und wandte den Blick zum Himmel. Dann blieb sie plötzlich stehen, nahm meine Hände in die ihren, die groß, grob und schon ein bisschen verformt waren, und fuhr fort: »Am besten hören Sie ganz auf zu schreiben und arbeiten in einem unserer Zentren mit ... Arbeiten Sie doch ein wenig im Haus der Sterbenden.« Das war ganz Mutter Teresa.

Kurz nach dem Interview erlitt sie einen Herzanfall und wurde in die Woodlands-Klinik gebracht. Mir aber ging immer dieser letzte Satz durch den Kopf, der meiner Ansicht nach mehr über sie aussagte als alles, was ich bisher über sie erfahren hatte.

Zwei Wochen lang war ich ihr auf Schritt und Tritt gefolgt. Ich habe Stunden in ihrem Mutterhaus in der Circular Road verbracht, besuchte das Zentrum für Leprakranke, für Waisen, für Sterbende, das Haus für die geistig Zurückgebliebenen und das für Frauen, die im Gefängnis fast ihren Verstand verloren haben. Ich habe sie nach Guwahati in Assam begleitet, wo Mutter Teresa das erste indische Hospiz für Aidsopfer einweihte, eine andere Gruppe Verzweifelter in diesem Land. Indien ist theoretisch sehr tolerant, doch seine Aidskranken werden aus den Krankenhäusern geworfen, in den Dörfern isoliert und als Tote nicht einmal in den gemeindeeigenen Krematorien verbrannt, sondern weggeworfen wie Müll.

Ich bin nach Kalkutta gekommen, um Mutter Teresa kennenzulernen. Und weil mich eine Frage trieb, die mich schon lange bewegte: die nach der menschlichen Größe. Gibt es sie noch? Und wie drückt sie sich aus?

Als ich noch ein Junge war, schien mir die Welt voller »Größen« zu sein: große Politiker, große Künstler, große Meister. Sieht sich ein junger Mensch heute in der Welt um, so findet er nur wenig Größe, und diese ist meist nicht von Bestand. Heute werden Mythen in einem Augenblick geschaffen und im nächsten zerstört. Selbst jene, die sich nicht gleich als fadenscheinig erweisen, fallen unter den Schlägen eines modernen Bilderstürmertums, das alles und jeden auf das herrschende Mittelmaß zu reduzieren sucht. So geschehen im Fall von Mutter Teresa.

Nachdem diese albanische Schwester jahrzehntelang die Bewunderung und Achtung der Welt genossen hatte, wird nun plötzlich das Leben und Wirken dieser heute 86-jährigen Wahlinderin, die sogar einen neuen Orden (die Missionarinnen der Nächstenliebe) gegründet hat, dessen Ziel es ist, den »Ärmsten der Armen« zu helfen, in skandalträchtige Schlagzeilen umgemünzt. Zuerst war es eine englische Fernsehsendung, dann ein ganzes Buch – beide mit gewollt provokanten, ja obszönen Titeln: *Der Engel der Hölle* und *Missionarsstellung* –, die dieser Frau, die von vielen als Heilige betrachtet wird, etwas am Zeug flicken sollten. Es wurde behauptet, dass sie eine äußerst gewiefte Politikerin sei, welche das Elend anderer ausnütze, um selbst berühmt zu werden. Dass sie die Gelder, die die Großzügigkeit der Welt ihr zur Verfügung stelle, genutzt habe, um ein multinationales Unternehmen aufzuziehen, das mit diktatorischen Methoden geleitet und in Händen »ihr völlig höriger« Schwestern liege. »Mutter Teresa ist eine Demagogin, die ihr wahres Tun verschleiert, eine Dienerin der Macht«, schrieb der englische Journalist Christopher Hitchens von ihr. Er wirft ihr vor, Beziehungen zu allen möglichen Tyrannen und Räubern unterhalten zu haben, von

Ceauçescu bis zu Duvalier, von Maxwell bis Hoxha, nur um von ihnen Gefälligkeiten und Geld zu erhalten. Neben diesen Anschuldigungen wirft man ihr vor, den Menschen in ihren Zentren keine adäquate medizinische Versorgung zuteil werden zu lassen, niemandem Einblick in ihre Buchhaltung zu gestatten und Hindus und Moslems auf dem Totenbett zwangsweise zum Übertritt zum Christentum zu bewegen.

Diese Angriffe ließen Mutter Teresa vergleichsweise kalt. (»Vergib ihnen, Herr, denn sie wissen nicht, was sie tun. Ich werde für sie beten«, meinte sie im Hinblick auf ihre Kritiker.) Doch viele Mitarbeiter der Missionarinnen der Nächstenliebe erschütterte dies, und bei denen, die keinen Kontakt zu ihr haben, blieb zumindest ein leiser Zweifel zurück, ob im Orden auch alles mit rechten Dingen zugeht.

Ich wollte mir selbst ein Bild über ihre Arbeit machen, und ich wusste, dass ich, um Mutter Teresa zu begreifen, zuerst nach Kaligath musste. Dort begann ich, die Etappen nachzuzeichnen, die für ihren außergewöhnlichen Weg bestimmend waren. Kaligath könnte manchen schon am Eingang abschrecken: »Haus für verlassene Sterbende« steht auf einem ausgebleichten Schild über der Tür. Ein Schritt hinein, und man liest: »Friedlich in Gott zu sterben ist das höchste Ziel des menschlichen Lebens.« Schon diese Sicht des menschlichen Daseins könnte zu Fluchtgedanken verleiten, aber dann fällt der Blick auf ein Klappbett, auf dem ein Bündel aus Haut und Knochen liegt: Ein Mann, dessen Alter schon gar nicht mehr feststellbar ist, mit glänzenden, aus den Höhlen tretenden Augäpfeln, kämpft um die letzten Atemzüge. Eine Schwester sitzt neben ihm und streichelt seine Hand. »Man hat ihn gestern auf einem Haufen Abfall gefunden. Bald ist er im Paradies.«

Vielleicht ist das, was über unser Dasein auf jenem Schild steht, doch nicht so falsch. Kaligath, am südlichen Rand Kalkuttas gelegen, ist eine Stadt für sich, eine tragische, traurige Stadt, die Gott vielleicht auf dieser Erde hat entstehen lassen zum Beweis, dass es ihn nicht gibt (oder dass er gebraucht wird). Begibt man sich zu Fuß dorthin, kommt man an den beiden Gemeindekrematorien vorbei, wo jeden Tag Hunderte von Leichen verbrannt werden. Vor Tempeln und Tempelchen hält man inne, vor Bordellen und Läden, bleibt beim Obstverkäufer stehen oder ersteht ein Amulett – ein Pilgerweg, auf dem man lernt, die Vorurteile zu vergessen, die »Vernunft«, die uns Abendländern alles erklären soll, hinter sich zu lassen.

Die Straßen sind voller Menschen, Hunde, Autos, Kühe, Rikschas und Karren. Auf den Gehsteigen essen und schlafen Mensch und Tier, verrichten dort auch gemeinschaftlich ihre Notdurft. Nur die Wenigsten machen sich dabei die Mühe, zu diesem Zweck die Abwasserrinne zu benutzen. Alles, was man hier sieht, in diesem ständigen, betäubenden Lärm aus Gehupe und Geschrei, in dieser stinkenden, verpesteten Luft, erschüttert jede gewonnene Sicherheit. Keine Logik ist mehr in der Lage, die Einzelteile dieses abstoßenden, dramatischen, faszinierenden Puzzles zusammenzusetzen, das auch hier Leben heißt. Im Hof des Kalitempels, einer der populärsten Göttinnen Indiens, wohnt eine betende, heulende Menge der Opferung mehrerer schwarzer Ziegen bei, die hier als Sinnbild des Teufels gelten. Kaum sind die Köpfe vom Rumpf getrennt, drängen alle herbei und tauchen den ausgestreckten Zeigefinger in das noch warme Blut. Vor der Einfriedung hocken Bettler, Frauen, alte Menschen und Kinder vor ihren noch leeren Schalen auf der Erde.

Hier verließ Mutter Teresa 1952 den Loreto-Orden, in dessen Auftrag sie 1928 nach Indien gekommen war, um sich fortan um all jene zu kümmern, die von allen verlassen allein auf der Straße lagen und starben. Der Schlafsaal der Kali-Pilger stand damals leer und wurde bereits längere Zeit nicht mehr genutzt. Also bat sie darum, ihn für ihre »Vergessenen« einrichten zu dürfen. Die Stadtverwaltung von Kalkutta zeigte Toleranz und gab ihr Einverständnis dazu, dass sich eine katholische Mission in einer der heiligsten Stätten des Hinduismus niederließ. So entstand ihr erstes »Haus für Sterbende«. Heute gibt es davon Dutzende auf der ganzen Welt, aber diesem ist Mutter Teresa immer noch sehr verbunden.

»Eines Tages nahm ich hier einen Mann auf, der über und über mit Würmern bedeckt war«, erzählt sie. »Ich brauchte Stunden, um ihn zu waschen und ihm die Würmer Stück für Stück aus dem Fleisch zu ziehen. Am Ende sagte er: ›Ich habe wie ein Tier auf der Straße gelebt, aber sterben werde ich wie ein Engel.‹ Und er lächelte selig, als er verschied. Das war alles. Genau darin besteht unsere Arbeit: tätige Liebe. Ganz einfach.«

Ja, ganz einfach. Einfach wie sie selbst. Es ist wie beim Dalai-Lama. Wenn man sie sieht, bemerkt man sofort, dass es genau darum geht: Ihre Größe liegt in ihrer Einfachheit. Wie der Dalai-Lama, so ist auch Mutter Teresa keine Intellektuelle. Was sie sagt, hat Hand und Fuß. Sie erzählt immer dieselben Geschichten, doch diese haben wie Fabeln einen Bodensatz der Wahrheit, der sich einprägt und die Phantasie anregt. Ihr ganzes Werk beruht auf einem Grundsatz: den »Ärmsten der Armen dienen«. Auf diese Idee hat sie alles aufgebaut, ohne jeden Zweifel, ohne jedes Zaudern. »Wie sollte ich Zweifel hegen an dem, was ich tue? *Sein* ist das Werk«, sagt sie und wendet sich wieder dem Himmel zu, der ihr wahrer Gesprächspartner zu sein scheint.

In Zeiten der Freizügigkeit und der sexuellen Befreiung spricht sie vom Sinn der Liebe und dem Wert der Jungfräulichkeit. Heute, wo der Erwerb materieller Güter die einzige, große Obsession der Menschheit geworden zu sein scheint, wo Reichtum das einzige Kriterium für Erfolg und Moral ist, besteht sie darauf, dass »die Armen heilig« seien, verlangt, dass die Schwestern leben wie sie. Drei Saris, ein Kreuz, ein Rosenkranz und eine Einkaufstasche sind die einzigen Dinge, die eine Missionarin der Nächstenliebe besitzen darf.

Mutter Teresa wäre vermutlich nie bekannt geworden, wie so viele andere, die in dieser Welt ein ähnliches Werk verrichten, gäbe es da nicht diese Tageszeitung in Kalkutta, die einen Artikel über die seltsame Europäerin brachte, die es sich in den Kopf gesetzt hatte, den Indern zu dienen. 1969 wurde auch die BBC aufmerksam und brachte einen Dokumentarfilm über sie. Der Mann, der ihn drehte, war Malcolm Muggeridge, ein berühmter, alter, zynischer Journalist ohne Glaubensbekenntnis. Doch Kaligath rührte auch ihn. Sein

Dokumentarfilm »Something Beautiful for God« (»Etwas Schönes für Gott«) wurde ein großer Erfolg und machte Mutter Teresa zum Star. In einem Buch mit demselben Titel bezeichnete der mittlerweile katholisch gewordene Muggeridge die albanische Nonne als Heilige und erzählt von einem Wunder, das er selbst miterlebt hatte. Eines Morgens wollten sie im Haus der Sterbenden filmen, doch das Licht war zu schwach. Der Kameramann meinte, es sei zwecklos, doch Muggeridge bestand darauf, dass die Aufnahmen trotzdem gemacht würden. Als der Film dann entwickelt wurde, erschien der Hausflur von Kaligath mit all den hellblauen Klappbetten wie in magisches Licht getaucht.

Mit den Jahren wuchs Mutter Teresas Ruhm noch. Sie wurde von Premierministern und Präsidenten empfangen. Alle Berühmtheiten, die durch Indien kamen, suchten sie auf. Mutter Teresa wurde zum untadeligen Symbol all jener Qualitäten, welche die Menschheit vergessen zu haben schien. 1979 erhielt sie den Friedensnobelpreis.

Wie Mahatma Gandhi, mit dem gerade die Inder sie häufig vergleichen, so kennt auch Mutter Teresa den Wert der Symbole. Als der Mahatma zu den historischen Verhandlungen mit der englischen Regierung nach London kam, trug er Sandalen und sein übliches Baumwolltuch (was Churchill dazu bewegte, von ihm als »diesem halbnackten Fakir da« zu sprechen). Als man also Mutter Teresa zur Nobelpreisverleihung nach Stockholm bat, da trug sie über ihrem Sari eine verschlissene Wollweste. Und statt am Bankett teilzunehmen, bat sie darum, dass ihr diese Summe gespendet würde, um 2000 ihrer Armen ein schönes Weihnachtsfest zu bereiten. Mit dieser einfachen Geste löste sie eine Sympathiewelle aus, die auf der Stelle zu weiteren Spenden führte. Die Presse verliebte sich geradezu in diese alte, unkonventionelle Schwester und sprach von ihr bald als der »berühmtesten« oder »mächtigsten« Frau der Welt.

Im Jahr 1994 setzte dann die Operation »Entmystifizierung« ein, angeführt von Tariq Ali, einem ehemaligen ultralinken Studentenführer aus Pakistan, und Christopher Hitchens, einem Schriftsteller, der bereits durch ein äußerst giftiges Buch über die englische Monarchie zu zweifelhafter Berühmtheit gelangt war. Ohne sich je mit dem Elend Indiens auseinanderzusetzen oder mit dem Glauben Mutter Teresas, wurde das gesamte Werk der Missionarinnen der Nächstenliebe vom Standpunkt der Vernunft, der Effizienz und einer Moral attackiert, die feine Unterschiede macht zwischen »guten« und »bösen« Wohltätern. Was das »Wunder« Muggeridges betrifft, so schrieb Hitchens, handelte es sich dabei schlicht um eine Lüge. 25 Jahre danach suchte Hitchens den Kameramann der BBC auf, der ihm erzählte, dass er für »das Wunder des Lichts« einfach nur einen ganz neuen, besonders lichtempfindlichen Film eingelegt hatte.

Wäre er nach Kaligath gekommen, hätte er das wahre »Wunder« mit eigenen Augen sehen können. Jeden Morgen um sieben kommen nämlich etwa zwanzig Freiwillige ins »Haus der Sterbenden«, um den Schwestern zu helfen. Meist sind es Menschen aus dem Westen, häufig Universitätsstudenten, die – statt sich in den Ferien am Strand von Goa braun brennen zu lassen – dort mitarbeiten. Als ich zum ersten Mal dort war, um mitzuhelfen und besser zu verstehen, waren außer mir ein deutscher Banker gekommen, eine Frau aus der Modewelt New Yorks, ein paar Mädchen aus Spanien und ein italienisches Paar auf der Hochzeitsreise. Sie wischten die Böden, badeten die Kranken, wechselten die von Exkrementen stinkenden Laken und wuschen mit der Hand die blauen Decken und Matratzen der Krankenlager. Und Andi, der Deutsche, sagte: »Das ist der schönste Ort in ganz Indien.«

Und ist es etwa kein Wunder, dass diese Frau, die mit genau fünf Rupien ihre Arbeit begann, ein Netzwerk von 600 Häusern in 122 Ländern der Welt aufbauen konnte. Dass sie ein Heer von mittlerweile 4000 Schwestern und Mönchen um sich sammelte und dieses »multinationale Unternehmen« ohne Computer leitet, von einem winzigen Büro des Mutterhauses aus, wo es – dem Armutsgelübde folgend – kein Radio, keinen Fernseher, keine Klimaanlage, ja nicht einmal einen Ventilator gibt. Nur zwei uralte mechanische Schreibmaschinen.

»Ist dies Ihr Fehdehandschuh an die Welt der Moderne, Mater? Wie die Entscheidung, mehr Wert auf Liebe als auf die medizinische Versorgung zu legen? Auf Gebete zu setzen statt auf Schmerzmittel?«, frage ich sie.

»Ja. Wir sind keine Krankenschwestern und keine Sozialarbeiterinnen. Wir sind Nonnen. Und unsere Zentren sind keine Krankenhäuser, in denen die Menschen geheilt werden. Es sind vielmehr Häuser, in denen all jene, die sonst niemand mehr haben will, geliebt werden und eine Heimat finden.«

»Mater, Sie haben einmal gesagt, wenn Sie heute zwischen der Kirche und Galilei wählen müssten, so würden Sie immer noch der Kirche Recht geben. Aber lehnen Sie damit nicht die moderne Wissenschaft ab, die heute ja zum eigentlichen Glauben des Westens geworden ist?«, hake ich nach.

»Warum sterben im Westen dann Menschen auf den Straßen? Warum? Weshalb müssen wir nach Washington, New York und in die anderen großen Städte kommen und Häuser eröffnen, in denen die Armen etwas zu essen bekommen? Wir geben Nahrung, Kleidung und Obdach, aber vor allem geben wir Liebe. Denn es ist schrecklich, sich von allen abgelehnt zu fühlen. Ungeliebt zu sein ist noch schlimmer, als Hunger zu haben oder zu frieren. Das ist die große Krankheit unserer Welt. Auch im Westen.«

Wir sprechen über Schwangerschaftsabbruch, den Mutter Teresa als »größte Bedrohung des Weltfriedens« bezeichnet hat.

»... das ist das Böse, das Böse. Die Abtreibung ist etwas Böses«, unterbricht sie mich. »Wenn eine Mutter ihr eigenes Kind zu töten in der Lage ist, was soll uns dann noch daran hindern, uns gegenseitig aufzuschlitzen? Nichts.«

»Aber glauben Sie nicht, dass in einem Land wie Indien das Bevölkerungswachstum eine der Hauptursachen für die Armut und das Leiden ist, die Sie ja zu lindern versuchen?«, bohre ich weiter.

Doch Mutter Teresa akzeptiert die »Stimme der Vernunft« nicht. Sie sagt, dass das Leben heilig sei, dass es uns nicht zusteht, über Leben und Tod zu entscheiden, und dass einem verheirateten Paar schließlich »natürliche« Methoden der Familienplanung zur Verfügung ständen, wenn es keine Kinder will.

Was die Armut angeht, so hat Mutter Teresa dafür eine Erklärung, die für viele vielleicht überzeugender klingt als die aller Wirtschaftswissenschaftler und Entwicklungsspezialisten zusammen: »Gott hat uns geschaffen, und wir haben die Armut geschaffen. Das Problem wird sich erst dann lösen, wenn wir auf unsere Gier verzichten.«

Das lässt mich an Gandhi denken. Auch er glaubte nicht, dass die Probleme der Menschheit sich durch eine Revolution sozialer, politischer oder wissenschaftlicher Natur erledigen lassen würden. Seiner Ansicht nach war dazu ein spiritueller Aufbruch vonnöten. Schade, dass es dazu auch in Indien nicht kam. Wird die Botschaft Mutter Teresas nach ihrem Tod genauso verloren gehen wie die Gandhis?*

»Die Zukunft ist nicht meine Sache«, antwortet sie.

»Auch die Ihres Ordens nicht?«

»Nein. *Er* wird dafür sorgen. Er hat mich auserwählt. Auf dieselbe Weise wird er jemanden finden, der diese Arbeit fortführt.«

Ich erinnere sie an einen Traum, von dem sie selbst erzählt hat. Mutter Teresa steht vor dem heiligen Petrus an der Himmelspforte, doch dieser schlägt ihr die Tür vor der Nase zu und sagt: »Für dich ist hier kein Platz. Im Paradies gibt es weder Arme noch Obdachlose.« In ihrem Traum antwortete sie: »Gut, dann schicke ich sie eben hierher, dann habe auch ich das Recht, hier zu sein.«

»Glauben Sie, dass Sie schon genug ins Paradies geschickt haben, um ein Anrecht darauf zu besitzen, Mater? Fühlen Sie sich dem Paradies nahe?«, frage ich sie.

»Ich warte, dass *er* mich ruft.«

»Haben Sie keine Angst vor dem Tod?«

»Nein. Warum sollte ich? Ich habe schon so viele Menschen sterben sehen, und keiner davon hatte es dabei schwer.«

Es ist schon spät. Die Glocke, welche Schwestern und Freiwillige

---

* Mutter Teresa starb am 5. September 1997 in Kalkutta. Bislang wird ihr Werk von den anderen Schwestern weitergeführt.

zum Abendgebet in die Kapelle in den ersten Stock ruft, ist bereits zweimal erklungen. Auch sie möchte gehen und ihren Platz einnehmen, auf einem Stück Sackleinen kniend.

Als ich sie zum letzten Mal so sehe, inmitten ihrer Getreuen, beschleicht mich der Eindruck, dass die Sorgen, welche wohlmeinende »Vernunftmenschen« sich um die Zukunft der Missionarinnen der Nächstenliebe machen, ziemlich überflüssig sind. Wenn das Werk, das sie und ihre Nonnen tun, nicht »ihres«, sondern *seines* ist, dann wird es mit Sicherheit weitergehen.

Denn alles, was hier zählt, ist der Glaube.

Jedes Magazin, speziell Tageszeitungen, hat für den Fall, dass prominente Persönlichkeiten sterben, kurz gefasste Biographien in der Schublade. Ich fand es immer schon witzig, dass derartige Artikel im Jargon italienischer Journalisten »Krokodile« genannt werden.
Diesen Artikel über Deng Xiaoping schrieb ich einige Jahre vor seinem Tod am 19. Februar 1997.

Der Tod des Imperators Deng Xiaoping

»Sehen Sie den kleinen Mann dort drüben? Sie werden es erleben, er hat eine glänzende Zukunft vor sich.« Man schrieb das Jahr 1957, und Mao, der neben Chruschtschow saß, deutete bei diesen Worten auf Deng Xiaoping, der gerade zum Generalsekretär der Kommunistischen Partei Chinas ernannt worden war.

Was diesen »kleinen Mann« betraf, lag Mao mit seinen Einschätzungen stets richtig. 1966, auf dem Höhepunkt der Kulturrevolution, erkannte er, dass Deng mittlerweile ins Lager seiner Gegner übergewechselt war. Also klagte er ihn an, die Revolution verraten zu haben und den »kapitalistischen Weg« einschlagen zu wollen. Und sein Instinkt hatte ihn nicht getäuscht. Deng wurde all seiner Ämter enthoben und aus der Partei hinaus»gesäubert«. Zusammen mit Millionen anderer Chinesen verschwand er in einem der zahlreichen Lager.

Im Jahr 1973 holte Mao, der bereits an Parkinson erkrankt war, Deng Xiaoping nach Peking zurück. Und auch dieses Mal besaß er den richtigen Riecher: Deng war der einzige Parteiführer, der das Wüten der Roten Garden überlebt hatte und genug Erfahrung in Verwaltung und Militär besaß, um Premierminister Zhou Enlai zur Seite stehen zu können. Als Zhou Enlai an die Spitze des Landes trat, war er bereits an Krebs erkrankt. In China herrschte Anarchie, das riesige Land stand am Rande des wirtschaftlichen Zusammenbruchs. Damals war Deng Xiaoping schon siebzig Jahre alt. Er hatte eine große Vergangenheit als Revolutionär, Verschwörer, politischer Stratege und Organisator hinter sich. Doch der glänzende Höhepunkt seiner Karriere lag noch vor ihm.

Erst nach dem Tod Maos im Jahr 1976 war der Aufstieg zur Macht des »kleinen Mannes« nicht mehr zu bremsen. Nun konnte Deng endlich frei schalten und walten und all das tun, was der Große Steuermann immer so sehr gefürchtet und unter allen Umständen zu vermeiden versucht hatte: die Farbe Chinas zu ändern und das Land auf den »kapitalistischen Weg« zu bringen.

Darin eben liegt die Größe Dengs: Er schaffte es, Mao zu überleben. Er gestand sich ein, dass Maos Kurs falsch gewesen war, und hatte den Mut, all das, was Mao – und teilweise er selbst – geschaffen hatte, wieder niederzureißen.

Die Geschichte dieses Mannes, der sein Leben der kommunistischen Sache gewidmet hat und nun seine letzten Jahre damit zubringt, den Kommunismus im bevölkerungsreichsten Land der Erde wieder zu beseitigen, ist eine der ungewöhnlichsten unseres Jahrhunderts.

Deng wurde 1904 als Sohn eines Kleinbauern in Szechuan geboren. (Sein Vater besaß etwa 10 Hektar Reisfelder.) Schon als ganz junger Mann schließt Deng sich einer der zahlreichen Gruppen von anarchisch-patriotisch-revolutionärem Charakter an, die Anfang des 20. Jahrhunderts überall aus dem Boden schossen. Mit sechzehn Jahren macht er sich auf nach Paris, wo er fünf Jahre lang studiert und arbeitet (unter anderem bei Renault). In dieser Zeit wird er Kommunist. Als Deng Xiaoping 1926 nach China zurückkehrt, wobei er nicht zufällig den Weg über Moskau wählt, ist er Vollzeitrevolutionär, der sich im Bürgerkrieg engagiert. Seit dieser Zeit ist sein Leben eng mit dem der Partei verknüpft. In der Roten Armee steigt er bald zu einem der einflussreichsten Politkommissare auf. Er überlebte den Langen Marsch und nahm am Krieg gegen Japan teil. Nach 1945 kämpfte er gegen die nationalistischen Truppen des Generals Chiang Kaishek. 1949 stehen sich im Tal des Hua-Hai-Flusses zwei Millionen Soldaten gegenüber und schlagen eine der größten Schlachten der Menschheit, welche die Geschicke eines ganzen Volkes verändern sollte. Deng Xiaoping führt die Kommunisten an. Sein Sieg öffnet Mao den Weg nach Peking, den Weg zur Macht.

Mit der Gründung der Volksrepublik scheint sich der Traum von Generationen von Chinesen zu erfüllen: China, im 19. Jahrhundert von den Westmächten besiegt und gedemütigt, geschwächt von den Kolonisierungsversuchen Japans im 20. Jahrhundert, findet zur Einheit zurück und betritt die politische Bühne nun als Weltmacht. China vor seiner eigenen Dekadenz zu retten war Teil des großen kommunistischen Plans, und so tritt Mao triumphierend vor das Volk und spricht vom Balkon über dem Tien-An-Men-Platz die historischen Worte: »China hat sich erhoben.«

Doch das Land bleibt nach wie vor arm. Es bedarf der Modernisierung. Die Frage ist nur: Wie soll es den Weg in die Moderne finden? Eine Frage, die letztlich im Zentrum der Geschichte Asiens steht, seit die Westmächte ihre Kanonen vor seinen Grenzen auffuhren, um die Öffnung seiner Märkte zu erzwingen. Japan traf diese Wahl bereits Ende des 19. Jahrhunderts. Es begann, blind den Westen nachzuahmen und alles zu kopieren, was irgendwie den Anschein von Modernität hatte: von den Studentenuniformen über die Staatsform, von der Organisation der Wirtschaft bis zur Bahnhofsarchitektur. Und es hatte damit einen überwältigenden Erfolg.

China vollzog diesen Schritt bewusst nicht. Die Herrscher des Landes waren seit jeher von der Überlegenheit der chinesischen Kultur überzeugt. Der materielle und technische Fortschritt der »Barbaren« vor den Toren des Landes beeindruckte sie wenig. Die Imitation des Westens wurde nie als wirkliche Lösung für das unterentwickelte Land betrachtet. Trotz seiner marxistischen Bildung dachte Mao wie jene alten Herrscher: Er war von der Einzigartigkeit Chinas überzeugt und wollte sie bewahren. Eben hier liegt die Wurzel des gewaltigen Konflikts, der in den sechziger Jahren ganz China erschütterte, der Millionen Menschen das Leben kostete und Deng in die historische Rolle als Gegenspieler Maos drängte.

Mao war eine außergewöhnliche Persönlichkeit. Groß in jeder Hinsicht: ein großer Politiker, Poet und Stratege, ein großer Mörder, aber auch ein großer Denker. Mao hatte begriffen, dass das Problem Chinas nicht nur darin bestand, sich zu entwickeln, ein mächtiges, reiches Land zu werden. Es sollte dabei auch seine Identität behalten, nicht zum Abziehbild anderer Staaten werden: weder eine Kopie der Sowjetunion, die für sich den Anspruch erhob, sozialistischer Modellstaat zu sein, noch eine des Westens. Die chinesische Kultur hatte von dem Zusammenprall mit der europäischen ihre Wunden davongetragen. Hätte man das Land auf einen stark westlich orientierten Entwicklungsweg gezwungen, so hätte China diesen Minderwertigkeitskomplex festgeschrieben und vermutlich endgültig seine chinesische Identität preisgegeben.

Mao war der festen Überzeugung, dass China in der Lage sein würde, sich eine eigene »Moderne« zu schaffen, die den chinesischen Verhältnissen angemessen war, hatte er doch selbst den vom Westen importierten Marxismus-Leninismus chinesischen Bedürfnissen angepasst und um eigene Ideen erweitert.

Die ersten Jahre nach der Gründung der Volksrepublik China verliefen im Inneren der Partei vergleichsweise harmonisch. Deng vertrat in allen Fragen dieselben Positionen wie Mao. 1957 zum Beispiel, als Mao die Intellektuellen mit dem Programm der Hundert Blüten (»Sprecht ohne Angst, sagt offen, was ihr denkt. Mögen hundert Blüten sich öffnen, mögen hundert Denkschulen nebeneinander bestehen.«) ins offene Messer laufen ließ, um ihren Widerstand ein für alle Mal zu brechen, war Deng Maos getreuer Erfüllungsgehilfe. Er leitete die erste große Säuberungsaktion, die Millionen Menschen ins Arbeitslager brachte und einige hunderttausend in den Tod trieb. Hier wie später während des Massakers auf dem Tien-An-Men-Platz zeigte Deng weder Reue noch Zaudern. Die Partei war in Gefahr, und er schützte sie.

Mao hingegen sah weniger die Partei gefährdet als seine Vorstellung von China. Daher wandte er sich an die Massen, als die Partei begann, Kritik an ihrem »Großen Vorsitzenden« zu üben, und schaffte es, das Volk gegen die Partei aufzuwiegeln. Die Rotgardisten machten Jagd auf alle, die Maos Vision von einem autarken China der permanenten Revolution, in dem »es mehr zählt, rot zu sein, als Wissen zu besitzen«, die Idee eines China entgegenstellten, das sich um seine wirtschaftliche Entwicklung bemüht. Ein China, in dem »es gleichgültig ist, ob die Katze grau oder schwarz ist, wenn sie nur ihre Maus fängt« – wie ein später berühmt gewordener Spruch von Deng Xiaoping lautete.

Im Grunde hatte Mao die Probleme Chinas bis ins Kleinste begriffen. Nur war die Medizin, die er verordnete, tödlicher als die Krankheit selbst. Das größte soziale Experiment der Menschheitsgeschichte (die Schaffung von Volkskommunen ohne Privatbesitz), der größte Versuch einer Massentherapie (der Große Sprung nach vorne, mit dem Mao die Bauern überzeugen wollte, dass sie auch zur Eisenbearbeitung fähig sind) und die Kulturrevolution (die den natürlichen Alterserscheinungen der Revolution vorbeugen und eine neue Generation von Revolutionären schaffen sollte) haben gewaltige Hungersnöte ausgelöst und mehrere Millionen Menschen das Leben gekostet. Der Preis, den China dafür zahlte, sich vom allgemeinen Fortschritt in der Welt abzukoppeln und ökonomisch, sozial und philosophisch seinen eigenen Weg zu suchen, wurde allmählich zu hoch. Mao starb rechtzeitig in seinem Bett und genießt aus diesem Grund auch heute noch hohe Verehrung.

»Nach meinem Tod werden rechte Elemente die Macht ergreifen. Dann besteht die Gefahr, dass das Land in die Krallen des Faschismus fällt«, wiederholte er in seinen letzten Lebensjahren immer wieder. Auch mit dieser Prophezeiung behielt Mao Recht.

Nach dem Tod des Großen Vorsitzenden und der Verhaftung der Viererbande kehrte Deng Xiaoping an die Spitze der Macht zurück. Er liberalisierte die Wirtschaft des Landes, hob das System der Volkskommunen auf, verteilte das Land wieder an die Bauern und privatisierte die Industrie. Um jedoch zu verhindern, dass »durch das geöffnete Fenster nicht nur frische Luft, sondern auch Fliegen kommen«, verstärkte er den Polizeiapparat und unterdrückte mit erschreckender Härte alle Formen freier Meinungsäußerung. Deng Xiaoping war es, der 1979 den jungen Elektriker Wei Jinsheng verhaften und zu fünfzehn Jahren Zuchthaus verurteilen ließ, weil er in einem Flugblatt gefordert hatte, dass den »Vier Modernisierungen« (von Landwirtschaft, Industrie, Wissenschaft und Militär) noch eine fünfte folgen sollte: die Demokratie. Deng Xiaoping schickte am Morgen des 4. Juni 1989 die Panzer auf den Platz des Himmlischen Friedens, um auf die Menschenmenge zu schießen und so den unorganisierten Aufstand der Jugendlichen, Arbeiter und einfachen Leute zu unterdrücken, die dort schon seit Wochen demonstrierten. Und schließlich entmachtete Deng noch systematisch alle politischen Erben und potenziellen Nachfolger, die er selbst ausgewählt hatte: Hu Yaobang und Zaho Ziyang, die in seinen Augen zu liberal geworden waren.

Trotz seiner gewaltigen Popularität – in China, weil er den Chinesen endlich erlaubte, Reichtümer anzusammeln, im Ausland, weil er die Landesgrenzen für ausländische Investitionen öffnete – blieb Deng bis ans Ende seiner Tage ein totalitärer Autokrat mit einer pragmatischen, keineswegs idealistischen Vision von China.

Im Westen begeht man häufig den Fehler, zu glauben, dass Deng das Scheitern des Kommunismus eingestanden und das Land deshalb auf den »kapitalistischen Weg« geschickt habe. Doch dies ist nicht mehr als ein frommer Wunsch. Deng hat das westliche Entwicklungsmodell akzeptiert, um den kapitalistischen Impuls der Marktwirtschaft für die Entwicklung des Landes zu nutzen. So gewinnt China auf internationaler Ebene neuen Einfluss.

Mao hatte auf die Rückgabe der Territorien, die China an die Kolonialmächte bzw. durch den Bürgerkrieg verloren hatte, höchstens rhetorischen Wert gelegt. Deng hingegen hat dies zur Chefsache gemacht. 1997 wird England Hongkong »in die Arme des Mutterlandes« zurückkehren lassen, 1999 wird Portugal Macao zurückgeben. Unter dem Einfluss Dengs unterhalten sich Kommunisten und Nationalisten zum ersten Mal seit 1949 über Taiwan. Auch dies gehört zu seinen Verdiensten – ebenso wie das chinesische »Wirtschaftswunder«, das jedoch enorme Ungleichgewichte im Land erzeugt.

Es gibt keinen Zweifel, dass auch Deng zu den »Großen« gehört: größer jedenfalls, als jeder seiner Nachfolger sein könnte. Mit ihm ist der letzte wahre Imperator gestorben. Mit ihm endet die wohl kürzeste Dynastie im Reich der Mitte: die kommunistische.

Und er selbst ist es, der sie Schlag für Schlag zerstört hat, nachdem er sein ganzes Leben ihrem Aufbau gewidmet hatte. Er tat es, um China zu retten. Ob ihm dies gelingt, wird die Geschichte zeigen.

Zugegeben: Es ist absurd, aber die Presse kümmert sich um bestimmte Persönlichkeiten oder Länder immer dann, wenn ein Jahrestag fällig wird. 1997 zum Beispiel jährte sich der Tag der indischen Unabhängigkeit zum fünfzigsten Mal. Ich aber wollte keine Bilanz liefern, sondern einfach festhalten, was dies für mich bedeutete ...

Leben in Indien

Neu-Delhi, Mai 1997

»Warum lebst du in Indien?«, fragt man mich jedes Mal, wenn ich in den Westen zurückkehre. In den drei Jahren, die ich hier bin, hätte ich eigentlich eine zufriedenstellende Antwort finden müssen. Und trotzdem weiß ich jedes Mal wieder nicht, was ich darauf sagen soll.

Ich kann erklären, weshalb ich in Vietnam war: Ich wollte den Krieg und die Revolution mit eigenen Augen sehen. Oder in China: weil mich der Sozialismus interessierte. In Japan: weil ich ein modernes asiatisches Land kennenlernen wollte. Und in Thailand: weil ich mich von der Suche der letzten zwanzig Jahre ausruhen wollte.

»Wie lebt man denn so in Indien?«, fragen die Leute. »Schlecht, aber man lernt zu sterben, und auch das ist eine Kunst, die man beherrschen muss«, hörte ich mich neulich bei einem Abendessen sagen. Daraufhin sah mich eine Dame besorgt an: »Sind Sie denn krank?« – »Ja, wie wir alle. Ich leide an Sterblichkeit.« Auch das war eine Antwort, wenn auch ein wenig provokativ. Denn Indien erinnert einen wirklich ständig an die eigene Vergänglichkeit, aber das allein macht ja das Land noch nicht aus. Natürlich springt Indien dir an die Kehle, dreht dir den Magen um, schüttelt dich durch, nimmt dich auf den Arm. Indien lässt dich niemals in Ruhe. Aber mit seinen tausend Widersprüchen, mit seiner Aggressivität, seinem abstoßenden Gesicht verleiht dieses merkwürdige Land am Ende auch Frieden.

Wir waren erst ein paar Tage in Indien, als uns auf der Straße ein Mann um die fünfzig begegnete, mit grauem Haar und gut gekleidet. Er trug Hosen und ein langes Hemd in Grau sowie einen Kranz aus leuchtend orangefarbenen Blüten um den Hals. Er ging gerade, trug den Kopf hoch und schenkte uns ein unglaublich heiteres Lächeln. »Dieser Mann weiß etwas, was wir nicht wissen«, sagte meine Frau Angela. Und das ist ein guter Grund, um hier zu leben: zu entdecken, was dieser Mann wusste.

»Indien ist das letzte Bollwerk gegen die Globalisierung, die einzige Kultur, die dem frenetischen Vorwärtsdrängen des Materialismus noch etwas entgegenzusetzen hat«, sage ich hin und wieder. Ich weiß, dass dies manchen Leuten in den falschen Hals gerät. (»Ah, du bist also gegen den Fortschritt. Du willst, dass die Inder arme Teufel bleiben.«) Aber ich bleibe bei meiner Aussage und hoffe, damit Recht zu behalten. Wenn es Indien, dem »Guru der Nationen«, wie ein großer indischer Weiser zu Anfang dieses Jahrhunderts sagte, gelingt, seine Identität zu bewahren, werden auch wir davon profitieren.

An dem Tag, als wir in Delhi ankamen, um eine Wohnung zu suchen, war die ganze Stadt mit riesigen Werbeplakaten gepflastert: »Da bin ich wieder!« Gemeint war Coca-Cola. Man hatte das Unternehmen vor siebzehn Jahren vor die Tür gesetzt. Jetzt kehrte es zurück. Die westlichen Zeitungen waren voll des Lobes für diese neue Politik der »wirtschaftlichen Liberalisierung«. Auch mich bat man, einen Artikel über die Öffnung Indiens zu schreiben, das eine der großen Wirtschaftsmächte des kommenden Jahrtausends werden sollte. Stattdessen hielt ich fest, dass es Wochen dauerte, bis ich einen Telefonanschluss bekam, der, als ich ihn schließlich hatte, ständig tot war. Als dieses Problem so weit behoben war, stellte ich fest, dass ich von diesem Anschluss aus nicht ins Ausland telefonieren konnte, und die Mühle drehte sich wieder von vorn. »Wären Sie in die Vereinigten Staaten gegangen, hätten Sie sich mit Dollarscheinen eindecken müssen. Hier in Indien brauchen Sie vor allem Zeit«, meinte mein freundlicher Nachbar. Ich brauchte im Besonderen Zeit, um zu begreifen, dass dies eine der Lektionen war, die das Leben hier in Indien so großzügig erteilt. Heute versuche ich, mich nicht aufzuregen, wenn es – was häufig vorkommt – im Bad kein Wasser gibt, in der Küche kein Gas und in der ganzen Wohnung keinen Strom. Mein Nachbar lächelt in so einem Fall, und mit ihm tun das Millionen Inder. Es lächeln auch die Kolonnen von Krüppeln und Lahmen, die sich auf ihren heruntergekommenen Wägelchen zu überholen versuchen, während sie im Morgengrauen unter meinem Fenster vorbeirollen. Sie sind auf dem Weg zum Shiva-Tempel, wo man ihnen zu essen und an Feiertagen sogar einen Schluck Likör gibt.

Die Vorstellung, dass Indien, ein Land, das seit Jahrhunderten die Pilger des Geistes anzieht, nun plötzlich zum »Schwellenland mit einem entwicklungsfähigen Markt« geworden sein sollte, schien mir absurd, geradezu ein Sakrileg. Dieses außergewöhnliche, riesige Land mit seinen tausend Gesichtern zu einem Schauplatz der Wirtschaftswunder machen zu wollen, wie sie sich überall im südostasiatischen Raum, ja selbst in China (das zwar ebenso groß, aber mittlerweile von der kommunistischen Gleichmacherei kulturell platt gewalzt ist) ereignen, ein derartiges Projekt konnte einfach nicht funktionieren. Dies merken mittlerweile auch die großen internationalen Unternehmen, die nach ihrem anfänglichen Enthusiasmus ihre Investitionen zurückschrauben und ihr Personal wieder abziehen.

Die Konsumpropheten waren nicht die ersten Invasoren, die Indien wieder loswurde, ohne sich selbst zu verlieren. Jede Invasion hat in diesem Land ihre Trümmer zurückgelassen, welche die Inder recycelten. Aus Zentralasien kamen die Muslime. Sie errichteten in Indien ein Imperium, dessen Ruinen heute zu den beeindruckendsten Baudenkmälern dieses Landes gehören. Ihre Erben bilden die größte islamische Glaubensgemeinschaft der ganzen Welt. Danach kamen die Engländer. Auch sie veränderten Indien nicht, hinterließen dem Land jedoch ein zwiespältiges Erbe, zu dem unter anderem eine Sprache gehört, die das Land eint, und ein demokratisches

System, das mit all seinen Verirrungen (so werden bei den freien Wahlen immer mehr Gangster ins Parlament gewählt) der Stolz des ganzen Landes ist. »Sie betreten die größte Demokratie der Welt!«, besagen die Schilder an allen Grenzübergängen.

Die Engländer verließen das Land 1947, und seitdem feiern die Inder ihre Unabhängigkeit jedes Jahr mit einem drei Tage dauernden rauschenden Fest. Das Militär marschiert auf – in noch von den Engländern entworfenen Uniformen, zum Takt englischer Marschmusik und den Dudelsackklängen der Militärkapellen. »Ist es ein Zeichen von Stärke oder von Schwäche, dass Indien die Tradition seiner Kolonisatoren beibehalten hat?«, fragte ich nach der ersten Parade den Kabinettschef der damaligen Regierung. Und er gab mir zur Antwort: »Die Engländer sind ein Teil unserer Geschichte.« Auch dies war eine Lektion: Hinter den schrecklichen Gewalttaten, hinter dem tausendjährigen Gewaltsystem der Kasten, der ausgehandelten Ehen, der Sklaverei der Frauen und der alltäglichen Armut gibt es in Indien eine Schicht von Toleranz, die immer wieder überrascht: Die Inder akzeptieren die Tatsachen, die Wirklichkeit. Vielleicht gab es deshalb in Indien nie eine Revolution außer der des Prinzen Siddharta und seiner Anhänger, die Revolution der Gewaltlosigkeit, den Buddhismus.

In diesem Jahr feiert diese uralte Kultur, die unendlich viel dazu beigetragen hat, dass die Menschheit zu dem wurde, was sie heute ist (der Gottesbegriff und die Null zum Beispiel sind Schöpfungen des indischen Geistes), ihren Geburtstag – den fünfzigsten … Fünfzig Jahre Unabhängigkeit. Die Inder selbst haben diesen Geburtstag irgendwie vergessen und wundern sich jetzt, dass die Welt anrückt mit dem Datenblatt in der Hand und fleißig nachrechnet. Die Statistiken, die wie immer lügen, besonders im Hinblick auf dieses Land, besagen, dass Indien nicht imstande war, sein Bevölkerungswachstum entsprechend einzudämmen, dass ein Großteil der Bevölkerung immer noch unter der Armutsgrenze lebt, dass die meisten Menschen keinen Zugang zu sauberem Trinkwasser haben und die Tuberkulose immer noch nicht besiegt ist. Et cetera, et cetera.

All das ist richtig. Das politische System, das 1947 etabliert wurde, taugt nicht. Die öffentliche Verwaltung wird immer ineffizienter und korrupter. Der Traum Gandhis von einem modernen Indien auf den Fundamenten des einfachen Lebens und der großen Ideen, einem Indien, das dem Rest der Welt als Beispiel hätte dienen können, dieser Traum ist gescheitert.

Und doch lebt dieses Land, in dem die Umweltverschmutzung grassiert, in dem die Kluft zwischen Reich und Arm, Stadt und Land, Muslimen und Hindus immer größer wird. Die Jeunesse dorée von Bombay tanzt in den Diskotheken, doch bei Benares und Hardwar tauchen immer noch Hunderttausende gewöhnlicher Inder in die stinkenden, heiligen Fluten des Ganges, Tausende und Abertausende von Sadhus, heiligen Männern, die auf jeden Besitz verzichtet haben, durchstreifen das Land und leben von Almosen – hoch verehrte Vorbilder für das, was jeder von uns tun sollte und doch nicht schafft.

»Baba, hast du je deine Frau wiedergesehen?«, frage ich einen dieser Heiligen in Kalkutta. Mit sechzig Jahren, nachdem er seine Pflicht als Bürger, Gatte und Vater erfüllt hatte, hatte er sein Haus verlassen, um auf den Straßen des Landes seinen Herrn zu lobpreisen, was er seit nunmehr 28 Jahren tat. »Nein. Ich bin einmal bei ihr vorbeigekommen, aber sie war auf den Markt gegangen, und ich habe nicht gewartet. Man muss auch von solchen Anhaftungen loskommen«, antwortet er.

»Mag Gott im Westen tot sein, in Indien hat er noch mehr als tausend Heimstätten«, denke ich jedes Mal, wenn ich mich wieder auf die Reise mache. Es gibt in Indien keinen Ort, an dem man nicht auf Gläubige irgendeiner Religion trifft, auf eine der zahlreichen Götterdarstellungen oder auf Scharen von Pilgern, die zu Fuß bzw. auf dem Fahrrad, im Autobus oder in der Sänfte zu irgendeinem Heiligtum unterwegs sind.

Von Delhi aus muss man nur abends in irgendeinen Zug steigen, um am Morgen ein anderes, einzigartiges, großartiges und erschütterndes Indien zu entdecken. Im Norden liegt der Himalaya, im Westen die Wüste von Rajasthan, im Osten die heiligen Städte, im Süden das klassische Indien der Ebenen. Ich lebe im neuen Zentrum der Stadt, das erst vor etwa achtzig Jahren geschaffen wurde. Hier befinde ich mich im 20. Jahrhundert mit all seinen Märkten und Konsumgütern. Doch nur 1 Kilometer weiter außerhalb, am Grab eines Sufi-Heiligen etwa, tauche ich in ein mittelalterliches Universum aus Klängen, Düften und Empfindungen ein.

In Indien reist man ständig in Zeit und Raum. Das Land ist immer bereit, dir etwas zu erzählen, dir das Gefühl zu geben, Teil eines gewaltigen Epos zu sein, dem man nicht einfach gleichgültig gegenübersteht. Vielleicht lebe ich aus diesem Grund jetzt hier.

Wie es der Vertrag zwischen China und England vorsah, würde Hongkong am 30. Juni 1997 um Mitternacht aufhören, britische Kronkolonie zu sein. Da musste ich natürlich dabei sein.

Adieu, Hongkong!

Hongkong, 22. Juni 1997

Ich habe ein winziges Apartment im Stadtzentrum gemietet. Dem Portier habe ich gesagt, dass ich jeden Morgen die Zeitungen haben möchte, und so kommt jeden Morgen ein Chinese in Unterhemd und nassen Socken – zurzeit regnet es fast ständig hier – und legt mir ein Päckchen Zeitungen auf die Türschwelle. Er wollte weder das Geld im Voraus noch eine Anzahlung. Die Tatsache, dass ich ein wenig Chinesisch spreche, genügt ihm als Garantie.

In Hongkong haben einige Leute ihr Vermögen auf diese Art und Weise erworben – durch Handschlag, weil sie zum selben Clan gehörten vielleicht oder aus derselben Gegend stammten. Und obwohl es in der Stadt von Anwälten nur so wimmelt, werden bestimmte Vereinbarungen immer noch so getroffen. Vielleicht wird das auch zwischen China und der künftigen Regierung von Hongkong so sein, die – ein wohl einmaliger Fall in der Geschichte – ausschließlich aus Geschäftsleuten bestehen wird. China hat sie ausgewählt. Also hat China ihnen wohl auch Garantien gegeben, was ihre Unternehmen betrifft, die ja weiterhin Gewinne abwerfen oder zumindest ungehindert weiterarbeiten sollen. Nichts Schriftliches. Nichts, womit man vor Gericht gehen könnte.

Die Zeitungen sind voll von Nachrichten über die letzten Vorbereitungen der »Feierlichkeiten« – wie mittlerweile alle sagen – angesichts der »Übergabe« Hongkongs an China. Alles wurde schon vor langer Zeit abgemacht, aber die Chinesen versuchen immer noch, Zugeständnisse herauszuholen. So bestehen sie zum Beispiel darauf, dass ein Drittel des 6000 Mann zählenden Heeres der Volksbefreiungsarmee (die in ihren neuen Uniformen schon seit längerem einsatzbereit sind) bereits vor der eigentlichen Übergabezeremonie um Mitternacht des 30. Juni 1997 die Grenze überschreitet – und zwar unter dem Vorwand, dass andernfalls die chinesischen Streitkräfte nicht pünktlich an Ort und Stelle sein könnten, um Sicherheit und Ordnung zu garantieren, nachdem die letzten Einheiten Ihrer Majestät, der Königin von England, abgezogen seien. Doch liegt der Verdacht nahe, dass China mit diesem Manöver Fakten schaffen will, die man später in den Geschichtsbüchern als »friedliche Invasion« präsentieren könnte, sodass China Hongkong letztendlich doch noch eingenommen hätte, als es in der Hand der Engländer war.

»Ist es denn die Möglichkeit, dass sie auf solche Kinkerlitzchen Wert legen?«, fragt ein junger Journalist aus Kanada. Ich glaube, das tun sie.

Als ich noch in China lebte, sagten die Leute bei Regen immer: »Das ist sicher kein Zufall. Der Regen wurde vom Politbüro angeordnet.« Seit damals hat sich in China viel verändert. Das Land hat sich geöffnet. Die Menschen dürfen wieder Geld verdienen und reisen. Statt des Sozialismus hat sich – zumindest im Wirtschaftssektor – eine Art Gangster-Kapitalismus ausgebreitet, doch die Macht liegt immer noch fest in Händen der Partei, und das Politbüro überlässt immer noch nichts oder nur wenig dem Zufall. Einige Belege dafür habe ich in den Zeitungen der letzten Wochen gefunden.

So läuft zum Beispiel in dieser Woche, ehe die britische Kronkolonie wieder an die Volksrepublik zurückfällt, in Hongkong der Film »Der Opiumkrieg«, ein geschickt gemachter, gut gefilmter Kolossalschinken aus den Studios in Peking. Es ist sicher kein Zufall, dass er gerade jetzt in den vier größten Kinos der Stadt gezeigt wird. Ich war natürlich neugierig und sah ihn mir an.

Vor den Kinos standen lange Schlangen, hauptsächlich junge Leute, meist Pärchen. Ich hatte Glück und ergatterte eine der letzten Eintrittskarten. Der Film erzählt die Geschichte der englischen Schiffe, die in der ersten Hälfte des letzten Jahrhunderts mithilfe korrupter kaiserlicher Beamter Opium an die chinesische Küste brachten, und des Kommissars Lin, der vom Kaiser damit beauftragt war, dieser »Pest«, welche die Gesellschaft zerstörte, ein Ende zu setzen. Daraufhin erklärten die Engländer China den Krieg. Das kaiserliche Heer erlitt eine schmachvolle Niederlage, als die englischen Schiffe »mit der Geschwindigkeit galoppierender Pferde« die Wogen durchmaßen und ihre gewaltigen Kanonen die Festungen an der chinesischen Küste Stück für Stück zerstörten. »Unsere Kanonen erreichen sie nicht«, berichtet niedergeschlagen einer der Generäle des Himmelsreiches, bevor er die Pulverkammer seines Forts anzündete, um sich und ein paar Dutzend Engländer in die Luft zu sprengen.

Das Publikum verfolgte gebannt die dramatischen Szenen auf der Leinwand. Die Botschaft war klar und eindringlich: Die Demütigung Chinas durch die »Barbaren« war unvermeidlich, weil das Kaiserreich schwach und korrupt war und der Materialschlacht eines modernen Landes nichts entgegenzusetzen hatte.

Das Gefühl der Ohnmacht wurde noch deutlicher, als eine kleine Schar von Engländern (der gesamte Invasionstrupp bestand aus nur 3000 Mann) auf der Insel Hongkong landete und dort das britische Banner aufpflanzte. Das besiegte chinesische Reich musste einen Teil seiner Erde abgeben und seine Pforten dem Handel (auch dem Opiumhandel) öffnen. Wir schreiben das Jahr 1841. Alle Helden des Films werden zu Opfern: Die weibliche Hauptdarstellerin wird an einen Felsbrocken gefesselt und von ihren eigenen Leuten im Meer ertränkt. Kommissar Lin wird auf höchstkaiserlichen Befehl ins Exil geschickt, weil er einen Krieg provoziert hat. Sein Nachfolger wird zwangsweise nach Peking gebracht und dort bestraft, weil er angeblich Hongkong verloren hat. Dann verdunkelt sich die Leinwand, und in chinesischen Lettern erscheint folgender Schriftzug: »Am 1. Juli 1997 kehrt Hongkong in die Arme des Mutterlandes zurück.« Dazu gibt es weder Applaus noch Kommentare. Ein lastendes Schweigen senkt sich über das Publikum, bevor es wie unter Schock aufsteht und wortlos zum Ausgang geht.

Diese Stille empfand ich als die aufrichtigste Reaktion der Bewohner Hongkongs auf das Unvermeidliche, das unmittelbar bevorsteht. Sie fühlen sich der chinesischen Kultur zugehörig und sind stolz auf sie, doch sie wissen auch, dass diese Mutter ihre Kinder bereits vielfach verschlungen hat, und das sorgt für erhebliche Verunsicherung.

In der Vergangenheit versuchte jeder Chinese, der dem Zorn dieser Nährmutter entkommen wollte, nach Hongkong zu gelangen. So geschehen während der ersten Modernisierungsbestrebungen Ende des 19. Jahrhunderts und während der blutigen Niederschlagung der Studentenproteste auf dem Platz des Himmlischen Friedens. In einer Woche wird Hongkong kein sicherer Hafen mehr sein. Die etwa 200 chinesischen Dissidenten, junge Leute, die in den letzten Jahren hierher gekommen sind, wissen das und versuchen daher, auch in den letzten Tagen noch in den Westen auszuwandern.

»China kann sich keine Fehler erlauben«, heißt es mitunter, vor allem vonseiten westlicher Beobachter. Die Chinesen, die hier leben, sind davon nicht überzeugt. Sie wissen, dass die Hand von Mutter China hart zuschlagen kann. Die Zeitungen von heute bringen groß das Bild eines zum Tode Verurteilten, das die Presseagentur in Peking freigegeben hat. »Ein Drogenhändler« steht darunter. Daneben findet sich der Bericht der Pekinger Agentur: In den letzten Wochen seien in den verschiedenen Teilen Chinas, vor allem aber in den Provinzen südlich von Hongkong, mehrere Drogenhändler hingerichtet worden. Es ist sicher kein Zufall, dass diese Exekutionswelle gerade jetzt zu rollen beginnt. Auch die Hongkonger kennen das alte chinesische Sprichwort: »Willst du die Affen einschüchtern, töte ein Huhn.«

Ich kehre zu Fuß nach Hause zurück. Die Restaurants und Bars von Wanchai schließen gerade. Ich halte an einer Kreuzung an und trinke bei einem Straßenhändler einen Fruchtsaft. »Stoßen wir auf die Feierlichkeiten an!«, fordert mich ein gut gekleideter Chinese mittleren Alters auf und hält mir seine Bierflasche entgegen. Vermutlich hat er bereits ein paar weitere intus. »Ich kann mich einfach nicht entscheiden, wer Recht hat: die Engländer oder die Chinesen? ... Vielleicht ja beide, aber was haben wir damit zu tun?«, fragt er mich. »Feierlichkeiten. Wir sagen einem Gouverneur adieu, den uns die Engländer vor die Nase gesetzt haben, und heißen einen willkommen, den die Chinesen aussuchen. Regiert werden wir immer noch von Fremden.«

Er war Staatsbediensteter. Seine Aufgabe in den nächsten Tagen, so erzählte er, bestünde darin, vom Briefpapier und den Umschlägen seiner Behörde das Symbol der englischen Krone zu tilgen. Er hatte seinem Vorgesetzten vorgeschlagen, einfach überall einen Aufkleber anzubringen, um das Papier weiter verwenden zu können. Doch bis heute kam keine Antwort. »Trinken wir auf die Wiederverwertbarkeit!«, sagt er. »Auf das Recycling Hongkongs«, hörte ich ihn noch rufen, als ich mich im Regen davonmachte.

Ja. Es regnete immer noch, und ich fragte mich, ob das Politbüro es schaffen würde, dem Regen bis nächsten Montag Einhalt zu gebieten, sodass die Feierlichkeiten und das große Feuerwerk der Stadt jene Aura von Freude und Festlichkeit verleihen würden, die die Menschen bisher noch zu vermissen scheinen.

Die Gespenster in der Bank

Hongkong, 24. Juni 1997

Der Mann, der mir den Regenschirm abnimmt – denn es regnet immer noch in Hongkong –, trägt die Uniform der Roten Garden. Die beiden, die vorangehen, sind dagegen gekleidet wie die chinesischen Polizisten von früher, jene, die mich vor Jahren in Peking tagelang verhörten, um mir Informationen über meine »konterrevolutionären Umtriebe« zu entlocken. Jetzt aber habe ich nichts zu befürchten. Die Herren sind nur Kellner in einem der schickesten Clubs von Hongkong, dem »China Club«. Dort dienen die Symbole und Bilder der jüngeren chinesischen Geschichte – besonders die der Kulturrevolution mit ihren Millionen Toten – nur als perverses Dekor. An den Wänden hängen Mao-Bilder, an den Kleiderhaken die alten Militärmützen mit dem roten Stern. Das Restaurant ist von ausgesuchter Eleganz. Für die intimeren Stunden gibt es eigene Separées, die seltsamerweise mit luxuriösen Badewannen ausgestattet sind.

Ein Hongkong-Chinese hat mich hierher eingeladen. »Du wirst dich glänzend amüsieren.« Wir hatten uns vor dreißig Jahren als arme Studenten in New York kennengelernt. In der Zwischenzeit hat er sich im Hongkonger Finanzwesen zum Milliardär hochgearbeitet.

Um sich hier amüsieren zu können, darf man kein Gedächtnis haben. Der »China Club« befindet sich im obersten Stockwerk eines der geschichtsträchtigeren Gebäude der Stadt. Jahrzehntelang war es die Zentrale der maoistischen Macht in Hongkong. Hinter der Fassade einer Bank – offiziell beherbergte das Gebäude die Bank of China – verbargen sich die Politkommissare, Diplomaten und Geheimagenten Pekings. Hier fanden, als Maos China noch der Paria der internationalen Gemeinschaft war, alle Verhandlungen statt, hier wurden die Handelsabkommen mit China geschlossen. Hier wurden die Befehle erteilt, welche den Nachschub für die kommunistischen Truppen im Korea- und später im Vietnamkrieg regelten. Die große rote Fahne, die von der Fahnenstange auf diesem nüchternen, grauen Granitbau wehte, erinnerte Hongkong ständig an seinen ungesicherten Status, an sein »geliehenes« Leben. Als Mao 1976 starb, organisierten die Kommunisten hier eine Trauerfeier, und Tausende von Hongkong-Chinesen defilierten durch die düsteren Säle des Gebäudes, um sich ins Goldene Buch einzutragen.

»Es gibt keinen Unterschied zwischen uns und ihnen. Wir sind alle Chinesen«, sagt mein Freund und weist auf die Tische rundherum. Heute kann man nicht mehr unterscheiden, wer aus China kommt und wer aus Hongkong. Alle sind nach der letzten Mode gekleidet, tragen kostbare Juwelen und teure Uhren. Und alle besitzen ein möglichst winziges Handy.

Vor einigen Jahren zog die Bank of China in den schlanken, transparenten Wolkenkratzer ganz aus Glas um, den I. M. Pei entworfen hat. Somit konnte das alte Gebäude vermietet werden.

»Dieser Club ist der beste Beweis dafür, dass die Ideologie tot ist, dass auch die Kommunisten mittlerweile in erster Linie Geld verdienen wollen. Und genau dafür ist Hongkong der beste Ort der Welt.« Mein Freund ist davon zutiefst überzeugt. »Das Schlagwort, mit dem China Hongkongs Autonomie garantiert hat, ist: ›Ein Land, zwei Systeme.‹ In Wirklichkeit aber gibt es längst auch nur ein System, und zwar den Kapitalismus.«

Von den Fenstern des Clubs hat man eine unglaubliche Aussicht auf die Bucht. Zu den Millionen Lichtern, die gewöhnlich die Nacht erhellen, kommen noch die phosphoreszierenden Transparente auf fast allen größeren Gebäuden: »Wir feiern die Rückkehr ins Mutterland.« Eines bunter und phantasievoller als das andere. Alle in Chinesisch. Außerdem hat man heute einen ganz besonderen Drachen zum Leben erweckt: Aus Hunderttausenden von Glühbirnen gebildet, zieht das klassische Symbol chinesischer Macht sich vom Herzen Kowloons kilometerlang über die Nathan Road, bis sich am Meer sein riesiger Schlund öffnet. Doch er scheint keineswegs die Perle der Wahrheit verschlingen zu wollen, wie die traditionelle

Ikonographie dies vorschreibt, sondern die Insel, die vor ihm liegt: Hongkong mit all seinen Wolkenkratzern, seinen Booten, dem letzten englischen Kriegsschiff und der königlichen Yacht »Britannia«, auf der Prinz Charles nach der Übergabe am nächsten Montag entschwinden wird.

»Hast du keine Angst, dass die Dinge sich verändern werden, wenn die Engländer erst weg sind?«

»Wir brauchen die Engländer nicht, um diese Stadt am Laufen zu halten!«, antwortet der Freund, auch er – wie alle mittlerweile – stolz auf sein Chinesentum. »Die Kommunisten haben in den letzten Jahren den Zauber der Hochfinanz entdeckt. Ihnen ist klar geworden, dass sie nun Zugang zu den internationalen Märkten haben und Geld in vorher unvorstellbaren Mengen machen können.«

Im Januar 1982 war mein Freund, der ursprünglich aus Schanghai stammt und 1949 als Flüchtling nach Hongkong gekommen ist, in China und hielt dort eine Reihe von Vorträgen über die Funktionsweise und Bedeutung der Börse. »Sie haben ihre Lektion gelernt, und zwar perfekt!« Ein Beispiel: Die Stadtverwaltung von Schanghai wählt einige kleinere Unternehmen der Stadt aus, fasst sie in einer großen Gesellschaft zusammen und bringt sie in Hongkong an die Börse, zum Preis von 7 Dollar je Aktie. Den Vorständen der Gesellschaft, unter denen auch einige hohe Beamte der Stadtverwaltung sind, erlaubt man, zum Preis von 8,88 Dollar pro Stück Aktien zu erwerben. Heute sind diese Aktien pro Stück 45 Dollar wert. Die kommunistischen Funktionäre sind mittlerweile Multimillionäre.

»Dieses Geld wird wiederum reinvestiert«, sagt mein Freund. »Die beste Garantie für die Zukunft Hongkongs ist die Tatsache, dass China hier einkaufen wird.«

Es kaufen Privatleute, die – so heißt es – manchmal mit Koffern voller Dollarscheine direkt von der Grenze kommen. Und die staatlichen Betriebe, die sich bereits erhebliche Anteile an strategisch wichtigen Unternehmen wie zum Beispiel der Telefongesellschaft gesichert haben.

»Hongkong ist wie Hollywood. Es produziert Träume. Und der

schönste aller Hongkong-Träume ist der vom Reichwerden.« Beispiele dafür, dass dieser Traum Wirklichkeit werden kann, hat in Hongkong jedermann vor Augen.

Erst kürzlich hat ein Chinese auf dem Peak, dem Hügel der Stadt, auf dem die Chinesen zu Zeiten der englischen Vorherrschaft nicht einmal spazieren gehen durften, eine der großen, alten Kolonialvillen gekauft. Für 70 Millionen amerikanische Dollar – das teuerste Haus der Welt. Noch vor wenigen Jahren war dieser Mann ein einfacher Bauer aus Kanton, der aus China geflohen war. Den Wachen hatte er erzählt, er müsse seine Kuh zurückholen, die ihm weggelaufen sei.

Das Abendessen ist vorüber, und mein Freund zeigt mir den Club. Die »Rotgardisten« und »Polizisten« grüßen respektvoll, und ich muss daran denken, was diese Mauern wohl erzählen könnten, an die Gespenster der Vergangenheit, die hier sicher noch irgendwo herumspuken.

»Keine Sorge!«, meint mein Freund. »Bald wird das Haus abgerissen und durch einen höheren Wolkenkratzer ersetzt, der mehr Geld einbringt. Das ist schon beschlossene Sache.«

Auf das Wohl des Empire

Hongkong, 26. Juni 1997
»Hereinspaziert zu den letzten Tagen des Empire!« steht auf der Tafel einer Bar in der Nähe meiner Unterkunft. In Hongkong ist jeder Anlass gut, wenn sich damit Geld machen lässt. Auch die »Rückgabe« der Kolonie an China, die mittlerweile alle als unvermeidlich hinnehmen, wird von der Werbung ausgeschlachtet. Die großen Kaufhäuser machen gar Ausverkaufsaktionen zum 30. Juni. Die Straßenhändler bieten Unmengen unnützer Andenken an, die Restaurants besondere Menüs. Eines hat gar eine elektronische Uhr installieren lassen, welche in schnellem, Furcht erregendem Rhythmus die Sekunden zählt, die bis zur schicksalhaften Mitternacht noch bleiben: wenig mehr als 300 000.

Da ich ständig daran vorbeikomme, hat mich die Aufforderung, auf »die letzten Tage des Empire anzustoßen«, schließlich doch überzeugt ... weiterzugehen, um möglichst schnell ins Stadion zu gelangen, wo das letzte große Konzert der hier stationierten Militärkapellen Ihrer Majestät der britischen Königin stattfindet. Am 30. Juni werden diese Kapellen ein letztes Mal aufspielen, wenn Hongkong in chinesische Hände übergeht. Doch an diesem Tag werden nur geladene Gäste zugegen sein, hohe Persönlichkeiten. Im Stadion hingegen trifft man das gewöhnliche Volk. Der Eintritt ist frei, und die 50 000 Sitze sind fast alle belegt. Vor allem von Chinesen.

Das Spektakel war grandios: Soldaten in weißer Kolonialuniform, andere im traditionellen roten Waffenrock und schwarzer Bärenfellmütze marschierten und spielten – ungerührt von der tropischen Hitze und der Luftfeuchtigkeit, die an diesem Tag bei 96 Prozent lag. Als ein Mitglied des schottischen Regiments auf das Podium stieg und mit seinem Dudelsack die klassische Melodie »Schlafe, Kamerad, schlafe« intonierte, hatten viele Tränen in den Augen. Plötzlich lag ein Hauch von Geschichte in der Luft. Tatsächlich sind dies nicht nur die letzten Tage eines Imperiums, sondern einer ganzen Epoche. Durch die Rückgabe Hongkongs an China verliert England nicht nur den letzten bedeutsamen Rest seiner Kolonien, gleichzeitig büßt der Westen seine letzte Bastion in Asien ein, den Brückenkopf, von dem aus seine Händler und Missionare, seine Waren und Ideen nach Asien gelangt sind – in den letzten Jahrzehnten besonders die Idee der Moderne. Hongkong steht heute symbolisch für dieses Abenteuer.

Zwischen den beiden gewaltigen Zeltarkaden, die das Stadion teilweise überdeckten, glitzerten im schwarzen Nachthimmel die futuristischen Silhouetten der erleuchteten Wolkenkratzer. Diese Melodien untermalten Englands kriegerischen Weg zur Kolonialmacht mit all seinen Siegen und Niederlagen. Nun lassen die Engländer ein so wunderbar funktionierendes Gebilde zurück. Was wird die Zukunft wohl aus diesem Erbe machen? Hongkong ist ein Kunstwerk der europäischen Kolonisierung, wie es vollkommener nicht sein könnte.

Freilich trägt es den Makel des Opiumkrieges mit sich. Vermutlich aber ist es der einzige Ort in der Geschichte der Kolonisation, der wachsen und gedeihen konnte, ohne dass die Kolonisatoren ihre Untergebenen ausbeuteten und versklavten, ohne dass sie sich jener Verbrechen schuldig machten, die nahezu alle Experimente dieser Art geprägt haben. Als die Engländer diese Insel in Besitz nahmen, lebte dort niemand. Die sechs Millionen Einwohner, die Hongkong heute hat, sind fast ausschließlich Flüchtlinge oder Kinder von Flüchtlingen, die irgendwann aus China entkamen. Die Präsenz der Engländer zog sie zu Tausenden an. Auf einem der ersten Fotos von Hongkong sieht man Scharen von Männern, die – mit um den Kopf gelegten Zopf – versuchen, bei den Engländern eine Anstellung zu finden.

So war es immer. 1949 kamen all jene, die vor den Kommunisten Maos wegliefen, in den sechziger Jahren flohen die Menschen vor den Hungersnöten, die der Große Sprung nach vorne auslöste, und vor den Säuberungen und Hinrichtungen der Kulturrevolution. Die Engländer behandelten sie mit ihrer sprichwörtlichen Arroganz von oben herab, aber sie boten ihnen die Möglichkeit zu überleben. Sie gaben ihnen Arbeit, ermöglichten ihren Kindern eine Ausbildung und haben auf diese Weise Stück um Stück ihren Lebensstandard gesteigert.

Ich betrachtete die Chinesen im Stadion. Die meisten waren ziemlich alt – Arbeiter, Bauern aus den New Territories, einfache Leute –, und ich fragte mich, wie viele von ihnen, die bei der Flucht nichts weiter besessen hatten als die Kleider auf dem Leib und ihre Angst, in den Soldaten, die dort unten marschierten, ihre Beschützer gesehen hatten. Wie viele von ihnen mochten sich wohl, als sie in der Kolonie angekommen waren, endlich in Sicherheit gefühlt haben?

»Dies ist die einzige chinesische Gesellschaft, in der kurze hundert Jahre lang niemand fürchten musste, dass man mitten in der Nacht plötzlich an seine Haustür klopft«, hat noch 1989 ein berühmter Journalist Hongkongs geschrieben. Und das ist richtig: Die Chinesen in Hongkong genossen unter dem Schutz der Engländer eine Freiheit, die kein anderes Land in Asien, ausgenommen Japan, seinen Bürgern gab.

Gemeinsam haben Chinesen und Engländer, die beide recht praktisch orientiert sind, diese wunderbare Stadt geschaffen, in der alles höchst effizient funktioniert. Und nun wird diese Stadt mit ihren Wolkenkratzern, ihren Tunneln unter dem Meer, ihren Hochbahnen, ihren Reichtümern China übergeben. Doch zum Verlustgeschäft wird die Sache für die Engländer nicht: Bevor sie die Koffer packten, haben sie vom Postamt bis zu den Kasernen alles verkauft, was irgendwie zu veräußern war. »Sie hätten ruhig auch die königliche Yacht ›Britannia‹ verkaufen können«, meint ein ortsansässiger Milliardär. Schließlich ist bekannt, dass die Yacht Prinz Charles auf die Philippinen bringen und dann nach England zurückkehren wird, wo man sie verschrotten wird. »Wir hätten sie kaufen und ein Kolonialmuseum einrichten können.«

Die Residenz der britischen Gouverneure, die mit ihrem elegant geschwungenen Dach, das sie während der japanischen Besatzung bekam, auf dem Hügel der Insel Hongkong liegt und die Küste über-

545

blickt, soll ohnehin Museum werden. Im Augenblick werden dort die Geschenke aufbewahrt, welche die verschiedenen Provinzen Chinas zum Andenken an die »Übergabe« geschickt haben. Doch wer weiß? Eines Tages könnte das Museum auch eine Ausstellung zum Thema »Die Befreiung Hongkongs vom kolonialen Joch« beherbergen.

Die Geschichte umzuschreiben ist eine Kunst, die China seit Jahrhunderten pflegt. Die Kommunisten haben sie lediglich ein wenig verfeinert. Aus diesem Grund können sie heute allen Zeugenaussagen und allen Filmaufnahmen zum Trotz immer noch behaupten, in der Nacht zum 4. Juni 1989 sei auf dem Platz des Himmlischen Friedens kein Mensch getötet worden.

Die Heuchelei der Propaganda ändert sich wohl nie. Die Pekinger Zeitung, die heute wie üblich zusammen mit vielen anderen vor meiner Tür lag, ist dafür das beste Beispiel. Peking hat den chinesischen Delphin, eine vom Aussterben bedrohte Spezies, zum Maskottchen der Feierlichkeiten gewählt? »Weil dieser Delphin nur in den südlichen Gewässern zu finden ist und daher ein sehr schönes Symbol für Hongkong ist. Weil der Delphin jedes Jahr den Perlenfluss hinaufschwimmt, um sich dort zu paaren. Dies zeigt, dass Hongkong ein untrennbarer Teil von China ist. Weil der Delphin in großen Gruppen lebt, was die Wünsche unserer Landsleute in Hongkong symbolisiert, die nichts mehr ersehnen als endlich in die Arme des Mutterlandes zurückzukehren.«

Nachdem die Soldaten der vier englischen Militärkapellen sich zu den mitreißenden Rhythmen der Trommeln, Trompeten und Dudelsäcke in komplizierten Mustern aneinander vorbeigeschlängelt haben und schließlich, elegant und präzise wie die Mechanik einer Spieluhr, in die Umkleidekabinen verschwunden sind, ist das ganze Stadion auf den Beinen. Engländer schwingen den Union Jack, Chinesen applaudieren.

Dies sind tatsächlich die letzten Tage des Empire. Aus diesem Grund kehre ich auf dem Rückweg auch in die Bar ein, die diese freundliche Einladung auf ihrer Tafel stehen hat. Zum Wohl!

Das heimliche Hongkong

Hongkong, 28. Juni 1997

Seit dreißig Jahren lebe ich nun in den Ländern des Fernen Ostens. Es passiert mir daher nicht zum ersten Mal, dass ich in einer Stadt auf die Ankunft der kommunistischen Truppen warte. Hier, wo alle mittlerweile vom großen Ausverkauf profitieren, wo alle auf den unzähligen Festen essen, trinken und tanzen, hier teilen vielleicht nur wenige Menschen meine Sicht der Dinge, aber mir gelingt es nicht, die Stimme der Erinnerung zum Schweigen zu bringen.

Hongkong wird weder belagert, noch liegt es unter Artilleriebeschuss wie einst Saigon oder 1975 Phnom Penh. Hier fürchtet man kein Blutbad, noch droht eine baldige Abrechnung, aber trotzdem erfährt die Stadt im Wesentlichen dasselbe Schicksal wie die beiden zuletzt genannten.

Das Land, das Montagnacht Hongkong übernehmen wird, ist nicht einfach China. Es ist das China der Kommunisten. Über dieser Erde wird das rote Banner mit den fünf Sternen wehen, und die Soldaten, die mit ihren Panzerfahrzeugen offen triumphierend die Grenze überqueren und in die vormals britischen Kasernen einziehen werden, gehören zu einem Heer, das nicht umsonst noch heute den Namen »Befreiungsarmee« trägt. Und genau darum geht es in Wirklichkeit unter diesem diplomatischen Feigenblatt von Festen und Feierlichkeiten. Zum Beweis genügt es, das Radio anzustellen und die chinesischen Sender zu hören oder einen Blick in die Fernsehsendungen aus Peking zu werfen.

In China läuft eine Propagandamaschinerie auf Hochtouren, die den Menschen einbläut, »das Volk von Hongkong habe in seinem heroischen Kampf um die Befreiung vom kolonialen Joch« einen »historischen« Sieg errungen. Und schon werden die Massen allseits aufgefordert, eingeladen, gedrängt, diesen Sieg zu feiern. Dieses Tamtam soll bei den Festlandschinesen jenen nationalen, rassischen Hochmut wecken, der das Land jenseits aller Ideologien zusammenhält. Noch wichtiger aber ist, dass mit der Kampagne die Position des kommunistischen Regimes und die des Parteivorsitzenden Jiang Zemin untermauert wird.

Natürlich ist das Hongkong von heute weder Saigon noch das Phnom Penh von 1975. Es gibt keine Panik. Die Menschen versuchen nicht, sich an die letzten Hubschrauber zu klammern, die von den Häuserdächern aufsteigen. Wer von hier wegwollte, hat das bereits getan. (Seit 1984 ist ein Zehntel der Bevölkerung abgewandert.) Doch jene, die geblieben sind, diskutieren über dieselben Themen wie die Vietnamesen oder Kambodschaner von damals.

»Die neuen Herren Hongkongs sind Chinesen, und unter Chinesen versteht man sich doch«, sagt mir einer der vielen Milliardäre der Stadt, ein Mann um die vierzig, der eine der schönsten Sammlungen zeitgenössischer chinesischer Kunst und edler französischer Weine besitzt. Er hatte mich zum Abendessen eingeladen und erzählte mir in ebenjener affektiert perfekten Betonung des Englischen, die er nur in Cambridge erlernt haben konnte (wo er studiert hatte), auch er habe die koloniale Arroganz der Engländer am Ende nicht mehr ertragen. Und er habe ja ganz sicher überhaupt nichts zu befürchten, da er sich ja nie um Politik, sondern nur um seine Geschäfte kümmere.

Wir saßen in einem jener bildschönen Häuser auf dem Hügel mit Blick auf die Bucht, als mir die dramatischen Tage von 1967 wieder einfielen, als Menschen wie er wirklich Angst hatten. In China hatte die Kulturrevolution ihren Höhepunkt erreicht, und der Perlenfluss trug die Leichen der Opfer in die Bucht von Hongkong. Die Stadt wurde von Streiks und Demonstrationen gelähmt. Die Maoisten vor Ort verbrannten Strohpuppen mit dem Namen des englischen Gouverneurs auf den Straßen und baten öffentlich die an den Grenzen stationierten Soldaten der Volksbefreiungsarmee, doch endlich in Hongkong einzumarschieren. In den Straßen kämpfte die Kolonialpolizei. Ab und an explodierte eine Bombe. Eine zerstörte teilweise das Café im Hilton Hotel, in dem ich damals wohnte.

Hongkongs Milliardäre hatten längst ihre Dschunken beladen und nur ehemalige Soldaten des nationalistischen Heers in die Mannschaft aufgenommen, um nicht noch im letzten Augenblick verraten zu werden. Keiner traute seinem Nachbarn mehr über den Weg, denn es hieß, die Stadt sei bereits von Tausenden Agenten Pekings infiltriert, die nur darauf warteten, endlich die Macht zu übernehmen. Doch die Befreiungsarmee überquerte auf Befehl Zhou Enlais die Grenze nicht, und so kehrten in Hongkong bald wieder Ruhe und Ordnung ein.

Und heute? Wie viele Männer hat Peking wohl heute in der Stadt? Darüber spricht man lieber nicht allzu offen, doch ein gutes Erinnerungsvermögen ist auch hier von Nutzen. Als Vietcong und Nordvietnamesen Saigon einnahmen, kamen die geheimen Strukturen, die Hanoi in Jahren geduldiger Kleinarbeit aufgebaut hatte, ans Licht und sorgten für einige Überraschung. Manche der unverdächtigsten Menschen in der Stadt stellten sich plötzlich als kommunistische Agenten heraus. Der Kellner des Hotels, in dem die ausländischen Journalisten immer untergebracht waren, wurde zum Politkommissar des Viertels. Der Übersetzer der amerikanischen Wochenzeitschrift *Time,* den gutgläubige Einfaltspinsel wie ich immer verdächtigt hatten, für die CIA zu arbeiten, stellte sich schließlich als Colonel des Geheimdienstes in Hanoi heraus.

Ähnliches war 1949 in Schanghai passiert: Als die Truppen Maos auf die Stadt marschierten, war deren soziales Gefüge, von den Universitäten bis zu den Fabriken, bereits von Agenten durchsetzt, welche die Stadtschlüssel praktisch schon in Händen hielten. Die Nummer zwei der nationalistischen Polizei entpuppte sich als heimliches Mitglied der Kommunistischen Partei, dem es gelungen war, die Archive vor der Zerstörung zu retten, sodass die folgende »Säuberungsaktion« problemlos vonstatten gehen konnte.

Ob diese Ereignisse sich auch hier wiederholen werden? Man kann davon ausgehen. Was die chinesischen Kommunisten *dixia gongzuo,* »Arbeit im Untergrund«, nennen, gehört für sie zur normalen Strategie, ja es ist Teil ihrer Mentalität, die sich im Krieg gegen Japan und im Bürgerkrieg herausgebildet hat. Und es ist kein Geheimnis, dass die Kommunisten in Hongkong früher unter dem Deckmantel der Bank of China operierten. Später war es die Presseagentur Neues China, die diese Aufgabe übernahm, zusammen mit den Hunderten von Firmen, die Festland-China in der Kolonie gründete. Die Wochenzeitschrift *Zheng Ming* schrieb, dass Peking in letzter Zeit 150 Millionen Dollar investiert habe, um vor der »Übergabe« in Hongkong 900 neue Agenten zu positionieren. Selbst Chris Patten, der britische Gouverneur, äußerte sich dahingehend: »Sicher sind die Kommunisten auch in Hongkong tätig. Ihre Zellen verbergen sich unter dem Deckmantel von Scheinfirmen.« Patten fügte hinzu, dass er keine Hexenjagd habe anzetteln wollen, denn »die Stabilität Hongkongs hängt unter anderem davon ab, dass man im richtigen Moment ein Auge zuzudrücken weiß«.

Dieser »Strategie des zugedrückten Auges« ist vielleicht auch die ebenso überraschende wie unerklärliche Abberufung des Chefs der Hongkonger Einwanderungsbehörde vor zehn Monaten zuzurechnen. Es hieß, er habe China eine Liste der 50 000 wichtigen Persönlichkeiten der Stadt ausgehändigt, denen die englische Regierung einen Pass ausstellen würde, um für ihre Sicherheit zu garantieren. In den Augen Pekings hatten diese Menschen sich »wenig patriotisch« gezeigt. Vermutlich würde man sie überwachen. Gerüchten zufolge ist ein großer Teil der Kolonialverwaltung, die nach dem Übergang der Herrschaftsgewalt weiterbestehen soll, mittlerweile von pekingtreuen Genossen unterwandert. In der neuen Gruppe der Führungskräfte um Tung Cheehwa sollen sogar Parteimitglieder sein. Geheime Genossen natürlich, denn in Hongkong operierte die Kommunistische Partei immer geheim, und das wird auch nach dem 1. Juli so bleiben. China hat sich formell dazu verpflichtet, das Prinzip »ein Land, zwei Systeme« zu respektieren. Wie könnte es also in Hongkong die Existenz einer Partei rechtfertigen, die sich dem Ziel verschrieben hat, das kapitalistische System zu zerstören? Und außerdem: Wäre die Partei nicht geheim, müsste sie sich hier den nächsten Wahlen stellen, und es wäre wohl ziemlich beschämend zu sehen, wie schlecht sie in einer Stadt abschneiden würde, deren Bewohner in großer Zahl vor dem Kommunismus geflohen sind.

Doch wie leicht es war, mit Mitgliedern dieser Untergrundpartei Verbindung aufzunehmen, weiß jeder, der in der Zeit mit China zu tun hatte, als sich das Land nach außen mehr oder weniger abschottete und Hongkong somit zum bevorzugten Späherposten wurde. Ein Anruf genügte, und schon wurde man zum Tee gebeten. Mein »Kontakt« datiert aus dem Jahr 1967, als Hongkong fast in die Hände der Rotgardisten gefallen wäre.

In jenen dramatischen Tagen wurde ein chinesischer Junge von siebzehn Jahren, Schüler einer der besten christlichen Schulen der Stadt, verhaftet. Er hatte subversive Flugblätter verteilt und bekam dafür zwei Jahre Zuchthaus, die er in Fort Stanley im Süden der Insel verbüßte. »Das war meine wirkliche Schule.«

Ich lernte ihn kennen, nachdem er freigekommen war. Seit damals bin ich mit ihm befreundet, und unsere Freundschaft hat die Wechselfälle des Schicksals ebenso überstanden wie diejenigen Chinas. Immer wenn ich wissen wollte, wie man in Peking über eine Sache denkt, musste ich nur ihn fragen.

Heute ist er einer der inoffiziellen Sprecher Pekings, Chefredakteur einer kommunistenfreundlichen Zeitung in Hongkong und Mitglied des chinesischen Parlaments. Also suchte ich ihn auf.

»Bist du nun glücklich?«

»O ja, sehr«, antwortete er mir. »Ich habe mir immer gewünscht, dass Hongkong wieder zu China gehört.«

»Wie sieht nun die Zukunft Hongkongs aus?«

»Das ist schon eine typische Ausländerfrage. Ich bin Chinese, ich frage mich, wie die Zukunft Chinas aussehen wird. Kann ein Land wie das unsere ausschließlich materielle Ziele verfolgen oder braucht es ein höheres, edleres Ziel?«

Er sah ziemlich merkwürdig aus. Zu einem billigen Hemd und ebensolchen Hosen trug er einen der Gürtel, wie die Hilfsarbeiter sie haben, und auch diesen hatte er mehrfach um die äußerst schlanke Taille geschlungen.

»Dreißig Jahre sind vergangen, aber meine Ideen sind immer noch dieselben wie damals. Das mag dir seltsam vorkommen, aber so ist es«, meinte er. »Du darfst nicht vergessen, dass ich bei Priestern zur Schule gegangen bin. Diese haben mir, um mir die Vorstellungen der Bibel nahezubringen, immer und immer wieder dieselbe Frage gestellt: ›Was ist der Sinn des Lebens?‹ Nun gut, ich stelle mir diese Frage heute noch.« Und so plauderten wir etwa zwei Stunden lang.

Als wir uns verabschiedeten, fiel draußen ein feiner Regen. Während ich ihm nachsah, wie er sich da unter seinem Schirm entfernte, wurde mir klar, dass er die Antwort auf diese Frage in der Partei gefunden zu haben glaubte, in der Ideologie, die in Menschen wie ihm trotz aller oberflächlichen Veränderungen immer noch lebendig ist.

Die letzte Messe

Hongkong, 29. Juni 1997

Es war Sonntag. Der letzte in dem Hongkong, das ich einst kannte. Also ging ich um neun Uhr morgens zur Messe. Die Kathedrale von St. John, einer der ältesten Bauten der Insel und daher eine der wenigen ohne Klimaanlage, liegt am Hang, neben dem alten Gerichtshof. Die gesamte Kolonialgesellschaft, vom englischen Truppenkommandanten bis hin zu den höchsten Verwaltungsbeamten, alle jene also, deren Stunden in Hongkong gezählt waren, befanden sich dort, gesammelt im Gebet unter den neogotischen Arkaden, im leichten Wind der alten Ventilatoren, welche die heiße, feuchte Luft hin und her bewegten. Draußen schossen einige Festlandchinesen Fotos auf dem letzten Fleckchen Gras, das noch nicht von den Wolkenkratzern aufgefressen worden war. Sie trugen Zivil, wie nur Polizeibeamte dies fertig bringen, und knipsten sich vor den Grabsteinen und Kreuzen. Zwei verschiedene, zwei getrennte Welten, die sich nichts zu sagen hatten: Eine feierte ihre eigene Beerdigung, die andere ihren Sieg.

Die Meinungen über das, was hier um Mitternacht geschehen wird, gehen so weit auseinander, dass Engländer und Chinesen mittlerweile kaum noch miteinander sprechen – nicht einmal auf diplomatischer Ebene. Die Feierlichkeiten drohen von einer Serie wechselseitiger Unhöflichkeiten überschattet zu werden. So weigert sich zum Beispiel der englische Premierminister, der Antrittszeremonie des neuen Legislativrates beizuwohnen, der von Peking ohne wirkliche Wahlen eingesetzt wurde. Aus Rache schickten die Chinesen keinen Vertreter zur Abschiedszeremonie der englischen Truppen, und der chinesische Ministerpräsident Jiang Zemin nahm die Einladung zum Bankett mit Prinz Charles nicht an. Ein einfacher stellvertretender Minister wird den Sohn und Repräsentanten der englischen Königin zu seiner Yacht »Britannia« begleiten, die den Anker lichtet, sobald die chinesische Flagge über der Insel gehisst wird.

Wenn eine Kolonialmacht aus einem Land abzieht, ist dies nie ganz einfach. Der letzte französische Offizier, der Hanoi 1954 verließ und zu Fuß mit seinen Truppen die Doumer-Brücke überquerte, wurde von einem Soldaten Ho Chi Minhs mit einem Tritt in den Hintern verabschiedet. Es blieb ihm nichts anderes übrig, als sich umzudrehen und militärisch zu grüßen. Die Engländer haben Vorsorge getroffen, dass ihr Abzug aus Hongkong weniger demütigend vonstatten geht, doch die Chinesen wollen ihrerseits vor der Geschichte auch nicht den Eindruck erwecken, als hätten sie die letzten Vertreter des »großen Übels«, wie sie den Kolonialismus nennen, mit Samthandschuhen angefasst.

Bei diesem letzten Spielzug, bei dem Peking mittlerweile alle Trümpfe in der Hand hat, wissen die Menschen in Hongkong, die »befreit« werden, ohne dass sie je darum gebeten hätten, immer weniger, was sie erwartet. Alle spüren, dass eine Epoche zu Ende geht, und alle versuchen, dies auf die eine oder andere Weise zu nutzen und die letzten Augenblicke irgendwie einzufangen. Heute Nachmittag reihten sich Dutzende von Paaren in Hochzeitskleidung vor dem Standesamt, das direkt an der Bucht liegt, um ihre Ehe noch unter dem Patronat der Engländer zu schließen. Vor dem Gouverneurspalast stand heute geduldig eine lange Schlange junger Leute an, die sich auch um Mitternacht noch nicht aufgelöst hatte. Sie wollten sich vor dem Gitter fotografieren lassen, das heute zum letzten Mal die Buchstaben E. R. für Königin Elisabeth als Regentin trug. »Warum bist du hier?«, fragte ich einen Jungen. »Ich habe gehört, dass man den Palast abreißen wird, und möchte ein Andenken.« Die Jagd auf Andenken ist zum Sport ausgeartet. Englische Paare in Abendkleidung – auf dem Weg zu einer der zahlreichen Abschiedsfeiern – werden von Familien aufgehalten, die sich mit ihnen fotografieren lassen wollen. Die englischen Wachsoldaten vor der Prince-Charles-Kaserne müssen sich tagtäglich von einem nicht abreißenden Strom junger Mädchen umarmen lassen, obwohl hinter ihnen ein Schild hängt: »Fotografieren verboten«. »Das ist jetzt auch schon egal ...«, meint einer von ihnen schulterzuckend.

Den ganzen Tag über herrschte eine seltsame Stimmung in der Stadt, die man wohl kaum als Festtagslaune bezeichnen kann. Tausende von philippinischen Hausmädchen stürmten wie jeden Sonntag des Zentrum und verwandelten die Straßen rund um das Mandarin-Hotel und den Statue Square in ein riesiges fröhliches, schnatterndes Lager. Wie immer waren sie die Einzigen, die richtig glücklich schienen. Vor dem Gefallenendenkmal, von dem noch die englischen Fahnen wehen, hält die Missionsgruppe »Jesus lebt« ein lautstarkes Konzert ab. Ich suchte nach Anzeichen der »Sehnsucht des Volkes von Hongkong, endlich in die Arme des Mutterlandes zurückzukehren«, welche die Pekinger Propaganda lautstark beschwört, konnte sie aber nirgendwo entdecken. Ein Weihrauchhändler in der Hollywood Road hatte ein Schild vor der Tür hängen: »Festkomitee des Stadtviertels«, doch seine rote Fahne war die einzige in der ganzen Straße. Die Organisation der Taxifahrer hatte die Order ausgegeben, heute an die Antennen die neue Fahne Hongkongs zu hängen, ein rotes Banner mit einer weißen, fünfblättrigen Bauhinia-Blüte in der Mitte, aber auch dieser Aufforderung waren nur wenige gefolgt.

»Sind Sie glücklich?«, fragte ich einen Taxifahrer. »Ob ich nun darüber glücklich bin oder nicht, die kommen ja sowieso!« – »Die« sind sogar schon da. Agenten des Pekinger Sicherheitsdienstes haben bereits die Runde durch die Hotels gemacht und sich die Liste aller Gäste aushändigen lassen. Andere – so heißt es – organisieren die »spontanen Freudenkundgebungen« von 10 000 Bauern aus den New Territories, mit denen die Soldaten der Befreiungsarmee begrüßt werden sollen, wenn sie am Morgen des 1. Juli in Hongkong einmarschieren.

Es war der erste Tag ohne starke Regenschauer, und der Himmel spiegelte sich klar im Wasser der Bucht und in den Glasfassaden der Wolkenkratzer, deren kühne Modernität er zum Funkeln brachte. Welch unglaubliche Bauwerke! Ich war mit einem alten Freund unterwegs, einem Historiker, der 1949 aus China geflohen war und jetzt in Österreich lehrt. Auch er ist nach Hongkong gekommen, um diese historischen Tage mitzuerleben und herauszufinden, wie die Menschen hier zu dem Wechsel stehen. Er hatte keinen Erfolg damit. Jedes Mal, wenn er einen seiner Verwandten danach fragte, bot man ihm frischen Tee und Pralinés an. Nur ein alter Schulkamerad, den er unter den kommunistischen Kadern aus Peking traf, sagte ihm offen, was er dachte: »Unsere Vorfahren waren gewitzt«, meinte er. »Sie verpachteten den Engländern ein Fischerdorf, und jetzt sieh mal, was wir zurückbekommen. Schade, dass wir ihnen nicht mehr geliehen haben.«

Die Saat der Freiheit

Hongkong, 30. Juni 1997

Nun ist es Geschichte. Und die Geschichte schreitet fort. England hat Hongkong an China zurückgegeben und damit das Kapitel des europäischen Unrechts in Asien geschlossen. Der »ausländische« Gouverneur ist mit seiner Fahne abgezogen und hat seine Soldaten mitgenommen. Nun feiern die Chinesen fast hysterisch diesen großen, friedlichen Sieg, der die Demütigung der Niederlagen des letzten Jahrhunderts ein für alle Mal auslöscht. Die gekränkte Ehre ist wiederhergestellt. Der Rassenstolz keimt wieder auf.

Die Existenz einer »weißen« Kolonie in einem Land, das sich seit jeher als Reich im Mittelpunkt der Erde sah, war in unserem Jahrhundert, in dem fast alle Länder ihre Unabhängigkeit erlangten und China wieder erstarkte, nicht mehr gerechtfertigt. Sicher: Hongkong wird nicht unabhängig. Es geht an China zurück, an das kommunistische China. Und die Menschen in Hongkong, die um ihre Meinung nie gefragt wurden, sind beunruhigt. Jedoch: Es gab zu dieser Lösung einfach keine Alternativen. 1982 begab Margaret Thatcher sich nach Peking und schlug Deng Xiaoping vor, die englische Verwaltung der Stadt um weitere fünfzig Jahre zu verlängern. Die Antwort war eindeutig: »Ich kann noch heute Nachmittag meine Truppen nach Hongkong schicken.« Thatcher zog es vor, nachzugeben und zu verhandeln. Und so kamen fünfzehn Jahre später die kommunistischen Soldaten in friedlicher Absicht nach Hongkong.

Der Konflikt zwischen China und dem Westen, der auf militärischer Ebene mit dem Opiumkrieg begonnen hatte, ist damit beigelegt. Nun werden zwei Kulturen einander gegenüberstehen.

Man musste sie bei der kurzen Zeremonie in der Kongresshalle nur ansehen, die aus Peking angereisten Chinesen, die ihr Eigentum wieder in Besitz nehmen, und die abreisenden Engländer, die es zurückgeben, um zu begreifen, welch tiefer Abgrund die beiden trennt, auch wenn sie sich äußerlich ähneln mit ihren dunklen Anzügen und dezenten Krawatten. Jiang Zemin und Li Peng, die Verantwortlichen für das Massaker auf dem Platz des Himmlischen Friedens, waren die Repräsentanten einer totalitären Macht, die keine abweichende Meinung zulässt, alte Herren und Mitglieder einer immer noch geschlossenen und intoleranten Gesellschaft. Die Engländer mit ihrem beliebten Gouverneur, ihrem Prinzen und ihrem Premierminister waren durchweg jünger und vertraten eine Welt, welche die Kolonialherrschaft hinter sich gelassen hat, eine Welt der Demokratie und der Gedankenfreiheit.

Mit Hongkong hat China sich nun sechs Millionen Chinesen eingehandelt, deren Vorstellungen und Prinzipien von der westlichen Welt geprägt sind. Mit dieser Saat der Freiheit wird China umzugehen lernen müssen.

Gouverneur Patten hat in seiner kurzen, aber leidenschaftlichen Abschiedsrede keinen Zweifel daran gelassen, was die englische Verwaltung Hongkongs hier zurückließ und was London und der Rest der Welt im Hinblick auf diese Stadt erwarteten: »Dies ist eine chinesische Stadt nach englischem Muster«, sagte er. »Hongkong muss von den Menschen Hongkongs regiert werden. Dies ist ein Versprechen. Und es ist das unvermeidliche Schicksal dieser Stadt.«

Es regnete in Strömen. Der Regen ergoss sich über den Gouverneur, der seine Rede hielt, über das Barett von Prinz Charles, der die Grüße Königin Elisabeths überbrachte, über die Tausende von Hongkonger Schulkindern in ihren Pantomimenkostümen, über den Premierminister Tony Blair und die zehntausend geladenen Gäste. Der Regen fiel auf die Trommeln, die Trompeten, die Gewehrmündungen, welche in Salven ihren letzten Salut schossen. Und er fiel auf die Soldaten, die unbeirrt immer weitermarschierten, bis das Signal zum Rückzug erklang, eine getragene Weise, die man früher am Abend spielte, um den Kämpfenden die lang ersehnte Gefechtspause anzukündigen, in der sie ihre Toten vom Schlachtfeld bergen konnten. Aus der Unerschütterlichkeit angesichts des Regens sprach jene Entschlossenheit, die zum Ausdruck brachte, dass England seine Aufgabe nun erfüllt hatte. »Man muss die Vergangenheit verstehen, um sie vergessen zu können«, meinte Patten in seiner Rede und sprach damit das von England während des Opiumkrieges begangene Unrecht ebenso an wie den Umgang der Chinesen mit ihren eigenen Landsleuten während der letzten fünfzig Jahre.

Kurz zuvor hatte Chris Patten, der 28. Gouverneur von Hongkong, zum letzten Mal den Gouverneurspalast verlassen. Dabei hatte sein schwarzer Rolls-Royce dreimal die Fahnenstange umrundet, von der man eben die britische Flagge eingeholt hatte. Dies ist ein altes chinesisches Ritual, um auszudrücken, dass man an den Ort zurückkehren will, den man eben verlässt. Sicher haben einige in der Menge, die sich auf den Gehsteigen drängte, verstanden, dass diese Geste nicht nur persönlich, sondern auch symbolisch gemeint war.

Patten war, anders als all seine Vorgänger, nicht mit der alten Kolonialuniform und dem federngeschmückten Barett nach Hongkong gekommen. Er kam nicht als Verwalter hierher, sondern als Politiker, der dieser Stadt, deren Einwohner nach dem Massaker auf den Tien-An-Men-Platz millionenfach auf die Straße gegangen waren, erste Ansätze von Demokratie brachte. Auf dieselbe Weise zog er nun wieder ab. Als sein Wagen die Residenz verließ, blieb er im Verkehr stecken, weil die Straße auf seine persönliche Anordnung hin nicht für den Verkehr geschlossen worden war. Nachdem die große Zeremonie vorüber war, mit der die Herrschaftsgewalt über Hongkong in chinesische Hände überging, begab er sich zur Yacht »Britannia«. Dabei blieb er häufig stehen, umarmte und grüßte die Menschen hinter den Absperrungen.

Die Mitglieder der chinesischen Delegation hingegen wurden von einer Gruppe Leibwächter abgeschirmt und gingen dem Bad in der Menge aus dem Weg. Denn im Augenblick gehört diese Stadt ihnen nur auf dem Papier.

Der Tag danach

Hongkong, 1. Juli 1997

Ich konnte nicht schlafen. Die Bilder der mitternächtlichen Zeremonie spukten mir noch im Kopf herum. Ich sah die wächsernen Gesichter von Jiang Zemin und Li Peng wieder vor mir, die aus Peking gekommen waren, um Hongkong von den Engländern formell in Empfang zu nehmen, ihre wie einbalsamiert wirkenden Körper in den westlichen Anzügen, ihre gefärbten Haare, ihr einstudiertes Klatschen, bei dem nie eine Hand die andere berührt. Ich konnte einfach nicht glauben, dass all das wirklich geschehen war, hier, in dieser Stadt, die ich seit dreißig Jahren kenne und in der ich sieben Jahre lang gelebt habe.

Es ist nicht leicht, sich ein historisches Ereignis bewusst zu machen, besonders dann, wenn es so umwälzend ist und unsere Weltsicht definitiv verändern wird. Tagelang spüre ich hier schon den Geschehnissen nach, spreche und schreibe darüber, aber die Tatsache, dass Hongkong nun nicht mehr Hongkong ist, sondern ein Teil Chinas, habe ich immer noch nicht ganz kapiert. Also beschloss ich, mich nicht mehr weiter schlaflos im Bett zu wälzen, sondern aufzustehen, um den Einmarsch der chinesischen Truppen mitzuerleben.

Der Morgen war kaum angebrochen. Unter den peitschenden Regenschauern wirkte die Stadt wie eine Theaterbühne, auf der gerade ein Stück zu Ende gegangen war und die nun auf das nächste wartete. Auf den Straßen lagen die durchweichten Reste der Transparente, mit denen die Demokraten gegen das neue Regime protestiert hatten, und die leeren Plastikflaschen, deren Inhalt gestern durch die Kehlen Tausender junger Leute – vor allem aus dem Westen – geronnen war, welche die »Wiedervereinigung« genutzt hatten, um einen draufzumachen. Aus den Hotels und den eleganten Clubs im Zentrum kamen die letzten festlich gekleideten Engländer: Männer im Smoking mit der Krawatte in der Hand und Frauen in langen Kleidern, die sie vorsichtig anhoben. Ein paar betrunkene Europäer oder Amerikaner stritten sich um die wenigen Taxis, die noch im Dienst waren. Im Schutz der Dächer kauerten Chinesen in kurzen Hosen und T-Shirt und machten die Zeitungen von heute fertig, indem sie Sonderdrucke mit den letzten Bildern von der Zeremonie einschoben.

Eine Gruppe achtete nicht auf die andere. Gestern Abend war ich in einem der schönen, großen Kolonialhäuser am Peak gewesen. Eine durch und durch englische Veranstaltung zum Zwecke des »Ausheulens«. Eine Dame meinte: »Hongkong war vollkommen, ein Paradies. Es konnte nicht für immer dauern. Die Chinesen haben uns so gut bedient.«

Pünktlich um sechs überschritten die chinesischen Truppen die Grenze, aber der Chauffeur meines Milliardärsfreundes, mit dem ich unterwegs war, wollte nicht so weit heranfahren, also hielten wir in ein paar Kilometern Entfernung. Und so sah ich im strömenden Regen zusammen mit etwa vierzig Mitgliedern eines »Empfangskomitees«, das Plastikfähnchen und Trillerpfeifen trug, die lange Kolonne der Militärs in Hongkong einmarschieren: zuerst die Lastwagen mit den Planen, dann die mit den Soldaten, die steif auf ihren Holzbänken saßen und krampfhaft die Gewehre auf den Knien festhielten, dahinter die beeindruckenden Panzer, aus deren Luken jeweils ein Mann mit dem Maschinengewehr im Anschlag heraussah. »Willkommen, willkommen!«, riefen die neben mir Stehenden ohne großen Enthusiasmus. Die Offiziere in den geschlossenen Wagen und die vom Regen durchweichten Soldaten in ihren neuen Uniformen winkten mechanisch mit weiß behandschuhten Händen.

Ein trister Einmarsch für jemanden, der dieselben Lastwagen mit ihren in parallelen Reihen sitzenden Soldaten vor Augen hat, wie sie im Juni 1989 zum Platz des Himmlischen Friedens fuhren, wie sie 1993 ins tibetische Lhasa einmarschierten oder immer häufiger in die Stadien Chinas, wo die zum Tode Verurteilten auf sie warten.

Die Chinesen haben die »Befreiung« Hongkongs seit geraumer

Zeit vorbereitet. Die Limousinen der Offiziere und die Lastwagen sind alle nagelneu. Alle haben sie das Steuer rechts, wie es in Hongkong – nicht aber in China – üblich ist.

Um Punkt acht Uhr langte die Kolonne, die auf dem Weg ins Zentrum war, an der Prince-Charles-Kaserne an, vor der sofort drei Soldaten in Galauniform, ein Infanterist, ein Luftwaffen- und ein Marineangehöriger Aufstellung nehmen. Noch vor wenigen Stunden lag hier die Yacht »Britannia« vor Anker, und die letzten englischen Soldaten ließen sich von den andenkensüchtigen Hongkonger Mädchen umarmen und fotografieren.

»Aus welchem Teil Chinas kommt ihr denn?«, fragte ich einen jungen Offizier. Er sah mich misstrauisch an: »Aus allen Teilen.« – »Und du, woher kommst du?« – »Ich weiß nicht«, versetzte er kurz angebunden. Die Soldaten blieben noch eine halbe Stunde lang unbewegt in diesem Wolkenbruch sitzen, dann stellten sie sich in Reihen auf und marschierten hinter den Wimpeln und roten Fahnen her in das Gebäude ein, auf dem immer noch stand: »Hauptquartier der englischen Streitkräfte«.

Dem Bild haftete etwas Irreales an. Die Uniformen, die Farben, Hammer und Sichel erschienen hier, im Herzen Hongkongs, vor diesem Hintergrund von Wolkenkratzern, Banken, Versicherungsgesellschaften und Luxushotels, absolut fehl am Platze. Doch genau dies war das Bild des neuen Hongkong. Dieser Anblick nahm mir jeden Zweifel. Nicht anders erging es meinem chinesischen Freund, der mich begleitete und der immer behauptet hatte, über die Ereignisse glücklich zu sein. »Es ist komisch, aber mir wird erst jetzt richtig bewusst, dass genau diese Soldaten es waren, die meiner Familie in Schanghai alles nahmen und uns hierher fliehen ließen.«

Unter den Fenstern der Kaserne wurde ein riesiges Transparent befestigt, in dem auf Chinesisch, jedoch in der von Peking angewandten vereinfachten Schrift, die Hongkong und Taiwan bisher ablehnten, stand: »Wir feiern die Wiedervereinigung Hongkongs mit dem Mutterland.« Die Feierlichkeiten werden noch zwei Tage andauern. Für viele wird danach wohl unweigerlich der Kater folgen.

Ich bin zu Fuß nach Hause zurückgekehrt. Vom Gouverneurspalast waren die Initialen von Königin Elisabeth verschwunden. Der Regierungssitz trug bereits das Wappen der Volksrepublik China, das auf allen öffentlichen Gebäuden Chinas zu sehen ist. Auch die Polizisten hatten die Epauletten und Knöpfe ihrer Uniform schon ausgewechselt.

Als ich völlig durchnässt nach Hause kam, stellte ich fest, dass auch hier vor dem Hauseingang bereits eine rote Fahne wehte. Der Portier hatte sie angebracht.

Nun ist mir klar, was hier tatsächlich geschehen ist.

Für die »Sommererzählungen« 1997 stellte der *Corriere della Sera* seinen Mitarbeitern das Thema »Ein Ort«. Und dabei dachte ich weder an Saigon noch an Benares, sondern an ...

Orsigna: meine letzte Liebe

Es waren ihrer drei. Die Hexen saßen auf den hohen Zweigen des Nussbaums an der Quelle und plauderten und lachten. Zuerst hörte Ettore nur ihre Stimmen, doch als er die bereits an die nächtliche Dunkelheit gewöhnten Augen noch ein wenig zusammenkniff, erkannte er sie. Er war auf dem Heimweg vom Kartenspiel mit seinen Freunden und drehte sich schon um, weil er weglaufen wollte, doch zu seinem Unglück hatten die Hexen auch ihn gesehen. Und die älteste sprach einen Fluch über ihn: »Ettore, vergiss, was du gesehen hast. Wenn du je auch nur ein Wort darüber verlierst, wirst du sterben.«

Die Jahre vergingen, und Ettore erzählte niemandem von seinem Erlebnis. Doch eines Tages, als er mit ein paar Leuten aus dem Dorf in Kalabrien arbeitete, kam die Rede des Abends auf Hexen im Allgemeinen. Und mit einem Mal schienen ihm der Nussbaum, die Quelle und die Bar so weit entfernt, dass er sein Herz öffnete: »Ich, ich habe sie wirklich gesehen, die Hexen aus dem Dorf.« Und er nannte ihre Namen. Am nächsten Tag stürzte während der Arbeit unerklärlicherweise eine Ladung Holz auf ihn, und Ettore verlor sein Leben.

Dies war eine der ersten Geschichten, die man mir erzählte, als ich nach Orsigna kam. Ich war noch ein Kind, man hatte mich aus der Stadt dorthin in die Sommerfrische geschickt, wo ich lernen sollte, die Geheimnisse der Berglandschaft zu verstehen und mich entsprechend zu verhalten. Jedes Wäldchen, jede Schlucht, jeder Fels schien ein solches Mysterium zu bergen, und ihre Namen klangen so, als sollten sie die Menschen für immer an ihren Ursprung erinnern wie die Kreuze und Madonnen an den Wegen und im Wald. La Tomba zum Beispiel, »Das Grab«, war eine Ebene, die eine der Frauen im Dorf in einer Winternacht überqueren wollte, um zu zeigen, dass dort kein böser Geist umginge, wie man sagte. Doch während sie so dahinschritt, fiel ihr die Spindel aus der Schürze, mit der sie Wolle spann, bohrte sich in den Schnee und nagelte so ihren Rock fest, sodass sie das Gefühl haben musste, eine mächtige Hand hielte sie von hinten fest. Am Morgen fand man sie dann kalt und steif. Sie war vor Angst gestorben. Der Fosso dello Scaraventa, der »Sturzgraben«, hieß so, weil hier einer, der nicht an Geister glauben wollte, von jenen zu Tode gestürzt worden war. In der Pedata del Diavolo (Fußabdruck des Teufels) hatte der Teufel, der zu jener Zeit das Orsigna-Tal bewohnte, damals noch »Dunkles Tal« geheißen, zum letzten Mal seinen Fuß auf den Boden Orsignas gesetzt, bevor er vor der Madonna floh, welche die Menschen dieses Ortes aus der ewigen Verdammnis erlöste. Noch heute wächst dort nicht ein Grashalm.

Diese Orte aus den Legenden der Alten faszinierten mich. Seitdem sind fünfzig Jahre vergangen, während deren ich an den abgelegensten und bizarrsten Orten der Welt war, doch dieser Zauber wurde nie gebrochen, und so ist Orsigna mit seinen 200 »Seelen«, wie man hier die Menschen immer noch nennt, für mich stets der Nabel der Welt geblieben.

»Orsigna – 806 Meter über dem Meeresspiegel«, steht auf dem Schild am Ortseingang. Florenz ist nur 75 Kilometer entfernt, doch die Straße, die heute hier herauführt, endet auch hier. Man muss das Geheimnis einer bestimmten Kurve an der Porrettana, der alten Zuglinie, schon kennen, um zu wissen, wann sich das weitläufige Tal plötzlich zu einem Halbkreis öffnet und sich an den Hang der Berge schmiegt, deren Farben den Wechsel der Jahreszeiten anzeigen. Jedes Mal wieder ist dieser Anblick eine Offenbarung. Anders als Abetone, Maresca, Gavinana oder San Marcello, wie die bekannten Dörfer im toskanischen Apennin alle heißen, hat Orsigna keine Besonderheiten aufzuweisen. Von der Geschichte vergessen, hat Orsigna nie auch nur einer Berühmtheit ein Nachtlager geboten. Die einzige Gedenktafel ist die an der Kirche, auf der Name und Bild der jungen Leute verewigt sind, die während des Großen Krieges ihr Leben verloren. Näher als 5 Kilometer ist nie eine Berühmtheit an das Dorf herangekommen: Carducci hielt sich zwangsweise einmal am Bahnhof von Pracchia auf, weil die Lokomotive des Zuges, der ihn nach Porretta bringen sollte, repariert werden musste.

Ich kam 1945 zum ersten Mal nach Orsigna. Mein Vater brachte mich hierher. Er selbst war zu einer Zeit hier beim Skifahren gewesen, als man die Bretter noch mit Lederriemen an die Winterschuhe schnallte. Wir kamen zu Fuß über einen Saumpfad ins Dorf. Da es kein typischer Ort für Sommerfrischler war, fanden wir leicht ein Zimmer. Einige Jahre lang kehrten wir regelmäßig bei Azelia ein, der Postmeisterin, danach bei Filide, einer Schäferin, die von jedem ihrer Ehemänner eine Kleinigkeit geerbt hatte, sodass sie eines der schönsten Häuser im Dorf besaß.

Jeden Sommer verbrachte ich dort, hütete mit den Buben meines Alters die Schafe, suchte Pilze und pflückte Heidelbeeren. Abends beobachtete ich den Sonnenuntergang von einem der Berggipfel, alle unter 2000 Meter, auch wenn sie mir unglaublich hoch erschienen. Orsigna war meine »Schule des Lebens«. Hier habe ich meinen ersten Tanz erlebt, meine erste Liebe, meine ersten Ängste, meine ersten Träume. Von meinen Ersparnissen kaufte ich die Wiese, auf der ich meinen ersten Drachen hatte steigen lassen, und mit den Flusssteinen baute ich mir ein Haus genau wie das der anderen, nur Tür und Fenster machte ich ein wenig größer. Die Erinnerung an diesen Ort diente mir als Kompass in meinem Vagabundendasein, und weil ich meinen Kindern, die immer in fremden Ländern gelebt hatten, ein Gefühl von Heimat vermitteln wollte, einen Ort, der das Heimelige der Kindheit ausstrahlte, sorgte ich dafür, dass sie jedes Jahr zwei Monate in Orsigna verbrachten – ein Familiengesetz sozusagen.

In diesem abgelegenen Tal mit seinen Menschen, die keine andere Geschichte hatten außer der ihrer bitteren Armut, keinen anderen

Glorienschein als den, den sie sich in ihren Legenden aufsetzten, fand ich eine Menschlichkeit und Größe vor, von der ich wollte, dass meine Kinder sie aufnehmen und begreifen.

Die Leute in Orsigna sind recht seltsam! Schon ihre Namen beeindruckten mich, als ich damals ankam. Die Männer hießen Assuero, Smeraldo, Antimo, Elio; die Frauen Sedomia, Elide, Fortunata. Namen wie aus Märchen. Mir, dem Florentiner, schien es merkwürdig, dass sie nichts über ihre Geschichte wussten. Einige erzählten, sie stammten von Söldnern ab, die der Gutsherr nicht bezahlen konnte, woraufhin er ihnen das Tal zu Lehen gab. Daher ihre Familiennamen: Venturi (wörtlich: »Söldner«), Caporali (Gefreite). Andere wieder behaupten, dies sei ursprünglich ein Ort der Schmuggler gewesen. Dieses unzugängliche Tal lag nämlich genau an der Grenze zwischen dem Einflussbereich des Papstes und dem Großherzogtum Toskana. Diejenigen also, die ihren Tribut nicht an den Gabbellette (auch dies ein Ortsname, der wörtlich »Zollhäuschen« bedeutet) abliefern wollten, überquerten den Berg an einer unwegsamen Stelle, die wohl nicht zufällig Porta Franca, also »Freitor« hieß.

Sicher ist, dass die Orsignaner in diesem von dunklen Buchen und Kastanien erfüllten Tal, weit weg von den Städten – Florenz und Pistoia –, denen sie misstrauten, frei und voller Stolz heranwuchsen. Sie lebten in ihren kleinen Dörfern an den Berghängen. Und auch nach Chiesa (Kirche), wie das größte Dorf heute noch heißt, gingen sie nur, um die Messe zu besuchen, Karten zu spielen, einen zu trinken sowie Salz und Streichhölzer zu kaufen. Alles andere verfertigten sie selbst. Sie waren Schäfer. Schafe und Kastanien gaben ihnen alles, was sie zum Leben brauchten.

Zum Arzt gingen sie nur, wenn sie schon im Sterben lagen. Alighiero konnte Blutungen stillen, indem er eine geheimnisvolle Formel rezitierte; Ubaldo, der heute noch lebt, »besprach« Gürtelrosen.

Die Orsignaner haben Zeit. Mit einem Grashalm im Mund saßen sie stundenlang auf dem Gipfel eines Hügels, achteten auf die Schafe und ließen schweigend ihren Gedanken freien Lauf. Ich hatte immer den Eindruck, dass sie die menschliche Seele kannten wie nur wenige. Aus jeder noch so unbedeutenden Erfahrung destillierten sie den Archetyp derselben heraus, in einer Einfachheit, die ich im Laufe meines Lebens als wahre Größe anzusehen gelernt habe.

Die Notwendigkeit lehrte sie, die Natur exakt zu beobachten. Sie war es, die ihnen die Lektionen des Lebens erteilte und ihnen ein inneres Gleichgewicht verlieh, das sich unter anderem darin zeigt, dass sie jedem Felsen, jeder Schlucht mit einem Namen oder einer Legende Leben einhauchen.

Je älter ich wurde, desto mehr lernte ich sie zu schätzen. Ich reiste in der Welt herum, um sie zu begreifen; sie, die weder lesen noch schreiben konnten, blieben immer an ihrem Ort und schlugen dort aus jeder Nichtigkeit Kapital, was ihnen – wie mir schien – große Weisheit verlieh.

Ich kam aus Vietnam zurück, und Alighiero, der den Krieg nur einmal miterlebt hatte, als die Deutschen ein Dorf niederbrannten, um sich für einen Partisanenangriff zu rächen, schien darüber mehr zu wissen als ich. Und vielleicht war es auch so. Ich hatte ein heftiges Wetterleuchten gesehen, er aber hatte das langsame Verlöschen der Dinge in ihrer Ganzheit beobachtet. Die Chinesen haben einen schönen Ausdruck für meine Art zu leben: »Die Schönheit der Blumen vom Rücken eines Pferdes aus betrachten.« Genauso war es: In den 25 Jahren, die ich in Asien verbrachte, habe ich eine Vielzahl von manchmal auffallend großen Blüten gesehen, aber immer vom Rücken des Pferdes, aus der Distanz, schnell vorüberziehend, ohne genügend Zeit, um anzuhalten und ihren Duft zu schnuppern. Die Orsignaner haben wenige Blüten gesehen, und diese waren vielleicht auch nicht besonders groß, aber sie haben sie durch ihr ganzes Leben begleitet, vom ersten Aufblühen bis hin zum Verwelken. Daher sind sie Experten für diesen außergewöhnlichen Zyklus des Lebens. Sie sind frei, auch im Tod. Dies ist ein Ort, an dem viele Menschen sich das Leben nahmen, so als wollten sie für immer unabhängig sein von den Plänen anderer, auch von denen ihres Schöpfers. Nunziatina, meine Nachbarin, stürzte sich vor ein paar

Jahren aus dem Fenster, um auf dem Friedhof das Grab neben dem ihres Mannes zu bekommen, das gerade frei geworden war. Sie hatte gehört, dass man eine andere Frau aus dem Dorf schwer krank ins Hospital gebracht hatte, und wusste, würde diese vor ihr sterben, so bekäme sie das Grab, in dem Nunziatina zur letzten Ruhe gebettet werden wollte.

Die Orsignaner leben in einer eigenen Welt mit eigenen Regeln. Alles, was aus der Stadt kam, lehnten sie ab. Sogar die wörtliche Bedeutung, die ihr Ortsname haben sollte. Historiker hatten nämlich herausgefunden, dass dieses Tal, das bereits im Jahr 1000 urkundlich erwähnt ist, Orsigna geheißen wurde, weil es damals dort so viele Bären (Orsi) gab. (Aus diesem Grund sind im Wappen von Pistoia bis auf den heutigen Tag zwei Bären zu sehen.) Die Orsignaner aber bestehen darauf, dass der Name ihres Dorfes sich von einer gewissen Prinzessin Orsinia (vielleicht von der berühmten Familie der Orsini?) herleite, die man hierher ins Exil geschickt hatte, weil sie sich in einen nicht standesgemäßen Mann verliebt hatte. Ihre Wächter trugen schwere Panzer. So erkannte man erst, als sie sich einmal entkleideten, um sich auf einem der Hügel ein wenig in die Sonne zu legen, dass es sich in Wahrheit um wunderschöne Frauen handelte. Der Ort, an dem die Mädchen sich der Sonne dargeboten hatten, heißt »Le Ignude« (»Die Nackten«).

»Hier hört man sie noch«, erzählten mir die Orsignaner und führten mich an einen Ort, der »Il Castello« (»Das Schloss« – etwa der Prinzessin?) heißt. Doch diese Ruinen konnten höchstens ein paar Bauernhäuser aus Stein gewesen sein. In absoluter Stille versuchte ich, das Wehgeschrei von Prinzessin Orsinia zu erlauschen, hörte aber nicht das Geringste. »Dazu brauchst du das zweite Gesicht. Oder ein besonders offenes Ohr«, meinte Guidino, ein winziger Alter, der mein Freund war.

Er selbst besaß diese Fähigkeiten. Er lebte in einem rauchgeschwärzten Haus, ein Zwergenpoet, der ständig den örtlichen Dichterwettstreit gewann. Dabei versuchten die Lokalpoeten, im Angesicht der Weinkönigin sich gegenseitig auszustechen, indem sie in Wechselreimen die Schönheiten einer Blonden oder einer Dunkelhaarigen, der Sonne oder des Mondes besangen.

Heute gibt es einen solchen Sängerkrieg in Orsigna nicht mehr. Mit der Zeit haben sich auch hier viele Dinge verändert. Das Fernsehen hat seinen Einzug gehalten, sodass die Leute abends jetzt nicht mehr um den Kamin sitzen und plaudern. Die Schäfer sind in die Ebenen hinabgezogen, ihre Kinder wurden Städter. Aber viele von ihnen kehren auch zurück. Sie richten die alten Häuser her, gehen Pilze suchen, betrachten den Sonnenuntergang vom Berggipfel aus und tanzen auf der Piazza unter dem einzigen Denkmal des Dorfes, einem kleinen Christus mit weit geöffneten Armen.

Auch ich kehre immer wieder zurück. Und stets frage ich mich, ob nach all meinen Reisen, nach all der Zeit, die ich mit den verschiedensten Menschen zugebracht habe auf meiner Suche nach immer Neuem, Exotischem, auf der Suche nach einem Sinn in diesem unsinnigen Abenteuer namens Leben, ob letztendlich nicht dieses Tal der eigentlich »andere« Ort ist, exotischer und sinnerfüllter als alle anderen. Ob nicht nach all den Abenteuern, nach all der Liebe, die ich für Vietnam, China, Japan und jetzt für Indien empfunden habe und empfinde, Orsigna nicht meine wahre, letzte Liebe sein wird – wenn ich Glück habe.

Der etwas andere Blick auf die Welt

ISBN 978-3-570-50092-7

Die Werke großer Philosophen können unsere Denkmuster von
Grund auf verändern. Die gleiche Wirkung vermag die wohl
gesetzte Pointe eines guten Witzes erzielen – quasi als
„Instant-Erleuchtung".

Die Kombination von beidem ist der geniale Wurf von
Cathcart & Klein: Hier wird mit Witzen philosophiert,
hier amüsiert man sich köstlich mit Philosophie.
Und ist am Ende womöglich schlauer als nach manchem
philosophischen Seminar.

Die Entdeckung der Langsamkeit

12952

»Terzani war ein vor Vitalität berstender Geschichtenerzähler.«
Die ZEIT

Mehr Informationen unter www.goldmann-verlag.de

Geh deinen Weg!

12987

»Ein letztes Lied auf die Vielfalt der Welt.
Fantasievoll, rebellisch und unendlich neugierig.«
Die ZEIT

Mehr Informationen unter www.goldmann-verlag.de

Psychologische
Nationalitätenkunde

15467

»Wenn man in einer Kultur etwas Neues einführen will, muss sich das Neue an die Kultur anpassen. Umgekehrt funktioniert es nicht.«

Mehr Information unter www.goldmann-verlag.de

Das Wissenschaftsbuch des Jahres

15503

»Viele gute Gründe, ruhig auch mal auf seinen Bauch zu vertrauen.«
Frankfurter Allgemeine Zeitung

Mehr Information unter www.goldmann-verlag.de

GOLDMANN

Einen Überblick über unser lieferbares Programm
sowie weitere Informationen zu unseren Titeln und
Autoren finden Sie im Internet unter:

www.goldmann-verlag.de

Monat für Monat interessante und fesselnde
Taschenbuch-Bestseller

Literatur deutschsprachiger und internationaler Autoren

∞

Unterhaltung, Kriminalromane, Thriller,
Historische Romane und Fantasy-Literatur

∞

Klassiker mit Anmerkungen, Anthologien
und Lesebücher

∞

Aktuelle Sachbücher und Ratgeber

∞

Bücher zu Politik, Gesellschaft, Naturwissenschaft
und Umwelt

∞

Alles aus den Bereichen Esoterik, ganzheitliches Heilen
und Psychologie

Die ganze Welt des Taschenbuchs

Goldmann Verlag • Neumarkter Straße 28 • 81673 München

GOLDMANN